NEUE JURISTISCHE MONOGRAFIEN – BAND 72

Staat und Sportverband

Das Vereinsmitglied als Staatsbürger oder Verbandsuntertan

von

Andreas Thomasser

D1728649

RECHT

Wien · Graz 2015

Bibliografische Information Der Deutschen Nationalbibliothek

Die Deutsche Nationalbibliothek verzeichnet diese Publikation in der Deutschen Nationalbibliografie; detaillierte bibliografische Daten sind im Internet über http://dnb.d-nb.de abrufbar.

Die Drucklegung wurde freundlicherweise von der Kammer für Arbeiter und Angestellte Steiermark unterstützt.

ISBN 978-3-7083-1041-1
NWV Verlag GmbH
Faradaygasse 6, 1030 Wien, Österreich
Tel.: +43 1 796 35 62-24, Fax: +43 1 796 35 62-25
E-Mail: office@nwv.at

Geidorfgürtel 24, 8010 Graz, Österreich
E-Mail: office@nwv.at

www.nwv.at

© NWV Neuer Wissenschaftlicher Verlag, Wien · Graz 2015

Druck: Alwa & Deil, Wien
E-Mail: office@alwa-deil.at

Gewidmet:

Univ.-Prof. Dr. Ernst Topitsch
(20.03.1919 bis 26.01.2003)
insbesondere als Weltanschauungs-
analytiker und Ideologiekritiker

Für wie viele Kollegialorgane, Gremien,
Konsilien, Räte, Präsidien, Senate,
Tribunale, Kommissionen, Direktorien,
Fakultäten, Kurien, Ausschüsse,
Fraktionen sowie Arbeitsgruppen und
darin/dabei tätige Gewählte, Auserwählte,
Experten, Sachverständige, Gutachter,
Beauftragte, Bevollmächtigte, Berater
oder mitunter sogar Weise werden
Christian Morgensterns folgende Zeilen
wohl gelten:

Galgenberg

Blödem Volke unverständlich
Treiben wir des Lebens Spiel.
Gerade das, was unabwendlich,
fruchtet unserem Spott als Ziel.

Magst es Kinder-Rache nennen
an des Daseins tiefem Ernst;
wirst das Leben besser kennen,
wenn Du uns verstehen lernst.

Vorwort

I. In der vorliegenden Dissertation sind einschlägige Literatur und Judikatur bis 2012 berücksichtigt. Gegen Ende 2013 schließlich, nach mehreren „redaktionellen Runden", ist die Arbeit bei o.Univ.-Prof. DDr. phil. et iur. *Peter Koller* und o.Univ.-Prof. i.R. Dr. *Bernd Schilcher* an der Universität Graz eingereicht worden. 2014 ist die Dissertation selbst sowie sind die drei Rigorosen in den drei Prüfungsfächern „Rechtssoziologie", „Bürgerliches Recht einschließlich Internationales Privatrecht" und „Verfassungsrecht und Allgemeine Staatslehre" (bei Univ.-Prof. Dr. *Stefan Storr*) jeweils mit „sehr gut" beurteilt worden.

Mit Stolz sei daher zB aus dem Gutachten von *Koller* zitiert, welcher ausführt: Der Autor „hat sich damit eine sehr ambitionierte und anspruchsvolle Aufgabe gestellt, die er nach meinem Dafürhalten mit Bravour gemeistert hat. Seine Arbeit hebt sich entsprechend ihrer weit ausgreifenden Zielsetzung vom Mainstream rechtswissenschaftlicher Dissertationen durch mehrere Besonderheiten ab: einmal schon durch ihren außergewöhnlichen Umfang von 561 Seiten, davon 505 Textseiten mit insgesamt 1272 kleingedruckten, zum Teil sehr ausführlichen Anmerkungen; ferner durch ihre enorme thematische Spannweite, die von grundsätzlichen rechtstheoretischen und soziologischen Überlegungen zum Vereins- und Verbandswesen über vielfältige, verschiedene Rechtsgebiete berührende juristische Probleme der verbandlichen Organisation des Sports bis zu einer eindringlichen kritischen Untersuchung der bestehenden Praxis der Sportverbände am Beispiel des Reitsports reicht; und schließlich auch durch das auffällige Engagement, mit dem der Autor die Mängel der rechtlichen Regulierung des verbandlichen Sportwesens und dessen Missstände herausarbeitet und der Kritik unterzieht."

Mich beschäftigt in Hinblick auf „den Sport" unter anderem: Wer schafft welche Normen? Unter Berufung auf welche Interessen/Notwendigkeiten/Ideologien etc? Wie wirken Normen bzw wie wird ihre Befolgung durchgesetzt? Dass der mitmenschliche Umgang vielfach auf Regeln basiert, ist eine Binsenweisheit. Freilich sind Vorgaben/Normen (auch) im Sport in Macht und Geldwert übersetzbar; dies und die damit verbundenen Auswirkungen interessieren mich seit vielen Jahren. Wie sehr jedoch Normen, nicht nur im Sport, sondern auch zB in Bereichen der Wirtschaft, der Politik und sogar der (Hochschul)Bildung Menschen zu mehr als bloßen Normbefolgern, sondern mitunter gar zu Norm- und daher Befehlshörigen machen (können), lässt staunen. Die gesellschaftliche Notwendigkeit von Regelförmigkeit, und damit/dadurch auch Sicherheit, kippt in manchen privaten Gruppierungen/Vereinen um in eine Beherrschung mithilfe von Normen. Geschieht das auf der Normadressatenseite in Form kritikloser Duldung (qua Gewöhnung), so kann diese Haltung mit dem wenig gebräuchlichen, jedoch treffenden (älteren) Begriff der „freiwilligen Knechtschaft" beschrieben werden.

An dieser Stelle kann die Frage gestellt werden, wen es denn kümmert bzw beschäftigen soll, wenn sich mehr oder weniger Menschen in allgemeinen oder speziellen Normensystemen (wie zB einigen im Sportbereich) in „regelrechte" Untertanenverhältnisse begeben? Nun, eines sollte man sich immer vor Augen führen, vor allem im Rückblick auch auf das vergangene Jahrhundert (literarisch haben zB *Heinrich Mann* mit „Der Untertan" und *Ludwig Winder* mit „Der Kammerdiener" fatale Subordinationsverhältnisse treffend beschrieben): Werden Menschen – gleich in welchen Sozietäten auch immer – so normiert, erzogen, beeinflusst etc, dass sie zu Untertanen mutieren, dann scheint es nur mehr wenig zu bedürfen, aus ihnen Täter zu machen. Derartigen „Veruntertanungen", als wohl diamentrale „Gegenprojekte" zur Aufklärung, sollten eingehende Forschungen der Fachkreise und Stellungnahmen aus allen Bereichen der Gesellschaft nach sich ziehen.

So, wie ich es schätze, wenn mir Leser meiner Arbeit Geneigtheit oder gar Wohlwollen entgegenbringen, so wird mich auch ihre kritische Auseinandersetzung mit meinen Gedanken und Schlussfolgerungen freuen. Ich nehme an, dass meine Themenaufbereitung „Verbandsreiche" zu mehr oder weniger Reflexion(en) veranlassen werden, und begrüße direkte und offene Kritik aus diesen Kreisen.

II. Mehrere Überlegungen und Ansätze, einerseits vor allem jüngste Entwicklungen in Literatur und Judikatur seit 2012 sowie andererseits bislang noch nicht bearbeitetes Material als „Addendum" in Form eines oder mehrerer Kapitel der Dissertation anzufügen, sind letztlich aus Zweckmäßigkeitsgründen, den vorliegenden ca 500 Seiten zusätzliche substanzielle Ausführungen anzuschließen, nicht weiter verfolgt worden. Wie viele (mehr oder weniger verbindliche) Determinierungen im überaus spannenden Bereich der Normsetzung im sportlichen Bereich in der Form des Nachahmens von staatlichem Handeln bzw in sonstigen, (gesamt)gesellschaftlichen Erscheinungen des „Maßgebens" (zB der Konsumgüterindustrie) geschaffen worden sind, ist schlichtweg erstaunlich und ob der Duldung/Akzeptanz durch die Adressaten der diversen Regeln geradezu verblüffend. Darüber nachzudenken, Vergleiche/Wertungen etc anzustellen und dies (auch schreibend) zu erfassen, ist sprichwörtlich „work in progress".

III. Nicht um einer bloßen Gepflogenheit im Vorwort eines Buches zu entsprechen, sondern um dem eigenen Bedürfnis des schriftlichen Danksagens nachzukommen: Im Sinn des Werkes „Wir alle sind, was wir gelesen. Aufsätze und Reden zur Literatur" von *Golo Mann* gilt zuvor mein Dank all den im Buch Ungenannten, deren Texte ich in den vergangenen Jahrzehnten gelesen habe und die mir vielfältigste Anregungen geschenkt haben.

Sodann bin ich vor allem den weiteren, und im eigenen Text mehrfach zitierten, Persönlichkeiten meines „primären, hochschulischen und wissenschaftlichen Biotops", also Lehrenden der Karl-Franzens Universität Graz, zu höchstem Dank verpflichtet: Zuallererst o. Univ.-Prof. Dr. *Ernst Topitsch*, dem ich diese Arbeit widme, dann den Universitätsprofessoren *Manfred Prisching, Peter Koller, Bernd Schilcher* (†), *Christian Brünner* und *Kurt Salamun*, deren Wirken als akademische Lehrer ich genossen habe und die mich in meiner beruflichen und persönlichen Entwicklung – im wahrsten Sinn des Wortes – enorm weiter gebracht haben.

Als sehr gute Freunde, mit denen ich auch Themenbereiche der vorliegenden Arbeit immer wieder diskutieren habe können, nenne ich Mag.

Peter Wilhelmer und FH-Prof. Dr. *Peter Reininghaus.* Ihnen schulde ich vielfältigen Dank.

Auch FH-Prof. Dr. *Werner Hauser* ist mir ein besonderer Freund. Als Ein-Mann-Unternehmen tätig und dennoch wie eine große wissenschaftliche Denk- und Schreibfabrik produktiv hat er mir Publikationstechniken und -möglichkeiten eröffnet sowie mir lebensweltliche Umstände ausgeleuchtet, wofür ich ihm danke. Ebenso rechne ich ihm hoch an, dass er die vorliegende Arbeit in Teilen gegengelesen und mir generell wertvolle Tipps gegeben hat.

Zu Dank verpflichtet bin ich ebenso – vor allem für zahlreiche Gespräche und Anregungen – dem leider allzu jung verstorbenen Ausnahmewissenschafter Dr. *Bernd Weiler,* der in ganz besonderer Weise Akribie mit Weitblick kombiniert hat.

Mein tiefer Dank gilt meiner Partnerin *Maria Korber;* ich bedaure die Zumutungen, die ich ihr durch meine zeit- und energieaufwändigen Forscher- und Schreibereien bereitet habe.

Meine Schwester Mag. *Petra Thomasser* hat die aufwändige Arbeit auf sich genommen, meine gesamte Dissertation gegenzulesen und mir vor allem in linguistischer Hinsicht Feedback gegeben, wofür ich ihr sehr dankbar bin.

Meinen Eltern DI *Walter* und *Ingrid Thomasser* bin ich für so vieles zutiefst in Dankbarkeit verbunden, vor allem auch, dass sie mich im kritischen Denken haben gedeihen lassen.

Meiner Kollegin *Michaela Klug* danke ich für ihre Unterstützung bei Textierungen und bei grafischen Darstellungen.

Schließlich gilt mein außerordentlicher Dank dem Neuen Wissenschaftlichen Verlag (NWV) für die – nicht selbstverständliche – Aufnahme meiner kritischen Arbeit in sein Programm; vorrangig nenne ich hierbei Geschäftsführer Mag. *Gerald Muther* und Dr. *Anita Gusenleitner* in Hinblick auf die professionelle Unterstützung während des verlegerischen Verfahrens.

Graz, im Juni 2015   *Andreas Thomasser*

9

Inhaltsverzeichnis

Vorwort 7

Abkürzungsverzeichnis 15

I. Einleitung 19

II. Vorverständnis 27

1. Wesentliche, themenrelevante Begriffe und Verhältnisse 27
    1.1. Verein und Vereinsmitglied 27
    1.2. Normen des Vereins (verbandliche
          Normenordnung)/Schlüsselfunktionäre 29
    1.3. Verein bzw Verband/Vereinskette 34
    1.4. Die zwei „Grundverhältnisse": Vereinsmitglied/
          Verein und natürliche Person/Dachverband 35
    1.5. Vereinsdominatoren (als „eigentliche" Verkörperung
          des Vereins) 37
2. Selbstsicht und Selbstverständnis des Sportdachverbandes 38
3. Eigene Thesen 40

III. Die verbandliche Normenordnung des OEPS und die
     Struktur des verbandlichen Reitsports 43

1. (Zur) Struktur des verbandlichen Reitsports in Bezug auf den
    OEPS 43
    1.1. Zum Status quo 43
    1.2. Das Vier-Ebenen-Modell 48
2. Die verbandliche Normenordnung des OEPS 50
    2.1. Die ÖTO 51
    2.2. Die ÖAPO 55
    2.3. Die PS&P-Richtlinien 55
    2.4. Sonstige Normen 56
3. Die Hauptakteure in der Struktur und der verbandlichen
    Normenordnung des OEPS 56

IV. Vereine/Verbände gem VerG als Normsetzer eigener Art? 59

1. Grundsätzliche Problematik 59
2. Zur so genannten „privaten Rechtsetzung" 84
    2.1. Vorbemerkungen 84
    2.2. Private Regelsetzungen: Positionen/
          Stellungnahmen/Meinungen und Beispiele 87
    2.2.1. Pisko zur Autonomie 87
    2.2.2. F. Bydlinski zu Privatautonomie, Privatrecht und
            Rechtsnorm 89

2.2.3.   *Krejci* et al zu ÖNORMen und Allgemeinen
         Geschäftsbedingungen 98
2.2.4.   *Korinek* zur Normschaffung 102
2.2.5.   Zu den Pistenregeln 107
2.2.6.   *Berka/Eilmansberger* et al zur Buchpreisbindung 109
2.2.7.   *Schäffer* et al zu Rechtsquellen und Rechtsanwendung ...117
         1. (rechts)soziologischer Exkurs:
         Ältere Zugänge zu den Begriffen „Recht" und
         „verbandliche Normenordnung" 135

3.   Statuten und sonstige Vereinsregeln: bloße verbandliche
     Normenordnung oder „Verbandsrecht"? 143
3.1.   Die herrschende Dogmatik zum Rechtscharakter
       von Statuten 143
3.2.   Dogmatische Beurteilung des Rechtscharakters
       der „sonstigen Vereinsregeln" 151
3.2.1.   Das grundsätzliche Rechtsschutzdefizit der
       Vereinsmitglieder hinsichtlich „sonstiger
       Vereinsregeln" – die „Ohnmacht" der Vereinsbehörde....152
3.2.2.   Die „sonstigen Vereinsregeln" insbesondere
       im Licht von § 7 und 8 VerG 171
3.2.2.1.   Zu § 7 VerG 173
3.2.2.2.   Zu § 8 VerG 184
3.2.3.   Zwischenergebnis zu den „Sonstigen Vereinsregeln" –
       ein Schutzversagen des Staates liegt vor 193
3.3.   Tendenzen zur „Etablierung" von „Verbandsrecht"
       in Österreich 197
3.3.1.   Einführende Literatur und Rechtsprechung 197
3.3.1.1.   Das Konstrukt der sog „mittelbaren Mitgliedschaft" 201
3.3.1.1.1.   Eine exemplarische OGH E zur Thematik
       „mittelbare Mitgliedschaft" 203
3.3.1.1.2.   Einige fachliterarische Meinungen zur „mittelbaren
       Mitgliedschaft" 207
3.3.1.2.   Explizite österreichische „Verbands- und
       Sportrechtspositionen" 210
       Sonderexkurs:
       Aspekte der Befassung mit Sport auf EU-Ebene 226
3.3.2.   „Verbandsrecht" und der Begriff der „Gewalt" 235
3.3.2.1.   Der Gewaltbegriff bei *Triffterer* 237
3.3.2.2.   Verbandlicher Missbrauch der Marktmacht? 245
3.3.2.3.   Studentisches Disziplinarrecht vor 40 Jahren und
       verbandliche Erziehung heutzutage 256
       2. (rechts)soziologischer Exkurs:
       Ein wirkmächtiges Konzept des Verbandsrechts
       und eine Weiterentwicklung 265
       2. (rechts)soziologischer Exkurs,
       1. *Gierkes* „Verbandswesen" 266
       2. (rechts)soziologischer Exkurs,
       2. Das „Transnationale Recht" als eine
       Weiterentwicklung von *Gierkes* Verbandsrecht 270

3. (rechts)soziologischer Exkurs:
   „Der Sport", „die Besonderheit des Sports" und „das
   Sportrecht" – Merkmale einer Sportideologie 282

V. Der OEPS und die Wettkampfveranstalter, Reitsportler
   sowie Wettkampfrichter 295

1. Grundsätzliches/Zusammenfassung des Bisherigen 295
2. Der OEPS und die Wettkampfveranstalter 300
   2.1. Die Fremdbestimmung der Wettkampfveranstalter
        im Überblick 303
   2.2. §§ 879 und 1056 ABGB 314
3. Der OEPS und die Reitsportler 324
   3.1. Die Fremdbestimmung der Reitsportler 326
   3.1.1. Die Reitsportler als „mittelbare Verbandsmitglieder"? .. 326
   3.1.2. Die Reitsportler und das „Schiedswesen" bzw
          Disziplinierungs- und Strafsystem des OEPS 332
   3.2. Die Reitsportler als Konsumenten 340
4. Der OEPS und die Wettkampfrichter (die „Mentalisten") sowie
   sonstige Funktionäre 353

VI. Abschließende Betrachtung samt Ausblick 361

1. Sind gewaltausübende Verbände Teile der Zivilgesellschaft? 362
   1.1. Vom (Sport)Verein zur Zivilgesellschaft 364
   1.2. Positionen der EU zur Zivilgesellschaft iVm Sport 371
   1.3. Österreichische Annäherungen an die
        Zivilgesellschaft und weiter zur „servant society" 375
2. Die verbandliche Gewaltausübung – das Normieren und
   Handeln des OEPS 382
   2.1. Das verbandliche Gewaltverhältnis von „oben" 382
   2.2. Das verbandliche Gewaltverhältnis von „unten" 384
3. Die staatliche Schutzvernachlässigung ermöglicht
   verbandliche Gewaltverhältnisse 394
   3.1. Staatliche Handlungspflichten bei bestimmten
        gesellschaftlichen Entwicklungen 395
   3.2. Aus der Grundrechtsordnung ableitbare
        Schutzpflichten sowie aus dem allgemeinen Gebot
        des Schwächerenschutzes ableitbare
        Handlungspflichten 398
4. Ausblick: Vom Gesetzesgehorsam zur Normenhörigkeit und
   weiter zur Selbstbefreiung? 406

Literaturverzeichnis 413

Anhänge **439**

Anhang I: Graphische Übersicht zum Verhältnis der drei Akteure Staat – Staatsbürger (Verbandsuntertan) – Sportverband in Hinblick auf die Normen des Vereins = verbandliche Normenordnung 439

Anhang II: bottom-up-Darstellung des verbandlich organisierten Reitsports in Österreich (2011) 440

Anhang III: Gebührenordnung der ÖTO 2011 441

Stichwortverzeichnis 451

Abkürzungsverzeichnis

aA	andere Ansicht
ABGB	Allgemeines Bürgerliches Gesetzbuch
ABGB-ON	Kommentar zum Allgemeinen Bürgerlichen Gesetzbuch, online
ABl	Amtsblatt
AcP	(deutsches) Archiv für die civilistische Praxis
ADBG	Österreichisches Antidoping Bundesgesetz
AEUV	Vertrag über die Arbeitsweise der Europäischen Union
AGB	Allgemeine Geschäftsbedingungen
Anm	Anmerkung
AktG	Aktiengesetz
AktRÄG	Aktienrechts-Änderungsgesetz
APuZ	Aus Politik und Zeitgeschichte
ArbVG	Arbeitsverfassungsgesetz
ARSP	Archiv für Rechts- und Sozialphilosophie
ASGG	Arbeits- und Sozialgerichtsgesetz
AöR	Archiv des öffentlichen Rechts
AVB	Allgemeine Versicherungsbedingungen
B	Beschluss
bbl	Baurechtliche Blätter
Be	Bericht
BFV	Bundesfachverband für Reiten und Fahren in Österreich
BGB	(deutsches) Bürgerliches Gesetzbuch
BGBl	Bundesgesetzblatt
BlgNR	Beilage, -n zu den stenographischen Protokollen des Nationalrates
BM	Bundesministerium
BRD	Bundesrepublik Deutschland
B-VG	Bundes-Verfassungsgesetz
B-VGN	Bundes-Verfassungsgesetz-Novelle
BVergG	Bundesvergabegesetz
BuchpreisbindungsG	Buchpreisbindungsgesetz
CAS	Court of Arbitration of Sport
Deutsch	deutsch
Ders	derselbe
DÖV	Die öffentliche Verwaltung
DRdA	Das Recht der Arbeit
dRGBl	(deutsches) Reichsgesetzblatt
EACEA	Aktive Zivilgesellschaft in Europa
ecolex	Fachzeitschrift für Wirtschaftsrecht
EG	Europäische Gemeinschaft, -en
EGMR	Europäischer Gerichtshof für Menschenrechte
EMRK	Europäische Konvention zum Schutze der Menschenrechte und Grundfreiheiten
endg	endgültig
EP	Europäisches Parlament
ER	Europäischer Rat
ErläutRV	Erläuterungen zur Regierungsvorlage
ErwGr	Erwägungsgrund
et al	et alii/et aliae (und andere)

etc	et cetera
EuGH	Europäischer Gerichtshof
EuGRZ	Europäische Grundrechte Zeitschrift
EUV	Vertrag über die Europäische Union
EWG	Europäische Wirtschaftsgemeinschaft
FENA	Federation Equestre Nationale d'Autriche
FIFA	Fédération Internationale de Football Association
FIS	Fédération Internationale de Ski
FN	Fußnote
FreiwG	Freiwilligengesetz
FS	Festschrift
GAK	Grazer Athletiksport Klub
GG	Grundgesetz
gem	gemäß
GIUNF	Sammlung von zivilrechtlichen Entscheidungen des kaiserlich königlichen Obersten Gerichtshofes, Neue Folge
GES (GeS)	Zeitschrift für Gesellschaftsrecht und angrenzendes Steuerrecht (Zeitschrift für Gesellschafts- und Steuerrecht)
GesRZ	Der Gesellschafter, Zeitschrift für Gesellschafts- und Unternehmensrecht
GLOBArt	Denkwerkstatt für Zukunftsfragen
GRCH	Charta der Grundrechte der Europäischen Union
GWB	(deutsches) Gesetz gegen Wettbewerbsbeschränkungen
GZ	Gerichts-Zeitung
HDO	Disziplinarordnung für Hochschüler, Prüfungskandidaten und Bewerber um akademische Grade sowie Benützer der Hochschuleinrichtungen
HeimAufG	Heimaufenthaltsgesetz
hL	herrschende Lehre
Hrsg	Herausgeber
HS	Handelsrechtliche Entscheidungen
idgF	in der geltenden Fassung
idS	in diesem Sinn
idZ	in diesem Zusammenhang
iFamZ	Interdisziplinäre Zeitschrift für Familienrecht
immolex	Neues Miet- und Wohnrecht
iSd	im Sinne des
iSe	im Sinne eines/-r
iVm	in Verbindung mit
JBl	Juristische Blätter
JRP	Journal für Rechtspolitik
Jura	Juristische Ausbildung
JusGuide	JusGuide
JZ	Juristenzeitung
KartG	Kartellgesetz
KFG	Kraftfahrgesetz
KOG	Kartellobergericht
KOM	Dokumente der Kommission der Europäischen Gemeinschaften
KritV	Kritische Vierteljahresschrift für Gesetzgebung und Rechtswissenschaft

KSchG	Konsumentenschutzgesetz
leg cit	legis citatae (der zitierten Vorschrift)
LFV	Landesfachverband/-verbände für Reiten und Fahren
LG	Landesgericht oder Landesgesetz
Lit	Literatur
MR	Medien und Recht
MR-Int	Medien und Recht International
mwN	mit weiteren Nachweisen
NADA	Nationale Anti-Doping Agentur Austria
NGO	Non-Gouvernmental Organisations
NOEPS	Niederösterreichische Pferdesportverband
NormenG	Normengesetz
Nr	Nummer
NZ	Notariats-Zeitung
OEPS	Österreichischer Pferdesportverband
OGH	Oberster Gerichtshof
oJ	ohne Jahresangabe
Ö	Österreich, österreichisch
ÖAPO	Österreichische Ausbildungs- und Prüfungsordnung
Öarr	Österreichisches Archiv für Recht & Religion
ÖFB	Österreichischer Fußballbund
ÖJZ	Österreichische Juristen-Zeitung
ÖNORM	Österreichische Norm(en)
ÖTO	Österreichische Turnierordnung (2011)
ÖZK	Zeitschrift für Kartell- & Wettbewerbsrecht
ÖZöRV	sterreichische Zeitschrift für öffentliches Recht und Völkerrecht
OZK	Österreichische Zeitschrift für Kartellrecht
RabelsZ	Rabels Zeitschrift für ausländisches und internationales Privatrecht
RdA	Recht der Arbeit
rdb	Rechtsdatenbank
RFG	Recht & Finanzen für Gemeinden
RGBl	Reichsgesetzblatt
RL	Richtlinie
RL-UGP	RL 2005/29/EG über unlautere Geschäftspraktiken im binnenmarktinternen Geschäftsverkehr zwischen Unternehmen und Verbrauchern
RO	Rechtsordnung
Rs	Rechtssache
Rsp	Rechtsprechung
Rz	Randzahl
s	siehe
sa	siehe auch, oder: siehe aber
SchiedsRÄG	Schiedsrechts-Änderungsgesetz
Schlussf	Schlussfolgerung
SchwStGB	Schweizer Strafgesetzbuch
SEK	Dokumente des Generalsekretariats der Kommission der Europäischen Gemeinschaften
Sess	Session
SIAK	Zeitschrift für Polizeiwissenschaft und polizeiliche Praxis

Slg	Sammlung der Rechtsprechung
SR	Systematische Sammlung des Bundesrechts (Schweiz)
SpuRt	Zeitschrift für Sport und Recht
StGBl	Staatsgesetzblatt für die Republik Österreich
StGB	Strafgesetzbuch
dStGB	(deutsches) Strafgesetzbuch
SchwStGB	Schweizer Strafgesetzbuch
StGG	Staatsgrundgesetz
StPO	Strafprozessordnung
StProtAH	Stenographische/s Protokoll/e des Abgeordnetenhauses
StVO	Straßenverkehrsordnung
TAS	Tribunal Arbitral du Sport
ua	unter anderem
Uam	und andere/s mehr
UbG	Unterbringungsgesetz
UEFA	Union des Associations Européennes de Football
UGB	Unternehmensgesetzbuch
UnlWG	(deutsches) Gesetz gegen den unlauteren Wettbewerb
usf	und so fort
usw	und so weiter
uU	unter Umständen
UWG	Gesetz gegen den unlauteren Wettbewerb
va	vor allem
Vorbem	Vorbemerkung
VVDStRL	Veröffentlichung der Vereinigung der Deutschen Staatsrechtslehrer
VfGH	Verfassungsgerichtshof
VfSlg	Sammlung der Erkenntnisse und wichtigsten Beschlüsse des Verfassungsgerichtshofes
VerG	Vereinsgesetz
vgl	vergleiche
Vorbem	Vorbemerkung
VR	Die Versicherungsrundschau
VRInfo	Informationen zum Verbraucherrecht
VvL	Vertrag von Lissabon
WADA	World Anti-Doping Agency, Welt Anti-Doping Agentur
wbl	wirtschaftsrechtliche blätter
ZAS	Zeitschrift für Arbeitsrecht und Sozialrecht
ZaöRV	Zeitschrift für ausländisches öffentliches Recht und Völkerrecht
ZBl	Zentralblatt für die juristische Praxis
ZfRSoz	Zeitschrift für Rechtssoziologie
ZfV	Zeitschrift für Verwaltung
ZkT	Zeitschrift für kritische Theorie
ZPMRK	Zusatzprotokoll zur Konvention zum Schutz der Menschenrechte und Grundfreiheiten
ZPO	Zivilprozessordnung
ZSR	Zeitschrift für Schweizerisches Recht
ZVB	Zeitschrift für Vergaberecht und Bauvertragsrecht
ZVR	Zeitschrift für Verkehrsrecht oder Zentrales Vereinsregister

I. Einleitung

Was ist das Thema dieser Arbeit? Analysiert werden vor allem spezielle (rechtliche) Verhältnisse zwischen Menschen, die sich in der (Rechts)Form des Vereins zusammengeschlossen haben bzw einem solchen beitreten. Gerade auch in dieser Konstellation zwischen „Individuum und Kollektiv" stellt sich insbesondere aus rechtlicher Sicht die Frage: Wie gehen Menschen mit Menschen um? Welche Normenkonstrukte, mit welchen Legitimationen, werden von Seiten des Kollektivs, hier ein Verein oder Verband, bemüht, um Unterordnung, Verfüg- und Dirigierbarkeit von Menschen (als Vereinsmitglieder oder Nichtmitglieder in der „im Sport" häufigen Sachlage: natürliche Person – Verein – Verband – Dachverband) zu schaffen, zu bewahren und auszubauen? Oftmals werden im Zusammenhang mit Sportvereinen bzw -verbänden folgende oder ähnlich lautende Aussagen getätigt: „Mit dem Beitritt zum Verein haben sich die Mitglieder dem Normenwerk desselben (bzw des Dachverbandes) ‚unterworfen'", „Sportler brauchen Ordnung und Disziplin" und „Der Spieler wird an den Verein XY ‚verkauft'." Usw, usf.

Eine rechtliche Betrachtung bzw Beurteilung des Verhältnisses „Verein und Vereinsmitglied" erfordert es, das weitere Beziehungsgeflecht, nämlich das zwischen dem Staat, dem Verband und/oder Verein und dem Vereinsmitglied, welches typischerweise zugleich Staatsbürger ist, in Augenschein zu nehmen. Davon ausgehend, dass der Staat die Rechtsordnung und damit das Recht setzt, sohin also einen bzw eigentlich „den" besonderen, weil jedenfalls relevanten, „Maßstab" für das gesellschaftliche Zusammenleben vorgibt, ist die private Normenordnung, die ein Verein – hauptsächlich durch Beschlüsse seiner Organe – schafft, dahingehend zu prüfen, inwieweit sie Deckung im Recht des Staates findet und damit zulässig ist. Generelle Fragen dazu sind unter anderem folgende: Was genau gibt „das Recht" (des Staates) im Zusammenhang mit der Rechtsform „Verein" hinsichtlich dessen privater Normenordnung vor bzw lässt (gerade noch) zu? Wie interpretieren Interessensvertreter von Vereinen den Raum des „rechtlich Möglichen", welche (rechtlichen) Argumente für die Rechtfertigung von mitunter sehr eigenwilligen Normenkonstrukten von Vereinen verwenden sie? Welche Position(en) hiezu vertreten staatliche Akteure wie Gesetzgebung, Rechtsprechung und sonstige Vollziehung (zB Vereinsbehörde)? Im Besonderen werden in dieser Arbeit in Ergänzung zur Rechtsprechung und Literatur, welche Antworten auf die zuvor angeführten generellen Fragen bieten, vor allem konkrete Bestimmungen eines österreichischen Sportdachverbandes und in weiterer Folge die grundsätzliche Ausrichtung seines Normensystems im Hinblick auf ausgewählte Bereiche der österreichischen Rechtsordnung analysiert und werden kritische Schlussfolgerungen geboten.

Beim „Mustersportdachverband" handelt es sich um den „Österreichischen Pferdesportverband" (OEPS), der vor 2011 den Namen „Bundesfachverband für Reiten und Fahren in Österreich" (BFV) geführt hat. Der Autor dieser Arbeit ist selbst jahrelang im Springreitsport aktiv gewesen und hat immer schon das Wirken von Verbandsnormen auf vor allem Funktionäre und auch Sportler mit hohem Interesse beobachtet und analysiert.

Mit welchem Selbstverständnis bzw mit welcher Anmaßung sind doch (vor allem „zentrale", wichtige) Funktionäre des Sportdachverbandes aufgetreten, die zuvor in kleinen, geschlossenen Gruppen Normen entwickelt und dann in Kraft gesetzt haben, mit denen sie (in der Masse) Nichtmitglieder des Sportdachverbandes zu eigentümlich konformem Verhalten, zu Geldleistungen, zum „Akzeptieren/Erdulden" von Geld- und anderen Strafen (zB Wettkampfausübungsverbote), kurz: zu weitgehender Unterwerfung gebracht haben. Ganz eigenartig wird in diesem Normenbiotop unter/neben (?) der Rechtsordnung des Staates die Entwicklung zur Zivilgesellschaft, zum mündigen Mensch, ja zum Citoyen konterkariert durch die Forderung nach bzw Schaffung von längst überwunden gedachter Untertänigkeit. Beispielsweise ist es kaum glaublich, weil voraufklärerisch oder aber zu Kaderparteien oder Sekten passend, aber dieser Sportdachverband verlangt doch tatsächlich – in einer seiner vielen Ordnungen – von einer speziellen Gruppe „seiner" Funktionäre, nämlich den sogenannten Wettkampfrichtern, seine zentrale Normenordnung „mental" anzuerkennen. Die nähere Beschäftigung mit den dachverbandlichen Zuständen bringt also viel Interessantes, manches Skurriles und kaum für möglich Gehaltenes, sowohl gesamtgesellschaftlich als auch insbesondere aus rechtlicher Perspektive.

Unter Heranziehung vor allem der juristischen Begriffsapparatur und des entsprechenden -verständnisses wird also ein „System" beschrieben, welches durch Rechtsnormen des Staates und private Normen dieses einen Sportdachverbandes grundgestaltet scheint; gezeigt wird anhand dieses Beispiels, wie ein Akteur des österreichischen (Sport)Verbandssystems durch die Anwendung und Umsetzung der Verbandsnormen eine, in einem bestimmten Sinn sehr effizient funktionierende Fremdbestimmungsmacht auf Kosten vor allem der Privatautonomie von natürlichen Personen (Sportlern, Wettkampfveranstaltern etc) entwickelt hat und ausbaut; Ähnliches findet sich in vielen Sport(dach)verbänden. Wichtig für das Gesamtverständnis ist Folgendes: Sportler, als natürliche Personen, sind (oftmals) gerade nicht Mitglied in einem österreichweiten „Sportdachverband", sondern „nur" in einem „Sportverein", welcher allerdings eigentümlicherweise „über" zB einen „Landesverband" mit dem „Sportdachverband" in einer bestimmten (rechtlichen) Beziehung steht. Hervorzuheben ist das Kennzeichen, dass der Sportdachverband für Nichtmitglieder aus seiner Sicht und seinem Anspruch gemäß unbedingt zu befolgende private Normen (Verbandsnormen) aufstellt.

Begibt sich also eine natürliche Person in den normativen Verfügungsraum eines (konkreten) Sportdachverbandes, so wird sie recht bald mit „Bekanntem" konfrontiert. Der Dachverband spiegelt in Aufbau, Strukturen, Funktionen und Ausübung von (bestimmter) Gewalt selektiv den Staat, den der Staatsbürger ja gewohnt ist bzw mit welchem er mehr oder weniger laufend interagiert. Allerdings ist der Staat dem Grunde nach vor allem eines: Rechtsstaat, der Tradition nach und dementsprechend dem verantwortungsvollen Umgang mit der monopolisierten Gewalt verpflichtet; und dient somit seiner Grundbestimmung nach vorrangig dem Schutz der Menschen und soll die Grundlage für ein geregeltes, konfliktfreies Zusammenleben gewährleisten. Dem Staatsbürger tritt er als Verfassungs-,

Gesetzes-/Grundrechts-, Rechtssicherheits- und/oder Rechtsgarantie-
sowie Gewaltenteilungsstaat gegenüber. Anders hält es der Sportdachverband gegenüber der natürlichen Person, die einem Verein beitritt und
die sich damit in den Verbandsinnenraum (bestehend aus Verein, Verband und Dachverband) begeben hat: Mit der Forderung nach Unterwerfung, Normenakzeptanz und -befolgung verbunden ist die Androhung von
Gewalt, in Form und als Ergebnis von Verbandsverfahren (zB Geldstrafen
und Sportausübungsverbote), die von ausgesuchten Verbandsfunktionären
geführt werden. Erst wenn innerverbandlich „Klärungen" im Sinne des heteronomen Normsetzers erfolgt sind (vielfach „Vorverurteilungen"), soll sich
die natürliche Person, welche ja nicht nur Vereinsmitglied, sondern auch
noch Staatsbürger ist, an den (Rechts)Staat wenden (dürfen/können), um
allenfalls ihre (Rechts)Interessen gegen den Sportdachverband durchsetzen
zu können. Da der Sportdachverband den natürlichen Personen, die nicht
seine Mitglieder, jedoch zugleich Staatsbürger sind, als „Privatgesetzgeber",
„Privatrichter", „Privatstrafvollziehender" und „Privatsteuerfordernder" (was
im Kern ein „verbandliches Gewaltverhältnis" ausmacht) gegenübertritt,
stellen sich aufgrund dieses „Umgangs" mehrere Fragen, wie zB: Wo bleibt
der Staat? Was an privater Gewalt(ausübung) lässt er zu? Wie hält er es mit
seinem Gewaltmonopol? Wie ist die sportdachverbandliche Erziehung qua
Unterwerfung von natürlichen Personen gesamtgesellschaftlich, vor allem in
Bezug auf das Rechtsverständnis und die Rechtsakzeptanz, zu beurteilen?
Dies führt unweigerlich zu den Schutzaufgaben des Staates, sobald sich die
Verhältnisse zwischen Privat(Kollektiv) und privatem Individuum, also Sport-
dachverband und natürlicher Person, in eine solche Richtung entwickeln.

IdZ ist unmissverständlich klarzustellen, dass sportdachverbandlich
gerne verwendete Argumente wie etwa „Wir in Österreich müssen das an
Regeln umsetzen, was der europäische (oder der Welt)Dachverband vorgibt," und „In anderen Staaten ist es auch so geregelt," nicht dazu führen,
dass diese normativen Vorgaben als „unvermeidlich", „notwendigerweise"
oder sogar „zwingend" zu akzeptieren sind. Wenn natürliche Personen
(Wettkämpfe bestreitende Sportler) in Österreich aufgrund „eigenentwickel-
ter" oder „vorgegebener" Privatnormen durch einen Sportdachverband in
ihren Rechten in einem Ausmaß beschnitten und/oder beschränkt werden,
welches der (Rechts)Staat Staatsbürgern gegenüber nicht durchsetzen bzw
verantworten könnte, dann ist Handlungsbedarf gegeben. Und zwar hier in
Österreich, in Hinblick auf die Rechtsordnung und vor allem auf die Vollziehung. Das längst schon überstrapazierte weitere Argument der „freiwilligen"
Unterwerfung" von natürlichen Personen unter Verbandsnormen und
-handeln und der damit einhergehenden Ausblendung bzw Relativierung
von Standards wie durch zB §§ 16 u 879 ABGB sowie den Grundrechten,
rechtfertigen kein weiteres „Wegschauen" und/oder „Akzeptieren" des Staates gegenüber interventionsstarken privaten Akteuren wie Sportdachverbänden. Die Alternativen für Sportler als Staatsbürger scheinen also zu
lauten: Schutz von Staatsbürgern durch den Staat oder weitergehende
Unterwerfung unter Privatnormen eines Verbandes.

Sportwettkämpfe können grundsätzlich entweder auf Amateur- oder auf
Berufs- oder Profibasis bestritten werden, in beiden Fällen sind die natürlichen Personen mit Verbandsnormen und/oder -bürokratien konfrontiert.

Festzuhalten ist, dass in der gegenständlichen Darstellung die sog Berufs-sportler nicht im Fokus stehen; dies wird für weitere Arbeiten in Aussicht genommen. Sind doch Berufssportler ganz besonderen „Zugriffen" und „Einordnungen" ausgesetzt, da gerade im Zusammenhang mit ihnen sportdachverbandlich das meiste Geld „gemacht" wird bzw „verdient" werden kann. Deren Disziplinierung (ob sie gem ö RO u Rsp nun als Ar-beiter oder Angestellte qualifiziert werden) und damit die sportunterneh-merische Planung und Gewinnmaximierung erfolgt innerstaatlich ohnehin auf mehreren spezifischen Ebenen, zB werden zusätzlich zur jeweiligen verbandlichen Normenordnung noch die Wege eines Kollektivvertrags, des Anti-Doping-Bundesgesetzes 2007 oder gar der eines Berufssport-gesetzes beschritten bzw angestrebt.

Die weitere Darstellung gliedert sich in sechs Hauptkapitel. Im An-schluss an die Einleitung (I.) geht es im II. Kapitel um ein Vorverständnis. Eingegangen wird beispielsweise auf die Tatsache, dass vielfach im Zuge der Beschäftigung mit dem Vereinsbereich (aus rechtlicher Perspektive) kaum zwischen zwei vorzufindenden Grundverhältnissen ausreichend unterschieden wird: nämlich erstens dem zwischen Vereinsmitglied auf der einen Seite und Verein auf der anderen Seite. Eine modifizierte (erweiter-te) Konstellation ist das zweite Grundverhältnis: Ist nun ein Verein selbst Mitglied eines Verbandes und bilden weiters mehrere Verbände einen Dachverband, so stehen einander „an den beiden Enden" eine natürliche Person, die nur Mitglied im Verein ist, und ein Dachverband gegenüber (dies gilt entsprechend zwischen Vereinsmitglied, Verein und Verband). Definitorische Festlegungen zu in der Arbeit immer wiederkehrenden zent-ralen Begriffen wie „verbandliche Normenordnung", „Vereinskette" und „Vereinsdominatoren", als „Funktionärsgruppe" und zugleich eigentliche Verkörperung des Vereins, sind für die weiteren Darlegungen notwendig. All die folgenden strukturellen und funktionalen Befassungen knüpfen an die grundlegenden Hauptakteure, nämlich erstens den Staat, zweitens die natürliche Person als Staatsbürger und als Mitglied eines Vereins; und drittens den/einen Sportdachverband, wobei jedoch die natürliche Person, der Staatsbürger, nicht Mitglied des letzteren ist. Nach einer kurzen Dar-stellung zur erschließbaren Selbstsicht und zum eben solchen Selbstver-ständnis des Sportdachverbandes schließt das (II.) Kapitel mit Thesen an, die durchaus nicht wert(ungs)frei sind, sondern auf der jahrelangen Be-schäftigung mit dem Thema, in der Praxis ua als teilnehmender Beobach-ter, sowie in rechtsdogmatischer aber auch – in mehrfachem Sinn – ge-sellschaftskritischer Hinsicht fußen.

Im III. Kapitel wird ein Überblick zur verbandlichen Normenordnung des untersuchungsgegenständlichen Sportdachverbands und zur Struktur des verbandlichen Reitsports geboten. Dies ist deshalb – bereits an dieser Stelle der Arbeit – notwendig, da sämtliche weitere dogmatische und (rechts)theoretische Erläuterungen fortwährend mit Beispielen aus dem bzw Bezügen zum (exemplarischen) Untersuchungsgegenstand versehen sind.

Das anschließende Kapitel, das IV., ist als Großkapitel konzipiert; von verschiedensten Seiten mit unterschiedlichen Tiefen (jedoch keineswegs erschöpfend) wird der Frage nachgegangen, inwieweit Vereine/Verbände

„Normsetzer eigener Art" – schwergewichtig aus österreichischer, (rechts)dogmatischer Sicht – im Staat, im Gefüge der Rechtsordnung bzw in der Gesellschaft insgesamt sind bzw zulässigerweise sein sollen/ können. Wenn innerverbandlich staatliche Merkmale wie „Rechtsetzung, Rechtsprechung, Strafvollziehung und Steuerfestsetzung" nachgebildet werden, und mit dem Anspruch/der Anmaßung auf unbedingte Befolgung durch die (vermeintlich) Normunterworfenen („vermeintlich" jedenfalls schon deshalb, da die allermeisten natürlichen Personen wie Sportler und Wettkampfveranstalter nicht einmal Mitglieder des Sportdachverbandes sind) durchgesetzt bzw erzwungen werden, dann ist dies eindeutig eine Erscheinungsform von Machtetablierung und -ausbau durch Normsetzung und deren zwangsbewehrte Sicherung. In weiterer Folge werden rechtsdogmatische Positionen zu (heteronomer) „privater Rechts- oder Regelsetzung" wiedergeben und kommentiert. Daran schließt ein 1. (rechts)soziologischer Exkurs mit älteren – wohl begründeten und nachvollziehbaren – Zugängen zu den Begriffen „Recht" und „verbandliche Normenordnung". Zwei weitere (rechts)soziologische Exkurse am Ende dieses Großkapitels knüpfen daran an.

Das folgende, zentrale Unterkapitel IV.3. hat eine weit(er) ausgreifende Behandlung der Frage, ob Statuten und sonstige Vereinsregeln zusammen eine „bloße" verbandliche Normenordnung (bzw verbandliche Normenordnung) oder gar „Verbandsrecht" darstellen, zum Inhalt. Begonnen wird mit der kritischen Darstellung der dogmatischen Beurteilung der Normen eines Verbandes und der gesetzlichen Einwirkungsmöglichkeit des Staates in rechtlich fragwürdige bzw Zulässigkeitsgrenzen überschreitende (deviante) verbandliche Regelausprägungen. Zivilrechtlich scheint der (österreichische) Gesetzgeber sich Vereinsstreitigkeiten möglichst „vom Hals halten" zu wollen, was freilich besonders von Sportdachverbänden dazu genutzt wird bzw werden kann, innerverbandlich, als Richter in eigener Sache und aufgrund eigens kreierter Verfahrensregeln, „vollendete Tatsachen" zu schaffen, indem Sportler, Wettkampfveranstalter und/oder Funktionäre, die sich gegen verbandliche Macht- und Gewaltausübung zur Wehr setzen, „ordentlich zugerichtet" werden, bevor sie die ordentliche Gerichtsbarkeit anrufen können. Und aus öffentlichrechtlicher Sicht, hier wiederum mit Blick auf die Vereinsbehörde, muss festgestellt werden, dass diese – offenbar rechtsprechungsbedingt – regelrecht „ohnmächtig" gegenüber (Sport)Verbänden ist, welche in eindeutiger Überspannung der Vereinigungsfreiheit und (damit) EMRK-widrig in die Rechte von Dritten (vor allem Sportlern) massiv eingreifen. Diskutiert wird daher bereits in diesem Großkapitel, ob, bzw dass ein Schutzversagen des Staates vorliegt. Problematisiert wird weiters: Um die eigene Bedeutung/Legitimation zu festigen bzw auszubauen, wird sportdachverbandlich daher (nicht nur in Österreich) das Ziel verfolgt werden, die je eigenen Normen als „Verbandsrecht" in den alltäglichen bzw wissenschaftlichen Sprachgebrauch einzuführen. Von Teilen der (wissenschaftlichen) Literatur in Österreich wird dies – wie zu zeigen ist – anscheinend (als plausibel/angemessen/praktikabel/nachvollziehbar etc) übernommen, „Herleitungen" erfolgen vorrangig aus deutschem Schrifttum. Rechtlich (und auch aus ideologischer Sicht) ebenfalls interessant ist das Konstrukt der „mittelbaren Mitgliedschaft": Vereinsgesetzlich ist normiert, dass die Statuten „Bestimmungen über den Erwerb und die Beendigung der Mitgliedschaft sowie die Rechte und Pflichten der Vereinsmitglieder" enthalten müssen. Da jedoch bei den allermeisten Sport(dach)verbänden die natürlichen Personen (Sportler, Wettkampfveranstalter und Funktionäre) nicht deren Mitglieder sind, wird, wohl um Unterworfenheit gegenüber der verbandlichen Normenordnung zu bewirken, eine vereinsgesetzlich nicht begründbare mittelbare Mitgliedschaft entwickelt; diese taucht (vereinzelt) in der Judikatur und im Schrifttum auf.

Da sich der „Sport" bestens fürs „Geschäftemachen" und zur Erlangung von Einfluß und Bedeutung eignet und auch infolge seiner „Beschäftigungswirkung" ein probates Herrschaftsinstrument ist, „infiltrieren" ausgesuchte Interessenvertreter nicht nur Normsetzungs- und Verwaltungsorgane der Mitgliedstaaten sondern auch der Europäischen Union. Einige Ergebnisse und Auswirkungen davon werden im Sonderexkurs unter dem Titel „Aspekte der Befassung mit Sport auf EU-Ebene" thematisiert.

Danach folgt eine (weitere) Befassung mit „Verbandsmacht", als deren eine Ausprägung die (vielfach gegebene) Intention von Verbänden zu sehen ist, dass sie nicht lediglich „private Normen" schaffen, sondern ein quasistaatliches bzw dem Staat vergleichbares Verbandsrecht. IdZ stellt sich freilich die „Gewaltfrage". Welche Instrumente/Techniken werden in Verbänden eingesetzt, um die Normeneinhaltung zu gewährleisten bzw zu sanktionieren? Des Weiteren interessiert, inwiefern monopolistische (Sport)Verbände zB Wettkampfveranstalter „regelrecht" zwingen (können), die Austragung von Sportleistungsvergleichen ausschließlich (bei sonstiger Strafe) aufgrund ihrer Verbandsnormen und damit Bedingungen zu organisieren? Anhand des untersuchungsgegenständlichen Sportdachverbandes wird dies ausführlich dargelegt. (Vielfach) Ausdrücklich kann aus „Sportnormen" die Tendenz/Absicht der „Erziehung" der Normadressaten entnommen werden, so zB ist es dem untersuchungsgegenständlichen Sportdachverband, dem OEPS, anscheinend ein Anliegen in bestimmten Fällen Sportler „im Namen der Disziplin zu verfolgen": dann nämlich, wenn zB „Normen" zur Bezahlung von Gebühren oder Strafen (an ihn) nicht eingehalten werden. Welches Maß an Druck, ja mitunter „Gewalt" (in einem weiteren Sinn), wird hierbei angewendet? Was an „Erziehung" von privaten natürlichen (vielfach erwachsenen) Menschen durch einen privaten Verband ist (rechtlich, gesamtgesellschaftlich bzw aus „zivilgesellschaftlicher" Sicht) heute erwünscht und zulässig? In diesem Zusammenhang erfolgt ein „Ausflug" in die Geschichte: Vor 40 Jahren noch sind „studentische Disziplinarordnungen" in Kraft gewesen, insofern kann von einer staatsnahen Erziehung zur Einhaltung von „akademischen Standespflichten" mit dem Ziel der Schaffung des „guten Menschen" gesprochen werden. Zeitgemäß ist Derartiges erfreulicherweise nicht mehr, auch die/eine Gewalt in der Familie wurde bzw wird durch gesetzliche und Bewusstsein bildende Maßnahmen zurückgedrängt. Verbandliche Gewaltverhältnisse jedoch sollen zulässig und erwünscht sein?

Als eine Rechtfertigung bzw Propagierung für mächtige Verbände kann *Gierkes* „Verbandswesen" von vor mehr als 100 Jahren ausgemacht werden, und als eine heutige Weiterentwicklung die (Denk)Schule des

„Transnationalen Rechts" bzw Teile von deren „Theoriengebäude". Das ist Gegenstand des 2. (rechts)soziologischen Exkurses. Da jede normative und faktische Bewegung/Entwicklung neben Geschichte und Theorie auch eine Ideologie benötigt, um ua das Bedürfnis nach der Legitimation des „So-Seins" zu befriedigen, wird dieses Großkapitel mit einem entsprechenden 3. (rechts)soziologischen Exkurs geschlossen: „Der Sport", „die Besonderheit des Sports" und „das Sportrecht" – Merkmale einer Sportideologie. Exemplarisch wird gezeigt, welcher Begründungsapparat für Gegenwart und Zukunft der/einer schönen, neuen „Verbandsrechtswelt" in Gang gesetzt wird.

Im V. Kapitel werden ausgewählte Normen des untersuchungsgegenständlichen Sportdachverbands sowie dessen faktisches Handeln in ihrer Wirkung auf die Hauptbetroffenen, die Wettkampfveranstalter, Reitsportler und Wettkampfrichter ausführlich dargestellt. Gezeigt wird, wie weit der OEPS den Weg in Richtung „Privatgesetzgebung", „Privatgerichtsbarkeit", „Privatstrafvollzug" und „Privatsteuerforderung" schon beschritten hat. Insbesondere die verbandlich weitgehendst fremdbestimmten und im Konstrukt der „mittelbaren Mitgliedschaft" verfangenen Reitsportler werden in ihrem Ausgeliefertsein gegenüber zB dem „Schiedswesen" bzw Disziplinierungs- und Strafsystem des OEPS sichtbar gemacht; Auswege aus dieser normativen Situation werden besprochen und geboten, da die Reitsportler in diesem Verhältnis eben gerade keine Vereinsmitglieder (weder mittelbare, noch unmittelbare) sind, sondern Konsumenten, und daher auch das Konsumentenschutzrecht als ein (rechtliches) Instrumentarium gegen die verbandsnormativen Zu- und Umstände zur Wirkung gebracht werden kann. Zuletzt werden in diesem Kapitel noch die Rollen der Wettkampfrichter („Mentalisten" genannt, da sie zentrale Verbandsnormen „mental" anzuerkennen haben) sowie sonstige Funktionäre näher in Augenschein genommen.

Das allerletzte, das VI. Kapitel bietet eine abschließende Betrachtung samt Ausblick. Da oftmals (im Schrifttum) wie selbstverständlich „der Sport" und die Sportverbände als Teil(e) der Zivilgesellschaft genannt werden, ist in aller Kürze darauf einzugehen, ob tatsächlich gewaltausübende Verbände der civil society zugezählt werden können; diesbezüglich sind auch einige Positionen auf der Ebene der EU zum Verhältnis Sport und Zivilgesellschaft von Interesse. Österreichische Annäherungen an die Zivilgesellschaft und weiter zur „servant society" schließen diesen Themenkomplex ab. Dann folgt in diesem Kapitel die eigentliche Zusammenfassung in Bezug auf den OEPS und die davon Betroffenen (VI.2., Die verbandliche Gewaltausübung – das Normieren und Handeln des OEPS); entsprechend der Hierarchie im Verband wird zuerst das verbandliche Gewaltverhältnis von „oben" und dann von „unten" gerafft wieder gegeben.

Wenn Sport(dach)verbände mit natürlichen Personen, die nicht deren Mitglieder, jedoch Staatsbürger sind, in Form eines verbandlichen Gewaltverhältnisses „verfahren", dann drängt sich die Frage nach der Rolle des Staates auf. Passiert Derartiges, dann auch deshalb, da der Staat seinen (Schutz)Pflichten gegenüber seinen Staatsbürgern nicht nachkommt; unbestritten und unbestreitbar ist jedoch, dass aus der Grundrechtsordnung Schutzpflichten sowie aus dem allgemeinen Gebot des Schwächerenschutzes Handlungspflichten des Staates abzuleiten sind. Dies ist Inhalt von Unterkapitel VI.3. (Die staatliche Schutzvernachlässigung ermöglicht verbandliche Gewaltverhältnisse). Im Ausblick, VI.4., schließlich wird das „gesamtgesellschaftliche Potential" des aufgezeigten Umganges von Menschen mit Menschen im Rahmen von Vereinen/Verbänden thematisiert. Wie sehr nutzen Sport(dach)verbände den Gehorsam von Staatsbürgern gegenüber Gesetzen, um unter Einsatz von Erziehung und Strafdruck daraus eine Form der „Hörigkeit" gegenüber den Verbandsnormen zu kreieren.

II. Vorverständnis

Bereits die Einleitung zeigt eine bestimmte, kritische Haltung zum vorgestellten Themenkomplex. In diesem Kapitel wird das insofern fortgesetzt werden, als zu Beginn (II.1.) wesentliche Begriffe, in Anlehnung an deren Verwendung und Interpretation in der juristischen Literatur, untersuchungsrelevant beschrieben bzw definiert werden. Um dieses „Vorkapitel" (II.) möglichst knapp halten zu können, wird vielfach darauf verzichtet, schon hier verwendete Fachtermini näher zu erläutern; dies geschieht in den Folgekapiteln in der gebotenen Ausführlichkeit. Daraufhin werden in aller Kürze die nach außen getragene „Selbstsicht" und das erschließbare „Selbstverständnis" des untersuchungsgegenständlichen Sportdachverbands dargestellt (II.2.). Dieses Kapitel (II.) endet schließlich mit einer, dem vorangegangenen Unterkapitel inhaltlich bzw tendenziell entgegenstehenden, knappen thesenartigen Annäherung an die Thematik, welche bereits die Eckpfeiler der Position des Verfassers – gewonnen aufgrund jahrelanger Befassung – ausweisen (II.3.); im weiteren Verlauf gilt es, diesen Zugang an verschiedensten Pro- und Contra-Argumenten zu messen. Diese, eigener Einschätzung zufolge, idealistisch-kritische Grundhaltung orientiert sich insbesondere an der größtmöglichen (normativen) Freiheit des Einzelnen, im gewaltgeteilten und Gewalt monopolisierenden, demokratischen Rechtsstaat, und zielt auf die Offenlegung lebenssachverhaltstypischer „Entrechtungsmechanismen und -erscheinungen" in einem Sportdachverband gem österreichischem Vereinsgesetz 2002 (im Folgenden kurz: VerG)[1], welcher anscheinend so viel wie möglich Autonomie gegenüber dem Staat anstrebt.

1. Wesentliche, themenrelevante Begriffe und Verhältnisse

1.1. Verein und Vereinsmitglied

Das Verhältnis zwischen Vereinsmitglied und Verein ist nichts anderes als eine besondere Ausprägung der soziotypischen Gegebenheiten „Teil und Ganzes" oder „Individuum und Kollektiv": In der folgenden Themeneinführung geht es einerseits um die rechtliche Beurteilung der maßgeblich vereinsnormenbestimmten faktischen und rechtlichen Position der natürlichen Person (also des Vereinsmitgliedes), die Staatsbürger ist, in einem bestimmt – nämlich: vereinsgesetzlich – „verfassten Rahmen", sei es als Sportler[2], Wettkampfrichter, Funktionär, Wettkampfveranstalter etc: Be-

---

1 VerG 2002 BGBl I 2002/66 idgF – ohne Zusatz der Jahreszahl ist im Folgenden demnach immer das geltende VerG 2002 gemeint; Vorgängerfassungen dieser Rechtsnorm, wie zB das VerG 1951, werden mit der jeweiligen Jahreszahl angegeben. Das Stammrecht des österreichischen Assoziationswesens stellt das Vereinspatent 1852, aufgehoben durch BGBl I 1991/191, dar, so *Raschauer*, Wirtschaftliche Vereinigungsfreiheit, ÖZW 1992, 11.

2 Lediglich aus Gründen der Sprachästhetik und der Praktikabilität wird im

sonders hervorzuheben ist, dass jegliche „Vereinsnormen" als das Ergebnis der Willensbildung von Privaten jedenfalls dem Privatrecht, konkret dem Vertragsrecht, zuzuordnen sind, keinesfalls handelt es sich dabei um staatliche Rechtsnormen – dies müsste andernfalls vom Staat bzw dessen Organen gesetzlich bestimmt werden. Andererseits wird der Verein bzw der Verband (als von Vereinen gebildeter Verein) gerade nicht als „anonymes" Ganzes, den oder einen „Gesamtwillen" verkörperndes Kollektiv, sondern als Ergebnis von bestimmten (Funktionärs)Interessen, vornehmlich denen der „Vereinsdominatoren" (s dazu unten), betrachtet: je nach dem sind die Normen des Vereins/ist die verbandliche Normenordnung (also die Summe aller Vereinsbestimmungen) – vorrangig – der einen Grundposition verpflichtet, nämlich insbesondere einem rechtsordnungskonformen Umgang mit der (Rechts)Persönlichkeit des Vereinsmitglieds; oder aber diese zielen – und das ist die andere, konträre Grundposition – in letzter Konsequenz darauf ab, dass das Vereinsmitglied mithilfe der Normen des Vereins zu einem „Gewaltunterworfenen" modelliert wird. Das Vereinsmitglied ist in einer derartigen „Unterwerfungskonstellation" aus (gesamt)rechtlicher Sicht gegenüber dem Verein wesentlich schlechter gestellt als der Staatsbürger gegenüber dem Staat, da der Verein seinen normativen Innenraum und (damit) sein faktisches Handeln unter exzessiver Interpretation des Grundrechts auf Vereinigungsfreiheit vor einem staatlichen Tätigwerden zum Schutz seiner Staatsbürger erfolgreich abschirmt. Besonders gravierend beeinträchtigt ist die (rechtliche) Situation des Vereinsmitglieds, wenn der Verein die verschiedensten (Rechts-) Schutzgrenzen (insbesondere Grundrechte), die der Staat zugunsten der Rechtsgenossen oder Rechtsnormadressaten (bzw seiner Staatsbürger) errichtet hat und respektiert, zum Nachteil des Vereinsmitgliedes überschreitet bzw negiert.

Das den Sport ausübende, also das in diesem Sinn „aktive" Vereinsmitglied kann typischerweise mit dem Oberbegriff „Sportler" bezeichnet werden. Je nach Art und/oder Intensität der sportlichen Betätigung kann weiters grundsätzlich einerseits zwischen Amateur-, oder auch Hobby-, und andererseits Profi- oder auch Berufssportlern unterschieden werden. Der Amateursportler, der den Sport lediglich abseits von vereinsnormenbestimmten Wettkämpfen betreibt, wird idR insgesamt weniger Berührungspunkte mit dem Verein/Verband haben, als derjenige, welcher derartige Wettkämpfe beruflich bestreitet. Profisportler sind jedenfalls sowohl in ihrem Training als auch bei ihrer „Berufsausübung", also im Kern der Teilnahme an Wettkämpfen, durch Normenordnungen des Vereins durch und durch reglementiert.

Folgenden das generische Maskulinum verwendet. In diesem Sinne sind beispielsweise unter „Sportler" demnach auch „Sportlerinnen" als mit umfasst zu verstehen.

1.2. Normen des Vereins (verbandliche Normenordnung)/Schlüsselfunktionäre

Im Zentrum der Untersuchung stehen die Normen des Vereins/Verbandes, die von bestimmten Personen bzw Gruppen im Verein intendiert, formuliert, beschlossen werden und, oftmals von denselben Personen („Funktionären"[3]) oder von Kollegialorganen, gebildet aus Funktionsträgern (vor allem Organwaltern)[4], schließlich umgesetzt bzw sogar „vollzogen" werden (sollen): die Vereinsstatuten[5] und die „sonstigen Vereinsregeln", welche zusammen die „Normen des Vereins" bzw die „verbandliche Normenordnung"[6] bilden.

Die „sonstigen Vereinsregeln" bestehen erstens aus den Regeln zB für die innere Organisation und für Vereinsverfahren sowie zweitens aus Ge- und Verbotsregelungen va in Hinblick auf die Vereinsmitglieder.

Materiell handelt es sich bei den Normen des Vereins, je nach dem, um Sportausübungs- und Wettkampfregeln sowie Sportadministrationsregeln.[7]

Die Regelwerke des Vereins sind also samt und sonders private Normen, nicht aber Rechtsnormen des Staates.[8]

---

3   S zB *Kocholl*, Doping und Selbstmedikation – Lauteres und Unlauteres im Bergsport, CaS 2011, 354, welcher „Funktionäre als Wächter des Sports" bezeichnet.

4   *Kossak*, Handbuch für Vereinsfunktionäre (2009) 37 f, nennt als „Oberbegriff" den der „Funktionäre": das sind die von der Mitgliederversammlung des Vereins in die Funktionen Vorstand, Rechnungsprüfer, Schiedsgericht gewählten Personen, sowie auch alle vom Vereinsvorstand mit Vereinsaufgaben betraute Personen; und weiters als „Organwalter" die Mitglieder des Vereinsvorstandes (des Leitungsorgans des Vereins); konkretisierend bzw ausführlicher erläutert *Kossak*, Die neue Haftung der Vereinsfunktionäre2 (2012) 1 ff, 4 ff, den Begriff des Vereinsfunktionärs – das VerG 2002 BGBl I 2002/66 idgF kennt diesen allgemeinen Terminus nicht – und unterscheidet nach dem Kriterium Wahl bzw Bestellung: erstens „Organwalter und Rechnungsprüfer", welche vom Vereinsorgan Generalversammlung in eine bestimmte Funktion gewählt werden, und zweitens „andere Funktionäre und Helfer", welche nicht von der Generalversammlung sondern vom Vorstand mit Vereinsaufgaben betraut sind (zB Ausschüsse, welche vom Vorstand eingerichtet werden; dessen Mitglieder sind keine Organwalter); hinsichtlich des Kriteriums der „Form" der Mitarbeit im Verein unterscheidet *Kossak* zwei Formen: erstens das/ein „Dienstverhältnis" und zweitens das/ein „Ehrenamt".

5   Oder synonym: Vereinssatzung, s *Krejci/S. Bydlinski/Weber-Schallauer*, Vereinsgesetz 2002, Kommentar² (2009) § 1 Rz 15.

6   S zu den Begriffen „Verein" und „Verband" sogleich unten; grundsätzlich wäre auch die Bezeichnung „vereinliche Normenordnung" denkbar.

7   S dazu Anhang I: Graphische Übersicht zum Verhältnis der drei Akteure „Staat – Staatsbürger (Verbandsuntertan) – Sportverband" in Hinblick auf die „Normen des Vereins = verbandliche Normenordnung".

8   S dazu statt vieler grundlegend *Rill*, Grundlegende Fragen bei der Entwicklung eines Rechtsbegriffs in Griller/Rill, Rechtstheorie. Rechtsbegriff – Dynamik – Auslegung (2011) 7, 9, 12 f: „Unter Normen ist hier ein Sollen zu verstehen." Und: „Ob ein bestimmtes Verhalten unerwünscht ist und demnach die zwangsandrohende Rechtsfolge eine Sanktion gebietet, ist eine Frage der Bewertung durch den Gesetzgeber." Sowie: „Der Bestand von Normen-

Bereits an dieser Stelle ist eine Klärung der Verwendung der Begriffe „Verein" und „Verband" vonnöten; ausgegangen wird von der Legaldefinition des Gesetzgebers und den Bedeutungsinhalten der Begriffe im juristischen Schrifttum, um dann die der gegenständlichen Arbeit eigentümliche Verwendung zu erläutern. Gem § 1 Abs 5 VerG ist ein Verband ein Verein, in dem sich idR Vereine zur Verfolgung gemeinsamer Interessen zusammenschließen; und ein Dachverband ist ein Verein zur Verfolgung gemeinsamer Interessen von Verbänden. Aus dem Gegebensein dieser drei „Vereinsstufen" (natürliche Personen schließen sich zur ersten Stufe, dem Verein, mehrere Vereine zur zweiten Stufe, dem Verband, und schließlich Verbände zur dritten Stufe, dem Dachverband, zusammen) folgt logischerweise, dass im Rechtssinn (gem VerG) auch Verbände und Dachverbände „bloß" Vereine sind. Ein Maß an „Unschärfe" entsteht weiters insofern, als im juristischen Schrifttum (va im Gesellschaftsrecht) oftmals die Begriffe „Gesellschaft" (bzw Unternehmen) und „Verband" synonym gebraucht werden.[9] Da nun wiederum ein Verein „bloß" ein Gesellschaftstyp unter vielen ist,[10] kann daher auch dieser (gesellschaftsrechtlich) als „Verband" angesprochen werden; demzufolge gelten also die drei Vereinstypen gem VerG, nämlich Verein, Verband und Dachverband, zumindest gesellschaftsrechtlich jeweils als „Verbände". Und somit können schließlich die Regelwerke jedes Vereins gem VerG (also aller drei „Vereinsstufen") jeweils als „verbandliche Normenordnung" angesprochen werden, wie es in der vorliegenden Arbeit der Fall ist.

Das Handeln des Vereins/das „Vereinshandeln" wird typischerweise von den Vereinsorganen, Funktionären und/oder Administrationspersonal (dem Verein zurechenbar) auf Basis der verbandlichen Normenordnung erfolgen. Diese wird gewöhnlich durch Organe des Vereins beschlossen;

---

systemen, die sich als Rechtsordnungen verstehen, ist nur solange gegeben, als die in diesen Systemen vorgesehene Dynamik funktioniert. Das heißt – vereinfacht dargelegt –, Gesetze werden unter den in der Verfassung vorgesehenen Bedingungen erlassen, die Gesetze finden in der in ihnen vorgesehenen Art und Weise eine Konkretisierung und Vollziehung bis hin zur Verhängung der gesetzlich festgelegten Sanktionen und erforderlichenfalls ihrer Vollstreckung als Antwort auf rechtswidriges Verhalten. Ist dies der Fall, dann ist die Ordnung effektiv, dann werden die Normen dieser Ordnung von den staatlichen Organwaltern vollzogen und ebenso von den Rechtsunterworfenen im Großen und Ganzen angewendet und befolgt." Die Rechtsordnung kann insofern als das Ergebnis der Rechtsetzungstätigkeit des staatlichen Normsetzers gesehen werden; demzufolge kann ihr somit ein „etatistischer Rechtsnormbegriff" zugrunde gelegt werden; s dazu IV. sowie insbesondere 2. (rechts)soziologischer Exkurs, 2.

9   ZB *Kastner/Doralt/Nowotny*, Grundriß des österreichischen Gesellschaftsrechts5 (1990) 5 f: „Das Unternehmensrecht begreift das Unternehmen als einen sozialen Verband." Oder *Krejci*, Gesellschaftsrecht I (2005) 16: „Die Gesellschaft als Zweckverband." Vgl auch *Kalss* in Kalss/Nowotny/Schauer, Österreichisches Gesellschaftsrecht (2008) Rz 1/2; sa *Keinert*, Mitgliederversammlung des Vereins (2012) 11, 24 f, welcher „Verbände" synonym mit „Körperschaften des Privatrechts", also AG, GmbH und Genossenschaft, gebraucht.

10   *Krejci*, Gesellschaftsrecht I 7 f.

zusätzlich werden weitere Beschlüsse von Organen (bzw von Funktionären und/oder Administrationspersonal) auf deren Grundlage getroffen. In diesem Sinne geschieht daher das überwiegende Vereinshandeln infolge von Beschlüssen. In dieser Arbeit interessieren vorrangig einerseits das Vereinshandeln auf Basis bzw in Bezug auf Statuten und sonstige Vereinsregeln sowie andererseits Beschlüsse, welche die Änderung und/oder Ergänzung der verbandlichen Normenordnung bewirken bzw unmittelbar auf dieser beruhen; von geringerer Bedeutung sind zB Vereinsbeschlüsse, welche auf sonstige Umstände/Absichten zielen, wie zB Wahlen, Ehrungen oder Wettbewerbsveranstaltungen. Maßstäbe für die Kontrolle von Vereinsbeschlüssen sind sowohl im privaten als auch im öffentlichen Recht normiert; für die Vollziehung sind einmal ordentliche Gerichte, das andere Mal die Vereinsbehörde zuständig.

Die ordentliche Gerichtsbarkeit ist zuständig für die in § 7 VerG[11] geregelten Tatbestände: Nichtig sind Beschlüsse von Vereinsorganen, wenn dies Inhalt und Zweck eines verletzten Gesetzes oder die guten Sitten gebieten (§ 7 S 1 VerG). Andere gesetz- oder statutenwidrige Beschlüsse bleiben gültig, sofern sie nicht binnen eines Jahres ab Beschlussfassung gerichtlich angefochten werden (§ 7 S 2 VerG). Jegliche Vereinsbeschlüsse, gleichgültig, ob sie die Statuten ändern und/oder ergänzen, oder ob sie auf die Schaffung/Veränderung etc von sonstigen Vereinsregeln abzielen, sind vor der Bekämpfung vor den ordentlichen Gerichten grundsätzlich einem vorgeschalteten, vereinsinternen Verfahren gem § 8 VerG zu unterziehen.

Die Vereinsbehörde wird Vereinsbeschlüsse und damit das Vereinshandeln in letzter Konsequenz insbesondere an § 29 VerG (Behördliche Auflösung) messen. Dieser Rechtsnorm zufolge kann jeder Verein bei Vorliegen der Voraussetzungen des Art 11 Abs 2 EMRK[12] (sohin insbesondere der Gefahr für die Rechte Dritter, zB von Nichtvereinsmitgliedern gegenüber Verbänden) mit Bescheid aufgelöst werden, wenn er weiters erstens gegen Strafgesetze verstößt, zweitens seinen statutenmäßigen Wirkungskreis überschreitet oder drittens überhaupt den Bedingungen seines rechtlichen Bestands nicht mehr entspricht. In Rsp (VfGH) und Schrifttum[13] wird die – nicht nachvollziehbare – Position vertreten, dass eine behördliche Auflösung nur im Fall von § 29 VerG widrigen Statutenbestimmungen erfolgen darf, nicht aber dann, wenn sonstige Vereinsregeln tatbildlich gem § 29 VerG sind; dadurch wird es der Vereinsbehörde nahezu verunmöglicht, das gesamte Vereinshandeln (und damit sämtliche Vereinsbeschlüsse) gem § 29 VerG zu beurteilen und gegebenenfalls zu sanktionieren.

Wird der Blick nun weg von den wesentlichen rechtlichen Rahmenbedingungen und hin zu den faktischen Gegebenheiten des „Vereinswesens"

---

11 S grundlegend *Keinert*, Nichtigkeit und Anfechtbarkeit von Vereinsbeschlüssen, JBl 2011, 617 ff: „Die Regelung der Nichtigkeit von Vereinsbeschlüssen sowie ihrer Anfechtbarkeit in § 7 VerG ist die modernste im gesamten Recht der Körperschaften des Privatrechts."

12 Europäische Konvention zum Schutze der Menschenrechte und Grundfreiheiten BGBl 1958/210 idgF (kurz: EMRK).

13 S dazu insbesondere IV.3.2.1.

gerichtet, scheint grundsätzlich zu gelten: Je größer der Verein/Verband ist, je wirtschaftlich (politisch, medial usw) bedeutsamer, desto eher wird er im Interesse der (Gestaltungs)Macht von Wenigen als Instrument der Normsetzung und -durchsetzung gegenüber den Vielen (den Vereinsmitgliedern bzw Nichtmitgliedern) verwendet.

In der Praxis größerer Vereine (bzw Verbände) wird das Thema der Schaffung und „Weiterentwicklung" der Vereinsnormen und deren Umsetzung in etwa folgendermaßen gehandhabt – wie ua aufgrund vielfacher teilnehmender Beobachtung wahrgenommen werden konnte: Selbstverständlich wird die „Notwendigkeit" von (bestimmten) Normen für das Funktionieren des Vereins den Mitgliedern (oder auch Nichtmitgliedern des Verbandes) gegenüber vermittelt bzw beworben („Wir müssen das regeln." Oder: „Der Verband schreibt uns dies vor."). Mitunter wird ein regelrechtes „Normenmarketing" in Gang gesetzt („Für die Teilnahme an [internationalen] Wettkämpfen ist ‚dies und das' unverzichtbar."). Mehr oder (eher) weniger „demokratische" Diskussionsprozesse über die Erforderlichkeit neuer (und noch detailliertere) Vereinsregelungen werden gepflogen; in zur Beschlussfassung zusammengetretenen Mitgliederversammlungen[14] schaffen Befürworter, oftmals „Experten" (zB des Rechts) oder wirkmächtige, in Vereinsfunktionen dem sog „Vereinsgemeinwohl Dienende" (Funktionäre[15]) die Voraussetzungen für die Antragsannahme durch Delegierte[16]; manchmal werden von Vereinsführungen bei dieser Gelegenheit zu Inszenierungszwecken auch „Gegner" der neuen Bestimmungen aufgeboten, deren Argumentation im Endergebnis jedoch der der Befürworter

---

14   S dazu grundlegend *Keinert*, Mitgliederversammlung passim.

15   Vgl statt vieler zum (Macht)Handeln von Funktionären *Weinberger*, Moral und Vernunft (1992) 134 f: „Kompetenzen sind für das Funktionieren von institutionellen Personen unerlässlich. Der aufgrund von Kompetenzen als Organ Tätige hat auch oft Macht, wenigstens funktionale Macht in der Institution. Er erlangt aber oft auch eine Position, die es ihm erlaubt, seine institutionalisierte Stellung als Quelle persönlicher Macht über das institutionell Funktionale hinaus zu verwerten. Auch die Verwertung interner Informationen, die Machtträger erlangen, zum persönlichen Vorteil ist möglich. Es gelten daher in der Demokratie für jede Machtausübung moralische und rechtliche Einschränkungen." *Weinberger* deutet in diesem Text – nobel – bloß an, welches „Handeln" und in weiterer Folge Selbstverständnis bei Funktionären auftreten kann: Wenn zB Funktionäre, die sportliche Leistungen beurteilen/bewerten sollen, vom Sport(dach)verband zugleich damit beauftragt werden, sonstige Verbandsnormen gegenüber Sportlern und Wettkampfveranstaltern zu „vollziehen" (zB dessen Geldforderungen durchzusetzen), dann schmeichelt die „verliehene Bedeutung" ihrer Eitelkeit und sie werden zu Mitläufern des Verbandes, deren sich der Verband bei der laufenden Aufstellung und Durchsetzung neuer Regeln sicher sein kann. Selbst der Umstand, dass der Verband sogar ihnen gegenüber Strafen androht (und gegebenenfalls verhängt), wenn sie nicht entsprechend „vollziehen", bringt sie zumeist nicht zum Nachdenken darüber in welches System sie sich begeben haben, sondern bindet sie eigentümlicherweise als einerseits Strafunterworfene und andererseits als „Vollstrecker" von Stellvertretungsmacht noch stärker an die (Macht) Institution.

16   S zu Begriff und Funktion von „Delegierten" *Keinert*, Delegiertenversammlung des Vereins, ecolex 2011, 1019 ff.

unterlegen zu sein hat. Dann folgt der Beschluss der „überzeugten, demo-kratischen Mehrheit" der Versammlungsteilnehmer. Damit existieren im Vereinsraum wiederum neue Normen, denen sich, der einen Lesart ge-mäß, auch Antragsgegner unterzuordnen haben, ebenso wie sich neu eintretende Vereinmitglieder dem gesamten, sich fortlaufend ändernden Normenbestand des Vereins „unterwerfen" müssen. Eine „bewährte" Ver-einspraxis ist es auch, wirklich bedeutsame Normenkonglomerate bzw -änderungen gerade nicht der Mitgliederversammlung zur Annahme oder Ablehnung vorzulegen, sondern diese in kontrollierbaren Kleingremien bzw Vereinsorganen (besetzt durch steuerbare Funktionäre) zu erarbeiten und auch dort zu beschließen, worauf das Ergebnis dann dem (vermeint-lich) „höchsten Organ" des Vereins, eben der Mitgliederversammlung, lediglich zur Kenntnis gebracht wird. Es wird so möglichst vermieden, (vor allem direkt) demokratisch legitimierte Entscheidungen derer zu erwirken, die von den Normen betroffen sind bzw sein sollen.

Und diese Vereinsgebote und -verbote werden dann umgesetzt bzw regeln das Verhalten der Mitglieder – beaufsichtigt wird das Ganze von besonderen („ehrenamtlichen") Funktionären und/oder Angestellten des Vereins, welche im Folgenden gemeinsam auch „Schlüsselfunktionäre" genannt werden. Bei Verstößen gegen die Vereinsnormen werden ver-bandsseitig „Verfahren" gegen Regelbrecher eingeleitet und von Schlüs-selfunktionären durchgeführt sowie gegebenenfalls Sanktionen verhängt, kurz: es wird der Terminologie des staatlichen (öffentlichen) Rechts fol-gend „vollzogen".

Ein zumindest in Teilen vergleichbares „Muster" findet sich mutatis mutandis auch im Verhältnis zwischen Unternehmer und Konsumenten.[17] Vom Unternehmen werden einseitig Normen gestaltet, nämlich dessen „Allgemeine Geschäftsbedingungen"[18], denen sich dann typischerweise der schwächere Konsument als conditio sine qua non im Wege „vertrag-lichen Einvernehmens" zu „unterwerfen" hat. Obwohl der Konsument viel-fach keine Möglichkeit des Ausverhandelns hat, wird genau dies fingiert, wenn – immer wieder – damit argumentiert wird, schließlich habe der Verbraucher den Vertrag ja doch „freiwillig" unterzeichnet. Das „Unterwer-fungsschema bzw -argument" wird im Verhältnis „Verein – Vereinsmit-glied" oder „Dachverband – Nichtmitglied" ebenso bemüht: der als „Bei-trittsvertrag" qualifizierte Vereinsbeitritt und das Vereinsverhältnis als

---

17 S z Konsumentenschutz sowie zum Verbrauchergeschäft grundlegend *Koziol/Welser*, Grundriss des bürgerlichen Rechts II13 (2007) 401 ff.

18 S dazu grundlegend zB *Koziol/Welser*, Grundriss des bürgerlichen Rechts I[13] (2006) 129 ff; sowie jüngst *Max Leitner*, Was genau sind eigentlich Allgemei-ne Geschäftsbedingungen und Vertragsformblätter? immolex 2012, 245, wel-cher über das typische Merkmal der „Ungleichgewichtslage" zwischen den Vertragsparteien hinausgehend unter Einbeziehung der Vorgaben der Klau-selrichtlinie (über missbräuchliche Klauseln in Verbraucherverträgen 93/13/EWG ABl L 1993/95, 29) zu folgender AGB-Definition gelangt: „AGB sind vorformulierte Vertragsbedingungen, die entweder für eine Vielzahl von Geschäften vorgesehen sind oder in einem Vertrag zwischen einem Unter-nehmer und einem Verbraucher zur Anwendung kommen, auch wenn sie nur zur einmaligen Verwendung bestimmt sind."

solches „rechtfertigten" die Durchsetzung der Normen des Vereins, obwohl sie das Ergebnis einer einseitigen Normengestaltung sind. Vom solcherart geschaffenen Unterwerfungsverhältnis wird oftmals durch das Argument „abgelenkt", dass das Vereinsmitglied ja im Wege der Beschlussfassung(en) im Verein die Normen des Vereins mitbestimmen könne bzw mitbestimmt habe, was jedoch insbesondere im Verhältnis „Dachverband – Nichtmitglied" gerade nicht der Fall ist, denn der Sportler ist Mitglied im Verein, nicht aber im Verband und schon gar nicht im Dachverband; auch die Behauptung, das Vereinsmitglied werde beim Dachverband gewissermaßen indirekt repräsentiert, greift insofern nicht, als dort grundsätzlich ausgesuchte Personen, nämlich Schlüsselfunktionäre, nur zu bestimmten Themen und dann in „durchorchestrierten" Verfahren zur „Willensbestätigung" zugelassen werden.

1.3. Verein bzw Verband/Vereinskette

Mehrere Vereine, die zusammen einen Verein gem VerG „gründen", schaffen dadurch einen Verband; mehrere Verbände wiederum können dementsprechend einen sog Dachverband bilden. Grundsätzlich werden in der gegenständlichen Darstellung „Verein" und „Verband" gleichbedeutend verwendet.[19] In der Praxis beginnt eine derartige rechtlich relevante „Gruppenbildung" zumeist damit, dass sich natürliche Personen zu einem Verein zusammenschließen, und dass in weiterer Folge dieser Verein mit anderen Vereinen einen Verband, zB den Verband der Vereine eines österreichischen Bundeslandes, bildet; schließlich gründen dann (neun) Landesverbände einen Bundesverband (welcher rechtlich gesehen ein Dachverband ist). Die natürliche Person ist bei entsprechenden Statutenbestimmungen nur Mitglied im Verein, nicht jedoch im Landesverband oder gar im Bundesverband.[20] Die Vereine sind beim jeweiligen Verband, und nur die Verbände sind beim Bundesverband (als Dachverband) Mitglieder. Insofern kann von einer Kette dreier Vereine, also juristischer Personen, „Verein – Verband – Dachverband" gesprochen werden. Keinesfalls jedoch liegt eine „Mitgliedschaftskette", ausgehend von der natürlichen Person bis zum Dachverband, in dem Sinn vor, dass rechtlich mit der Mitgliedschaft zu einem Verein eine wie auch immer genannte bzw geartete (zB „indirekte") Mitgliedschaft zu einem Verband oder einem Dachverband gegeben ist. Weder die natürliche Person noch die Vereine sind auch nur „mittelbare" oder „angeschlossene" (dieses Wort wird immer wieder verwendet, um „mittelbar" zu vermeiden) Mitglieder des Dachverbandes. Propagierungen wie „mittelbare" Mitgliedschaften und/oder „Mitgliedschaftsketten" – also „Täuschungen", das Rechtsverhältnis der Mit-

---

19   Beim untersuchungsgegenständlichen Sportdachverband jedoch wird gebotener Weise eine vertikale Differenzierung in Verbände und Vereine mit den jeweils spezifischen Bezeichnungen vorgenommen; s dazu die Übersicht in Anhang II.

20   Lediglich ausnahmsweise sehen Dachverbandssatzungen vor, dass die ersten Glieder der Kette „natürliche Person – Verein – Verband – Dachverband" Mitglieder des letzten Gliedes sind.

gliedschaft zum Dachverband bestünde – zielen offenbar darauf ab, dass sich natürliche Personen Dachverbänden so unterwerfen sollen, als wären sie Mitglieder, ohne freilich die Rechte derselben zu haben.

Aus rechtlicher Sicht ist daher festzuhalten, dass die natürlichen Personen gerade keine Mitglieder des Dachverbandes sind, denn es gibt gem VerG nur das Vorliegen einer Mitgliedschaft zu einem Verein gem Statutenbestimmung (und entsprechendem Beitrittsvertrag) oder eben keine Mitgliedschaft – tertium non datur.

1.4. Die zwei „Grundverhältnisse": Vereinsmitglied/ Verein und natürliche Person/Dachverband

Anknüpfend an den vorangeführten Begriff der „Vereinskette" ist es geboten, die zwei wesentlichen „Grundverhältnisse", nämlich einerseits „nur" das Vereinsmitglied und den Verein, und andererseits ein Vereinsmitglied mit der anschließenden Kette von Vereinen, also juristischen Personen, „Verein – Verband – Dachverband" einander deutlich gegenüberzustellen:
1. Fall: Mehrere natürliche Personen schließen sich zu einem Verein zusammen, dessen Vereinsnormen aus den Vereinsstatuten und den sonstigen Vereinsregeln bestehen. Zwischen dem Verein und anderen Vereinen (insbesondere Verbänden, Dachverbänden) sind keinerlei Verbindungen, wie zB in einer Vereinskette, vorhanden; insofern ergibt sich das „erste Grundverhältnis" zwischen Vereinsmitglied auf der einen Seite und Verein auf der anderen Seite.
2. Fall: Eine natürliche Person (neben weiteren) ist Mitglied in einem Verein, steht jedoch nicht in einem Mitgliedschaftsverhältnis zum zweiten und/oder dritten Glied einer vorliegenden Vereinskette (zweier bzw) dreier juristischer Personen, gebildet aus „Verein – Verband – Dachverband"; weder in den Statuten des Verbandes noch in denen des Dachverbandes ist die natürliche Person als „Verbands- oder Dachverbandsmitglied" angeführt. Der Dachverband hat zahlreiche Normen, also seine verbandliche Normenordnung, bestehend aus seinen Vereinsstatuten und aus den sonstigen Vereinsregeln, geschaffen; deren Einhaltung jedoch verlangt er von den Mitgliedern der Vereine (als solche das erste Glied der Vereinskette) unmittelbar, obwohl weder die Vereine noch deren Mitglieder Dachverbandsmitglieder sind (eine mittelbare Mitgliedschaft existiert rechtlich nicht); diese Konstellation wird als „zweites Grundverhältnis" verstanden.[21]

Ein Grund, weshalb es zB für Sportdachverbandsfunktionäre auch „relativ einfach" ist, im Widerspruch zum VerG Sportlern (vielfach juristischen Laien) als Mitgliedern eines Vereins „einzureden", sie wären gewissermaßen „mittelbare Mitglieder" des Sportdachverbandes, liegt ua in der Tatsache begründet, dass die Organwalter in den Organen des Sportdachverbandes, insbesondere von dessen Mitgliederversammlung, zumeist

---

21 Vgl abermals Anhang II. Angemerkt sei, dass die beiden Begriffe „erstes" und „zweites Grundverhältnis" im Zuge der Beschäftigung mit dem gegenständlichen Thema eingeführt worden sind. Selbstredend ist auch die – in dieser Darstellung nicht weiter interessierende – Ausprägung „natürliche Person – Verein – Verband" unter das „zweite Grundverhältnis" zu subsumieren.

zwingend Mitglied eines Vereins sein müssen. Verwechselt bzw gleich gesetzt werden – unrichtigerweise – die (rechtliche) Eigenschaft, Mitglied eines Vereins zu sein, damit, in einem Vereinsorgan (wie zB das Leitungsorgan, oftmals als Vorstand bezeichnet) eine Funktion als Organwalter wahr zu nehmen. So werden in einem ersten Grundverhältnis in den meisten Fällen Vereinsmitglieder auch die Vereinsorgane als Organwalter beschicken bzw in diese gewählt werden.[22] Bilden jedoch mehrere Vereine einen Verband, so sind (so gut wie ausschließlich, abgesehen von „Ehrenmitgliedern") jene als juristische Personen dessen Mitglieder. Die Vereine werden allerdings durch ihre Mitglieder, also natürliche Personen, vor allem im wichtigen Organ Mitgliederver-sammlung des Verbandes[23] vertreten; die juristische Person Verein handelt durch ihr Leitungsorgan und damit durch natürliche Personen als Organwalter. Dementsprechend wird auch das Leitungsorgan des Verbandes (dessen Vorstand) aus natürlichen Personen als Organwalter gebildet. Aber: Diese natürlichen Personen sind dann zwar Organwalter, aber eben nicht Mitglieder des Verbandes. Diese faktischen und rechtlichen Verhältnisse finden ihre Entsprechung zwischen Verbänden und Dachverband. Die Verbände werden durch natürliche Personen in der Mitgliederversammlung des Dachverbandes vertreten und die Organe desselben setzen sich wiederum aus natürlichen Personen als Organwalter zusammen; diese sind in der überwiegenden Anzahl nicht Mitglieder des Dachverbandes.

Obwohl die Unterscheidung der beiden Grundverhältnisse von eminenter Bedeutung ist und trotz der Tatsache, dass die Mehrzahl der Entscheidungen der (ordentlichen) Gerichte in Österreich zu „Vereinssachverhalten" ergangen sind, welche dem ersten Grundverhältnis entsprechen, werden vor allem im rechtlichen Schrifttum faktische und rechtliche Schlussfolgerungen aus ersten Grundverhältnissen unzulässigerweise eins zu eins auf zweite Grundverhältnisse übertragen bzw findet kaum eine tiefer gehende Differenzierung der Rahmenbedingungen statt; eine „argumentative Taktik", Schlussfolgerungen des ersten Grundverhältnisses aufs zweite zu übertragen, besteht in der Verwendung des Konstrukts der „mittelbaren Mitgliedschaft".[24] Aufgrund der Rechtslage ist festzuhalten: Es macht einen bedeutenden Unterschied, ob ein Verein von seinen eigenen Vereinsmitgliedern verlangt, die von ihm (und sonst keinem weiteren Verein/Verband/Dachverband) beschlossene Vereinsnormenordnung zu befolgen; oder ob ein Dachverband das Gleiche gegenüber natürlichen Personen, welche gerade nicht seine Mitglieder sind, versucht, durchzusetzen. Das vorrangige Kriterium ist das der Vereinsmitgliedschaft; dessen Fehlen kann (auch rechtlich) nicht gleichwertig allenfalls dadurch ersetzt werden, dass zB ein Dachverband seine Mitglieder, als solche Verbände, dazu verpflichtet, seine verbandliche Normenord-

---

22   S *Krejci/S. Bydlinski/Weber-Schallauer*, Vereinsgesetz2 § 3 Rz 106 ff.

23   Hierbei handelt es sich oftmals um eine so genannte „Delegiertenversammlung", also die Vereine entsenden/delegieren eine bestimmte Anzahl an natürlichen Personen, welche ihre Mitglieder sind, in die Mitgliederversammlung des Verbandes, s dazu *Höhne/Jöchl/Lummerstorfer*, Das Recht der Vereine[3] (2009) 136.

24   S dazu unten insbesondere IV.3.3.1.1.1. und IV.3.3.1.1.2.

nung zu befolgen und auf seine Mitglieder, also die Vereine, zu „überbinden"; und dass weiters die Verbände auf ihre Mitglieder, eben die Vereine, einwirken, die (dach)verbandliche Normenordnung wiederum per Beschluss für ihre Mitglieder, als solche natürliche Personen, in Geltung zu setzen.

Es gilt demnach im Folgenden zu zeigen, dass das zweite Grundverhältnis, vor allem da zwischen dem Normsetzer und dem Normadressaten (also Dachverband und natürlicher Person) kein Mitgliedschaftsverhältnis vorliegt, nicht (vorrangig) durch wechselseitige Pflichten zwischen Vereinsmitglied und Verein geprägt ist, sondern dass diesbezüglich, da eine typische „Ungleichgewichtslage" zwischen den Akteuren gegeben ist, insbesondere Konsumentenschutzrecht zur Anwendung gelangt.

1.5. Vereinsdominatoren (als „eigentliche" Verkörperung des Vereins)

Für im Folgenden gemeinte (Dach)Verbände gilt oftmals: Die „Kreatoren und Wahrer" der Vereinsnormen, die sich dadurch zugleich die/eine einschneidende (Gestaltungs)Macht über die Vereinsmitglieder (bzw Nichtverbandsmitglieder) und deren Verhalten fortwährend geschaffen haben, sind im Folgenden mit „Verein" gemeint, welcher dem Vereinsmitglied gegenüber gestellt wird; in diesem Sinn macht also gerade nicht die Summe der Vereinsmitglieder oder deren Mehrheit (zB in der Mitgliederversammlung) den „Verein" aus.

Der „Verein/Verband der Normen" (und somit die Normen des Vereins/Verbandes)[25] wird typischerweise durch

- das Leitungsorgan (bestehend aus natürlichen Personen als Organwalter),
- diverse Ausschüsse, und
- beauftragte und bevollmächtigte Schlüsselfunktionäre[26],

---

25 S dazu zB *Ehrlich*, Die Gesellschaft, der Staat und ihre Ordnung, ZfRSoz 1992, 15: „Jeder Verband besteht nur durch seine Normen, in seinen Normen, mit seinen Normen."

26 Zur Organtätigkeit grundsätzlich sowie zu sog „faktischen Organwaltern, die aufgrund ihres Einflusses auf den Verein auch ohne formal Organfunktion auszuüben, Leitungs- oder Kontrollmacht" innehaben und dadurch „im Vereinsrecht Organwaltern gleichzuhalten sind" (Schlüsselfunktionäre werden darunter subsumierbar sein) s *Krejci*, Zum Entwurf einer Vereinsgesetznovelle 2011 über die Haftungsbefreiung ehrenamtlicher Organwalter, GES 2011, 377 ff; krit bzw ablehnend dazu *Kossak*, Haftung[2] 74 ff, 91; allerdings meint *Kossak* unter Bezugnahme darauf, dass ein Verein in einem Konfliktfall den Streitparteien eine Schlichtungseinrichtung gem § 8 VerG zur Verfügung stellen muss: „Da es haftungsrechtlich keinen Unterschied ausmachen kann, ob eine mit ehrenamtlichen Mitgliedern besetzte Schlichtungseinrichtung durch deren Wahl in der Generalversammlung als Organ institutionalisiert wird oder sich – wie zB in § 15 der BMI-Musterstatuten vorgesehen – erst im konkreten Schlichtungsfall konstituiert, wird die Haftungseinschränkung gem § 24 Abs 1 S 2 VerG per Analogie auch den ehrenamtlichen Schlichtern (samt dem Vorsitzenden) einer ad hoc gebildeten Schlichtungseinrichtung zugute-

allesamt in der Folge „Vereinsdominatoren"[27] genannt, gebildet. Es kann daher zusätzlich zu einer (vereins)rechtlichen Beurteilung der gegenständlichen Umstände davon ausgegangen werden, dass im jeweiligen Verein bzw Verband eine – vor allem faktisch wirkmächtige – „Vereinigung der Vereinsdominatoren", zB auch als innerer Verein(skreis) ansprechbar, (vor)herrscht.

Insofern steht also das einzelne Vereinsmitglied den Vereinsdominatoren und deren verbandlicher Normenordnung gegenüber. Dies trifft jedenfalls auf das erste Grundverhältnis (Vereinsmitglied und Verein) zu. Vereinsdominatoren in einem zweiten Grundverhältnis (natürliche Person, Vereinskette, Dachverband) nehmen für sich vielfach eine sogar „obrigkeitliche Stellung" samt Nachahmung staatlicher Autorität gegenüber Nichtmitgliedern in Anspruch.[28]

2. Selbstsicht und Selbstverständnis des Sportdachverbandes

Gerade der untersuchungsrelevante Sportdachverband bietet sich an, den Status der natürlichen Personen (vor allem der Reitsportler) im zweiten Grundverhältnis näher zu analysieren. Werden diese doch unter dem normativen und faktischen Einfluss des Sportdachverbandes zumindest im Rahmen der Sportausübung zu staatlicherseits wenig geschützten Verbandsuntertanen, da im Verbandsinnenraum ihr Rechtsverhältnis als Staatsbürger zur Republik Österreich anscheinend in den Hintergrund tritt.

Der vorrangig in Hinblick auf seine Normen zu analysierende (Sport)Dachverband namens „Österreichischer Pferdesportverband (inter-

---

kommen müssen." Dies würde allerdings – gewissermaßen „durch die Hintertür" – zumindest hinsichtlich des Haftungsrechts auf faktische Organwalter hinauslaufen.

27 Der für diese Arbeit verwendete Begriff der „Vereinsdominatoren" ist in der rechtlichen Literatur nicht gebräuchlich, sondern zielt auf eine machtsoziologische Betrachtung (s dazu zB *Hillmann*, Wörterbuch der Soziologie[5] [2007] 516 f) der gegenständlichen „Eliten" in Vereinen/Verbänden, geht also über den im juristischen Schrifttum gebräuchlichen Terminus (bloß) der „Repräsentanten" hinaus; s dazu und zur damit verbundenen Thematik der „Repräsentantenhaftung" zB *Krejci/S. Bydlinski/Weber-Schallauer*, Vereinsgesetz[2] § 23 Rz 48 ff: Die juristische Person Verein muss für bestimmte natürliche Personen, welche in leitender Funktion (zB im Rahmen von Organen) für sie tätig sind, einstehen. „Dem Organ wird aber jeder ‚Repräsentant' des Vereins gleichgehalten, der – ohne formell Organstellung zu haben – eine leitende Stellung mit selbständigem Wirkungskreis im Verein bekleidet. Der Repräsentant muss also eine ‚leitende Rolle' im Verein haben." Sa *W. Egger* in Schwimann (Hrsg), ABGB – Taschenkommentar (2010) § 26 Rz 16: „Juristische Personen sind für schädigendes Verhalten ihrer gesetzlich oder nach den Statuten vertretungsbefugten Repräsentanten, die in ihrer Organisation eine leitende Stellung innehaben und dabei mit eigenverantwortlicher Entscheidungsbefugnis ausgestattet sind, haftbar." Sowie: *Lachmair*, Der Verein als Unternehmensform (2003) 82 f.

28 S insbesondere V.

national: Federation Equestre Nationale d'Autriche)"[29], abgekürzt: OEPS, versteht[30] sich an der Spitze einer „Mitgliedschaftskette", nämlich „Einzelmitglied – Reitverein – örtlich zuständiger Landesfachverband – OEPS", und leitet daraus zumindest eine „mittelbare Mitgliedschaft" des Sportlers (in OEPS-Diktion: des Einzelmitglieds) beim OEPS ab;[31] dies jedoch ohne die wesentliche Voraussetzung dafür, dass nämlich dieser Sportdachverband die natürlichen Personen, die Sportler, auch in seinen Satzungen als („mittelbare" oder wie auch immer bezeichnete) Mitglieder anführt.

Sämtliche Ordnungen und Regulative, die der Dachverband „erläßt", sind daher aus dessen Sicht für die „Einzelmitglieder", also die Sportler, Funktionäre etc, „rechtsverbindlich", und zwar vor allem deswegen, weil sich die Sportler entweder „ausdrücklich" oder zumindest „schlüssig" (argumentiert wird sowohl mit dem Vereinsbeitritt als auch mit der Wettkampfteilnahme) denselben unterworfen haben.[32]

Der österreichische Staat setzt Rechtsnormen, insbesondere die österreichische Bundesverfassung, und davon abgeleitet zB Gesetze. Der OEPS unternimmt anscheinend gemäß Eigeneinschätzung seiner Vereinsdominatoren gewissermaßen Entsprechendes für den Verbandsinnenraum, indem er seine Satzungen beschlossen hat und auf dieser Basis verschiedene Ordnungen und Regulative „erlässt", wovon er eine Teilordnung ausdrücklich als „Rechtsordnung" bezeichnet;[33] seitens des österreichischen Staates und damit der österreichischen Rechtsordnung wären diese „verbandlichen Zu- und Umstände" anerkannt, schließlich könnte der Dachverband aufgrund der Vereinsautonomie[34] derartige Normen (die eigentlich „Gewohnheitsrecht" darstellten) setzen und umsetzen. Seine „Selbstverwaltungskompetenz" beinhaltete auch eine Gebührenfestsetzungsmacht, eine Disziplinarbefugnis sowie eine Straffestsetzungs- und -vollziehungsgewalt gegenüber den sogenannten „Einzelmitgliedern" der Vereine. Dabei kann sich der OEPS auf Meinungen im juristischen Schrifttum berufen, die das Gegebensein bzw die Zulässigkeit von heteronomer „privater Rechtsetzung"[35] durch juristische Personen vertreten.[36]

29　Gem Vereinsregister: Österreichischer Pferdesportverband (kurz OEPS, international: Federation Equestre Nationale d'Autriche), Satzungen gültig ab 01.04.2011, ZVR-Zahl 372069468; dieser Dachverband, als Verband von Verbänden, hat zuvor den Namen „Bundesfachverband für Reiten und Fahren in Österreich" (abgekürzt: BFV) geführt.

30　Ausdrücklich festgehalten wird, dass in diesem Unterkapitel „die Selbstsicht und das Selbstverständnis des Sportdachverbandes" in aller Kürze so präsentiert werden, wie sie sich dem Autor aufgrund der Verbandsnormen und sonstiger schriftlicher Darstellungen des OEPS sowie oftmaliger teilnehmender Beobachtung erschließen. Zitate und Belege folgen im Weiteren.

31　S insbesondere III. sowie V.3.1.1.

32　*Keinert*, Mitgliederversammlung 49, spricht in Bezug auf einen Verein explizit von dessen „Gesamtausrichtung und damit seines Selbstverständnisses".

33　S insbesondere unten III., IV.1. , IV.3.3.2.2. sowie V.

34　Zu Vereinigungsfreiheit (synonym Vereinsfreiheit) sowie Vereinsautonomie s *Bric*, Vereinsfreiheit (1998) passim.

35　Angemerkt sei, dass im Folgenden je nach Autor und Verwendung sowohl die Schreibweisen „Rechtsetzung" als auch „Rechtssetzung" Verwendung finden.

36　S insbesondere unten IV.3.3.1.2.

3. Eigene Thesen

Per se ist der österreichischen Rechtsordnung eine prinzipielle Gleichrangigkeit zwischen natürlicher und juristischer Person mutatis mutandis zu entnehmen.

Weder aus dem Vereinsgesetz, noch aus sonstigen Rechtsnormen ist jedoch ableitbar, dass eine juristische Person, wie ein Verein/Verband, in Bezug auf einen Lebenssachverhalt (hier: den Sport) ein System einer nahezu totalen Unterwerfung von natürlichen Personen unter eine umfassende verbandliche Fremdbestimmung (mit dem Ergebnis der weitgehenden Ausschaltung relevanten privatautonomen Handelns) zulässigerweise errichten könne; dies bei gleichzeitigen, erheblichen Eingriffen in deren Persönlichkeitsrechte.[37]

Die Vereinsautonomie ist kein Selbstzweck und schon gar kein taugliches Instrument zum Schutz der Interessen von Vereinsdominatoren; ebensowenig kann dadurch die Verletzung von Rechtsschutzgrenzen zum Nachteil von natürlichen Personen (Vereinsmitglieder oder Nichtmitglieder) durch Vereine/Verbände gerechtfertigt werden. Es ist eine unzulässige Überspannung der Vereinsautonomie, wenn diese so interpretiert wird, dass zB der Vereinsbehörde verunmöglicht wird, dem in Art 11 Abs 2 EMRK normierten Gebot (welches explizit in § 29 VerG – behördliche Vereinsauflösung – angeführt ist) nachzukommen, nämlich die Rechte und Freiheiten anderer (zB der Vereinsmitglieder) zu schützen.[38]

Die verbandliche Normenordnung des OEPS, also dessen Satzungen und sonstige Vereinsregeln, sind nicht das Ergebnis von (heteronomer) „privater Rechtsetzung", weswegen es sich bei den Normen des Vereins nicht um „Rechtsnormen" isd derjenigen des österreichischen Staates handelt. Die verbandliche Normenordnung des OEPS ist daher keineswegs per se „rechtsverbindlich", schon gar nicht für die Nichtmitglieder des OEPS, die Wettkampfveranstalter, die Sportler, die Wettkampfrichter, sonstigen Funktionäre etc, sondern, sofern gesetzlich zulässig, (im Vertragswege) verhandelbar. Vielmehr ist jede einzelne Norm des OEPS sowie die Summe derselben an der gesamten Rechtsordnung (der Republik Österreich) zu messen.

Der OEPS ist kein Selbstverwaltungskörper gem Art 120a – 120c B-VG[39], seine Selbstverwaltungskompetenz[40] auf der Grundlage der Vereinsautonomie kann die von ihm beanspruchte und praktizierte Gebührenfestsetzungsmacht in Richtung Privatsteuersystem nicht rechtfertigen, ebenso wenig wie die von ihm behauptete und ausgeübte Disziplinarbefugnis sowie die Straffestsetzungs- und -vollziehungsgewalt[41] gegenüber Nichtmitgliedern. Die Ausübung von Schiedszwang ist überdies unzulässig.[42]

---

37   S zur mittelbaren Drittwirkung der Grundrechte und dem Eingriff von Vereinen in die Persönlichkeitssphäre der Mitglieder zB *Krejci/S. Bydlinski/Weber-Schallauer*, Vereinsgesetz2 § 3 Rz 27 f.
38   BGBl 1958/210 idgF; s insbesondere IV.3.2.1.
39   Bundes-Verfassungsgesetz BGBl 1930/1 idgF; s IV.1.
40   S insbesondere IV.1.
41   S zB IV.2.1. und IV.3.3.1.1.2.
42   S insbesondere IV.2.2.4. und den 3. (rechts)soziologischen Exkurs.

Die Sportler als natürliche Personen sind keine Mitglieder der juristischen Person OEPS. Es besteht daher zwischen dem Sportler und dem OEPS weder eine „mittelbare", noch eine „unmittelbare" – beide Adjektive sind vereinsgesetzlich irrelevant – Mitgliedschaft und infolgedessen auch keine „Mitgliedschaftskette". Eine solche kann freilich vom OEPS behauptet bzw propagiert werden, ist jedoch rechtlich unbedeutend.

Eine „Pauschalunterwerfung" von Sportlern unter die gegenwärtigen und infolge permanenter Änderungen stets in Weiterentwicklung befindlichen verbandlichen Normen des OEPS ist keinesfalls rechtlich uneingeschränkt gegeben bzw möglich. Der OEPS mitsamt seinen verbandlichen Normen steht zu den Sportlern, die nicht seine Mitglieder sind, grundsätzlich im Verhältnis eines Unternehmers, der Allgemeine Geschäftsbedingungen gegenüber Konsumenten[43] verwendet. Jede einzelne Bestimmung der verbandlichen Normen des OEPS sowie die Summe derselben unterliegen daher insbesondere der vollen AGB-Kontrolle gemäß Konsumentenschutzrecht bzw subsidiär allgemeinem Zivilrecht.[44] Daran ändert auch das Bestehen einer Kette von Vereinen (Verein – Verband – Dachverband) nichts.

---

43 S dazu zB *Krejci*, Zehn Jahre Konsumentenschutzgesetz in Aicher/ Koppensteiner (Hrsg), Festschrift Ostheim (1990) 174, der im Zusammenhang mit Allgemeinen Geschäftsbedingungen von „unternehmerischer Privatgesetzgebung" spricht.
44 S insbesondere V.3.

III. Die verbandliche Normenordnung des OEPS und die Struktur des verbandlichen Reitsports

1. (Zur) Struktur des verbandlichen Reitsports in Bezug auf den OEPS

1.1. Zum Status quo

Die folgende Darstellung zur Struktur des verbandlichen Reitsports[45] in Österreich[46] und damit verbunden der Überblick über die verbandliche Normenordnung des „Österreichischen Pferdesportverbandes", kurz OEPS, soll unter anderem einen Eindruck vermitteln, wie sehr diese Sportdisziplin einer dachverbandlichen Verregelung ausgesetzt ist; „betroffen" sind davon vor allem diejenigen natürlichen Personen (Sportler), welche Mitglieder bei Vereinen sind, die über eine „Vereinskette" mit dem OEPS „verbunden" sind. Das Maß des „Betroffen-Seins" erhöht sich für Sportler, wenn sie an pferdesportlichen Wettkämpfen in Österreich teilnehmen (wollen), denn in diesem Fall sind sie mit der „Anmaßung" des OEPS konfrontiert, dass dieser seinen Satzungen (im Folgenden: OEPS-Satzungen) zufolge pferdesportliche Veranstaltungen jeder Art in Österreich zu „fördern", zu „genehmigen" und zu „kontrollieren" beansprucht. Wird allerdings die Tätigkeit der „Förderung" als bloß euphemistische, gut vermarktbare und/oder irgend welchen Musterstatuten entnommene, letztlich beliebig aufladbare „Leerformel"[47] weggelassen und durch den Normierungsanspruch ersetzt, dann kann das Wirken des OEPS wohl als auf den vier Säulen „Anordnung, Genehmigung, Kontrolle und Strafe" aufgebaut gesehen werden. Insbesondere hat sich der OEPS in seinen Satzungen dazu „selbst ermächtigt", die einschlägigen Sportregeln und Durchfüh-

---

45 Der Einfachheit halber wird im Weiteren, wenn von „Reitsport" die Rede ist, wenn überhaupt, dann etwas näher nur auf die Disziplinen Dressur, Springreiten und Vielseitigkeit eingegangen, nicht aber auf zB den Fahrsport oder das Voltigieren. Selbstredend hat der OEPS auch diese Pferdesportdisziplinen mit speziellen, umfangreichen Detailnormen bedacht.

46 Ein anderer, österreichweit verbandlich organisierter Reitsport als derjenige in Verbindung mit dem OEPS existiert derzeit, soweit überschaubar, nicht.

47 *Hillmann*, Wörterbuch[5] 491: Der Begriff der „Leerformel" ist eine von *Topitsch* stammende Bezeichnung der Vertreter eines erkenntnistheoretisch-positivistischen Wissenschaftsbegriffs für alle sprachlichen Formeln (Wörter oder Sätze), deren Inhalt und Sinn sich einer erfahrungswissenschaftlichen Überprüfung oder klaren Interpretation entziehen, die aber dennoch (bei Sachaussagen) zur wissenschaftlichen und (bei Normaussagen) zur politischen Orientierung und Entscheidung eingesetzt werden; sa zB *Dieckmann*, Sprache der Politik[2] (1975) 16 f; sowie *K. Salamun*, Zur Aktualität von Ernst Topitschs idologiekritischen Forschungen in Batz (Hrsg), Schwerpunkt: Ernst Topitsch (2004) 82, zum Leerformel-Konzept.

rungsbestimmungen für Österreich (sic) zu erlassen; der OEPS verpflichtet weiters in seinen Satzungen seine Mitglieder, die Landesfachverbände (im Folgenden: LFV)[48], dass diese Vorsorge zu treffen haben, dass österreichische Turnierteilnehmer (sic) an Turnieren in Österreich Mitglieder eines einem Landesfachverband „angeschlossenen" Vereins sind; überdies obliegt dem OEPS-Präsidium, dem „Zentralorgan" des Verbandes (die „Generalversammlung" ist bloß nominal das oberste verbandliche Organ"[49]), die Beschlussfassung in allen wesentlichen Fragen der österreichischen Reiterei bzw in sämtlichen Fragen, welche von gesamtösterreichischer (sic) Bedeutung sind (2.3., 2.10., 6.2. und 12. OEPS-Satzungen). Jeder Reitsportler, der an einem pferdesportlichen Wettkampf in Österreich teilnimmt, hat sich daher den sonstigen Vereinsregeln des OEPS zu „unterwerfen"; andere, als vom OEPS genehmigte und unter seine sonstigen Vereinsregeln fallenden, pferdesportliche Wettkämpfe kann und darf es dem OEPS zufolge nicht geben. Veranstalter und/oder Teilnehmer an nicht genehmigten pferdesportlichen Wettkämpfen in Österreich werden vom OEPS auf Basis seiner sonstigen Vereinsregeln bestraft.

Diesbezüglich ist also das, wie oben beschriebene, zweite Grundverhältnis[50] vorzufinden, nämlich auf der einen Seite der Sportler als natürliche Person, die zwar Mitglied in einem Verein ist, aber nicht in einem Mitgliedschaftsverhältnis zum zweiten und dritten Glied der vorliegenden Vereinskette („Verein – Verband – Dachverband") steht; und auf der anderen Seite eben der OEPS als Dachverband. Sohin stehen einander zwei dem Grunde nach gleichberechtigte Akteure des Privatrechts gegenüber, allerdings fordert der OEPS heteronom unmittelbar vom Sportler die unbedingte Einhaltung seiner gesamten sonstigen Vereinsregeln sowie insbesondere die Leistung von Gebühren (s 22. OEPS-Satzungen). Das solcherart etablierte Über- bzw Unterordnungsverhältnis ist demjenigen zwischen Staat und Staatsbürger nachgebildet. Die Spitze in dieser Hierarchie bilden die Norm setzenden und exekutierenden Vereinsdominatoren des OEPS – gewissermaßen als „Gesetzgeber und zugleich Regierung"[51] dieser Sportdisziplin auftretend – und die „Normadressaten" sind

---

48   Die LFV sind offenbar vom OEPS angehalten, ihre bisherigen Vereinsnamen, also zB LFV Niederösterreich, entsprechend dem Dachverband „umzustellen", wie zB der „Niederösterreichische Pferdesportverband" (NOEPS) laut seiner Satzung vom 09.05.2011.

49   Die „Generalversammlung" (9. OEPS-Satzungen) ist als sog „Delegiertenversammlung" konzipiert, s dazu Keinert, Mitgliederversammlung 5 ff, und hat aufgrund der Kompetenzenlage gem OEPS-Satzungen – und bestätigt durch mehrfache teilnehmende Beobachtung – lediglich eine „Applaus- und Abnickfunktion" als „Pseudovereinsparlament".

50   S oben II.1.4.

51   *Offe*, Korporatismus als System nichtstaatlicher Makrosteuerung? Notizen über seine Voraussetzungen und demokratischen Gehalte in Puhle (Hrsg), Kapitalismus, Korporatismus, Keynesianismus (1984) 235, 249 f, führt gerade auch Österreich an als ein Beispiel für „das Vorkommen gesellschaftlicher Großverbände, die zwar einerseits auf freiwilliger Mitgliedschaft beruhen, aber andererseits kraft des von ihnen errungenen (sic) oder ihnen vom Staat eingeräumten Vertretungsmonopols nicht durchweg einer wirksamen Kontrolle durch die Mit-

die Sportler, Wettkampfveranstalter, Wettkampfrichter und Funktionäre[52], deren umfängliche Unterwerfung unter die verbandliche Normenordnung vom OEPS behauptet und verlangt wird. Da in der gegenständlichen Arbeit ganz spezifische Formen von verbandlicher „Gängelung", „Bevormundung" auf Basis einer „staatsimitierenden Verrechtlichung" behandelt werden, kann daher nicht einmal mehr der (grundsätzlich abzulehnende) Begriff „Verbandsbürger" als Metapher verwendet werden, sondern erscheint eben der des „Verbandsuntertanen"[53] als angemessen. Wie insbesondere hinsichtlich der „normativen Dimensionen" noch zu zeigen sein wird,[54] ist der OEPS in Richtung quasi-etatistische und bürokratische Or-

---

52 gliederbasis unterliegen müssen, an; welche die Mitglieder nicht nur ‚vertreten' und repräsentieren, sondern gleichzeitig auch regierungs- und verwaltungsähnliche Funktionen gegenüber Mitgliedern – eventuell sogar gegen deren manifeste und kurzfristige Interessen – wahrnehmen, und die dadurch Ordnungsfunktionen in Sachgebieten vor allem der Wirtschafts-, Einkommens-, Bildungs- und Sozialpolitik übernehmen." *Offe* ist beunruhigt und spricht dezidiert davon, dass diese „Gebilde", offenbar „der Sache nach aber den Status von ‚privaten Regierungen' einnehmen, von denen ganz ungewiss ist, wie sie von wem kontrolliert und zur Rechenschaft gezogen werden könnten", und merkt weiters an, dass „mitunter eine solche Transformation der Gewerkschaften (Annahme: das trifft heutzutage jedenfalls auf Sportverbände auch zu) in disziplinierende Agenturen parastaatlicher Steuerung als das eigentliche Wesen und treibende politische Motiv korporatistischer Politikformen beargwöhnt wird." *Offe* decouvriert das mit derartigen korporatistischen Modellen vertretene (Anm: gem Verbandsmarketing „mitverkaufte") antietatistisch-libertäre Freiheitspathos, dem zufolge Regulierungsprobleme unter Vermeidung staatlicher „Gängelung", Bevormundung und Verrechtlichung innerverbandlich bewältigt werden würden. Gefährdet sieht *Offe* die „inneren Freiheitsrechte" der „Verbandsbürger".

52 Der deutsche Begriff „Funktionär", so *Mergel*, Der Funktionär in Frevert/Haupt (Hrsg), Der Mensch des 20. Jahrhunderts (2004) 279 f, etabliert sich ab der Mitte des 19. Jahrhunderts; weder im Englischen noch im Amerikanischen ist „functionary" gebräuchlich. Wenn der Funktionär im deutschen Sinn gemeint ist, steht im Englischen „official" oder in den USA „representative", was beide Male mehr den repräsentativen als den organisierenden Charakter der Tätigkeit meint. Ins Deutsche ist diese Bedeutung aus dem Sportenglisch importiert worden, wenn vom „Offiziellen" gesprochen wird. Wenn dagegen im Französischen von „fonctionnaire" die Rede ist, war damit ursprünglich der Staatsbeamte bzw im weiteren Verständnis der Staatsdiener bezeichnet. Der „französische" Verbandsfunktionär nahm die auch dem Beamten eigene doppelte Semantik von officium und servitium, also Pflicht und Dienst, auf. Der OEPS scheint insbesondere auf die Pflicht- und Diensteifrigkeit seiner Funktionäre Wert zu legen, wenn sie für ihn, in seinem Namen und zu seinem (auch ökonomischen und Macht erhaltenden) Nutzen anordnen, genehmigen, kontrollieren und strafen bzw entsprechend „vollziehen"; hierbei ist vor allem auf die Terminologie der ÖTO Rechtsordung zu verweisen.

53 S zum ausgeprägten „Untertanentum" in Österreich zB *Rabinovici*, Gehorsam und Ungehorsam in Österreich in Brix (Hrsg), Civil Society in Österreich (1998) 181.

54 Neben dem dogmatischen Schwerpunkt dieser Untersuchung geht es notwendigerweise auch um den „Machtaspekt" des OEPS-Handelns; also, mit *Koller*, Zum politischen Gehalt soziologischer Theorien in Brünner/Hauser/ Hitzler/Kurz/Pöllinger/Reininghaus/Thomasser/Tichy/Wilhelmer (Hrsg), FS

45

ganisation mit deutlichen Tendenzen zB in Richtung Privatsteuer(forderung) entwickelt worden. Einige wenige im OEPS (insbesondere Vereinsdominatoren) steuern Binnenstruktur, Normsetzung und (sonstiges) Handeln dieses Sport-Dachverbandes mit dem Ergebnis, dass zahlreiche natürliche Personen im Rahmen der wettkampfmäßigen Ausübung dieses Sports in umfassend normierten und strafbewehrten Subordinationsverhältnissen verhaftet sind, so dass hier von einem auch nur annähernd gleichberechtigten Umgang privater (zivilgesellschaftlicher[55]) Akteure[56] miteinander keinesfalls gesprochen werden kann.[57]

Der Untersuchung der Struktur des verbandlichen Reitsports in Österreich und damit verbunden der verbandlichen Normenordnung des OEPS liegen überdies folgende Fragestellungen zugrunde: Bedeuten diese strukturellen und normativen Verhältnisse bloß den Einbruch oder schon die Manifestation des „Staatlichen", des „Staatshandelns und -denkens" in dieses privatrechtliche Verhältnis genuin privater Akteure? Handelt es sich bei dieser Erscheinung, dass also Private anderen Privaten gegenüber staatsgleich heteronom agieren, um bloß (vernachlässigbare) Systemwid-

---

Prisching II (2010) 777, 780, 782, um die Beurteilung der Legitimität sozialer Aktivitäten und Ordnungen. Der Autor geht „von der Beobachtung aus, dass, wenn immer wir ein soziales Geschehen zu verstehen suchen, sich stets auch die Frage aufdrängt, ob und inwieweit dieses Geschehen nicht allein aus der Sicht der beteiligten Akteure, sondern überdies in objektiver Perspektive als legitim gelten kann, weil wir ihm im positiven Fall viel eher Sinn zuschreiben können." *Koller*, Theorie des Rechts (1992) 43 f, nennt als „notwendige Voraussetzung dafür, um ein wirksames System von Normen als Recht bezeichnen zu können, … also die Überzeugung sowohl der Machtträger als auch zumindest eines Teils der Normunterworfenen, dass die rechtlichen Anordnungen eine Rechtfertigung für sich haben, aus der sich ihre Verbindlichkeit oder Verpflichtungskraft ergibt." Er bezeichnet „dies als die Überzeugung der Legitimität der rechtlichen Normen." Sa *Koller*, Die Tugenden, die Moral und das Recht in Prisching (Hrsg), Postmoderne Tugenden? (2001) 173, dem zufolge sich das Recht auf äußeres Verhalten bezieht, die Moral jedoch auf Gesinnungen und innere Einstellungen fokussiert.

55   S zum Thema jüngst *Hildebrandt*, Staat und Zivilgesellschaft (2011) passim, 14: „Eine Zivilgesellschaft wäre ideal verfasst, wenn die Autonomie der in ihr lebenden Individuen in gleicher Weise begrenzt wäre und in ihr lediglich auf Freiwilligkeit beruhende Über- und Unterordnungsverhältnisse bestünden." Ausführlicher wird zur „Zivilgesellschaft" insbesondere unter VI.1. eingegangen.

56   Laut *Brix*, Vorwort in Brix/Richter (Hrsg), Organisierte Privatinteressen (2000) 14, „gelten Vereine gemeinhin als Prototyp der Zivilgesellschaft, als intermediäre Organisationsformen zwischen Staat auf der einen Seite und privatem Leben auf der anderen Seite." Da der OEPS jedoch in seinem Verbandsbereich gegenüber Nichtmitgliedern gewissermaßen quasistaatlich auftritt, handelt es sich bei diesem Sportdachverband gerade nicht um einen zivilgesellschaftlichen Akteur im klassischen Sinn, s dazu: *von Beyme*, Die liberale Konzeption von Gesellschaft und Staat in Brix/Kampits (Hrsg), Zivilgesellschaft zwischen Liberalismus und Kommunitarismus (2003) 15, 21, 26.

57   S dazu: *Thomasser*, Tendency of Private Taxation in Civic Membership Associations, as represented in the example of an Austrian national sports federation, in Nautz/Brix (Hrsg), Taxes, Civil Society and the State. Steuern, Zivilgesellschaft und Staat (2006) passim.

ersprüche der Trennung zwischen „Staat" und „Privat" oder etwa um eine deviante Entwicklung, welche die (Rechts)Idee eines „gleichberechtigten" Umgangs Privater miteinander[58] möglicherweise pervertiert? Oder können derartige Erscheinungen (überspitzt formuliert) gar als Tendenzen in Richtung „Staat im Staat"[59] gesehen werden, da doch die diversen massiven „Unterwerfungsforderungen" – für den Fall der Nichtentsprechung folgen „Gewaltandrohungen" sowie „Gewaltausübungen" in Form von Strafen – des OEPS unzweifelhaft allein dem Staat als/im Wege der Hoheitsrecht(e)[60] zukommen?

Insbesondere interessiert im Folgenden, wie sehr die Ausübung des Reitsports vor allem im Rahmen von Wettkämpfen bzw (auch) dann, wenn Sportler in Hinblick auf eine Wettkampfteilnahme auf privatem Grund trainieren, durch das Normenregime des OEPS reglementiert ist; angemerkt sei schon hier, dass die Reitsportler auch unabhängig von Wettkämpfen, also zB beim Training wo auch immer, dem „normativen Zugriff" des OEPS ausgesetzt sind, s sogleich unten. Es wird zu zeigen sein, dass die am Wettkampf unmittelbar beteiligten natürlichen Personen, also die Wettkampfveranstalter, Sportler, Wettkampfrichter und sonstigen Funktionäre einem so umfänglichen und strikten Reglement unterliegen, dass ihnen für privatautonome Gestaltungen der Wettkampfbedingungen nahezu keinerlei Raum mehr bleibt. So gut wie alle Wettkampfumstände sind durch zwingende Bestimmungen des OEPS reguliert, zahlreiche Gebühren sind an diesen abzuliefern, bei Nichteinhaltung der verbandlichen Normenordnung sind (Geld)Strafen die Folge. Als Geltungsgrund dafür werden vom

---

58 Vgl F. *Bydlinski*, System und Prinzipien des Privatrechts (1996) 142 ff, 773, zur grundsätzlichen Gleichstellung juristischer mit natürlichen Personen; ebenso *Schauer* in Kalss/Nowotny/Schauer, Österreichisches Gesellschaftsrecht (2008) Rz 1/66.

59 S zB *Rechberger/Frauenberger*, Der Verein als „Richter", ecolex 1994, 5, welche meinen, dass „die Vereinsgerichte wegen ihrer statutenmäßig verankerten Machtfülle für das einzelne Mitglied den Anschein erwecken, der Verein sei ein ‚Staat im Staat'." Umso mehr muss dieser Eindruck dann für Nichtmitglieder eines Sportdachverbandes (zweites Grundverhältnis: natürliche Person/Sportdachverband) entstehen können, wenn sie solcherart mit einem quasistaatlichen, verbandlichen Normsetzer, Privatsteuerfordernden, Normvollzieher und insbesondere Judex (gerade auch in eigener Sache) konfrontiert sind. S des Weiteren zur „Staatsähnlichkeit der Verbandsherrschaft" zB *Leisner*, Der Gleichheitsstaat (1980) 208 ff.

60 Vgl dazu H. *Mayer*, Hoheitliche Tätigkeiten der Ziviltechniker im Lichte des Gemeinschaftsrechts, ecolex 2008, 97 f, zur „Ausübung öffentlicher Gewalt" iZm der bisherigen Jud des EuGH; der Gerichtshof hat bisher eher kasuistisch Abgrenzungen des Begriffs der „öffentlichen Gewalt" versucht; eine allgemeine Begriffsdefinition fehlt. Klar erkennbar ist H. *Mayer* zufolge, dass mit „Gewalt" der Begriff der staatlichen „Hoheitsgewalt" gemeint ist; wenn demnach der EuGH verschiedentlich eine Ausübung von öffentlicher „Gewalt" verneint, weil die Befugten „nicht mehr Befugnisse haben als jede andere Privatperson", dann stellt er damit entscheidend darauf ab, ob die betreffende Befugnis eine besondere ist. Eine Ausübung „öffentlicher Gewalt" kann folglich nur dann angenommen werden, wenn die betreffende Befugnis über das hinaus geht, was jedermann darf; die Lehre spricht in diesem Zusammenhang von „Sonderrechten".

OEPS seine auf Basis des VerG geschaffenen Satzungen sowie seine sonstigen Vereinsregeln angeführt und wird dies den (vermeintlich vollumfänglich) „Normunterworfenen" auch genau so vermittelt. Tatsächlich ist jedoch auf das Verhältnis zwischen dem OEPS und die am Wettkampf unmittelbar beteiligten natürlichen Personen allgemeines Zivilrecht bzw Konsumentenschutzrecht anzuwenden[61], wie unten noch ausführlich dargelegt wird.

Der Reitsport, vor allem die Ausübung von (entsprechenden) Wettkämpfen, bedarf grundsätzlich keines Dachverbandes wie des OEPS. Dieser Sport wurde selbstverständlich schon ausgeübt, als es längst noch keinen OEPS gegeben hat. Und dennoch hat der OEPS bzw haben dessen Vereinsdominatoren vor allem in den letzten 20 bis 30 Jahren intensiv darauf hin gearbeitet, dass die gesamte Struktur des verbandlichen Reitsports auf den OEPS bzw dessen verbandliche Normenordnung hin ausgerichtet wird. Ein Normenregime sui generis wurde geschaffen, Vorbild scheint der Staat bzw dessen Rechtsordnung zu sein.[62]

1.2. Das Vier-Ebenen-Modell

Um in die Struktur des verbandlichen Reitsports einzuführen, wird an personale Merkmale der wesentlichen Akteure, natürliche und/oder juristische Personen, angeknüpft. Aus Gründen der Plastizität bietet sich eine „Bottom-up-Darstellung" anhand von vier personalen Ebenen an (Vier-Ebenen-Modell; s Anhang II). Ausgehend von der ersten, „untersten", Ebene, derjenigen der natürlichen Personen, bauen darauf drei weitere Ebenen von juristischen Personen auf. Von den drei juristischen Personen (Vereine, Verbände und Dachverband) faktisch und normativ bedeutsam

---

61 *Krejci/S. Bydlinski/Weber-Schallauer*, Vereinsgesetz[2] § 1 Rz 51, halten unmissverständlich bereits für das Verhältnis zwischen Verein und Vereinsmitglied (erstes Grundverhältnis, so II.1.4.) fest, dass unter Umständen ein gewisser Rechtsformenmissbrauch dann vorliegt, wenn Leistungsverhältnisse ins Kleid einer Vereinsmitgliedschaft gehüllt werden und damit eine Unangreifbarkeit verbunden werden soll, wo doch tatsächlich ein Verhältnis zwischen Unternehmern und Verbrauchern gegeben ist, das im Fadenkreuz des KSchG steht. Um so mehr wird das für das zweite Grundverhältnis, also das zwischen natürlicher Person (Sportler) und Dachverband gelten müssen. Wird dagegen darauf abgestellt, dass vor allem im Sportverbandswesen eine Tendenz in Richtung „Untertanenenverband" erkannt werden kann, dann drängt sich die Frage der „Rechtsformverfehlung" noch stärker auf: Das österreichische VerG wird für einen Verband, der auf die faktische und rechtliche Kreation von „Untertanen" abzielt (staatsähnliche Heteronomie diesen gegenüber, weitgehende Ausschaltung von deren Privatautonomie, Auftreten ihnen gegenüber als „Privatgesetzgeber" mit den weiteren Merkmalen „Privatgerichtsbarkeit", „Privatstrafvollzug" und „Privatsteuerforderung"), keine ausreichende Rechtsgrundlage bieten; soweit ersichtlich steht hierfür in der österreichischen Rechtsordnung überhaupt keine zulässige Gesellschaftsrechtsform zur Verfügung. Zur „Rechtsformverfehlung" va iZm mit wirtschaftlichen Aktivitäten von Vereinen s zB *Lachmair*, Verein 25 f, 29 ff, 48, 95.

62 S insbesondere V.

ist „nur" die vierte, „oberste" Ebene, nämlich der OEPS, als Dachverband ein Verband von Verbänden. Die relevanten „Pole" dieses Systems (das ein zweites Grundverhältnis ist) sind daher einerseits die natürlichen Personen, also die Wettkampfveranstalter, Sportler, Wettkampfrichter und sonstigen Funktionäre, und andererseits der (Gebühren und die weiter gehende Einhaltung der verbandlichen Normenordnung fordernde) Dachverband als juristische Person.

Strukturell betrachtet sind die Akteure der ersten Ebene (vor allem) Sportler, die beabsichtigen, sich in der Rechtsform des/eines Vereins zusammenzuschließen. Der von den Sportlern in weiterer Folge gegründete Reitverein, dem Vereinsgesetz entsprechend, ist bereits der Akteur der zweiten Ebene; seiner Binnenstruktur gemäß wird er verschiedene so genannte Vereinsorgane aufweisen: ein Organ zur gemeinsamen Willensbildung der Vereinsmitglieder (typischerweise Mitglieder- oder Generalversammlung genannt), ein Organ zur Führung der Vereinsgeschäfte und zur Vertretung des Vereins nach außen (ein so genanntes Leitungsorgan) und gegebenenfalls ein Aufsichtsorgan. Ein „Funktionärswesen" entsteht.

Schließen sich weiters (die) Reitvereine eines der neun österreichischen Bundesländer wiederum zu einem Verein zusammen, zu einem so genannten Landesfachverband, ist damit auch auf der dritten Ebene als Betrachtungsobjekt eine juristische Person (ein Verband von Verbänden) gegeben. Die Gründung jedes einzelnen der demnach neun Landesfachverbände für Reiten und Fahren (LFV)[63] unterliegt freilich denselben ver-

---

63 Der OEPS verfolgt offenbar das „Konzept", zwischen sich (als Akteur der vierten Ebene) und den natürlichen Personen als Vereinsmitglieder (Akteure der ersten Ebene) eine „Mitgliedschaft" zu konstruieren – wird dies nun umschrieben als „angeschlossenes", „mittelbares" oder aber „Einzelmitglied"; s insbesondere V.3.1.1. Allem Anschein nach versucht zB der NOEPS (Niederösterreichischer Pferdesportverband), als Akteur der dritten Ebene, dies für sein „Verhältnis" zu den Mitgliedern (als Akteure der ersten Ebene) niederösterreichischer Reitvereine zu übernehmen. In der Satzung des NOEPS (gültig ab 09.05.2011) ist unter „Arten der Mitgliedschaft" festgehalten, dass „sich die Mitglieder des Verbandes in ordentliche, fördernde und Ehrenmitglieder gliedern. Die ordentlichen Mitglieder sind die selbständigen, behördlich nicht untersagten Vereine mit ihren Einzelmitgliedern (§ 4 Abs 1 und 2 NOEPS Satzung)." Solcherart soll offenbar den Mitgliedern niederösterreichischer Reitvereine „vermittelt" werden, dass sie eigentlich auch „Mitglieder" des NOEPS wären, was deren (noch stärkere) „Unterworfenheit" unter denselben und in weiterer Folge unter den OEPS mit sich brächte. Denn, dass die ordentlichen Mitglieder (Akteure der zweiten Ebene) des NOEPS (Akteur der dritten Ebene) ihrerseits wiederum Mitglieder (Akteure der ersten Ebene) haben, erscheint als unbestritten. Deren bloße Nennung bzw Anführung jedoch in der NOEPS Satzung als „Einzelmitglieder" macht sie noch nicht zu Mitgliedern des NOEPS. Die weiteren Satzungsbestimmungen des NOEPS erscheinen diesbezüglich bewusst unklar gehalten, so ist zB die Rede von „ordentlichem Mitglied" (§ 6 Abs 5 NOEPS Satzung), von „Mitglieder (Vereine und deren Einzelmitglieder)" (§ 7 Abs 1 und 5 NOEPS Satzung) bzw nur von „ordentlichen Mitgliedern (Vereine)" (§ 7 Abs 5 und § 9 Abs 3 und 8 NOEPS Satzung). In der über die NOEPS homepage herunterladbaren „Beitrittserklärung" (<noe-pferdesport.at>; abgefragt am 15.06.2011) ist jedoch nur der Beitritt zu einem Reitverein (also einem Akteur der zweiten Ebene), nicht jedoch

einsgesetzlichen Bestimmungen wie diejenige von Reitvereinen. Ein noch größeres „Funktionärswesen" bildet sich.

In weiterer Folge haben die neun LFV den OEPS gegründet, welcher insofern die vierte Ebene des verbandlich organisierten Reitsports bildet. Ein österreichweite Wahrnehmung und Anerkennung verlangendes „Funktionärswesen" ist geschaffen.[64]

2. Die verbandliche Normenordnung des OEPS

Der OEPS beansprucht, wie oben schon ausgeführt, seinen Satzungen zufolge pferdesportliche Veranstaltungen jeder Art in Österreich zu „fördern", zu „genehmigen" und zu „kontrollieren"; der Dachverband „erlässt" die einschlägigen Sportregeln und Durchführungsbestimmungen für Österreich (2.3., 2.10. OEPS-Satzungen). Und genau diesen „allumfassenden" Regulierungsanspruch setzt der OEPS mit/in seiner verbandlichen Normenordnung um; diese besteht demnach aus erstens seinen Satzungen und zweitens den zahlreichen und äußerst detaillierten sonstigen Vereinsregeln. In diesen[65] wiederum lassen sich folgende drei (hier interessierenden) Normenarten feststellen; dem Inhalt nach handelt es sich um Bestimmungen zur grundsätzlichen Sportausübung, zum eigentlichen Wettkampfsport und zur Sportadministration:

- (Grundsätzliche) Sportausübungsregeln,
- Wettkampfregeln,
- Sportadministrationsregeln.

Diese drei Normenarten finden sich – je nach dem, gesondert oder gemeinsam – in diversen

- Ordnungen,
- Regulativen,
- Durchführungsbestimmungen,
- Pflichtenheften,
- Formularen, sowie
- „Informationen", teils mit „Gebotscharakter",
  des Sportdachverbandes.

---

zum NOEPS selbst zu erklären. S idZ zu den Rechten und Pflichten von Vereinsmitgliedern, zu deren Gleichbehandlung sowie zur Anwendung des KSchG: *Krejci/S.* Bydlinski/Weber-Schallauer, Vereinsgesetz[2] § 3 Rz 75 ff.

64 Vgl dazu *Brix*, Vorwort Organisierte Privatinteressen, 14, 17, welcher von „Erscheinungen der „Oligarchisierung" des Vereinswesens, allerdings schon in Habsburgermonarchie spricht. In diesem Sinn wird man daher heutzutage weniger einen „klassischen" Vereinsdiktator ausmachen können, sondern vielmehr „Funktionärscliquen", welche in den maßgeblichen, verbandlichen Kollegialorganen vertreten sind und sich solcherart gegenseitig stützen und immunisieren; sa *Hye*, Zum Vereinswesen in der Habsburgermonarchie in Brix/Richter (Hrsg), Organisierte Privatinteressen (2000) 33, 42.

65 Diese drei Normenarten können (zumindest in Grundzügen) freilich auch in den OEPS-Satzungen identifiziert werden, ebenso in diversen dachverbandlichen „Geschäftsordnungen", auf die in dieser Arbeit jedoch nicht eingegangen wird.

Im Einzelnen werden nachfolgend relevante Normen des OEPS angeführt und grundsätzlich erläutert; die Aufzählung ist beileibe nicht abschließend.

2.1. Die ÖTO

Laut OEPS ist die Österreichische Turnierordnung 2011 (im Folgenden: ÖTO) ab 01.04.2011 gültig. Der Sportdachverband hält auf der zweiten Seite der gegenständlichen Loseblattsammlung, welche das Seitenausmaß 10,5 cm mal 15 cm und eine Dicke von ca 2 cm aufweist, fest: „Der Österreichische Pferdesportverband erlässt die vom Präsidium in der Sitzung vom 26.01.2011 beschlossene Österreichische Turnierordnung 2011. Mit dem Erscheinen der vorliegenden Ausgabe werden alle vorher veröffentlichten Texte, die sich auf die gleichen Turnierbestimmungen beziehen, ungültig."

Die ÖTO ist die „zentrale" Norm des OEPS und enthält zahlreiche (grundsätzliche) Sportausübungs-, Wettkampf- und Sportadministrationsregeln, wird alle paar Jahre (vollkommen) neu herausgegeben und dann mit den entsprechenden Jahreszahlen bezeichnet, kann und wird jedoch laufend teilergänzt bzw -geändert, und ist sowohl in Papierform erhältlich als auch über <oeps.at> abrufbar. Der OEPS ist bemüht, für die ÖTO eine Grundlage in seinen Satzungen zu schaffen; insofern führt er darin die ÖTO als solche an und adressiert selbige (bzw die Pflicht selbige einzuhalten) zugleich an seine Mitglieder, die Landesfachverbände, und an seine Nichtmitglieder wie die Reitvereine und deren Mitglieder, die Reitsportler: „Verstöße gegen reit- und fahrsportliche Normen, insbesondere gegen die ÖTO, die Österreichische Ausbildungs- und Prüfungsordnung (ÖAPO) oder internationale Regulative werden durch die in der ÖTO genannten Ordnungsmaßnahmen geahndet (22. OEPS-Satzungen)." Diese lapidare Satzungsbestimmung meint der OEPS offenbar als ausreichende Grundlage für das umfangreiche (heteronome) Regelwerk ÖTO erachten zu können. Tatsächlich jedoch enthält die ÖTO einerseits Bestimmungen, die jedenfalls in den OEPS-Satzungen geregelt sein müssten, und andererseits solche, die dermaßen intensiv in die Rechtspositionen von Nichtmitgliedern eingreifen, dass deren Zulässigkeit im Lichte der gesamten Rechtsordnung in Frage zu stellen ist.[66] ZB ist die Nennung der ÖTO in den Satzungen keineswegs ausreichend dafür, dass der OEPS in der ÖTO offenbar weitere „Verbandsorgane", nämlich „satzungsmäßige Organe" und „Organe der Rechtsordnung", sowie einen „verbandsinternen Instanzenzug" schafft (§ 2001 ÖTO Rechtsordnung), denn gem vereinsgesetzlicher Normierung müssen gerade „die Organe des Vereins und ihre Aufgaben, insbesondere eine klare und umfassende Angabe, wer die Geschäfte des Vereins führt und wer den Verein nach außen vertritt (§ 3 Abs 2 Z 7 VerG)", in den Vereinsstatuten (hier: OEPS-Satzungen)[67], nicht

---

66   Vgl dazu insbesondere V.
67   Eindeutig hierzu *Krejci/S. Bydlinski/Weber-Schallauer*, Vereinsgesetz² § 3 Rz 87: Die Statuten müssen die Organe des Vereins benennen und aufzählen und ihre Aufgaben beschreiben.

aber in sonstigen Vereinsregeln benannt und mit ihren Aufgaben aufgezählt sein.

Originellerweise leitet der OEPS die ÖTO mit so genannten neun „ethischen Grundsätzen" ein; hervorgehoben soll zunächst der sechste werden: „Der Umgang mit dem Pferd hat eine persönlichkeitsprägende Bedeutung gerade für junge Menschen. Diese Bedeutung ist stets zu beachbeachten und zu fördern." In den vorangehenden ethischen Grundsätzen geht es um das Pferd als zu schützendes Wesen, es ist sogar ein/der „Gleichheitsgrundsatz" formuliert: „Der Mensch hat jedes Pferd gleich zu achten, unabhängig von dessen Rasse, Alter und Geschlecht sowie Einsatz in Zucht, Freizeit oder Sport." Im Gegensatz zu dieser „ethischen" Einleitung konfrontiert der OEPS jedoch in gar nicht so wenigen anderen, noch zu erläuternden ÖTO-Bestimmungen die Menschen (grundsätzlich unabhängig vom jeweiligen Alter), die in „dieses dachverbandliche Sportsystem einsteigen", jedenfalls mit „persönlichkeitsprägenden" Unterwerfungsforderungen. Denn der OEPS bestimmt, dass alle Personen und Gremien, einschließlich der LFV, Vereine, Veranstalter, Richter, Funktionäre, Pferdebesitzer, verantwortliche Personen, Trainer, Teilnehmer und Pferdesportler, die in irgendwelche Aktivitäten involviert sind, die unter die Jurisdiktion der ÖTO und ergänzender Bestimmungen des OEPS und der LFV fallen, der Zuständigkeit der Organe der Rechtsordnung unterworfen sind (§ 2001 Abs 2 ÖTO Rechtsordnung). Eines „Disziplinarvergehens" können sich Reitsportler (egal welchen Alters) recht rasch „schuldig" machen, denn die „Tatbestände" sind zum Teil sehr unbestimmt gefasst: „Disziplinarvergehen gegen die Grundsätze sportlich-fairer Haltung, gegen das Wohl des Pferdes und gegen sonstige Bestimmungen der ÖTO, können durch Ordnungsmaßnahmen geahndet werden, egal, ob sie im In- oder Ausland begangen werden (§ 2012 Abs 1 ÖTO Rechtsordnung)",[68] und die Tatbestandsverwirklichung wird – bei aller sportverbandlichen „Bescheidenheit" – ubiquitär „geahndet", zumindest dem Anspruch des OEPS nach. Hat sich ein Reitsportler erst einmal in eine derartige Richtung womöglich „schuldig" gemacht, dann kann entweder ein „Disziplinaranwalt" eines LFV oder gar der „Bundes-Disziplinaranwalt" OEPS (als „Straffunktionäre") mit „Vorerhebungen" bzw „Verfolgungshandlungen" auf die „disziplinären Vergehen" reagieren (§ 2008 und 2009 ÖTO Rechtsordnung). Dieser Auszug aus der ÖTO erscheint als ein sehr plakatives Beispiel, wie offenbar von Privat (OEPS) gegenüber Privat (Reitsportler) versucht wird, die Grenze, ab der der Bereich der staatlichen Heteronomie beginnt, zu überschreiten; dafür wird recht einfach die „Technik" der Normierung „eingesetzt", die strafbewehrten Vorgaben sollen den formbaren Mensch zu normkonformem Verhalten „überreden", der Druck wirkt und prägt, nicht nur bei jungen Menschen, die Persönlichkeit. *Popitz* hat dazu

---

68   Unverblümt dazu *H. Schuster*, Recht im Reitstall (2006) 135, 137: „Man kann die Rechtsordnung auch als Disziplinarordnung der österreichischen Turnierordnung bezeichnen." Und: „Wie im gerichtlichen oder verwaltungsrechtlichen Strafrecht hält auch die Rechtsordnung der ÖTO fest, dass der Tatbestand eines Disziplinarvergehens auch durch den Versuch der Ausführung, durch die versuchte Anstiftung, durch die Anstiftung und durch die Beihilfe verwirklicht wird."

grundlegend festgehalten, dass menschliches Verhalten in immens verschiedener Weise normierbar ist; die/eine „Normierungsoffenheit" entspricht hierbei der/einer „Weltoffenheit". Der Mensch, so *Popitz* weiter, ist aber auch, von der aktiven Seite her gesehen, in höchst variabler Weise normierungsfähig; er kann die inhaltlich verschiedensten Selbstfestlegungen entwerfen. Normierung, Formung sind Produkte gesellschaftlicher Gestaltungen bzw soziale Selbstdefinitionen des Menschen. *Popitz* weiß, dass Menschen in den Zwängen des sozialen Zusammenlebens in kaum vorstellbarer Weise prägbar, knetbar und modifizierbar sind und die unglaublichsten sozialen Prägeformen des homo sapiens kreiert werden können.[69]

Die ÖTO enthält in Teil A die „Allgemeinen Bestimmungen", nämlich die Grundbestimmungen (§ 1 bis 6), die Voraussetzungen für die Beteiligung am Turniersport (§§ 7 bis 20), die Regeln für Ausschreibungen (§§ 21 bis 25)[70], die Regeln für Nennungen (§§ 26 bis 29)[71], die Regeln für die Durchführung von Turnierbewerben (§§ 30 bis 44), die Regeln für die Beaufsichtigung von Bewerben, Beurteilung und Platzierung (§§ 45 bis 52), die Regeln über die Teilnahmeberechtigung (§§ 53 bis 56), die Regeln über die Ausrüstung von Teilnehmern und Pferden (§§ 57 bis 60), dann folgt Teil B „Besondere Bestimmungen" (§§ 100 bis 1708)[72], welcher die Regeln zu den verschiedenen Reit- bzw Pferdesportarten enthält. Daran schließt eine für das gesamte OEPS-Regime zentrale „Teilordnung" der ÖTO, nämlich die so genannte „Rechtsordnung", Teil C, welche das „Moment" des Druckes, des Zwangs auf die Sportler, Wettkampfveranstalter, Wettkampfrichter und Funktionäre verkörpert; da diese „Disziplinar- und Schiedsordnung" (jedoch) dem Justiz- und Verwaltungsstrafrecht nachgebildet ist und ganz eigentümliche „obrigkeitliche" Strafbestimmungen und -verfahren beinhaltet, sei deren Inhalt im Folgenden zumindest den Überschriften nach aufgelistet:

---

69 *Popitz*, Die normative Konstruktion von Gesellschaft (1980) 17.
70 Unter „Ausschreibung" wird verstanden, dass Veranstalter von pferdesportlichen Veranstaltungen diese (entsprechend dem ÖTO-vorgegebenen Verfahren) „ankündigen" bzw sich zur Abhaltung derselben verpflichten und hierbei diverse Informationen, wie eben in § 21 ÖTO angeführt, bekannt geben. Gebühren sind fällig, allfällige „Verletzungen" von ÖTO-Bestimmungen sind gem ÖTO „strafbar".
71 Unter „Nennung" ist die Bekanntgabe der Reitsportler zu verstehen, an welchen pferdesportlichen Veranstaltungen sie teilnehmen wollen/werden. Dies hat grundsätzlich über das so genannte, beim OEPS eingerichtete und von ihm betriebene „Zentrale Nenn-System" (ZNS; s §§ 26 ff ÖTO Allgemeine Bestimmungen) elektronisch zu erfolgen. Auch hierfür sind Gebühren zu entrichten, allfällige „Verletzungen" von ÖTO-Bestimmungen sind gem ÖTO „strafbar". Das Schema, Pflichten gegenüber Nichtmitgliedern aufzustellen und mit Sanktionen zu bewehren, verfolgt der OEPS anscheinend mit durchgängiger Penetranz.
72 Ausdrücklich festzuhalten ist, dass gerade nicht von § 100 bis § 1708 ÖTO (nahezu lückenlos) Bestimmungen aneinander gereiht sind, sondern, dass grundsätzlich pro Regelungsbereich mit einer „Hunderterzahl" begonnen wird und je nach Bedarf weiter normiert wird, zB beginnen die Bestimmungen zu „Dressurprüfungen" mit § 100 und schließen mit § 108, danach beginnen die Bestimmungen zu „Springprüfungen" mit § 200 usw.

„Grundsätze
§ 2001 Zuständigkeit
Organe und Zuständigkeiten
§ 2002 Organe der Rechtsordnung und sachliche Zuständigkeit
§ 2003 Örtliche Zuständigkeit Schiedsgericht LFV
§ 2004 Schiedsgericht bei einer pferdesportlichen Veranstaltung
§ 2005 Schiedsgericht LFV
§ 2006 Strafausschuss des OEPS
§ 2007 Schiedsgericht des OEPS
§ 2008 Disziplinaranwalt LFV
§ 2009 Disziplinaranwalt OEPS
§ 2010 Verjährung
§ 2011 Geschäftsstellen
Disziplinarvergehen und Ordnungsmaßnahmen
§ 2012 Disziplinarvergehen
§ 2013 Unrichtige Nennungen, unberechtigte Teilnahme
§ 2014 Arten der Ordnungsmaßnahmen
§ 2015 Bemessen der Ordnungsmaßnahmen
§ 2016 Befugnisse des Turnierbeauftragten und der Richter
Verfahren
§ 2017 Einspruch gegen die Folgewirkungen der roten Karte
§ 2018 Verfahren vor den Schiedsgerichten und dem Strafausschuss des OEPS
§ 2019 Undiszipliniertes Verhalten, unentschuldigtes Fernbleiben
§ 2020 Einstellung des Verfahrens
§ 2021 aufgehoben
§ 2022 Anordnung einer Ordnungsmaßnahme, Veröffentlichung
§ 2023 Vorläufige Maßnahme
§ 2024 Beschwerde gegen eine vorläufige Maßnahme
§ 2025 Ordnungsliste
Berufung
§ 2026 Berufung
§ 2027 Aufschiebende Wirkung der Berufung
Wiederaufnahme des Verfahrens
§ 2028 Zulässigkeit
§ 2029 Wiederaufnahme
Ausführung der Entscheidung, Kostenvorschuss, Kosten, Gnadenrecht
§ 2030 Ausführung der Entscheidung
§ 2031 Verfall des Kostenvorschusses
§ 2032 Kosten
§ 2033 Gnadenrecht"

An die „Rechtsordnung" schließen dann noch Teil D „Durchführungsbestimmungen" und Teil E „Gebührenordnung" (als Anhang III dieser
Arbeit angefügt); der Umfang der Gebührenordnung zeigt, dass der OEPS
viele der vorangeführten „Allgemeinen Bestimmungen" insofern „zu Geld"
macht, als er (an neue) „Tatbestände" auch Gebührenforderungen knüpft;
ebenfalls finden sich in dieser Teilordnung die Geldbußen (bzw -strafen).

2.2. Die ÖAPO

Die Österreichische Ausbildungs- und Prüfungsordnung (kurz: ÖAPO) liegt in der Ausgabe Februar 2008 vor. Der OEPS hält auf der zweiten Seite der gegenständlichen Loseblattsammlung, welche das Seitenausmaß 15 cm mal 21 cm und eine Dicke von ca 1,7 cm aufweist, fest: „Der Bundesfachverband für Reiten und Fahren in Österreich (Anm: nunmehr OEPS) erlässt das vom Präsidium in der Sitzung vom 12.11.2007 beschlossene Ausbildungsregulativ."
Die ÖAPO besteht aus folgenden Regulativen und Durchführungsbestimmungen:

„A. Ausbildungsregulativ
Durchführungsbestimmungen zum Ausbildungsregulativ
B. Richterregulativ
Durchführungsbestimmungen zum Richterregulativ
C. Parcours- und Geländebauerregulativ
D. Richtlinien für die Kennzeichnung von Reit- und Fahrbetrieben
E. Österreichisches Pferdepfleger-Abzeichen
F. Regulativ für die Ausbildung von Wanderreitführern
G. Regulativ für die Ausbildung von Pferdesport & Spiel Bewerter
H. Regulativ für die Ausbildung von Pferdesamaritern
I. Regulativ für die Ausbildung von Pferdesporttierärzten
J. Regulativ für die Ausbildung von FEI-Stewards"

2.3. Die PS&P-Richtlinien

Die Pferde-Sport & Spiel Richtlinien (kurz: PS&P) liegen in der Ausgabe 2008 vor. Der OEPS hält auf der sechsten Seite der gegenständlichen Loseblattsammlung, welche das Seitenausmaß 15 cm mal 21 cm und eine Dicke von ca 1 cm aufweist, fest: „Der Bundesfachverband für Reiten und Fahren in Österreich (Anm: nunmehr OEPS) erlässt die vorliegenden Richtlinien für die Durchführung von Pferde-Sport & Spiel-Wettkämpfen für Einsteiger in den Pferdesport und Freizeitsportler unter Zugrundelegung der Bestimmungen der ÖTO § 800."
Der OEPS erläutert auf Seite fünf der PS&P-Richtlinien folgende Hintergründe für die Schaffung (auch noch) dieser Verbandsregeln:
„Erst das Nutzen der Vielfalt des Pferdesports durch breitensportliche Bewerbe ermöglicht den Aufbau einer soliden Grundlage für die Leistungssport. PS&P- Wettkämpfe sollen zur Erreichung folgender Zielsetzungen dienen: Spiel und Spaß in wettbewerbsmäßiger Form einem großen Kreis von Jugendlichen und Senioren zu bieten; wettbewerbsmäßige Vorstufe zur Turnierbeteiligung anzubieten; Förderung des Horsemanship (Umgang mit dem Pferd); Förderung des Zusammenspiels von Pferd und Teilnehmer, um verschiedenste Anforderungen zu meistern; Einbinden der Eltern, der Familie und des Bekanntenkreises der Teilnehmer in den Pferdesport; auch Außenstehenden Einblick in den Pferdesport zu bieten – Gewinnung zukünftiger Mitglieder; Basiswissen zu schaffen für den Nachwuchs; Ausbildungsanreize zu schaffen und die Sicherheit des Pferde-

sports zu erhöhen." Entgegen dieser „euphemistischen" Begründung des OEPS wird davon ausgegangen, dass die gegenständlichen PS&P-Richtlinien ihre Existenz erstens der grundsätzlichen Verregelungstendenz des OEPS verdanken und zweitens vor allem noch nicht in das OEPS-Regime „eingepasste" Personen zu dessen „Wirken", basierend auf den vier Säulen „Anordnung, Genehmigung, Kontrolle und Strafe", hinführen sollen.

2.4. Sonstige Normen

Schließlich seien noch weitere Normen des OEPS beispielhaft angeführt, und zwar

- erstens das „Pflichtenheft 2011, Datentransfer BFV-Meldestellen-BFV, Version 2.2", 11 Din-A-4 Seiten im Ausdruck, welches den so genannten Meldestellen als administrative „Büros" des Wettkampfveranstalters (also von diesem bezahlt, jedoch viele Aufgaben für den OEPS bzw in dessen Auftrag erledigend) bei pferdesportlichen Veranstaltungen vorschreibt, welche Daten sie in welcher Form an den OEPS weiterleiten müssen. Dies ermöglicht dem OEPS unter anderem eine grundsätzliche Kontrolle über Wettkampfveranstalter, Reitsportler und Funktionäre wahrzunehmen und insbesondere kann der Sportdachverband überprüfen, ob die von ihm qua ÖTO vorgeschriebenen und an ihn abzuführenden „Gebühren" in ausreichendem Maße abgeliefert worden sind – schon bei verspäteter Vorlage der Unterlagen wird der Veranstalter mit einer Geldbuße belegt (§ 44 Abs 5 ÖTO Allgemeine Bestimmungen);
- zweitens das Formular „Verhaltensregelung für Richter und Stallkameraden zur Hintanhaltung von Tierquälerei bei Turnieren und beim Training",
- drittens die so genannte „Beitrittserklärung", ebenfalls ein Formular, sowie
- viertens als Informationen mit „Gebotscharakter" die „Gebote für den Reiter".[73]

3. Die Hauptakteure in der Struktur und der verbandlichen Normenordnung des OEPS

Als Hauptakteure in diesem System sind demnach anzuführen:
- OEPS
- (Reit)Sportler
- Wettkampfveranstalter
- Wettkampfrichter
- sonstige Funktionäre

---

73 Diese sind, wie viele weitere, unter <oeps.at> abrufbar. Hingewiesen sei, dass auf die so genannten „Doping-Bestimmungen" in der verbandlichen Normenordnung des OEPS im Rahmen dieser Darstellung nicht weiter eingegangen wird.

Im Zentrum der verbandlichen Normenordnung des OEPS steht die „pferdesportliche Veranstaltung" bzw der Wettkampf (oder auch: das Turnier). Die überwiegende Mehrzahl der Verbandnormen ist darauf ausgerichtet, nahezu sämtliche Umstände in Bezug auf Wettkämpfe zu regeln. Die bloßen Sportausübungsregeln sind an Zahl und Normierungsintensität im Vergleich zu den Wettkampf- und, damit verbunden, Sportadministrationsregeln marginal. Kritisch ist anzumerken – und im Folgenden ausführlich darzulegen –, dass der Sportdachverband anscheinend zwei Ziele zumindest implizit verfolgt: erstens die Akteure im und über den Wettkampf zu „disziplinieren" (siehe va ÖTO Rechtsordnung) und zweitens das Gesamtsystem zu finanzieren (siehe va ÖTO Gebührenordnung). Bestimmungen wie „Ethische Grundsätze" sowie „Gebote für den Reiter" dienen offenbar als „Legitimationsgrundlagen" und werden va im Dienste des/eines Verbandsmarketing eingesetzt.

In Bezug auf Wettkämpfe sind daher vor allem zwei Vertragsarten zwischen den verschiedenen Akteuren von Bedeutung und in der verbandlichen Normenordnung geregelt, allerdings ohne Hinweis des Sportdachverbandes darauf, dass es sich hierbei um Verträge handelt, denn genau dies soll offenbar vermieden werden; stattdessen vermittelt der OEPS seinen Vertragspartnern, dass sie qua Verein (Vereinskette etc) „Unterworfene" seiner „einseitig diktierten" Normen wären, und diese eben – bei sonstiger Strafe – zu befolgen hätten. Tatsächlich sind für die Mehrzahl der Interaktionen der gegenständlichen Akteure zwei Vertragsarten maßgeblich:

- erstens „Wettkampfdurchführungsverträge", welche grundsätzlich zwischen den folgenden Akteuren zustande kommen: OEPS, Wettkampfveranstalter, Wettkampfrichter und sonstigen Funktionären, und
- zweitens „Wettkampfteilnahmeverträge", welche grundsätzlich zwischen den folgenden Akteuren zustande kommen: OEPS, Reitsportler und Wettkampfveranstalter.

Tatsächlich versucht der Sportdachverband die gegebenen Vertragsbeziehungen durch sein System einer einseitigen Anordnungsbefugnis bzw -anmaßung, welches dem des Staates gegenüber den Staatsbürgern nachgebildet ist, zu verdrängen bzw zu ersetzen. Wie, konkret mit welchen (normativen) Mitteln und Techniken der OEPS ein Über- bzw Unterordnungsverhältnis zu konstruieren gewillt ist, um nur ja ein Vertragsverhältnis mit dem Grunde nach gleichberechtigten Akteure in den Hintergrund zu drängen, ist der Hauptgegenstand dieser Arbeit. Nicht nur der OEPS, sondern auch andere Sportdachverbände zielen darauf ab, sich als staatsgleiche Normsetzer zu gerieren und „Verbandsrecht" zu schaffen, dem sich Verbandsuntertanen zu unterwerfen hätten.

IV. Vereine/Verbände gem VerG als Normsetzer eigener Art?

1. Grundsätzliche Problematik

„Der Verband ist der Staat, irgendwie" lautet die Überschrift eines Interviews mit dem Präsidenten eines österreichischen Sportfachverbandes im Jahr 1995. Obwohl der oberste Funktionär des Sportverbands diese Worte nicht explizit verwendet – allerdings meint er zB, dass für ein(es seiner) Sportlerteam(s) die „Identifikation des Verbandes mit der Nation Österreich" wichtig ist –, unterstellt der Interviewer dieses (Selbst)Verständnis des Verbandes offenbar aufgrund der gegebenen Umstände; der Journalist geht sogar so weit, dass er fragt, ob der Verband „quasi verlange, Teil der anerkannten Staatsräson zu werden."[74]

„Der Staat und die Verbände" ist ein grundlegendes Thema ua der Soziologie, der Politologie sowie der Rechtswissenschaft.[75] Sowohl in diesem Großkapitel, in dem es im Besonderen um Normsetzungstätigkeit von Vereinen geht, als auch in der gesamten Arbeit interessiert primär das (Rechts)Verhältnis gem VerG zwischen dem Verein und den Vereinsmitgliedern sowie zwischen (Dach)Verband (durch Dominatoren gesteuert) und Nichtvereinsmitgliedern: Welche Normen werden vom Verein/Verband gesetzt bzw welche „Rechtsqualität" kommt diesen zu? Sekundär wird zu analysieren sein, welches Maß an fortwährender Duldung von eingriffsintensiver Fremdbestimmung qua verbandlicher Normsetzung von den Vereinsmitgliedern bzw Nichtmitgliedern, je nachdem, zu Recht oder zu Unrecht, gemessen an der ö Rechtsordnung, gefordert wird? Und tertiär, jedoch mindestens ebenso wichtig, wird die diesbezügliche rechtliche Konstellation zwischen Staat und Verband darzulegen sein – tritt doch der Verband mit seiner Normenordnung zwischen den Staat (und dessen Rechtsordnung) und den Staatsbürger (als Vereinsmitglied). Im Vordergrund steht hierbei die „Schutzfunktion" des Staates für die Staatsbürger.

Der nachfolgende Themeneinstieg macht es notwendig, dass über das Vereinsrecht hinaus teilweise vertiefte Bezüge sowohl zum öffentlichen als auch zum Privatrecht hergestellt werden. Einerseits sind insbesondere das Grundrecht der Vereinsfreiheit[76] sowie die Materie der Selbstverwaltungskörper von Relevanz; andererseits interessieren Aspekte des Ver-

---

74 *Skocek*, Der Verband ist der Staat, irgendwie, Der Standard 19.02.1995, 25.

75 S statt vieler zB für die BRD („populär" und) krit *Kirchhof*, Das Gesetz der Hydra (2007) 55 ff, 60: Die Großverbände entwickeln sich zu staatsähnlichen Organisationen mit begrenztem Wirkungsbereich; grundlegend *von Aleman/ Heinze* (Hrsg), Verbände und Staat. Vom Pluralismus zum Korporatismus. Analysen, Positionen, Dokumente[2] (1981) passim; sowie auch *Trappe*, Die elitären Machtgruppen in der Gesellschaft – oder: Über die Geschlossenheit der offenen Gesellschaft (1988) 5 f: „Es sieht so aus, als ob die Macht der Verbände übersehen wird." Und: „Die soziale Macht wird von einzelnen und einzelnen Gruppen (…) in der offenen Gesellschaft usurpiert."

76 S als Beispiel für viele „ältere" Darstellungen zu den Grundrechten *Öhlinger*, Die Grundrechte in Österreich, EuGRZ 1982, 216, 237.

hältnisses zwischen natürlicher und juristischer Person sowie Grundlegendes zum „subjektiven Recht"[77] und, in Verbindung damit, der (rechts)relevante Begriff der „Unterwerfung".

Auszugehen ist davon, dass der Staat (hier: Österreich) in seiner Rechtsordnung (hier: maßgeblich das VerG) regelt, dass sich natürliche Personen (hier: Vereinsgründer und später beitretende Vereinsmitglieder) zu juristischen Personen (hier: Vereine) zusammenschließen können. Vereine (und Genossenschaften) sind besondere Typen (Rechtsformen) von Gesellschaften, wobei darunter zu gemeinsamen Zwecken auf rechtsgeschäftlicher Grundlage geschaffene Personenvereinigungen (Rechtsgemeinschaft, Zweckverband) zu verstehen sind.[78] Bei der gem ö Rechtsordnung für Vereinsangelegenheiten vorrangig zuständigen Vereinsbehörde (§ 9 VerG) haben die Vereinsgründer die Vereinsstatuten anzuzeigen[79], ebenso Änderungen derselben (§§ 11 bis 14 VerG). In weiterer Folge schaffen die zuständigen Vereinsorgane auf Basis der Vereinsstatuten ein Regelwerk zB zur Konkretisierung der inneren Organisation sowie der Ge- und Verbotsregelungen, welche va an die Vereinsmitglieder gerichtet sind: die „sonstigen Vereinsregeln".

Somit agieren (in diesem Verhältnis) zwei „Normsetzer": Einerseits der Staat, der die spezifischen Rechtsnormen (bzw umfassend die Rechtsordnung) in Geltung setzt, und andererseits die juristische Person Verein,

---

77 S grundlegend Coing, Zur Geschichte des Begriffs „subjektives Recht" in Stepanians (Hrsg), Individuelle Rechte (2007) 46, 48 f: „Der Begriff des subjektiven Rechts ist ein Ergebnis längerer geschichtlicher Entwicklung." Sowie: „Das Vertragsrecht zeigt, dass die Rechtsordnung es eben nicht nur mit der Abgrenzung und dem Schutz individueller Rechtspositionen zu tun hat, sondern auch damit, die Zusammenarbeit, die Kooperation, der Mitglieder der Rechtsgemeinschaft (vorübergehend oder dauernd) zu gemeinsamen Zwecken vernünftig zu organisieren und sicherzustellen." Weiters: „Der Gedanke des subjektiven Rechts hält die Auffassung lebendig, dass das Privatrecht und der Rechtsschutz, den es begründet, letztlich der Aufrechterhaltung der Freiheit des einzelnen in der Gesellschaft dient, dass die individuelle Freiheit eine der grundlegenden Ideen ist, um deretwillen das Privatrecht existiert." Vgl statt vieler Koziol/Welser, Grundriss I[13] 44 ff, welchen zufolge das konstituierende Merkmal der subjektiven Rechte es ist, dass der Berechtigte nach seinem freien Willen über die Geltendmachung seiner Rechtsposition entscheiden kann.
78 Krejci, Gesellschaftsrecht I 8, 16.
79 Die Vereinsgründer können die Organisation des Vereins (Binnenstruktur) grundsätzlich frei gestalten, müssen jedoch dem Staat, gewissermaßen repräsentiert durch die zuständige Vereinsbehörde, die Statuten „vorlegen" (laut Gesetz: „anzeigen"), deren (Mindest)Inhalt vereinsgesetzlich determiniert ist; insbesondere eine klare und umfassende Umschreibung des Vereinszwecks, die für die Verwirklichung des Zwecks vorgesehenen Tätigkeiten und die Art der Aufbringung finanzieller Mittel anzugeben. Vgl Krejci/S. Bydlinski/Weber-Schallauer, Vereinsgesetz[2] § 3 Rz 6, wonach die Statuten als die „Verfassung" des Vereins gesehen werden können. Auf ihrer Grundlage fußen demnach seine Zielsetzung, sein äußeres Erscheinungsbild und sein gesamter organisatorischer Aufbau; vgl auch Kalss, Gesellschaftsrecht Rz 6/30 ff; ebenso spricht Kossak, Handbuch V f, 1, einerseits davon, dass die Vereinsstatuten das Gesetzbuch für den Verein sind und andererseits, dass diese sozusagen die Verfassung des Vereins sind; idS auch Keinert, Funktion und Kompetenzen der Mitgliederversammlung des Vereins, wbl 2011, 644.

als solcher privat, der sich Vereinsstatuten gibt und darauf aufbauend die „sonstigen Vereinsregeln" beschließt, welche zusammen die für die Vereinsmitglieder geltende private „verbandliche Normenordnung" bilden.

Wie ist nun das Verhältnis der zwei Normenkomplexe, einerseits die staatliche Rechtsordnung und andererseits die verbandliche Normenordnung, zueinander zu beurteilen, insbesondere in Bezug auf die Vereinsmitglieder, die grundsätzlich ö Staatsbürger sind[80]? Was lässt sich diesbezüglich aus der ö Rechtsordnung, der einschlägigen Jud sowie dem Schrifttum ableiten?[81]

Der Norm setzende Verband nimmt sich den Staat als Vorbild[82], nicht zuletzt gerade deshalb, da die rechtsstaatlich[83] beschränkte Heteronomie und damit Unterworfenheit der Staatsbürger aus Sicht der Gesellschaft grundsätzlich außer Zweifel steht. Der Verband wird sich demnach in seiner Organisation, Funktion und insbesondere seinem normativen und faktischen Wirken am Staat orientieren, ja diesen, wann und wo immer es geht, imitieren, was mitunter sogar zu Erscheinungen von „Parastaatlichkeit"[84] (oder gar

---

80 Ein Vereinsorgan, auch nicht ein Mitglied des Leitungsorgans, muss nicht die österreichische Staatsbürgerschaft haben, so *Höhne/Jöchl/Lummerstorfer*, Recht[3] 106.

81 S *Walter/H. Mayer/Kucsko-Stadlmayer*, Bundesverfassungsrecht[10] (2007) Rz 7: „Da die Entscheidung, wer in einer bestimmten Rechtsordnung die Befugnis zur Rechtserzeugung hat, eine Verfügung über ‚Macht' darstellt, ist Verfassungsrecht ein politisch bedeutsames Recht."

82 So zB *Strakosch*, Die Verbandsstruktur des Staates als internationales Ordnungsprinzip, ÖZöRV 1979, 203 f, als ältere, jedoch grundlegende Position: „Das Verhältnis des Verbandes zum Staat beruht demnach auf den beiden Prinzipien der Subsidiarität und der Solidarität. (...) Denn Verbände sind wohl autonom in dem Sinne, dass sie ein Eigenleben besitzen und die Fähigkeit haben, dieses in ihrer Organisation zu verwirklichen; sie sind aber keineswegs ‚souverän', dh ihre Eigenexistenz ist ‚Existenz' nur inso-ferne, als sie ein Glied des Staatsganzen sind. Die Verbände sind ‚relativiert durch die Ordnungs- und Rechtsfunktion des Staates.'" S jüngst *L. K. Adamovich/Funk/Holzinger/Frank*, Österreichisches Staatsrecht I[2] (2011) Rz 01.004, welche als eine der typischen verfassungsrechtlichen Fragen „die Stellung und Rolle des Einzelnen im staatlichen Herrschaftsverband" ausmachen.

83 Zum „Rechtsstaat" s statt vieler L. K. *Adamovich/Funk/Holzinger/Frank*, Staatsrecht I[2] Rz 14.001 ff.

84 *Offe*, Korporatismus 235, nennt als Beispiele für „Agenturen parastaatlicher Steuerung" Gewerkschaften, mutatis mutandis werden auch (Sport)Verbände derartige Agenturtätigkeiten entfalten können. Obwohl hier nicht der Raum ist, diesbezüglich weitere Ausführungen anzuschließen, sei lediglich darauf hingewiesen, dass derartige, mögliche „verbandliche Funktionen" auch im Lichte der Theorie der „Ideologischen Staatsapparate" von *Althusser* zu bewerten sein dürften, vgl dazu *Althusser*, Ideologie und Ideologische Staatsapparate. Aufsätze zur marxistischen Theorie. Positionen (1977) passim; s jüngst als einen weiteren Zugang das Verständnis/die Definition von *Trothas*, Jenseits des Staates: Neue Formen politischer Herrschaft in Akude/Daun/Egner/Lambach (Hrsg) Politische Herrschaft jenseits des Staates (2011) 37 f: „Eine Herrschaftsform, in der sich ökonomische, soziale und politische Machtzentren oder organisierte Akteursnetze lokaler oder internationaler Provenienz als politische Machtzentren innerhalb einer formell als Staat anerkannten territoria-

„Staatsmimikry"), Tendenzen wie der Etablierung eines „Staates im Staat" etc führen kann.[85] ZB fordert (bzw formt) der Sportverband die Unterordnung der Sportler, die nicht einmal seine Mitglieder sind, unter die von ihm geschaffenen Normen, indem er genau die (Rechts)Akzeptanz[86] des Staatsbürgers gegenüber dem Staat[87] für sich nutzt. Den Sportlern wird vom Verband laufend vermittelt, dass er ihnen gegenüber zu Recht ohnehin nicht anders als der Staat auftritt:[88] setzte der Verband doch auch Rechtsnormen. Der Verband wird also danach streben, dass er „wie der Staat", „staatsgleich", „als Teil (bzw Beliehener, Indienstgenommener[89], Beauftragter usw) des Staates", „an Stelle des Staates" etc ein eigenes „verbandliches Recht" (also

---

85   len Einheit bilden." Der Autor spricht weiters vom „Enteignungsvorgang staatlicher Souveränität und Verwaltung" in einem „Prozess der Paraverstaatlichung".
      Eine derartige Merkmalsübertragung, s zB *Topitsch*, Sprachlogische Probleme der sozialwissenschaftlichen Theoriebildung in Topitsch (Hrsg), Logik der Sozialwissenschaften (1984) 17, bezweckt die Sicherung und den Ausbau normativ-faktischer Macht.

86   S grundlegend zB *J. W. Pichler* (Hrsg), Rechtsakzeptanz und Handlungsorientierung (1998); des Weiteren zB *Ryffel*, Rechtssoziologie (1974) 259, welcher in Hinblick auf das normative Modell der Wirksamkeit des Rechts Folgendes ausmacht: als mit der Norm verbundene Faktoren sieht er einerseits adressatenbewusste Rechtssetzung und andererseits adressatenbewusste Durchsetzung; mit dem Verhalten zusammenhängende Faktoren sind Rechtskenntnis, die Akzeptation der Rechtsnorm und die Motivation.

87   Wenn etwa *Zalten*, Zum Prozess der Rechtssoziologie: Soziale Kontrolle und Recht im Lichte objektiver Wirkfaktoren des Geltungsanspruchs von Normen in Kamenka/Summers/Twining (Hrsg), Soziologische Jurisprudenz und realistische Theorien des Rechts (1986) 231, meint, dass „sich Menschen auf Dauer nicht mit der Bindung an persönliche Autorität begnügen. Sie sehen vielmehr in den Normen eine Autoritätswirklichkeit mit ganz eigenen Kontroll-, Begründungs- und Legitimationsmechanismen. Normen regulieren Bereiche der sozialen Wirklichkeit, unseres täglichen Lebens und schützen uns vor dem Zugriff und der Willkür der Mächtigen", so trifft das mutatis mutandis auch auf verbandliche Verhältnisse zu; nur die Verbandsnormen schützen Verbandsuntertanen idR nicht vor allfälligen Zugriffen Verbandsmächtiger (Vereinsdominatoren).

88   Gerade für Berufssportler wird gegenüber Sportverbänden, die als übermächtige „Partner" auftreten, eine geradezu existenzielle Abhängigkeit bestehen, zB vergleichbar dem einzelnen gegenüber dem privatrechtlich handelnden Staat, so *Korinek/Holoubek*, Grundlagen staatlicher Privatwirtschaftsverwaltung (1993) 118.

89   Gem *L. K. Adamovich/Funk/Holzinger/Frank*, Österreichisches Staatsrecht IV (2009) Rz 46.040 ff, 46.044, versteht man unter „Beleihung" die Betrauung natürlicher Personen oder juristischer Personen privaten Rechts mit der Zuständigkeit zur Setzung von Hoheitsakten in eigener Organkompetenz und Verantwortung; und unter „Indienstnahme" werden im Unterschied zur Beleihung verschiedene Formen der Mitwirkung Privater an der Erfüllung von Aufgaben öffentlicher Verwaltung, verschiedentlich auch der Hoheitsverwaltung, zusammengefasst. Dabei handelt es sich dabei um Tätigkeiten, welche die Verwaltung unterstützen oder entlasten sollen; eine Kompetenz zur Setzung von Hoheitsakten kraft eigenen Entschlusses ist damit nicht verbunden. Werden die Betroffenen unabhängig von ihrer Zustimmung dazu herangezogen, wird von einer „Inpflichtnahme" gesprochen. Sa *Raschauer*, Allgemeines Verwaltungsrecht[2] (2003) Rz 112 ff.

die verbandliche Normenordnung) beschließt, das von den Sportlern befolgt werden müsse (ebenso wie diese sich als Staatsbürger an die Rechtsnormen des Staates zu halten haben). Der Verband schottet sich weiters gegenüber dem Staat durch die Inanspruchnahme einer weitgehenden Autonomie möglichst ab, und greift in diesem Verbandsraum nahezu total auf den Sportler zu, der dann mehr als „Verbandsuntertan" denn als Staatsbürger anzusprechen ist.[90] Ist dieses Grundschema der bedingungslosen Unterwerfung unter das „verbandliche Recht" den Sportlern erst einmal erfolgreich eingeprägt worden, so erleichtert dies die kontinuierliche Weiterentwicklung eines mit einschlägigen staatlichen Rechtsbegriffen und -wirkungen aufgeladenen und abgestützten Normen- und faktischen Systems. Der „Idealzustand" aus Verbandssicht wäre demnach folgender: „Auf Basis der Vereinsautonomie wird der Verband zum – vom Staat weitestgehend unbehelligten[91] – Rechtsnormsetzer, der seine Verbandsgewalt[92] gegenüber den Sportlern, die sich ihm unterworfen haben[93], ausübt."[94] Verbände werden demnach letztlich (sowohl faktisch als auch rechtlich) einen den Selbstverwaltungskörpern[95] gem B-VG vergleichbaren Status anstreben.

---

90 Für moderne, demokratische (Rechts)Staaten sollte mit *Steindl*, Amt oder soziale Institution? NZ 2003/13, auf dem Weg vom Obrigkeitsstaat zur aktivierenden Bürgergesellschaft gelten, dass demokratische Gemeinwesen ihre Bürger als Partner und Kunden, nicht jedoch als Befehlsempfänger und Untertanen behandeln. Das Normierungsverhalten und sonstige Gebaren von Sportverbänden gegenüber Mitgliedern und/oder Nichtmitgliedern weist mitunter in die/eine andere Richtung.

91 *Holzer*, Konfliktbereinigung im Sport im Spannungsfeld zwischen Autonomie und staatlicher Gerichtsbarkeit in Nunner-Krautgasser/Reissner (Hrsg), Schlichtung und Schiedsgerichtsbarkeit im Sport (2011) 1, meint, dass „einerseits die Vereinsfreiheit dem Staat abgerungen worden ist und sich es) von vorneherein einsichtig ist, dass es schon immer das Bestreben der Sportorganisationen war, den Einfluss des Staates auf das Vereinsleben möglichst zu minimieren." Gerade die mit der Rechtsordnung nicht bzw kaum mehr vereinbaren sportverbandlichen Tendenzen in Richtung „Selbstgesetzgebung" (griechisch autós = selbst und nómos = Gesetz, auch „nach eigenem Gesetz", so *Kluge*, Etymologisches Wörterbuch der deutschen Sprache[24] [2002] 78) sind Thema der gegenständlichen Arbeit.

92 *Kastner/Doralt/Nowotny*, Grundriß[5] 17, verstehen 1990 unter Verbandsgewalt „nur" die Unterwerfung unter fremde Gestaltungsmacht, hier (also bei den auf Rechtsgeschäften bestehenden Rechtsgemeinschaften bzw Gesellschaften) unter die Beschlüsse der Mehrheit. Mehr als zwanzig Jahre später sind es nicht mehr nur Mehrheitsbeschlüsse in Vereinen/Verbänden, die auf Unterwerfung abzielen, sondern es ist oftmals ein viel umfassenderes Agieren von Sportvereinen/-verbänden festzustellen, die Privatbesteuerung, -rechtsprechung und -vollziehung anstreben, somit auf eine „totalere Unterwerfung". Dies jedoch wird nicht durch Mitgliederversammlungen „betrieben", sondern durch ausdifferenzierte verbandliche Funktionärsgremien, -ausschüsse und/oder -senate.

93 So zB *Niederberger*, Der Verein als Geschäftspartner seiner Mitglieder (1999) 31 f, welche explizit von einer mit privatrechtlichen Kategorien erfassbaren „Unterwerfung" unter die „Verbandsgewalt" beim Vereinsbeitritt spricht; dem Verein werden Gestaltungsrechte und damit Gestaltungsmacht eingeräumt.

94 S zum „Mystizismus einer apriorischen Vereinsautonomie" *Rummel*, Privates Vereinsrecht 838.

95 S dazu grundlegend *Pernthaler*, Die verfassungsrechtlichen Schranken der

Was zeichnet die (beruflichen und nicht territorialen[96]) Selbstverwaltungskörper gem B-VG aus, welche Merkmale machen sie für einen Verein/Verband auf der Basis des VerG so interessant? Mit *L. K. Adamovich/Funk/Holzinger/Frank* ist davon auszugehen, dass das soziologische Prinzip der Selbstverwaltung in der autonomen Besorgung von Angelegenheiten gesellschaftlicher Gruppen durch deren eigene Einheiten besteht, werden unter die so genannte „gesellschaftliche Selbstverwaltung" (ebenso als „freie Tätigkeit" bezeichnet) auch Vereine gem VerG, ebenso wie zB Genossenschaften, Stiftungen und Fonds gezählt. Selbstverwaltung im juristischen Sinn allerdings ist eine Erscheinungsform der staatlichen Vollziehung und umfasst jedenfalls auch die Führung von staatlichen Verwaltungsgeschäften. Die Selbstverwaltung steht außerhalb der Verwaltung des Bundes und der Länder und umfasst die Wahrnehmung der eigenen Belange bestimmter Gruppen und Institutionen durch deren Organe in relativer Autonomie. Es gibt verschiedene Erscheinungsformen der Selbstverwaltung: vor allem sind die Gemeindeselbstverwaltung (Art 115 – 120 B-VG) und die „Sonstige Selbstverwaltung" – nunmehr gem B-VGN BGBl I 2008/2 im Verfassungsrang –, also die gesetzliche berufliche und wirtschaftliche Selbstverwaltung (Kammern) und diejenige im Bereich der Sozialversicherung, (Art 120a – 120c B-VG) zu nennen. Gerade die gesetzlichen beruflichen Interessenvertretungen, die Kammern, grenzen sich von denjenigen Selbstverwaltungskörpern, die hauptsächlich Aufgaben der Vollziehung besorgen, dadurch ab, als deren Tätigkeit insbesondere die Interessenvertretung ausmacht, die per se nicht Vollziehung ist, sondern die so genannte „gesellschaftliche Selbstverwaltung". Die Kammern als Rechtsträger, so *L. K. Adamovich/Funk/Holzinger/Frank*, haben daher mehrere Tätigkeitsbereiche: Erstens die Vollziehung im autonomen Wirkungsbereich (zB Erlassung von Satzungen, welche „Verordnungen" darstellen, beschlussgemäße Beitragsfestsetzungen oder die bescheidmäßige Erledigung von Mitgliedsangelegenheiten), zweitens die weisungsgebundene Besorgung von Aufgaben im übertragenen Wirkungsbereich[97], drittens die Mitwirkung an der staatlichen Vollziehung (zB Nominierung von Laienrichtern) und viertens eben die Erfüllung von Interessenvertretungsaufgaben außerhalb der staatlichen Vollziehung. Als Beispiele für selbstverwaltungsähnliche Tätigkeiten durch juristische Personen öffentlichen Rechts außerhalb der Vollziehung, also ohne Vollziehungstätigkeiten, jedoch mit dem Merkmal der Besorgung öffentlicher Aufgaben, vielfach unter staatlicher Aufsicht, aber ohne das Merkmal der für Selbstverwaltungseinrichtungen geforderten demokratischen Binnenstruktur[98], sind anzuführen: der Österreichische Rundfunk, öffentlichrecht-

---

Selbstverwaltung in Österreich in *Österreichischer Juristentag* (Hrsg), Verhandlungen des dritten österreichischen Juristentages I (1967) sowie *Walter/H. Mayer/Kucsko-Stadlmayer*, Bundesverfassungsrecht[10] Rz 857 ff und Öhlinger, Verfassungsrecht[8] (2009) Rz 545 ff.

96 Vgl *Grabenwarter/Holoubek*, Verfassungsrecht. Allgemeines Verwaltungsrecht (2009) Rz 891 ff.

97 Zum eigenen (selbstständigen) und übertragenen Wirkungsbereich siehe für viele *Walter/H. Mayer/Kucsko-Stadlmayer*, Bundesverfassungsrecht[10] Rz 857 ff.

98 *Berka*, Verfassungsrecht[4] (2012) Rz 761, verweist darauf, dass die großen

liche Subventionsmittler (mit Privatrechtsmitteln) sowie öffentlichrechtliche Genossenschaften. Als charakteristische Merkmale von öffentlichrechtlichen Genossenschaften führen *L. K. Adamovich/Funk/Holzinger/Frank* an: die Einrichtung auf Grund öffentlichen Rechts, damit verbunden verwaltungsbehördliche Organisationskompetenzen, die Kombination von genossenschaftlichen Zwecken mit Aufgaben öffentlichen Interesses, die autonome Geschäftsbesorgung unter verwaltungsbehördlicher Aufsicht, die Ausübung von Beitritts- und Mitgliedschaftszwang[99], die Kompetenz zur verwaltungsbehördlichen Entscheidung über Streitigkeiten aus dem Mitgliedschaftsverhältnis sowie (bisweilen) das Privileg der politischen Exekution zur vereinfachten Hereinbringung von Geldforderungen gegenüber den (Zwangs)Mitgliedern.[100] *L. K. Adamovich/Funk/Holzinger/Frank* führen weiters aus: „Die Umschreibung des eigenen Wirkungsbereichs der Gemeinde (Art 118 Abs 2 B-VG) kann als paradigmatische Definition des Autonomiebereiches[101] sämtlicher Erscheinungsformen der Selbstverwaltung gelten, (indem) einer Selbstverwaltungseinrichtung zur eigenverantwortlichen Besorgung nur solche Angelegenheiten überlassen werden, die im ausschließlichen oder überwiegenden Interesse der selbstverwaltenden Institution gelegen und geeignet sind, durch diese Institution besorgt zu werden (sinngemäß abstrahiert aus VfSlg 8215/1977). Diese Grundsätze sind durch die B-VGN 2008 (BGBl I 2008/2) kodifiziert worden, (konkret) können gem Art 120a Abs 1 B-VG Personen zur selbständigen Wahrnehmung öffentlicher Aufgaben, die in ihrem ausschließlichen oder überwiegenden gemeinsamen Interesse gelegen und geeignet sind, durch sie gemeinsam besorgt zu werden, durch Gesetz zu Selbstverwaltungskörpern zusammengefasst werden. (…) Zu den Einrichtungen der Selbstverwaltung gehören die gemeindliche (territoriale) Selbstverwaltung, die personelle Selbstverwaltung (wirtschaftliche und berufliche Selbstverwaltung), Selbstverwaltung durch andere Personenverbände, wie die Österreichische Hochschülerschaft, Sportverbände, Fremdenverkehrsverbände, Jagdverbände, Bergwacht, Feuerwehren uam."[102]

Verbände, vor allem die Einrichtungen der wirtschaftlichen Selbstverwaltung, in eine Legitimationskrise geraten sind, weswegen vorrangig die Pflichtmitgliedschaft in Frage gestellt worden ist; nach dem Muster der Selbstverwaltung eingerichtete (Groß)Organisationen werden nur dann die gebotene demokratische Partizipation erreichen können, wenn für engagierte Verbandsangehörige auch entsprechende Betätigungsfelder eröffnet werden.

99 *G. Winkler*, Rechtspersönlichkeit und autonomes Satzungsrecht als Wesensmerkmale in der personalen Selbstverwaltung, ÖJZ 1991, 73 sieht als prägendes Kennzeichen für den Selbstverwaltungskörper das personale oder körperschaftliche Element; Pflichtmitgliedschaft, Zwangsbestand und Bestandsgarantie sowie eine „Handlungs- oder Betätigungspflicht" führen zu einer Eigenständigkeit oder Unabhängigkeit dieser juristischen Personen und machen sie zu organisatorischen Ausgliederungen aus dem Staat, der als Gebietskörperschaft verstanden wird.

100 Sa für viele: *L. K. Adamovich/Funk/Holzinger/Frank*, Staatsrecht IV Rz 46.026 ff, 47.054 ff.

101 Zum Autonomiebegriff sa *G. Winkler*, ÖJZ 1991, 73.

102 *Adamovich/Funk/Holzinger/Frank*, Staatsrecht IV Rz 46.031 ff.

Die nach dem VerG geschaffenen sportlichen Verbände bzw Dachverbände sind nicht durch die Rechtsordnung (konkret den Gesetzgeber) als „Zwangsverbände" geschaffen, erhalten jedoch oftmals aufgrund ihrer verbandlichen Normenordnungen den (faktischen) Status von „Monopolverbänden"[103]. Das Merkmal der „relativen Autonomie" bei den Selbstverwaltungskörpern gem B-VG findet bei den Verbänden gem VerG die Ausprägung im Grundrecht der Vereinsfreiheit[104]. In aller Kürze zu dessen Grundlagen: Österreich als demokratischen Rechtsstaat kennzeichnet (auch), dass sich dessen Bürger frei assoziieren[105] können, und zwar im Rahmen einer Gesellschaft mit eigener Rechtspersönlichkeit zur Verfolgung eines gemeinsamen Zweckes.[106] Die verfassungsrechtlichen Grundlagen[107] für die Vereinsbildung und -tätigkeit sind Art 12 StGG[108] und Art 11 Abs 1 EMRK[109]. Deren „Wesenskern"[110], die verfassungs-

---

103 Zur Monopolstellung von Vereinen/Verbänden und der daraus resultierenden überragenden Machtstellung siehe zB A. *Leitner*, Die Organisation des Sports in Haunschmidt (Hrsg), Sport und Recht in Österreich. Für Sportler, Vereine, Verbände und Sponsoren (2005) 7, 10.

104 Oder synonym „Vereinigungsfreiheit": s *Bric*, Vereinsfreiheit passim; *Brändle/ Rein*, Das österreichische Vereinsrecht[4] (2011) 49 ff; *Potacs*, Recht auf Zusammenschluss in Merten/Papier (Hrsg), Handbuch der Grundrechte VII/1 (2009) Rz 10 ff.

105 Zum Assoziationsrecht als Merkmal einer demokratischen Bürgergesellschaft: *Potacs*, Recht Rz 1.

106 *Berka*, Die Grundrechte. Grundfreiheiten und Menschenrechte in Österreich[1] (1999) 374, sowie *Giese*, Vereinsrecht in Bachmann/Baumgartner/Feik/Giese/ Jahnl/Lienbacher (Hrsg), Besonderes Verwaltungsrecht[8] (2010) 47 f.

107 *Bric*, Vereinsfreiheit 1 ff.

108 Staatsgrundgesetz über die allgemeinen Rechte der Staatsbürger vom 21.12.1867 RGBl 142 idgF ivm dem Beschluss der Provisorischen Nationalversammlung vom 30.10.1918 StGBl Nr 3.

109 Sa zur europäischen Ebene zB *R. Winkler*, Die Grundrechte der Europäischen Union (2006) 424 ff; sowie jüngst *J. Meyer* (Hrsg), Charta der Grundrechte der Europäischen Union[3] (2011) passim.

110 Zum Begriff des „Wesens" seien schon an dieser Stelle (wie ebenso im Folgenden, weiter unten, zur Be-/Umschreibung des „Wesens der Verbände", s 2. [rechts]soziologischer Exkurs, 1.) grundlegende „Vorbehalte" gem *Topitsch*, Erkenntnis und Illusion. Grundstrukturen unserer Weltauffassung[2] (1988) 245 ff, 276, angeführt: Dem „Wesensbegriff" können beliebige Inhalte unterlegt werden. *Topitsch* kritisiert „naturrechtliche Formeln" dahingehend, dass deren Fehlen jedes eigenen werthaft-normativen Gehalts einen wesentlichen Vorteil bringt; infolge ihrer Leerheit legen sie den Führenden keinerlei Beschränkungen auf, während sie ob ihres stets gleich bleibenden Wortlauts den Geführten einen unveränderlichen Bestand „ewiger sittlicher Wahrheiten und Werte" vorspiegeln. Das zeigt sich besonders dort, wo einflussreiche Institutionen zwar als Garanten solcher Wahrheiten und Werte auftreten, tatsächlich aber vor allem bestrebt sind, ihre Machtinteressen unter geschmeidiger Anpassung ihrer Soziallehren an die wechselnden gesellschaftlichen und politischen Verhältnisse durchzusetzen. Doch *Topitsch* nennt auch pseudo-normative Leerformeln, die nicht oder nicht unmittelbar dem Bereich soziomorphen oder technomorphen Denkens entstammen. Dazu gehören etwa „ewige Grundsätze" der Moral und des Rechts, wie suum cuique tribuere, honeste vivere oder bonum est faciendum et malum vitandum, die (völlig) offenlassen, nach welchem Maßstab die Zuteilung erfolgen und

gesetzlich geschützte „Vereinigungsfreiheit"[111], sichert die freie Gründung, den aufrechten Bestand sowie die freie Betätigung der jeweiligen Assoziation;[112] das VerG wiederum ist als Ausführungs(rechts)norm auf einfachgesetzlicher Ebene zu Art 12 StGG zu sehen.[113] Besonders hervorzuheben ist überdies, dass Art 11 Abs 1 EMRK in persönlicher Hinsicht den Einzelnen wie die in einer Vereinigung verbundene Gruppe schützt.[114] Weder der EMRK noch dem VerG ist jedoch zu entnehmen, dass dann, wenn eine auf Art 11 EMRK basierende Gruppen- bzw Vereinigungsbildung erfolgt ist, die einzelnen natürlichen Mitglieder ihres Grundrechtes auf Vereinigungsfreiheit verlustig gegangen wären und dieses gewissermaßen „nur" mehr der Vereinigung als solcher zustände. Vielmehr wird eine natürliche Person als Mitglied eines Vereines ihre Stellung als Grundrechtsträger nicht verlieren und nach wie vor mit dem vollen Schutz insbesondere des VerG sowie der sonstigen Rechtsordnung gegenüber dem Kollektiv Verein ausgestattet sein. Faktisch kommt es in Vereinen/ Verbänden oftmals dazu, dass sich in deren Rahmen eine „weitere Vereinigung" bildet, nämlich die – zumeist relativ geschlossenen Gruppe – der Vereinsdominatoren.[115] Diese die „Normsetzungs-, Leitungs- und

---

nach welchem Ehrenkodex die Ehrbarkeit beurteilt werden sollen, oder worin das Gute, das man zu tun, sowie das Böse, das man zu meiden hat, eigentlich besteht. Durchaus „hart" kritisiert *Topitsch* (zB intellektuelle) „Dienstleister": Jene angeblichen „Wesensgestalten" oder „Wesensbegriffe" sind bloß leere Formeln, mit deren Hilfe man praktisch jeder beliebigen Machtstruktur den Rang des „Vernünftigen" und wahrhaft „Wirklichen" zumindest scheinbar verleihen kann, also der faktisch bestehenden Herrschaftsordnung ebenso wie jener, die deren Gegner errichten wollen. So mag man den schon an der Macht Sitzenden treuherzig eine metaphysische Legitimierung ihrer Position andienern, gleichzeitig aber auch die erst nach der Macht Strebenden augenzwinkernd wissen lassen, dass man ihnen im Falle ihres Erfolges bereitwillig denselben Dienst erweisen würde.
Ausdrücklich festgehalten sei, dass der „Wesensgehalt" des Grundrechts der „Vereinigungsfreiheit" durch Gesetz, Rechtssprechung und Literatur jedenfalls rechtlich sehr gut darstell- und damit nachvollziehbar ist, hinsichtlich *Gierke*, Das Wesen der menschlichen Verbände (1902), s dazu 2. (rechts)soziologischer Exkurs, 1., ist jedoch iSv *Topitsch* eine vorbehaltliche Annäherung vonnöten.

111 S grundlegend insbesondere *Grabenwarter/Pabel*, Europäische Menschenrechtskonvention[5] (2012) § 23 Rz 82 ff.
112 *Berka*, Grundrechte[1] 378; *Fessler/Keller*, Vereins- und Versammlungsrecht. Kommentar[2] (2009) 125; *Giese*, Vereinsrecht, 47 f.
113 *Berka*, Grundrechte[1] 375; *Kucsko-Stadelmayer*, Allgemeine Strukturen der Grundrechte in Merten/Papier (Hrsg), Handbuch der Grundrechte VII/1 (2009) Rz 75 ff, sieht ua das Grundrecht der Vereinsfreiheit unter Ausgestaltungsvorbehalt normiert, weshalb jede das Grundrecht ausgestaltende gesetzliche Regelung (also das VerG) quasi selbst grundrechtlichen Gehalt hat: Der Gesetzgeber hat in § 29 Abs 1 VerG explizit normiert, dass jeder Verein (...) bei Vorliegen der Voraussetzungen des Art 11 Abs 2 der EMRK mit Bescheid aufgelöst werden kann, wenn er gegen Strafgesetze verstößt, seinen statutenmäßigen Wirkungskreis überschreitet oder überhaupt den Bedingungen seines rechtlichen Bestands nicht mehr entspricht; *Bric*, Vereinsfreiheit 59, dagegen spricht von „Eingriffsgesetz".
114 *Grabenwarter/Pabel*, Menschenrechtskonvention[5] § 23 Rz 87.
115 S dazu das „eherne Gesetz der Oligarchie" anhand des Beispiels von politischen Parteien, welches jedoch selbstredend für nahezu jeglichen

Sanktionsmacht" ausübende Gruppe nimmt dann für sich auch in Anspruch, im Namen und für die Wirkung des Vereins exklusiv der Träger der Vereinigungsfreiheit zu sein, und auf deren Basis gegenüber den „sonstigen Vereinsmitgliedern", die „ihre Vereinigungsfreiheit" mit dem Vereinsbeitritt „konsumiert" hätten, eine staatsgleiche Normsetzung ausüben zu können. Die Vereinigungsfreiheit hat demnach für Vereinsdominatoren zwei Funktionen: als erste eine defensive, nämlich insofern, als gegenüber dem Staat die „Selbstorganisation", „Autonomie" etc des Sportverbandes behauptet wird und allfällige „Staatseingriffe bzw -kontrollen" unter Berufung darauf zurück gewiesen werden, und als zweite eine offensive, und zwar gegenüber Vereins-/aber nicht Verbandsmitgliedern, deren „Unterwerfung" unter die verbandliche Normenordnung eingefordert wird.

Dieses Grundrecht wird von Sportverbänden (konkret von den Vereinsdominatoren) in der rechtlichen und sonstigen Argumentation also vielfach überhöht bzw überschießend verwendet und entsprechend „uminterpretiert", wenn es darum geht, nahezu jegliche Staatskontrolle ihrer inneren Organisation und ihres Handelns zurückzuweisen,[116] was einen „abwehrfunktionalen" Grundrechtsgebrauch sui generis darstellt[117]. Ohnehin hat die staatlicherseits für Aufsichts- und Kontrollaufgaben in Frage kommende Vereinsbehörde[118] diesbezüglich so gut wie keine Kompetenzen,

---

Verband Geltung hat, von *Michels*, Zur Soziologie des Parteiwesens in der modernen Demokraktie[4] (1989) 351 ff, 370 f: die Organisation ist die Mutter der Herrschaft der Gewählten über die Wähler, der Beauftragten über die Auftraggeber, der Delegierten über die Delegierenden. Die Bildung von Oligarchien im Schoße der mannigfaltigen Formen der Demokratien ist eine organische, also eine Tendenz, der jede Organisation, auch die sozialistische, selbst die libertäre, notwendigerweise unterliegt. Vgl dazu zB *Nicklisch*, Gesetzliche Anerkennung und Kontrolle von Verbandsmacht – Zur rechtspolitischen Diskussion um ein Verbandsgesetz in Lüke/Jauernig (Hrsg), FS Schiedermair (1976) 465, 467, welcher (hinsichtlich der deutschen Situation) dezidiert von der bei den meisten Verbänden feststellbaren Oligarchiebildung in der Verbandsspitze spricht; des weiteren hält der Autor – bereits vor beinahe 40 Jahren – dezidiert fest, dass Verbände auf dem Wege sind, eigene Partikularrechtsordnungen zu entwickeln. Ebenso *Ehrlich*, ZfRSoz 1992, 4, der einem Verband als „psychische Massenerscheinung den Massenwillen zuschreibt, der sich zu einem einzigen Willensentschluss, einem Gesamtwillen verdichtet. Aus dem Gesamtwillen geht der organisierte Verband hervor, wenn durch den Gesamtwillensentschluss, der in Herkommen, Verfassung oder Satzung Ausdruck findet, bestimmt wird, dass der Einzelwille des Verbandsorgans als Gesamtwille des Verbands zu gelten habe. Der Gesamtwille hat immer im Massenwillen eine Grundlage, obwohl vielleicht nur im Massenwillen einer kleinen Minderheit, die ihn den anderen aufdrängt; dass dieser Wille aber dem Willen des Verbandes gleichgesetzt wird, ist nicht mehr psychologisch sondern juristisch."

116 Vgl *Thomasser*, Das verbandliche Gewaltverhältnis. Eine Annäherung in Koubek/Möstl/Pöllinger/Prisching/Reininghaus (Hrsg), FS Schachner-Blazizek (2007) 176, 184.

117 Zu Abwehrrechten s *Kucsko-Stadelmayer*, Grundrechte Rz 50 ff.

118 Dies galt sowohl für die Vereinsbehörde nach VerG 1951 als auch gilt es gem VerG: Der Einzelne, also das Vereinsmitglied, wird gegenüber Funktionärs-

vor allem im Fall von Grundrechtsbeeinträchtigungen von Vereinsmitgliedern durch (Bestimmungen in) verbandliche(n) Normenordnungen wird diese aufgrund der herrschenden Rsp (des VfGH) kaum tätig werden (können), obwohl hierfür sogar eine Verpflichtung des Staates gegeben ist (grundrechtliche Schutzpflichten[119]).[120] In § 29 Abs 1 VerG ist die Vereinsbehörde unter expliziter Anführung von Art 11 Abs 2 EMRK[121] aufgefordert, dann, wenn der „Schutze der Rechte und Freiheiten anderer" (damit werden wohl Vereinsmitglieder als auch Nichtmitglieder gemeint sein)[122] es erfordert, einem Verein die Ausübung „dieser Rechte" (Anm: der Vereinigungsfreiheit) notwendigen Einschränkungen zu unterwerfen.[123]

---

oligarchien, oftmals von Vereinsdominatoren gebildet, nicht durch eine kompetente Vereinsbehörde unterstützt und/oder geschützt – im Gegenteil, das offenbar höher bewertete Gut der Vereinigungsfreiheit und damit die Interessen des kleingruppendominierten Kollektivs gehen vor; ein durch verbandliche Normenordnungen geknebeltes und möglicherweise entrechtetes Vereinsmitglied muss selbst die Initiative ergreifen, um nach „verbandsinternen dilatorisch gestalteten Verfahren" mithilfe der Sittenwidrigkeitsklausel „gewisse Schranken gegen Vereinsdespotien" geltend zu machen, s dazu *Krejci*, „Kleine" Reform für „große" Vereine? ÖJZ 1999, 366.

119 Vgl L. K. *Adamovich/Funk/Holzinger*, Österreichisches Staatsrecht III (2003) Rz 41.079: Die Annahme von, den liberalen Grundrechten innewohnenden, Gewährleistungs- und Schutzpflichten des Staates hat zur Folge, dass auch diesen (klassischen) Grundrechten ein Leistungselement zu Eigen ist. Zu den „Schutzpflichten" im liberalen (österreichischen) Grundrechtsdiskurs (um bzw ab) 1849 s insbesondere *Lehne*, Grundrechte achten und schützen? Liberales Grundrechtsverständnis 1849, JBl 1985, 133 ff.

120 S dazu: *Kucsko-Stadelmayer*, Grundrechte Rz 55 ff.

121 *Raschauer*, ÖZW 1992, 11, zufolge muss zB dann, wenn eine Assoziationsform durch zwingende Bestimmungen charakterisiert ist, die einen Übergang in ein durch andere zwingende Bestimmungen geprägtes System einer anderen Assoziationsform durch bloße Statutenänderung bei einer verfassungsrechtlich gebotenen Durchschnittsbetrachtung ohne Beeinträchtigung erheblicher Allgemeininteressen nicht zulassen, dieser Weg gesetzlich nicht eröffnet werden; solche Einschränkungen können in einer demokratischen Gesellschaft im Interesse des Schutzes der Rechte anderer notwendig sein (Art 11 Abs 2 EMRK). Sportverbände dagegen, die durch eigene Regelsetzung die gesetzlich vorgegebene Assoziationsform „Verein" in Richtung „Untertanenverband" verlassen, werden dies daher in dem der staatlichen (vereinsbehördlichen) Kontrolle „so gut wie entzogenen Bereich" der sonstigen Vereinsregeln, nicht jedoch in ihren Statuten, tun.

122 *Brünner*, Christengemeinschaft und Zeugen Jehovas – Religionsgemeinschaften zweiter Klasse! in Funk/Holzinger/Klecatsky/Korinek/Mantl/Pernthaler (Hrsg), FS Adamovich (2002) 68 f, zB betont in Hinblick auf Art 9 Abs 2 EMRK, welcher als Eingriffsvorbehalt ebenso Beschränkungen (hier der Religions- und Bekenntnisfreiheit) für „den Schutz der Rechte und Freiheiten anderer" vorsieht, in Hinblick auf § 5 Bekenntnisgemeinschaftsgesetz (StF: BGBl I 1998/19) das Recht von Religionsgemeinschaften, ihre inneren Angelegenheiten autonom zu regeln. *Potz*, Geleitwort in Brünner, „Sekten" im Schussfeld von Staat und Gesellschaft (2004) 26, subsumiert unter den „Schutz der Rechte und Freiheiten anderer" die „menschliche Persönlichkeitsentwicklung und freie Selbstentfaltung".

123 § 29 Abs 1 VerG (Behördliche Auflösung) lautet vollständig: Jeder Verein kann unbeschadet des Falls nach § 2 Abs 3 bei Vorliegen der Voraussetzungen des Art 11 Abs 2 der Europäischen Konvention zum Schutze der Menschenrechte

Zutreffend stellen *Höhne/Jöchl/Lummerstorfer* fest: „Da bei der Satzung von Vereinsstatuten nach ständiger Rechtsprechung eine verstärkte Grundrechtsbindung gegeben ist, da das einzelne Vereinsmitglied idR keinen Einfluss auf die Gestaltung der Statuten hat und daher in einer dem Adressaten staatlicher Normen ähnlichen Unterlegenheitssituation ist, sind auch die Grundrechte bei der Interpretation von Satzungen zu berücksichtigen."[124] In der Praxis jedoch werden Vereine/Verbände sich hüten, in den Statuten etwas (Grund)Rechtswidriges zu verankern.[125] Die Statuten werden (sowohl bei der Anzeige der Vereinserrichtung als auch bei nachfolgenden Statutenänderungen) als „Potemkinsche Fassade"[126] „sauber gehalten"[127] und von der Vereinbehörde „durchgewunken".[128]

---

und Grundfreiheiten, BGBl 1958/210, mit Bescheid aufgelöst werden, wenn er gegen Strafgesetze verstößt, seinen statutenmäßigen Wirkungskreis überschreitet oder überhaupt den Bedingungen seines rechtlichen Bestands nicht mehr entspricht. *Grabenwarter/Pabel*, Menschenrechtskonvention[5] § 23 Rz 99, halten infolge der Auswertung der einschlägigen Rsp des EGMR grundlegend fest, dass Art 11 EMRK neben dem Schutz des Einzelnen gegen willkürliche Eingriffe staatlicher Behörden zusätzlich Gewährleistungs- bzw Schutzpflichten der Staaten begründen kann, durch die eine wirksame Ausübung der Vereinigungsfreiheit sichergestellt werden soll. Allerdings verlangt Art 11 EMRK von den Staaten jedoch grundsätzlich nicht, dass sie positive Maßnahmen ergreifen, um privaten Vereinigungen die Mittel zur Durchsetzung ihrer Interessen zur Verfügung zu stellen. Der Staat kann beispielsweise verpflichtet sein, den Einzelnen gegen die übermächtige Position einer Gewerkschaft zu schützen. Dazu ist anzumerken, dass diese Konstellation grundsätzlich mit dem Verhältnis zwischen Vereinsmitglied/Verein und/oder natürliche Person/Dachverband (Vereinskette) verglichen werden kann, woraus folgt, dass vom Staat (bzw der Vereinsbehörde) zum Schutz von Individuen ein Vorgehen gegenüber bedingungslose (Norm)Unterwerfung fordernde Vereine/Verbände verlangt werden kann.

124 *Höhne/Jöchl/Lummerstorfer*, Recht[3] 64; Sa *Fessler/Keller*, Vereinsrecht[2] 110, unter Bezugnahme auf SZ 69/23, sowie *Jöchl*, Aufnahme und Ausschluss von Vereinsmitgliedern in Möstl/Stark, Der Vereinsexperte (2008) 114; *Keinert*, Mitgliederversammlung 30, 35.

125 S allerdings VfSlg 2057/1950: Der Verein hat (also) seinen Zweck in den Statuten in einer Art umschrieben, die keinen Anlass zu seiner Untersagung bot. Bei der grundlegenden Verschiedenheit des statutarischen Vereinszwecks von der faktisch entfalteten Tätigkeit des Vereines aber muss diese als eine missbräuchliche Überschreitung des statutarischen Wirkungskreises bezeichnet werden, die nach § 24 VerG 1867 die Auflösung des Vereins rechtfertigt.

126 Vgl dazu zB *Rauscher/Scherhak/Hinterleitner*, Vereine[5] (2012) 64: „Den Anforderungen des VerG und der Vereinsbehörde kann also relativ leicht durch die Einräumung mehr oder weniger selbstverständlicher Rechte, zB durch das Recht zur Teilnahme an der Generalversammlung und das Stimmrecht in dieser, Genüge getan werden."

127 S zB *Kossak*, Vereinsrechtliche Haftungen im Spiegel des österreichischen Vereinswesens (2006) 35, der festhält, dass es in der Praxis auch immer wieder fließende Grenzen zwischen wirklich ideellen Vereinen und solchen Vereinen gegeben wird, die in den Statuten die Verfolgung ideeller Vereinszwecke nur vorspiegeln.

128 *Thomasser*, Gewaltverhältnis 184; s dazu zB *Lachmair*, Verein 30, 33, demzufolge Vereinssatzungen so formuliert sein können, dass für die Vereins-

Allfällige Grundrechtseingriffe und andere Entrechtungen finden sich in den sonstigen Vereinsregeln, welche aber gem ständiger Rsp des VfGH[129] der Prüfung durch die Vereinsbehörde entzogen sind: Diese darf eine allfällige Gesetzwidrigkeit nur aus dem der Behörde vorgelegten Statut schließen.[130] Dies gilt nicht nur für die Errichtung eines Vereins, sondern auch für eine Satzungsänderung (§ 14 VerG), da hierfür dieselben Grundsätze maßgeblich sind.[131] Ändert daher zB ein Sportdachverband seine Satzung, so muss er zwar die geänderte der Vereinsbehörde anzeigen; diese darf jedoch rechtsprechungsbedingt nicht die typischerweise vorhandenen sonstigen Vereinsregeln prüfen. Gerade Sportdachverbände versuchen anscheinend unter exzessiver Interpretation des Grundrechts der Vereinigungsfreiheit ein privates „Verbandsrecht" zu initiieren, dessen wesentliche Inhalte eben nicht in den Statuten, sondern in den – qua Rsp gegenüber der Vereinsbehörde „immunisierten" – sonstigen Vereinsregeln „untergebracht" werden. Sportverbände maßen sich, solcherart von der Vereinsbehörde „unbehelligt", unter Berufung auf dieses Grundrecht eine „Rechtsnormsetzungsbefugnis" an, was einer Form einer (heteronomen) „privaten Rechtsetzung" gleich käme.[132] Dies geht dann mitunter so weit, dass staatliches Recht und privates „Verbandsrecht"[133]

---

129 behörde zB Umfang und Ausmaß der wirtschaftlichen Betätigung nicht wirklich erkennbar sein können. Und: Die Satzungen von Sportvereinen nennen als Vereinsziele mitunter nur die körperliche Ertüchtigung, die tatsächlich gesetzten Aktivitäten sind viel umfassender und insbesondere von besonderer wirtschaftlicher Bedeutung, mit dem Hauptziel der professionellen Erzielung von Gewinnen.

129 *Kalb/Potz/Schinkele*, Religionsrecht (2003) 133, zufolge darf nach ständiger Judikatur des VfGH, seit VfSlg 625/1926, die Gesetz- oder Rechtswidrigkeit ebenso wie die Staatsgefährlichkeit im Bildungsverfahren nur aus dem der Verwaltungsbehörde vorgelegten Statut geschlossen werden.

130 S *Fessler/Keller*, Vereinsrecht² 123: Gem Rsp des VfGH hat die Vereinsbehörde, für den Fall, dass sie gegen die Rechtmäßigkeit der vorgelegten Statuten Bedenken hatte, ihrer Pflicht nachzukommen, in Wahrung des Parteiengehörs dem Verein Gelegenheit zu geben, diese zu verbessern, vgl VfSlg 9366/1982, 11.735/1988. Für die Praxis bedeutet dies wohl, dass die rechtlich bedenklichen Passagen aus den Statuten entsprechend in die sonstigen Vereinsregeln „verschoben" werden; sa *Krejci/S. Bydlinski/Weber-Schallauer*, Vereinsgesetz² § 12 Rz 6.

131 So *Fessler/Keller*, Vereinsrecht² 136; sa *Krejci/S. Bydlinski/Weber-Schallauer*, Vereinsgesetz² § 14 Rz 1.

132 S dazu insbesondere unten IV.3. und IV.3.3.

133 Vgl *Krejci/S. Bydlinski/Weber-Schallauer*, Vereinsgesetz² § 3 Rz 7 f: Würden Statuten mit dem üblichen zivilrechtlichen Instrumentarium nicht hinreichend erklärt werden können (wäre also die Vertragstheorie nicht anwendbar), so griffe die Normentheorie, der zufolge die Statuten (Anm: auch hier ist wieder „nur" von den Statuten, nicht aber von „sonstigen Vereinsregeln" die Rede) wie generelle Rechtsnormen binden würden und diese Mehrheitsbeschlüssen unterworfen sind. Denn der Normentheorie zufolge würde der Gesellschaftsvertrag (also die Vereinbarung der Vereinsgründer) einen eigenständigen, verbandsgründenden „Vereinigungsakt" oder „sozialen Konstitutivakt" oder „einseitigen Gesamtakt" darstellen, und die Statuten würden „Verbandsnormen" schaffen, die auf der „Satzungs-", „Vereins-" oder „Verbandsautonomie" beruhen würden. Dies kumuliert darin, dass die Vereinsmitglieder demnach wie „Normadressaten" einer Art „Verbandsgesetzgebung"

(quasi gleichrangig) nebeneinander gestellt werden (sollen).[134] Im (eigentümlichen) Gegensatz vor allem zur „tendenziell absoluten" Autonomie der Verbände gem VerG stehen die Selbstverwaltungskörper gem B-VG (bei der Besorgung öffentlicher Aufgaben) allerdings unter staatlicher Aufsicht und unterliegen der Verpflichtung zu einer sparsamen und wirtschaftlichen Aufgabenbesorgung.[135] Dies führt also zur – paradoxen – Situation, dass die Verbände gem VerG unter Berufung auf die Vereinigungsfreiheit einerseits im Grunde eine den Selbstverwaltungskörpern gem B-VG nachgebildete (rechtliche) Stellung entwickeln (konnten bzw dies anstreben), dass sie andererseits jedoch eine Kontrolle, die der des Staates gegenüber den Selbstverwaltungskörpern gem B-VG vergleichbar ist, unterstützt durch wirkmächtige Interessensvertreter und Lobbying[136] (rechtlich und faktisch) erfolgreich ablehnen. Die rechtsprechungsbedingte „Ohnmacht" der Vereinsbehörde[137], welche trotz des Schutzgebots gem Art 11 Abs 2 EMRK[138] nicht tätig werden darf, kommt hierbei zupass.

Im konkreten Fall bedeutet das: Eine, dem Grunde nach gebotene, demokratische Binnenstruktur bei Selbstverwaltungskörpern (in ausgeprägter Form bei denen gem B-VG, rudimentär bei denen gem VerG) findet sich beim untersuchungsgegenständlichen Sportdachverband, dem OEPS, so gut wie nicht; wenn überhaupt, kann von einer Substitution durch mittelbare „Mitbestimmungserscheinungen" gesprochen werden.[139] Die beiden Merk-

---

und damit einem „Verbandsrecht" unterworfen wären. S dazu auch: *Niederberger*, Verein 31 f.

134 So zB *Streinz*, EG-Freizügigkeit für Sportler in Studiengesellschaft für Wirtschaft und Recht (Hrsg), Sport und Recht (2005) 83.

135 Vgl *Berka*, Verfassungsrecht⁴ Rz 766 ff.

136 Vgl statt vieler grundlegend dazu *von Arnim*, Gemeinwohl und Gruppeninteressen. Die Durchsetzungsschwäche allgemeiner Interessen in der pluralistischen Demokratie (1977) passim.

137 S zB *Kossak*, Handbuch 1 f, dazu: Es sind keine Fälle bekannt geworden, in denen die Vereinsbehörde den Widerspruch einer Statutenregelung mit dem öffentlichen oder bürgerlichen Recht – ABGB und/oder andere Gesetze – beanstandet hat.

138 Die Rechtsnorm Art 11 Abs 2 EMRK hat nicht nur für die Vereinsbehörde(n) kaum Relevanz, auch in der „Vereinsratgeberliteratur" wie zB bei *Rauscher/ Scherhak/Hinterleitner*, Vereine⁵ 163 f, findet sie (so gut wie) keine Erwähnung. Der (höchstnotwendige) Schutz von Mitgliedern und/oder Nichtmitgliedern vor Vereinen/Verbänden durch die EMRK scheint nicht bzw kaum (themen)präsent zu sein.

139 S grundsätzlich zu Österreich und dem „Programm", welches mit der Schaffung des ABGB verbunden war, nämlich Freiheit, Gleichheit und Rechtsstaatlichkeit, *Schilcher*, Franz Anton von Zeiller als Gesetzgeber und Begründer einer bürgerlichen Rechtskultur in Acham (Hrsg), Rechts-, Sozial- und Wirtschaftswissenschaften aus Graz (2011) 300: „Ein solches Programm ist zweifellos ein wesentlicher Teil bürgerlicher Rechtskultur im heutigen Sinne. Freilich nur ein Teil. Was fehlt, ist das demokratische Element als Ausfluß der alten Lehre von der Volkssouveränität. Mitbestimmende und gestaltende Bürger gab es in Österreich lange Zeit hindurch nicht. Man könnte überspitzt von einer bürgerlichen Rechtskultur ohne Bürger sprechen." Es verwundert daher nicht, wenn im Vereinswesen daher auch wenig selbstbestimmte Bürgerlichkeit, sondern Verbandsuntertanenmentalität anzutreffen ist.

male von Selbstverwaltungskörpern gem B-VG, erstens die Kompetenz zur verwaltungsbehördlichen Entscheidung über Streitigkeiten aus dem Mitgliedschaftsverhältnis sowie zweitens (bisweilen) das Privileg der politischen Exekution zur vereinfachten Hereinbringung von Geldforderungen gegenüber den (Zwangs)Mitgliedern werden vom OEPS durch die Behauptung umfassender Unterwerfung von Nichtmitgliedern unter insbesondere Schieds- und Disziplinarordnungen[140] und dem Justiz- und Verwaltungsstrafrecht nachgebildete, „obrigkeitliche" Strafbestimmungen und -verfahren „entsprechend" umgesetzt; dass der OEPS Druck auf Funktionäre ausübt, damit diese wiederum Druck gegenüber Sportlern erzeugen (die ersteren müssen die zweiteren an der Wettkampfausübung hindern), weil der Sportdachverband Geldforderungen gegenüber Sportlern auf eine derartige „innerverbandliche" Weise, anstatt im Wege über die ordentliche Gerichtsbarkeit hereinbringen will, ist bloß eine von zahlreichen „rechtlich auffälligen" Erscheinungen in diesem Zusammenhang.

Eine besondere Vorbildwirkung für die Verbände gem VerG hat die Kompetenz der Selbstverwaltungskörper gem B-VG zur Vollzugstätigkeit im autonomen Wirkungsbereich; diese erlassen Satzungen, die gem innerstaatlichem Stufenbau der Rechtsordnung[141] „Verordnungen" darstellen, sie setzen Mitgliedsbeiträge etc per Beschluss fest oder erledigen Mitgliedsangelegenheiten per Bescheid. Gerade eine derartige, mit dem Anschein der Staatsautorität verbundene Rechtsnormsetzungstätigkeit werden einige (Sport)Verbände, gleich ob „nur" gegenüber Mitgliedern, oder ob auch gegenüber Nichtmitgliedern, zumindest innerverbandlich zu „begründen" versuchen. Der OEPS, geht sogar so weit, dass er versucht, seine „Rechtsordnung" als Teil der „Österreichischen Turnierordnung 2011" (ÖTO)[142], noch dazu in dynamischer Verweisung[143], nicht nur für „seine" Funktionäre, sondern auch sonstige Besucher von Wettkämpfen (pferdesportlichen Veranstaltungen), sohin jedenfalls für Nichtmitglieder, verbindlich zu machen: „Die Rechtsordnung (RO), in der jeweils gültigen Fassung, bestimmt die Vorgangsweise, wie die satzungsmäßigen Organe, die Mitglieder und Funktionäre ihre entsprechenden Tätigkeiten für das

---

140 Der grundsätzlich gegebene Justizgewährungsanspruch, s dazu *Rechberger/ Simotta,* Zivilprozeßrecht[8] (2010) Rz 18 ff, wird bei Sportdachverbänden oftmals durch eine (schein)freiwillige Unterwerfung unter eine „Privatgerichtsbarkeit" im Mantel der Schiedsgerichtsbarkeit gem §§ 577 ff ZPO ersetzt bzw ausgehöhlt: Vereinsmitglieder werden dann durch von Seiten des Verbandes in die Länge gezogene, wenig durchsichtige „Verbandsverfahren" bei gleichzeitiger faktischer Druckausübung (zB im Wege von Unwertzuschreibungen) hingehalten, um für ein allfälliges Verfahren vor den ordentlichen Gerichten möglichst schon „vollendete Tatsachen" qua Zermürbung und/oder Erschöpfung zu schaffen.

141 S *Walter/H. Mayer/Kucsko-Stadlmayer,* Bundesverfassungsrecht[10] Rz 9 f.

142 Österreichischen Turnierordnung 2011, gültig ab 01.04.2011, auf Seite zwei der Loseblattsammlung ist vermerkt: Der Österreichische Pferdesportverband „erlässt" (Anm: Anführungszeichen durch den Verfasser) die vom Präsidium in der Sitzung vom 26.01.2011 beschlossene Österreichische Turnierordnung. Diese ist in Papierform erhältlich sowie abrufbar unter <oeps.at> (24.04.2011).

143 Eine Vorschrift, die eine andere Vorschrift „in ihrer jeweils geltenden Fassung" zu ihrem Inhalt erklärt, s dazu *Zeleny,* Verweisung in H. Mayer (Hrsg), Fachwörterbuch zum Öffentlichen Recht (2003) 520.

Wohlergehen der Pferde und für die faire Abwicklung aller Pferdesport-
disziplinen zum Vorteil aller Teilnehmer und der Zuschauer ausüben. Alle
Personen und Gremien, einschließlich der LFV, Vereine, Veranstalter,
Richter, Funktionäre, Pferdebesitzer, verantwortliche Personen, Trainer,
Teilnehmer und Pferdesportler, die in irgendwelche Aktivitäten involviert
sind, die unter die Jurisdiktion der ÖTO und ergänzender Bestimmungen
des OEPS und der LFV fallen, sind der Zuständigkeit der Organe der
Rechtsordnung unterworfen (§ 2001 Abs 1 und 2 ÖTO Rechtsordnung)."
Der OEPS beansprucht in/mit seinem Regelwerk sogar die „Allzuständigkeit"
in Hinblick auf den Pferdesport, und zwar nicht nur beschränkt auf sämtliche
pferdesportlichen Veranstaltungen in Österreich (also Turniere, welche
exklusiv durch ihn zu genehmigen sind). Auch unabhängig davon versucht
sich der Verband anzumaßen, jegliche Pferdesportausübung in Österreich
zu regeln: „Vergehen gegen die Grundsätze sportlich-fairer Haltung und
gegen das Wohl des Pferdes können durch Ordnungsmaßnahmen
geahndet werden, unabhängig davon, ob sie sich während einer pferdesportlichen Veranstaltung oder außerhalb derselben ereignen (§ 2001 Abs 4
ÖTO Rechtsordnung)." Abgesehen von der rechtlichen Unzulässigkeit
dieser verbandlichen Bestimmungen[144] scheint hier ein Maß an Hybris
vorzuliegen, das allein mithilfe von rechtlichen Kategorien nicht mehr zu
erfassen ist.

Im Folgenden ist zum einen die Heteronomie der juristischen Person
gegenüber der natürlichen Person[145] zu bewerten, liegt also „nur" Normsetzungsbefugnis zB auf vertraglicher Basis oder „gar" eine private
Rechtsnormsetzungsbefugnis der ersteren in Bezug auf die zweitere vor.
Damit eng verbunden ist zum weiteren die Frage nach der Rangordnung,
ob also zwischen den beiden rechtsfähigen Personen, erstens der
menschlichen und zweitens der durch Statusverleihung entstandenen
„juristischen", grundsätzliche Gleich- oder Ungleichrangigkeit besteht. Da
sowohl der natürlichen als auch der juristischen Person durch das objektive
Recht Rechtsmacht (subjektive Rechte[146]), also Träger von Rechten und

---

144   Der OEPS überschreitet durch diese „ÖTO Rechtsordnungsbestimmung" den
      zuvor (selbst) in § 1 Abs 2 ÖTO Allgemeine Bestimmungen festgelegten
      Geltungsbereich, wonach „die ÖTO auf allen pferdesportlichen Veranstaltungen
      im Österreichischen Bundesgebiet gilt". Anscheinend bewusst unklar soll
      auch der Kreis der „Normadressaten" gehalten werden: Auch Personen, die
      Turniere „vorbereiten" (die zB, ohne Mitglied eines Vereins zu sein, einem be-
      freundeten Turnierveranstalter im Vorfeld eines Wettkampfes helfen), und daher
      gem § 1 Abs 4 ÖTO Allgemeine Bestimmungen die ÖTO zu befolgen haben,
      oder aber andere Personen (die wiederum nicht Mitglied eines Vereins sind
      und einem befreundeten Sportler abseits eines Turniers beim Training unter-
      stützen) „unterfallen" gem § 2001 Abs 4 ÖTO Rechtsordnung der ÖTO. Es ist
      jedenfalls eine unzulässige Selbstermächtigung, wenn der OEPS ihm ver-
      traglich in keinster Weise verbundene Personen (wie zB Helfer, Unterstützer)
      – ob im Zusammenhang mit oder ohne Wettkampfveranstaltungen – disziplinär
      zu belangen beabsichtigt.
145   S grundlegend zur „Person": *F. Bydlinski*, Die „Person" in der Sicht der
      Jurisprudenz in Kanzian/Quitterer/Rungaldier (Hrsg), Personen. Ein inter-
      disziplinärer Dialog (2003) 333 ff, 353 ff.
146   Vgl *F. Bydlinski*, System 137 f.

Pflichten sein zu können, verliehen wird[147], aber wohl nur die eine Person Normen mit (grundsätzlich) verbindlicher Wirkung gegenüber der anderen (als Mitglied der ersteren) setzen kann, lässt sich dies insofern beantworten, dass in diesem Verhältnis (im Rahmen der Rechtsordnung) die dem Grunde nach rechtsmächtigere Person die juristische ist.[148] Dies steht auch nicht im Widerspruch zu § 26 S 2 ABGB[149], demzufolge im Verhältnis gegen andere die „erlaubten Gesellschaften" (Anm: Vereine gelten als solche) idR gleiche Rechte mit den einzelnen (physischen) Personen genießen. Juristische Personen sind entweder Personenverbände (Gesellschaften, Korporationen, Vereine fallen darunter) oder Sachgesamtheiten (Stiftungen und Anstalten), wobei die ersteren gem § 26 ABGB („moralische Personen") normiert sind.[150] Für die gem § 26 ABGB „erlaubten Gesellschaften"[151] gilt also, dass ihnen Rechtspersönlichkeit zukommt, und zwar deswegen, weil in ihrem Fall eine eigene (bzw besondere) Interesseneinheit vorliegt, dh deren Interessen von jenen der einzelnen Mitglieder zu unterscheiden ist bzw gesondert werden kann. Dies ist der Fall bei allen Gesellschaften mit körperschaftlicher Organisation, worunter eine „Verfassung" zu verstehen ist, nach der nicht alle Mitglieder gemeinsam handeln, sondern Organe die Verwaltung führen, nach der das Mehrheitsprinzip gilt und nach der schließlich der Bestand der Gesellschaft vom Wechsel ihrer Mitglieder unabhängig ist.[152] Es wird in diesem Zusammenhang also zB von Relevanz sein, ob ein Verein, der sich von seiner „eigenen bzw besonderen" Interesseneinheit, welche in den Statuten grundgelegt ist, entfernt, zB indem er in seinen „sonstigen Vereinsregeln" überschießende oder gar konträre Absichten statuiert und verfolgt[153], gem § 26 ABGB seine Rechtssubjektivität verliert, also zu einer „verbotenen Gesellschaft"[154] wird bzw ob er auch gem VerG seines Bestandsrechtes velustig geht.[155] Mit

---

147 Sa *Kelsen*, Reine Rechtslehre (1992) 176 f: „Person sein" oder „Rechtspersönlichkeit haben" ist identisch mit Rechtspflichten und subjektive Rechte haben.

148 S jedoch dazu *F. Bydlinski*, Kriterien und Sinn der Unterscheidung von Privatrecht und öffentlichem Recht, AcP 1994, 334, 339 f, 343: Leicht identifizierbar ist die juristische Person des Privatrechts, wenn ihre Rechtsstellung nach außen ganz generell durch Gleichsetzung mit der natürlichen Person bestimmt wird (§ 26 ABGB).

149 Zu § 26 ABGB s grundlegend *Ostheim*, Zur Rechtsfähigkeit von Verbänden im österreichischen bürgerlichen Recht (1967) passim.

150 S dazu *Koziol/Welser*, Grundriss I[13] 50 ff, 66 ff; *Krejci*, Gesellschaftsrecht I 33 ff.

151 *Aicher* in Rummel (Hrsg), Kommentar zum Allgemeinen bürgerlichen Gesetzbuch[3] § 26 Rz 1 [2000] (rdb): Der Regelfall des § 26 S 2 ABGB meint mit dem Begriff der „erlaubten Gesellschaft" juristische Personen.

152 *Koziol/Welser*, Grundriss I[13] 68.

153 Dies kann zB dann vorliegen, wenn Vereinsdominatoren im Gegensatz zur „eigenen bzw besonderen" Interesseneinheit des Vereins „gesonderte Interessen" verfolgen.

154 Vgl dazu *Ostheim*, Rechtsfähigkeit 259: „Da aber § 26 ABGB selbständige Unerlaubtheitsgründe aufweist, die sich mit den Auflösungsgründen des § 24 VerG (1951) decken können, besteht die Möglichkeit, dass die Qualifikation als unerlaubte Gesellschaft nach § 26 ABGB eintritt, bevor eine behördliche Auflösung erfolgt ist, so etwa wenn ein Verein strafgesetzwidrige Beschlüsse fasst und allenfalls ausführt."

155 Vgl erstens zum Begriff der juristischen Person grundsätzlich, zweitens abweichend von der zivilrechtlichen Sicht die öffentlichrechtlichen Kriterien

F. Bydlinski kann daher als hervorragende Gemeinsamkeit der natürlichen und der juristischen (auf privatautonomer Grundlage entstandenen) Person die Rechtsfähigkeit ausgemacht werden, dass also beide „Träger" und somit selbständiges Subjekt von Rechten und Pflichten sein können; die Rechtsfähigkeit der natürlichen Person ist rechtsethisch aus Gerechtigkeitserwägungen begründet, die juristische Person ist dagegen ein Geschöpf rechtlicher Zweckmäßigkeit.[156] Beim unmittelbaren Aufeinandertreffen bzw „Zusammenwirken" der beiden, also im Rahmen des Vereins, ist das (gedachte) Ganze, die juristische Person, deshalb (im Rahmen der Rechtsordnung) wirkmächtiger als sein Teil, die natürliche Person als Vereinsmitglied. Das Kollektiv (von den Interessen der Vereinsdominatoren gesteuert) kann gegenüber sowohl dem einzelnen Individuum als auch gegenüber der Summe der Individuen (je nachdem, Vereinsmitglieder oder nicht) in Form von Beschlüssen[157] Normen setzen, freilich grundsätzlich nur im von der Rechtsordnung erlaubten Ausmaß – zumindest theoretisch.

Wie kann nun die Normsetzungsbefugnis, als subjektives Recht des wirkmächtigeren Rechtsträgers Verein, gegenüber dem (zumindest diesbezüglich) „unterlegenen" Vereinsmitglied, gedeutet werden? Auszugehen

---

für das Vorliegen derselben und drittens, ebenfalls daraus folgend, die so genannte „Relativität der Rechtsfähigkeit": *Raschauer*, Verwaltungsrecht[2] Rz 54 ff, 58 ff, 65 ff. Gem § 26 S 3 u 4 ABGB sind „unerlaubte Gesellschaften" ua diejenigen, die „offenbar gegen die guten Sitten widerstreiten", woraus folgt, dass „unerlaubte Gesellschaften als solche keine Rechte haben, weder gegen die Mitglieder, noch gegen andere, und sie unfähig sind, Rechte zu erwerben", s dazu *Höhne/Jöchl/Lummerstorfer*, Recht[3] 39. S allerdings *Schauer* in Kletečka/Schauer (Hrsg), ABGB-ON 1.00 § 26 Rz 29 f [2010] (rdb), wonach § 26 S 3 u 4 ABGB aus heutiger Sicht weitgehend überholt sind. Freilich vor dem Hintergrund des VerG 1951 hält *Ostheim*, Rechtsfähigkeit 134 f, im Jahr 1967 zutreffend fest, dass sowohl § 24 VerG 1951 als auch § 26 ABGB ein absolutes Verbot der Überschreitung des statutenmäßigen Wirkungskreises entnommen werden muss; das Gesetz ahndet dies mit der Auflösung des Vereins. Der Verein, so *Ostheim* weiter, wird – mit den Worten des § 26 ABGB – zu einem insbesondere verbotenen. Seine Personsqualität wird völlig vernichtet. Für die/eine Relevanz von § 26 ABGB – auch heutzutage – spricht zB die RS0009112: Der Verein darf also nicht durch die politische Gesetze verboten sein oder offenbar der Sicherheit, der öffentlichen Ordnung oder den guten Sitten widerstreiten. Für die Erlaubtheit ausschlaggebend kann nur der wahre Gründungszweck und nicht der in den Statuten festgelegte sein (Beisatz; aus OGH 29.03.2006, 3 Ob 300/05x). Daraus kann gefolgert werden, dass nicht allein ein denkbar weit – nahezu grenzlos – gefasster/formulierter Wirkungskreis in den Statuten „jegliche" folgende Tätigkeit des Vereins/Verbandes rechtfertigen kann. Der wahre Gründungszweck manifestiert sich oftmals gerade in der Ausreizung des (vermeintlich) Möglichen/ Zulässigen, vor allem dann, wenn ein verbandliches Gewaltverhältnis vorrangig gegenüber Nichtmitgliedern in Kraft gesetzt wird; s dazu *Thomasser*, Gewaltverhältnis 184.

156 *F. Bydlinski*, „Person" 366 f; s zum Prinzip der Personengleichheit und seinen Grenzen *Ostheim*, Rechtsfähigkeit 93 ff.

157 Vgl *Krejci/S. Bydlinski/Weber-Schallauer*, Vereinsgesetz[2] § 3 Rz 8, welche festhalten, dass im Rahmen des Vereins auch hinsichtlich der Beschlussunterworfenheit der Mitglieder der Vertragstheorie gefolgt werden kann. Insofern ist also ein Vereinsbeschluss nichts anderes als die Geltendmachung eines subjektiven Rechtes gegenüber Vereinsmitgliedern.

ist von der wohl herrschenden dogmatischen Formel dazu: Das subjektive Recht ist eine Rechtsmacht, die dem einzelnen zur Befriedigung menschlicher Interessen von der Rechtsordnung verliehen ist und deren Geltendmachung allein vom Willen des Berechtigten abhängt.[158] Ein subjektives Recht ist immer eine Rechtsbeziehung zwischen zwei Subjekten, und zwar einem „Berechtigten" und einem „rechtlichen Gegenüber"[159]; nach dem Inhalt der Befugnis werden unterschieden: Erstens Herrschaftsrechte, welche die Befugnis gewähren, auf ein bestimmtes Objekt unmittelbar einzuwirken und fremde Einflüsse auszuschließen (vgl dazu typisch das Eigentumsrecht gem § 354 ABGB); zweitens Ansprüche, welche keine Herrschaft über ein Objekt zum Inhalt haben, sondern bloß die Befugnis von einer anderen Person ein Tun oder Unterlassen zu fordern; der Verpflichtete (der „Schuldner") selbst ist nicht Herrschaftsobjekt des Berechtigten (des „Gläubigers"), welcher auf jenen oder die geschuldete Leistung nicht unmittelbar einwirken kann. Der Berechtigte darf sich nur der vom Recht zur Verfügung gestellten Mittel der Klage und der Zwangsvollstreckung zur Durchsetzung seiner Ansprüche bedienen. Drittens Gestaltungsrechte, welche dem Berechtigten die Rechtsmacht verleihen, durch einseitige Erklärung – ohne Mitwirkung eines anderen – eine Veränderung der bestehenden Rechtsverhältnisse herbeizuführen. Gestaltungsrechte begründen als solche demnach weder ein Herrschaftsverhältnis noch eine Forderung, sondern geben bloß die Möglichkeit, derartige Rechte zum Entstehen oder Erlöschen zu bringen oder umzuändern (gewähren also selbst keine Ansprüche, können aber durch ihre Ausübung solche auslösen). Die Position des Gegners des Gestaltungsberechtigten wird als „Unterwerfung" bezeichnet.[160] Die das Vereinsverhältnis auch ausmachende Normsetzungsbefugnis kann demnach insofern als eine Art Dauergestaltungsrecht[161] bzw als ein Bündel von verschiedenen Gestaltungsrechten (im Rahmen der Rechtsordnung) auf Seiten der juristischen Person gegenüber dem Vereinsmitglied gesehen werden; können der Verein bzw die Vereinsdominatoren doch das Vereinsverhältnis „gestalten"[162], beispielsweise hinsichtlich der Höhe der Mitgliedsgebühren. Grenzen sind einer derartigen verbandlichen Gestaltungskompetenz aber (neben Art 11 Abs 2 EMRK) auch dann gesetzt, sobald „bürgerliche Rechtssachen" (§ 1 JN) bzw zivilrechtliche Ansprüche und Verpflichtungen" (Art 6 EMRK)[163] der Vereinsmitglieder betroffen sind. Je nach Umfang und Intensität ist mitunter die Kreation von Herrschaftrechten[164]

---

158 *Koziol/Welser*, Grundriss I[13] 46 ff mwN.

159 *Schulev-Steindl*, Zur Struktur subjektiver Rechte – oder: Was wir von Hohfeld lernen können in Bemmer/Holzinger/Vogl/Wenda (Hrsg), Rechtsschutz gestern – heute – morgen. Festgabe Machacek und Matscher (2008) 423.

160 Vgl *Koziol/Welser*, Grundriss I[13] 46 f, sowie *P. Bydlinski*, Die Übertragung von Gestaltungsrechten (1986) 5 ff.

161 *P. Bydlinski*, Übertragung 6.

162 Vgl dazu *Ostheim*, Rechtsfähigkeit 20, der die Gefahr aufzeigt, dass die Geschäftsführer die Verbandsinteressen für ihre eigenen subjektiven Interessen ausnützen und ihnen damit Schaden zufügen.

163 S *Rechberger/Simotta*, Zivilprozeßrecht[8] Rz 36. S iZm „Vereinsverfahren" die Bedeutung von Art 6 EMRK zB OGH 02.10.2007, 4 Ob 150/07y = MR 2007, 399.

164 S zur zur Begriffsentwicklung von „Herrschaft" gegenüber „Knechtschaft" als einer besonderen Form der Unterwerfung/Unterordnung statt vieler *Günther*,

durch Vereine anzutreffen, wie es unter anderem wohl bei den so genannten Dopingbestimmungen[165] der Fall ist (einer Form der Herrschaft zumindest über die Körper der Sportler).[166] Wesentlich ist auch, dass einzelne Sport-

---

Herrschaft III in Brunner/Conze/Koselleck, Geschichtliche Grundbegriffe III (2004) 39 ff, 55: „Herrschaft" bezeichnet eine vorhandene Gewalt, weiters die Personen, die diese Gewalt ausüben, sowie Amt und Titel dieser Personen, uU auch das Gebiet, in dem diese Gewalt Geltung beansprucht und schließlich jedes Gewaltverhältnis. „Knechtschaft" und seine Äquivalente dagegen bezeichnen nur im Allgemeinen die Eigenschaft, Knecht, Sklave oder abhängig zu sein.

165 Siehe zB die Bestimmungen gem § 19 Abs 1 ADBG (Österreichisches Anti-Doping-Bundesgesetz 2007 BGBl I 2007/30 idgF), welchem zufolge Sportler, die in den Nationalen Testpool aufzunehmen sind, sich gegenüber dem jeweiligen Bundessportfachverband schriftlich zur Einhaltung von umfänglichen Vorgaben verpflichten müssen, welche tief in ihre Persönlichkeitssphäre reichen und ihre freie Selbstbestimmung erheblich beschränken: die Wohnadressen, Trainingszeiten und -orte, ihre Erreichbarkeit und jede Änderung dieser Daten sowie die Adresse des Aufenthalts, wenn sie die Wohnadresse für mehr als drei Tage verlassen möchten, jede Namensänderung sowie die Beendigung der aktiven Laufbahn unverzüglich der Unabhängigen Dopingkontroll-einrichtung und dem Bundessportfachverband zu melden, die ausdrückliche Zustimmung zur Verarbeitung von Gesundheitsdaten zu erteilen, die bei der Analyse von Dopingproben und der Gewährung der medizinischen Ausnahme-genehmigung gem § 8 ADBG anfallen usw; die entsprechende „Verpflichtungs-erklärung", deren Unterzeichnung als „freiwillig" dargestellt wird, ist mit NADA-Briefkopf (Nationale Anti-Doping Agentur Austria GmbH) abgedruckt bei *Brandstetter/Grünzweig*, Anti-Doping-Recht (2010) 32 f. Insbesondere Art 8 EMRK scheint bei der „Anti-Doping-Gesetzgebung" wohl kaum eine Rolle gespielt zu haben. Die Achtung des Privatlebens, das Selbstbestimmungsrecht über den Körper, der Schutz der Privatsphäre sowie die freie Gestaltung der persönlichen Lebensführung (s dazu *Grabenwarter/Pabel*, Menschenrechtskonvention[5] § 22 Rz 1 ff, Rz 6 ff, Rz 50 ff) treten offenbar hinter staatliche Rechtsnormen zurück, die anscheinend wiederum den Disziplinierungs- und Kontrollinteressen von privaten Sport(dach)verbänden geschuldet sind.

166 Rechtsnormen wie das ADBG 2007 erscheinen als plakative Beispiele, wie es intermediären Gewalten (durch intensivstes Lobbying, teure Pressearbeit etc) gelingt, den Staat, und damit die Rechtsordnung, für die Durchsetzung der eigenen Interessen (Disziplinierung, Kontrolle von Sportlern; also Formen der Gewalt- und damit Machtausübung) „in Dienst" zu nehmen. Werden die Sportverbände damit zu einer Art von „Leibherren" (vgl dazu *von Mohl*, Die Polizei-Wissenschaft nach den Grundsätzen des Rechtsstaates II[4] [1866] 11 ff; sowie jüngst *K. H. Schneider*, Geschichte der Bauernbefreiung [2010] 16 f) der Sportler, ihrer Nichtmitglieder? In diesem Zusammenhang gelangt auch der Begriff des „Kadavergehorsam" zu einer ganz eigentümlichen Bedeutung. Mit „perinde ac cadaver", die gebräuchliche deutsche Übersetzung lautet „wie ein totes Stück Fleisch", wird gewöhnlich die Unterwerfung unter ein (theokratisches) System verbunden, welches auf blindem Gehorsam fußt, s zB *Zirngiebl*, Studien über das Institut der Gesellschaft Jesu mit besonderer Berücksichtigung der pädagogischen Wirksamkeit dieses Ordens in Deutschland (1870) 11 ff. In Bezug auf Sportverbände könnte nun ein derartiger auch „mentaler Gehorsam" zB bei (manchen) Sportverbandsfunktionären anzutreffen sein, die verbandlichen Normenordnungen gegenüber Sportlern zu „vollziehen" (s dazu V.4.); und die Anti-Doping-Bestimmungen wiederum wären wortwörtlich als „sportliche" Forderung nach dem Gehorsam der Sportler mit ihrem bzw durch ihren Körper deutbar.

vereine versuchen, ihre auf Gestaltungsrechten basierenden Ansprüche gegenüber Vereinsmitgliedern[167] direkt innerhalb des Vereins mithilfe der dafür geschaffenen Vereinsverfahren (sonstige Vereinsregeln) durchzusetzen, anstatt sich als möglicherweise Berechtigte „nur" der vom Recht zur Verfügung gestellten Mittel der Klage und der Zwangsvollstreckung im Wege der ordentlichen Gerichtsbarkeit[168] zur Durchsetzung ihrer Ansprüche zu bedienen. Dies liest sich dann zB bei *Grundei* so: „Privatrechtssubjekte können sich grundsätzlich ohne weiteres der Fremdbestimmung Dritter unterwerfen und diesen Gestaltungsrechte einräumen. (...) Mitglieder (...) haben diese Verbandsanordnungen bei sonstiger Strafe zu befolgen."[169] Grenzen für derartige umfangreiche und tief greifende Entrechtungen qua „Fremdbestimmungsunterwerfung" wie zB §§ 16[170] und 879[171] ABGB scheinen einer derartigen Lesart zufolge nicht zu existieren bzw werden nur am Rande thematisiert.

Vorgreifend auf die ausführlichere Darstellung zu den Bestimmungen des gegenständlichen Sportdachverband sei ein konkretes Fallbeispiel angeführt: Der OEPS macht Geldforderungen gegenüber Sportlern (also seinen Nichtmitgliedern), zB aus dem Titel „Nachnenngebühren"[172], „innerverbandlich" (also auf Basis der verbandlichen Normenordnung) geltend; gleichzeitig übt der OEPS Druck auf Funktionäre und Wettkampfveranstalter – unter Androhung von Strafen – aus, damit diese in weiterer Folge den Sportler unter Druck setzen, sodass dieser schließlich den Geldforderungen des

---

167 *Schulev-Steindl*, Struktur 428 f, nennt zusätzlich zu den fünf Arten von subjektiven Rechten auf Grundlage der Hohfeldschen Relationen – Anspruchsrechte, Erlaubnisrechte, Kompetenzrechte, Subjektionsrechte und Immunitätsrechte – die Mitgliedschaft zu einem Verein als sechste Art, nämlich als Statusrecht: Hierbei handelt es sich um ein Rechtsverhältnis, und zwar zwischen dem Begünstigten, dessen rechtliche Eigenschaft festgestellt wird, einerseits und zwischen einem oder mehreren Rechtssubjekten andererseits, denen gegenüber dieser Zustand als ein solcher im Rechtssinn gilt.

168 S dazu insbesondere: *Jelinek*, Sportgerichtsbarkeit. Autonomie der Verbände und staatlicher Rechtsschutz in Hinteregger (Hrsg), Der Sportverein (2009) 89 passim.

169 *Grundei*, Vereine, Verbände, Konkurse. Das Spannungsverhältnis zwischen (internationalem) Sportverbandsrecht und staatlichem Recht, ecolex 2007, 400.

170 S zB OGH 24.10.1978, 4 Ob 91/78 = SZ 51/146: Das Recht auf Achtung der Geheimsphäre ist ein „angeborenes Recht" im Sinne des § 16 ABGB. Die sogenannten Persönlichkeitsrechte sind absolute Rechte und genießen als solche Schutz gegen Eingriffe Dritter; dabei bedarf es aber stets einer genauen Abwägung zwischen dem Interesse an dem gefährdeten Gut auf der einen und den Interessen des Handelnden und der Allgemeinheit auf der anderen Seite.

171 S *Kolmasch* in Schwimann (Hrsg), ABGB – Taschenkommentar (2010) § 879 Rz 4 ff, zur Sittenwidrigkeit, bei der es ua um eine umfassende Interessenabwägung geht, inwieweit eine grobe Verletzung rechtlich geschützter Interessen vorliegt; in die Beurteilung fließen die Grundrechte, natürliche Rechtsgrundsätze sowie allgemein anerkannte Normen der Moral ein. Sittenwidrigkeit kann insbesondere aufgrund von Eingriffen in die Persönlichkeit, Benachteiligung Dritter oder vertraglicher Regelung gegeben sein.

172 S dazu § 29 Abs 1 ÖTO: Als Nachnennung gilt die Nennung eines noch nicht zum Turnier genannten Pferdes. Die dafür zu entrichtenden Gebühren sind in der Gebührenordnung ÖTO geregelt, vgl Anhang III.

OEPS nachkommt; zahlte der Sportler die vom OEPS geforderten Gelder dennoch nicht, so würde der OEPS weitere „Geldstrafen verhängen" und dem Sportler die Sportausübung bei Wettkämpfen verunmöglichen. Funktionäre und/oder Wettkampfveranstalter, die dem Gebot der Druck-ausübung auf Sportler nicht nachkommen, werden vom OEPS mit zB Geldbußen (bzw -strafen) oder Funktionsverboten belangt (§ 2012 iVm 2014 ÖTO Rechtsordnung). In diesem Zusammenhang ist auf *Schulev-Steindl* zu verweisen: Derjenige, dessen Rechtsstellung gestaltet wird, ist, so wie im Grunde jedermann, ein Rechtsunterworfener. Seine Stellung wird im *Hohfeldschen* Schema als „Subjektion"[173] bezeichnet. Eine typischerweise unvorteilhafte Rechtsposition – niemand ist gerne der Gewalt eines anderen unterworfen, selbst wenn es sich nur um eine rechtliche handelt![174] Anstelle also Geldforderungen gegenüber Sportlern im Wege der ordentlichen Gerichtsbarkeit durchzusetzen, „erwirkt" der OEPS die finanziellen Zuflüsse durch Strafandrohungen und Sportausübungsverboten unter Abstützung auf seine verbandliche Normenordnung, in der Annahme, dies wäre (auch rechtlich) zulässig, da sich die Sportler, Wettkampfrichter, Funktionäre und Wettkampfveranstalter ohnehin den Verbandsnormen „unterworfen" hätten. Wie anhand von Beispielen noch ausführlich gezeigt wird, stehen grund-sätzlich die subjektiven Rechte des Vereins OEPS und die (ebenfalls) subjektiven Rechte von Sportlern (aber auch von Wettkampfveranstaltern, welche ebenfalls grundsätzlich nicht Mitglieder des OEPS sind) einander gegenüber. Von Interesse ist, ob aufgrund des normativen (und auch faktischen) Korsetts dem wohl vorrangigen subjektiven Recht des Sport-dachverbandes, nämlich dessen (ganz eigentümlich verstandenen) Norm-setzungsrechts, subjektive Rechte der Normunterworfenen überhaupt, und

---

173   S *Hohfeld*, Einige Grundbegriffe des Rechts, wie sie in rechtlichen Überlegungen Anwendung finden in Stepanians (Hrsg), Individuelle Rechte (2007) 61 ff, 74 ff, 81: „Das Synonym, das der ‚Subjektion' am nächsten kommt, ist das der ‚Verantwortung'." Vgl dazu *Koller*, Die Struktur von Rechten in Stepanians (Hrsg), Individuelle Rechte (2007) 90 ff, 94, demzufolge in Anknüpfung an *Hohfeld* „ein Recht also nicht allein durch seinen Inhalt, sei es durch einen Anspruch, eine Freiheit, eine Kompetenz oder durch eine Immunität, definiert werden kann. Dazu muss noch eine Befugnis des Rechtsinhabers kommen, den jeweiligen Inhalt nötigenfalls durch entsprechende Zwangsmaßnahmen durchzusetzen." *Koller* schließt mit dem Ausblick, „dass die Gewährleistung von Rechten geeignete Institutionen erforderlich macht, die die Gestalt kollek-tiver Akteure, in fortgeschrittenen Gesellschaften vor allem die Form des Staates, annehmen. Da diese Institutionen nicht nur selber Subjekte von Rechten sein können, sondern da individuelle Rechte ihnen gegenüber auch das wirksamste Mittel sind, um sie in Schranken zu halten, gibt es ein dyna-misches Wechselspiel zwischen individuellen und kollektiven Rechten." S dazu *Stepanians*, Einleitung: „Rights is a term that drips confusion" in Stepanians (Hrsg), Individuelle Rechte (2007) 19 f, zustimmend zu *Kollers* Feststellung der „Ergänzungsbedürftigkeit der *Hohfeldschen* Theorie" um das Element der „Zwangsbefugnis", damit von „individuellen Rechten im üblichen Sinn" ge-sprochen werden kann. Grundsätzlich ist anzumerken, dass der Schutz bzw die Bewahrung von Rechten des Individuums gegenüber dem Großkollektiv Staat gewährleistet sein muss, ebenso wie dies in der Konstellation natür-liche Person gegenüber kleineren Kollektiven wie Sport(dach)verbänden der Fall zu sein hat.

174   *Schulev-Steindl*, Struktur 427.

wenn ja, in welcher Intensität, entgegen gesetzt werden könnnen? *Schilcher* folgend kann dementsprechend ein bzw der Maßstab von starken und schwachen Rechten Anwendung finden. Der Autor bezieht sich auf *F. Bydlinski*, demzufolge im „inneren System" des Rechts drei Grundprinzipien der subjektiven Rechte gelten sollen: „Die Zuweisung (oder Anerkennung) individueller ‚Rechtsmacht' an daran interessierte Subjekte zur eigenständigen Wahrnehmung"; das „Selbsthilfeverbot" als Kern der friedenserhaltenden staatlichen Durchsetzung subjektiver Rechte und das „Verbot des Rechtsmissbrauchs" als Grenze derselben.[175] *Schlicher* bespricht in weiterer Folge „drei Fallgruppen", welche auf ganz bestimmten Wertungsgesichtspunkten aufbauen: „Diese Gesichtspunkte helfen einerseits das Zustandekommen und die Entwicklung subjektiver Rechte zu erklären (so vor allem in der ersten Fallgruppe), legen aber gleichzeitig auch ihre jeweils unterschiedlichen Stärken nach innen und außen fest (so im wesentlichen in der zweiten Fallgruppe) und bestimmen nicht zuletzt über das Maß ihres ‚Zuweisungsgehalts' (in der dritten Fallgruppe)." Er bezweckt damit, fünf Wertungselemente zu gewinnen, welche in ihrem Zusammenwirken und unter der entsprechenden Abwägung bestimmter „Gegenrechte" den Anspruch erheben (können), die verschiedenen Erscheinungsformen subjektiver Rechte auch in ihrer unterschiedlichen Stärke und Reichweite besser verstehen zu können. Als (ein) Beispiel für das Verhältnis zwischen „Recht" und „Gegenrecht" führt *Schilcher* dasjenige eines Unternehmers auf seine Kunden an, welches ein sehr schwaches ist. Ein anderer Unternehmer, welcher auf denselben Kundenkreis zielt und zB aufgrund faktischer Umstände erfolgreich(er) ist, kann dieses, sein „Gegenrecht" auf Basis der grundgesetzlich gewährleisteten Erwerbsfreiheit ausüben. *Schilcher* identifiziert die einzelnen Zurechnungspunkte folgendermaßen: „1. Die Intensität der Zuordnung von Rechten zu einer konkreten Person und der Grad der Bestimmtheit dieser Zuordnung. 2. Die Intensität der Geltung vertraglicher oder gesetzlicher Obliegenheiten (vollgültige, unbedingte – oder bloß bedingte bwz anfechtbare Obligationen). 3. Das Ausmaß ihrer sozial typischen oder individuellen Offenkundigkeit (Manifestation). 4. Ihre Marktfähigkeit bzw der Grad der Marktgängigkeit von Rechten, und 5. schließlich die Überlegungen der Zweckmäßigkeit und ökonomischen Effizienz." Und den solcherart konstituierten Rechten können im Einzelfall bestimmte „Gegenrechte" verschieden stark gegenüber treten. Der Autor kommt zu dem folgenden, nachvollziehbaren Ergebnis: „Anstatt daher von schroffen Gegensätzen zwischen dinglichen und obligatorischen Rechten, absoluten und relativen, Beziehungs- und Zuordnungsnormen auszugehen, erscheint es überzeugender, jeweils zwischen starken und schwächeren Rechten zu unterscheiden und diesen Unterschied nach der Stärke der auftretenden Zurechnungselemente bzw Gegenrechte zu bestimmen."[176] Auf das Verhältnis natürliche Person (Nichtmitglied) und Sportdachverband (OEPS) angewendet – wie die detaillierte Befassung mit dessen Normensystem zeigen wird –, ist daher davon auszugehen, dass dem subjektiven Norm-

---

175   *F. Bydlinski*, System 137 f.

176   *Schilcher*, Starke und schwache Rechte. Überlegungen zu einer Theorie der subjektiven Rechte in Koziol/Rummel (Hrsg), FS F. Bydlinski (2002) 353, 364, 375 f, 383, 385 f, 388.

setzungsrecht des ersteren, nicht nur bloß „schwache Rechte" der Sportler und Wettkampfveranstalter gegenübergestellt werden können, sondern schlichtweg so gut wie keine Rechte der selben. Im Normensystem des Sportdachverbandes lassen sich für natürliche Personen kaum effiziente „Gegenrechte" ausmachen. Die freilich in der Rechtsordnung verankerten Rechte der natürlichen Personen wie insbesondere diejenigen der privatautonomen Gestaltungsmöglichkeit, des Schutzes infolge des KSchG oder der einschlägigen Grundrechte sollen offenbar aus dem Normenraum des Sportdachverbandes, „geschützt" durch Vereinigungsfreiheit, draußen gehalten werden. Verbandliche Unterwerfung substituiert dann subjektive Rechte der natürlichen Personen.

Der Terminus der „Unterwerfung" wird auch für die Beschreibung des Verhältnisses zwischen Unternehmen und Konsumenten herangezogen: Die Unternehmen stellen Allgemeine Geschäftsbedingungen[177] auf und kontrahieren mit den Konsumenten (typischerweise nur) unter deren Zugrundelegung, wodurch für den letzteren eine „Zone verdünnter Freiheit"[178] geschaffen worden ist. Der Geltungsgrund derselben liegt in der beiderseitigen Vereinbarung zwischen dem „Auf- bzw Ersteller" und demjenigen, der sich „unterwirft". Auf der Seite des Konsumenten besteht nur eine „verdünnte Willensfreiheit", welche eine besondere Schutzbedürftigkeit bewirkt. Das zwischen den Vertragsparteien geschaffene Ungleichgewicht führt dazu, dass die Rechtsordnung an den Tatbestand

---

177 *F. Bydlinski*, Privatautonomie und objektive Grundlagen des verpflichtenden Rechtsgeschäfts (1967) 209, hält fest, dass Allgemeine Geschäftsbedingungen rechtliche Bedeutung nur als Teil eines Vertragsverhältnisses erlangen können; sie sind jedoch keine objektiven Normen, die aus eigener Kraft gelten, denn dies würde auf eine Privatgesetzgebung hinauslaufen.

178 *Raiser*, Vertragsfunktion und Vertragsfreiheit in Caemmerer/Friesenhahn/Lange (Hrsg), 100 Jahre deutsches Rechtsleben I (1960) 126, sieht (im Massengeschäftsverkehr) für die rechtliche Bewertung den Übergang vom Tatbestand der Willenserklärung zu dem eines normierten Verhaltens als unmerklich, dass an dieser Übergangsstelle nicht wohl zugleich auch die Grenze für die Anwendung von Vertragsrecht im funktionalen Sinn liegen kann. *Raiser* meint, dass den Parteien die Freiheit des Verhaltens, das auf Inanspruchnahme gewisser typisierter Leistungen oder Dienste gerichtet ist, auch in derartigen Fällen erhalten bleibt, und diese gewiss verdünnte und eingeengte, aber nicht aufgegebene Freiheit dessen, der sich bewusst in solche Situationen des Massenverkehrs begibt, reicht aus, um die Bewertung der damit hergestellten Beziehung als Vertrag zu rechtfertigen; freilich vorbehaltlich einer besonders wachsamen Prüfung derartiger Verträge vor ihrer Anerkennung darauf, ob sie die so geknüpfte Beziehung angemessen ordnen. Vgl dazu für die österreichische Rechtslage *Apathy* in Koziol/Bydlinski/Bollenberger, Kommentar zum ABGB³ (2010) § 1056 Rz 3: Bei offenbar unbilliger Preisfestsetzung, sei es durch den Dritten, sei es durch den Vertragspartner selbst, ist richterliche Korrektur möglich. Ebenso wenn der Dritte die ihm durch den Vertrag gezogenen Grenzen eindeutig überschritten oder der Verkäufer einen Preis festgesetzt hat, der das Ausmaß überschreitet, mit dem der Käufer überhaupt hätte rechnen können. Offenbar unbillig ist die Preisfestsetzung, wenn die Maßstäbe von Treu und Glauben in gröbster Weise verletzt werden und die Unrichtigkeit der Preisfestsetzung einem sachkundigen und unbefangenen Beurteiler sofort erkennbar ist, mwN.

der Verwendung von Allgemeinen Geschäftsbedingungen besondere Rechtsfolgen knüpft, wie die Geltungs- und die Inhaltskontrolle.[179] In Bezug auf den OEPS bedeutet dies: Die Sportler schließen, um verbandsnormengeregelte Wettkämpfe auszutragen, mit den Wettkampfveranstaltern (und dem OEPS) Verträge auf Basis der verbandlichen Normenordnung (also erstens der Stututen und zweitens der sonstigen Vereinsregeln); aus rechtlicher Sicht kommt Statuten die Funktion Allgemeiner Geschäftsbedingungen zu;[180] gleiches gilt für sonstige Vereinsregeln. Da die Sportler im Verhältnis zum OEPS als Konsumenten gelten und daher KSchG[181] und allgemeines Zivilrecht anwendbar ist, liegt keine „unbedingte" (und solcherart „rechtsschutzlose") Unterworfenheit gegenüber dem Verband vor.

Der Fortgang der Untersuchung baut sohin auf dem bisherigen Zwischenergebnis auf: Viele Vereine/Verbände gem VerG streben sowohl rechtlich als auch faktisch den Status der Selbstverwaltungskörper gem B-VG bzw einen möglichst ähnlichen an. Die Normsetzungskompetenz und damit -tätigkeit der juristischen Person Verein gegenüber der natürlichen Person Vereinsmitglied[182] zeigt eine gewisse Ungleichrangigkeit zwischen den beiden auf, konkret ist die erstere in diesem Verhältnis (im Rahmen der Rechtsordnung) die dem Grunde nach wirkmächtigere. Dieses aus dem Vereinsverhältnis ableitbare subjektive Recht der juristischen Person kann demnach insofern als eine Art Dauergestaltungsrecht bzw als ein Bündel von verschiedenen Gestaltungsrechten (im Rahmen der Rechtsordnung) gesehen werden; in bestimmten Ausprägungen können vereinzelt sogar Herrschaftsrechte des Vereins gegenüber den Vereinsmitgliedern vorliegen. Wenn jedoch das Vereinsmitglied zugleich mit dem Vereinsbeitritt in ein verbandliches Gewaltverhältnis geraten ist, dann hat der Verband mit der Gestaltung seiner Normenordnung den Bereich des rechtlich Zulässigen verlassen.[183] Im Weiteren geht es demnach insbesondere um die Frage, ob Verbände (heteronome) „Normsetzer eigener Art" (sowohl im Hinblick auf die Statuten als auch auf die sonstigen Vereinsregeln), vergleichbar dem Staat und der Rechtsordnung, seien? Aus (vor allem) rechtsdogmatischer Sicht ist deshalb für die ö Rechts-

---

179　Dazu insbesondere *Koziol/Welser*, Grundriss I[13] 129 ff; sa *Fenyves*, Das Verhältnis von Auslegung, Geltungskontrolle und Inhaltskontrolle von AVB als methodisches und praktisches Problem in Koziol/Rummel (Hrsg), FS Bydlinski (2002) 121 ff. S überdies *Graf* in Kletečka/Schauer (Hrsg), ABGB-ON 1.00 § 879 Rz 284 [2010] (rdb): „Eine Ungleichgewichtslage zwischen den Vertragsparteien ist nicht Voraussetzung für das Eingreifen des § 879 Abs 3 ABGB; AGB-Klauseln können auch dann gröblich benachteiligend sein, wenn zwischen den Vertragsparteien keine derartige Ungleichgewichtslage besteht. Allerdings ist das Bestehen einer solchen Ungleichgewichtslage im Rahmen der für die Feststellung der gröblichen Benachteiligung notwendigen Interessenabwägung zu berücksichtigen."

180　So *Krejci/S. Bydlinski/Weber-Schallauer*, Vereinsgesetz[2] § 3 Rz 26.

181　S dazu auch *Höhne/Jöchl/Lummerstorfer*, Recht[3] 171 f.

182　Es handelt sich hierbei um das das „erste Grundverhältnis" zwischen Vereinsmitglied auf der einen Seite und Verein auf der anderen Seite.

183　Siehe dazu *Thomasser*, Gewaltverhältnis 192 ff; *Höhne/Jöchl/Lummerstorfer*, Recht[3] 290, 316; *Keinert*, Mitgliederversammlung 35 FN 159.

ordnung zu erörtern, ob Verbände gleich dem Staat „Rechtsnormen" schaffen bzw überhaupt erzeugen können. Denn für die Legitimation der Verbandsnormen gegenüber Vereinsmitgliedern, aber auch gegenüber dem Staat ist es von eminenter Bedeutung, ob sich Verbände unter Berufung auf die Vereinigungsfreiheit als quasi „staatsgleiche bzw -ähnliche" Akteure eben als heteronome Rechtsnorm- oder „nur" als Normsetzer gerieren können.[184]

2. Zur so genannten „privaten Rechtsetzung"

2.1. Vorbemerkungen

Vorangestellt sei die Feststellung, dass, soweit ersichtlich, zum Thema, ob „private Rechtsetzung" gem der ö Rechtsordnung vorgesehen bzw zulässig ist, und wenn ja, in welchem Ausmaß, zumindest keine herrschende Meinung, weder aus „öffentlichrechtlicher", noch aus „privatrechtlicher" Perspektive ausgemacht werden kann. Es liegt hiezu im Schrifttum (und in der Rsp) eine Fülle von Positionen, Meinungen und Statements mit unterschiedlicher Begründungsintensität und -tiefe vor. Die folgende Wiedergabe von solchen ist bei Weitem nicht erschöpfend, sondern versucht eine schwerpunktartige Zusammenfassung und dann Abwägung der verschiedenen Argumente bzw Begründungsketten zu bieten, inwieweit die juristische Person Verein qua (heteronomer) Normsetzung gegenüber der natürlichen Person, die Vereinsmitglied ist oder nicht, eine Fremdbestimmung konstruieren kann, die der des Staates gegenüber dem Staatsbürger gleichkommt oder gar darüber hinausgeht.

Eine Vorbemerkung bzw Abgrenzung hinsichtlich der zu untersuchenden, allfälligen „Rechtsetzungstätigkeit" von Vereinen ist vorweg vorzunehmen: „Ideelle Vereine (sog freie Verbände) auf Arbeitgeber- und auf Arbeitnehmerseite" mit hinreichender Repräsentationsstärke sind im Rahmen der Sozialpartnerschaft „in Kooperation mit den wirtschaftlichen Selbstverwaltungskörpern[185]" auf Basis der Tarifautonomie[186] sehr wohl „zur generellen Rechtssetzung betreffend Rechte und Pflichten von Arbeitgebern und Arbeitnehmern mittels Kollektivvertrag berufen."[187] Festzuhalten ist, dass ideelle Vereine (wie zB der österreichische Gewerkschaftsbund) hierbei – gewissermaßen „korsettiert", eben durch wirtschaftliche Selbstverwaltungs-

184 Im gegebenen Zusammenhang stellt sich das Thema der „privaten Rechtsetzung" vorrangig für juristische Personen; selbstredend ist es auch für natürliche Personen relevant, wie nachfolgend gezeigt wird.

185 S zB *Eberhard*, Nichtterritoriale Selbstverwaltung. Verfassungs- und Verwaltungsreform 2008, JRP 2008, 91, und *Öhlinger*, Die Verankerung von Selbstverwaltung und Sozialpartnerschaft in der Bundesverfassung, JRP 2008, 186.

186 Zur gemeinschafts- und verfassungsrechtlich geschützten Tarifautonomie siehe zB: *Koenig/Pfromm*, Zur Einschränkung der EG-vergaberechtlichen Ausschreibungspflicht durch die Tarifautonomie, ZVB 2007, 102, 106.

187 Grundlegend: *Pernthaler*, Das Problem der verfassungsrechtlichen Einordnung (Legitimation) des Kollektivvertrages, ZAS 1966, 33; Sa *Rill*, Wie können wirtschaftliche und soziale Selbstverwaltung sowie die Sozialpartnerschaft in der Bundesverfassung verankert werden, JRP 2005, 109.

körper – somit an einer gesetzlich vorgesehenen Rechtsetzung[188] lediglich „mitwirken". Nachfolgend allerdings geht es vor allem um (hetereonome) Normsetzungstätigkeiten einerseits von Vereinen gegenüber Mitgliedern und andererseits von Dachverbänden im Rahmen einer vertikalen Beziehung zu Vereinen ohne tarifautonomen Hintergrund oder Bezug.

Der Grundfall, bei dem sich die Frage nach (der Zulässigkeit/ dem Gegebensein etc) „privater Rechtsetzung" bzw „Rechtsetzung durch Private" stellt, ist derjenige, dass zwei natürliche Personen zB vertraglich etwas vereinbaren: Schaffen sie dadurch schon „Recht"[189]? Oder „erzeugen" sie bloß zwischen ihnen wirkende Normen (Vertragspflichten), die im Idealfall Deckung in der Rechtsordnung finden? Noch spezieller: Erzeugt der Eigentümer eines neu errichteten Mehrparteienwohnhauses, bereits bevor er einzelne Mietverträge dazu abgeschlossen hat, schon „Recht", wenn er eine Hausordnung entwirft, die er jedenfalls als Beilage bei den künftigen Bestandsverträgen mitvereinbaren wird? Oder wird diese Hausordnung spätestens dann, wenn die Mietverträge unterzeichnet sind, zu „Recht", weil ja üblicherweise von den Vertragsparteien „mit ausverhandelt" und als Anlage paraphiert?

---

188 Hierbei handelt es sich um eine kollektive Rechtsgestaltung im Bereich des Arbeitsrechts; dieses erfolgreiche Instrument autonomer Rechtsgestaltung durch Wirtschaftsverbände soll solcherart das direkte Eingreifen der Rechtsordnung in die Arbeitsbeziehungen vermeiden. Und: Das Modell des bürgerlich-rechtlichen Vertrags wird nicht durch massive zwingende Gesetzesbestimmungen ersetzt, sondern auf einer höheren Ebene, die seine Voraussetzungen besser verwirklicht, wiederhergestellt, so *Mayrhofer*, Überlegungen zum Recht der allgemeinen Geschäftsbedingungen, JBl 1993, 94.

189 Vgl dazu als Beispiel für eine schon ältere (deutsche) Position, die im Grunde nach darauf hinausläuft, alle im Rahmen von (zulässigen) Verträgen geschaffenen Normen seien schon „Recht", diejenige von *Krawietz*, Reinheit der Rechtslehre als Ideologie? in Krawietz/Topitsch/Koller (Hrsg), Ideologiekritik und Demokratietheorie bei Hans Kelsen (1982) 345 FN 8 und 9, der die folgenden auf Grund und nach Maßgabe der jeweiligen Staatsverfassung im Wege des politisch-rechtlichen Entscheidens in Geltung gesetzten Rechtsregeln oder Rechtsnormen in ihrer Gesamtheit als identifizierbare Rechtsordnung anführt: erstens die generell-abstrakten Rechtsnormen (zB das Gesetzesrecht), zweitens die individuell-konkreten Normen eines Richterrechts, aber auch drittens die von einzelnen Vertragsparteien privatautonom als lex contractus in Geltung gesetzten individuell-konkreten Normen des Vertragsrechts. Der Autor führt weiters aus, dass „vom Standpunkt des staatlich organisierten Rechtssystems (aus) der in den koordinativen Sozialstrukturen des Privatrechts übliche, von Rechts wegen als Rechtserzeugungsform dienende Vertrag seiner Funktion nach als autonome Rechtserzeugung erscheint, sofern die Rechtssphäre der Betroffenen nur mit ihrer willentlichen Zustimmung gestaltet werden kann und darf. Wer dazu neigt, hierin eine nichtstaatliche, gänzlich autonome Form der Rechtsetzung zu erblicken, weil das durch Vertrag erzeugte Recht allein der Privatautonomie der beteiligten Individuen zuzurechnen sei, sollte jedoch bedenken, dass es die staatliche Rechtsorganisation ist, welche sich auf eben diese Art und Weise ihr nichtstaatliches Gegenüber organisiert." Sowie: „Die Objektivierung von Recht, die mit den Mitteln vertraglicher Rechtserzeugungsformen – wenn auch bloß inter partes! – erfolgt, schließt es aus, den individuell-konkreten Normen des Vertragsrechts den Charakter objektiven Rechts zu versagen."

Im gegebenen Zusammenhang interessiert vor allem die Konstellation zwischen juristischer und natürlicher Person: Die juristische Person Verein stellt Normen auf, die für natürliche Personen (je nachdem: Mitglieder oder Nichtmitglieder) gelten bzw gelten sollen: Sind diese Normen „Rechtsnormen"? Warum sollte ein Verein/Verband (heteronome) „Rechtsnormen" erzeugen (können) wollen?[190] Cui bono? Dies nahe liegender Weise deshalb, da die Schaffung von „Rechtsnormen" im Sinne derjenigen des Staates dem Verein/Verband ein hohes Maß an Legitimation gegenüber den „Normunterworfenen" bringen würde, ebenso wie deren gesteigerte Akzeptanz im Hinblick auf die Fremdbestimmung durch den Verein.[191] Wenn die Normen des Vereins dann auch noch eingriffsintensive Möglichkeiten[192] gegenüber den Vereinsmitgliedern (bzw Nichtmitgliedern) als Gestaltungsunterworfenen[193] zB infolge von entsprechenden Disziplinarordnungen und Privatsteuersystemen[194] vorsehen, die mit einer Straffestsetzungs- und -vollziehungs-

---

190 S dazu den – sich gewissermaßen „aufdrängenden" – Begriff der „Delegation" (im öffentlich-rechtlichen Sinn). *L. K. Adamovich/Funk/Holzinger/Frank*, Staatsrecht IV Rz 46.016 f dazu: Bei der Verschiebung von Kompetenzen im Wege der Delegation wird eine solche Verschiebung durch einen Rechtsakt verfügt, mit dem das zuständige Organ seine Kompetenz auf ein anderes überträgt. (…) Behördliche Kompetenzen dürfen entsprechend dem Legalitätsprinzip nur durch oder auf Grund von entsprechenden gesetzlichen Ermächtigungen delegiert oder subdelegiert werden. Die Autoren weiter: Das Ansichziehen einer fremden Zuständigkeit wird als Arrogation bezeichnet. Dazu ist anzumerken, dass im Fall von Sportdachverbänden – privaten Akteuren – mitunter die Tendenz besteht, der staatlichen Rechtsetzung gleich zu agieren und insofern heteronom Rechtsnormen zu setzen bzw setzen zu wollen, also „arrogativ" (von lateinisch „rogare" für deutsch: sich hinzuverlangen, sich anmaßen) aufzutreten. Inwieweit bzw in welchen Grenzen eine „Delegation" zwischen Staat und Privat gegeben, zulässig bzw denkbar ist, wird insbesondere in den Kapiteln IV.2.2.1. bis IV.2.2.7. behandelt. Sa IV.3.1. *L. K. Adamovich/Funk/Holzinger/Frank*, Staatsrecht IV Rz 46.026 ff, 47.054 ff.

191 S dazu zB *Mayer-Maly*, Die Grenzen des Rechts, JBl 2000, 341, meint, dass die Rechtsakzeptanz in den letzten Jahren drastisch abgenommen hat, insbesondere aufgrund der Vielzahl der Vorschriften, an ihrer Unlesbarkeit und aufgrund ihrer gedanklichen Defekte; als „hervorragendes" Beispiel nennt der Autor die Richtlinien aus Brüssel, und konstatiert, „dass Rechtsgemeinschaften an dem sie betreffenden Recht einfach vorbeileben." Das mag für das Verhältnis Staat – Bürger (teilweise) stimmen, aber zB für Sportdachverbände, welche von ihren Mitgliedern wie auch von Nichtmitgliedern aufgrund ihrer verbandlichen Normenordnung die Einhaltung umfangreicher, strafbewehrter Ge- und Verbote einfordern, gilt, dass die Normunterwerfung letztlich nichts anderes als der Ausdruck einer Normakzeptanz ist. „Vermittelt" wird das den Sportlern/Wettkampfveranstaltern/Funktionären von Seiten des Verbandes mit – im Rahmen von teilnehmender Beobachtung oftmals gehörten – Vergleichen wie zB: „Ebenso, wie wir die Straßenverkehrsordnung zu befolgen haben, so müssen wir die diversen Ordnungen (zB die Gebühren- und/oder Strafordnung) des Sportverbandes befolgen."

192 *P. Bydlinski*, Übertragung 8, führt die Einteilung der Gestaltungsrechte nach ihrer Wirkung auf die betroffene Rechtssphäre an, nämlich in Eigengestaltungsrechte (zB Aneignung) und Eingriffsrechte, wobei die letzteren unmittelbar fremde Rechtsbereiche berühren (zB Kündigungen).

193 *P. Bydlinski*, Übertragung 13.

194 S dazu *Thomasser*, Tendency passim.

gewalt verbunden sind, drängt sich freilich auch die Frage nach dem partiellen Bestehen oder gar Nichtmehrbestehen des staatlichen Gewaltmonopols[195] auf. Dieser wichtige, staatsgrundsätzliche Aspekt der nahezu ausschließlichen Konzentration der wesentlichen Gewalten Gesetzgebung, Rechtsprechung und sonstige Vollziehung beim demokratischen Rechtsstaat sei an dieser Stelle nur aufgeworfen und wird weiter unten ausführlich behandelt.[196]

Aufgrund der zahlreichen Positionen/Stellungnahmen/Meinungen zur Frage, ob, und wenn ja, inwieweit (einseitige) „private Rechtsetzung" – vorrangig gem der ö Rechtsordnung[197] – gegeben, zulässig, sinnvoll etc sei, werden nunmehr repräsentative Befürworter und Gegner mit ihren Kernaussagen und -begründungen wieder gegeben und kommentiert, wenn es thematisch geboten ist, auch in direkter Abfolge, gewissermaßen in „Wechselrede". Die Diskussion erfolgt jedoch nicht nur anhand von grundsätzlichen Stellungnahmen einzelner Fachleute zum Thema, sondern auch mit Blickpunkt auf konkrete private Regelsetzungen, wie zB ÖNORMen. Schließlich werden hierzu nicht nur rechtsdogmatische Darstellungen sowohl aus dem Blickwinkel des „Öffentlichen Rechts" oder des „Privatrechts" wiedergegeben, sondern auch rechtstheoretische bzw rechtssoziologische Annäherungen.

2.2. Private Regelsetzungen: Positionen/ Stellungnahmen/Meinungen und Beispiele

2.2.1. *Pisko* zur Autonomie

Begonnen wird mit den Kommentaren von *Pisko*, der 1933 zur „Autonomie" in Bezug auf Vereine[198] Folgendes ausgeführt hat: Die Macht, bestimmte Verhältnisse durch generelle Normen einseitig – das ist ohne Mitwirkung des Normadressaten – zu regeln, ist nur in Ausnahmefällen Einzelpersonen und/oder Verbänden eingeräumt, denen die Eigenschaft staatlicher Organe fehlt. Es kann in solchen Fällen von einer autonomen oder delegierten –

---

195 IdS zB schon von *Humboldt*, Ideen zu einem Versuch, die Grenzen der Wirksamkeit des Staates zu bestimmen (oJ) 148: „Dasjenige, worauf die Sicherheit der Bürger in der Gesellschaft vorzüglich beruht, ist die Übertragung aller eigenmächtigen Verfolgung des Rechtes an den Staat." Vgl zB *Pernthaler*, Allgemeine Staatslehre und Verfassungslehre2 (1996) 102, 117: Verbände erzeugen eigene Verbandsordnungen und üben in weiterer Folge Macht aus, um diese Regeln durchzusetzen. Aber, so *Pernthaler*: Der moderne Staat muss nach wie vor ein „Gewaltmonopol" haben, das heißt, er muss selbst Träger legitimer Gewalt sein und allein darüber entscheiden können, wer außerdem noch legitime Gewalt im Staate ausüben darf. Sa krit *Kneihs*, Privater Befehl und Zwang (2004) 54 ff, 478 ff.

196 S IV.2.2.7., 1. (rechts)soziologischer Exkurs, IV.3.3.1.1.2., IV. 3.3.2.3. und 3. (rechts)soziologischer Exkurs.

197 Auf außerösterreichische, deutschsprachige Positionen zum Thema kann nur überblicks- bzw schwerpunktartig eingegangen bzw verwiesen werden.

198 Vereine im Jahr 1933 bestanden auf der Grundlage des VerG 1867 RGBl 1867/134 idgF.

gemeint ist: nicht an staatliche Organe delegierten – außerstaatlichen Rechtsatzung gesprochen werden. Für *Pisko* ist die oft vorgetragene Auffassung, dass die autonome Rechtssatzung im Gegensatze zur delegierten nicht auf staatlicher Verleihung, sondern auf einem eigenen Rechte der satzungsberechtigten Personen oder Verbände beruhe, vollkommen unhaltbar: Denn die Macht zur Rechtssatzung kann wie jede rechtliche Fähigkeit und jedes subjektive Recht immer nur auf staatlicher Verleihung, das ist auf einer Anordnung der Rechtsordnung, beruhen. Als schlechthin denkunmöglich qualifiziert *Pisko* die Vorstellung eines eigenen – vom Staate nicht verliehenen, sondern von diesem bloß anerkannten – Rechtes zur Normensatzung. Sohin beruht auch die verbindliche Kraft der autonomen Rechtssatzungen auf dem Willen des Staates, aber im Gegensatz zu den – durch staatliche Organe geschaffenen – Gesetzen nicht auf dem unmittelbaren sondern bloß auf dem mittelbaren Willen des Staates.[199] *Piskos* Grundposition ist freilich die, dass gem B-VG nur eine Form der Rechtserzeugung, nämlich die staatliche Satzung (also Rechtsetzung) vorgesehen ist.[200] Eine „Selbstermächtigung" bzw Anmaßung staatlicher Autorität zur privaten Rechtsnormsetzung wird demzufolge nicht mit *Pisko* begründbar sein.

Pisko, welcher sohin „private Rechtssatzung" im Fall staatlicher, dh gesetzlicher Ermächtigung als rechtsordnungsvereinbar erachtet, nennt in seiner Darstellung der wichtigsten Erscheinungsformen der Autonomie auf dem Gebiete des Privatrechts gleich an erster Stelle die Satzungen eines Vereins. Diese verbinden – soweit sie der statutarischen Regelung vorbehaltene Gegenstände im Rahmen der gesetzlichen Grenzen normieren – alle Mitglieder, auch diejenigen, die nicht an der Feststellung der Satzung mitgewirkt haben; und dieser Rechtssatz ist ihm zufolge unbestritten. Als häufige Begründung dafür nennt *Pisko* die Erklärung, dass der Beitritt zu einem Vereine eine Unterwerfung unter die Vereinssatzung enthält. In manchen Fällen trifft diese Erklärung wirklich zu, läuft aber in vielen Fällen (insbesondere beim translativem Erwerbe eines bereits bestehenden Mitgliedschaftsrechtes) auf eine willkürliche Fiktion hinaus und ist mit der Möglichkeit von Satzungsänderungen durch Mehrheitsbeschluss nicht gut vereinbar, versagt aber jedenfalls dann, wenn die Mitgliedschaft nicht durch freiwilligen Beitritt erworben, sondern gem gesetzlicher Anordnung bereits mit dem Besitze eines bestimmten Grundstückes, der Ausübung einer bestimmten Beschäftigung usw verbunden ist. Die verbindliche Kraft der Satzungen solcher Vereine gegenüber den Vereinsmitgliedern kann laut *Pisko* nur auf den einseitigen Akt der Aufstellung zurückgeführt werden. *Pisko* leitet zu den sog „Zwangsverbänden" über: Schafft demnach die Rechtsordnung einen Zwangsverband und überlässt es ihm, das Verhältnis zu den Mitgliedern – innerhalb der gesetzlichen Grenzen – durch Statut zu regeln, so verleiht sie damit dem Verbande die Macht, Normen zu setzen, die alle Personen verbinden, die nach dem Gesetze dem

---

199   *Pisko* in Klang (Hrsg), ABGB I/1 (1933) §§ 2 bis 13 Vorbem 65.
200   Außerhalb des Völkerrechts räumt die Bundesverfassung der Übung keine rechtserzeugende Kraft ein, allerdings ist der Bundesverfassung auch nicht zu entnehmen, dass der Übung diese Kraft nicht durch ein anderes Gesetz eingeräumt werden kann, so *Pisko* in Klang (Hrsg), ABGB I/1 (1933) § 10 Vorbem 166.

Verbande als Mitglieder angehören. Eine derartige Rechtsetzungsmacht üben die Handelskammern, die Rechtsanwalts- und Ärztekammern, die Gewerbegenossenschaften usw aus.[201] Beinahe 80 Jahre nach *Piskos* Erläuterungen ist dazu anzumerken: Obschon sowohl erstens die berufliche und die wirtschaftliche Selbstverwaltung gem B-VG als auch zweitens diejenige der Vereine, Genossenschaften etc der „gesellschaftlichen Selbstverwaltung" zugerechnet werden können, kommen nur der erstangeführten insbesondere die Merkmale der obligatorischen Mitgliedschaft (Korporationszwang) und der (heteronomen) Rechtsnormsetzungstätigkeit zu.[202] Bemerkenswert erscheint überdies, dass *Pisko*, wie es im österreichischen Schrifttum oftmals der Fall ist, im Zusammenhang mit „Rechtssatzung" nur von den Statuten eines Vereins spricht, nicht aber auf sonstige Vereinsregeln desselben (qualifizierend) Bezug nimmt. Für Vereine, die von der Rechtsordnung gerade nicht als Zwangsverband geschaffen worden sind, wird demnach mit *Pisko* auch kein bloß mittelbarer Wille des Staates abgeleitet werden (können), dass diese die Macht zur (heteronomen) Rechtssatzung haben (sollen).

2.2.2. *F. Bydlinski* zu Privatautonomie, Privatrecht und Rechtsnorm

Nach dem Begründungsansatz Autonomie bzw Delegation für eine, unter weiteren, bestimmten Umständen gegebene private Rechtsetzungskompetenz sei nunmehr die gewichtige Meinung von *F. Bydlinski* wiedergegeben, welcher diesbezüglich auf die Privatautonomie[203] abstellt. *F. Bydlinski* sieht das „Rechtsgeschäftsrecht" in sehr hohem Maße vom Prinzip der rechtsgeschäftlichen Privatautonomie (Selbstbestimmung) beherrscht, wonach die Beteiligten selbst eine rechtliche Regelung für sich nach ihrem rechtlich freien Willen setzen können[204]; insofern liegt eine Konkretisierung des fundamentalen Freiheitsprinzips vor. *F. Bydlinski* qualifiziert daher die „rechtsgeschäftliche" Privatautonomie explizit als etwas Eigenständiges, nämlich die Möglichkeit für jedermann, durch Erklärung seines Willens

---

201 *Pisko*, §§ 2 bis 13 Vorbem 65 f.
202 *L. K. Adamovich/Funk/Holzinger/Frank*, Staatsrecht IV Rz 46.027 f, 47.056 f.
203 *F. Bydlinski*, Privatautonomie 117, versteht unter Privatautonomie im weiten Sinn die Möglichkeit, durch Willensäußerungen (nicht allgemein durch Verhaltenssteuerung) auf die Entstehung von Rechtsfolgen entscheidenden Einfluß zunehmen; s dazu *Koziol/Welser*, Grundriss I13 94 ff. Vgl zB als eine deutsche Darstellung *Hönn*, Zur Problematik der Privatautonomie, Jura 1984, 57, welcher die „Selbstherrlichkeit" und (sittlich gebundene) „Willkür" des einzelnen für privatautonome Regelungen als ausschlaggebend qualifiziert; dem Ergebnis kommt in materieller Hinsicht keine Rechtsqualität zu (zB ist der geschlossene Kaufvertrag kein Teil der Rechtsordnung).
204 *F. Bydlinski*, „Person" 335, dazu: Der Mensch wird im normativen, insbesondere im rechtlichen und rechtsethischen Kontext als (natürliche) Person oder „Rechtssubjekt" bezeichnet, wenn er in der Normenordnung als aktuell oder doch potenziell eigenständiger Akteur (also als Rechtsgenosse) bei der Setzung und Realisierung von Recht anerkannt und in dieser Eigenschaft besonders geschützt ist. Überdies: *Mayer-Maly*, Einführung in die Allgemeinen Lehren des österreichischen Privatrechts (1984) 34, versteht unter Privatautonomie die Möglichkeit zur Selbstgestaltung der eigenen Rechtsverhältnisse nach eigenem Willen.

bestimmte bindende Rechtsfolgen, und zwar gerade die, auf die der erklärte Wille gerichtet ist, in Geltung zu setzen: also eine spezifische private Art der Schaffung von (regelmäßig individuellen) Rechtsregeln. Des weiteren beurteilt er das Privatrecht als relativ staatsfernes und gerade deshalb eigenständiges Recht, da es sich auf die Handlungen und Unterlassungen von Subjekten bezieht, die keine andere Qualität haben und brauchen als ihre Personenhaftigkeit als solche. Diese Subjekte verfolgen ihre Interessen im Wege einer individuellen „privaten Rechtsetzung" durch Verträge und sonstige Rechtsgeschäfte.[205] *F. Bydlinski* erachtet diese „private Rechtsetzung" vielfach sogar schon auf der Grundlage eines positivistisch-etatistischen Rechtsverständnisses als formal eigenständiges Rechtsphänomen erfassbar.[206] Neben der das Privatrecht auch ausmachenden rechtsgeschäftlichen Privatautonomie beziehen sich weitere große Gebiete, wie zB das deliktische Schadenersatzrecht oder das Kindschaftsrecht auf sehr unterschiedliches, aber rechtlich relevantes Verhalten von Menschen im gesellschaftlichen Raum, wo die natürlichen Personen und sonstigen Subjekte des Privatrechts keine individuellen Normen setzen. Hier verwirklichen sie aber *F. Bydlinski* zufolge durch ihr willensbestimmtes Verhalten oder durch dessen Folgen die einschlägigen Tatbestände generell-abstrakter Rechtsnormen oder sie unterlassen diese Verwirklichung. Die Subjekte kreieren auch auf diese Weise ohne staatliche Beteiligung die konkret-individuellen Rechtsverhältnisse zwischen den privaten Subjekten und die darin wurzelnden Rechte und Pflichten mit. Angemerkt sei dazu, dass Sportverbände allerdings mitunter genau darauf abzielen, dass die Vereinsmitglieder im Realitätsausschnitt Sport eben keinen privatautonomen Bereich mehr vorfinden bzw willentlich gestalten können, sondern dass die Vereinsmitglieder als natürliche Personen die einschlägigen Tatbestände der generell-abstrakten Verbandsnormen verwirklichen können/müssen, aber sonst nichts. Allfällige Abweichungen von diesen generell-abstrakten Verbandsnormen haben die Verwirklichung von generell-abstrakten Strafnormen des Verbandes zur Folge.[207, 208]

---

205 Vgl dazu das „weite" Rechtsverständnis von *Lippold*, Recht und Ordnung (2000) 309, welcher als „Rechtsfolge" der Rechtserzeugung das Zustandekommen von Rechtsvorschriften ausmacht, gleich ob es sich bei der Rechtsvorschrift um ein Gesetz, eine Verordnung, ein Gerichtsurteil, einen Bescheid oder einen Vertrag handelt.

206 Vgl dazu statt vieler *Griller*, Drittwirkung und Fiskalgeltung von Grundrechten, ZfV 1983, 4, 116, welcher private von staatlicher Rechtsetzung unterscheidet und die erstere als „immer staatsabgeleitet" qualifiziert, und in weiterer Folge auch von privatautonomer Rechtsetzung(sfreiheit), privaten Rechtsakten und vertraglicher Rechtsetzung spricht. Weiters ders, Der Schutz der Grundrechte vor Verletzungen durch Private (Teil I), JBl 1992, 205: Private Rechtsetzung findet immer im Rahmen gesetzlicher Ermächtigungen statt. Aus diesem Delegationszusammenhang wiederum folgt, dass auch private Rechtsetzung prinzipiell nur unter Beachtung der Grundrechte zulässig ist. S zur Drittwirkung hinsichtlich Vereinsbestimmungen auch *Christ*, Vereinswechsel im Amateurfußball, ÖJZ 2005, 370.

207 *F. Bydlinski*, AcP 1994, 341 f.

208 S dazu auch *Tomandl*, Rechtsstaat Österreich: Illusion oder Realität? (1997) 77, welcher als das gemeinsame Charakteristikum von Gesetzen im materiellen Sinn die Fremdbestimmung nennt, konkret dass die Normunterworfenen nicht

Ein weiteres konstituierendes Merkmal ist für *F. Bydlinski* das Äquivalenz-prinzip: „Im Normalfall, nämlich bei ähnlich intensiver Betroffenheit eines anderen, ist – aus dem Gerechtigkeitsgrund des Gleichmaßes bzw der gleichen Freiheit, aber auch zur zweckmäßigen Vermeidung rechtlich gültiger, aber mangels Interesse des Gläubigers praktisch sinnloser einseitiger Verpflichtungen – „Konsens" des anderen dafür nötig. Das Rechtsgeschäft hat dann den Charakter eines Vertrages, der dem Konsensprinzip unter-steht."[209] Dazu im gegebenen, verbandlichen Zusammenhang: Liegt erstens eine Vereinskette vor, also die Abfolge „Verein – Verband – Dachverband", ist zweitens ein Vereinsmitgliedschaftsverhältnis nur zwischen natürlichen Personen (Sportler, Wettkampfveranstalter und Wettkampfrichter) und Verein, nicht aber zwischen den ersteren und Dachverband gegeben und verlangt drittens der Dachverband, dass die natürlichen Personen ihre Rechtsgeschäfte (insbesondere Wettkämpfe) bei sonstiger Verbandsstrafe ausschließlich nach den Dachverbandsordnungen abzuwickeln haben, dann bedarf es trotz der gegebenen Vereinsverhältnisse der freien Willensentscheidung und in weiterer Folge des Konsenses auf Seiten der natürlichen Personen, damit das Rechtsgeschäft zustande kommt. Eine „einseitige Rechtsetzung" durch den Normen setzenden und vorgebenden Dachverband, der zugleich (Sportveranstaltungs)Unternehmer ist, unter Ausschaltung des freien Willens (bzw jeglichen privatautonomen Spielraums) und weiters des Konsenses der natürlichen Personen als Konsumenten findet insbesondere schon im Konsumentenschutzrecht keine Deckung.[210]

---

unmittelbar an der Erzeugung der Vorschrift mitwirken können, also heterono-me Rechtserzeugung vorliegt. Im Gegensatz dazu sieht er das selbstbestimmte oder autonom geschaffene Recht, das nur für jene gilt, die es erzeugt haben, und führt als das bekannteste Beispiel für derartiges autonomes Recht den Ver-trag an. Schließlich geht *Tomandl* davon aus, dass beim autonomen Recht je-der Beteiligte den Rechtsinhalt kennt, da er ihn selbst mitgestaltet hat.

Sport(dach)verbände jedoch schaffen einerseits ihre verbandlichen Normen-ordnungen, welche hinsichtlich Erzeugungsverfahren und Inhalten eindeutig der staatlichen, heteronomen Rechtserzeugung nachgebildet sind, und andererseits verpflichten sie – unter anderem unter Berufung auf die/eine „Verbandsgewalt", s dazu mehr bei IV.3.2.1., IV.3.2.2.2., IV.3.3.1.1.2., IV.3.3.1.2. und IV.3.3.2. – insbesondere die Wettkampfveranstalter und Sportler diese verbandlichen Normenordnungen und, sei es in den zwischen ihnen be-stehenden Wettkampfteilnahmeverträge zu übernehmen. Die Einhaltung der heteronomen verbandlichen Normenordnungen wird also einmal über die Schiene der Unterwerfung der Vereinsmitglieder unter die Vereinsbeschlüsse und das andere mal über die (schein)vertraglichen Zustimmungen zu den Bedingungen von Wettkampfverträgen erzwungen. Hier liegt also in luzider Klarheit zweifache Fremdbestimmung vor, obwohl insbesondere dem VerG eine verbandliche Kompetenz zu einer (heteronomen) privaten Rechtsetzung schlichtweg nicht entnommen werden kann. Und der sog Wettkampf-teilnahmevertrag kommt ohne jegliche – privatautonome – Mitgestaltungs-kompetenz der Wettkampfveranstalter und Sportler aus, er ist vielmehr vielfach ein von Sportverbänden „diktierter Vertrag" ohne Verhandlungsspielraum für die primären Vertragspartner.

209 *F. Bydlinski*, System 147 ff, 158.
210 *S Krejci/S. Bydlinski/Weber-Schallauer*, Vereinsgesetz² § 1 Rz 51: Leistungs-verhältnisse, die im Verhältnis zwischen Unternehmern und Verbrauchern auftreten, unterliegen dem KSchG, sollen jedoch nicht deshalb, weil sie iZm

Denn das Vorliegen einer Vereinskette (bei gleichzeitigem Nichtvorliegen eines Vereinsmitgliedschaftsverhältnisses zwischen Sportler und Dachverband) kann keinesfalls grundlegende Prinzipien des Privatrechts[211] außer Kraft setzen, sodass ein heteronomes, staatsähnliches bzw -gleiches Unterwerfungsverhältnis zwischen Dachverband und Sportler begründet werden könnte. *F. Bydlinski* ist zu folgen, wenn er gerade bei Vorliegen eines Privatrechtsverhältnisses, wie eben zwischen zwei Privatrechtssubjekten (dem Vereinsmitglied und dem Verein), zur Vermeidung von allfälliger Eigenmacht und gewaltsamer Selbsthilfe fordert, dass die Möglichkeit autoritativer Feststellung und zwangsweiser Durchsetzung der Rechtslage zwischen den Privatrechtssubjekten bereitgestellt sein muss; dies ist die Aufgabe besonderer Staatsorgane, der Zivilgerichte.[212] Insofern wird die Vorgehensweise von Vereinen, privatautonome Entscheidungen von Vereinsmitgliedern nahezu auszuschließen und eingriffsintensive Kontroll- und Überwachungssysteme in Verbindung mit Privatstrafverfahren einzuführen, eine unzulässige Eigenmacht darstellen. Wie zu erwarten war, wie ersichtlich ist und auch im Weiteren noch fest zu stellen sein wird, knüpft an die Frage betreffend die/eine „(heteronome) private Rechtsetzung" eine Unmenge von für das Recht(sverständnis) grundlegenden Folg(erung)en bzw Begründungszusammenhängen. So interessiert unmittelbar *F. Bydlinskis* Verständnis der grundlegenden termini technici „Privatrecht" und „Rechtsnorm". Er führt hiezu aus: Die „Gesetze" in § 1 ABGB sind im materiellen Sinn (jede Rechtsnorm) zu verstehen.[213] So ergibt sich die Regel, dass das Privatrecht jene Normen umfasst, die für die natürlichen Personen und für die juristischen Personen des Privatrechts „unter sich" gelten. Der Kernbereich des Privatrechts ist damit umschrieben. Das Privatrecht erweist sich in diesem Sinn als das allgemeine Recht, das für jedermann gilt; für die juristischen Personen des öffentlichen Rechts allerdings nur, soweit nicht Rechtsnormen anzuwenden sind, die diese Personen gerade in ihrer obrigkeitlichen Sonderstellung ansprechen. Das letztere trifft jedenfalls zu, wenn und soweit einem Rechtssubjekt Hoheitsgewalt („imperium")

---

einer Vereinsmitgliedschaft gebracht werden können, „unangreifbar" sein. Anzumerken ist einmal mehr, dass in der Vereinskette, konkret zwischen der natürlichen Person und dem Dachverband nicht einmal ein Vereinsmitgliedschaftsverhältnis gegeben ist; das Verhältnis zwischen dem Wettkämpfe (mit)veranstaltenden Sportdachverband und einem Sportler (als Nichtdachverbandsmitglied) entspricht grundsätzlich dem zwischen Unternehmer und Konsument.

211 Nach *F. Bydlinski*, System 773 f, seien nur einige angeführt: Selbsthilfeverbot, Verbot des Rechtsmissbrauchs, Grundsätzliche Gleichstellung juristischer mit natürlichen Personen, Rechtsgeschäftliche Privatautonomie, Konsensprinzip, Äquivalenzprinzip, Umfassende Vertragsfreiheit uam.

212 *F. Bydlinski*, AcP 1994, 321.

213 S dazu auch *Pisko* in Klang (Hrsg), ABGB I/1 (1933) § 1, 47: Mit dem Worte „Gesetz" in § 1 ABGB sind alle Rechtsnormen begriffen, sowohl Gesetzesrecht im engeren Sinne als auch Gewohnheitsrecht. Die Frage, ob Rechtsnormen auch durch Übung − Verkehrsübung oder Gerichtsgebrauch − erzeugt oder aufgehoben werden können, wird in § 1 ABGB noch offen gelassen und erst in den §§ 9, 10 und 12 ABGB beantwortet, und zwar grundsätzlich verneinend. Die Gesetze gem § 1 ABGB sind also staatlich gesetzte Rechtsnormen.

zuerkannt wird. Dabei handelt es sich um gesteigerte Rechte, nämlich solche Befugnisse, die keineswegs jedem beliebigen Rechtssubjekt zustehen können.[214] *F. Bydlinski* macht als das normative Grundelement des Privatrechts den Leitgedanken umfassender (nicht etwa bloß auf staatsrechtliche Institute bezogener) Gewaltenteilung als praktisches Teilpostulat der Freiheitsidee aus. Jedenfalls damit verbunden ist die Anerkennung aller privaten Subjekte als autonome Rechts- und Entscheidungsträger (für ihre Beziehungen zueinander), was Macht teilend und damit freiheitsfördernd wirkt. Als Gegensatz dazu entwirft *F. Bydlinski* das gedachte Modell eines totalen Verwaltungsstaates, in dem alle rechtlichen Gestaltungsmöglichkeiten auf Staatsorgane und das Verhältnis der Einzelmenschen zu diesen konzentriert wären; in dem letztlich alle politische und wirtschaftliche Rechtsmacht bei der obersten staatlichen Rechtssetzungsautorität läge.[215] Was kann von diesem Bild des Privatrechts vorerst für die gegenständliche Frage nach der/einer (einseitigen) privaten Rechtsetzung im Generellen sowie zwischen Verein und Vereinsmitglied im Speziellen „mitgenommen" werden? Das Privatrecht als Jedermannsrecht wird demnach grundsätzlich das Verhältnis zwischen Verein und Vereinsmitglied regeln. Punktuelle, eingriffsschwache Gestaltungsrechte des Vereins gegenüber dem Vereinsmitglied werden im Privatrecht Deckung finden (können); von Vereinen jedoch beanspruchte, umfassende Regelungskompetenzen, die zB auf die Unterbindung jeglichen von den vorgegebenen Regeln abweichenden privatautonomen Handelns von Vereinsmitgliedern, bei sonstigen Strafen gegen diese, abzielen, werden in privatrechtlichen Kategorien nicht mehr erfasst werden können, denn hier wird staatsgleiche Autorität angemaßt.[216] Paradoxerweise ist einerseits auch unter derartigen Umständen das Verhältnis zwischen Vereinsmitglied und Verein grundsätzlich ein privatrechtliches, wird jedoch andererseits der Verein geradezu zu einem Modell eines totalen Verwaltungsstaates (nach *F. Bydlinski*), der alle Gestaltungsmöglichkeiten auf sich und seine Funktionäre konzentriert. Den Sportlern bleibt dann die Rolle von in einem verbandlichen Gewaltverhältnis[217] Unterworfenen[218], nicht aber von autonomen Rechts- und Entscheidungsträgern.

---

214 *F. Bydlinski* in Rummel (Hrsg), Kommentar zum Allgemeinen bürgerlichen Gesetzbuch[3] § 1 Rz 5 ff [2000] (rdb).

215 *F. Bydlinski*, AcP 1994, 344 f.

216 Vgl dazu *Thomasser*, Vereinsgesetz 2002: Ist der Tatbestand der Autoritätsanmaßung obsolet? in Eitner/Getzinger/Hauser/Muchitsch (Hrsg), FS Schachner-Blazizek (2002) 179.

217 S dazu zB *Pernthaler*, Braucht ein positivrechtlicher Grundrechtskatalog das Rechtsprinzip der Menschenwürde in Akyürek/Baumgartner/Jahnel/Lienbacher/Stolzlechner, FS Schäffer (2006) 623 f, welcher als aktuelle Problemzonen und typische Gefahrenlagen der Menschenwürde in der freiheitlichen Gesellschaftsordnung unter anderem „besondere Rechtsverhältnisse" (Strafgefangene, Soldaten, Anstaltsordnungen, Kinder ua) ausmacht. Sportdachverbandliche Systeme mit den Merkmalen „Privatgesetzgebung", „Privatgerichtsbarkeit, „Privatstrafvollzug" und „Privatsteuerforderung" werden auch darunter fallen.

218 Etymologisch bedeutet „Subjekt" zweierlei: sowohl „Zugrundeliegendes" (subiectum) als auch „Unterworfenes" (subiectus).

Ein gewichtiges Argument, dass die/eine Besonderheit von (Vereins-) Statuten unterstreicht, ist die Methode, welche bei deren Interpretation anzuwenden ist. *F. Bydlinski* gibt die herrschende Meinung wieder, derzufolge die Satzung eines Vereins wie ein Gesetz gem §§ 6 ff ABGB auszulegen ist, nicht aber wie Verträge gem §§ 914 f ABGB.[219, 220] Denn bei der Auslegung von Gesetzen im formellen Sinn (und bei Verordnungen) müssen die „objektiven", jedermann zugänglichen Kriterien des Verständnisses statt des subjektiven Verständnishorizonts der einzelnen Beteiligten im Vordergrund stehen. Das hat aber auch sonst überall zu gelten, wo eine (generell-abstrakte) „Norm" vorliegt, also zB im Fall von Kollektivverträgen, Betriebsvereinbarungen, Gesamtverträgen der Krankenkassen (die in ihrem normativen Teil wie Gesetze behandelt werden) und Satzungen von Vereinen.[221] (Auch) In der Rechtspraxis, zB in anwaltlichen Schriftsätzen, wird aus der Tatsache, dass Statuten „wie" Gesetze auszulegen sind, oftmals die Schlussfolgerung gezogen, dass Statuten quasi „als" Gesetze anzuwenden sind. Die weitere, vor allem von Verbändeinteressen vertretenden Anwälten entworfene Argumentationskette geht dann in die Richtung, dass Statuten (den Gesetzen des Staates gleiche) „autonome Gesetze" des Vereins wären, die von den Vereinsmitgliedern staatsbürgerartig zu befolgen wären.

Den Unterschied zwischen staatlicher Rechtsordnung auf der einen Seite und normativer Ordnung auf der anderen Seite, hier das Statut, thematisiert auch *Kelsen* in seiner *Reinen Rechtslehre*[222]. Die juristische Person, als Körperschaft juristische Personalität besitzend, setzt die sie konstituierende normative Ordnung durch einen in der staatlichen Rechtsordnung bestimmten rechtsgeschäftlichen Akt in Geltung. *Kelsen* nimmt folgende Unterscheidung vor: „Zieht man nur staatliches Recht, nicht Völkerrecht, in Betracht, stellt das Statut einer Körperschaft eine partielle Rechtsordnung zum Unterschied

219 Vgl dazu OGH 24.11.2009, 5 Ob 130/09t = RdW 2010, 342: Maßgebend ist der objektive Sinn statutarischer Bestimmungen. Die Auslegung hat sich am Vereinszweck und den berechtigten Interessen der Mitglieder zu orientieren. Unklare oder eine mehrfache Deutung zulassende Bestimmungen sind in vernünftiger und billiger Weise so auszulegen, dass ihre Anwendung im Einzelfall brauchbare und vernünftige Ergebnisse zeitigt; sa weitere Jud dazu angeführt bei *Saria*, Aktuelle Rechtsprechung zum Vereinsrecht in Grundei/ Karollus (Hrsg), Berufssportrecht IV (2011) 65 FN 11.

220 *Schäffer*, Rechtsquellen und Rechtsanwendung in Österreichischer Juristentag (Hrsg), Verhandlungen des fünften österreichischen Juristentages I 1/B (1973) FN 374, dagegen hat 1973 die (Minder)Meinung vertreten, dass nicht nur Statuten, sondern auch (in seiner Diktion:) „‚Durchführungsbestimmungen', welche von dem nach den Statuten zuständigen Vereinsorgan nach den für die kollektive Willensbildung geltenden Grundsätzen (beschlussmäßig) geschaffen worden sind," also „sonstige Vereinsregeln", nicht nach § 914 ABGB, sondern nach §§ 6 ff ABGB auszulegen wären.

221 *F. Bydlinski* in Rummel, Kommentar[3] § 6 Rz 1 ff [2000] (rdb); vgl auch: *Krejci/ S. Bydlinski/Weber-Schallauer*, Vereinsgesetz[2] § 3 Rz 11 ff, und *Höhne/ Jöchl/Lummerstorfer*, Recht[3] 63 f.

222 Vgl als einen der vielen Kritiker derselben zB *Krawietz*, Reinheit 393 ff, 397, zu Aspekten einer Entideologisierung und einer Reideologisierung in der Reinen Rechtslehre, sowie mit einem/dem „Grundvorwurf": „Die Reine Rechtslehre Kelsens unterschätzt nicht nur die Abhängigkeit des Rechtssystems vom Gesellschaftssystem, sondern auch die gesellschaftliche Bedingtheit des Rechtswissenschaftssystems, dem sie selbst angehört."

von der staatlichen Rechtsordnung als der totalen Rechtsordnung dar." Unter „Recht" ist dem traditionellen Sprachgebrauch zufolge nicht nur ein subjektives Recht im technischen Sinn des Wortes, also eine Rechtsmacht, sondern auch eine positive Erlaubnis zu verstehen[223]; *Kelsen* beurteilt die Pflichten und Rechte der Körperschaft als solche, die teilweise durch die staatliche Rechtsordnung, und als jene, die teilweise aufgrund staatlicher Ermächtigung vom/im Statut der Körperschaft statuiert sind.[224] Wenn auch *Kelsen* wie angeführt den Begriff einer „partiellen Rechtsordnung" – allerdings nur in Hinblick auf die Statuten – verwendet, dann ist dadurch dennoch klargestellt, dass die verbandliche Normenordnung, also die Vereinsstatuten und die sonstigen Vereinsregeln, keinesfalls autonomes, also selbstgeschaffenes und vom Staat unabhängiges, „Recht" der Vereine darstellt; der Rechtsordnung ist eine Befugnis zur Rechtsetzung zB für Selbstverwaltungskörper, aber eben nicht für Vereine zu entnehmen. *Kelsen* hält vielmehr deutlich fest, dass die juristische Person (ebenso wie die sog physische – natürliche – Person) eine Konstruktion/ein Produkt/ein Hilfsbegriff der Rechtswissenschaft ist;[225] und als solche ist sie ebenso wenig eine soziale Realität wie – was allerdings mitunter angenommen wird – eine Schöpfung des Rechts; daran ändert ihm zufolge auch die Tatsache nichts, dass sich auch die Recht schaffende Autorität, also der Gesetzgeber[226] (sic), dieses wie eines sonstigen von der Rechtswissenschaft geschaffenen Begriffs bedienen kann: „Das Recht schafft Pflichten und

---

223 S statt vieler *Kucsko-Stadelmayer*, Rechtsnormbegriff und Arten der Rechtsnormen in Walter (Hrsg), Schwerpunkte der Reinen Rechtslehre (1992) 34: „Die Rechtsnormen sind das von der Rechtsautorität gesetzte, von Organen anzuwendende und von den Rechtssubjekten zu befolgende normative ‚Material' für den Juristen." Sportdachverbandlich ist vielfach das Bestreben festzustellen, sich die Rolle einer Rechtsnormen setzenden Rechtsautorität anzumaßen und mithilfe von Verbandsjuristen das sich ergebende Normenmaterial (Vereinsstatuten und sonstige Vereinsregeln) als dem staatlichen gleich bzw ebenbürtig zu „vermitteln", um von Verbandsuntertanen Unterwerfung zu (v)erlangen bzw allenfalls zu erzwingen.

224 *Kelsen*, Rechtslehre 178 ff, 182.

225 S statt vieler eine dogmengeschichtliche Untersuchung zum Staatsbegriff, unter anderem zu den Positionen *Kelsens* und von *Gierkes*, welche in weiterer Folge (2. [rechts]soziologischer Exkurs) noch interessieren: *Uhlenbrock*, Der Staat als juristische Person (2000) 89 ff, 114 ff. Vgl zur aus dem Zivilrecht übernommenen Konstruktion des Staates als juristische Person sowie zum Privatrechtsstaat als Rechtshybride auch *Pernthaler/Walzel v. Wiesentreu*, ZÖR 2010, 496 ff.

226 *Mayer-Maly*, Recht in Görres-Gesellschaft (Hrsg), Staatslexikon IV[7] (1988) 677, 683, zB vertritt die Position, dass Recht nicht, wie *Kelsen* meint, mit dem Staat zu identifizieren ist, und überdies, dass Recht entgegen der marxistischen Auffassung nicht die Existenz eines Staates benötigt, wie sich zB beim sog primitiven Recht zeigt. Wenn *Mayer-Maly*, Rechtsphilosophie (2001) 2, allerdings ausdrücklich als die ‚ihm angemessene Definition des Rechts' die folgende anführt: „Recht ist eine im großen und ganzen wirksame, Richtigkeit anstrebende Ordnung menschlichen Verhaltens, die einem ethischen Minimum genügt", dann werden sich Sportverbände (in Österreich) dankbar darauf berufen, wenn sie ihre verbandlichen Normenordnungen als dem Recht des Staates ebenbürtiges „Verbandsrecht" bewertet wissen wollen. Dieses Rechtsverständnis *Mayer-Malys* mündet auf der Grundlage von „ubi societas, ibi jus" letztlich wohl in eine „Allrechtslehre", in eine normatives „anything goes" *(Feyerabend)*, und damit in die Gleichung „Recht ist (Durchsetzungs)Macht".

Rechte, die menschliches Verhalten zum Inhalt haben, nicht aber Personen. So wie eine Funktion des Rechts nicht der Rechtswissenschaft, so darf eine Funktion der Rechtswissenschaft nicht dem Recht zuerkannt werden." Die *Reine Rechtslehre* hebt den Dualismus von Recht im objektiven und Recht im subjektiven Sinn auf: in der von *Kelsen* kritisierten Jurisprudenz stellt das Rechtssubjekt (physische oder juristische Person) mit „seinen" Pflichten und Rechten das Recht in einem subjektiven Sinn dar, im Gegensatz zur Rechtsordnung, dem objektiven Recht. Die *Reine Rechtslehre* beseitigt diesen Dualismus, indem sie den Begriff der Person als Personifikation einer Ansammlung von Rechtsnormen auflöst, die Pflicht und das subjektive Recht (im technischen Sinn) auf die Rechtsnorm reduziert, die an ein bestimmtes menschliches Verhalten eine Sanktion knüpft und die Vollstreckung der Sanktion von einer darauf gerichteten (Anm: erfolgreichen) Klage abhängig macht; solcherart wird das sog Recht im subjektiven Sinn auf das objektive Recht zurückgeführt. Dadurch hebt die *Reine Rechtslehre* „jene subjektivistische Einstellung zum Recht auf, in deren Dienst der Begriff des Rechts im subjektiven Sinn steht: jene advokatorische Auffassung, die das Recht nur unter dem Gesichtspunkt des Parteiinteresses, das heißt im Hinblick darauf betrachtet, was es für den Einzelnen bedeutet, inwiefern es ihm nützt, das heißt, seinen Interessen dient, oder schadet, das heißt ihm mit einem Übel droht."[227] Eine daraus abgeleitete „Schelte" kann mitunter auch Advokaten gegenüber angebracht werden, welche die Interessen von Sportverbänden vertreten; derartige anwaltliche Interessenvertreter werden oftmals bemüht sein, das Vereinsverhältnis zwischen Verband und dem Nichtmitglied Sportler möglichst nicht dem allgemeinen Zivilrecht und schon gar nicht dem Sonderprivatrecht des Konsumentenschutzrechtes zu unterstellen, sondern verschiedene „besondere Umstände", denen zufolge ein spezielles Unterwerfungsverhältnis auf der Basis des VerG und der verbandlichen Normenordnung zustande gekommen wäre. Ziel derartiger Bestrebungen ist also, den Sportler aus den „rechtlichen Schutzzonen" herauszulösen, damit ein „privates Sonderrecht" (also das/ein „Verbandsrecht") zur Anwendung gelangen könne. Die verbandliche Normenordnung wird dann zu einer Art „Gewohnheitsrecht" erhöht und ein dem VerG nicht inhärenter Tatbestand, nämlich der einer „mittelbaren Mitgliedschaft"[228], wird konstruiert. Faktische Macht- und Einwirkungsansprüche eines Verbandes gegenüber einem Sportler werden durch eine

---

227 So *Kelsen*, Rechtslehre 193 ff, 266; überdies legt er klar, dass durch eine besondere Art von Verträgen generelle Normen erzeugt werden, wie zB ein Vereinsstatut.

228 Diesbezüglich sei zB auf eine gerichtsanhängige Streitigkeit vor mehr als 80 Jahren verwiesen; es kann angenommen werden, dass auch damals das Konstrukt der/einer „mittelbaren Vereinsmitgliedschaft" in einem anwaltlichen Schreiben thematisiert worden ist: Der OGH 2 Ob 787/29 = GH 1930, 104, hat dann in weiterer Folge widersprüchlich einmal angeführt, dass der Kläger Mitglied des zweitbeklagten Vereins und dadurch *unmittelbares* auch des erstbeklagten Verbandes sei, aber das andere mal gemeint, dass der Kläger nur Mitglied des zweitbeklagten Vereins und nur als solches, also nur *mittelbar*, Mitglied des erstbeklagten Verbandes sei. S ausführlich zum Konstrukt der sog „mittelbaren Mitgliedschaft" unten IV.3.3.1.1.

verbandliche Selbstermächtigung, staatsgleich agieren zu können, umgesetzt und abgestützt.[229] Verwiesen sei schließlich auf *Krejci*, der in seinem Kommentar zu § 879 Abs 1 ABGB festhält, dass unter den Begriff „gesetzliches Verbot" (das als solches eine Rechtsnorm ist) in dieser Generalklausel rechtsgeschäftliche Bindungen, gerichtliche Urteile, Beschlüsse, verwaltungsbehördliche Bescheide und Vereinsstatuten[230] nicht fallen; ebenso sind auch ÖNORMen keine eigenständigen Rechtsquellen. Werden ÖNORMen zum Inhalt genereller Regelungen gemacht, zB in Verordnungen inkorporiert, dann kommt es auf die Art der Verordnung an, ob ihr Verbotsgesetzcharakter zukommt oder nicht.[231] Wenn ÖNORMen Verträgen zugrunde gelegt werden, so *Krejci* weiter, dann kommt ihnen keine Rechtsnormqualität im Sinn eines „gesetzliches Verbots" gem § 879 Abs 1 ABGB zu.[232] Es kann daher der Schluss gezogen werden, dass dann, wenn nicht einmal ÖNORMen per se Rechtsnormcharakter zukommt[233], dies umso mehr für die Statuten eines Vereins gelten

---

229 S in diesem Sinn („Gewohnheitsrecht", „mittelbare Mitgliedschaft") etwa *H. Schuster*, Reitstall 13 f, 19 f, hinsichtlich des untersuchungsrelevanten Sportdachverbandes. Vgl dazu allerdings grundlegend *Rummel*, Privates Vereinsrecht im Konflikt zwischen Autonomie und rechtlicher Kontrolle in W. Schwarz/Spielbüchler/Martinek/Grillberger/Jabornegg (Hrsg), FS Strasser (1983) 814, 819: Es „sollte nicht bezweifelt werden, dass die Vereinsautonomie und die aus ihr abgeleiteten Einzelakte nicht als Rechtsquelle sui generis oder als gewohnheitsrechtliches Phänomen anzusehen sind, sondern als Ausfluß der Privatautonomie."

230 Sa mit weiteren Verweisen OGH 24.09.2008, 2 Ob 11/08v = HS 39.296: Nach einhelliger oberstgerichtlicher Rechtsprechung und Lehre liegt ein „gesetzliches Verbot" im Sinn des § 879 Abs 1 ABGB nur bei einem Verstoß gegen ein Gesetz im materiellen Sinn vor. Ein solches ist aber eine generelle Norm. So wurden etwa vom Obersten Gerichtshof die Immobilienmaklerverordnung als „Gesetz" im Sinn des § 879 ABGB qualifiziert, nicht aber (Vereins)Statuten. Wenn daher im vorliegenden Fall die Vorinstanzen das durch einstweilige Verfügung, also durch individuelle richterliche Rechtssetzung, ausgesprochene Belastungsverbot nicht als „gesetzliches Verbot" im Sinn des § 879 Abs 1 ABGB beurteilt haben, hält sich dies nicht nur im Rahmen der dargestellten Rechtsprechung, sondern entspricht dies auch der herrschenden Lehre.

231 Sog Verbindlicherklärung gem § 5 NormenG idgF: ÖNORMEN können durch Gesetze oder Verordnungen zur Gänze oder teilweise für verbindlich erklärt werden. S dazu insbesondere *Aichlreiter*, Österreichisches Verordnungsrecht I (1988) 340 ff.

232 *Krejci* in Rummel, Kommentar3 § 879 Rz 20, 22 [2000] (rdb).

233 Dem Verein „Österreichisches Normungsinstitut" (Austrian Standards Institute), der vom zuständigen BM anerkannt ist und der unter dessen Aufsicht steht, ist es ausschließlich vorbehalten, Normen auszuarbeiten – dies auf Basis des im NormenG aus 1971 geregelten Normenwesens (Bundessache gem Art 10 Abs 1 Z 5 B-VG), so *Adamovich/Funk/Holzinger/Frank*, Staatsrecht IV Rz 59.004. § 1 NormenG bestimmt: Der Bundesminister für Bauten und Technik kann einem Verein, dessen Zweck die Schaffung und Veröffentlichung von Normen und dessen Tätigkeit nicht auf Gewinn berechnet ist, nach Maßgabe der folgenden Bestimmungen die Befugnis verleihen, die von ihm geschaffenen Normen als „Österreichische Normen" („ÖNORMEN") zu bezeichnen. Dieser Verein ist für die Dauer der erteilten Befugnis berechtigt, in Ausübung seiner ihm durch dieses Bundesgesetz vorgeschriebenen Aufgaben das Bundeswappen der Re-

wird: deren Schaffung durch die „private" juristische Person Verein stellt keine der staatlichen vergleichbare Rechtsetzung dar.

2.2.3. *Krejci* et al zu ÖNORMen und Allgemeinen Geschäftsbedingungen

Da am Beispiel der ÖNORMen die Frage „privater Rechtsetzung" – auch in Hinblick auf Vereinsnormen – grundlegend diskutiert werden kann, wird dies nachfolgend etwas ausführlicher unternommen. Die Befassung mit der Frage nach „privater Rechtsetzung" führt naheliegender Weise zu „klassischen" Formen einseitiger „Normenvorgaben", wie zB der Verwendung von Allgemeinen Geschäftsbedingungen, von wo aus dann der Bogen zu den „sonstigen Vereinsregeln" gespannt werden kann. Jedes Regelsystem, ob für zwei oder mehr Normadressaten konzipiert, wird, je bedeutender die Auswirkungen für einen (Lebens)Bereich sind und desto weniger Ausverhandeln der Konstituierung vorausgegangen ist, indem die Gestaltung zB einseitig vonstatten gegangen ist, der Vermutung der Benachteiligung der bloß Normunterworfenen ausgesetzt sein, weswegen es aus allgemeinen Gerechtigkeitsüberlegungen[234] eines übergeordneten Regelsystems mit Maßstabs- und Ausgleichsfunktion(en) bedarf. Insofern werden Allgemeine Geschäftsbedingungen und Erscheinungsformen von solchen, wie zB verbandliche Normenordnungen, an der Rechtsordnung zu messen sein und können bei Bedarf mit Instrumenten derselben teilweise oder vollständig im Wege der ordentlichen Gerichtsbarkeit „korrigiert" werden.[235]

Begonnen wird mit einem Beitrag von *Krejci*, der 2006 die Frage nach den Charakteristika von Leitlinien aufwirft, worunter sowohl ÖNORMen als auch andere „standardisierte Leistungsbeschreibungen" fallen, welche vom Gesetzgeber explizit in einigen Bestimmungen des Gesetzestextes des BVergG 2006 (BGBl I 2006/17) angeführt sind; so sind zB gem § 97 Abs 2 BVergG, wenn „für die Beschreibung oder Aufgliederung bestimmter Leistungen geeignete Leitlinien, (…), vorhanden (sind), diese heranzuziehen."[236] Es geht bei den vom Österreichischen Normungsinstitut[237] geschaffenen ÖNORMen naheliegender Weise nicht um Gesetze im materiellen Sinn, sondern um privatautonom geschaffene Regelwerke, die für Vertragsabschlüsse in diversen Branchen konzipiert worden sind und eine Orientierungshilfe bieten sollen. Die ÖNORMen als privates Regelwerk werden zB vom Gesetzgeber in einen Gesetzestext aufgenommen und

---

234   publik Österreich zu führen. Solange eine nach Abs. 1 erteilte Befugnis aufrecht ist, darf diese keinem anderen Verein verliehen werden. Die Verleihung der Befugnis sowie ihr Widerruf sind im „Amtsblatt zur Wiener Zeitung" zu verlautbaren. Die Leitmaximen Gerechtigkeit, Rechtssicherheit und Zweckmäßigkeit können vielfach als „Rechtsidee" zusammengefasst werden und stellen den breitesten gemeinsamen Nenner an Rechtszwecken dar, so *F. Bydlinski*, Themenschwerpunkte der Rechtsphilosophie bzw Rechtstheorie, JBl 1994, 36; siehe dazu auch *Koller*, Theorie 60 ff, der die Leitmaximen als (die) Hauptfunktionen von Recht bezeichnet.

235   Vgl *Jelinek*, Sportgerichtsbarkeit 89 f.

236   *Krejci*, Zur „Normenbindung" gemäß § 97 Abs 2 und § 99 Abs 2 BVergG 2006, ÖZW 2006, 2.

237   Siehe: <austrian-standards.at>.

erlangen auf diese Weise Rechtsnormcharakter. Derartige Leitlinien sind also um „Richtigkeitsgewähr"[238] bemüht. Das gesetzliche Leitbild von „standardisierten Leistungsbeschreibungen" ist also ein Regelwerk, das um einen möglichst gerechten Ausgleich der gegenläufigen Beteiligteninteressen bemüht ist; ähnlich, wie dies auch dem dispositiven Gesetzesrecht[239] vorschwebt.[240] Überdies diskutiert *Krejci*, ob, und wenn ja, in welchem Ausmaß sich ein öffentlicher Auftraggeber über solche „Leitlinien" hinwegsetzen darf. Da auch im Vergaberecht vielfach Ungleichgewichtslagen zwischen (öffentlichem) Auftraggeber und Auftragwerber bzw -nehmer vorkommen, ähnlich denen zwischen Verein und Vereinsmitglied, seien die hierauf Bezug nehmenden Ausführungen von *Krejci* wieder gegeben: Grundsätzlich wird es einem Auftraggeber möglich sein, bei entsprechender sachlicher Rechtfertigung von der Leitlinie abzuweichen. Im (denkbaren) Fall eines gleich starken Auftragnehmers wird dieser diesfalls einen äquivalenten Vorteil wünschen, denn bloß einseitige Bevorzugungen irritieren eine ausgewogene Berücksichtigung der Beteiligteninteressen. Der Schluss ist zulässig, dass sich der Gesetzgeber bei der dispositivrechtlichen Ausgestaltung der gegenseitigen Rechte und Pflichten aus einem gesetzlich geregelten Vertragstyp um eine derartige ausgewogene Berücksichtigung der Beteiligteninteressen mit Erfolg bemüht hat. Ein einseitiges Verschieben dieses Regelwerks zulasten einer (schwächeren) Partei ohne äquivalenten „Gegenzug" zu ihren Gunsten erweckt den Eindruck, dass die bevorzugte Partei die andere aus Gründen der Übermacht bzw Überlegenheit „über den Tisch gezogen" hat, was entsprechend im Verhältnis zwischen dem Verein als Unternehmer und dem Vereinsmitglied (bzw Nichtmitglied) als Konsument anzunehmen ist. Derartiges, so *Krejci* weiter, nimmt die Privatrechtsordnung nur in gewissen Grenzen in Kauf. Denn die Privatautonomie gewährt den Rechtsunterworfenen zwar die Wohltat der Freiheit, doch darf diese nicht zur unfairen Ausbeutung und unzumutbaren Unterdrückung anderer führen.[241] Das zeigen zum einen klar und deutlich die zwingenden Regelungen[242] zum Schutz typisch unterlegener Verhandlungspartner, die insbesondere im Arbeitsrecht, im Wohnrecht oder im Verbraucherrecht, aber auch im Versicherungs-, Kapitalmarkt- und Gesellschaftsrecht normiert sind.[243] Doch bietet auch das allgemeine Zivilrecht Abhilfe in derartigen

---

238 Beispielsweise kommt die subjektive Richtigkeitsgewähr privatautonomer Vereinbarungen bei der Verwendung von Allgemeinen Geschäftsbedingungen durch Unternehmen, die zwar nur bei Einverständnis des Kunden (Konsumenten) gelten, aufgrund des damit einhergehenden Ungleichgewichts nicht voll zum Tragen; daher bewirkt die auf Seiten des Kunden (Konsumenten) vorliegende „verdünnte Willensfreiheit" dessen besondere Schutzbedürftigkeit, so *Koziol/Welser*, Grundriss I[13] 134.

239 Vgl dazu *Koziol/Welser*, Grundriss I[13] 43.

240 Vgl allerdings die Meinung von *Hagen/Essletzbichler*, ÖNORMEN im Leistungsvertrag (Teil II), ZVB 2006/67, wonach „Leitlinien" (die vom Gesetzgeber nicht in Gesetzestexte aufgenommen worden sind) dispositivem Recht gleichzuhalten sind.

241 *Krejci*, ÖZW 2006, 2.

242 Vgl dazu *Koziol/Welser*, Grundriss I[13] 43, sowie generell zum „Sonderprivatrecht des Schwächerenschutzes": *F. Bydlinski*, System 708 ff.

243 Beispielsweise sind gerade auch in Vergabeverfahren Ungleichgewichtslagen gegeben und es ist dabei keine bedenkliche Begleiterscheinung, sondern

Lagen. In einer Fülle unterschiedlichster Fälle dämmen die im Rahmen der Generalklausel der „guten Sitten" (§§ 879, 1295 Abs 2 ABGB) entwickelten Rechtssätze die privatautonome Gestaltungsfreiheit ein. Oftmals geht es dabei um Fälle der Ausbeutung Unterlegener. § 879 Abs 3 ABGB ist nicht ausschließlich in Fällen der Verwendung „klassischer" Allgemeiner Geschäftsbedingungen anwendbar, sondern auch in vergleichbaren Fällen zumindest vertypter Ungleichgewichtslagen. Ein derartiges Machtgefälle findet sich *Krejci* zufolge zB im Verhältnis zwischen Unternehmer und Verbraucher oder zwischen Arbeitgebern und Arbeitnehmern. Anzuführen sind aber, auf *Krejci* Bezug nehmend, insbesondere auch die Fälle einseitig vorformulierter, individueller Vertragstexte wie zB sonstige Vereinsregeln, die zwischen dem Verein/Verband als (vor allem Wettkampfveranstaltungs)Unternehmer und dem Vereinsmitglied als Konsumenten Anwendung finden. Konkret geht es bei § 879 Abs 3 ABGB um die Prüfung, ob eine gröbliche Benachteiligung[244] vorliegt, nicht aber um eine Schadensfeststellung, sondern eben um den Vergleich von Rechtspositionen. Die diesbezügliche Inhaltskontrolle der Allgemeinen Geschäftsbedingungen bzw der sonstigen Vereinsregeln hat laut dem Autor objektiv auf den Zeitpunkt des Vertragsabschlusses abzustellen; es ist eine umfassende, die Umstände des Einzelfalles berücksichtigende Interessenkontrolle vorzunehmen. Die wichtigste Fallgruppe des § 879 Abs 1 ABGB sind Verschlechterungen der Rechtsposition des Vertragspartners des Verwenders von Allgemeinen Geschäftsbedingungen durch Abweichungen vom dispositiven Recht. Bei der Inhaltskontrolle[245] von Allgemeinen Geschäftsbedingungen und ihnen gleichzuhaltenden Situationen ist nach dem Maßstab der Anordnung des § 879 Abs 1 ABGB eine Orientierung am dispositiven Recht als dem Leitbild eines ausgewogenen und gerechten Interessenausgleichs geboten. Auch in derartigen Fällen wirkt sich nach *Krejci* die „Richtigkeitsgewähr" des dispositiven Rechts aus. Insbesondere kann eine Abweichung vom dispositiven Recht in Vertragsformblättern bzw sonstigen Vereinsregeln dann eine gröbliche Benachteiligung iSd § 879 Abs 3 ABGB sein, wenn sich für die Abweichung keine sachliche Rechtfertigung finden lässt.[246, 247]

---

stellenweise sogar die Aufgabe des Vergaberechts, die Privatautonomie der Beteiligten einzuschränken, so *Wiesinger/Wohlgemuth*, ÖNORMen im Leistungsvertrag, ZVB 2006/91.

244 S zB *Krejci*, Das Transparenzgebot im Verbraucherrecht, VR 2007, 28, sowie *Koziol/Welser*, Grundriss I[13] 134. Vgl V.2.2. und V.3.2.

245 Vgl dazu *Koziol/Welser*, Grundriss I[13] 134 ff.

246 *Krejci*, ÖZW 2006, 2.

247 Vgl dazu auch *Stefula*, Rechtsnatur, Verbindlichkeit und Zulässigkeit nichtlegislativer Tabellen, JRP 2002, 146, welcher im Gerichtsgebrauch stehenden Tabellen, wie zB die Frankfurter Reisepreisminderungsliste, untersucht hat; hinsichtlich derartiger „nichtlegislativer" Tabellen, da sie weder vom Gesetzgeber noch von einer von ihm berufenen Verwaltungsbehörde herrühren, hält der Autor zutreffend fest, dass solchen privaten Tabellen keine irgendwie geartete Normqualität zukommt; sie gehören ausschließlich dem Tatsachenbereich an, schaffen also selbst kein Recht, sondern sind selbst lediglich Bezugspunkte von Rechtsnormen. Im Ergebnis, so *Stefula*, stellen die von Gerichten stammenden Tabellen wegen Nichterfüllens zentraler Erfordernisse keine Rechtsquellen dar, vor allem sind sie keine Urteile, Bescheide, Gesetze oder Verordnungen.

Unbestritten ist jedoch, dass Unternehmen durch das Aufstellen von Allgemeinen Geschäftsbedingungen nicht die Möglichkeit haben, für ihre Vertragspartner einseitig objektives Recht zu schaffen.[248] Per analogiam wird dies auch für einen Normen schaffenden Verein gegenüber seinen Mitgliedern gelten; ebenso wenig liegen Anhaltspunkte dafür vor, dass das Grundrecht der Vereinsautonomie als taugliche Rechtfertigung herangezogen werden könnte, sodass Sportverbände ihre „Normen" (welche Vertragsinhaltsangebote gegenüber Vereinsmitgliedern und Nichtmitgliedern sind) zu „Rechtsnormen" erklären bzw gestalten könnten.[249] Wieder zurück zum gegenwärtigen Thema der Frage nach „privater Rechtsetzung" am Beispiel von ÖNORMen sei überdies auf die Meinung von *Saria* verwiesen. Dieser fasst die Ausführungen des OGH (in einer Reihe von Erkenntnissen) zur Rechtsnatur dieser technischen Regelwerke zusammen, wonach ÖNORMen die technischen Erfahrungen wiedergebende, eine Zusammenfassung üblicher Sorgfaltsanforderungen an Werkunternehmer darstellende und als Bestandteil von Verträgen im Allgemeinen und von Bauverträgen im Besonderen dienende Richtlinien[250] sind; ihnen kommt insofern eine besondere rechtliche Qualität zu. Erst im Fall einer Verbindlicherklärung von ÖNORMen durch Gesetz oder Verordnung nach § 5 NormenG sowie nach anderen gesetzlichen Grundlagen ändert sich die rechtliche Qualität von ÖNORMen in dem Sinn, dass – in den Worten des OGH – den an sich unverbindlichen ÖNORMen durch die Verbindlicherklärung „allgemein verbindliche Wirkung" und „der Charakter einer generellen Norm" zukommen.[251]

Schlosser/Hartl/Schlosser wiederum differenzieren zwischen einerseits den allgemein anerkannten Regeln der Technik und andererseits technischen Normen, worunter sie auch ÖNORMen subsumieren. Der Begriff der „Regeln" ist ein unbestimmter Rechtsbegriff. Hervorzuheben ist, dass die Regeln den Autoren zufolge keine Rechtsnormen sind, sondern Verhaltensanleitungen, die ausschließlich dem Tatsachenbereich angehören und auf die die für die Gebräuche im Geschäftsverkehr („Handelsbräuche"[252]) und die Verkehrssitte entwickelten Grundsätze anzuwenden sind. Technische Normen (also auch ÖNORMen) dürfen den technischen Regeln nicht gleichgesetzt werden, weil sie diese zwar wiedergeben, aber auch hinter ihnen

---

248 Dies gilt grundsätzlich. Lediglich ausnahmsweise gelten Allgemeine Geschäftsbedingungen kraft objektiven Rechts, so dass sich der Partner mit erst unterwerfen muss. Derartige Allgemeine Geschäftsbedingungen müssen entweder vom Gesetzgeber selbst in Gesetzesform erlassen werden, oder eine vom Gesetzgeber ermächtigte Behörde setzt sie durch Verordnung in Kraft, so *Koziol/Welser*, Grundriss I[13] 132.

249 Beispielsweise hält *Christ*, ÖJZ 2005, 370, fest, dass privatrechtliche Regelungen auf ihre Grundrechtskonformität unter Heranziehung von Privatrechtsklauseln wie §§ 16, 879 und 1295 Abs 2 ABGB zu prüfen sind.

250 Vgl *Triendl*, ÖNORMEN und sonstige technische Richtlinien in Auflagen anlagenrechtlicher Bescheide, ecolex 2007, 641 f, welcher ÖNORMen als allgemeine Richtlinien bezeichnet, die grundsätzlich nicht rechtsverbindlich sind.

251 *Saria*, Zur Gleichsetzung der Technikklauseln mit ÖNORMEN, bbl 2009, 175, 177 mit Nachweisen zur Rsp des OGH.

252 Nunmehr „Gebräuche im Geschäftsverkehr" gem § 346 UGB (Unternehmensgesetzbuch dRGBl S 219/1897 idgF).

zurückbleiben können.[253] *P. Bydlinski* wiederum weist auf die besondere Bedeutung von einschlägigen ÖNORMen hin, da diese zwischen Unternehmen bei größeren Bauvorhaben immer wieder vereinbart werden. Deren Bestimmungen gewinnen dadurch ein ähnliches praktisches Gewicht wie Gesetzesnormen, sind jedoch keine Rechtsnormen, sondern stellen Allgemeine Geschäftsbedingungen dar.[254] Allgemeine Geschäftsbedingungen sind also (üblicherweise) nicht Teil des objektiven Rechts, denn Unternehmer sind nicht befugt, für ihre Beziehungen zu den Kunden einseitig Regeln aufzustellen. Gem dem Grundsatz der Selbstbestimmung braucht es hiefür die Zustimmung der Betroffenen. Eine derartige Zustimmung kann auch schlüssig erfolgen, woran allerdings ein strenger Maßstab zu legen ist.[255] *Mayrhofer* führt dazu aus: Wenn also der Unternehmer seinem Geschäftspartner erklärt, nur zu seinen Allgemeinen Geschäftsbedingungen abschließen zu wollen, und wenn der Geschäftspartner schlechthin in den Vertragsabschluß einwilligt, sind die Allgemeinen Geschäftsbedingungen vom Konsens gewöhnlich umfasst. Da der Geschäftspartner vom Inhalt der Allgemeinen Geschäftsbedingungen allerdings meistens keine nähere Kenntnis hat, muss der Verwender der Allgemeinen Geschäftsbedingungen dem Partner zumindest die Möglichkeit geben, in diese Einsicht zu nehmen; überdies unterliegt deren inhaltliche Ausgestaltung bestimmten Grenzen. Es gilt, dass „Blankettzustimmungen" nicht schlechthin zu einer Fremdbestimmung führen dürfen. Ebenso wenig kann die einseitige Festlegung von Allgemeinen Geschäftsbedingungen auf Handelsbrauch oder Verkehrssitte gestützt werden, weil dem zumindest die Unzulässigkeit privater Fremdbestimmung entgegensteht. Jegliche Form von „Privatgesetzgebung"[256], so *Mayrhofer* schließlich, durch Aufsteller von Allgemeinen Geschäftsbedingungen ist mit der Mehrheit der hM abzulehnen.[257] Da verbandliche Normenordnungen mit Allgemeinen Geschäftsbedingungen vergleichbar sind[258], gelten das grundlegende „Privatgesetzgebungsverbot" sowie die Unzulässigkeit von Legitimationsversuchen durch Gewohnheit bzw Brauch ebenso; nichtsdestotrotz wird jedoch mitunter fälschlicherweise eine „gewohnheitsrechtliche Wirkung" von Verbandsnormen behauptet.[259]

2.2.4. *Korinek* zur Normschaffung

Die Thematisierung des Gegeben- oder Nichtgegebenseins einer „privaten Rechtsetzung" in Verbindung mit der rechtlichen Beurteilung von ÖNORMen sei nun anhand eines hiefür höchst relevanten und darüber hinausgehenden,

---

253 *Schlosser/Hartl/Schlosser*, Die allgemein anerkannten Regeln der Technik und ihr Einfluss auf das (Bau)Werkvertragsrecht, ÖJZ 2009, 58 ff, 66 f.
254 *P. Bydlinski*, Die Auslegung und Anwendung von Ö-Normen, insbesondere in Bezug auf Schlussrechnung und Schlusszahlung, wbl 2008, 215 ff.
255 *Koziol/Welser*, Grundriss I[13] 132.
256 S dazu *Niederberger*, Verein 111, welche sich gegen (Tendenzen einer) Privatgesetzgebung und „Untertanenrollen" von Mitgliedern iZm Vereinen ausspricht.
257 S *Mayrhofer*, JBl 1993, 94.
258 S einmal mehr *Krejci/S. Bydlinski/Weber-Schallauer*, Vereinsgesetz[2] § 3 Rz 26.
259 So zB *H. Schuster*, Reitstall 13 f, in Bezug auf die verbandliche Normenordnung des untersuchungsrelevanten Sportdachverbandes, des OEPS.

grundlegenden Beitrages von *Korinek* abgeschlossen; *Korinek* befasst sich mit den Umständen des Normschaffens, insbesondere, ob bzw inwieweit diesem eine demokratische Legitimation zugrunde liegt. Seine verkürzt wiedergegebenen Ausführungen sind daher auch für das Normschaffen von Vereinen/Verbänden von maßgeblicher Bedeutung. *Korinek* hat auch die „Ökonomie der Normen" vor Augen, wenn er beim wirtschaftlich intendierten Normenschaffen die folgenden Parameter anführt: Effizienz, Rationalisierung, Senkung von Produktionskosten, Entwicklung einheitlicher Standards im Interesse funktionierender Märkte und Nutzbarmachung des jeweiligen Standes der Technik.[260]

Mutatis mutandis werden dies auch Leitlinien für einen Sportverband sein, der Wettkämpfe, deren Veranstaltungen und vor allem damit verbundene Geldflüsse regeln will. Die vorgenannten Ziele moderner Normungsarbeit sollten laut *Korinek* dadurch erreicht werden, dass die Interessenten an einheitlichen Standards selbst zu deren Entwicklung motiviert werden bzw worden sind. Begonnen wurde dies mit den Normungsausschüssen und vom Normungsinstitut fortgeführt, die „Technik" dabei war konsensual: Überzeugen und voneinander Lernen. Es ist unschwer erkennbar, dass in diesem Vorgehen bzw Ansatz Grundgedanken der Selbstverwaltung sichtbar werden. Dieser Selbstverwaltungsbegriff, so *Korinek*, war natürlich nicht einer im streng juristischen Sinn, sondern in der politischen Bedeutung des Wortes. In den Jahrzehnten vor Schaffung der ersten Normungsausschüsse hat es im Staatsrecht eine breite Diskussion um einen politischen Begriff der Selbstverwaltung gegeben, die ganz wesentlich vom Demokratiepostulat geprägt war. Aus dieser Diskussion ergab sich die politische Forderung nach Selbstregulierung durch die jeweils betroffenen Kreise – für die Gemeinden genauso wie etwa für die Interessenvertretungen und die Sozialversicherung. Nachvollziehbarer Weise hat es derartige Diskussionen auch zur „Demokratie im Verein"[261] und damit verbunden den Rechten der Mitglieder immer wieder

---

260 *Korinek*, Zum Erfordernis einer demokratischen Legitimation des Normenschaffens, ÖZW 2009, 40.

261 In einer vor kurzem ergangenen E führt der OGH 20.04.2010, 1 Ob 32/10b = JusGuide 2010/30/7761, zu rudimentären demokratischen Standards im Vereinswesen aus: „Jedenfalls von bedeutsamen und weittragenden Tagesordnungspunkten – wie beispielsweise von beabsichtigten maßgeblichen Satzungsänderungen oder von der geplanten Auflösung des Vereins – müssen die Mitglieder schon aus elementaren Gründen der Vereinsdemokratie aber so rechtzeitig vor dem Zusammentritt der Mitgliederversammlung informiert werden, dass genügend Zeit zu einer sachgerechten Vorbereitung bleibt. Andernfalls bliebe der für die Beschlussfassung einer Personenmehrheit ganz allgemein geltende Grundsatz unbeachtet, nach dem allen zur Mitwirkung an der Willensbildung berufenen Personen die Tatsache der beabsichtigten Beschlussfassung rechtzeitig mitgeteilt und ihnen auch Gelegenheit zur sachlichen Stellungnahme gegeben werden muss." Dazu hat jedoch schon *Krejci*, Zum Mitglieder- und Gläubigerschutz nach dem VerG 2002, JBl 2003, 713, festgehalten, dass das bereits früher immer wieder erhobene Postulat einer demokratischen Mindeststruktur ideeller Vereine in das VerG keinen Eingang gefunden hat und dieses wie das bisherige Vereinsrecht auch einen autoritären „Führerverein" zulässt.

Tatsächlich werden Verbände samt Verbandsuntertanen mitunter von Oligarchien, gebildet aus Vereinsdominatoren, „beherrscht", welche die Schaltstellen

gegeben. Anscheinend konnten sich jedoch bisher gerade die Interessensgruppen durchsetzen, die gebotene demokratische Mindestpostulate sowie die Schaffung relevanter Mitgliederrechte in Vereinen verhindern wollen.[262] *Korinek* führt weiters aus: Legitimiert war die (hauptsächlich auf die Wirtschaft ausgerichtete) Normung durch diese selbstverwaltungsähnliche Konstruktion, also dadurch, dass die Normungseinrichtungen offen sein sollten und man allen Interessierten die Teilnahme am Normenschaffungsprozess ermöglichte. Heutzutage geht es nicht mehr nur um effiziente Lösungen innerhalb der Wirtschaft. Produktnormen, Vertragsnormen, Vergabenormen, Umweltnormen, Qualitätssicherungsnormen, Normen, die in verschiedenen Formen der Sicherheit dienen oder Normen aus dem Lebensmittelbereich – um nur einige wichtige Beispiele zu nennen – haben Bedeutung weit darüber hinaus. Die immer noch wachsende gesamtwirtschaftliche Bedeutung der Normung ergänzt bzw substituiert (teilweise) staatliche Regulierungen, was besondere Anforderungen an ihre demokratische Legitimation stellt.[263] Bei von Sportverbänden aufgestellten und verwendeten Normen bietet sich mitunter das Bild, dass einige wenige Personen, zumeist Vereinsdominatoren, die verbandliche Normenordnung schaffen und weiterentwickeln; Abstimmungen bzw Debatten darüber, zB im Rahmen von Mitgliederversammlungen, werden nach Möglichkeit vermieden. In die verbandseigenen „Normierungsausschüsse" gelangen nur „handverlesene Personen" (zB Schlüsselfunktionäre). Gepflogen wird weiters („folgerichtig") die „Fiktion", dass in einem Verein ja ohnehin alle gemeinsam und daher demokratisch ihre Interessen wahrnehmen; wird jedoch eine derartige „innerverbandliche Demokratierhetorik" als offenkundig nicht mit den Umständen vereinbar entlarvt, dann werden die jeweils herrschenden oligarchischen Vereinsstrukturen[264] damit erklärt und gerechtfertigt, hierbei handle es sich um eine besondere Form indirekter, repräsentativer Vertretungs- und Mitbestimmungsgegebenheiten.[265]

Korinek ist zuzustimmen, wenn er hinsichtlich der vielfältigen, gegenwärtigen Normierungsprozesse effiziente Lösungen und das Bewusstsein dafür fordert, dass auch die Interessenspositionen anderer in starkem Ausmaß berührt sind: erstens etwa der Allgemeinheit, wenn zB die öffentlichen Stellen eine Norm generell oder in einem individuellen Verwaltungsakt für verbindlich erklären, zweitens der unterschiedlichsten Wirtschaftszweige, die miteinander am Markt verkehren, drittens der Konsumenten, die etwa vor gesundheitlichen Gefahren oder vor vermögensmäßigen Nachteilen

---

der verbandlichen „Privatgesetzgebung", „Privatgerichtsbarkeit, „Privatstrafvollzug" und „Privatsteuerforderung" besetzen bzw kontrollieren.

262 *Krejci,* Österreichs ungesatztes Vereinsprivatrecht in Ebert (Hrsg), FS Kohlegger (2001) 314.

263 *Korinek,* ÖZW 2009, 40 f.

264 Grundsätzlich werden „Oligarchisierungstendenzen" wohl in jedem (größeren) Verein anzutreffen sein, vgl dazu einmal mehr zB *Nicklisch,* Anerkennung 465, 467; sowie *Zimmer,* Vereine – Zivilgesellschaft konkret^2 (2007) 71 f, der zufolge in Vereinen „in der Regel doch die eher kleine ‚Elite' des jeweiligen Führungspersonals herrscht."

265 S zu Erscheinungen der „sozialen Schließung" sowie zu *Michels,* Soziologie passim, jüngst *Bender/Wiesendahl,* „Ehernes Gesetz der Oligarchie": Ist Demokratie möglich? APuZ 2011/44-45, 19 FN 3.

zu schützen sind, und viertens – beispielsweise – aufgrund von Umwelt-normen der gesamten Gesellschaft. Die Legitimation des Normenschaffens musste sich also gegenüber den Anfängen verbreitern. Es ist mehr denn je von Bedeutung, dass Normen von Experten aller betroffenen Gruppen erarbeitet und dass die Normen nicht mit Mehrheit, sondern im Konsens beschlossen werden. Darin liegt zweifellos materiell gesehen eine beachtliche Legitimation. Zu bedenken ist jedoch auch, dass Normen nicht nur Wirkungen für die direkt Betroffenen erzeugen, sondern auch „Außen-wirkungen", also Wirkungen gegenüber Personen, die am Normen-schaffungsprozess nicht – auch nicht mittelbar – beteiligt sind. Gerade dies erfordert die demokratische Legitimation der Normung stärker zu hinter-fragen. Von entscheidender Bedeutung ist laut *Korinek*, dass das Produkt des Normenschaffens, die Norm, für sich nicht verbindlich ist. Ihre verbind-liche Kraft können sie durch den Akt der Verbindlicherklärung erhalten, zB durch einen Vertrag, durch eine arbeitsrechtliche Weisung, norm-konform zu produzieren, durch Aufnahme in die Nebenbestimmungen einer behördlichen Genehmigung oder durch Verweisung in einem Gesetz oder einer Verwaltungsvorschrift. Insofern sind Normen bloß ein Angebot an die betroffenen Kreise, ein Angebot insbesondere an die Wirtschaft und auch an die Staatsorgane: Die Wirtschaft wird Normen nur annehmen, wenn sie von entsprechender Qualität sind und die in sie gesetzten Erwartungen in technischer und ökonomischer Hinsicht erfüllen. Hier erfolgt somit eine Legitimation über den Markt.[266] Bei Sportverbänden liegt oftmals gerade keine demokratische Legitimation der verbandlichen Normenordnung vor; die von Vereinsdominatoren aufgestellten Bestimmungen müssen bei sonstigen Vereinsstrafen[267] (in Form von Geldforderungen oder anderen Maßnahmen, wie zB Wettkampfausübungsverboten) von den Sportlern und den Wett-kampfveranstaltern, die vielfach nicht einmal Mitglieder des Sportverbandes sind, befolgt werden, da sie sich schließlich einer umfassenden Fremd-bestimmung „unterworfen" haben bzw hätten. Die Sportler und die Wett-kampfveranstalter müssen also zu den Bedingungen der Sportverbände kontrahieren (diesbezüglich kann von „Vertragszwang" gesprochen werden), vor allem diverse Gebühren an den Sportverband zahlen, und im Fall von Streitigkeiten sich der innerverbandlichen „Jurisdiktion und Vereins-gerichtsbarkeit" (im Wege eines „Schiedszwanges"[268]) beugen.

Korinek erläutert in weiterer Folge, dass Gesetzgeber und Verwaltung „private Normen" für verbindlich erklären (können), indem sie Normen in die Rechtsvorschriften einfließen lassen (inkorporieren) oder sie für verbindlich erklären, auf sie „verweisen". Hat eine Norm infolge vorheriger Qualitäts-prüfung durch Staatsorgane den Status der rechtlichen Verbindlichkeit

---

266 *Korinek*, ÖZW 2009, 41.
267 S zB *Höhne/Jöchl/Lummerstorfer*, Recht[3] 304 f.
268 Vgl zB *Barfuß*, „Sport und Recht" – Ausgewählte Themen, ÖJZ 2009, 239; sa für die deutsche Rechtslage *Monheim*, Die Freiwilligkeit von Schiedsabreden im Sport und das Rechtsstaatsprinzip, SpuRt 2008, 11: „Eine von einem Monopolsportverband ohne Wahlrecht aufgezwungene Schiedsvereinbarung ist hingegen, unabhängig davon ob individuell vereinbart oder statutarisch angeordnet, auch nach heutiger Lage aufgrund des verfassungsrechtlichen Gebotes der Freiwilligkeit nach deutschem Recht wegen Ausnutzung der sozialen Mächtigkeit nach § 138 BGB unwirksam."

erhalten, dann legitimiert letztlich deren verantwortliche Legitimation die Norm in ihrer Verbindlichkeit. Das ist auch der Grund dafür, dass eine sog „dynamische Verweisung", also eine Verbindlicherklärung von Normen „in ihrer jeweiligen Fassung", also auch mit einem von einem Normungsinstitut abgeänderten, weiterentwickelten, verbesserten Inhalt verfassungsrechtlich unzulässig ist, denn damit würde ja die Verantwortung für die Weiterentwicklung vom Staat an die jeweiligen Normungsorganisationen verschoben werden.[269] In der (Sport)Verbandspraxis hingegen wird es üblicherweise so gehandhabt, dass zB im Beitrittsvertrag (dem entsprechenden Formular) eine dynamische Verweisung angeführt ist, derzufolge sich das Vereinsmitglied schon jetzt vorab jeder Weiterentwicklung der Normen des Verbandes (dessen Mitglied es gar nicht ist) „unterwirft".[270] Zurück zum Beitrag von *Korinek*: Er fordert, um die gewünschte breitere demokratische Basis bei der Normenerstellung zu schaffen, dass einerseits eine umfassende Beteiligung der interessierten und betroffenen Kreise und andererseits ein offenes Verfahren gewährleistet sind. Denn die allgemeine gesellschaftliche Wirkung von Normen erfordert entsprechende Verfahrensvorschriften, die umfassenden Konsens sichern und der Allgemeinheit auch ein Mitspracherecht ermöglichen. Notwendig dafür sind öffentliche Einspruchsverfahren, an denen sich jeder Interessierte beteiligen kann, sowie die verfahrensmäßige Sicherung für die umfassende Beteiligung der interessierten und betroffenen Kreise. Dem österreichischen NormenG ist in diesem Sinn ein Demokratie-, Transparenz- und Konsensgebot zu entnehmen, und das Normungsinstitut weiters Gewähr dafür bieten muss, dass das von ihm erarbeitete Normenwerk im Konsens von Repräsentanten der Wirtschaft, der Konsumenten, der staatlichen Stellen und der Wissenschaft zustande kommt.[271] Das VerG allerdings kennt keine Demokratieklausel[272], denn dagegen hat es massiven Widerstand gegeben, schon in

---

269 *Korinek*, ÖZW 2009, 42; so auch Thienel, Rechtsstaatliche Probleme der Verbindlicherklärung von ÖNORMen, ecolex 1993, 129.
270 Hierzu ist krit anzumerken: Je intensiver ein Sportverband in Grundrechtspositionen von Vereinsmitgliedern eingreift – zB auch mithilfe der Technik der dynamischen Verweisung –, desto drängender wird die Grundrechtsgewährleistungspflicht des Staates. S dazu *L. K. Adamovich/Funk/Holzinger*, Staatsrecht III Rz 41.086: Entwicklungen in Rsp und Lehre lassen Ansätze erkennen, die in die Richtung einer (mittelbaren) Drittwirkung von Grundrechten gehen. Dies zeigt der Wandel in den Vorstellungen von der Bindungswirkung und der Schutzfunktion der Grundrechte. Werden demnach die Grundrechte nicht nur als Eingriffsschranken für die hoheitliche Vollziehung angesehen, sondern auch als umfassende Bindungen für und Aufträge an den Gesetzgeber, denen über eine Abwehrfunktion hinaus eine Schutz- und Gewährleistungspflicht immanent ist, so ergibt sich daraus eine mittelbare Grundrechtsbindung auch auf dem Gebiet der privatrechtlichen Beziehungen. Zusätzlich wird diese Argumentationsrichtung durch die Lehre vom Stufenbau der Rechtsordnung untermauert, welche der Verfassungsrechtsordnung (und daher auch den Grundrechten) gegenüber allen anderen Rechtsnormen (und Rechtsakten (insb auch gegenüber dem Gesetz) eine übergeordnete Stellung zuweist. Vgl zur Drittwirkung die ältere, Maßstäbe setzende Darstellung bei *Korinek/Holoubek*, Grundlagen 119 ff. S jüngst zB *Heissl*, Einführung – Grundlagen in Heissl (Hrsg), Handbuch Menschenrechte (2009) 45.
271 *Korinek*, ÖZW 2009, 42.
272 Sa zur „Vereinsdemokratie" *Keinert*, Mitgliederversammlung 10, sowie *Keinert*,

den sechziger Jahren, aber auch vor der Neufassung des Gesetzes im Jahr 2002; als gewissermaßen „Totschlagargument" wird die Vereinigungsfreiheit angeführt, welche es angeblich nicht zuließe, dass in die innere Organisation bzw Willensbildung der Vereine dermaßen (also demokratische Standards normierend) eingegriffen würde.[273]

Als wichtiges Zwischenergebnis ist daher festzuhalten, dass die Schaffung von ÖNORMen durch den Verein Österreichisches Normungsinstitut nicht als „private Rechtsetzung" qualifizierbar ist. Die ÖNORMen sind (lediglich) allgemeine Richtlinien, die in einerseits technische Normen, die zB die Vereinheitlichung von Maßen technischer Produkte zum Inhalt haben, und andererseits in Vertragsnormen, welche die Vereinheitlichung und Typisierung von Vertragsinhalten bezwecken, unterteilt werden können. Solange ÖNORMen nicht durch den Gesetzgeber für verbindlich erklärt werden, stellen sie also bloß rechtlich unverbindliche Empfehlungen dar.[274] Daraus folgt, dass auch eine verbandlichen Normenordnung eines, nicht durch das NormenG (zu Recht) „privilegierten", eben „privaten" Vereins, bestehend aus den Statuten und sonstigen Vereinsregeln, lediglich eine allgemeine, unverbindliche Regelung ist, hinsichtlich derer (grundsätzlich) keine Verbindlicherklärung durch Staatsorgane gegeben ist. Eine verbandliche Normenordnung stellt sohin keine „private Rechtsetzung" dar. Selbst wenn eine derartige verbandliche Normenordnung zB zwischen einem Verband und einem Sportler als vertragliche Grundlage für eine Wettkampfteilnahme dient, wird diese Normenordnung nicht allgemein, sondern nur zwischen den Vertragsparteien, verbindlich und ist vollinhaltlich am gesamten Zivilrecht und insbesondere am Konsumentenschutzrecht zu messen.

2.2.5. Zu den Pistenregeln

Ein weiterer, grundsätzlich privater Normenkomplex, hinsichtlich dessen die Frage nach „privater Rechtsetzung" gestellt werden kann, sind „Pistenregeln". *Kodek* hält dazu fest, dass Pistenregeln keine Rechtsnormen sind, ebenso wenig wie Gewohnheitsrecht.[275] Sie können aber als Zusammenfassung der im Schisport geltenden Grundsätze angesehen werden, vor allem wenn die Regeln verschiedener Aufsteller übereinstimmen.[276] *Michitsch* weist darauf hin, dass die vom Internationalen Schiverband 1967 beschlossenen und 1990 bzw 2002 modifizierten FIS-Pistenregeln keine von einem Gesetzgeber geschaffenen Rechtsnormen sind, jedoch von der Rsp ähnlich wie Gesetzesbestimmungen angewendet und für die rechtliche Beurteilung von Schiunfällen herangezogen werden. Zur Rechtsnatur des FIS-Kataloges hält sie fest, dass sich seine Verbindlichkeit auf die

---

Minderheitsrecht auf Einberufung der Mitgliederversammlung des Vereins, RdW 2012, 76 f.

273 Vgl *Krejci/S. Bydlinski/Weber-Schallauer*, Vereinsgesetz² Vor § 1 Rz 10 und § 3 Rz 81; sa Höhne/Jöchl/Lummerstorfer, Recht³ 93 ff.

274 Vgl *Adamovich/Funk/Holzinger/Frank*, Staatsrecht IV Rz 59.004.

275 S dazu auch *Gschöpf*, Haftung bei Verstoss gegen Sportregeln (2000) 41, 45 ff.

276 *Kodek* in Kletečka/Schauer (Hrsg), ABGB-ON. Kommentar zum Allgemeinen bürgerlichen Gesetzbuch 0.01 § 1297 Rz 25 [2010] (rdb) mit Judikaturnachweisen.

Zusammenfassung und Konkretisierung von Sorgfalts- und Verkehrspflichten bei der Ausübung des alpinen Schisports beschränkt. Zur Frage, ob es sich hierbei nicht schon um Gewohnheitsrecht handelt, fasst sie zusammen, dass die österreichische Rsp dies verneint, die Lit jedoch öfters davon ausgeht.[277] Da für das Entstehen von Gewohnheitsrecht jedoch erstens eine langdauernde, allgemeine und gleichmäßige „Übung" – also Anwendung – bestimmter Regeln sowie zweitens die Überzeugung gegeben sein muss, dass die angewendeten Regeln Recht seien[278], ist für *Michitsch* das Gegebensein dieser Voraussetzungen hinsichtlich Pistenregeln (zurecht) zweifelhaft: In der Praxis ist der Umstand problematisch, dass sich die wenigsten Pistenbenützer mit den FIS-Pistenregeln tatsächlich auseinandersetzen.[279] Diese sind zwar regelmäßig an den Liftstationen angeschlagen, werden aber kaum als (zB der StVO[280]) vergleichbarer, verbindlicher Verhaltenskodex angesehen. Dann schlussfolgert sie: Angesichts der ohnedies ständig ausufernden Überreglementierung vieler Lebensbereiche scheinen Lösungen wie die Erlassung von Pistengesetzen oder die Einführung von „Pistenbenützerausweisen" (etwa in Folge einer nachgewiesenen Kenntnis von Pistenregeln) nicht realisierbar.[281] Ebenso verneinen *Kaltenegger/Schöllnast*, dass es sich bei Pistenregeln um gültige Rechtsnormen und/oder Gewohnheitsrecht handelt, vielmehr stellen sie eine Zusammenfassung von Sorgfaltspflichten dar.[282] Auch aus der sonstigen Literatur zu Pistenregeln lässt sich daher keine Argumentationsbasis dafür gewinnen, dass verbandliche Normenordnungen den Charakter staatlicher Rechtsnormen hätten. Selbst die von Vereinen/Verbänden immer wieder bemühte Begründungslinie, bei

---

277 Vgl dazu auch *J. Pichler*, Der FIS-Regelkatalog und der österreichische Pistenordnungsentwurf (POE) – Rechtsvorrang auf Skipisten? ZVR 2006, 94, der diese Regelkataloge auch nicht als Rechtsnormen sieht und bezweifelt, dass hier Gewohnheitsrecht vorliegt. 1991 hingegen (bzw noch) hat *J. Pichler*, Die FIS-Regeln für Skifahrer. Teilweise geändert, teilweise schon Gewohnheitsrecht, ZVR 1991, 353, gemeint, dass die Pistenregeln bereits verbindliches Gewohnheitsrecht geworden sind, und hat damit die (konkret auch seine) noch frühere Position, dass die Pistenregeln nicht als geltendes Gewohnheitsrecht angesprochen werden können, so in *J. Pichler/Holzer*, Handbuch des österreichischen Skirechts (1987) 150, korrigiert.

278 Vgl *Koziol/Welser*, Grundriss I[13] 39 f.

279 *A. Schwarz*, Pistenregeln und Haftungsfragen – zur Neufassung der FIS-Regeln, ecolex 2004, 939, meint dagegen (unzutreffender Weise), dass davon auszugehen ist, dass die Pistenregeln auch den anderen Pistenbenützern bekannt sind und auf deren Einhaltung vertraut werden darf. *Berghold*, Skipistenunfälle: Müssen sich auch Kinder an die FIS-Regeln halten? ZVR 2005, 179, beurteilt allerdings das Informationsdefizit über diese Kollisionsverhinderungsregeln als erschreckend hoch.

280 Straßenverkehrsordnung 1960 BGBl 1960/159 idgF.

281 *Michitsch*, Die FIS-Pistenregeln im Vergleich zur StVO, ZVR 2007, 40 f, 47.

282 *Kaltenegger/Schöllnast*, Pistenregeln – Ein Überblick, ZVR 2007, 48, 51, 52: Pistenregeln werden auch in Deutschland nicht als Rechtsnorm herangezogen; vgl dazu jüngst OGH 01.03.2012, 1 Ob 16/12b = JusGuide 2012/18/9944: Weder die FIS-Regeln (Verhaltensregeln für Schifahrer und Snowboarder in der Fassung 2002), noch der vom österreichischen Kuratorium für Sicherung vor Berggefahren erarbeitete Pistenordnungsentwurf (sogenannte POE-Regeln) sind gültige Rechtsnormen, sie sind auch nicht Gewohnheitsrecht.

ihren Normen handelte es sich (längst) um Gewohnheitsrecht[283], führt aufgrund des Fehlens der notwendigen Voraussetzungen in einen Raum des rechtlich nicht relevanten, bloßen Wollens.

2.2.6. *Berka/Eilmansberger* et al zur Buchpreisbindung

Ein für eine allfällige „Rechtsetzung durch Private" aufs Erste unergiebig erscheinender Normenbereich ist die Buchpreisbindung. Die Preisbindung für Bücher ist in Österreich durch das Buchpreisbindungsgesetz (im Folgenden: BuchpreisbindungsG)[284] geregelt, konkret in der gesetzlichen Anordnung einer Festlegung der Endverkaufspreise. *Berka/Eilmansberger* führen zum Grundthema, nämlich der verfassungsrechtlichen Beurteilung der Einschränkung der Privatautonomie von Privaten durch Private auf Basis einer gesetzlichen Anordnung[285], und zum speziellen Thema, der verbindlichen Normsetzung von Privaten gegenüber Privaten, umfassend wie folgt aus: Das BuchpreisbindungsG gilt für den Verlag und Import, sowie den Handel, mit Ausnahme des elektronischen Handels, mit deutschsprachigen Büchern und Musikalien. Die zentrale Bestimmung ist § 3 Abs 1 BuchpreisbindungsG, welcher Verleger oder Importeure verpflichtet, für die von ihnen verlegten oder importierten Bücher einen Letztverkaufspreis festzusetzen und diesen gem § 4 BuchpreisbindungsG (im Internet oder in anderen geeigneten Medien) bekannt zu machen. Die mit der Preisfestsetzungspflicht korrespondierende Preisfestsetzungsfreiheit des Importeurs ist durch § 3 Abs 2 BuchpreisbindungsG dahingehend eingeschränkt, dass er den vom Verleger für den Verlagsstaat festgesetzten oder empfohlenen Letztverkaufspreis nicht unterschreiten darf. Von vertieften Einlassungen in Details des Gesetzes abstehend gilt das weitere – vor allem verfassungsrechtliche – Interesse der privaten Rechtssubjekten erteilten Ermächtigung zur Festsetzung verbindlicher Mindestpreise, welche als bemerkenswerte Neuerung im

---

283 Wie ausgeführt ist die Rsp bei „privaten Regulativen" (worunter die „sonstigen Vereinsregeln" des OEPS fallen werden) grundsätzlich zurückhaltend, das/ein Gewohnheitsrecht (als Geltungsgrund) anzuerkennen; anscheinend dies vor Augen wendet *H. Schuster*, Reitstall 13 f, den Tatbestand einer so genannten schlüssigen Unterwerfung bzw schlüssigen Vereinbarung durchaus großzügig an. Im Ergebnis geht es Sportverbänden offenbar darum, und *H. Schuster* wird hier als (auch anwaltlicher) Interessenwahrer des OEPS demselben zuzuordnen sein, die „unbedingte" Pflicht von Vereinsmitgliedern oder Nichtmitgliedern zur Befolgung der verbandlichen Normen, ob nun im Wege über das/ein „Gewohnheitsrecht" und damit einer Art „Verbandsrecht" oder aber über das Konstrukt „(schlüssige) Unterwerfung", zu begründen und durchzusetzen. Derartigen „Gewohnheitsrechtsargumenten" kann/muss zutreffender Weise zB OGH 4 Ob 175 = ZBl 1929/320 (angeführt zB in OGH 4 Ob 388/87 = JBl 1988, 454 = ÖBl 1989, 19) entgegengehalten werden, dass nämlich „eine missbräuchliche Verkehrssitte nicht durch fortwährende Übung zu einer sittlichen werden kann." Sowie grundlegend weiter in der E: „Die Ausnützung der wirtschaftlichen Machtstellung verstößt gegen die guten Sitten, wenn ihr Zweck an und für sich unsittlich ist oder die angewendeten Mittel ihrer Natur nach unerlaubt sind oder nach der Art ihrer Anwendung gegen die sittlichen Anschauungen der beteiligten Verkehrskreise verstoßen."
284 BGBl I 2000/45 idgF.
285 Vgl a *Korinek/Holoubek*, Grundlagen 133 ff.

österreichischen Recht einer diffizilen rechtlichen Einordnung bedarf. Grundsätzlich wäre es laut *Berka/Eilmansberger* nicht ausgeschlossen, die Preisfestsetzungen als generelle hoheitliche Verwaltungsakte und somit als Verordnungen zu deuten, die von den Verlegern und Importeuren als Beliehene[286] pflichtgemäß zu erlassen und in der gesetzlich vorgeschriebenen Form kundzumachen sind.[287] Dann läge (letztlich) eine Variante einer behördlichen Preisregulierung vor, die dem hoheitlich handelnden Staat zuzurechnen wäre.[288]

Betreffend Vereine kann an dieser Stelle daher – vorläufig – Folgendes abgeleitet werden: Eine derartige Stellung und Funktion (nämlich die von „Preis festsetzenden" Privaten) stellt für Sportverbände gem VerG hinsichtlich ihrer Normsetzung eine attraktive Möglichkeit dar, könnten sie doch so mit der vom Staat und damit von der Rechtsordnung „geliehenen" Autorität entsprechend heteronom gegenüber den Vereinsmitgliedern bzw Nichtmitgliedern auftreten. Die nächste, anzustrebende Stufe, die als „Plus" zur ersten noch mehr Vereinsautonomie, also konkret noch mehr „Selbstgesetzgebung"[289] für Sportverbände bringen würde, wäre die Rechtsstellung von Selbstverwaltungskörpern gem B-VG. Der „ideale Status" für Vereine gem VerG ist letztlich wohl derjenige, der die rechtlichen Merkmale der Beleihung[290] und der Selbstverwaltung gem B-VG kombinierte, jedoch ohne die damit verbundene Staatskontrolle (wie sie bei Beleihungen und Selbstverwaltungskörpern gegeben ist): nach „außen", also dem Staat gegenüber, würde der Verein gem VerG aufgrund des Grundrechts der Vereinsautonomie das umfassende Recht zur Selbstregelung und -organisation seiner inneren Verhältnisse behaupten. Dies erscheint insofern bereits verwirklicht, als (Sport)Verbände gelegentlich eine derartige „Machtposition" faktisch schon innehaben; und aus rechtlicher Perspektive ebenso, da die für den Staat kontrollierend tätige Vereinsbehörde schlichtweg „ohnmächtig" ist: diese Behörde ist nämlich aufgrund der einschlägigen Rechtsprechung bei der Wahrnehmung ihrer (Aufsichts)Tätigkeit auf die Statuten fokussiert bzw reduziert, also letztlich auf das, was ihr von den Vereinen „zur Beurteilung" vorgelegt wird. Eine allfällige Gesetzwidrigkeit (des Vereins bzw seiner Tätigkeit) darf nämlich, wie schon ausgeführt, gem ständiger Rsp des VfGH nur aus dem der Vereinsbehörde vorgelegten Statut geschlossen werden.[291] Die neben den Statuten die verbandliche

---

286   Bei einer „Beleihung" werden natürliche oder juristischer Personen privaten Rechts mit der Zuständigkeit zur Setzung von Hoheitsakten in eigener Organkompetenz und Verantwortung betraut, so *L. K. Adamovich/Funk/Holzinger/Frank*, Staatsrecht IV Rz 46.040 ff. S dazu statt vieler *Holoubek*, Verfassungs- und verwaltungsrechtliche Konsequenzen der Ausgliederung, Privatisierung und Beleihung, ÖZW 2000, 33; *Lachmayer*, Ausgliederungen und Beleihungen im Spannungsfeld der Verfassung, JBl 2007, 750.

287   S dazu auch *C. F. Schneider*, Buchpreisbindung verfassungskonform? ecolex 2000, 852.

288   *Berka/Eilmansberger*, Das Buchpreisbindungsgesetz auf dem Prüfstand des Verfassungsrechts und Gemeinschaftsrechts, wbl 2007, 206 f.

289   Zum Begriff der „Selbstgesetzgebung" iZm autonomer Satzung, allerdings von Selbstverwaltungskörpern gem B-VG, siehe zB *G. Winkler*, ÖJZ 1991, 73.

290   Zur Beleihung von Vereinen s zB *Kossak*, Vereinsrechtliche Haftungen 15 ff.

291   S dazu *Fessler/Keller*, Vereinsrecht² 123, unter Verweis auf zahlreiche E des

Normenordnung ausmachenden sonstigen Vereinsregeln wird die Vereinsbehörde daher nicht zur Kenntnis/Prüfung erhalten bzw darf sie jene, gem
Rsp und teilweise Schrifttum, so gut wie nicht bewerten.[292] Die Statuten als
„Potemkinsche Fassade" werden daher „clean" gehalten, etwaige bedenkliche
oder gar rechtswidrige Vereinsbestimmungen werden entsprechend in die
sonstigen Vereinsregeln „verfrachtet" und solcherart der behördlichen
Prüfung entzogen.[293] Nach „innen", also den Vereinsmitgliedern gegenüber, greifen Sportverbände dann intensiv in die (durch den Staat bzw
seine Rechtsordnung eigentlich garantierten[294]) Rechtspositionen der
natürlichen Personen ein, und zwar deshalb umso leichter, da der Staat qua
Vereinsbehörde und Rechtsprechung den Vereinsmitgliedern einen effektiven
Rechtsschutz offenbar versagt. Die Vereinsautonomie wird nämlich so interpretiert, dass es der Vereinsbehörde geradezu verunmöglicht wird, dem
in Art 11 Abs 2 EMRK normierten – und in § 29 Abs 1 VerG ausdrücklich
angeführten – Gebot nachzukommen, insbesondere die Rechte und Freiheiten anderer (zB der Vereinsmitglieder) zu schützen.[295] Die Vereinsbehörde
„darf" für ihre Beurteilung eben nur die Statuten, nicht aber die sonstigen
Vereinsregeln heranziehen: Geradezu als „Mantra" wird seitens der

---

VfGH. Sa *Bric*, Vereinsfreiheit 31 FN 114. AA zutreffenderweise *Kalss,*
Gesellschaftsrecht Rz 6/72 (unter Bezugnahme auf *Krejci/S. Bydlinski/
Weber-Schallauer*, Vereinsgesetz² § 29 Rz 51): Auflösungsgründe können
durch entsprechende Beschlüsse des Vereins gesetzt werden, aber auch
durch das dem Verein zurechenbare Verhalten natürlicher Personen.

292 Es kann also im Groben zwischen dreierlei Arten von Vereinsbeschlüssen
unterschieden werden: Erstens solche, welche auf Änderungen/Ergänzungen
der Statuten und zweitens solche, welche auf Änderungen/Ergänzungen der
sonstigen Vereinsregeln abzielen; drittens solche, welche das selbstorganisierte Tätigsein eines Vereins ausmachen, zB die organisatorischen
und finanziellen Weichenstellungen für Vereinsveranstaltungen oder die Ehrung
eines Sportlers. Gem der einschlägigen Rsp unterliegen wohl nur die statuten-
gerichteten Beschlüsse der Prüfkompetenz der Vereinsbehörde (auf Basis von
§ 29 VerG). Zu Vereinsbeschlüssen ausführlicher s unten: IV.3.1. und IV.3.2.

293 So *Thomasser*, Gewaltverhältnis 176 ff. S dazu auch *Stingl*, Die Rolle der
Vereinsbehörde als Straf- und Aufsichtsbehörde in Möstl/Stark, Der Vereinsexperte (2008) 129: Zusammengefasst muss gesagt werden, dass die Aufsichts-
möglichkeiten der Behörden sehr beschränkt sind.

294 ZB disponieren Sportverbände mitunter in anmaßender Weise über das
Eigentum von Vereinsmitgliedern und/oder Nichtmitgliedern (wie zB Sport-
anlagen, private Finanzmittel im Wege von „Sportgebührenforderungen" oder
– im gegenständlichen Zusammenhang – Sportpferde), obwohl das Eigentum
als Institut verfassungsrechtlich geschützt ist (Einrichtungsgarantie), so
Baumgartner, Institutsgarantien und institutionelle Garantien in Merten/Papier
(Hrsg), Handbuch der Grundrechte VII/1 (2009) Rz 8 ff. Die Vereinsbehörde
steht derartigen „verbandlichen Eingriffen" anscheinend machtlos gegenüber.

295 *Merli*, Die allgemeine Handlungsfreiheit, JBl 1994, 235, stellt in Hinblick auf
die Freiheitsbeeinträchtigung durch Unterlassungen die Frage, „ob und
inwieweit den Staat in Gesetzgebung und Vollziehung die Pflicht trifft, Schutz
gegen Freiheitsbeeinträchtigungen durch ein Tun Dritter zu gewähren, und
ob und wie eine solche Leistungspflicht subjektiv durchsetzbar ist." Da § 29
VerG geltendes Recht ist, wäre dem Grunde nach ein derartiger Schutz für
Vereinsmitglieder (bzw Nichtmitglieder als Normadressaten) gegeben, wird
jedoch im Wege der Rsp anscheinend verweigert; vgl dazu ausführlich IV.3.2.1.

Vollziehung bzw Rechtsprechung wiederholt, dass „die Vereinsgründung zulässigerweise nur dann nicht zu gestatten ist, wenn die Statuten in Widerspruch zu einer Rechtsvorschrift stehen", und dass „die Vereinsstatuten dabei im Zweifel gesetzeskonform und im Sinne der Vereinsfreiheit auszulegen sind."[296] Auf dieser Basis erscheint es daher umso leichter für Sportverbände für sich in Anspruch zu nehmen, einseitig und heteronom zwischen Privaten „Recht" zu setzen und dann „ihr Recht", also das „Sportverbandsrecht", dem des Staates (in gewisser Weise gleichrangig) gegenüberzustellen.[297]

In ihren weiteren Ausführungen zum gegenständlichen Thema vertreten *Berka/Eilmansberger* (nachvollziehbar) die Position, dass jedoch weder die gesetzliche Ausgestaltung der Preisfestsetzungsbefugnis im BuchpreisbindungsG, noch die vorangegangene Regelung dafür sprechen, dass die Verleger und Importeure als Beliehene handeln und daher eine entsprechende Zurechnung gegenüber dem hoheitlichen Staat vorliegt. Im BuchpreisbindungsG ist von den Verlegern bzw Importeuren die Rede, eine hoheitliche Zuständigkeit eines bestimmten Rechtsträgers wird dadurch nicht begründet; schon gar nicht sieht das Gesetz einen ausdrücklichen Beleihungsakt vor, demzufolge jeder Unternehmer, der gerade gegenwärtig die Funktionen eines Verlegers oder Importeurs ausübt, als mit hoheitlichen Aufgaben beliehen anzusehen wäre. Für die Begründung einer hoheitlichen Zuständigkeit auf diese Weise ist demnach so gut wie kein Raum gegeben. Es liegt schließlich weder ein „Weisungsrecht" noch ein „Aufsichtsrecht" oberster Organe von Verwaltungsbehörden vor, welche typischerweise gegenüber „beliehenen Unternehmen" bestehen, die außerhalb der Verwaltungsorganisation befindlich mit behördlichen Aufgaben betraut sind.[298] *Berka/Eilmansberger* schlussfolgern, dass der Gesetzgeber

---

296 Vgl dazu jüngst eine weitere E mit exakt den gleichen „Wortfolgen": VfGH 09.12.2010, B 570/10 = wbl 2011, 226.

297 Vgl zB *Grundei*, ecolex 2007, 400; sowie insbesondere IV.3.3. und den 3. (rechts)soziologischen Exkurs.

298 S *Walter/H. Mayer/Kucsko-Stadlmayer*, Bundesverfassungsrecht[10] Rz 550; sowie *Berka*, Verfassungsrecht[4] Rz 733: Hoheitsaufgaben werden von der Staatsverwaltung auf private Rechtssubjekte (natürliche oder juristische Personen privaten Rechts) übertragen (sog beliehene Unternehmen). Allerdings müssen hierbei den staatlichen Behörden die entsprechenden Einflussmöglichkeiten auf die Aufgabenerfüllung zur Verfügung stehen, was voraussetzt, dass die Beliehenen staatlicher Aufsicht unterstellt sind und einem staatlichen Weisungsrecht unterliegen. Ausführlicher *L. K. Adamovich/ Funk/Holzinger/Frank*, Staatsrecht IV Rz 46.040 ff: Beleihungen erfolgen durch Gesetz oder durch einen hoheitlichen Verwaltungsakt und begründen ex definitione eine Organfunktion des Beliehenen im Bereich der Hoheitsverwaltung. Die Funktion des Beliehenen geht dabei über die unselbständige Stellung eines Verwaltungshelfers hinaus und umfasst – neben einer allfälligen Weisungsgebundenheit des Beliehenen – die Kompetenz zu selbständiger Entscheidung über die Erlassung bzw den Inhalt von Hoheitsakten wie zB Verordnungen, Bescheide, verfahrensfreie Verwaltungsakte, aber auch Beurkundungen und Leistungsbeurteilungen (Beleihung von Vereinen liegt etwa bei der wiederkehrenden Begutachtung von Kraftfahrzeugen gem § 57a KFG vor). S idZ – anhand des Beispiels der Salzburger Jägerschaft – zur Übertragung hoheitlicher Aufgaben auf Selbstverwaltungskörper und hierbei insbesondere zu nicht ausgliederbaren „Kernbereichen" der staatlichen Ver-

bei seiner Regelung an das frühere System der Buchpreisbindung in der Form von vertraglichen Vereinbarungen zwischen den Buchhändlern und Verlegern angeknüpft und versucht hat, so viel wie möglich davon in das neue gesetzliche System zu übertragen, woraus eine privatrechtliche Deutung folgt. Ist solcherart die Qualifikation als eine in einem Beleihungsverhältnis erlassene Verordnung auszuscheiden, läuft die Preisfestsetzung durch die Verleger und Importeure auf die Inanspruchnahme einer einseitigen und verbindlichen Anordnungsbefugnis durch ein Privatrechtssubjekt – also eine Form der privaten Normsetzung – hinaus. Grundsätzlich handelt es sich um normativ verbindliche Akte, ist doch der Letztverkäufer insofern gebunden, als ihm eine andere Preisgestaltung bei sonstigen privatrechtlichen Sanktionen verboten ist.[299]

Wie ordnen nun *Berka/Eilmansberger* die Preisfestsetzung durch Private in das österreichische Rechtssystem ein? Sie deuten die Preisfestsetzung nicht als bloße Tatbestandsvoraussetzung, an die das gesetzliche Verbot des Unterschreitens der Mindestpreise anknüpft. Der Gesetzgeber kann sich auf bestimmte Tatsachen des Wirtschaftslebens beziehen, und dann die beteiligten Verkehrskreise verpflichten, einen Handelsgebrauch zu beachten, ortsübliche Preise nicht zu überschreiten oder Waren nicht unter dem Einstandspreis zu verkaufen. Legen jedoch Pri-

---

waltung" auch *Pürgy*, Eigener und übertragener Wirkungsbereich der nicht territorialen Selbstverwaltung, JRP 2006, 298: „Die verfassungsrechtlich vorgegebenen und vom VfGH in seiner Judikatur aufgezeigten Beleihungsschranken gelten auch für den übertragenen Wirkungsbereich der nicht territorialen Selbstverwaltung. Es sind keine Gründe ersichtlich, des es rechtfertigen würden, dem Gesetzgeber für den übertragenen Wirkungsbereich einen weiteren Spielraum einzuräumen. Die Anwendung der Beleihungsschranken hat zur Konsequenz, dass im übertragenen Wirkungsbereich eines Selbstverwaltungskörpers kein Verwaltungsstrafrecht vollzogen werden darf." S überdies vor kurzem *C. Mayr*, Organisationsrechtliche Fragen einer einzigen nationalen Akkreditierungsstelle, Jahrbuch Öffentliches Recht 2010, 105, 108, 110 zur „Herstellung der erforderlichen Ingerenz", dass gem VfGH „dem – dem demokratischen Vertretungskörper gegenüber politisch und rechtlich verantwortlichen – obersten Organ ausreichende Leitungs- und Steuerungsrechte gegenüber dem Beliehenen eingeräumt werden müssen." Und weiter: Damit jedes oberste Organ seine Steuerungsbefugnisse auch ausüben kann, ist es erforderlich, dass es so „rechtzeitig und umfassend informiert wird, dass ihm die Ausübung seiner Ingerenz durch die Erteilung von Weisungen ermöglicht wird." Sowie: „In engem Zusammenhang mit einem effektiven Weisungsrecht steht die Durchsetzbarkeit von Weisungen bzw die Sanktionierung von weisungswidrigem Verhalten." S schließlich jüngst in Hinblick auf natürliche oder juristische Personen, die für hoheitliches Handeln in die Pflicht genommen oder beliehen worden sind, OGH 23.02.2011, 1 Ob 224/10p = ecolex 2011, 814, wonach Rauchfangkehrer, soweit sie feuerpolizeiliche Aufgaben erfüllen, hoheitlich tätig sind. Wenn sich hingegen Sportdachverbände im Rahmen der Vereinigungsfreiheit zu „Privatgesetzgebung", „Privatgerichtsbarkeit", „Privatstrafvollzug" sowie „Privatsteuerforderung" selbst ermächtigen, dann kann Derartiges keinesfalls mit „Beleihung" etc gerechtfertigt werden.

299 *Berka/Eilmansberger*, wbl 2007, 207 f. Gem § 7 BuchpreisbindungsG gelten Handlungen gegen die Preisfestsetzung und Preisbindung als Handlungen im Sinne des § 1 UWG (BGBl 1984/448 idgF), welche demnach die dort vorgesehenen Rechtsfolgen nach sich ziehen können.

vate, nämlich Verleger und Importeure, Mindestpreise fest, ist dies eindeutig mehr (und rechtlich gesehen etwas anderes) als eine durch den Marktmechanismus oder das Verhalten von Marktteilnehmern geschaffene schlichte Tatsache. Die Ermächtigung und Verpflichtung zur Preisfestsetzung gem BuchpreisbindungsG zielen vielmehr auf eine verbindliche Preisregelung durch einen Marktteilnehmer, der dabei zum Teil (im Fall des Importeurs) die Festlegungen ausländischer Unternehmer zu übernehmen hat.[300] Schneider hat bereits kurz nach der Inkraftsetzung des BuchpreisbindungsG im Jahr 2000 festgehalten, dass die Verpflichtung des Verlegers bzw Importeurs gem § 3 BuchpreisbindungsG zur Festsetzung des Letztverkaufspreises als eine Ermächtigung zur einseitigen, heteronomen Rechtsetzung zwischen Privaten zu deuten ist.[301] Berka/Eilmansberger stellen grundlegend klar, dass eine allfällige Rechtsetzung Privater in der Lehre von der relativen Geschlossenheit des österreichischen Rechtsquellensystems, welche auch vom VfGH vertreten wird[302], Deckung finden muss.[303] Im Kern judiziert der VfGH sowohl das Verbot der einfachgesetzlichen Schaffung von Rechtsquellen außerhalb der verfassungsrechtlich explizit vorgesehenen Handlungsformen des Staates, als auch das Verbot von Mischformen, welche die „verfassungsrechtlichen Grenzen der hoheitlichen Akte verwischen".[304] Insofern gibt es der zugrunde liegenden Lehre zufolge nur wenig Spielraum für eine solche einseitige (heteronome)

---

300 Berka/Eilmansberger, wbl 2007, 208.
301 C. F. Schneider, ecolex 2000, 852.
302 S das Erk des VfGH 11. 10. 2006, G 138/05, betreffend die Verfassungswidrigkeit von § 13 Abs 4 Emissionszertifikategesetz; s dazu statt vieler Eberhard, Altes und Neues zur „Geschlossenheit des Rechtsquellensystems", ÖJZ 2007, 679.
303 Sa C. F. Schneider, ecolex 2000, 852 FN 36: Nach hL ist die Ermächtigung zur einseitigen Rechtssetzung zwischen Privaten im Hinblick auf die relative Geschlossenheit des Rechtsquellenkataloges sowie des Systems der Normenkontrolle nach dem B-VG abseits versteinerter Bereiche wie zB dem Familienrecht jedoch verfassungswidrig. Dazu ist anzumerken, dass auf Basis des Vereinsrechts (seit 1867) keinerlei Raum für eine einseitige Rechtsetzung zwischen Privaten, nämlich der juristischen gegenüber der natürlichen Person, gegeben ist, vgl vielmehr: § 20 iVm 24 VerG 1951, wonach von keinem Verein Beschlüsse gefasst oder Erlässe ausgefertigt werden dürfen, welche dem Strafgesetz zuwiderlaufen, oder wodurch nach Inhalt oder Form der Verein sich in einem Zweige der Gesetzgebung oder Exekutivgewalt eine Autorität anmaßt.
304 S a Eberhard, ÖJZ 2007, 680 f, welcher allerdings krit zum Theorem der Geschlossenheit des Rechtsquellensystems sowohl unter Bezugnahme auf das Gemeinschaftsrecht als auch auf innerstaatliche Verfassungsgegebenheiten meint, dass dieses Modell jedoch angesichts des Zusammenspiels von Gemeinschaftsrecht und nationalem Recht nicht mehr vollends geschlossen ist, da unmittelbar anwendbare Rechtsakte des Gemeinschaftsrechts innerstaatliches Recht zwar nicht in seiner Geltung, aber in seiner konkreten fallbezogenen Anwendbarkeit verdrängen und insoweit auch gemeinschaftsrechtliche Rechtsakte im innerstaatlichen Bereich gelten. Überdies kann eine strikte Annahme der Geschlossenheit des Rechtsquellensystems mit Blick auf die Verfassungsrealität, insbesondere die kollektiven Quellen des Arbeitsrechts nicht durchgehalten werden. Eberhard ist zu folgen, vertritt er doch die Position, dass Vereine per se entweder durch den Gesetzgeber oder durch Selbstermächtigung zur Rechtsnormsetzung befugt wären.

und normativ verbindliche Anordnungsbefugnis Privater, die erstens nicht in einer verfassungsrechtlich vorgesehenen Rechtssatzform ergeht, die zweitens auf keinen Willensakt eines verfassungsrechtlich legitimierten Organs zurückgeführt werden kann und die drittens daher auch nicht den verfassungsrechtlich vorgesehenen Rechtsschutzmechanismen unterworfen ist. Obschon bestimmte Erscheinungsformen der kollektiven Rechtsetzung in der Verfassungsordnung nicht ausdrücklich vorgesehen sind, wie zB Formen genereller Rechtsquellen des kollektiven Satzungsrechtes, können diese als vereinbar mit den Rechtserzeugungsregeln der Verfassung angesehen werden, da sie in einer historischen Betrachtung bereits im Jahr 1920 bestanden haben und daher vom Verfassungsgesetzgeber des B-VG offenbar implizit vorausgesetzt worden sind.[305] Die einseitige Preisfestsetzung durch Verleger und Importeure kann demgegenüber nicht als eine eigenständige privatrechtliche Rechtsquelle im System des B-VG ausgemacht werden. Allerdings sind heteronome Anordnungs- und Zwangsbefugnisse im Privatrecht – konkret (auch): privater Befehl und Zwang[306] – nicht unbekannt, sie müssen sich aber in den Erscheinungsformen des herkömmlichen Privatrechts und seiner immanenten Teleologie halten.[307]

Es kann daher, und hier ist genau zu unterscheiden, eine einseitige privatrechtliche Rechtsgestaltung, aber eben nicht einseitige private Rechtsetzung geben, wenn sie durch eine vorhergehende vertragliche Bindung gedeckt ist, wie zB bei Rechtsakten der Vereinsschiedsgerichtsbarkeit oder bei gesellschaftsrechtlichen Satzungsbefugnissen.[308] In diesem Zusammenhang hält *Korinek* grundlegend fest, dass zB der Erwerb von Eigentum im Wege privater Rechtsgestaltung, nicht -setzung erfolgt.[309] Daraus kann abgeleitet werden, dass eine Verbänden gem VerG zugeschriebene Kompetenz zu einer (einseitigen privaten) Rechtsetzung im österreichischen Rechtsquellensystem keine Deckung finden.

Berka/Eilmansberger ist zuzustimmen, wenn sie weiter ausführen, dass eine heteronome Rechtserzeugung durch Private bei gleichzeitigem Fehlen einer konsensualen bzw vertraglichen Basis aber nur dann mit der Verfassung[310] vereinbar ist, wenn sie sich im Rahmen von Rechtsinstitutionen

305   *Eberhard*, ÖJZ 2007, 681.
306   S dazu *Kneihs*, Privater Befehl passim.
307   S *Schauer* in Kletečka/Schauer (Hrsg), ABGB-ON 0.01 § 1 Rz 6 [2010] (rdb): Privatrechtliche Rechtsverhältnisse, wie zB das familienrechtliche Verhältnis zwischen Eltern und Kindern ermöglichen in bestimmtem Umfang Fremdbestimmung; sowie *Koziol/Welser*, Grundriss I[13] 6.
308   *Berka/Eilmansberger*, wbl 2007, 208. Sa *Korinek/Holoubek*, Grundlagen 124 f, 137 f, welche diesbezüglich auf die Position *Schwabes* verweisen, der zufolge jede, auch private, Rechtsetzung an Gesetze gebunden ist, bei grundsätzlicher Grundrechtsgebundenheit des Gesetzgebers; und private Rechtsetzung findet immer im Rahmen gesetzlicher Ermächtigung statt.
309   *Korinek*, Wirtschaftliche Freiheiten in Merten/Papier (Hrsg), Handbuch der Grundrechte VII/1 (2009) Rz 22.
310   S dazu auch *Pernthaler*, Die arbeitsrechtlichen Rechtsetzungsbefugnisse im Lichte des Verfassungsrechts in W. Schwarz/Spielbüchler/Martinek/Grillberger/Jabornegg (Hrsg), FS Strasser (1983) 9 (15): „Rechtsetzungsbefugnisse aller Art sind nach dem System unserer Verfassungsordnung nur dann legitim, wenn es gelingt, sie in den Delegationszusammenhang des positiven Rechts einzuordnen."

und Rechtsfiguren des herkömmlichen Privatrechts hält, für die solche Befugnisse typisch sind, wie zB bei der privaten Selbsthilfe oder im Personen- und Familienrecht. Andernfalls ist nur der Staat zu einer einseitig verbindlichen Rechtsetzung und zwar durch Hoheitsakt ermächtigt.[311] Rill zB hält dezidiert fest, dass der Gesetzgeber nicht beliebig Privatrechtstitel schaffen kann, also mittels Etikettierung als privatrechtlich eine nichtstaatliche Rechtsetzungsbefugnis zu konstituieren.[312] Ebenso ist auf Raschauer zu verweisen, welcher festhält, dass überall dort, wo der Staat direkt oder indirekt (durch Sanktionsbewehrung) einen Menschen dazu ermächtigt, seinen Willen einem anderen aufzuzwingen, definitionsgemäß ein Hoheitsakt vorliegt.[313] Aus all dem folgt, dass sich (Sport)Verbände umso weniger aus angemaßter Machvollkommenheit eine eigene Rechtsetzungsbefugnis schaffen können werden, denn derartiges ginge in Richtung „Autoritätsanmaßung durch einen Verein in einem Zweige der Gesetzgebung".[314] Berka/Eilmansberger kommen daher zum Schluss, dass eine verbindliche Preisregulierung in den Formen einer nichtstaatlichen Rechtsetzung, die einem Marktteilnehmer die Rechtsmacht gibt und ihn zugleich verpflichtet, verbindliche Mindestpreise für eine ganze Branche festzusetzen, den Rahmen des hergebrachten Privatrechts sprengt. Im Speziellen hat daher den beiden Autoren zufolge der Gesetzgeber mit der Ermächtigung zu einer einseitigen Preisfestsetzung durch Verleger und Importeure und der entsprechenden Bindung der Buchhändler eine Rechtsgestaltung gewählt, die im Lichte des verfassungsrechtlichen Rechtsquellensystems verfassungswidrig ist. Auch jede andere Deutung, als die obige, so Berka/Eilmansberger, die auf die Einräumung einer Verordnungsgewalt – der Verleger regelt Preise in Verordnungsform – hinauslaufen sollte, wäre in mehrfacher Weise verfassungswidrig: Erstens fehlte eine dem Legalitätsprinzip genügende ausreichende gesetzliche Determinierung, zweitens bietet das BuchpreisbindungsG dem Staat die geforderten Aufsichtsmittel (Weisungsbefugnisse) nicht und drittens wäre auch die Verantwortlichkeit der demokratisch legitimierten obersten Organe nicht gewährleistet.[315]

Als Zwischenresümee ist daher mit Berka/Eilmansberger festzuhalten, dass schon die bloß „punktuelle Rechtsetzung" von Verlegern oder Importeuren, nämlich die Festsetzung eines Letztverkaufspreises innerhalb eines vorgegebenen Preisrahmens, gegenüber anderen Privaten, den Letztverkäufern, in der vom Gesetzgeber gewählten Form des BuchpreisbindungsG keine verfassungsgesetzliche Deckung findet. Hierbei „fremdbestimmen" Private andere Private im Wege einer Rechtsetzung zwar „nur" hinsichtlich eines (sehr wesentlichen) Umstandes eines Rechtsgeschäftes, nämlich des Preises. Dies aber, obwohl die Privatautonomie[316]

---

311 Berka/Eilmansberger, wbl 2007, 208.
312 Rill, Allgemeines Verwaltungsrecht (1979) 53.
313 Raschauer, Grenzen der Wahlfreiheit zwischen den Handlungsformen der Verwaltung im Wirtschaftsrecht, ÖZW 1977, 7.
314 Vgl Thomasser, Vereinsgesetz 2002, 179.
315 Berka/Eilmansberger, wbl 2007, 208.
316 Die Privatautonomie als ungeschriebener Verfassungsgrundsatz: Pernthaler, Ungeschriebene Grundrechte und Grundrechtsprinzipien in der österreichischen

als Rechtsinstitut[317], grundrechtlich in Art 5[318] u 6 StGG[319] verankert[320], gerade auch gewährleistet, dass Verkäufer rechtlich frei über den Preis von Waren (selbst) disponieren können (sollen). Bei Normierungen von (Sport)Verbänden gegenüber Privaten geht es jedoch üblicherweise nicht „nur" um einen oder um einzelne Umstände im Vertragsverhältnis zwischen Wettkampfveranstaltern, Sportlern und Funktionären, sondern darum, dass die Vereine durch das von ihnen – ihrer Meinung nach – „geschaffene Recht" umfassend und tief greifend in staatlich garantierte und geschützte Rechtspositionen von natürlichen Personen eindringen wollen, mit dem Ergebnis, dass für bestimmte Sachverhalte jegliches privatautonome Handeln der insofern Unterworfenen ausgeschlossen werden soll, bei sonstiger Androhung von Strafen durch den verbandlichen Normsetzer, verbunden mit einem Privatsteuer-, Privatrichter- und Privatstrafvollzugssystem.

2.2.7. *Schäffer* et al zu Rechtsquellen und Rechtsanwendung

Eine sehr ausführliche Auseinandersetzung mit dem Thema „Rechtsquellen und Rechtsanwendung" (in der ö Rechtsordnung) stellt das Gutachten von *Schäffer* aus 1973, verfasst für den ö Juristentag im selben Jahr, dar.[321] Gerade da die Positionen *Schäffers* keineswegs überholt sind, sondern vielmehr (in verschiedenen Ausprägungen) heute auf ähnlicher oder auch anderer Basis vertreten werden – konkret hat sich/wurde eine wirkmächtige „Denk- und Fachliteraturrichtung zu privater Rechtsetzung" entwickelt[322] –, sollen dieselben ausführlicher wiedergegeben und kommentiert werden.

Rechtsordnung in Hammer/Somek/Stelzer/Weichselbaum (Hrsg), FS Öhlinger (2004) 450; sa *Hinteregger*, Die Bedeutung der Grundrechte für das Privatrecht, ÖJZ 1999, 741, der zufolge der Privatautonomie und der Vertragsfreiheit selbst Grundrechtsqualität zuzumessen sind.

317 *Koziol/Welser*, Grundriss I[13] 50, zufolge ist ein Rechtsinstitut die Summe von gesetzlichen Vorschriften, welche sich auf ein bestimmtes Lebensverhältnis beziehen, als solches jedoch ein Abstraktum im Gegensatz zu einem Rechtsverhältnis, welches in der Wirklichkeit existiert.

318 Die bezüglich des Eigentumsgrundrechts gem Art 5 StGG bestehende Institutsgarantie stellt die einschlägigen rechtlichen Regelungskomplexe unter grundrechtlichen Schutz und verwehrt dem Gesetzgeber, die entsprechenden Rechtsinstitute zu beseitigen oder in ihrem wesentlichen Kern umzugestalten, so *Berka*, Lehrbuch Grundrechte (2000) 30.

319 Staatsgrundgesetz über die allgemeinen Rechte der Staatsbürger RGBl 1867/142 idgF.

320 *Berka/Eilmansberger*, wbl 2007, 209.

321 *Schäffer*, Rechtsquellen und Rechtsanwendung in Österreichischer Juristentag (Hrsg), Verhandlungen des fünften österreichischen Juristentages I 1/B (1973).

322 Hervorragende Vertreter all derjenigen (im deutschsprachigen Raum), die insbesondere über den/einen „systemtheoretischen Ansatz" das „Recht" und die „Rechtsetzung" sowie damit zusammenhängend das Gewaltmonopol gerade nicht (allein) beim Staat verortet erkennen bzw wissen wollen, sind *Teubner* und *Fischer-Lescano*, s dazu zB *Fischer-Lescano/Teubner*, Regime-Kollisionen. Zur Fragmentierung des globalen Rechts (2006) passim; sie, die mit ihnen bzw auf sie Bezug nehmenden Publizierenden, und die weiteren

Auszugehen ist davon, dass *Schäffer* zwischen staatlicher und privater Rechtsetzung unterscheidet, also dem Staat insofern das/ein Rechtsetzungsmonopol[323, 324] abspricht; in seiner thesenartigen Zusammenfassung schlussfolgert er zuspitzend, dass „das Gesetz im rechtsstaatlichen Konzept des B-VG die dominierende, aber nicht ausschließliche Rechtsquelle ist" (These 11) und dass (sic) „jeder normativ deutbare Akt des stufenförmig geordneten Rechtserzeugungssystems Rechtsquelle ist" (These 2)[325];

Vertreter derartiger Positionen können auch als „Allrechtler" bezeichnet werden. Näher dazu unten, bei 2. (rechts)soziologischer Exkurs.

323   Vgl dazu allerdings *Eberhard*, ÖJZ 2007, 681 f: Hinsichtlich der generellen Rechtsquellen operiert das Theorem der (relativen) Geschlossenheit des Rechtsquellensystems mit den Modalitäten der Rechtserzeugung in einem demokratischen Verfassungsstaat qua gewählte Volksvertretung. Demzufolge kommt dem Gesetz Vorrang vor allen anderen Rechtsakten zu, auf Basis des zentralen Elements des Legalitätsprinzips gem Art 18 Abs 1 B-VG. Insofern dürfte das Rechtsetzungsmonopol des Parlaments im Wege formeller Gesetzgebung – als Ausfluss aus der verfassungsrechtlich angeordneten Geschlossenheitsannahme – nur durch verfassungsrechtliche Ausnahmen durchbrochen werden. Eine derartige Ausnahme in Bezug auf die generelle Rechtsetzung stellt die generelle Ermächtigung des Art 18 Abs 2 B-VG dar, demzufolge jede Verwaltungsbehörde ermächtigt ist, „auf Grund der Gesetze" in ihrem Wirkungsbereich Verordnungen zu erlassen. Abgesehen davon ist die Möglichkeit der Verordnungserlassung nur der auf Basis einer expliziten gesetzlichen Ermächtigung, die dadurch inhaltlich vom Gesetz auch abweichen kann, gegeben. Somit wird die Handlungsform der Verordnung - analog zum Bescheid bei individuellen Rechtsquellen - zum Sammelbecken von generellen normativen Handlungsformen. Daraus folgt wiederum, dass Rechtsakte neben Gesetzen, die nicht die Form einer Verordnung besitzen, daher keine verbindlichen generellen Normen darstellen dürfen, was beispielsweise für ministerielle Erlässe gilt, denen aus diesem Grund im Einzelfall keine Normativität zukommen darf.

324   S zB zum Rechtsetzungsmonopol krit *Nautz*, Die Entwicklung des staatlichen Rechtsetzungsmonopols in Europa in Nautz/Brix/Luf (Hrsg), Das Rechtssystem zwischen Staat und Zivilgesellschaft (2001) 21; vgl ebenso *Luf*, Zivilgesellschaft und staatliches Rechtsmonopol in Nautz/Brix/Luf (Hrsg), Das Rechtssystem zwischen Staat und Zivilgesellschaft (2001) 55 f, 59 ff, 64 f welcher „nicht vorneweg das staatliche Rechtsmonopol in Frage stellen" möchte, sondern dieses als „wesentliche Ausformung des Gewaltmonopols" und damit „als zentrales Medium zur Sozialgestaltung" mit der Wirkung „des Schutzes vor Gewalt durch intermediäre gesellschaftliche Instanzen" sieht. Der Autor nennt gerade die Aufgabe des Staates „die Grundrechte als Erscheinungsformen des staatlichen Rechtsmonopols" in ihrem Bestand und ihrer Entfaltung zu sichern; der Staat „hat Schutzfunktionen gegenüber staatlicher bzw gesellschaftlicher Übermacht wahrzunehmen." Allerdings meint *Luf* aus zivilgesellschaftlicher Perspektive (unter Abstützung auf die Prinzipien Autonomie und Subsidiarität), dass im Hinblick auf die/eine Konfliktbereinigung „alternative Verfahrensformen im Sinne selbstorganisierter Bewältigung von Problemen ihren juristisch-institutionellen Ausdruck (insofern) finden" können, da „das Feld individuell gestalteter und verantworteter prozeduraler Disposition" in zivilgesellschaftlichen Verfahren „größer sein" könnte, „als in staatlichen Verfahren." S dazu insbesondere unten V.3.1.2.

325   1988 allerdings definiert *Schäffer*, Über Möglichkeit, Notwendigkeit und Aufgaben einer Theorie der Rechtsetzung in Schäffer (Hrsg), Theorie der Rechtsetzung (1988) 14, 27, 30, Rechtsetzung als regelmäßig Einzelentscheidungen vorwegnehmende, generalisierende und/oder abstrahierende rechtliche Rege-

schließlich „öffnet" er das von ihm dargestellte System sogar außerordentlich weit, indem er in These 8 formuliert: „Die Bundesverfassung zeichnet einzelne Rechtsformen ausdrücklich vor; andere lassen sich aus ihr sinngemäß erschließen bzw legitimieren. Wo die Legitimation fraglich erscheint, ist verfassungskonforme Interpretation oder verfassungsrechtliche Sanierung zu erwägen."[326]

Schäffer zeigt am Beginn seiner Studie eine graphische Darstellung, an der Spitze beginnend mit der Grundnorm, darunter das Bundes- und Landesverfassungsrecht sowie in weiterer Untergliederung die Bundes-, Landesgesetze etc, wobei zB aus funktioneller Sicht auf dieser Ebene die Rechtsanwendung des einfachen Gesetzesrechts erfolgt; darunter schließen *Schäffer* zufolge die „untergesetzlichen Rechtsquellen" an, für welche er die typische Zweiteilung in den „staatlichen" (mit zB der Vollziehung der Länder, absteigend bis zum Vollstreckungsakt) und den Privatbereich vornimmt.[327] Der Privatbereich unterteilt sich einerseits in eine sog „delegierte generell private Rechtsetzung", also zB Vereins- und Gesellschaftsstatuten, eventuell auch Kollektivverträge, Gesamtverträge usw, und andererseits in individuelle untergesetzliche Rechtsquellen, nämlich das Rechtsgeschäft (vor allem den Vertrag) und daraus ableitbare einseitige Gestaltungsrechte Privater, zB Anordnungs- und Zwangsbefugnisse der Eltern, familienrechtlich geordnete Arbeit; überhaupt das Direktionsrecht des Arbeitgebers; Anweisungen eines Gastwirtes (§ 970 Abs 2 ABGB).[328] Die untergesetzlichen Rechtsquellen im Privatbereich führen schließlich zu Realakten[329] in Form (privater) Rechtsbefolgung.[330]

---

lungen von Lebenssachverhalten und meint damit jede Form genereller Rechtsetzung, also Gesetzgebung im materiellen Sinn, wenngleich das Gesetz im formellen Sinn im Vordergrund steht; er unterscheidet explizit zwischen Rechtsnormen des formalen Rechtsstaates und außerrechtlichen Normordnungen, sowie hält weiters fest, dass die Rechtssetzungslehre das Gesetz (als generelle Rechtsnorm) als das zentrale rechtliche Steuerungsinstrument in der legalistischen Rechtskultur des Europäisch-Westlichen Rechtskulturkreises akzeptiert.

326 *Schäffer*, Rechtsquellen 26 f, 171 f.

327 IdS auch *Öhlinger*, Verfassungsrechtliche Bemerkungen zu den Gesamtverträgen im Urheberrecht, ÖBl 1976, 89: Auch er sieht Rechtsakte „unterhalb" (dh in Anwendung) der generellen Rechtsnormen (Gesetz, allenfalls noch Verordnung) nicht nur als bloße Rechtsvollziehung an, denn diese weisen neben einer rechtsanwendenden, heteronomen immer auch eine rechtsschöpferische, autonome Komponente (wenn auch in sehr unterschiedlichem Mischungsverhältnis) auf und sind daher in diesem Sinn Rechtsnormen.

328 *Pernthaler*, ZAS 1966, 34, hat in diesem Sinn die Meinung vertreten, dass generelle Normen nicht nur hoheitlich, sondern auch im Rahmen des Privatrechts vertraglich oder einseitig verbindlich mit dinglicher Wirkung (zB aufgrund des Eigentumsrechtes) oder in anderen Formen (zB aufgrund der väterlichen Gewalt) gesetzt werden können.

329 Vgl dazu den (gegenwärtigen) zivilrechtlichen Begriff des „Realakts" gem *Koziol/ Welser*, Grundriss I[13] 98 ff, denen zufolge sich Realakte von Rechtsgeschäften dadurch unterscheiden, dass sie keine (Willens)Erklärungsbedeutung haben, dh nicht dazu bestimmt sind, einem anderen etwas (zB ein Angebot) kundzutun; in ihnen drückt sich sozusagen ein rein faktischer Wille aus, der allerdings typischerweise Rechtsfolgen auslöst. ZB schafft ein Künstler ein Gemälde, welches als Werk unter das Urheberrechtsgesetz, BGBl 1936/111, fällt.

330 *Schäffer*, Rechtsquellen 28 f.

Dies ist die konsequente Umsetzung der (bereits angeführten) These 2 von *Schäffer*, wonach jeder normativ deutbare Akt des stufenförmig geordneten Rechtserzeugungssystems Rechtsquelle ist. In diese Richtung weiter gedacht würde dies nicht mehr und nicht weniger bedeuten, als dass schlichtweg jede als normativ interpretierbare Handlungsanleitung, sohin jeder Befehl, also zB auch derjenige eines Bandenführers, eine Bandensanktion gemäß Bandenregulativ zu „vollziehen", grundsätzlich in das stufenförmig geordnete Rechtserzeugungssystem eingefügt werden könnte.[331] Den Staat nachzuahmen, an der Befehlsgewalt (imperium) bzw grundsätzlich der Macht des Staates teilzuhaben, um die eigenen normativen Absichten gegenüber den Normunterworfenen eben wie – im Idealfall auch als – ein „(Teil)Staat" gegenüber Rechtsordnungsunterworfenen durchzusetzen, erscheint für viele (unterstaatliche/intermediäre[332]) Gruppierungen, welche Tendenzen in Richtung „Privatgesetzgebung" erkennen lassen, als äußerst erstrebenswert.[333] Das (mittel)europäische Staatsmodell (bzw

---

331 Freilich könnte dagegen eingewendet werden, dass derartige Tätigkeiten bzw ein derartiges Verhalten, also Bandenbildung und Nötigung, da als strafrechtsrelevante Tatbestände rechtswidrig, keinesfalls in das stufenförmige Rechtserzeugungssystem eingeordnet werden können. Zu bedenken ist allerdings, dass diesbezüglich die Grenzen zwischen einerseits bereits eindeutig den Strafgesetzen unterfallendes Handeln und andererseits auf vertraglicher Basis gerade noch zulässige Fremdbestimmung, welche als freiwillige, nahezu schrankenlose Unterwerfung unter eingriffsintensiven Dirigismus des Vertragspartners gedeutet werden könnte, womöglich nur sehr schwer gezogen werden könnten; vgl zum Gewaltbegriff IV.3.3.2.1.

332 Vgl zB für die BRD: *Coing*, Das Privatrecht und die Probleme der Ordnung des Verbandswesens in Ballerstedt/Mann/Jakobs/Knobbe-Keuk/Picker/Wilhelm (Hrsg), FS Flume I (1978) 431, welcher als besondere „intermediäre Gewalten" die großen Sportverbände ausmacht, die sich wiederum eine außerordentlich einflussreiche Stellung geschaffen sowie eine weitreichende „verbandsautonome Rechtsordnung" ins Leben gerufen haben. Grundsätzlich zu intermediären Gruppen auch: *Trappe* (Hrsg), Politische und gesellschaftliche intermediäre Gewalten im sozialen Rechtsstaat (1990) passim.

333 Genau derartige „intermediäre Begehrlichkeiten" hat auch *Schäffer*, Rechtsquellen 169 f, erkannt, wenn er die Bewahrung der Einheit der Rechtsordnung als ein vornehmliches Anliegen der Rechtsetzung sieht. Weiters konstatiert er (1973), dass erstens die Grundlagen des aufgefächerten ö Rechtsquellensystems teilweise fragwürdig (geworden) sind, und dass zweitens gerade verfassungsgesetzlich nicht vorgezeichnete Rechtsformen, über deren Legitimation kein allgemeiner Konsens hergestellt werden kann, beseitigt oder saniert werden sollten. Schließlich fordert er eine Bereinigung vor allem hinsichtlich der Rechtsetzungsbefugnisse intermediärer Gewalten, und zwar sollten klare verfassungsrechtliche Grundlagen bei einer (damit verbundenen) entsprechenden Grundrechtsbindung delegierter genereller Rechtssetzungsbefugnisse geschaffen werden.
Schäffer und anderen Befürwortern derartiger Bestrebungen ist freilich (damals, 1973, wie heute, ca 40 Jahre später) entgegenzuhalten, dass dadurch die „Büchse der Pandora" in Richtung Privatgesetzgebung, -rechtsprechung und sonstige -vollziehung geöffnet werden würde. Vollkommen zuzustimmen ist *F. Bydlinski*, Zur Einordnung der allgemeinen Geschäftsbedingungen im Privatrecht in Loebenstein/J. Mayer/Frotz/P. Doralt (Hrsg), FS Kastner (1972) 49, 51, 54: „Völlig unbegründbar ist jedoch in unserem Rechtssystem die

dessen Organisations- und Funktionsschema) fungiert für verschiedenste Gemeinschaften als Vorbild; zB auch für eine soziale Randgruppe, eine „Gang" in einem südafrikanischen Ghetto. Der Eintritt in diese Gang und der weitere Umgang der Mitglieder untereinander stellt sich folgendermaßen dar: Novizen werden Schritt für Schritt in die Symbole, Rituale und die „Staatsordnung" der Bande eingeweiht. Die „Americans" (Anm: Name einer bedeutenden Bande) haben eine mündliche Verfassung, einen Senat, ein Parlament, sogar ein Weißes Haus. Richter erzwingen Disziplin, Generale befehlen, madodas, einfache Soldaten, kämpfen.[334] Auch dieses Beispiel zeigt, dass das verfassungsgesetzliche Rechtsquellensystem durch eine (zwar grundsätzlich argumentierbare) Gleichsetzung von Rechtsnorm und Norm letztlich ad absurdum geführt werden könnte, durch die Festlegung bzw mit dem Ergebnis, dass alles, auch nur irgendwie „Normative" (nach dem Muster: Tatbestand und Rechtsfolge) „Recht" wäre. Nach der Staatsorganisationen und -funktionen nachahmenden Gang[335] soll nun anhand von *Kelsens* „Räuberbande" – „Devianz" war und ist ein zentrales Thema der Auseinandersetzung mit Normen – das Verhältnis zwischen privater Normenordnung und staatlicher Rechtsordnung betrachtet werden: *Kelsen* geht davon aus, dass unter „Recht" nicht eine einzelne Norm (also zB die todesdrohungsbewehrte Forderung eines Straßenräubers), sondern ein System von Normen, eine soziale Ordnung zu verstehen ist. Und eine „besondere Norm" ist als Rechtsnorm nur insofern anzusehen, als sie einer solchen höheren Ordnung angehört. Nur dann, wenn es sich um die systematische Tätigkeit einer organisierten Bande handelte, die ein bestimmtes Gebiet unsicher macht, indem sie dort lebende Menschen unter Androhung von Übeln zwingt, ihr Geld und Geldeswert auszuliefern, käme der Vergleich dieser „Räuberordnung" mit einer Rechtsordnung in Betracht. *Kelsen* unterscheidet dann zweierlei Ordnungen: erstens diejenige, die das gegenteilige Verhalten der Mitglieder dieser als „Räuberbande" qualifizierten Gruppe regelt, und zweitens die externe Ordnung, die die Summe der Befehle ausmacht, die die Mitglieder oder Organe der Bande unter Androhung von Übeln an Außenstehende richtet. Denn, so *Kelsen*, nur gegenüber Außenstehenden betätigt sich die Gruppe als „Räuberban-

---

wirkliche, mit der subjektiven Intention des Aufstellers übereinstimmende Rechtsgeltung solcher von rein privater, interessierter Seite einseitig aufgestellten Normen für andere. Denn sie lief(e) ja auf eine Privatgesetzgebung hinaus. Deren Unhaltbarkeit im Rahmen unserer Rechtsordnung bedarf aber keines weiteren Beweises."

334 *Grill/Martin*, Im Revier des Schakals, Die Zeit, Dossier, 22.07.2004, 9.

335 Vgl zum sich anbietenden Beispiel des Unterschiedes zwischen der Normenordnung der Mafia und der Rechtsordnung des Staates auch *Hoerster,* Was ist Recht? (2006) 25 ff: Das Unterscheidungsmerkmal ist ein Element der reinen Macht. „Als ein Staat bzw als eine Rechtsordnung kommt nach allgemeinem Sprachgebrauch nur eine solche Organisation in Betracht, die innerhalb eines bestimmten, abgegrenzten Gebiets de facto souverän ist oder ein Gewaltmonopol besitzt, dass heißt im Fall des Konflikts mit konkurrierenden Organisationen, Gruppen, oder Individuen innerhalb dieses Gebiets ihre physischen Zwangsakte in aller Regel wirklich durchsetzt." Eine gewöhnliche Mafiaorganisation wird in einem offenen Machtkonflikt daher üblicherweise einem Staatsapparat unterliegen.

de". Neben der internen und externen Ordnung bringt *Kelsen* noch die Rechtsordnung ins Spiel, hinsichtlich derer insbesondere die interne Ordnung der Bande vielfach in Konflikt steht, denn die Tätigkeit der Räuberbande wird in den territorialen Geltungsbereichs der Rechtsordnung als Zwangsordnung fallen. Die diese „Räubergemeinschaft" konstituierende, die interne und externe Ordnung umfassende, Zwangsordnung wird nicht als Rechtsordnung verstanden, unter anderem, weil ihr subjektiver Sinn, dass man sich ihr entsprechend verhalten soll, nicht als ihr objektiver Sinn gedeutet wird, eben da keine Grundnorm vorausgesetzt wird, derzufolge man sich dieser Ordnung gemäß verhalten soll. Das heißt: dass Zwang unter den Bedingungen und in der Weise geübt werden soll, wie es diese Ordnung bestimmt. *Kelsen* stellt die entscheidende Frage, weshalb nämlich eine solche Grundnorm nicht vorausgesetzt wird? Deshalb nicht, weil – oder richtiger – wenn diese Ordnung nicht jene dauernde Wirksamkeit hat, ohne die keine sich auf sie beziehende, ihre objektive Geltung begründende Grundnorm vorausgesetzt wird. *Kelsen* spricht dieser Ordnung diese Wirksamkeit ab, da die „höhere Ordnung", also die Sanktionen statuierende Rechtsordnung, innerhalb deren territorialen Geltungsbereich die Tätigkeit der Bande fällt, tatsächlich auf diese Bandentätigkeit als rechtswidriges Verhalten angewendet wird, gegebenenfalls mit dem Ergebnis, dass den Angehörigen der Bande die Freiheit, ja das Leben durch Akte zwangsweise entzogen wird, die als Freiheits- und Todesstrafe gedeutet werden, und der Tätigkeit der Bande so ein Ende gesetzt wird. Letztlich ist also die als Rechtsordnung angesehene Zwangsordnung wirksamer, als die die Räuberbande konstituierende Zwangsordnung. Die „Räuberbandenordnung" kann jedoch auch zur „Staatsordnung" mutieren: Dann, wenn diese („private") Zwangsordnung in ihrem territorialen Geltungsbereich auf ein bestimmtes Gebiet begrenzt und innerhalb dieses Gebietes in der Weise wirksam ist, dass die Geltung jeder anderen Zwangsordnung (vor allem der Rechtsordnung des Staates) ausgeschlossen ist, kann sie als Rechtsordnung und die durch sie konstituierende Gemeinschaft sehr wohl als „Staat" betrachtet werden, auch wenn dieser nach außen eine – nach positivem Völkerrecht – verbrecherische Tätigkeit entfaltet.[336] Diesem Beispiel *Kelsens* liegt ein Antagonismus zwischen der Rechtsordnung (des Staates) und einer „speziellen" privaten Ordnung zugrunde. Eine sozialtechnisch klügere Vorgehensweise von Machthabern „privater Ordnungen" ist jedoch die Infiltrierung der Rechtsordnung, zB im Wege des „Marsches durch die Institutionen": hier wird ein bisschen „staatliche Autorität" angemaßt, dort zeitigt ein Bemühen um Beleihungen und Beauftragungen durch den Staat Erfolg. Je nach Interessenslage und Situation kann die Organisation hinter der privaten Ordnung dann als teilstaatlich, staatsverbunden oder aber autonom auftreten, und wird solcherart, mehrgleisig, aber gerade nicht in Konfrontation mit dem Staat eine optimale Zielerreichung schaffen. Verhält sich der Staat demgegenüber passiv, duldet er gar derartige Machtansprüche und -praktiken, dann vernachlässigt er als Inhaber des Gewaltmonopols[337]

---

336 *Kelsen*, Rechtslehre 48 f.
337 *K. Heller*, Zum Begriff der Kernaufgaben des Staates in Akyürek/Baumgartner/Jahnel/Lienbacher/Stolzlechner, FS Schäffer (2006) 247, hält treffend fest, dass die Ausübung der Staatsgewalt einen Staat ausmacht, und dass dessen

insbesondere gegenüber seinen Staatsbürgern gebotene Schutz- bzw konkret grundrechtliche Gewährleistungspflichten.[338]

Nach dem Exkurs zur (Räuber)Banden-Thematik sei mit *Schäffers* Ausführungen zur „privaten Rechtsetzung" fortgesetzt: Versteht er doch unter „Erzeugungsorgan" jedes von der Rechtsordnung zur Setzung normativ deutbarer Akte eingesetzte und ermächtigte Subjekt; hierbei ist ihm zufolge auch die private Rechtserzeugung ausdrücklich mit einbezogen. Als „Normadressaten" werden demnach Subjekte bezeichnet, die durch Rechtsnormen verpflichtet, dh durch Rechtsnormen in einer Weise erfasst sind, dass diese an ein bestimmtes Verhalten von Menschen eine Sanktion knüpfen.[339] Wie leitet *Schäffer* aus der Rechtsordnung die „Ermächtigung" der Privaten zur Rechtsetzung ab, wie begründet er das Gegebensein einer Delegation für generell private Rechtsetzung und die „Figur" der individuellen untergesetzliche Rechtsquelle, also des Vertrages?

Für den Fall der rechtsgeschäftlichen Rechtserzeugung im Bereich der Privatautonomie liegt laut *Schäffer* Identität von Normerzeuger und Normadressaten und somit volle Autonomie vor.[340] Umfang und Schranken einer derart dezentralen Rechtserzeugung sind, wie andere Rechtserzeugungsarten auch, an der sie einsetzenden Rechtserzeugungsregel der Verfassung zu messen.[341] *Schäffer* verweist auf die Befassung mit der Problematik der nichtstaatlichen Rechtsetzung anhand der Einordnung und verfassungsrechtlichen Legitimation der Akte der Sozialversicherungsträger sowie überhaupt der gesamten (nicht territorialen) Selbstverwaltung[342], welche zu verstärkten Versuchen geführt haben, auch die bisher relativ isolierte Betrachtung der privatautonomen Rechtsetzung einer umfassenden verfassungsrechtlichen Sicht der Rechtsquellen zu integrieren, bei gleichzeitiger Erfassung in ihrer strukturellen Eigenart. Und weiter: Es könne daher der Nachweis geführt werden, dass die Verfassung Privatautonomie nicht nur gedanklich voraussetzt, sondern durch ein Zusammenspiel verschiedener Verfassungsnormen geradezu ermöglicht, dh als Rechtserzeugungsmethode einsetzt. Dies gipfelt in *Schäffers* Schlussfolgerung, dass auch im Bereich der privaten Rechtsetzung eine Delegation der für sie typischen Rechtsformen zumindest im Prinzip (sic) nachweisbar sei, welche allerdings, da es gerade ihr Wesen ausmacht, inhaltlich weitgehend unbestimmt sei (sic); die Rechtsetzung im Bereich der Privatautonomie sei also gegenüber der staatlichen Rechtsanwendung vergleichsweise un-

---

Existenz als souveräner Staat jedoch wesentlich davon abhängt, dass er seine Rechtsordnung bestimmt und das Gewaltmonopol behält.

338 *S Berka*, Lehrbuch Grundrechte 29; *Berka*, Verfassungsrecht4 Rz 1224 ff; sowie insb *Heissl*, Einführung 45 ff; vgl a VI.3.

339 *Schäffer*, Rechtsquellen 30.

340 Vgl abermals: *F. Bydlinski*, „Person" 335.

341 *Schäffer*, Rechtsquellen 31.

342 *Ringhofer*, Referat zu „Die verfassungsrechtlichen Schranken der Selbstverwaltung in Österreich" in Österreichischer Juristentag (Hrsg), Verhandlungen des dritten österreichischen Juristentages II (1967) 51 f, meint, dass „Selbstverwaltung untergesetzliche Rechtserzeugung bedeutet" und leitet diese von der/über die Privatautonomie her; ihm zufolge bedeutet diese „Ermächtigung, dh Einräumung von Rechtsmacht und ihre Ausübung (untergesetzliche) Rechtskonkretisierung."

bestimmt.[343] Bei einer derartigen Interpretation der Privatautonomie stellt sich für/mit *Schäffer* freilich zwangsweise die Frage nach der Vereinbarkeit mit dem Rechtsetzungsmonopol des Staates, einem Grundpfeiler der Rechtsordnung.

Sollte denn die Privatautonomie als Quelle für Rechtssetzung(skompetenz) verstanden werden können, dann führte der Weg unweigerlich in Richtung „Privatgesetzgebung" und damit „Partikularrechte", welche zB unter einem „Schutzmantel" von „Autonomien", „Vereinigungsfreiheit" und/oder dergleichen in Form von „Partikularrechtsverbänden" ohnehin eine Sonder-, wenn nicht eine Gleichstellung mit der „staatlichen Rechtsordnung" beanspruchen, und realpolitisch, dh sozialmächtig, auch durchsetzen. Naheliegender Weise geht eine Durchbrechung des Rechtsnormsetzungsmonopols des Staates mit dem Verlust des staatlichen Gewaltmonopols[344] einher[345]; als Beispiel im gegebenen Zusammenhang seien zB die „Vereinsstrafen" angeführt, welche von Verbänden aufgrund ihrer – von ihnen beanspruchten – „Verbandsstrafgewalt"[346], insbesondere zum Zwecke der Disziplinierung der von Privatautonomie weitestgehend „befreiten" Vereinsmitglieder, „verhängt" werden.[347] *Schäffer* beurteilt also

---

343 *Schäffer*, Rechtsquellen 33, zitiert *Kelsen*, Allgemeine Staatslehre 236, der ausführt, dass das Rechtsgeschäft – im Verhältnis zum Vertragsrechtssatz des Gesetzes – Rechtsanwendung ist; aber hinsichtlich der Parteien ist es in Bezug auf die im Klagefall intervenierenden Gerichte Normerzeugung.

344 *F. Bydlinski*, System 138.

345 S auch *Tomandl*, Rechtsstaat 9: Moderne Ordnungen sind dadurch gekennzeichnet, dass der Staat die Durchsetzung des Rechts in seine Hände nimmt. Genau dadurch wird der (staatlich) organisierte Zwang zu einem entscheidenden Abgrenzungskriterium für Recht gegenüber anderen Verhaltensanordnungen.

346 *Schäffer*, Rechtsquellen 112 FN 367, weiß um „die Geister, die er rief": „Nur angedeutet sei hier die Problematik der Verbandsschiedsgerichtsbarkeit und einer eigenen ‚Verbandsstrafgewalt', der insofern Bedenken begegnen, als unter Ausnutzung der Übermacht des Verbandes für den abhängigen Verbandsangehörigen kraft Unterwerfung der Rechtsweg für ausgeschlossen erklärt wird, was im Effekt einen Entzug des gesetzlichen Richters bedeutet. Es fragt sich, ob nicht auch in solchen Fällen über die Nichtigkeitsbestimmungen des Privatrechts eine mittelbare Drittwirkung eben dieses Grundrechtes angenommen werden müsste." Haben sich Sportverbände erst einmal eine „Privatgesetzgebung" angemaßt, dann geht der nächste logische Schritt in Richtung „Privatrechtsprechung" und „sonstige Privatvollziehung", also „Partikularrechtlichkeit", – und der kleine „Staat im Staat" ist arrondiert. Vgl dazu *Berger*, Auswirkungen der Europäischen Menschenrechtskonvention auf das österreichische Zivilrecht, JBl 1985, 142, der meint(e 1985) – die/eine unmittelbare Drittwirkung ablehnend –, dass zwar „der Staat erhebliche Zwangsmittel und Eingriffsbefugnisse (Erlassung von Normen, Bescheiden, Ausübung unmittelbarer behördlicher Befehls- und Zwangsgewalt, gerichtliche Bestrafung etc) zur Verfügung hat, (dass) die Bürger einander grundsätzlich einmal gleichberechtigt gegenüber stehen." Nun, mehr als 25 Jahre später, sind in Österreich Sportverbände auf den Plan getreten, die als juristische Personen erhebliche Zwangsmittel und Eingriffsbefugnisse (qua Disziplinar- und Strafordnungen) gegenüber natürlichen Personen (Mitgliedern und/oder Nichtmitgliedern) staatsgleich einsetzen.

347 *Thallinger*, Extraterritoriale Anwendbarkeit in Heissl (Hrsg), Handbuch Menschenrechte (2009), 58, ist zuzustimmen, wenn er ausführt, dass aus

sowohl staatliche als auch private Rechtsetzung und Rechtsanwendung als von der Verfassung delegiert und stellt die Frage, wie sich die Vorstellung vom „staatlichen Rechtsetzungsmonopol" einerseits mit der eines garantierten Bereichs privater Rechtsetzung andererseits verträgt; wo die Grenze im einzelnen verläuft, so *Schäffer*, wird nicht leicht festzustellen sein – die denklogisch zwingend erforderliche Frage nach dem (bzw irgend einem) Inhalt des/eines Rechtsetzungsmonopols des Staates stellt er jedoch nicht –, sondern zitiert idZ *Ringhofer*: „Der Gesetzgeber darf keinen Menschen mit Rechtsmacht ausstatten, die das als vernünftig und sachlich gerechtfertigt bewertbare Maß überschreiten würde und umgekehrt ebenso wenig befugt ist, den durch die Grundrechte in etwa umschriebenen Mindeststandard individueller Freiheitsgarantie zu unterschreiten."[348] Diese (im Kern) „Je-desto-Formel" erhellt im gegebenen Zusammenhang, der Frage nach Rechtsetzungskompetenz von Vereinen, so gut wie gar nichts, denn weder der Verfassung selbst, noch dem VerG kann eine Kompetenz zur Rechtsetzung durch Vereine entnommen werden; *Schäffer* dazu: „Innerhalb dieser äußersten Schranken mag der Gedanke der Herstellung materieller Gleichheit den Gesetzgeber berechtigen, zur Beseitigung von Übermachtlagen in ansonsten privatautonom geordnete Verhältnisse einzugreifen. Der Gedanke mag außerdem, so wie er historisch zum Tragen kam, auch theoretisch die Grundlage dafür abgeben, dass privatautonome Befugnisse an repräsentative Kollektive weiter delegiert werden. Dieser Abbau des demokratischen Gehalts in der repräsentativ-privaten Rechtserzeugung (zB durch Kollektivverträge) ist nur gerechtfertigt, wo die nach dem Modell des Kräftegleichgewichts angelegte individuell-private Rechtserzeugung strukturell gestört ist. Denn grundsätzlich können sich nur die von der Verfassung unmittelbar eingesetzten Rechtserzeugungsverfahren, das staatliche und das private, vor der Verfassung als demokratisch legitimieren."[349] *Schäffer* und der Gesetzgeber der „Urfassung" des Vereinsgesetzes aus 1867 haben allerdings sehr genau darum Bescheid gewusst, dass im Bereich des „Privatautonomen" recht rasch ein Umschlagen ins „Heteronome" vonstatten gehen kann, sei es im „individuell-individuellen Privaten", wie zB zwischen Konsumenten und Unternehmer[350], oder im „individuell-kollektiven Privaten", wie zB zwischen Vereinsmitglied und Verein/Verband. Deshalb hat der Gesetzgeber den Konsument vor dem marktmächtigen Unternehmer, der sich zB Allgemeiner Geschäftsbedingungen (welche allerdings gerade keine Rechtsnormen darstellen[351]) bedient, insbesondere durch das Konsumentenschutzrecht davor in Schutz genommen, dass der faktisch Stärkere staatsgleich Normen (hier:

---

dem Gewaltmonopol folgt, dass nur der Staat Gewalt – nämlich Befehls- und Zwangsgewalt – anwenden darf, um rechtliche Anordnungen durchzusetzen. Ergo dessen wird von Seiten von Sportverbänden intensiv darauf „hingearbeitet", dass ihre Normen als Rechtsnormen gelten bzw als solche anerkannt werden.

348 *Ringhofer*, Referat 59.
349 *Schäffer*, Rechtsquellen 34.
350 Vgl *F. Bydlinski*, Einordnung 48, verwirft ausdrücklich die Position, „Allgemeine Geschäftsbedingungen seien objektive Normen" und als solche „selbstgeschaffenes Recht der Wirtschaft".
351 Dazu zB *F. Bydlinski*, Einordnung 48 ff.

Vertragsbedingungen) diktiert.[352] Und das vor dem VerG geltende VerG 1951[353] hat in § 20[354] VerG 1951 normiert, dass von keinem Verein Beschlüsse gefasst oder Erlässe ausgefertigt werden dürfen, welche dem Strafgesetz zuwiderlaufen, oder wodurch nach Inhalt oder Form der Verein in einem Zweige der Gesetzgebung oder Exekutivgewalt sich eine Autorität anmaßt. In Verbindung damit hat § 24 VerG 1951 die zuständige Behörde ermächtigt, einen Verein aufzulösen, wenn von ihm Beschlüsse gefasst oder Erlässe ausgefertigt werden, welche den Bestimmungen des § 20[355] dieses Gesetzes (Anm: des VerG 1951) zuwiderlaufen, wenn er seinen statutenmäßigen Wirkungskreis überschreitet oder überhaupt den Bedingungen seines rechtlichen Bestandes nicht mehr entspricht.[356] Insofern hat der historische Gesetzgeber demnach das sanktionsbewehrte Verbot normiert, dass sich Vereine (staatliche) Autorität anmaßen.[357] Wenngleich

---

352 S dazu zB *Krejci*, Zehn Jahre Konsumentenschutzgesetz 167 f, 173 f, zum Schutz vor unangemessenen Vertragsdiktaten in Ungleichgewichtslagen und/oder Unterlegenheitsverhältnissen: „Schon willkürliche, sachlich nicht gerechtfertigte, reinen Machtmissbrauch indizierende Vertragsgestaltungen sollten hintangehalten werden."

353 Gemäß § 33 Abs 1 (VerG) ist das VerG 2002 (im gesamten Text ohne Beifügung der Jahreszahl angeführt, also: VerG) mit 01.07.2002 in Kraft und gleichzeitig ist das Vereinsgesetz 1951, BGBl 1951/233 idgF, außer Kraft getreten.

354 Vgl dazu VfGH 04.10.1949, B 33/49 = ÖJZ 1950, 20: Ein Verein wurde gem § 20 iVm 24 VerG 1867 aufgelöst, da er eine Preisbindung festgesetzt und seine Mitglieder indirekt gezwungen hat, sich bei Streitigkeiten mit dem Verband einer angrenzenden Wirtschaftsgruppe einem Schiedsgericht zu unterwerfen (Schiedszwang hat vorgelegen); dadurch hat der Verein seinen statutenmäßigen Wirkungskreis überschritten und überdies Beschlüsse gefasst, wodurch er sich in der Exekutivgewalt sowie schließlich in einem Zweige der Gesetzgebung eine Autorität angemaßt hat.

355 S dazu *Tomandl/Schrammel*, Die Rechtsstellung von Vertrags- und Lizenzfußballern, JBl 1972, 295, welche festhalten, dass § 20 VerG 1951 für sich allein jede Tätigkeit des Vereins verbietet, die formal oder inhaltlich die Anmaßung von Hoheitsgewalt bedeutet; aus dieser Bestimmung ist daher zu entnehmen, dass völlig unabhängig davon, ob die Vereinsbehörde zur Auflösung schreitet oder nicht, jeder generelle oder individuelle Akt des Vereins, der eine solche Anmaßung beinhaltet, ungültig ist, da der Sinn der Bestimmung nur darin liegen kann, solche Anmaßungen nicht wirksam werden zu lassen.

356 S zum VerG 1867 *Freund*, Das in Österreich geltende Vereins- und Versammlungs-Gesetz[2] (1894) 40 FN 1: „Aus dem Vereinsbegriffe und der demselben Rechnung tragenden obigen Rubrik ‚Die Rechte und Pflichten der Vereinsglieder' ist abzuleiten, dass das Statut eines Vereines aussen stehenden Personen (Nicht-Vereinsmitgliedern) mit Rechtswirkung Rechte nicht einräumen, und Pflichten nicht auferlegen kann. Insbsonders kann das Statut vermöge seiner Natur als ausschliesslich den Vereinsmitgliedern Rechte und Pflichten schaffenden lex contractus externe, ausserhalb des Vereinsverandes stehenden Personen niemals zu irgend welcher Leistung verbinden, ein Rechtsgrundsatz, der seinen deutlichen Ausdruck in § 881 ABGB gefunden hat." S dazu die geltende Rechtslage, § 3 Abs 2 Z 6 VerG, sowie zur Absicht des OEPS, insbesondere Nichtmitglieder, zB Wettkampfveranstalter und Reitsportler, seiner verbandlichen Normenordnung zu unterwerfen, V. unten.

357 Vgl *Ermacora*, Handbuch der Grundfreiheiten und der Menschenrechte (1963) 307 f; s auch *Liehr/Stöberl*, Der Verein[3] (1996) 34 f; *Scherhak/Szirba*,

auch der Tatbestand der Autoritätsanmaßung in der Rechtsprechung keine große Rolle gespielt hat[358] – sowohl zum VerG 1951 als auch zu dessen Vorgängergesetz, dem VerG 1867[359], gibt es diesbezüglich relativ wenig Entscheidungen[360] –, ist wohl gerade bei großen Vereinen immer wieder die Versuchung gegeben (gewesen), dagegen zu verstoßen,[361] und in Bezug auf Lebenssachverhalte (bzw Ausschnitte davon)[362] eben Subsysteme a la „Staat im Staat" einzurichten.[363] Jedenfalls mit dem Vereinsbegriff unvereinbar ist es, wenn ein Verein die dem Staat vorbehaltene Staatsgewalt originär für sich beansprucht. Die Staatsgewalt kennzeichnet (vor allem), dass sie die Rechtsunterworfenen durch Befehl und Zwang (imperium)[364] bindet. Eine Autoritätsanmaßung eines Vereins gegenüber Mitgliedern oder außenstehenden Dritten[365] ergibt sich eben aus einem

---

Das österreichische Vereinsrecht (1999) 57 ff.

358 Vgl *Höhne/Jöchl/Lummerstorfer*, Das Recht der Vereine (1997) 146 f.

359 RGBl 1867/134.

360 ZB VfGH B 249/48 u B 250/48, VfSlg 1780/1949; VfGH B 33/49, VfSlg 1865/1949 = ÖJZ 1950, 20.

361 *Tichy*, Die Vereinsfreiheit in Österreich, EuGRZ 1984, 57, 72.

362 Auf ein Vereinsmitglied, welches als Hobbysportler den Sport lediglich abseits von vereinsnormenbestimmten Wettkämpfen betreibt, wird ein „quasi-staatlich" agierender Verband relativ wenig zugreifen können. Ein Amateursportler allerdings, der zB intensiv an Wettkämpfen teilnimmt, hat in diesem Lebenssachverhalt mit einem umfangreichen Ausmaß an Fremd-bestimmung und, damit verbunden unter Umständen auch, an Zahlungs-forderungen zu rechnen. Profisportler wiederum sind sowohl in ihrem Training als auch bei ihrer „Berufsausübung", also im Kern bei der Teilnahme an Wett-kämpfen, geradezu existenziell auf die Einhaltung der Normenordnungen des Verbandes konditioniert. Praktisch wirken dann die Profisportler – ganz im Interesse des Verbandes – auf die an Wettkämpfen teilnehmenden Amateure ein, die Verbandsnormen zu befolgen, unter anderem mit dem Ergebnis, dass ein „quasistaatliches Subsystem" insgesamt stabilisiert wird.

363 Vgl *Thomasser*, Vereinsgesetz 2002, 180 ff.

364 Vgl *Zeleny*, Behörde in H. Mayer (Hrsg), Fachwörterbuch zum Öffentlichen Recht (2003) 58.

365 S dazu zB OGH 29.09.2009, 4 Ob 77/09s = RdW 2010, 26; In der E selbst finden sich folgende rechtliche Beurteilungen des Höchstgerichts: „Soweit der Kläger geltend macht, dass sich der angefochtene Beschluss nicht nur an Vereinsmitglieder richte, ist ihm zu entgegnen, dass diesem Aspekt hier keine Bedeutung zukommt. Entscheidend ist, ob die Streitigkeit zwischen dem Kläger und dem Verein – nach dem Klagesachverhalt – ihre Wurzeln in der Vereinsmitgliedschaft hat. Das hier zu beurteilende Klagebegehren ist auf Fest-stellung der Unwirksamkeit von Beschlüssen der Vereinsleitung gerichtet. Gemäß § 7 S 3 VerG ist jedes von einem Vereinsbeschluss betroffene Vereinsmitglied – und somit nicht jeder Dritte, auf den sich einzelne Wirkungen des Beschlusses erstrecken mögen – zur Anfechtung berechtigt. Schon daraus ergibt sich der enge Zusammenhang zwischen der klagsgegenständlichen Streitigkeit und der Vereinsmitgliedschaft des Klägers." Die E ist in der RdW jedoch unrichtiger-weise mit der folgenden Überschrift versehen: „Vereinsbeschluss auch wirksam für Dritte – Anrufung der vereinsinternen Schlichtungsstelle." Gerade dies, also eine – wie hier suggerierte generelle – „Wirksamkeit von Vereins-beschlüssen auch für Dritte", kann aus der E nicht abgeleitet werden, wiewohl eine derartige Wirkung oftmals von Sportdachverbänden sowohl

erklärten oder erschließbaren Anspruch, in einseitiger Weise (also heteronom) über das Verhalten dieser Personen zu bestimmen, Zwangsmaßnahmen anzudrohen, zu setzen, Zahlungen durch Druckausübung einzutreiben oder eine Strafgewalt[366] auszuüben.[367] Durch Normsetzungen a la Staat nehmen Verbände daher einseitig eine Regelungs- und sogar Rechtsprechungskompetenz[368] in Anspruch, die durch ihren Befehls- und Zwangscharakter

---

366   implizit als auch explizit angestrebt und behauptet wird. Allerdings: Eine sich zur staatsgleichen Rechtsetzung selbst ermächtigende Privatorganisation in der Rechtsform Verein würde allein schon gem § 29 Abs 1 ihren statutenmäßigen Wirkungskreis überschreiten.

366   Vgl dazu *Pabel*, Verfassungsrechtliche Grenzen der Ausgliederung, JRP 2005, 221, welche der These von ausgliederungsfesten Kernaufgaben der Verwaltung krit gegenübersteht; dieser zufolge würde zB die Vorsorge für die Sicherheit im Inneren und nach außen sowie die Ausübung der Strafgewalt zu den Kernaufgaben des Staates gerechnet werden, und deren Ausgliederung würde eine Verletzung des Systems des Aufbaus der staatlichen Verwaltung bedeuten. S zu den staatlichen Kernaufgaben wie eben der Strafgewalt insb VfSlg 14.473; sowie dazu Anm *Funk*, ÖZW 1997, 60 f, und *Walter/ H. Mayer/Kucsko-Stadlmayer*, Bundesverfassungsrecht[10] Rz 550. Die Selbstermächtigung von zB Sportdachverbänden jedoch, sich eine Strafgewalt gegenüber Verbandsmitgliedern und/oder Nichtmitgliedern anzumaßen, würde der Rechtsordnung widersprechen. Vgl dazu für den Bereich des Arbeitsrechts *Firlei*, Versetzung eines Profifußballers zu den Amateuren, RdA 2003, 183, der explizit festhält, das es keine „natürliche" Strafgewalt des Arbeitgebers gibt, sondern Disziplinarstrafen wie „zB Geldstrafen, Entgeltkürzungen oder vertragsändernde Versetzungen eine ausdrückliche Rechtsgrundlage erfordern.

367   ZB meint *Kadlec*, Ausgewählte Fragen zur Verbandsstrafgewalt – am Beispiel des Fussballsports in Grundei/Karollus (Hrsg), Berufssportrecht II (2008) 67, idS, dass sich das (künftige) Vereinsmitglied der in den Statuten zu regelnden Strafgewalt des Vereins unterwirft, welche der Durchsetzung des „gewünschten" Verhaltens der Mitglieder dienen soll. Anzumerken ist, dass aus Sicht von Vereinsdominatoren (von Dachverbänden) vielfach die bedingungslose Unterwerfung von Mitgliedern/Nichtmitgliedern unter die verbandliche Normenordnung „gewünscht" wird, und dass für diese „verbandlichen Leistungen" noch Gegenleistungen in Form von Gebühren zu erbringen sind.

368   All diese Tendenzen in Richtung „Sonder-, Sport- und/oder Verbandsgerichtsbarkeit" von Vereinen (als Selbstverwaltungskörper) sind höchst problematisch, da hierdurch wesentliche Elemente des demokratischen Rechtsstaates (insbesondere das heteronome Rechtsetzungs- und das Gewaltmonopol) gefährdet werden; s dazu *Gärtner*, Diskussionsbeitrag zu „Die verfassungsrechtlichen Schranken der Selbstverwaltung in Österreich" in Österreichischer Juristentag (Hrsg), Verhandlungen des dritten österreichischen Juristentages II (1967) 89: „Es steht nämlich zu befürchten, dass die Forcierung der Sondergerichte die Effektivität der ordentlichen Gerichtsbarkeit, die doch immer der Grundpfeiler jeder staatlichen Ordnung ist, in empfindlichem Ausmaß beeinträchtigt. Jede Gruppe, mag sie sich auch im Augenblick einer größeren Durchschlagskraft bewusst sein, gerät in Situationen, in der sie eines völlig unbeeinflussbaren Richterspruchs bedarf – eines Richterspruches, hinter dem aber die Autorität einer ungeteilten und ungeschwächten Gerichtsbarkeit stehen muss. Der Augenblickserfolg eines Selbstverwaltungskörpers, der seine Autonomie durch Schaffung eines Sondergerichtes ergänzt sieht, könnte sich daher auf lange Sicht als Linsengericht erweisen, um das der Rückhalt einer starken allgemeinen Gerichtsbarkeit veräußert wurde."

massiv in die Autonomie anderer (natürlicher) Personen eingreift. Eine Autoritätsanmaßung liegt also zB vor, wenn ein Verein über die Grenzen seiner Satzung hinaus versucht, seine „Vereinsgewalt" auf vereinsfremde Personen ohne deren Zustimmung auszudehnen. Es war für die Tatbestandsmäßigkeit § 20 VerG 1951 nicht erforderlich, dass eine beabsichtigte, noch, dass eine tatsächliche Ausübung von Befehl und Zwang vorlag; ausreichend ist die Erweckung des Anscheins staatlichen Handelns durch den Verein.[369, 370] Der zeitgemäß neu formulierte Auflösungsgrund eines Verstoßes gegen Strafgesetze in § 29 Abs 1 VerG steht zufolge den Erläuterungen zur Bezug habenden Regierungsvorlage nach heutigem Verständnis zugleich für die bisherige Verbotsbestimmung des nicht übernommenen § 20 VerG 1951.[371] Es ist daher durchaus davon auszugehen, dass jedem Vereinsrechtsgesetzgeber seit 1867 die höchst potentielle Gefahr, dass Vereine gegenüber ihren Mitgliedern als „Privatgesetzgeber", „Privatsteuerfordernde", „Privatrichter" und „Privatstrafvollziehende" auftreten (können), bekannt (gewesen) ist, und sie daher – allerdings zu schwach und zu unklar ausgebildete und/oder von der Verwaltung und/oder Rsp nicht vollzogene – Schutzbestimmungen im VerG normiert haben.[372]

Als ein – durchaus relevantes – Beispiel für grundlegende Vorbehalte gegen das Instrument der Schiedsgerichtsbarkeit seien diesbezügliche Äußerungen im Reichsrat im Zusammenhang mit Beratungen zur ZPO wiedergegeben; der Abgeordnete *Dyk* nimmt in der Reichsratssitzung am 09.07.1895 zu den sog „Börsenschiedsgerichten" Stellung: „Was die Normen in Bezug auf die Börseschiedsgerichte angelangt, so gestehe ich offen, dass ich ein entschiedener Gegner dieser Institution bin und im Ausschusse dafür eingetreten bin, dass man dieses Privilegium, welches die Börseschiedsgerichte bisher besitzen, zur Gänze beseitige." Und weiter: „Ich werde nachweisen, wie gefährlich dieses Privilegium für die Landwirtschaft, nicht nur für den Großgrundbesitz, sondern auch für den kleinen Grundbesitz ist. Die einzelnen Börsen, zum Beispiele die Frucht- und Mehlbörse in Wien, haben gewisse Statuten, nach welchen Schiedsgerichte bestehen; aber nach diesen Statuten sind diese Börseschiedsgerichte nicht nur berechtigt, in Rechtsstreitigkeiten, welche zwischen

---

369 *Bric*, Vereinsfreiheit 241 ff, bezieht sich auf das VerG 1951.

370 *Krejci/S. Bydlinski/Weber-Schallauer*, Vereinsgesetz[2] § 29 Rz 4, vertreten die Position, dass das VerG (als Nachfolgegesetz des VerG 1951) bezüglich der Fälle behördlicher Vereinsauflösung im Wesentlichen keine Änderungen gegenüber dem bisherigen Recht, also insbesondere § 20 iVm 24 VerG 1951, beinhaltet, dass aber der Gesetzgeber vom früheren Tatbestandselement der Autoritätsanmaßung – worunter Tätigkeiten verstanden werden, die dem Staat bzw staatlichen Einrichtungen vorbehalten sind – ihrer Einschätzung nach wohl zu Recht abgesehen hat, weil eine derartige Anmaßung den angestrebten Erfolg nicht herbeizuführen vermag. Dazu ist anzumerken, dass Verbände gerade bei der Anmaßung von „Privatgesetzgebung", „Privatgerichtsbarkeit", „Privatstrafvollzug" sowie „Privatsteuerforderung" recht erfolgreich sind.

371 RV 990 BlgNR 21. GP 43.

372 Vgl *Funk*, Kontrolle und Aufsicht über wirtschaftlich tätige Vereine, in Korinek/Krejci, Der Verein als Unternehmer (1988) 382; und zum Schutz der Rechtsposition des Vereinsmitglieds: *Höhne/Jöchl/Lummerstorfer*, Recht[3] 328.

Mitgliedern der Börse entstehen, zu entscheiden, sondern sie haben das Recht, über alle Staatsbürger im ganzen Reiche zu entscheiden *(Abgeordneter Auspitz*: Wenn sie sich freiwillig unterwerfen!*) freilich in allen Fällen, wo – der Herr Collega *Auspitz* hat darauf aufmerksam gemacht – sich die Betreffenden diesem Schiedsgerichte unterwarfen. Es ist aber nicht die ausdrückliche Einwilligung des Belangten notwendig, sondern es wird auf Grund der Annahme einer Faktura oder eines Schriftstücks durch den gewöhnlichen Landwirt angenommen, dass er sich stillschweigend der Kompetenz des Börseschiedsgerichts unterwirft. Darin liegt eine große Gefahr. Einem Börseaner, Fabrikanten, Handelsmann kann man soviel Kenntnisse zumuten, dass er, wenn er eine Rechnung oder eine Faktura bekommt, nachgrübeln und wenn er so ganz heimlich eine Bestimmung findet: ‚Ich füge mich dem Schiedsgerichte der Börse‘, sich dessen bewusst sein wird, was für Folgen solche Anmerkungen auf dem betreffenden Schriftstücke für ihn haben.“ Anders dagegen, so der Abgeordnete, wird die Sachlage bei einem gewöhnlichen Landwirt sein, dem die Kenntnisse der vorgenannten Gruppen nicht zugemutet werden kann: „die Erfahrung (wird) zeigen, dass oft und viele Landwirte zu den Verhandlungen des Börseschiedsgerichtes herangezogen wurden, die keine Ahnung davon gehabt haben, dass sie in die Kompetenz eines Börseschiedsgerichts eingewilligt haben.“ Es ist daher die Intention des ZPO-Gesetzgebers zu vermuten, dass diese „gewissermaßen automatische“ Unterwerfung (oder „Auslieferung“) von Personen unter die Börseschiedsgerichte gerade Vereinsmitgliedern in Bezug auf „Vereinsschiedsgerichte“ durch die Normierung von § 599 Abs 2 ZPO nicht widerfahren sollte. Denn durch das „Konstrukt der Unterwerfung“ waren die Personen durch die Börsenschiedsgerichte doppelt benachteiligt: erstens fanden sie sich einer „Jurisdiktion“ einer offensichtlich mit dem Selbstverständnis ordentlicher Gerichte agierenden Institution ausgeliefert und zweitens war den dermaßen „Judikaturierten“ dann der Weg der Appellation an die staatliche Gerichtsbarkeit verwehrt. Weiters führt *Dyk* aus: „Aber wie waren diese Börseschiedsgerichte geregelt? Sie waren geheim, es durfte niemand zur Verhandlung zugelassen werden; ferner war ausdrücklich ausgeschlossen, dass man sich einen Advokaten nehmen dürfe. Wenn nun zum Beispiel ein Vorarlberger Landwirt geklagt wurde, der hier (Anm: in Wien) ganz fremd war, so durfte er sich an keinen Advokaten wenden, sondern nur an gewisse Herren, welche auf einer Liste auf der Börse verzeichnet sind, die aber immer mit den Börseanern im guten Einvernehmen waren. Advokaten und Rechtsmittel waren ausgeschlossen eine Nullitätsbeschwerde und Nullitätsklage war unzulässig, kurz das Börseschiedsgericht konnte über die armen Landwirte nach Willkür urteilen.“ Bezugnehmend auf Klagen infolge bestimmter Geschäfte übt der Reichsratsabgeordnete schließlich heftige Kritik: „Diese Sachen durften nicht vor ein öffentliches Gericht kommen, davor hat man sich gescheut und deswegen hat man auch eine solche Scheu vor der Öffentlichkeit, denn derartige Geschäfte waren gut genug, um als Deckmantel für die Ausbeutung der landwirtschaftlichen Bevölkerung zu dienen.“[373] Hieraus kann ersehen werden, dass damalige

---

373 StProtAH 11. Sess, 20269 f. In der Sitzung am Folgetag, 20369 ff, ergreift ein

Abgeordnete durchaus sensibilisiert waren, was sich im Rahmen einer „nichtstaatlichen Gerichtsbarkeit", nämlich der lediglich in Grundzügen geregelten Börseschiedsgerichtsbarkeit, für Nachteile für Personen ergeben können, deren „Unterwerfung" unter solch eine „Rechtsprechung eigener Art" insbesondere von denjenigen bejaht (bzw propagiert) wurde, die daraus Vorteile zogen. Zwischen einerseits Landwirten und Börseschiedsgerichten von vor mehr als 100 Jahren und andererseits Sportlern und „Verbandsgerichten" samt „Verbandsverfahren" heutzutage können durchaus Analogien gezogen werden.

Relevant für das Thema „private Rechtsetzung" sind im Weiteren noch Ausführungen/Argumentationsketten *Schäffers* zum Begriff der „Autonomie" und in Verbindung damit zur „Privatautonomie" sowie zur „Verbandsautonomie"[374]. „Autonomien" definiert *Schäffer* als „die Einräumung von Rechtsmacht zur Ausübung untergesetzlicher Rechtskonkretisierung, deren Form von der Verfassung nicht im einzelnen festgelegt wurde"; er begründet dies damit, dass diese rechtserzeugende Funktion ursprünglich nicht theoretisch klar erkannt wurde und weil die traditionellen Formen im wesentlichen als unproblematisch angesehen wurden. Privat- und Verbandsautonomie sind ihm zufolge verfassungsgesetzlich nicht ausdrücklich festgelegt, sie stehen aber als erkennbare Resultante der über die Gesetzesvorbehalte begrenzt variierbaren Freiheitsräume unter verfassungsrechtlichem Schutz; zwischen die Formen staatlicher Rechtsetzung und die grundrechtlich abgesicherte nichtstaatliche Rechtssetzung schieben sich freilich als pouvoirs intermediaires die territorialen und persona-

---

anderer Abgeordneter (der sich als ein im Welthandel ergrauter Praktiker vorstellt) ausführlich Partei für die Institution der Börseschiedsgerichte in der bestehenden Form. Wiederum einige Tage später, 20831 f, kommt ein weiterer Abgeordneter auf das Thema zu sprechen: „Nichtsdestoweniger hat man mit den Schiedsgerichten, sowohl mit den gewählten als auch mit den an der Börse bestellten, auch gegenwärtig schon so traurige Erfahrungen gemacht, dass selbst bei den heutigen Prozesszuständen so mancher, der einmal das Vergnügen gehabt hat, eine schiedsrichterliche Prozedur mitzumachen, sich recht gerne wieder der ordentlichen Prozedur durch den ordentlichen Richter unterzieht." Zur Forderung, die Öffentlichkeit bei diesen Verfahren zuzulassen, erörtert dieser Abgeordnete: „gerade bei den Börsenschiedsgerichten verlangen wir, dass die Kontrolle der Öffentlichkeit geübt werde. Denn dies ist hier viel wichtiger als dort, wo ein kaiserlicher Richter, der durch seinen Eid gebunden ist, der sein ganzes Leben gewohnt ist, in unparteiischer Weise die Rechtsprechung zu üben, es ist viel wichtiger hier, wo Kreise, welche selbst wieder in dieser Geschäftsgebarung und in solchen Streitigkeiten mitbegriffen sind, urteilen." Diese Stellungnahme verdeutlicht ein grundlegendes Problem jeglicher Schlichtungstätigkeit in Vereinen/Verbänden, nämlich dasjenige, dass verbandlich bestellte und bezahlte Personen als „Richter in eigener Sache" tätig werden.

374 Vgl dazu *Bric*, Vereinsfreiheit 30 ff: Der verfassungsrechtlich geschützten Institution des Vereins ist gerade die autonome Bildung eines kollektiven Willens (durch Beschlüsse) wesensmäßig immanent. Der institutionelle Kern dieser Autonomie besteht in der Selbstbestimmung der Mitglieder des Vereins im Wege über ihre eigenen Organe. Und besonders hervorzuheben: Die Autonomie ist auf die Mitgliederversammlung als das oberste Organ des Vereins konzentriert.

len Selbstverwaltungskörper als dezentralisierte, funktionell staatliche Vollziehung. *Schäffer* – wohl auch Vereine mitmeinend – beurteilt die Träger der verfassungsrechtlichen Autonomien als im Grunde zwar ebenfalls von der Rechtsordnung konstituierte, aber nicht bloß weisungsfrei gestellte Rechtsträger, sondern als von vornherein und grundsätzlich weisungsfrei gedachte Rechtsträger.[375] Diese Argumentationstradition, unter anderem von *Schäffer* fokussiert, stellt eine Grundlage dafür dar, dass zB von „Sportgesetzen" als im Rahmen der Verbandsautonomie gesatztes Recht[376] gesprochen werden kann.[377] Aber *Schäffer* hat bereits (1973) die Problematik gesehen, die mitentsteht wenn bestimmte Typen privater Rechtsbildung gegenüber der öffentlichen Rechtsbildung an Einfluss gewinnen. Die folgenden Ausführungen *Schäffers* zeigen, obwohl es sich bei der/einer „Privatrechtsetzung durch Vereine" eigentlich um ein „Paradebeispiel" in seinem Sinn handeln müsste, ein doch paradoxes Ergebnis: *Schäffer* sieht, dass der Einzelne „kollektive Mächten" bzw übermächtigen Privatrechtspartnern gegenübersteht, weshalb in sorgfältiger Ausdeutung der Verfassung die Möglichkeiten, aber auch Grenzen, verbands- und privatautonomer Rechtssetzungsbefugnisse aufzuzeigen sind. *Schäffer* meint weiters explizit, dass „nur manche, durchaus nicht alle Formen vermeintlicher oder echter privater Rechtsbildung problematisch sind." Ihm

---

375 *Schäffer*, Rechtsquellen 104 f.

376 Vgl *Rebernig*, Lizenzierungsverfahren versus Insolvenzverfahren im österreichischen Profifußball, ecolex 2007, 406.

377 Die *Schäffersche* Position kann für Sportverbände, insbesondere deren Vereinsdominatoren, eine willkommene Argumentationsgrundlage bieten, wenn es darum geht, die von Vereins- bzw Nichtvereinsmitgliedern geforderte Unterwerfung unter verbandliche Normenordnungen in etwa folgendermaßen zu interpretieren: Mit dem Vereinsbeitritt „erschöpft" sich die Privatautonomie des Individuums auf Kosten der Privat- und Verbandsautonomie des Kollektivs, also des Vereins (bzw der „Vereinigung im Verein", nämlich der Vereinsdominatoren). Und der Verband kann dann „Recht setzen" (sein Verbandsrecht) und Gewalt ausüben, vor allem Disziplinierungs-, Straf- und Vollziehungsgewalt. In diesem Zusammenhang sind die Ausführungen von *Mayer-Maly*, Rechtsphilosophie 41 ff, zur Privatautonomie im gegenwärtigen und einem früheren Sinn sehr aufschlussreich: ihm zufolge gehört zum Menschenbild des Rechts auch die Anerkennung von Privatautonomie, worunter insbesondere die Möglichkeit des Menschen verstanden wird, seine eigenen Angelegenheiten zB durch Verträge selbst zu ordnen; „ursprünglich hatte der Ausdruck einen anderen Sinn: Von Privatautonomie sprach man nur im Hinblick auf das Recht bestimmter Fürstenfamilien, sich Hausgesetze zu geben. Hauptsächlich erst nach 1945 hat man das Wort für Vertragsfreiheit und alles, was man mit ihr verbindet, eingesetzt." Ein derartiges Selbstverständnis, nämlich quasi „Hausgesetze" für die „Familie", nunmehr eben für die „Verbandsuntertanen" zu erlassen, kann gelegentlich bei Vereinsdominatoren geortet werden. S zB *Weinreich*, Die globale Spezialdemokratie in Weinreich (Hrsg), Korruption im Sport. Mafiose Dribblings – Organisiertes Schweigen (2006) 33: „Wenn wir Probleme haben in der Familie, dann lösen wir doch die Probleme in der Familie und gehen nicht zu einer fremden Familie. Alles, was im Fußball passiert, und alle Schwierigkeiten, die im Fußball sind, sollen innerhalb der fußballerischen Gerichtsbarkeit oder Rechtsprechung gelöst werden – und nicht vor ordentliche Gerichte gebracht werden. Das ist nicht mehr unsere Familie."

zufolge wird eine große Gruppe normalerweise nicht zu unmittelbarer Rechtsverbindlichkeit (sic) gesteigerter Regeln von vereins- und gesellschaftsrechtlich organisierten Massenorganisationen (Sozialpartner, Sportverbänden, Kraftfahrverbänden und ähnlichen Gruppen) geschaffen: „Typische Beispiele bilden aber die Sportregeln (Spiel- und Wettkampfregeln von Sportvereinen sowie nationalen und internationalen Sportverbänden), die uu auch ‚sportrechtliche' (sic) Sanktionsbestimmungen für den Fall der Regelverletzung enthalten. Sie sind grundsätzlich Bestandteil der Vereins- oder Verbandssatzung oder auf Grund derselben erlassene Regeln, denen sich der Sportler durch Beitritt unterwirft. Sie sind nach wohl zutreffender hL keine Rechtsnormen, aber sie bestimmen das Maß der bei sportlicher Betätigung gebotenen Vorsicht."[378] *Schäffers* Position ist also mehrschichtig, das Gefahrenpotential privater Regeln erkennend, beurteilt er derartige Regeln als nicht unmittelbar rechtsverbindlich (sic) und hält dann im Fall von Sportregeln – hinsichtlich derer seinen bisherigen Ausführungen zufolge wohl eine „klassische private Rechtssetzung" vorliegen müsste – zustimmend fest, dass diese keine Rechtsnormen sind. *Schäffers* Argumentationsbogen reicht (noch) weiter: Er konstatiert in Art 12 StGG und auch in Art 11 EMRK die zentrale verfassungsrechtliche Grundlage der privaten (gesellschaftlichen = nichtstaatlichen) Verbandsautonomie, welche nebst weiteren Verfassungsvorschriften einen Mindeststandard kollektiver Selbstbestimmung garantiert. Als Wesensmerkmal der Selbstbestimmung sieht er die Gewährleistung der Rechtsfähigkeit und der Satzungsfähigkeit, da dem Begriff „Verein" die Bildung eines kollektiven Willens immanent ist. Daraus leitet *Schäffer* dann für den verbandsinternen Bereich eine Ermächtigung zu repräsentativer und genereller Rechtsetzung ab, und dies, obwohl – wie zuvor festgehalten – die „Ergebnisse" einer derartigen „Rechtsetzung" (zB die Sportregeln) gerade keine Rechtsnormen sind.[379] Zuzustimmen ist *Schäffer*, der der Verfassung keine Aussage entnehmen kann, wie denn der innervereinliche Willensbildungsprozesses ablaufen soll. Auch zu Folgendem muss *Schäffer* – leider – beigepflichtet werden: Der Mitbestimmungsgedanke ist im vereinsrechtlichen und im allgemein verbandsrechtlichen Bereich zwar eine typische, aber nicht notwendige Erscheinung, sodass nicht zwingend ein Verfassungsgebot innerverbandlicher Demokratie[380] erschlossen werden kann. Dies galt 1973 für das VerG 1951 und gilt heute für das VerG, treffend dazu *Krejci*: Ein „Diktatorverein" stört also nicht.[381] *Schäffer* als Vertreter der Position der/einer privaten (verbandlichen) Rechtsetzung – benennt (bzw erkennt) in seiner Stellungnahme von vor 40 Jahren eine –

---

378 *Schäffer*, Rechtsquellen 105 f.
379 Vgl dazu jedoch *Pernthaler*, ZAS 1966, 37, der gerade in der Garantie der Verbandsautonomie eine, dieser Institution entsprechende spezielle Form der generellen Rechtsetzung, nämlich die (privatrechtliche) Satzungsfähigkeit, gewährleistet gesehen hat. Weiters meint *Pernthaler*, dass diese Art der Rechtsnormen (aus denen er eine ihnen entsprechende „Verbandsgewalt" ableitet) gleichsam eine Übergangsform zwischen privatautonomer und hoheitlicher Rechtsetzung bildet (inhaltlich entsprechend: *Pernthaler*, Schranken 102). Soweit ersichtlich ist diese Position *Pernthalers* solitär.
380 Vgl *Bric*, Vereinsfreiheit 94 ff.
381 *Krejci*, Vereinsprivatrecht 314.

wie er schreibt – möglicherweise auftretende Spannung zwischen ver-
bandsautonomer Rechtsetzung als heteronomer Bestimmung der Verbandsangehörigen und der allgemeinen Privatautonomie. Es verwundert
einigermaßen, dass *Schäffer* nicht antizipiert, dass eine derartige Rechtsetzungsmacht (liegt sie nun aufgrund von „Ermächtigung, Verleihung"
und/oder aufgrund von Anmaßung bei Verbänden vor) mit an Sicherheit
grenzender Wahrscheinlichkeit zu Fremdbestimmungen von Vereinsmitgliedern führen kann bzw wird, und zwar in ausgeprägten Formen zu
einem sich quasistaatlich gerierenden Verband und zu „verbandshörigen
Unterworfenen". Wie „löst" *Schäffer* die Divergenz zwischen verbands-
autonomer Rechtsetzung und der Privatautonomie der Verbandsangehörigen? Er sieht dieses „Problem" durch die sog „negative Vereinsfreiheit"
(das ist die freie Entscheidung des Einzelnen über Austritt oder Verbleib
im Verband)[382] im Sinne der Höherwertigkeit der individuellen Freiheit
gelöst.[383] Eine „derartige Lösung" hat es wahrlich in sich: Die Privatautonomie der Vereinsmitglieder kann demzufolge offenbar in (beinahe) jedem
Maße eingeschränkt werden, dem Vereinsmitglied aber, das sich damit
nicht „abfindet", das sich also nicht „unterwirft", dem bleibt das „Verlassen"
des Vereins. Es ist wohl unbestritten, dass das einzelne Vereinsmitglied
bzw die Summe der Vereinsmitglieder, die nicht „Schlüsselfunktionen" in
Vereinen besetzen, zB als Funktionäre, als organschaftliche Vertreter oder
als Verwalter, gegenüber einem derartigen „Zentralapparat" des Vereins,
gebildet durch die Vereinsdominatoren, eindeutig in einer „schwächeren"
Position sind. Das Verhältnis zwischen dem Vereinsmitglied und dem durch
die Vereinsdominatoren gestalteten Verein ist also mutatis mutandis denjenigen zwischen Konsumenten und Unternehmer, Dienstnehmer und
Dienstgeber oder Mieter und Vermieter vergleichbar. Und in derartigen
Konstellationen stellt sich die Frage nach dem Schwächerenschutz insbesondere im Privatrecht.[384] Dieser Schutz ist in den einschlägigen Gesetzen
entsprechend ausgebildet: Der Gesetzgeber hat sich – nachvollziehbarer-
weise und wohlbegründet – dafür entschieden, dass zB weder der Konsument, noch der Dienstnehmer oder der Mieter seine Privatautonomie als
„hochwertige individuelle Freiheit" gegenüber seinen Vertragspartnern
letztlich nur dadurch „verwirklichen" kann/soll, indem er, sofern er sich
deren Vertragsbedingungen nicht unterwerfen will, das Vertragsverhältnis
nicht eingeht oder auflöst. Daraus folgt, gerade wo es im VerG so gut wie
keine Anknüpfungspunkte für den Mitgliederschutz gibt[385], dass eine

---

382 Vgl *Bric*, Vereinsfreiheit 19.
383 *Schäffer*, Rechtsquellen 111.
384 S dazu *F. Bydlinski*, System 708 ff, welcher den/einen von Maximen des
     Schwächerenschutzes beherrschten Systemteil des aktuellen Privatrechts
     neben dem „klassischen" Privatrecht als „Aufspaltungstendenz" grundsätzlich
     ablehnt und statt dessen ein umfassendes „Sonderprivatrecht für Ungleich-
     gewichtslagen" vorschlägt, als dessen Schrittmacher zB das Arbeitsrecht dienen
     kann; s zum Schwächerenschutz jüngst *Krejci*, GES 2011, 375; vgl ebenso
     Kodek, 200 Jahre Allgemeines Bürgerliches Gesetzbuch – das ABGB im Wandel
     der Zeit, ÖJZ 2011, 493, welcher in Verbindung mit den Errungenschaften des
     Naturrechts und dessen zentraler Rechtswerte wie Freiheit und Menschen-
     würde den sozialen Gedanken, den Schutz Schwächerer, anführt.
385 Vgl *Krejci*, JBl 2003, 713.

Rechtsnormsetzungskompetenz für Vereine/Verbände das gesamte der Rechtsordnung innewohnende Konzept des Schwächerenschutzes geradezu konterkarieren würde, da eine „Quasi-Allmacht" des Vereins, gekleidet in eine „Staatsgleichheit" bzw „-ähnlichkeit", den Vereinsmitgliedern signalisieren würde, dass sie eben nicht einer grundsätzlich gleichrangigen privaten (juristischen) Person gegenüber stehen (würden).

1. (rechts)soziologischer Exkurs: Ältere Zugänge zu den Begriffen „Recht" und „verbandliche Normenordnung"

Nach der vorangegangenen, dem Grunde nach rechtsdogmatischen Auseinandersetzung mit der Frage der/einer „privaten Rechtsetzung" sei nun auf ältere (aber deswegen keinesfalls nunmehr unbeachtliche) rechtstheoretische/soziologische Positionen hiezu von bzw um *Geiger* und *Trappe* eingegangen.[386] Dies deshalb, da ihnen nach wie vor gewichtige Bedeutung zukommen kann und – wie in dieser Darstellung zum Verhältnis zwischen Sport(dach)verband und natürlicher Person vertreten wird – auch soll. Im Kern geht es um die Frage, wer, bezogen auf einzelne Menschen bzw Menschengruppen (seien es nun die Bürger eines Staates, die Konsumenten eines internationalen Unternehmens oder die [Berufs-] Sportler einer bestimmten Disziplin), welche „Gewalt" – zB „getarnt" im Kleid „notwendiger" Normen – ausüben kann und soll. Sollen dies intermediäre Kräfte oder transnationale Regimes[387] „machtvoll" können, falls ja, wie sind sie zu dieser Macht gelangt, wie legitimieren sie selbige etc? Oder sind natürliche Personen – in ihrer überwiegenden Mehrzahl Staatsbürger zumindest irgendeines Staates auf der Welt – besser gestellt bzw sicherer, wenn Gewalt ausschließlich an eine (lokale, regionale und/oder nationale) überschaubare Institution, einen Rechtsstaat, „übertragen" bzw „abgegeben" ist? Das Für und Wider der/einer heteronomen Rechtsetzungsgewalt in nichtstaatlichen Gefügen muss iZm dem Gewaltmonopol des Staates[388] gesehen werden, ebenso wie der (faktische und rechtliche) Schwächerenschutz[389] nicht ohne konsequente Einhegungen privater Macht auskommt.

---

386 Eigenartigerweise ist *Geiger* nicht (einmal) im Personenregister von *Buckel/Christensen/Fischer-Lescano* (Hrsg), Neue Theorien des Rechts[2] (2009) angeführt.

387 Vgl *Fischer-Lescano/Teubner*, Regime-Kollisionen passim; s dazu 2. (rechts)soziologischer Exkurs.

388 S statt vieler krit zum staatlichen Gewaltmonopol *Sofsky*, Traktat über die Gewalt (1996) 12 ff: „Dem Gesellschaftsvertrag folgt der Herrschaftsvertrag. Das Gewaltmonopol soll den moralischen Wankelmut ausgleichen und den Eidbruch unterbinden. (...) Das Regime der Ordnung erschafft den Untertan, den Konformisten, den Außenseiter – und das Menschenopfer, das dem Gott des Staates dargebracht wird. (...) Die Ideologie des Gewaltmonopols, die von devoten Priestern der Macht unverdrossen verkündet wird, beschönigt diese negative Bilanz der Staatengeschichte. Den Schutz vor dem Nachbarn erkauften sich die Menschen durch freiwillige Knechtschaft, durch Ohnmacht und Unterwerfung. Doch so wenig der Gesellschaftsvertrag sie vor Übergriffen bewahrte, sowenig hegt der Staatsvertrag die Gewalt ein." Tatsächlich jedoch scheint die Einhegungsfähigkeit des Staates im Fall von verbandlichen Gewaltverhältnissen, welche zu neuen Untertanenschaften führen, aus welchen Gründen auch immer, beschränkt zu sein.

389 S dazu vor allem VI.3.

Geiger versteht den Begriff des Rechts[390] bzw das Recht als ein innerhalb eines Gesellschafts-Integrates („Gruppe") bestehendes Ordnungsgefüge[391], womit freilich nur wenig und ganz Allgemeines gesagt ist. Dezidiert schließt *Geiger* aus, dass jede soziale Ordnung (gleich) Recht ist. Und ausdrücklich meint er, dass es doch zumindest ungewöhnlich wäre, gewisse Ordnungserscheinungen wie etwa die Satzung eines Vereins oder die Gepflogenheit einer Bevölkerungsschicht als Recht zu bezeichnen; (durchaus rechtspositivistisch) erkennt er eine spezifische Beziehung zwischen „Recht", „Staat" und „Gesetz". Recht ist ihm zufolge – schon konkreter – die soziale Lebensordnung eines zentral organisierten gesellschaftlichen Großintegrats, sofern diese Ordnung sich auf einen von besonderen Organen monopolistisch gehandhabten Sanktionsapparat stützt. Gerade da mit der/einer Kompetenz zur Rechtsetzung in weiterer Folge typischerweise auch die „Vollziehung" (vor allem im Sinn von „Rechtsprechung") und damit „Sanktionierung" von Rechtsnormen verbunden ist, welche am Staat, an der Staatsgewalt und damit an dessen umfassender Fremdbestimmung (gegenüber den Rechtsnormunterworfenen) orientiert ist, kommt der Feststellung, ob von einer privaten Rechtsetzung, ob – wie auch immer – vom Staat abgeleitet (Ermächtigung, Beleihung etc) oder selbstermächtigt, also zB angemaßt, ausgegangen werden kann/muss, grundsätzliche Bedeutung zu. Denn „Recht" setzen (und dessen Befolgung durchsetzen) zu können, bedeutet Macht, faktische, normative und ökonomische. So hält auch *Geiger* fest, dass Recht jedenfalls entschiedenermaßen nicht das Gegenteil von Macht ist.[392] „Der Inhalt der Rechtsordnung, die Gesamtheit der in ihr

---

390   Vor vierzig Jahren hat *Meyer-Cording*, Die Rechtsnormen (1971) 1, gemeint, man müsse sich wundern, dass über den Begriff der Rechtsnormen, den die Rechtswissenschaft seit Jahrhunderten verwendet, sehr wenig Klarheit besteht. Klarheit im Sinn einer herrschenden Meinung zu Begriff, Inhalt, Funktion der/einer „Rechtsnorm" und deren Abgrenzung zum Begriff der „Norm" erscheint nach wie vor als nicht gegeben.

391   Sa *Trappe*, Kritischer Realismus in der Rechtssoziologie in Trappe, Kritischer Realismus in der Rechtssoziologie (1983) 3.

392   Vgl dazu *Kelsen*, Aussprache über die vorhergehenden Berichte in VVDStRL, Die Gleichheit vor dem Gesetz im Sinne des Art 109 der Reichsverfassung (1927) 54 f: „Die Frage, die auf das Naturrecht zielt, ist die ewige Frage, was hinter dem positiven Recht steckt. Und wer die Antwort sucht, der findet, fürchte ich, nicht die absolute Wahrheit einer Metaphysik noch die absolute Gerechtigkeit eines Naturrechts. Wer den Schleier hebt und seine Augen nicht schließt, dem starrt das Gorgonenhaupt der Macht entgegen." IdZ ist beispielsweise *Koller*, Recht – Moral – Gerechtigkeit, JBl 1984, 286, zuzustimmen: „Der Wirkungsbereich des Rechts und das Durchsetzungsvermögen seiner Institutionen hängen dabei vor allem davon ab, wie weit die Macht reicht, die hinter dem Recht steht." Umgelegt auf das gegenständliche Thema kann geschlussfolgert werden: In dem Maße, in dem der Staat Verbände samt ihren Normenordnungen insbesondere unter dem Schutz-, Trutz- und Deckmantel der Vereinsfreiheit nahezu ungehindert gewähren lässt, zeigt sich die relative Machtlosigkeit des ersteren ua aufgrund der Infiltrations- und Interessendurchsetzungsfähigkeit der intermediären Kräfte. Vgl zur Bedeutung von „Macht" und „Vermachtung" iZm „Recht" zB *Forgó/Somek*, Nachpositivistisches Rechtsdenken in Buckel/Christensen/Fischer-Lescano (Hrsg), Neue Theorien des Rechts² (2009) 254, 265, sowie *Bierbricher*, Macht und Recht: Foucault

sanktionierten Gebarensmodelle ist vielmehr in hohem Grad von der Machtstruktur der Gesellschaft abhängig. Was aber den Rechtszustand von dem der schieren Macht unterscheidet, ist die Tatsache, dass die Macht nicht nach Willkür des Augenblicks, sondern nach Regeln ausgeübt wird. Auf den Begriff der Macht bezogen ist das Recht eine Modalität der Machtausübung, es ist Regulation der Machtverhältnisse. Der Rechtszustand ist nicht das Gegenteil des Machtzustandes, sondern er ist der Zustand gebändigter Macht. Recht bedeutet (also), auf die interkursiven Machtverhältnisse einer Gesellschaft bezogen, dass die Steuerung menschlichen Verhaltens in geregelten Bahnen erfolge."[393] In jeder Gruppe, wie zB einem Sportverband, stellt sich die Frage nach der Macht, nach deren Verteilung, allerhöchste Wichtigkeit kommt hierbei dem verbandlich geschaffenen Regelsystem zu. *Trappe* konstatiert hier (in Übereinstimmung mit *Geiger*), dass neben den Rechtsregeln (und damit der „Rechtsordnung") andere Regeln wirken, die die eigentliche Rechtsordnung ergänzen, bzw ihr genetisch oder auch historisch vorausgehen. Diese anderen Regeln haben ihm zufolge offenbar eine vitale Beziehung zur sozialen Wirklichkeit, sie entstehen aus ihr, sie wandeln sich mit ihr, wogegen Rechtsregeln einen Überbau darstellen, jedoch abstrakt und schwer wandlungsfähig zu sein scheinen. Es handelt sich hierbei also um Ordnungsgefüge neben der Rechtsordnung. Jene führen zu einer Regelhaftigkeit in einer Gruppe, welche unter den Beteiligten zur Regelmäßigkeit werden kann. Von einer Norm (einer Gruppe, zB einem Sportverband) – im Gegensatz zur „Rechtsnorm" des Staates – lässt sich sprechen, wenn die Gruppenmitglieder durch Reaktion (soziale Reaktion, Boykott) der Regelmäßigkeit Verbindlichkeit zuerkennen und gegen ein Abweichen opponieren. „Recht" wird daher an das Phänomen des sozialen Großintegrats, vornehmlich vom Typus des Staates, geknüpft, mit den Merkmalen der Institutionalisierung, Formalisierung, auf Basis eines geordneten abstrakten Systems, sowie des Vorhandenseins eines Sanktionsapparats zu seiner Durchsetzung. Im Staat integrieren sich zahlreiche – unterschiedlich strukturierte – Sozialgebilde zu einem größeren Verband.[394] Die Tätigkeit des Rechtsetzens ist letztlich ein Ringen um die normative Festlegung des Staates und damit auch der Menschen in diesem Gebilde. Das staatliche Gesetz – die Aura des Staatlichen und damit der staatsgleichen Gewalt – ist allenthalben, vor allem bei den verschiedenen intermediären Akteuren[395] wie zB Verbänden, ein begehrtes „Produkt", das zwischenmenschliche Ordnungen, Leistungen, Einfügungen, Gestaltungs-

---

in Buckel/Christensen/Fischer-Lescano (Hrsg), Neue Theorien des Rechts[2] (2009) 135.

393   *Geiger*, Vorstudien zu einer Soziologie des Rechts (1964) 43, 339, 351 f.

394   *Trappe*, Einleitung. Die legitimen Forschungsbereiche der Rechtssoziologie in Geiger, Vorstudien zu einer Soziologie des Rechts (1964) 16, 22 ff.

395   Vgl zB insofern konträr, weil idealistisch, zu den vom untersuchungsgegenständlichen Sportdachverband geschaffenen normativen und faktischen Verhältnissen *Zimmer*, Vereine 64 ff, der zufolge „der Verein als Zusammenschluss von Freien und Gleichen gleichsam der Prototyp des kollektiven Akteurs bzw der intermediären Instanz ist." Überdies findet die Autorin „die vermittelnde Funktion der Vereine interessant und spannend, (und damit) ihre Qualität als intermediäre Instanz, die den Einzelnen mit Staat und Gesellschaft verbindet."

möglichkeiten schaffen und sicherstellen soll.[396] Als (Sport)Verband staatsgleich – insbesondere heteronom – „Recht zu setzen", führt zu einem mehrfachen „Legitimitätsglauben"; jedenfalls wollen Vereinsdominatoren offenbar
glauben (machen), sie agieren wie der Staat gegenüber seinen Staatsbürgern, und ihre Anordnungen, Bestimmungen, Regulative etc sind
„Gesetz(e)" für die Normadressaten; und diese finden in den Verbandsnormen vielfach exakt das Vokabular der Rechtsordnung, ihnen wird vor
allem von Funktionären vermittelt, die Statuten seien die „Verfassung" und
die „sonstigen Vereinsregeln" die Gesetze usw. Warum also nicht, wo ja
beides „legitim" ist, sich hier wie dort „unterwerfen"? Der Legitimitätsglaube,
so *Geiger* zutreffend, ist selbst ein Machtphänomen. Er ist die Ablagerung
eines vorangehenden Zustandes gesicherter Herrschaft. Die Rechtsgrundsätze, welche den Herrschenden als „zu Recht" die Herrscherstellung
einnehmend erscheinen lassen, sind ja nur der Niederschlag des faktischen,
kontinuierlichen Herrschaftshandelns (Anm: dies gilt für das Normsetzen
der Vereinsdominatoren und zB das „Vollzugshandeln" der Verbands-
bürokratie). Rechtsnormen, *Geiger* zufolge, sind nichts anderes als die
Regelmäßigkeit in Handlungsverläufen gewisser Art. Der Glaube an die
Legitimität einer Herrschaft ist ein Produkt der Herrschaftswirklichkeit
selbst, mit welchen ideologischen Floskeln er immer „begründet" sein mag
(Anm: „Besonderheit"/„Autonomie" des Sports[397]). Statt psychologisierend
solche Ideologien ernst zu nehmen, indem man von Rechtsvorstellungen,
Legitimitätsbewusstsein und Verfassungsrespekt spricht, könnte man –
und *Geiger* zieht das (ausdrücklich) vor – nüchtern feststellen, dass gewisse
Personen oder Gruppen daran gewöhnt sind, nach gewissen Regeln
Herrschaft auszuüben, gewisse andere Personen oder Gruppen daran
gewöhnt sind, nach denselben Regeln beherrscht zu werden.[398] Nach
dieser doch recht lebensnahen Beurteilung *Geigers* wieder zurück zur österreichischen Sportverbandswirklichkeit: Selbstverwaltungskörpern gem B-VG
ist von der österreichischen Rechtsordnung eine bestimmte Kompetenz
zur Rechtsetzung samt Folgerechten zuerkannt, verschiedene Vereine/
Verbände gem VerG streben aktiv, fordernd und anmaßend – unter anderem
die „normative Kraft des Faktischen"[399] nutzend – eine zumindest ver-

---

396 *Eichenberger*, Zur Lage der Rechtssetzung, in *Eichenberger/Buser/Métraux/
Trappe* (Hrsg), Grundfragen der Rechtssetzung (1978) 10.

397 Die Konstruktion der „Besonderheit des Sports" mutiert dann zur „Natur der
Sache", aus der wiederum verbandserwünschte Wirkungen/Darstellungen/
Auffassungen abgeleitet werden können, vgl dazu *Topitsch*, Sachgehalte und
Normsetzungen, ARSP 1958, 202; s unten IV.3.3.1.2. sowie sowohl den Sonder-
exkurs als auch den 3. (rechts)soziologischen Exkurs.

398 *Geiger*, Vorstudien 361.

399 Im Zusammenhang mit einigen Sportverbänden erscheint diese bekannte
Formel von *Jellinek*, Allgemeine Staatslehre[3] (1922) 333 ff, 342 f, welcher
hinsichtlich des Rechts grundsätzlich davon ausgegangen ist, dass für den
Bestand der Rechtsordnung die Überzeugung der Rechtsunterworfenen von
der Rechtmäßigkeit bzw Legitimität notwendig ist, in Abweichung von der
bisherigen Staatsrechtslehre, welche diesbezüglich vorrangig auf Zwang setzte,
nur teilweise zuzutreffen. Denn einige Sportverbände setzen innerverbandlich
zB qua Disziplinarordnungen (als Teil ihrer verbandlichen Normenordnungen)
gerade auf Zwang und schaffen so ein Normbefolgungsverhalten von Vereins-

gleichbare Stellung sowohl autonom (also ohne Bezug zum Staat) als auch im Staatsgebilde an. Da also mit Rechtsetzung jedenfalls Macht verbunden ist, und zwischen dem Staat und diversen Gruppen der Gesellschaft stets um deren Monopolisierung oder bestimmte Verteilung gerungen worden ist und wird, ist der diesbezügliche status quo bzw die Entwicklung für Fachautoren der verschiedensten Disziplinen von hohem Interesse[400]; Beschreibung und Beurteilung von vorgefundenen Normsetzungen bedingen und wechseln einander – wie Derartigem angemessen – ab. Schon vor mehr als vierzig Jahren konnte *Trappe* festhalten – und dies gilt nach wie vor –, dass einige Autoren vielen menschlichen Gemeinschaften eine Rechtsordnung überhaupt absprechen; die Ordnung wird (ihnen zufolge) bei diesen durch Sitte und Brauch aufrechterhalten. Andere Autoren wiederum sehen in jeder Regel mit sozialen Ordnungsfunktionen eine rechtliche: *Trappe* verweist auf den Begriff „Panlegalismus".[401]

Mit *Trappe* kann also die Unterscheidung vorgenommen werden in einerseits die Rechtsordnung und andererseits außerrechtliche Normsysteme. Diese bestehen, so der Autor weiter, aus sozialen Normen – dieser Begriff wird für strukturell unterschiedliche Normen verwendet –, welche mehr oder weniger latent gegeben sind und nicht nur neben dem Recht wirken, sondern (auch) in einer besonderen Art von Symbiose mit demselben. Beispielsweise sind auch so genannte Sittenkodizes „außerrechtlich", welche nicht von einer Zentralmacht geschaffen werden; sie sind (aber) nicht Bestandteil der Rechtsordnung, sie haben keine Allgemeinverbindlichkeit im territorialen Geltungsbereich des Rechtes, sie wenden sich an bestimmte Adressaten, die mit den Normsetzern identisch sein können. Unbestritten ist jedoch auch, dass keine soziale Ordnung nur auf der Grundlage von Rechtsnormen eine Ordnung ist, allenfalls wäre sie eine höchst lückenhafte Ordnung. Außerrechtliche Normsysteme stützen oder ergänzen das Recht. Werden sie in das Rechtssystem im Gesetzgebungsverfahren übernommen (werden zB ÖNORMen zum Inhalt genereller Regelungen im Wege der Inkorporierung in Verordnungen gemacht), so sind entstandene Rechtsnormen im besonderen Maße im

---

mitgliedern bzw Nichtmitgliedern durch Gewöhnung an denselben, anstatt durch (Formen freier) Anerkennung. Und dem Staat gegenüber wird die faktische Existenz der verbandlichen Normenordnung einerseits als Notwendigkeit, die innere Organisation zu gestalten, und andererseits als „Recht", welches aus der Vereinsfreiheit erwächst, „normativ" begründet.
Vgl dazu Sichtweisen bzw Meinungen über „natürliche Aufgaben" (und damit wohl verbunden: „natürliche Kompetenzen" – die „Leerformelhaftigkeit" dieser Adjektivierung liegt nahe) von Sportverbänden: *Jaufer*, Berufssport und Europarecht – von den Anfängen bis in die Gegenwart in Reissner (Hrsg), Sport als Arbeit (2008) 84 f, spricht explizit davon, dass „es daher die natürliche Aufgabe der betroffenen Stellen, der Veranstalter von Turnieren, der Sportverbände oder der Vereinigungen von Berufssportlern ist, geeignete Regeln aufzustellen und in Anwendung dieser Regeln eine Auswahl zu treffen."

400   Vgl dazu Autoren und Literatur zu den Themen „Verbandsrecht", „Sportrecht" und „Sportideologie" unten, IV.3.3. bis IV.3.3.1.2. sowie den 3. (rechts)soziologischen Exkurs.
401   *Trappe*, Einleitung 16.

Rechts-Bewusstsein, sind angesehen als „gültig" und „verbindlich"; es herrscht „Rechtsverbindlichkeit" im Sinne von „Rechtsgewissheit", sofern den Beteiligten die Basis sozialer Normen tatsächlich bewusst oder auch – mehr oder weniger im Detail – bekannt ist. Demnach „funktionieren" kodifizierte Rechtsordnungen nur dann, wenn sie von sozialen Normsystemen durchdrungen sind. Das sich aus rechtlichen und außerrechtlichen Normen ergebende pluralistische – plurizentristische – System hat Bestand wegen der vielfältigen Selbstregulierungs- bzw Selbstkontrollmechanismen, die es ausbildet und ständig – unauffällig – weiterbildet. *Trappe* bringt es auf den Punkt, wenn er eine wesentliche Aufgabe der Rechtssetzung insbesondere darin sieht, Machtmissbrauch zu beschränken. Der Einfluss von Machtfaktoren auf das „Spiel" außerrechtlicher Normsysteme ist unter Kontrolle zu halten. Überdies sind die Wirkungen sozialer Macht, die ihre Legitimation auf außerrechtliche Normen stützt, auf das Rechtssystem möglichst früh genug zu erkennen. Die Besonderheit eines pluralistischen Gesellschaftssystems – zumal eines säkularen – liegt ja *Trappe* zufolge gerade darin, dass die, meist gruppenspezifische, soziale Kontrolle auf vielfältige Weise unterlaufen werden kann.[402] Daher ist der Staat gefordert, zum Schutz seiner Staatsbürger, die in den Normenkreis von Verbänden eintreten, tätig zu werden; ihn treffen Schutzpflichten, und zwar gerade dann, wenn sich Gruppenautonomien auf Kosten von Privatautonomien herausbilden (Vereinsdominatoren versus Vereinsmitglieder), darf der Staat nicht Freiheitsräume sozialer Machtausübung dulden, die Machtfaktoren bis zur Perversion gedeihen lassen.[403] *Eichenberger* ist bezüglich des Verhältnisses Staat und Recht zu folgen: Der Staat begründet sich erstens aus dem Recht, aktiviert sich zweitens für das Recht, sowie ist drittens unter und mit dem Recht tätig. Recht ist sein kardinales Ziel und sein prinzipales Mittel. Das Recht seinerseits stützt sich auf den Staat und verwirklicht sich letztlich dank dessen, dass der Staat ihm sowohl normative als auch soziologische Geltung sichert; dafür beansprucht allein der Staat das Gewaltmonopol. Der Rechtsstaat (als Verfassungs-, Gesetzes-, Grundrechts-, Rechtssicherheits- bzw Rechtsgarantie- und Gewaltenteilungsstaat), so *Eichenberger* weiter, muss der Macht Gehäuse geben und sie primär für sich beanspruchen. Der Rechtsstaat ist auf Freiheit ausgerichtet, vorrangig zielte die Rechtsentwicklung der letzten hundert bis hundertfünfzig Jahre auf die individuelle Freiheit ab, auch auf die von Individuen, die sich zu Kollektiven (zB juristischen Personen) zusammen-

---

402 *Trappe*, Ausserrechtliche Normsysteme, in Eichenberger/Buser/Métraux/ Trappe (Hrsg), Grundfragen der Rechtssetzung (1978) 151, 155, 160 ff.

403 *Trappe*, Über die Anonymisierung von Verantwortung in Trappe, Kritischer Realismus in der Rechtssoziologie (1983) 57, 65. Eine derartige, vom Staat einzudämmende Machtausübung wird zB vorliegen, wenn Vereinsdominatoren als „besondere Gruppe" in einem Verein/Verband (als eine Art oligarchische Erscheinung) durch „ihre innerverbandliche Rechtsetzung", welche wiederum „autonom", also ohne Vereinsmitglieder, erfolgt, „ihren" Raum der Autonomie und den der Heteronomie der Vereinsmitglieder erschaffen. Aus Sicht der Vereinsdominatoren liegt eigentlich eine „doppelt autonome Rechtsetzung" vor, ist doch Autonomie sowohl gegenüber dem Staat als auch gegenüber den Vereinsmitgliedern gegeben.

schließen. Die individuelle Freiheit kann jedoch „übernutzt", vom Kräftigeren bzw von wirkmächtigen Kleingruppen in Kollektiven ausgedehnt werden, während der Schwache (hier: das einzelne Vereinsmitglied) wie ein Geprellter von Freiheitsgarantien vorwiegend nominelle Versprechen, aber keine Wirklichkeit erhält.[404] Die Privatautonomie des Individuums kann der Rechtsordnung, den Rechtsnormen zwar entnommen werden, aber, wenn diese zB in verbandlichen Gewaltverhältnissen[405] fortwährend und intensiv unterminiert werden, dann bleibt ein nudum ius.

Einzelne Entwicklungen im Sportverbandswesen – sowohl intermediär als auch transnational – im Verhältnis zur Rechtsordnung des Staates können abstrakt folgendermaßen beschrieben werden: „Macht entfaltet sich erstens unter dem Schutz des Rechts, entfaltet sich zweitens am Recht vorbei und drittens, trotz rechtlicher Duldung eben gegen das Recht."[406] Konkret üben einige Sportverbände Macht dadurch aus, indem sie Normen setzen, die (vorrangig) das (sportbezogene) Verhalten von Vereinsmitgliedern und Nichtmitgliedern bis ins Kleinste normieren; die jeweiligen Sportausübungs- und Wettkampfregeln sowie Sportadministrations-regeln sind der Rechtsordnung nachgebildet und enthalten vor allem zivil-, steuer-, verwaltungsstraf- und justizstrafrechtliche Regelungen, welche privatautonomes Agieren[407] der „Normunterworfenen" nahezu vollkommen ausschließen und dadurch/überdies massiv in deren Persönlichkeitsrechte eingreifen.[408] Die mithilfe dieses Regelwerks in Gang gebrachten „ver-

404 *Eichenberger*, Zur Lage der Rechtssetzung in *Trappe* (Hrsg), Politische und gesellschaftliche intermediäre Gewalten im sozialen Rechtsstaat (1990) 9 ff.

405 Das Verhältnis zwischen Kollektiv (Vereinsdominatoren) und Individuum (Vereinsmitglied) kann dann zu einem „verbandlichen Gewaltverhältnis" führen, s dazu *Thomasser*, Gewaltverhältnis passim.

406 *Trappe*, Macht und Recht in Trappe, Kritischer Realismus in der Rechts-soziologie (1983) 16.

407 *Trappe*, Gruppentheorie und Gesellschaftspolitik. Feststellungen zu sozialen intermediären Gewalten und Gruppenpluralismus in Trappe (Hrsg), Politische und gesellschaftliche intermediäre Gewalten im sozialen Rechtsstaat (1990) 307, verweist bezüglich der negativen Wirkungen sozialer intermediärer Gewalten auf die Privatautonomie von Individuen, dass die Ordnungen von juristischen Personen vor allem kanalisierende Wirkungen und Einschränkungen des Verhaltensspielraums zur Folge haben.

408 Vgl dazu *W. Egger* in Schwimann (Hrsg), § 16 ABGB Rz 1 ff: Diese Zentralnorm der österreichischen Rechtsordnung dient nach hM als „Transformationsstelle" für primär an den Staat gerichtete Grundfreiheiten und Menschenrechte in die Privatrecht; diese können so im Wege der mittelbaren Drittwirkung Auswirkungen auf das Zivilrecht entfalten, indem die durch sie verkörperten Wertungen bei der Auslegung von Verträgen und bei der Lückenfüllung berücksichtigt werden; sa *Kodek*, ÖJZ 2011, 496; vgl überdies *Schauer* in Kletečka/Schauer (Hrsg), ABGB-ON 1.00 § 16 Rz 10 f und 15 f [2010] (rdb). Die einseitig diktierten Wettkampfdurchführungsbestimmungen der Sport-(dach)verbände gegenüber den Sportlern, welche rechtlich als Verträge zu qualifizieren sind, müssen von den zweiteren akzeptiert werden, weshalb in diesem Verhältnis ein „Kontrahierungs- oder Unterwerfungszwang" für den „Schwächeren" gegeben ist. Will dieser, also der Sportler, dennoch nicht alle sportverbandlichen Wettkampfbedingungen erfüllen bzw tut er dies nicht, dann steht er unter Strafdrohung bzw Sanktionsvollzug. Eine derartig

bandlichen Verfahren" werden (typischerweise) von verbandsabhängigen Funktionären geführt und entschieden; der Verband wird also sowohl bei der „Sachverhaltserhebung", bei den diversen „Anklagen", welche auf Strafen abzielen, als auch schließlich im Rahmen der „Entscheidung" durch seine Funktionsträger (zumeist Organwalter) zur Wahrung seiner Interessen tätig (also auch als „Richter in eigener Sache"), mit dem Ergebnis: Der „mächtige" Verband steht seinen „Gewaltunterworfenen" gegenüber.[409] Und der Sportverband versucht sein Normensystem, die verbandliche Normenordnung, als autonomes, privates „Verbandsrecht" neben dem Recht des Staates zu schaffen bzw auszubauen.[410]

---

umfassende Unterwerfung schafft „Untertänige" und steht im Widerspruch zu § 16 ABGB.

409 Selbstredend widersprechen derartige verbandliche Gewaltverhältnisse einer „rationalen oder kritischen Moral, welche für ihre Grundsätze den Anspruch rationaler Begründbarkeit erhebt." Denn, so *Koller*, Die Begründung von Rechten in Koller/Varga/Weinberger (Hrsg), Theoretische Grundlagen der Rechtspolitik (1992) 75, 81 ff, „sind moralische Grundsätze (dann) rational begründet, wenn sie allgemein zustimmungsfähig sind, dh annehmbar für alle betroffenen Personen unter der Voraussetzung ihrer vollkommenen Gleichberechtigung und Selbstbestimmungsfähigkeit." *Koller* führt aus, dass (moralische) „Rechte in rem publicam zwischen Individuen gelten, die eine soziale Beziehung dauerhafter wechselseitiger Abhängigkeit und Zusammenarbeit, oder kurz: Gemeinschaft, bilden." Und die sich daraus ableitbaren „Ansprüche und Verbindlichkeiten lassen sich rational rechtfertigen" bzw haben ihre Grundlage „in den Forderungen der Gerechtigkeit." Als Grundsätze, die „die grundlegenden Forderungen einer rational rechtfertigungsfähigen Konzeption der sozialen Gerechtigkeit darstellen", nennt der Autor (und führt im Weiteren aus): „1. das Prinzip der rechtlichen Gleichheit, 2. das Prinzip der gleichen Freiheit, 3. das Prinzip der demokratischen Beteiligung und 4. das Prinzip der gerechten Verteilung sozialer Güter und Lasten." S zu Idee und Konzept der sozialen Gerechtigkeit insbesondere *Koller*, Soziale Gerechtigkeit, Wirtschaftsordnung und Sozialstaat in Kersting (Hrsg), Politische Philosophie des Sozialstaats (2000) 120 ff, 124: „Soziale Gerechtigkeit lässt sich am besten verstehen als die Menge aller jener Erfordernisse der Gerechtigkeit, die auf die grundlegende Ordnung ganzer Gesellschaften, das heißt auf deren institutionelle Verfassung und auf ihre wesentlichen sozialen Verhältnisse, Anwendung finden."

410 Vgl dazu *M. Weber*, Wirtschaft und Gesellschaft[5] (1980) 27, 123, welcher grundlegend festhält, dass gesatzte Ordnungen einer Vergesellschaftung entweder durch freie Vereinbarung oder durch Oktroyierung und Fügsamkeit entstehen können; des Weiteren verweist er darauf, dass auch ein Herrschaftsverhältnis aus einem formal freien Kontrakt entstehen kann, ebenso wie die/eine Untertanen-Beziehung. S jedoch a *Tomandl/Schrammel*, JBl 1972, 241, 293: Von einer originären, dem Staate vorgegebenen Vereinssetzungsgewalt kann nicht die Rede sein; des Weiteren äußern die Autoren Bedenken gegen die Ausübung einer „Fußballsportgesetzgebung" durch den ÖFB.

3. Statuten und sonstige Vereinsregeln: bloße verbandliche Normenordnung oder „Verbandsrecht"?

Obwohl, wie oben schon angeführt, weder den Statuten noch den sonstigen Vereinsregeln (welche zusammen die verbandliche Normenordnung bilden) die Qualität staatlicher Rechtsnormen zukommt, ist vor allem im jüngeren juristischen Schrifttum in Österreich teilweise eine Wendung in Richtung Bezeichnung und Qualifikation derartiger verbandlicher Regelungen als „Verbandsrecht" auszumachen. Eine dogmatische Begründung dafür fehlt vielfach, vielmehr dürften „Tiefenwirkungen sub- und transetatistischer Positionen" (va im deutschen Schrifttum)[411] und „Einflüsse" international tätiger Sportverbände (als solche aus österreichischer Sicht als juristische Personen des Privatrechts identifizierbar) für derartige Versuche der Etablierung von privaten Normenordnungen als „Recht" – im Sinn des vom Staat gesetzten Rechts – ausschlaggebend sein. Aus einem „Ordnungsdenken"[412] in „verbandsrechtlichen Dimensionen" resultieren dann weitergehende Intentionen wie „Verbandsstrafgewalt", „-disziplinarrecht", „-rechtsprechung" und dergleichen mehr.

Nachfolgend werden daher zuerst die Position der herrschenden österreichischen Dogmatik zum Rechtscharakter von Statuten unter Bezugnahme auf das bisher Ausgeführte komprimiert wieder gegeben und dann Meinungen kritisch besprochen, welche im gegebenen Zusammenhang doch das Gegebensein von „Verbandsrecht" in Österreich konstatieren (wollen).

3.1. Die herrschende Dogmatik zum Rechtscharakter von Statuten

Die Vereinsgründung bedarf sowohl der privatautonomen Übereinkunft der Gründer, nämlich der Vereinbarung von Statuten (Gründungsvereinbarung) gem § 2 Abs 1 VerG, als auch eines zusätzlichen, öffentlich-rechtlichen Gründungsaktes. Nur bei dessen Vorliegen, konkret der Einladung durch die Vereinbehörde zur Aufnahme der Vereinstätigkeit (§§ 11 bis 13 VerG), entsteht die Rechtspersönlichkeit des Vereins. Die Statuten sind ein multilateraler Vertrag und als solcher ein privatrechtliches Phänomen[413], da

---

411 S dazu *Buckel/Christensen/Fischer-Lescano*, Theorien[2] passim.
412 Vgl dazu zB *Benda*, Der Verrat der Intellektuellen (1978) Klappentext, 16: „Die Männer des Geistes sind eine Kaste für sich. Seit jeher war es ihr Amt, die hohen Menschheitsideale – Freiheit, Gerechtigkeit, Humanität und Vernunft – zu wahren und zu verkünden. Doch die Angehörigen dieser Kaste der ‚Clercs' – gemeint sind die Künstler und Philosophen, Gelehrten und Literaten, Juristen und Journalisten, kurzum: die bestallten Intellektuellen – haben ihr Amt verraten, seit sie begannen, sich der praktischen Politik, den ‚Machern' anzudienen, ihre Geistigkeit in die Dienste der weltlichen Macht zu stellen." Und: „Ordnung ist ein essentiell praktischer Wert. Der Intellektuelle, der sie vergötzt, verrät damit glattweg seine Aufgabe."
413 Sa ErläutRV 990 BlgNR 21. GP 24: Die Statuten sind ein zivilrechtlicher (Gesellschafts)Vertrag, der die Beziehungen der Vereinsmitglieder untereinander und zum Verein regelt.

sich zumindest zwei Personen für den Zusammenschluss in Form eines Vereines organisieren müssen (§ 1 Abs 1 VerG).[414] Erst dann, wenn der endgültige, genaue und abschließende Inhalt der Statuten vorliegt und die Gründer mit dem für rechtsgeschäftliche Erklärungen maßgeblichen Inhalts- und Geltungswillen übereingekommen sind, dass diese Statuten die „Gründungsvereinbarung" des tatsächlich gewollten Vereins sein sollen, ist der Verein errichtet. Dieser Vereinbarung der Statuten muss der Wille folgen bzw damit einhergehen, den Verein zu gründen (§ 3 VerG).[415] In den Statuten ist zu regeln, wie dieselben geändert werden können: dementsprechend bedarf es für Änderungen grundsätzlich eines Beschlusses eines dafür zuständigen (sowie gehörig einberufenen und gehörig zusammen gesetzten) Vereinsorgans (§ 3 Abs 2 Z 9 VerG).[416]

Zur Rechtsnatur des Beschlusses halten *Koziol/Welser* fest, dass es sich hierbei um eine besondere Art von Geschäften handelt. Ein Beschluss ist demnach das Ergebnis der Willensbildung von Personenverbänden (Vereinen, Gesellschaften), welche durch Erklärungen der Mitglieder oder Organe zustande kommt. Werden durch einen Vertrag nur Vertragspartner gebunden, so ist im Gegensatz dazu ein Beschluss auch für Mitglieder verbindlich, welche, ordnungsgemäß geladen, nicht an der Beschlussfassung teilgenommen oder aber dagegen gestimmt haben. Beschlüsse regeln vorrangig die internen Verhältnisse.[417] Damit Beschlüsse Wirkungen Dritten gegenüber hervorrufen können, bedürfen sie der Erklärung diesen gegenüber.[418] Die Zulässigkeit (der Inhalte) von Vereinsbeschlüssen wird primär am Wirkungskreis des Vereins[419] laut Statuten, und hier wiederum insbesondere am Vereinszweck, zu beurteilen sein. Im Wege eines Umkehrschlusses zu den Tatbestandselementen gem § 29 Abs 1 VerG[420], bei deren Vorliegen ein Verein von der Vereinsbehörde mit Bescheid auf-

---

414 *Krejci/S. Bydlinski/Weber-Schallauer*, Vereinsgesetz[2] § 3 Rz 1 ff; sa *Fessler/ Keller*, Vereinsrecht[2] 71, sowie *Höhne/Jöchl/Lummerstorfer*, Recht[3] 49 f FN 264.

415 *Krejci/S. Bydlinski/Weber-Schallauer*, Vereinsgesetz[2] § 2 Rz 17 ff.

416 *Höhne/Jöchl/Lummerstorfer*, Recht[3] 51, zufolge stellt jede Statutenänderung eine Umbildung des Vereins dar.

417 *Sa Perner* in Welser (Hrsg), Fachwörterbuch zum bürgerlichen Recht (2005) 69.

418 *Koziol/Welser*, Grundriss I[13] 114. Gem *Schlesinger* in Klang (Hrsg), ABGB II/2 (1934) 48, sind Beschlüsse eine besondere Art der mehrseitigen Rechtsgeschäfte. Sa *Rummel*, Privates Vereinsrecht 813, 824 f, 837 f.

419 *Fessler/Keller*, Vereinsrecht[2] 188, zufolge (und unter Verweis auf die Rsp) kann der statutenmäßige Wirkungsbereich eines Vereins sowohl dadurch überschritten werden, dass der Verein statutenwidrige Ziele verfolgt, als auch dadurch, dass bei Verfolgung der statutenmäßigen Aufgaben der Verein Mittel verwendet, die im Statut nicht vorgesehen sind. S zur Rechtsunwirksamkeit von außerhalb des statutenmäßigen Wirkungskreises gelegenen Rechtsgeschäften *Ostheim*, Rechtsfähigkeit 122 ff, 138 ff.

420 Weiters müssen für das/ein auflösendes Tätigwerden der Vereinsbehörde die explizit in dieser Rechtsnorm angeführten Voraussetzungen von Art 11 Abs 2 EMRK gegeben sein: die Ausübung des Vereinigungsrechts darf keinen anderen Einschränkungen unterworfen werden als den vom Gesetz vorgesehenen, die in einer demokratischen Gesellschaft im Interesse der nationalen und öffentlichen Sicherheit, der Aufrechterhaltung der Ordnung und der Verbrechensverhütung, des Schutzes der Gesundheit und der Moral oder des Schutzes der Rechte und Freiheiten anderer notwendig sind.

gelöst werden kann, wird ein Verein daher grundsätzlich solche Beschlüsse fassen können, welche erstens nicht gegen Strafgesetze verstoßen, zweitens nicht seinen statutenmäßigen Wirkungskreis überschreiten oder drittens überhaupt den Bedingungen seines rechtlichen Bestands entsprechen.[421] Unter „Erlässen" eines Vereins (hierbei handelt es sich um einen terminus technicus der §§ 20 iVm 24 VerG 1951[422]) verstehen *Krejci/S. Bydlinski/ Weber-Schallauer* zutreffenderweise nichts Anderes als „den Vereinsmitgliedern mitgeteilte Beschlüsse"[423], also zB in Protokollform, bzw können idS sonstige Vereinsregeln als Ergebnis von Beschlüssen „Erlässe" darstellen, welche etwa in Form von downloadbaren „Regulativen" den Vereinsmitgliedern bekannt gemacht werden. Bei inhaltlicher Betrachtung werden grundsätzlich dreierlei Arten von Vereinsbeschlüssen unterschieden werden können: Erstens solche, welche auf Änderungen/Ergänzungen der Statuten und zweitens jene, welche auf Änderungen/Ergänzungen der sonstigen Vereinsregeln abzielen; drittens schließlich Beschlüsse, welche das (sonstige) selbstorganisierte Tätigsein eines Vereins ausmachen, zB die organisatorischen und finanziellen Weichenstellungen für Vereinsveranstaltungen oder die Ehrung eines Sportlers.

---

421 Wie schon mehrfach ausgeführt (zB in IV.2.2.6.), darf die Vereinsbehörde aufgrund der Rsp (VfGH) eine allfällige Gesetzwidrigkeit eines Vereins nur aus dem vorgelegten Statut schließen; s dazu insbesondere IV.3.2.1. Die Vereinsbehörde wird dementsprechend auch nur solche Beschlüsse in Prüfung nehmen (dürfen), welche zu Statutenänderungen/-ergänzungen geführt haben.

422 In § 20 VerG 1951 war normiert, dass von keinem Verein Beschlüsse gefasst oder Erlässe ausgefertigt werden dürfen, welche dem Strafgesetz zuwiderlaufen, oder wodurch nach Inhalt oder Form der Verein in einem Zweige der Gesetzgebung oder Exekutivgewalt sich eine Autorität anmaßt. § 24 VerG 1951 hatte die zuständige Behörde ermächtigt, einen Verein aufzulösen, wenn er Beschlüsse gefasst oder Erlässe ausgefertigt worden sind, welche den Bestimmungen des § 20 dieses Gesetzes zuwiderlaufen, wenn er seinen statutenmäßigen Wirkungskreis überschreitet oder überhaupt den Bedingungen seines rechtlichen Bestandes nicht mehr entspricht. Der VfGH hatte auf Basis der Rechtslage des VerG 1867 (RGBl 1867/134) in Bezug auf Willenserklärungen oder Handlungen einzelner Vorstandsmitglieder erwogen: Mit den Worten „Beschluß" und „Erlaß" sollte offenbar bloß die Vereinstätigkeit überhaupt umschrieben werden, wobei der Beschluß die innere, der Erlaß aber die äußere Seite dieser Tätigkeit kennzeichnen soll. Immerhin muß es sich dabei um eine Tätigkeit des Vereines und nicht etwa bloß um ein außerhalb des Rahmens der Vereinstätigkeit bleibendes Verhalten einzelner Vorstandsmitglieder handeln (VfSlg 155/ 1922). Als Beispiel eines Beschlusses bzw Erlasses, wodurch sich ein Verein in einem Zweige der Gesetzgebung Autorität anmaßt, sei der mittels Flugzettels kundgemachte Beschluß eines Sittlichkeitsvereines angeführt, durch den der gesamten Bevölkerung der Besuch eines bestimmten Filmes verboten wird. Des Weiteren: Eine Anmaßung von Exekutivgewalt würde beispielsweise der Beschluß eines Vereins bedeuten, einem Vereinsmitglied wegen Verdachts des Diebstahls von Vereinseigentum eine Hausdurchsuchung vorzunehmen, so *Skarwada*, Das österreichische Vereins- und Versammlungsrecht (1949) 54; sowie *Brindelmayer/Markovics*, Vereins- und Versammlungsrecht (1951) 35.

423 *Krejci/S. Bydlinski/Weber-Schallauer*, Vereinsgesetz[2] § 29 Rz 5.

Als wohl wichtigster zivilrechtlicher Maßstab im VerG für die Zulässigkeit des Inhalts von Beschlüssen ist § 7 VerG (Nichtigkeit und Anfechtbarkeit von Vereinsbeschlüssen)[424] heranzuziehen: Beschlüsse von Vereinsorganen sind nichtig, wenn dies Inhalt und Zweck eines verletzten Gesetzes oder die guten Sitten gebieten. Andere gesetz- oder statutenwidrige Beschlüsse bleiben gültig, sofern sie nicht binnen eines Jahres ab Beschlussfassung gerichtlich angefochten werden. Anfechtungsberechtigt ist jedes von einem Vereinsbeschluss betroffene Vereinsmitglied. Diese Rechtsnorm muss im Zusammenhang mit § 8 VerG (Streitschlichtung) interpretiert werden, welche insbesondere prozedurale Bestimmungen enthält und überdies den Tatbestand „Streitigkeiten aus dem Vereinsverhältnis" normiert;[425] vielfach werden gerade Beschlüsse zu derartigen Streitigkeiten führen.

Trotz der Qualifikation der Statuten als mehrseitiger Vertrag bietet sich in gewisser Weise freilich die/eine Analogie zwischen Staat und Staatsbürgern auf der einen Seite, sowie Verein und Vereinsmitgliedern auf der anderen Seite an. (Wohl) Dementsprechend führen *Krejci/S. Bydlinski/ Weber-Schallauer* an, dass die Statuten die „Verfassung"[426] des Vereins sind, denen aufgrund der – im Vergleich mit anderen Gesellschaftsformen – geringen Regelungsdichte im Vereinsrecht besondere Bedeutung zukommt; sie enthalten somit weitgehend Organisationsregeln, an die sich alle Mitglieder zu halten haben. Die Interpretation des Verhältnisses zwischen Statuten und Vereinsmitgliedern läuft weiters darauf hinaus, ob auf die ersteren daher die „Normentheorie" oder die „Vertragstheorie" anzuwenden ist.[427] Würden demnach Statuten mit dem üblichen zivilrechtlichen Instrumen-

---

424 § 7 VerG gilt *Keinert*, Mitgliederversammlung 107, zufolge allgemein für Beschlüsse von sämtlichen Vereinsorganen, also nicht nur für solche der Mitgliederversammlung; sa *Keinert*, Zwingende Einberufungserfordernisse bei der Mitgliederversammlung des Vereins, GesRZ 2011, 297 f.

425 Zum Verhältnis der Rechtsnormen §§ 7 und 8 sowie 29 VerG zueinander s insbesondere die Folgekapitel.

426 S dazu zB auch/schon im Kommentar von *Freund*, Vereins- und Versammlungs-Gesetz[2] 10, 26 ff, zum Verg 1867 (RGBl 1867/134), der zur „Corporation (Anm: synonym für Verein) als dauernd verbundene Personen-Mehrheit ausführt, dass diese, soll sie ihr Arbeitsprogramm durchführen können, sich einer nach festen Regeln (Statuten) zu entwickelnden zielbewussten Tätigkeit befleissen (muss), worin liegt, dass sich diesen Regeln jedes in der Gemeinschaft stehende Mitglied unterwerfen muss." Und weiter: „In der *Verfassung* der Vereine spiegelt sich, möchten wir sagen, das Wesen der Repräsentativ-Verfassung der modern regierten Staaten." *Freund* folgt jedoch trotz Bezeichnung der Statuten als „internes Gesetz" oder „Hausgesetz" der Theorie, wonach es sich dabei um einen Vertrag handelt, welcher „rechtswidrig ist, wenn er einen Eingriff in die Privatrechtssphäre dritter Personen involviert, oder wenn er Leistungen bezieht, die nach unseren bürgerlichen Gesetzen nicht Gegenstand eines gültigen Vertrages sein können (vide die §§ 878 und 879 ABGB) und er staatsgefährlich ist, wenn er eine Erschütterung der Grundlagen der staatlichen und sozialen Ordnung herbeiführen könnte."

427 *Höhne/Jöchl/Lummerstorfer*, Recht[3], 64: Die Vereinsmitglieder befinden sich gegenüber dem Verein in einer dem Adressaten staatlicher Normen ähnlichen Unterlegenheitssituation. Deswegen sind laut *Jöchl*, Aufnahme 114, Vereinssatzungen (auch) an den Grundrechten zu messen. Dasselbe wird selbstredend für die sonstigen Vereinsregeln gelten.

tarium nicht hinreichend erklärt werden können (wäre also die Vertragstheorie nicht anwendbar), so griffe die Normentheorie, derzufolge die Statuten die Mitglieder wie generelle Rechtsnormen binden würden und diese Mehrheitsbeschlüssen unterworfen sind. Denn der Normentheorie zufolge würde der Gesellschaftsvertrag (also die Vereinbarung der Vereinsgründer) einen eigenständigen, verbandsgründenden „Vereinigungsakt" oder „sozialen Konstitutivakt" oder „einseitigen Gesamtakt" darstellen, und die Statuten würden „Verbandsnormen" schaffen, die auf der „Satzungs-", „Vereins-" oder „Verbandsautonomie" beruhen würden. Dies kumulierte darin, dass die Vereinsmitglieder demnach wie „Normadressaten" einer Art „Verbandsgesetzgebung" unterworfen seien.[428] Diese Argumentation weist also in die Richtung einer „Gleichsetzung" von Verband und Staat und dementsprechend Vereinsmitglied und Staatsbürger.

Krejci/S. Bydlinski/Weber-Schallauer vertreten jedoch mit Konsequenz und nachvollziehbar die Vertragstheorie[429] und verweisen darauf, dass die „Satzungsautonomie" lediglich eine Facette der allgemeinen Privatautonomie ist, welche auch die Freiheit mit umfasst, sich dem Willen anderer zu unterwerfen. Daher kann hinsichtlich der Organbildung, der Beschlussunterworfenheit und des Mitgliederwechsels der Vertragstheorie gefolgt werden. Es bedarf keiner Normentheorie, der zufolge die Verbandsverfassung statutarische Normen iS objektiven Rechts schaffe. Gem dem zivilrechtlichen Instrumentarium der rechtsgeschäftlichen Gestaltung[430] können sich Privatrechtssubjekte ohne weiteres der Fremdbestimmung von Vertragspartnern oder Dritten unterwerfen, sohin auch besonderen Vereinsorganen bzw einer bestimmten Mehrheit in Angelegenheiten, die einer Fremdbestimmung vorbehalten sind (§ 1056 ABGB). Die Betroffenen räumen den anderen insoweit Gestaltungsrechte[431] ein. Da jedoch das Ausmaß der Unterwerfung des einzelnen Mitglieds unter die Statuten

---

428 *Krejci/S. Bydlinski/Weber-Schallauer*, Vereinsgesetz² § 3 Rz 6 ff. *Krejci*, Gesellschaftsrecht I 43.

429 Sa *Lenzhofer*, Vereinsfreiheit und Freiheit der politischen Parteien in Heissl (Hrsg), Handbuch Menschenrechte (2009) 331.

430 S beispielsweise *Baruzzi*, Rechtsphilosophie der Gegenwart (2006) 81, 93, welcher auf die juristischen Überlegungen zum Zusammenhang zwischen Recht (Gesetz) und Vertrag verweist, und sich zustimmender Weise gegen die Position ausspricht, wonach in privatautonomen Verträgen selbst eine Art Privatrechtsnorm (qua Übertragung gesetzgeberischer Möglichkeiten auf Privatpersonen, zB im Wege der Ermächtigung oder Delegation) gesehen werden kann. *Baruzzi* fasst im Anschluss an entsprechende Ausführungen zusammen: „Der Vertrag lässt viel zu, auf der Privatrechtsebene lässt er eine gewisse Rechtshandhabe zu, die eigentlich gar nicht immer und überall zugebilligt werden sollte. Der Staat, gerade als Schützer der Grundrechte, müsste doch sehen, wie Privatrechtssubjekte miteinander umspringen. (...) Der Vertrag ist keine Rechtssetzung, mit der Privatrechtssetzung geschieht, obwohl dies manche Privatrechtssubjekte, eben industrielle und wirtschaftliche Monopolisten sich selbst so vorstellen. Sie haben ja das Vertragsrecht und damit einen guten Anteil am Recht. Privatrechtssubjekte haben zwar keine selbständige Rechtssetzung, aber ihnen wird ein Rechtsraum, eben der Vertrag, überlassen."

431 Nochmals zum Begriff des Gestaltungsrechts: *Koziol/Welser*, Grundriss I¹³ 47, sowie *P. Bydlinski*, Übertragung 5 ff.

erheblich ist, und dadurch die Rechtsstellung des Mitglieds sehr wohl weitgehend der eines Normunterworfenen ähnelt, lässt es nach *Krejci/ S. Bydlinski/Weber-Schallauer* gerechtfertigt erscheinen, auch die Statuten eines Vereins als Normenvertrag zu verstehen, wie dies beim Kollektivvertrag, bei der Betriebsvereinbarung oder bei den sozialversicherungsund verwertungsgesellschaftsrechtlichen Gesamtverträgen der Fall ist; allerdings sind jedoch auch Normenverträge Institute des Privatrechts und keine Verordnungen.[432] Auch *Brändle/Rein* betrachten die Statuten zivilrechtlich als Vertrag.[433] *Höhne/Jöchl/Lummerstorfer* verneinen ebenfalls die Normentheorie, wonach Statuten Normen eigener Art seien; lediglich bei der Auslegung von Statuten kommt der Ansatz, dass es sich hierbei nicht nur um privatrechtliche Verträge ohne vereinsrechtliche Spezifika handelt, zum Tragen, insofern ist den Autoren zufolge also in diesem Teilbereich doch die Normentheorie verwirklicht.[434]

Fessler/Keller dagegen vertreten die Position, dass die Statuten eines Vereins grundsätzliche Normen sind, die sich der Verein bezüglich seiner Organisation selbst gibt. Demzufolge sind die Statuten die den Verein konstituierende normative Ordnung, die durch Rechtsakte gem staatlicher Rechtsordnung (VerG, § 26 ABGB) in Geltung gesetzt werden. *Fessler/ Keller* zitieren schließlich *Klang*: „Das für den Verein geltende objektive Recht baut sich stufenweise auf, wobei die niedrigste Stufe das Statut ist; es ist der Inbegriff von Rechtssätzen, die die Rechtsstellung des Vereines unmittelbar regeln."[435] Diese Argumentation würde jedoch – das Gleichsetzungsmodell Staat und Verband konsequent fort geführt – die Schlussfolgerung nach sich ziehen (lassen), dass den Statuten, die als einziger Teil der verbandlichen Normenordnung gesetzlich determiniert sind, eben nicht der Rang einer „Vereinsverfassung" (und somit höchster „Vereinsnorm") zukommen würde, von welcher die weiteren Vereinsnormen abgeleitet werden; die Statuten als qua Vereinsbehörde „staatlich geprüfte" Normen nehmen demzufolge innerhalb der Normhierarchie des Vereins den niedersten Rang und die weiteren Verbandsnormen, gewissermaßen ohne staatliche Kontrolle und/oder Prüfung geschaffen, stehen, weil nicht vorlagepflichtig gegenüber der Vereinsbehörde – sondern „vollkommen autonom", auf Basis der Vereinsfreiheit beschlossen[436] –, darüber. Derartige Ausführungen/Gedankengänge bilden eine geradezu „ideale" Anknüpfung für zB Sportdachverbände: Je autonomer auf der einen Seite die Normen des Vereins in Bezug auf den Staat (gestaltet) sind, desto staatsähnlicher können/wollen sich auf der anderen Seite Verbände gegenüber Mitgliedern bzw Nichtmitgliedern gerieren.

---

432   *Krejci/S. Bydlinski/Weber-Schallauer*, Vereinsgesetz[2] § 3 Rz 8 ff.
433   *Brändle/Rein*, Vereinsrecht[4] 101.
434   *Höhne/Jöchl/Lummerstorfer*, Recht[3] 49 (63 f).
435   *Fessler/Keller*, Vereinsrecht[2] 71.
436   *Keinert*, Mitgliederversammlung 3 f, 21, 40 f, ist zuzustimmen, wenn er auf die „weitestgehende Satzungsfreiheit bzw beinahe totale Vertragsfreiheit im Vereinsrecht" hinweist. Allerdings wird diese in der Praxis so gut wie immer ein einseitig ausgeübtes bzw angemaßtes „Privileg" von Vereinsdominatoren, also dem oligarchischen Kleinkollektiv in Vereinen/Verbänden, sein; dem steht die beinahe totale Vertragsunfreiheit der Verbandsuntertanen gegenüber.

Bereits während der Geltung des VerG 1867 haben Vereine in ihrer verbandlichen Normenordnung, insbesondere in den Statuten, intensive Unterwerfungsforderungen gegenüber Mitgliedern und/oder Nichtmitgliedern erhoben sowie Anmaßungen (quasi)staatlicher Autorität zum Ausdruck gebracht. So hat zB *Zobkow* im Jahr 1910 das Verhältnis von oftmals sehr „minutiös" gestalteten Statuten zum Gesetz näher betrachtet. Ihm zufolge „regeln derartige Statuten nicht nur die Verhältnisse der Mitglieder untereinander (,nach innen'), sondern auch die Beziehungen der Korporation als eines besonderen Rechtssubjektes zu dritten Personen (,nach außen'). Insbesondere in dieser letzten Beziehung räumen die Statuten oft einseitig Rechte ein und legen Verbindlichkeiten auf, ohne danach zu fragen, ob auch dritte Personen bei ihren Rechtsbeziehungen zu der Korporation ihre Willenserklärung in demselben Sinne abgeben oder abzugeben wünschen. Mit der Entstehung schafft sich die Korporation laut *Zobkow* auch (Anm: eine) eigene Hausordnung, welche sie geradezu zu einer Weltordnung gerne erheben möchte, indem sie unter diese Hausordnung auch dritte Personen schlechterdings unterwerfen will. Man spricht daher nicht mit Unrecht von der ‚Privatautonomie' einer Korporation."[437] Diese Umstands- und Zustandsbeschreibung von vor 100 Jahren findet heutzutage „Wiedergänger bzw -holer" im Sportverbandswesen. Die heutigen Normadressaten (Vereinsmitglieder und/oder Nichtmitglieder) sind dementsprechend oftmals mit einem verbandsherrlichen Selbstverständnis konfrontiert, das ein obrigkeitliches Denken und Gehabe des 19. Jahrhunderts widerspiegelt und sie zu Gewaltunterworfenen bzw Verbandsuntertänigen degradiert. *Zobkow* weiter: „Es wird in den Statuten oft ein Rechtssatz aufgestellt, welcher nicht nur dem dispositiven allgemeinen Rechte widerspricht, sondern auch mit dem zwingenden Gesetze[438] nicht im Einklange steht. Das kann ohne weiteres vorkommen, wenn auch die zuständige Staatsbehörde den Statuten die Genehmigung erteilte. Denn die genehmigende Behörde hat nicht die Aufgabe, alle Rechtsverhältnisse der Korporationen gegenüber dritten Personen zu regeln[439] und für den Privatschutz im Sinne und im Rahmen der bestehenden Gesetze zu sorgen."[440] Im Gegensatz dazu sieht das geltende VerG (2002) zwar grundsätzlich vor, dass die Vereinsbehörde insbesondere gem § 29 VerG, wegen der darin explizit angeführten Rechtsnorm Art 11 Abs 2 EMRK (im Verfassungsrang), die Rechte und Freiheiten anderer (zB der Vereinsmitglieder, aber auch von Nichtmitgliedern) schützt; tatsächlich und Rsp bedingt ist die Vereinsbehörde diesbezüglich jedoch ohnmächtig und der gebotene Schutz greift so gut wie nicht.[441] *Zobkows* weiteren Ausführungen zufolge gilt im Konfliktsfall zwischen zB Verein und Vereinsmitglied in erster Linie das zwingende Gesetz, dann die Vereinssatzung und schließlich das dispositive Gesetz, wörtlich argumentiert

---

437 *Zobkow*, Das Verhältnis der Statuten zum Gesetz, GZ 1910, 254.
438 Zwingendes Recht (ius cogens) kann durch Parteienvereinbarung nicht abgeändert werden, so *Koziol/Welser*, Grundriss I[13] 43.
439 S dazu *Tezner*, Österreichisches Vereins- und Versammlungsrecht[5] (1913) 495 ff.
440 So *Zobkow*, GZ 1910, 254 f, welcher überdies festhält, dass „am Vertragscharakter der Statuten nach österreichischem Recht schwerlich zu leugnen" sein wird.
441 S dazu mehr sogleich unten IV.3.2.1.

er (1910 und mehr als 100 Jahre später zutreffend), dass „der Staat nicht dulden kann, dass das zwingende Gesetz sofort bei seiner Entstehung (Anm: des Vereins) durchbrochen werde." Als „wichtige Ausnahme der Grundregel, wonach ein Korporationsstatut an dem zwingenden ‚grundsätzlichen' Rechte nichts zu ändern vermag," nennt der Autor den folgenden Fall: „Wenn die Statuten gleichzeitig ein von der gesetzgebenden Gewalt erteiltes Privilegium im objektiven Sinne enthalten," dann ist es „unbestritten und unbestreitbar', dass auch das ‚grundsätzlich' zwingende Recht gebeugt wird, indem an dessen Stelle in der Richtung, in welcher durch die gesetzgebende Gewalt eine ‚Begünstigung' (Privilegium, Ausnahme) gegenüber dem bestehenden zwingenden Recht ausgesprochen wird, dieses Begünstigungsrecht als eine ‚Ausnahmevorschrift' (jus singulare) in Wirksamkeit tritt. Diese Ausnahmevorschrift ergreift dann alle Rechtsverhältnisse, welche in dem Rahmen der ausgesprochenen Begünstigung begründet werden. Solche Privilegialstatuten genießen als Sondervorschriften gem § 13 ABGB[442] den Charakter eines bindenden Gesetzes." Im Weiteren betont *Zobkow* richtigerweise noch, dass es im Staate keine Macht über der Gesetzgebung gibt.[443] Dies sollte auch heutzutage nicht insofern in Frage gestellt werden, als die innerverbandliche Normsetzung unter Heranziehung der Vereinsfreiheit gegenüber der staatlichen Kontrolle „immunisiert" wird und damit – in gewisser Weise – zumindest gleichgeordnet ist.[444]

Gegenwärtig wird mitunter im Schrifttum auch die Position vertreten, dass „Statuten" oder „Satzungen" Gesellschaftsverträge juristischer Personen sind, dh jene Rechtsakte, mit denen juristische Personen geschaffen und die Beziehungen zwischen der jeweiligen juristischen Person und ihren Mitgliedern und allenfalls auch die Rechtsbeziehungen zwischen den Mitgliedern dieser juristischen Person, soweit sie sich aus dieser Mitgliedschaft ergeben, ergänzend oder abweichend zum dispositiven Recht geregelt werden.[445] Die Terminologie des von Privaten geschaffenen „Rechtsaktes" lässt offen, ob gemeint ist, diese Privaten schafften quasi staatsgleich Rechtsakte und damit Rechtsnormen, oder ob zB die verbandliche Normsetzung als zulässiger „Akt" im Rahmen der vom Staat geschaffenen und weiter zu entwickelnden Rechtsordnung beurteilt wird.

Es können daher die wesentlichen, oben bereits dargestellten Ergebnisse zusammengefasst werden, wonach Statuten zwar wie ein Gesetz

---

442 Vgl dazu zB W. *Egger* in Schwimann (Hrsg), § 13 ABGB, welcher festhält, dass diese Rechtsnorm (heute) ohne Bedeutung ist.

443 S *Zobkow*, GZ 1910, 255. Als eine „Weiterentwicklung" eines „Privilegiums" gem § 13 ABGB könnte zB in/für Österreich das ADBG 2007 betrachtet werden, und zwar haben sich hier, offenbar nach intensiven, aufwändigen, mehrjährigen Kampagnen, auf internationaler, europäischer als auch nationaler Ebene, entsprechende Sportverbände in gemeinsamem Zusammenwirken unter Abstützung auf/Einsatz von Presse und Fachliteratur durchgesetzt, und sich des Staates zur Verwirklichung ihrer Interessen nach obrigkeitlicher Kontrolle und damit Unterwerfung von Sportlern bedient. Es wird sich allerdings noch erweisen, ob diese, in die Persönlichkeitsrechte intensiv eingreifenden „Rechtsnormen" des ADBG 2007 insbesondere den grundrechtlichen Maßstäben entsprechen.

444 Einmal mehr sei verwiesen auf IV.3.2.1.

445 So zB *Reiner*, Schiedsverfahren und Gesellschaftsrecht, GesRZ 2007, 159.

gem §§ 6 ff ABGB auszulegen sind, dass sie aber keinesfalls unter den Begriff „gesetzliches Verbot" (das als solches eine Rechtsnorm ist) fallen, ebenso wenig wie rechtsgeschäftliche Bindungen, gerichtliche Urteile, Beschlüsse und verwaltungsbehördliche Bescheide. Da zB auch ÖNORMen keine eigenständigen Rechtsquellen sind – außer sie werden zum Inhalt genereller Regelungen gemacht, zB in Verordnungen inkorporiert –, wird dies ebenso für die Statuten eines Vereins gelten. Werden diese durch die „private" juristische Person Verein geschaffen, so stellt dies keine (heteronome) Rechtsetzung dar. Eine verbandliche Normenordnung ist (jedenfalls für Nichtmitglieder) demnach lediglich eine allgemeine, mehr oder weniger verbindliche Regelung, hinsichtlich derer (grundsätzlich) keine Verbindlicherklärung durch Staatsorgane gegeben ist. Selbst wenn eine derartige verbandliche Normenordnung zB zwischen einem Verband und einem Sportler als vertragliche Grundlage für eine Wettkampfteilnahme dient, wird diese Normenordnung nicht allgemein, sondern nur zwischen den Vertragsparteien, verbindlich (und ist vollinhaltlich anhand des gesamten Zivilrechts und insbesondere des Konsumentenschutzrechts zu überprüfen).[446]

3.2. Dogmatische Beurteilung des Rechtscharakters der „sonstigen Vereinsregeln"

Grundsätzlich werden dieselben Vereinsorgane, welche durch Beschlüsse die Statuten ändern können, auch mithilfe desselben innerverbandlichen Beschlussverfahrens die „sonstigen Vereinsregeln" schaffen, wenngleich diesfalls das in den Statuten (§ 3 VerG) geregelte Präsens- und Konsensquorum zumeist ein anderes als bei einer Umbildung (qua Statutenänderung) des Vereins sein wird.[447]

In diesem Zusammenhang ist es vonnöten, die dogmatische Beurteilung von sonstigen Vereinsregeln gerade im Verhältnis zu den Vereinsstatuten in Augenschein zu nehmen, unter teilweiser Wiederholung von bereits Ausgeführtem: Der herrschenden Meinung – welche überzeugt – zufolge, sind die Statuten ein privatrechtliches Phänomen, konkret ein multilateraler Vertrag (auch Gründungsvereinbarung genannt).[448] Geändert werden kann dieser Vertrag im Zuge des Vereinshandelns durch ein Tätigwerden des zuständigen Vereinsorgans, konkret in Form von Beschlüssen. Beschlüsse sind „zwar" eine besondere Art von Geschäften, durch welche im gegebenen Fall einerseits ein Vertrag, nämlich die Statuten, geändert werden (kann) – bei selbstredend gleich bleibendem Rechtscharakter der Statuten als Vertrag; andererseits werden durch Beschlüsse von Vereinsorganen auf Basis der Statuten die sonstigen Vereinsregeln geschaffen, welche somit zusätzlich zu den Statuten ebenso „vertragliche Regelungen", also (weitere) vertragliche Nebenbestimmungen oder auch Allgemeine Geschäftsbedingungen darstellen. An dieser Stelle erscheint es (ein weiteres Mal) geboten, die von grundsätzlich ein und denselben Vereinsorganen geschaffenen, in dogmatischer Hinsicht gleichen „Beschlussprodukte"

---

446 S oben zB IV.2.2.2. und IV.2.2.4.
447 *Höhne/Jöchl/Lummerstorfer*, Recht³ 139 ff.
448 Sa *Höhne/Jöchl/Lummerstorfer*, Recht³ 49, und *Fessler/Keller*, Vereinsrecht² 71.

(hier interessieren vorrangig Statuten und sonstige Vereinsregeln, weniger dagegen Beschlüsse, welche sonstige Umstände/Absichten zum Inhalt haben, wie zB eine Ehrung oder eine Wettbewerbsveranstaltung) in Hinblick auf die jeweiligen Kontrollkompetenzen der Vereinsbehörde zu betrachten; je nachdem, ob bzw in welchem Ausmaß die Vereinsbehörde sämtliche Regelungen des Vereins in Wahrnehmung ihres Aufsichtsrechtes faktisch und rechtlich prüfen kann, wird die Behörde dem in Art 11 Abs 2 EMRK normierten Gebot nachkommen können (bzw müssen), insbesondere die Rechte und Freiheiten anderer (zB der Vereinsmitglieder) zu schützen. Dh, der verfassungsrechtlich gebotenen Kontrolltätigkeit der Vereinsbehörde kommt auch eine bedeutsame Schutzfunktion für Vereinsmitglieder zu, zumindest theoretisch. Die tatsächliche und (auch) rechtliche Aufsichtstätigkeit der Vereinsbehörde entspricht dem verfassungsrechtlichen Schutzgebot jedoch nicht, was ein Rechtsschutzdefizit mit sich bringt, was im Folgenden ausführlich dargelegt wird.

3.2.1. Das grundsätzliche Rechtsschutzdefizit der Vereinsmitglieder hinsichtlich „sonstiger Vereinsregeln" – die „Ohnmacht" der Vereinsbehörde

Der wesentliche Unterschied zwischen Statuten und sonstigen Vereinsregeln offenbart sich vor allem in der „Ohnmacht" der Vereinsbehörde, und zwar gerade dort, wo der staatsverpflichtete Bürger der (Regelungs)Willkür von (relativ) staatsautonomen Verbänden ausgeliefert wird, sodass „der Staat" mit der Frage konfrontiert werden muss: Wie hältst Du es mit dem Schutz Deiner Staatsbürger?[449] Dies bedarf im gegebenen Zusammenhang der Klärung, da die Vereinsbehörde hinsichtlich grundsätzlich gleicher „Beschlussprodukte" eines Vereins, nämlich einerseits die Statuten und andererseits die sonstigen Vereinsregeln, – ohne (ausreichende) sachliche Begründung – nicht denselben Prüfmaßstab anwenden darf. Die Vereinsbehörde kann zwar die basalen privatrechtlichen Regelungen, nämlich die Statuten[450], im Wege der öffentlich-rechtlichen Prüfung bzw Beurteilung der Gesetzmäßigkeit des Vereins und seiner Gründung[451] inhaltlich an privatrechtlichen Rechtsnormen („gute Sitten") messen; die selbe Behörde darf jedoch (selbst im Fall einer Vereinsumbildung) die weiteren privatrechtlichen Regelungen des Verbandes, also die vorhandenen sonstigen Vereinsregeln, nicht im Hinblick auf privatrechtliche Zulässigkeit prüfen. Der VfGH judiziert, dass in § 7 VerG ausdrücklich geregelt ist, dass gesetz- oder statutenwidrige Beschlüsse gültig bleiben, sofern sie nicht binnen eines Jahres ab Beschlussfassung gerichtlich angefochten

---

449 S dazu bereits: IV.1. und IV.2.2.6.

450 Gem ErläutRV 990 BlgNR 21. GP 24 stellt § 3 Abs 1 VerG „klar, dass die Vereinsautonomie nur im Rahmen der Gesetze Statuten frei gestalten kann. Dies bedeutet, dass die Statuten nicht gegen Vorschriften zwingenden Rechts und gegen die guten Sitten verstoßen dürfen." Im Fall der Statuten misst also die Vereinsbehörde die Ausübung grundrechtlicher Freiheiten (konkret der Vereinsautonomie) sehr wohl (auch) an privatrechtlichen Rechtsnormen (insb § 879 ABGB).

451 *Krejci/S. Bydlinski/Weber-Schallauer*, Vereinsgesetz[2] § 11 Rz 72.

werden. Beschlüsse von Vereinsorganen sind nach dieser Bestimmung und Rsp nur dann nichtig, „wenn dies Inhalt und Zweck eines verletzten Gesetzes oder die guten Sitten gebieten". Und weiter laut VfGH: Eine Beurteilung dieser Frage steht der Vereinsbehörde aber ebenfalls nicht zu, weil mit der Vollziehung (ua) des § 7 VerG gem § 34 leg cit der BM für Justiz betraut ist.[452] Führt also ein Vereinsbeschluss zu einer Statutenbestimmung, dann darf die Vereinsbehörde diese anhand der Maßstäbe der Vorschriften des zwingenden Rechts und in Hinblick auf Sittenwidrigkeit prüfen (insbesondere gem § 29 VerG), schafft ein anderer Beschluss jedoch sonstige Vereinsregeln, dann ist der Vereinsbehörde eine Prüfung nach genau denselben Maßstäben verwehrt, weil dies nur den ordentlichen Gerichten zukommt (§ 7 iVm 8 VerG).[453]

Das Argument für diese nicht nachvollziehbare Unterscheidung (je nachdem, ob Beschlüsse Statutenbestimmungen oder sonstige Vereinsregeln ergeben) lautet, dass eine Prüfkompetenz der Vereinsbehörde hinsichtlich Beschlüssen, welche „nur" zu sonstigen Vereinsregeln führen, dem Grundrecht der Vereinigungsfreiheit, basierend auf Art 12 StGG und Art 11 Abs 1 EMRK, widersprechen würde.[454] Die auf diesem Grundrecht beruhende Vereinsautonomie wird also offenbar so interpretiert, dass es der Vereinsbehörde geradezu verboten ist, dem in Art 11 Abs 2 EMRK normierten – somit ebenfalls grundrechtlichen – Gebot nachzukommen, insbesondere die Rechte und Freiheiten anderer (zB der Vereinsmitglieder) zu schützen.[455] Bereits der Gesetzgeber darf

452 VfGH 25.11.2003, B 1014/03 = VSlg 17.049/03.
453 *Keinert*, Mitgliederversammlung 120 FN 609, unter Bezugnahme auf Lit und Jud, zufolge ist die Vereinsbehörde zur privatrechtlichen Beurteilung von Beschlüssen als anfechtbar (§ 7 VerG) nicht zuständig; als dezidierte Ausnahme führt der Autor jedoch die „Sorge der Vereinsbehörde für gesetzes- und statutengemäße Betätigung des Vereins" an. Dies ist jedoch dahingehend zu ergänzen, dass die Vereinsbehörde auch Beschlüsse, welche zB zu umfangreichen Vereinsordnungen (also sonstigen Vereinsregeln, welche wie zB Statutenänderungen nichts anderes als „Beschlussprodukte" sind) führen, jedenfalls (auch unter Heranziehung von privatrechtlichen Maßstäben, insbesondere § 879 ABGB) zu prüfen haben (wird), wenn es um die gesetzes- und/oder statutenmäßige Betätigung des Vereins bzw um Fälle gem Art 11 Abs 2 EMRK geht; die Vereinsbehörde (und die Rsp) wird sich auch nicht auf Unzuständigkeit berufen können (iSv: „hierbei ginge es um durch die Vereinigungsfreiheit geschützte innere Vereinsangelegenheiten"), wenn Derartiges zB von Vereinsmitgliedern und/oder Betroffenen an sie herangetragen wird. Einem „Abtun" von qualifzierten Beschwerden über „Beschlussprodukte" wie sonstige Vereinsregeln als „Streitigkeit aus dem Vereinsverhältnis" mit der Wirkung der Behördenunzuständigkeit steht insbesondere § 29 VerG im Wege.
454 *Fessler/Keller*, Vereinsrecht[2] 115 f, 123.
455 Sa schon *Berger*, JBl 1985, 142, welcher die Grundrechtsgebundenheit des einfachen Gesetzgebers in Übereinstimmung mit Teilen der Lehre insofern versteht, dass dieser Bestimmungen zum Schutz der Grundrechte zu erlassen hat. Gerade dann, wenn einzelne Rechte der EMRK zwecks Realisierung eines effektiven Grundrechtsschutzes verlangen, auch private Eingriffen gegenüber geschützt zu werden, trifft den Staat die Pflicht für diesen Schutz vorzusorgen, indem der staatliche Gesetzgeber entsprechende Normen erlässt. Und die Vollziehung (hier die Vereinsbehörde) hat schließ-

die Vereinigungsfreiheit nur so weit einschränken, als die zu treffenden Maßnahmen verhältnismäßig sind, dh im öffentlichen Interesse gelegen und zur Zielerreichung geeignet, erforderlich und adäquat sind, und nach der Judikatur des EGMR können nur „überzeugende und zwingende Gründe" eine Einschränkung der Vereinsfreiheit rechtfertigen.[456] Ebenso ist die Vereinsbehörde in ihrem (Vollziehungs)Handeln infolge der Anzeige der Vereinserrichtung (§§ 11 bis 13 VerG), der Anzeige der Statutenänderung (§ 14 VerG) sowie hinsichtlich einer allfälligen Prüfung der Auflösung des Vereines (§ 29 VerG)[457] strikt an Art 11 Abs 2 EMRK (iSd der dazu ergangenen Rsp) gebunden: „Die Ausübung dieser Rechte (nämlich der Vereinsfreiheit gem Abs 1 leg cit) darf keinen anderen Einschränkungen unterworfen werden als den vom Gesetz vorgesehenen, die in einer demokratischen Gesellschaft im Interesse der nationalen und öffentlichen Sicherheit, der Aufrechterhaltung der Ordnung und der Verbrechensverhütung, des Schutzes der Gesundheit und der Moral oder des Schutzes der Rechte und Freiheiten anderer notwendig sind." Greift nun die Vereinsbehörde (also iZm der Vereinserrichtungsanzeige, der Statutenänderungsanzeige oder der Vereinsauflösung) in das Grundrecht der Vereinigungsfreiheit ein, so kann sie dies nur entsprechend der verfassungsgesetzlich vorgegebenen, materiellen Kriterien tun, jedenfalls hat sie dabei den Maßstab der „Verhältnismäßigkeit"[458] heranzuziehen. Die Vereinsbehörde hat dementsprechend anstatt einer „Ermessensübung" eine „Verhältnismäßigkeitsprüfung", welche sich aus den „Notwendigkeiten einer demokratischen Gesellschaft" (Art 11 Abs 2 EMRK) ableitet, vorzunehmen.[459] *Bric* fasst die Kriterien für die Verhältnismäßigkeit von Grundrechtseingriffen auf der Basis von Rsp und Lehre zusammen: „Der Gesetzgeber und die staatlichen Behörden dürfen nur solche Maßnahmen zur Beschränkung der Grundrechte ergreifen, die zur Erreichung des (verfassungsmäßigen) Eingriffszwecks objektiv geeignet sind (Geeignetheit der Maßnahme). Aus mehreren möglichen, in gleicher Weise geeigneten Maßnahmen muss jene gewählt werden, die für den Grundrechtsträger mit den geringsten Nachteilen verbunden ist (Erforderlichkeit der Maßnahme). Schließlich hat auch eine an sich geeignete und erforderliche Maßnahme zu unterbleiben, wenn die mit ihr verbundenen Nachteile die Vorteile in einer Gesamtabwägung überwiegen (Verhältnismäßigkeit im engeren Sinn; Adäquanz).[460] Mit *Fessler/Keller* ist daher zu präzisieren: Art 11 EMRK

---

lich im Rahmen des Legalitätsprinzips die bestehenden Gesetze so auszulegen, dass die Grundrechte gewahrt bleiben und gegen eine Verletzung Abhilfe geschaffen werden kann.

456 *Lenzhofer*, Vereinsfreiheit 328. Sa grundlegend *Grabenwarter/Pabel*, Menschenrechtskonvention[5] § 23 Rz 88 ff.

457 Gem Erläuterungen zur 990 BlgNR 21. GP 43 kann bei dringender Gefahr für die öffentliche Ordnung und die Sicherheit auch jede andere Behörde, die für deren Aufrechterhaltung zu sorgen hat, die Tätigkeit eines Vereins einstellen, bei dem ein vereinsgesetzlicher Auflösungsgrund eingetreten ist.

458 Zum Verhältnismäßigkeitsgrundsatz s zB Pernthaler, Ungeschriebene Grundrechte 467 ff.

459 *Berka*, Grundrechte[1] 383.

460 *Bric*, Vereinsfreiheit 60 mwN; s grundsätzlich *Grabenwarter/Pabel*, Menschenrechtskonvention[5] § 18 Rz 1 ff.

gewährleistet ua jedermann das Recht, einen Verein zu bilden, also ein rechtliches Gebilde zu schaffen, um gemeinsam in einem Bereich des wechselseitigen Interesses agieren zu können. Die in Art 11 EMRK vorgesehenen Ausnahmen sind eng auszulegen. Nur überzeugende und zwingende Gründe können eine Einschränkung der Vereinsgründungsfreiheit rechtfertigen. Ein Eingriff in dieses Recht muss ein berechtigtes Ziel verfolgen und verhältnismäßig sein.[461] Allerdings ist die Vereinsbehörde hierbei strikt angehalten, nur die Statuten zu prüfen[462], nicht aber die sonstigen Vereinsregeln, mit dem Ergebnis, dass nahezu mit an Sicherheit grenzender Wahrscheinlichkeit auszuschließen ist, dass ein (einigermaßen „geschickt" handelnder) Verein/Verband irgendetwas Rechtswidriges in seinen Statuten auch nur andeuten wird. Dieselben (Rsp)Grundsätze gelten sowohl für die Satzungsanzeige im Zuge der Errichtung eines Vereins, als auch für eine (spätere) Satzungsänderung (§ 14 VerG).[463] Ändert daher ein Sportdachverband seine Satzung, so muss er diese zwar der Vereinsbehörde anzeigen, aber die typischerweise vorhandenen sonstigen Vereinsregeln sind rechtsprechungsbedingt der behördlichen Prüfung entzogen. Jedoch auch in den Fällen, in denen ein Verein/Verband im Zuge von Statutenänderungen allenfalls rechtlich fragwürdig „agieren" würde, ist sowohl der Literatur als auch der Judikatur eine nicht nachvollziehbare „Privilegierung" von Vereinen zu entnehmen: *Krejci/S. Bydlinski/Weber-Schallauer* zufolge hat sich die Vereinsbehörde mit der Rechtmäßigkeit des Beschlusses zur Änderung der Statuten und/oder der Vertretungsverhältnisse nicht zu befassen. Begründet wird die nahezu vollständige Beschränkung der Aufsichtstätigkeit der Vereinsbehörde damit, dass diese nicht für die Entscheidung über Wahlvorgänge und vereinsinterne Meinungsverschiedenheiten zuständig ist.[464] Bestehen also zB zwischen Vereinsmitgliedern und Vereinsdominatoren „Meinungsverschiedenheiten" über Beschlüsse (deren Zustandekommen und Inhalte) und die ersteren wenden sich an die Vereinsbehörde mit der Bitte um Schutz (entsprechend Art 11 Abs 2 EMRK), da sie aufgrund der verbandlichen Willensbildung einen massiven Eingriff in „ihre Rechte und Freiheiten" geltend machen, so müssen sie erkennen: Da die Rsp die Vereinsbehörde zur Untätigkeit „zwingt", ist, wenn überhaupt, nur eine „Schutzwirkung"

---

461 *Fessler/Keller*, Vereinsrecht[2] 124 f.

462 Vgl dazu VfSlg 9566/1982: Die Gesetz- oder Rechtswidrigkeit eines Vereins darf im Bildungsverfahren nur aus den der Behörde vorgelegten Statuten erschlossen werden.

463 So *Fessler/Keller*, Vereinsrecht[2] 136 f; die Autoren verweisen überdies auf eine E aus 1908, wonach die Vereinsbehörde im Falle einer Statutenänderung ihre Prüfung auch auf den unveränderten Teil der Statuten zu erstrecken hat, weil dieser im Zusammenhang mit dem geänderten Teil eine andere, mit dem Gesetz nicht vereinbarte Bedeutung erlangen kann, als welche er bisher besessen hat. Wie will denn die Vereinsbehörde in Vollziehung des VerG feststellen, ob ein Verein, der zB seit mehreren Jahren auf Basis der Ursprungsstatuten tätig ist und (vielleicht zahlreiche) Beschlüsse gefasst hat, dadurch nicht vielleicht statutenergänzende oder sogar -ändernde Beschlüsse gefasst hat? Die Antwort dazu: Aufgrund der höchstgerichtlichen Rsp gar nicht, weil sie nicht darf.

464 *Krejci/S. Bydlinski/Weber-Schallauer*, Vereinsgesetz[2] § 14 Rz 14.

gegeben, nämlich diejenige für die Vereinsdominatoren. Eine gerade in diesem Zusammenhang vor kurzem ergangene E des VfGH, B 654/09[465], lässt interessante Schlüsse zu. Dieser zufolge war die behördliche Auflösung des Vereins im Interesse der Aufrechterhaltung der Ordnung isd Art 11 Abs 2 EMRK gem § 29 Abs 1 VerG zulässig, weil die Vereinsbehörde mit Recht davon ausgehen konnte, dass die vom Obmann des Vereins entfaltete – auch statutenwidrige – Tätigkeit, für welche die Rechtsform des Vereins offenbar vorgeschoben wurde, nicht durch das VerG gedeckt war. Die belangte Vereinsbehörde (Bundespolizeidirektion Wien) stützt ihre Entscheidung im Wesentlichen auf das rechtskräftige Urteil des LG Klagenfurt (infolge eines Strafverfahrens gegen den Obmann des gegenständlichen Vereins) und übernimmt im Auflösungsbescheid in ihrer Begründung wörtlich folgende Passage aus dem Strafurteil: „Der Sinn der Gründung des Vereins lag ausschließlich darin, eine mehr oder weniger nicht überprüfbare juristische Person zu kreieren." Daraus erhellt, dass ein Strafgericht, die Vereinsbehörde und auch der VfGH offenbar davon ausgehen, dass ein Verein als „eine mehr oder weniger nicht überprüfbare" juristische Person einzustufen ist – ein „Offenbarungseid" der Vollziehung und des VfGH.

„Interessantes" kommt zutage, wenn man zur „Wurzel" der einschlägigen und seit den Anfangsjahren der (österreichischen) 1. Republik „gleichförmigen" Rsp des VfGH gelangt. *Kalb/Potz/Schinkele* verweisen darauf, dass nach ständiger Judikatur des VfGH seit VfSlg 625/1926[466] die Gesetz- oder Rechtswidrigkeit ebenso wie die Staatsgefährlichkeit im Bildungsverfahren nur aus dem der Verwaltungsbehörde vorgelegten Statut geschlossen werden darf.[467] In der Entscheidungssammlung 1926 sind lediglich die vier nachfolgenden Rechtssätze abgedruckt: (...) – Anm: zur Beschwerdefrist, nicht weiter von Relevanz.

Der Umstand, dass ein Verein syndikalistisch-föderalistische Ziele anstrebt, kann an sich noch nicht als ein Anschluss an die Richtung des „Anarcho-Syndikalismus" angesehen werden.

Die nach § 6 des VerG vom 15.11.1867, RGBl 134, zur Untersagung der Bildung eines Vereines berechtigende Gesetz- oder Rechtswidrigkeit und Staatsgefährlichkeit darf nur aus dem der Verwaltungsbehörde vorgelegten Statut geschlossen und nicht auf andere Tatsachen gegründet werden.

Auch der politische Charakter eines Vereines[468] darf nur aus dem Inhalte der vorgelegten Statuten, nicht aber aus anderen Umständen erschlossen werden.

---

465   VfGH 24.06.2010, B 654/09.
466   Den Rechtssätzen sind folgende Stichwörter vorangestellt: Recht auf Vereins-
      freiheit. Föderation syndikalistischer Hotel-, Gast- und Kaffeehausangestellter.
      Anarcho-Syndikalismus. Beschwerdefrist. Vereinsstatut. Gesetz- oder Rechts-
      widrigkeit und Staatsgefährlichkeit. Politische Vereine.
467   *Kalb/Potz/Schinkele*, Religionsrecht 133.
468   Der Gesetzgeber der Monarchie behandelte mit dem Erlass des StGG und
      des VerG 1867die politischen Parteien als Sonderfall der Vereine; auch in der
      1. Republik blieben – bei teilweise geändertem StGG – „politische Vereine"
      dem VereinsG 1867 und den Sonderbestimmungen desselben unterworfen, so

Fessler/Keller lassen die ständige Rsp des VfGH, wonach die Gesetz-widrigkeit nur aus dem der Behörde vorgelegten Statut geschlossen werden, mit VfSlg 625/1926[469] beginnen und zitieren gleichlautende, nach-folgende E; diese lassen zB Umstände, die in der Person des Gründers liegen, ebenso wenig wie die Möglichkeit eines künftigen Missbrauchs des Vereins somit nicht als Gründe zur Untersagung ausreichen.[470] Vollkommen unverständlich ist, dass die Vereinsbehörde im Fall der Anzeige einer Statutenänderung (§ 14 VerG) oder einer allfälligen Prüfung der Vereins-auflösung (§ 29 VerG) eines Vereins oder eines (Dach)Verbandes, welcher zB ein verbandliches Gewaltverhältnis normativ und faktisch geschaffen hat, „machtlos" auf die Statuten fixiert zu sein hat.[471] Die „Begründung" hierfür in einer E, welche vor beinahe 90 Jahren in einem vollkommen anderen Kontext getroffen worden ist, sehen und perpetuieren zu wollen, ist nicht (mehr) zeitgemäß; die EMRK und (damit) der im VerG explizit angeordnete, verfassungsgesetzliche Auftrag der Vereinsbehörde, die Rechte anderer zu schützen, wird hierbei offenbar vollkommen aus-geblendet. Sind 1926 noch syndikalistisch-föderalistische Ziele einer vereinsbehördlichen Prüfung unterzogen worden, so ist heutzutage vielmehr ein dringendes Einschreiten aufgrund „syndikalistisch-oligarchischer" Tendenzen iVm Staatsautoritätsanmaßungen geboten.

Von mindest ebensolchem Interesse wie der Rückblick auf die Rsp des VfGH aus 1926, die wie dargestellt „fortwirkt", ist die (aktuelle) Entscheidungs-lage zu Art 11 Abs 2 EMRK; ob, und wenn ja, inwieweit also der VfGH dem „Schutz der Rechte und Freiheiten anderer" nachkommt. In einer E aus 2001 hat der VfGH die Untersagung einer Vereinsgründung nicht als Verletzung des verfassungsgesetzlich gewährleisteten Rechts auf Vereinigungsfreiheit beurteilt, und zwar unter expliziter Berufung auf den Gesetzesvorbehalt des Art 11 Abs 2 EMRK, also des legitimen Zweck des Schutzes der Rechte und Freiheiten anderer.[472] Welche „machtlosen" Individuen, in deren Rechts- und Freiheitspositionen eingegriffen hätte werden sollen, galt es zu schützen? Womöglich Sportler, Wettkampf-

---

Zeleny, Enthält die österreichische Bundesverfassung ein antinational-sozialistisches Grundprinzip? juridikum 2004, 183.

469 Angemerkt sei, dass die in der VfSlg abgedruckten Rechtsätze so inter-pretierbar sind, dass der gegenständliche Verein 1926 durch die Vereins-behörde nicht verboten worden ist. *Zeleny*, juridikum 2004, 183 FN 51, führt jedoch ein – womöglich aufgrund der Kenntnis der gesamten E –, dass mit Hilfe des Vereinsrechts tatsächlich auch „Vorfeldorganisationen" verboten wurden, wie eben die Föderation syndikalistischer Hotel-, Gast- und Kaffeehaus-angestellter, vgl VfSlg 625/1926, nie aber politische Parteien an sich.

470 S *Fessler/Keller*, Vereinsrecht² 123 f.

471 So auch *Krejci/S. Bydlinski/Weber-Schallauer*, Vereinsgesetz² § 11 Rz 79: Die Gesetzwidrigkeit eines Vereins bzw seiner Gründung darf nach ständiger Rsp des VfGH nur aus den der Behörde vorgelegten Statuten geschlossen werden, mwN.

472 VfGH 11.12.2001 B1510/00 = VfSlg 16395/2001; s dazu auch krit *Potz*, Anmerkung zu VfGH 11. 12. 2001, B 1510/00, öarr 2002, 326 FN 16: Nach der ständigen Judikatur des VfGH darf die Gesetz- oder Rechtswidrigkeit ebenso wie die Staatsgefährlichkeit nur aus dem der Verwaltungsbehörde vorgelegten Statut geschlossen werden.

veranstalter und Funktionäre als Nichtvereinsmitglieder, welche durch einen „Supersportdachverband" autoritärsten Zuschnitts in bisher nicht gekannter Weise hätten fremdbestimmt werden sollen? Nein, der VfGH hat die Rechte und Freiheiten der Römisch-Katholischen Kirche „geschützt". Der VfGH hat das Vorgehen der Vereinsbehörde gem § 6 VerG 1951 bestätigt, dann einen Untersagungsbescheid zu erlassen, wenn ein Verein nach seinem Zweck gesetzwidrig wäre und eine der Voraussetzungen des Art 11 Abs 2 EMRK vorliegt. Konkret hat die Behörde eine solche Gesetzwidrigkeit im Umstand gesehen, daß der Verein Zwecke verfolgen wolle, die zu den inneren Angelegenheiten der Römisch-Katholischen Kirche gehörten. Gem Judikatur des VfGH darf das den gesetzlich anerkannten Kirchen und Religionsgesellschaften durch Art 15 StGG verfassungsgesetzlich gewährleistete Recht der Ordnung und selbständigen Verwaltung ihrer inneren Angelegenheiten nicht durch einfaches Gesetz beschränkt werden; dem folgend ist den staatlichen Organen jede Kompetenz zur Gesetzgebung und Vollziehung in den inneren Angelegenheiten der gesetzlich anerkannten Kirchen und Religionsgesellschaften genommen. Für die Vollziehung ergibt sich daraus das Verbot, in die inneren Angelegenheiten von gesetzlich anerkannten Kirchen und Religionsgesellschaften einzugreifen (VfSlg 2944/1955). Wenn eine den Zwecken des gegenständlichen Vereins entsprechende Betätigung die inneren Angelegenheiten einer gesetzlich anerkannten Religionsgesellschaft betrifft, bedeutete die Nichtuntersagung eines solchen Vereins einen Eingriff in das den gesetzlich anerkannten Kirchen und Religionsgesellschaften durch Art 15 StGG gewährleistete Grundrecht. Der VfGH hat daher entschieden, dass es einen Eingriff in die inneren Angelegenheiten der Römisch-Katholischen Kirche darstellen würde, falls ein Verein, der innerhalb der Römisch-Katholischen Kirche die im vorliegenden Statutenentwurf angeführten Zwecke verfolgt, nicht untersagt werden würde. Zumal die Sicherung des den gesetzlich anerkannten Kirchen und Religionsgesellschaften verfassungsgesetzlich gewährleisteten Rechts auf selbständige Besorgung ihrer inneren Angelegenheiten einen im Sinn des Gesetzesvorbehalts des Art 11 Abs 2 EMRK legitimen Zweck (Schutz der Rechte und Freiheiten anderer) verfolgt und keinen unverhältnismäßigen Eingriff in die Grundrechtssphäre der Proponenten bewirkt.[473] Daraus folgt, dass die Vereinsbehörde offenbar nur dann tätig wird/werden kann, wenn ein Verein in seinen Statuten Eingriffe in Rechte und Freiheiten anderer – hier der Römisch-Katholischen Kirche – explizit niederschreibt. Dass ein Sportdachverband in seinen sonstigen Vereinsregeln jedoch Tendenzen in Richtung „Privatgesetzgebung", „Privatgerichtsbarkeit", „Privatstrafvollzug" sowie „Privatsteuerforderung" und damit ein verbandliches Gewaltverhältnis begründet, darf die Vereinsbehörde offenbar nicht interessieren/prüfen; sie hat sich gem der Rsp seit 1926 auf die Statuten zu konzentrieren/beschränken. Wie dies allerdings damit vereinbar ist – wie *Fessler/Keller* schreiben –, dass die Vereinsbehörde „im Zuge des Gründungsverfahrens um Stellungnahme der nach dem Vereinszweck sachlich interessierten Stellen (etwa Bundesministerien) ersucht, die ihrer-

---

473   VfSlg 16395/2001.

seits weitere Stellungnahmen, zB von Kammern und dergleichen, einholen können,"[474] erscheint unklar. Denn, entweder sind im Gründungs- und/oder Statutenänderungsverfahren nur die Statuten relevant, oder aber auch „andere Umstände". Ebenso würde der folgende RS für eine „Rechte und Freiheiten schützende", anstatt „ohnmächtige" Vereinsbehörde sprechen: „Vereinsmitglieder können ihr – anzuerkennendes – Interesse auf eine ordentliche Vereinsadministration, zu der die Verwendung des satzungsgemäßen Vereinsnamens ebenso gehört wie die statutengemäße personelle Zusammensetzung der Führung des Vereines und die Verwaltung des Vereinsvermögens nicht bei den Gerichten verfolgen. Abhilfe gegen Interessenverletzungen der beschriebenen Art ist vielmehr bei der politischen Behörde zu suchen; dieser obliegt es, die Vereinsstatuten zur Kenntnis zu nehmen oder zu bescheinigen (§§ 4, 7, 9 und 11 VerG 1951), und die Vereinsbehörde ist im Rahmen ihrer Aufsichtspflicht berufen, für eine den Statuten gemäße Betätigung des Vereines zu sorgen."[475] *Fessler/ Keller* halten andererseits fest, dass die Vereinsbehörde Anträge auf Regelung von Vereinsstreitigkeiten zurückzuweisen hat, dass sie „jedoch versuchen kann, eine Art friedensrichterliche, dh bloß vermittelnde (also nicht entscheidende oder verfügende) Tätigkeit zu entfalten." Lediglich dann, so die Autoren, „wenn sich auf Grund der Vereinsstreitigkeiten ein Umstand ergibt, der die Vereinsbehörde allenfalls zu einer behördlichen Auflösung des Vereins (§ 29 VerG) berechtigen würde, kann sich diese mit behördlichen Mitteln einschalten. So zB, wenn das statutengemäß vorgesehene Vereinsschiedsgericht nicht zusammentritt, obgleich ein Streitteil dies unter Beachtung der Statuten beantragt."[476] Ein Nicht-vereinsmitglied, welches sich in seinen Rechten und Freiheiten zB durch ein verbandliches „Gewalthandeln" eines Sportdachverbandes verletzt erachtet, würde allerdings von der damit konfrontierten Vereinsbehörde wohl auf die Vereinigungsfreiheit und die Prüfkompetenz nur hinsichtlich der weit gefassten Statuten (Rsp seit 1926) bzw allenfalls auf den ordentlichen Rechtsweg verwiesen werden. Bei Sportdachverbänden wird in solchen Fällen noch deren „Interventionsmacht" in Gesetzgebung, Vollziehung und Medien hinzukommen. Als Ergebnis bleibt, dass Schutz suchende „Andere" (Art 11 Abs 2 EMRK) diesen gerade nicht von der genau damit beauftragten Vereinsbehörde erhalten sondern, bedingt durch die Rsp, letztlich „im Kreis geschickt" werden.

Im Zusammenhang mit der gegenständlichen Rechtslage erscheint eine denkmögliche Konstellation als besonders interessant: Angenommen sei, ein Sportdachverband – nicht dessen Mitgliederversammlung, sondern ein anderes Organ – beschließt auf Basis seiner Statuten sonstige Vereins-regeln wie „Regulative", „Disziplinarordnungen" und/oder dergleichen. Im Ergebnis führt dies zu sonstigen Vereinsregeln, welche von ihrem Inhalt her in den Statuten grundgelegte Normen „weiter entwickeln", zB im Sinn einer Ergänzung bzw Konkretisierung, wie der Schaffung von neuen Vereinsorganen. Allerdings war weder das Vereinsorgan, welches für Statutenänderungen zuständig ist, nämlich die Mitgliederversammlung,

---

474 *Fessler/Keller*, Vereinsrecht[2] 128.
475 RS0045579.
476 *Fessler/Keller*, Vereinsrecht[2] 116.

beschließend tätig, noch war das statutenmäßig für eine Änderung erforderliche Stimmergebnis, also zB eine Zweidrittelmehrheit, gegeben.[477] Gem § 14 Abs 1 VerG „gelten die §§ 1 bis 13 VerG sinngemäß auch für Statutenänderungen", demzufolge der statutenändernde Verein gegenüber der Vereinsbehörde eine diesbezügliche Anzeigepflicht hat. Erst mit dem positiven Abschluss des „Umbildungsverfahrens" wird die Statutenänderung wirksam und kann der Verein seine Tätigkeit auf Grund der neuen Statuten fortsetzen. Handelt der Verein allerdings schon zuvor nach den „neuen" Statuten, dann ist die Vereinsbehörde zu seiner Auflösung wegen Überschreitung des statutenmäßigen Wirkungskreises ermächtigt (§ 29 Abs 1 VerG).[478] Verwaltungsstrafrechtlich von Bedeutung ist § 31 Abs 4 lit a VerG: „Wer als zur Vertretung des Vereins berufener Organwalter die Anzeige einer Statutenänderung unterlässt, begeht – wenn die Tat nicht von den Strafgerichten zu verfolgen ist – eine Verwaltungsübertretung und ist von der Bezirksverwaltungsbehörde, im Wirkungsbereich einer Bundespolizeidirektion von dieser, mit Geldstrafe bis zu € 218, im Wiederholungsfall mit Geldstrafe bis zu € 726 zu bestrafen." Diese Rechtsnorm wird auch auf „Schaffung" und/oder „Veränderung" sonstiger Vereinsregeln anzuwenden sein, wenn es sich inhaltlich dabei um Änderungen/Ergänzungen/Konkretisierungen der Statuten handelt. Wird der Vereinsbehörde Derartiges angezeigt, wird sich diese nicht für unzuständig erklären können, indem sie zB auf § 7 und 8 VerG[479] verweist, wonach „Streitigkeiten aus dem Vereinsverhältnis" vor einer Schlichtungseinrichtung und (allenfalls) in weiterer Folge vor den ordentlichen Gerichten auszutragen sind,[480] und sie selbst jedoch keinesfalls zuständig wäre; vielmehr wird die Vereinsbehörde die neu geschaffenen Verbandsnormen, also die sonstigen Vereinsregeln, in Bezug auf die Statuten inhaltlich prüfen müssen, ob allenfalls eine anzeigepflichtige (aber nicht angezeigte) Statutenänderung vorliegt.

Der untersuchungsgegenständliche Sportdachverband, der OEPS, zB schafft in seiner zentralen sonstigen Vereinsregel, nämlich der ÖTO, nicht aber in seinen Satzungen, offenbar weitere „Verbandsorgane", nämlich laut § 2001 ÖTO Rechtsordnung „satzungsmäßige Organe" und „Organe der Rechtsordnung", sowie einen „verbandsinternen Instanzenzug". Dies, obwohl in § 3 Abs 2 Z 7 VerG eindeutig geregelt ist, dass „die Organe des Vereins und ihre Aufgaben, insbesondere eine klare und umfassende Angabe, wer die Geschäfte des Vereins führt und wer den Verein nach außen vertritt, jedenfalls in den Vereinsstatuten enthalten sein müssen.[481] Noch dazu wird die ÖTO nicht von der Generalversammlung des OEPS (welcher gem 11.13 OEPS-Satzungen allein die Kompetenz für

477 IdS *Kossak*, Handbuch 59.
478 *Krejci/S. Bydlinski/Weber-Schallauer*, Vereinsgesetz[2] § 14 Rz 3 ff.
479 S dazu jüngst *Keinert*, Mitgliederversammlung 106 ff, 116 ff.
480 VfGH 25.11.2003, B 1014/03 = VSlg 17.049/03.
481 S dazu *Baldauf* in Baldauf/Renner/Wakounig, Die Besteuerung der Vereine[10] (2012) 51 f; ebenfalls müssen gem § 3 Abs 2 Z 8 VerG in den Statuten „die Art der Bestellung der Vereinsorgane und die Dauer ihrer Funktionsperiode" geregelt sein"; sa *Keinert*, Mitgliederversammlung 102 f. Auch dieser Rechtsnorm entspricht der OEPS durch die Kreation von „ÖTO-Organen" nicht, indem er sie in einer sonstigen Vereinsregel schafft.

Satzungsänderungen zukommt), sondern bloß von dessen Organ „Präsidium" beschlossen.[482] *Kossak* ist zuzustimmen, wenn er die Erlassung diverser sonstiger Vereinsregeln, welche „mit oft schwerwiegenden Auswirkungen auf die Rechte von Mitgliedern (Verweigerung der Beglaubigung eines Meisterschaftsspiels, durch einen Ausschuss verhängte Disziplinarstrafen usw)" verbunden sind, als „grundsätzlich nur in die Kompetenz der Generalversammlung" einordenbar sieht.[483] Beim OEPS kommt noch hinzu, dass er mit seinen sonstigen Vereinsregeln nicht „nur" in die Rechte von Vereinsmitgliedern (also den LFV als juristischen Personen) eingreift, sondern aufgrund des Vorliegens eines zweiten Grundverhältnisses (natürliche Person/Dachverband) sogar in Rechte von Nichtvereinsmitgliedern (Wettkampfveranstalter, Reitsportler, Funktionäre). *Keinert*, der sich auf die/eine Geschäftsordnung als sonstige Vereinsregel bezieht, stellt zutreffend fest, dass „die Geschäftsordnung nicht gesetzliche Rechte der Mitglieder modifizieren oder sonstige Regeln treffen kann, zu welchen (wenn überhaupt) ausschließlich das Statut berufen ist. Nur diesem obliegt die ‚Vereinsorganisation', nicht aber einem einfachen Beschluss der Mitgliederversammlung."[484] Werden die „Organe der Rechtsordnung" (§ 2001 ÖTO Rechtsordnung) des OEPS daher – und sowohl das VerG selbst als auch die Lit sprechen dafür – als „Nichtorgane"[485] des Sportdachverbandes angesprochen, dann handelt es sich bei deren „Beschlüsse" nicht um solche, welche unter § 7 VerG fallen, sondern um ein rechtliches Nullum.[486]

---

482 Vgl dazu, allerdings vorrangig auf den Staat bezogen, *Koller*, Zu einigen Problemen der Rechtfertigung der Demokratie in Krawietz/Topitsch/Koller (Hrsg), Ideologiekritik und Demokratietheorie bei Hans Kelsen (1982) 342: „Wenn völlige Autonomie für jedes Individuum in einem bestimmten Bereich nicht möglich ist, besteht die nächstbeste Option für uns immerhin in der sozialen Freiheit, wenigstens am Verfahren der Erzeugung derjenigen sozialen Regeln und Entscheidungen, durch die gegensätzliche Interessen einer allgemein verbindlichen Ordnung unterworfen werden, in fairer Weise beteiligt zu sein." Selbst wenn der Generalversammlung des OEPS viele demokratische Elemente zugesprochen würden (leider handelt es sich bei den Delegierten überwiegend um ausgesuchte und vielfach im Funktionärsinteresse abstimmende Personen; Anm: Eindruck aufgrund teilnehmender Beobachtung), so wird diese – wohlüberlegt – nicht mit dem Zustandekommen der ÖTO befasst. Schon gar nicht können/dürfen/sollen die Sportler und Wettkampfveranstalter (als natürliche Personen die erste Ebene des Verbandssystems bildend, dessen vierte Ebene der OEPS ist) als unmittelbar Betoffene an der Schaffung und Weiterentwicklung der zentralen Verbandsnorm mitwirken. Die verbandliche Heteronomie fordert von den natürlichen Personen stattdessen Unterwerfung und Befolgung, andernfalls folgt Bestrafung.

483 *Kossak*, Handbuch 59; sa *Kossak*, Haftung² 2 ff: „Die Generalversammlung ist ein Organ des Vereins. Wer von ihr in eine bestimmte Funktion gewählt wird, ist ein Organwalter." Und: „Ausschüsse sind keine Organe im vereinsrechtlichen Sinn, weil sie in der Regel vom Vorstand eingerichtet werden und diesem (und nicht der Generalversammlung) für ihre Tätigkeit verantwortlich sind. Ihre Mitglieder sind daher keine Organwalter."

484 *Keinert*, Mitgliederversammlung 17 f, 89.

485 S *Krejci/S. Bydlinski/Weber-Schallauer*, Vereinsgesetz² § 3 Rz 111 u § 7 Rz 25 f; *Höhne/Jöchl/Lummerstorfer*, Recht³ 315, sprechen vom „‚Beschluss' eines gar nicht existierenden Vereinsorgans".

486 S *Keinert*, Mitgliederversammlung 110.

Des Weiteren müssen gem § 3 Abs 2 Z 9 VerG die Statuten jedenfalls die Erfordernisse für gültige Beschlussfassungen durch die Vereinsorgane enthalten.[487] Jedes einem Verein/Verband, hier dem OEPS, zurechenbare Organhandeln wird in Beschlussform zu erfolgen haben bzw wird die Ausführung von Organbeschlüssen (also zB von sonstigen Vereinsregeln) sein müssen. Diese weiteren „Verbandsorgane" allerdings, die „Organe der Rechtsordnung" (die gem § 2001 ÖTO Rechtsordnung in einem „verbandsinternen Instanzenzug" für den Sportdachverband „richten") sind, wie bereits erläutert, weder in den OEPS-Satzungen angeführt, noch sind die Erfordernisse für deren gültige Beschlussfassungen darin enthalten, ebenso wenig wie in der ÖTO Rechtsordnung selbt. Obwohl der OEPS demnach auch in dieser Hinsicht seine verbandliche Normenordnung vereinsgesetzwidrig entwickelt hat, übt er gerade mithilfe derartiger „Organe der Rechtsordnung" seine Bestimmungsmacht insbesondere gegenüber Reitsportlern und Wettkampfveranstaltern faktisch aus. Im Ergebnis schwebt über Reitsportlern und Wettkampfveranstaltern das Damoklesschwert der Bestrafung durch „Pseudo-" und damit (aus vereinsgesetzlicher Sicht) „Nichtorgane" des OEPS; dennoch ist der durch „willige" OEPS-Funktionäre aufgebaute Unterwerfungsdruck oftmals so wirkmächtig, dass die meisten Verbandsuntertanen parieren.

Als (Zwischen)Ergebnis kann daher festgehalten werden: Die Vereinsbehörde sollte gem § 29 VerG ausdrücklich entsprechend Art 11 Abs 2 EMRK unter anderem die Rechte Dritter schützen, ist aber rechtsprechungsbedingt jedoch so gut wie „ohnmächtig". Dies setzt sich „konsequent" fort, da die Vereinsbehöde auch im Fall von Vereinsbeschlüssen untätig zu sein hat, welche massiv in Rechtspositionen von Vereinsmitgliedern bzw Nichtmitgliedern eingreifen, die durch Art 5 StGG (Eigentumsfreiheit), Art 6 StGG (Erwerbsausübungsfreiheit) bzw die Institute des Eigentums und der Privatautonomie geschützt sind.[488,489] Dazu führt zB *Kneihs* zutreffend aus, dass

---

487 *Höhne/Jöchl/Lummerstorfer,* Recht[3] 122, 139 f.

488 Vgl *Pernthaler,* ZAS 1966, 36: „Der einfache Gesetzgeber ist aber – was in Österreich bis jetzt noch niemand aufgezeigt hat – nicht nur ermächtigt, sondern verpflichtet, „Zivilrecht" (im traditionellen Sinn) zur Verfügung zu halten und zwar vor allem im Rahmen der Grund- und Freiheitsrechte. Hier werden dem Menschen und Bürger nicht nur die materielle rechtlichen Substrate der Privatautonomie (Vermögen, Familie, Beruf, Gewerbe, Bildung, persönliche Freiheit usw) gewährleistet, sondern auch die wesentlichsten Rechtsformen und Institutionen ihrer Verwirklichung (zb Vertrags- und Erbfreiheit, Assoziationsfreiheit, Recht auf das Verfahren vor dem gesetzlichen Richter, insbesondere der Anspruch auf ein gerichtsförmiges Verfahren nach Art 6 EMRK)." Auch für den Fall der teilweisen oder umfassenden Nichtübereinstimmung mit diesen Ausführungen Pernthalers bleibt die Erkenntnis, dass der österreichische Staat gegenwärtig weder als Gesetzgeber noch im Wege über die Rechtsprechung oder die Vereinsbehörde für die natürliche Person Vereinsmitglied einen effektiven Rechtsschutz gegen Verbände gewährleistet. Im Ergebnis werden in der Rechtswirklichkeit die Interessen von Kleinkollektiven in Verbänden (den Vereinsdominatoren) auf Kosten der einzelnen Vereinsmitglieder, welche paradoxerweise in Summe ein „unorganisiertes Kollektiv" darstellen, geschützt.

489 S zB *Kuras,* Gedanken zum Ausbau des Grundrechtsschutzes in Österreichische Juristenkommission (Hrsg), Aktuelle Fragen des Grundrechtsschutzes (2005)

nicht nur das Eigentum, sondern auch die Vertragsfreiheit[490] und damit die Privatautonomie selbst durch Art 5 StGG und Art 1 des 1. ZPEMRK gewährleistet sind. Der Gesetzgeber ist durch diese Grundrechtspositionen zweifach gebunden: einerseits verlangen sie von ihm nicht nur einen Schutz vor staatlichen Eingriffen und andererseits verbieten sie ihm auch die Zulassung der Verletzung des Eigentums durch andere Private. Diesen Grundrechten sind daher Schutzpflichten immanent, also verfassungsgesetzliche Aufträge an den Gesetzgeber, den Schutz der jeweils gewährleisteten Position auch für die Verhältnisse unter Privaten sicherzustellen. Dies gilt gerade auch für das Rechtsinstitut[491] Eigentum[492], welches im Jahr 1867 der Gesetzgeber von Art 5 StGG im seit 01.01.1812 in Geltung befindlichen ABGB vorgefunden hat. Dieser Eigentumsbegriff fußt auf der bereits damals effektiven Privatrechtsordnung des ABGB, die einen umfassenden Schutz des Eigentums auch vor Störungen durch andere private Rechtssubjekte kannte und hinter deren Schutzstandard das StGG keinesfalls zurückgehen wollte. Schon das ABGB in seiner Stammfassung enthielt Vorkehrungen zum Schutz vor groben Verzerrungen der Vertragsfreiheit, etwa durch Drohung, List, Verkürzung über die Hälfte des wahren Wertes sowie insbesondere durch die Schranke der guten Sitten gem § 879 Abs 1 ABGB. Sittenwidrigkeit liegt laut Rsp insbesondere dann vor, wenn der Vertrag eine krasse einseitige Benachteiligung eines Vertragspartners enthält. Im Hinblick auf den Grundsatz der Privatautonomie wird die Rechtswidrigkeit wegen eines Verstoßes gegen die guten Sitten nur dann bejaht, wenn die Interessenabwägung eine grobe Verletzung rechtlich geschützter Interessen ergibt oder wenn bei einer Interessenkollision ein grobes Missverhältnis zwischen den durch die Handlung verletzten und den durch sie geförderten Interessen besteht.[493] Der Schutz von/ durch Art 5 StGG bezieht sich immer auf die Vertragsfreiheit beider (oder auch mehrerer) Vertragspartner. Daraus folgt eine Schutzpflicht des einfachen Gesetzgebers, zumindest grobe einseitige Beeinträchtigungen der Vertragsfreiheit auch unter Privaten abzuwehren.[494] Art 1 des 1. ZPEMRK

180: Der Grundrechtsschutz ist die wichtigste Aufgabe der ordentlichen Gerichtsbarkeit.

490 Vgl dazu beispielsweise *Baruzzi*, Rechtsphilosophie 33: Da die Vertragsfreiheit zu den wesentlichsten Freiheiten des Liberalismus gehört, ist bei deren Gefährdung auch diese (soziale, rechtliche etc) Denk- und Handlungsrichtung bedroht. Der Vertrag kann als wesentliches Element der neuzeitlichen Freiheit gesehen werden, in dem sich Autonomie manifestiert.

491 S *Koziol/Welser*, Grundriss I[13] 50.

492 Zur grundrechtlichen Eigentumsgarantie zB *Berka*, Verfassungsrecht[4] Rz 1542 ff; vgl auch Holoubek, Grundrechtliche Gewährleistungspflichten (1997) 170 ff.

493 So OGH 28.01.2009, 1 Ob 145/08t (Anm dazu: *Appl*, Softwarevertrag – Vereinbarung der vorzeitigen Auflösung im Konkursfall des Lizenznehmers – Sittenwidrigkeit, MR 2010, 211).

494 Vgl dazu *Korinek/Holoubek*, Grundlagen 131: Der Gesetzgeber hat Regelungen zu treffen, die sicherstellen, dass auch von Privaten keine unzulässigen Eingriffe in Grundrechtspositionen anderer erfolgen; wenn dies der Fall sein sollte, hat der Gesetzgeber dem Einzelnen rechtliche Mittel in die Hand zu geben, derartige Eingriffe abzuwehren. IdZ ist zu zfragen, wie der ö Gesetzgeber diesbezüglich bei der Schaffung des VerG 2002 vorgegangen ist? In § 20 VerG 1951 war ua normiert, dass von keinem Verein Beschlüsse

ist unter Rückgriff auf Art 1 EMRK selbst und in Hinblick auf den evolutiven, dynamischen Charakter der EMRK so auszulegen, dass dem Staat die umfassende Gewährleistung der garantierten Schutzposition abverlangt wird. Daraus folgt grundsätzlich, dass der Gesetzgeber eines Mitgliedstaates der EMRK daher weder Verletzungen des Eigentums und der Privatautonomie gestatten, noch dass er sie selbst vornehmen darf. Hierbei handelt es sich freilich nicht um ein absolutes Verbot jeglichen Eingriffs in die Sphäre des Eigentums und der Privatautonomie und gebietet es auch nicht die Gewährleistung absoluter Gleichheit der Marktmacht beim Abschluss zivilrechtlicher Verträge, denn gerade eine derartige gesetzgeberische Determinierung jeglichen rechtsgeschäftlichen Handelns würde die Vertragsfreiheit ad absurdum führen. Folglich darf der Gesetzgeber unter bestimmten Umständen durchaus Schmälerungen oder Beschädigungen des Eigentums des einen Privaten zugunsten des anderen vorsehen. Verboten sind aber unverhältnismäßige Beeinträchtigungen des Eigentums und der Privatautonomie, die im Gesetzesvorbehalt des Grundrechts keine Deckung finden. Im gegenständlichen Fall wird dies jedenfalls dann gegeben sein, wenn zB verbandliche Normenordnungen jegliche privatautonome Dispositionen von zB Sportlern und Wettkampfveranstaltern bei sonstiger Verbandsstrafe verbieten. *Kneihs* stellt weiters fest, dass dies sowohl für die Gestattung privater Eingriffe als auch für Maßnahmen der Hoheitsgewalt gilt; zB darf die Privatautonomie daher durch kollektive Rechtsetzung mittels Tarifvertrag und/oder Betriebsvereinbarung nur insoweit eingeschränkt werden, als dies durch Gesetz im öffentlichen Interesse vorgesehen ist. Hierbei gilt, dass gesetzliche Regelungen nur solche Einschränkungen der Privatautonomie zulassen dürfen, die zur Erreichung der angestrebten Ziele geeignet und erforderlich sind und den Betroffenen keine unverhältnismäßigen Opfer auferlegen.[495] Umso weniger werden entrechtende, die Privatautonomie nahezu ausschließende, kollektive Normsetzungen von Verbänden gem VerG gegenüber Nichtmitgliedern im öffentlichen Interesse und zulässig sein.

Obwohl kein Grundrecht prinzipiell höherwertig als ein anderes ist – kollidierende Grundrechtspositionen sind gegeneinander abzuwägen[496] – darf die Vereinsbehörde offenbar aufgrund der einschlägigen Rechtsprechung bei der Wahrnehmung ihrer (Aufsichts)Tätigkeit nur den einen Vertrag, die Statuten, nicht aber den oder die anderen privatrechtlichen Regelungen, also die sonstigen Vereinsregeln, prüfen. Dies gipfelt darin, um es zum wiederholten Male festzuhalten, dass eine allfällige Gesetzwidrigkeit (des Vereins bzw seiner Tätigkeit) nämlich gem ständiger Rsp des VfGH nur aus dem der Vereinsbehörde vorgelegten Statut geschlossen werden darf.[497] Die

---

gefasst oder Erlässe ausgefertigt werden dürfen, wodurch nach Inhalt oder Form der Verein in einem Zweige der Gesetzgebung oder Exekutivgewalt sich eine Autorität anmaßt, was gem § 24 VerG 1951 einen Auflösungsgrund für die Vereinsbehörde dargestellt hat. Da dieser Tatbestand (mit Signalwirkung) nunmehr im VerG 2002 fehlt, ist die Rechtsposition des schutzbedürftigen Vereinsmitglieds geschwächt, s dazu *Thomasser*, Vereinsgesetz 2002, 191 f.

495 *Kneihs*, Betriebliches Disziplinarrecht und Verfassung, RdA 2005, 136.
496 *Kucsko-Stadelmayer*, Grundrechte Rz 19.
497 S dazu *Fessler/Keller*, Vereinsrecht² 123, unter Verweis auf zahlreiche E des VfGH.

Vereinsbehörde wird also auf die Statuten fokussiert bzw reduziert, also letztlich auf das, was ihr von den Vereinen „zur Beurteilung" vorgelegt wird. Die neben den Statuten die verbandliche Normenordnung ausmachenden sonstigen Vereinsregeln wird die Vereinsbehörde[498] daher nicht zur Kenntnis/Prüfung erhalten bzw darf sie sie, gem Rsp und teilweise Schrifttum, so gut wie nicht bewerten.[499] Allenfalls bedenkliche oder gar rechtswidrige Vereinsbestimmungen werden logischerweise nicht im prüfungsrelevanten Vertrag „Statuten", sondern in den der Prüfung entzogenen, privatrechtlichen Regelungen, den sonstigen Vereinsregeln, „geparkt". Die Statuten geben daher eine perfekte „Potemkinsche Fassade" für die sonstigen Vereinsregeln ab. Ist nun ein Vereinsmitglied oder gar ein Nicht(vereins- oder verbands-)mitglied zB mit in seine Persönlichkeitsrechte massiv eingreifenden bzw seine Privatautonomie vollkommen ausschließenden Bestimmungen in sonstigen Vereinsregeln konfrontiert, so ist der Staat im Wege der Vereinsbehörde keine Appellationsinstanz hierfür, denn die Vereinigungsfreiheit wird von Seiten des Staates offenbar als das höhere (Rechts)Gut betrachtet, als das in Art 11 Abs 2 EMRK – solcherart in § 29 Abs 1 VerG – normierte Gebot, insbesondere die Rechte und Freiheiten anderer (zB der Vereinsmitglieder) zu schützen. Denn, nicht allein genug damit, dass die Vereinsbehörde lediglich die vermutlich rechtlich unbedenklich gehaltenen Statuten prüfen darf, hat überdies niemand einen Rechtsanspruch auf die Untersagung einer Vereinsgründung[500] (und damit Statutenänderung, da diesbezüglich die selbe Rechtslage gilt) und darf die Vereinsbehörde nicht einmal prüfen, ob durch die verbandliche Normenordnung subjektive Rechte[501] von Vereinsmitgliedern aus dem Vereinsverhältnis tatbildlich gem § 29 Abs 1 VerG (und damit gem Art 11 Abs 2 EMRK) in abstracto verletzt werden. Diese – nicht nachvollziehbare – Rechtsposition wird anscheinend auch dann vertreten, wenn die Eingriffe und Entrechtungen gegenüber natürlichen Personen so intensiv sind, dass die Vereinsbehörde gem Art 11 Abs 2 EMRK längst schon tätig werden müsste. Jedenfalls (spätestens)

---

498 Die Ohnmacht der Vereinsbehörde offenbart sich in ihrer vorwiegenden „Statutenzentriert- und -reduziertheit" gem Rsp des VfGH: Wenn die Behörde anlässlich des Gründungsverfahrens Mängel in den Statuten nicht beanstandet hat, so können diese nachträglich nicht zum Anlass genommen werden, den Verein als nicht existent zu erklären oder aufzulösen; und: Die Gesetzwidrigkeit darf nach der ständigen Rechtsprechung des VfGH nur aus dem der Behörde vorgelegten Statut geschlossen werden, so *Fessler/Keller*, Vereinsrecht[2] 123, 129 mit Jud.

499 Dazu passt auch Folgendes: Gem *Krejci/S. Bydlinski/Weber-Schallauer*, Vereinsgesetz[2] § 11 Rz 55, darf sich die Vereinsbehörde mit Fragen des Vorliegens einer rechtswirksamen Gründungsvereinbarung oder der materiellen Legitimation der Einschreiter kraft ihrer Gründereigenschaft bzw ihrer rechtmäßigen Bestellung zu organschaftlichen Vertretern nicht befassen.

500 S dazu *Fessler/Keller*, Vereinsrecht[2] 126, 186.

501 Hält man zB im Normenregime des untersuchungsgegenständlichen Sportdachverbands Ausschau nach subjektiven Rechten von Sportlern, Wettkampfveranstaltern etc zur privatautonomen Gestaltung von Wettkämpfen, so wird man ohnehin kaum fündig, insofern stellt sich nur die Frage, ob von „sehr schwachen" bzw sogar von Nicht(Gegen)Rechten auszugehen ist, s dazu *Schilcher*, Starke Rechte 353 ff.

dann müsste die Vereinsbehörde einschreiten (dürfen), wenn das Rechte-Pflichten-Gefüge zwischen Verband und Individuum (als Vereinsmitglied oder auch nicht) zu Lasten des Einzelnen zu einem verbandlichen Gewaltverhältnis ausdifferenziert worden ist; ein wesentliches Merkmal desselben ist, dass der Einzelne einem in Teilbereichen rigiden Unterwerfungsverhältnis ausgesetzt ist, also seine Position inhaltlich (auch) dem „klassischen" besonderen Gewaltverhältnis[502] nachgestaltet ist.[503] Je nachdem wie der Staat (qua Gesetzgebung und Vollziehung) „seine Rolle" in derartigen und/oder vergleichbaren Fällen „anlegt", eher „wegschauend" und damit (irgendwie) duldend, zB das verbandlich propagierte Konzept der sehr weit gehenden „Verbandsautonomie" akzeptierend, oder aber doch seiner Schutzfunktion gegenüber seinen Staatsbürgern nachkommend, also derartigen Entwicklungen entgegen tretend, stellt sich idZ die Frage nach der staatlichen Souveränität iVm dem Gewaltmonopol. „Überantwortet(e)" also der Staat in Form einer freiwilligen (partiellen) Selbstaufgabe seiner Staatsgewalt damit seine Staatsbürger einem gegenüber ihm verbandsautonom abgesicherten „no-go-area"?[504] Vereins- oder Nichtvereinsmitglieder auf den Privatrechtsweg zu verweisen[505], kommt bei derartigen Konstellationen einer verschleierten Rechtsschutzverweigerung[506] durch den Staat nahe.[507] IdZ ist auf § 8 VerG

---

502 S dazu grundlegend O. *Mayer*, Deutsches Verwaltungsrecht I^2 (1914) 104 f. Vgl ebenfalls die umfangreiche Monographie von *M. Müller*, Das besondere Rechtsverhältnis. Ein altes Rechtsinstitut neu gedacht (2003) passim.

503 S bei *Thomasser*, Gewaltverhältnis 188, 193 ff, beispielhafte Inhalte für verbandliche Normenordnungen, welche schon bei nur teilweisem Vorliegen ein „derartiges Gewaltsystem" als gegeben erscheinen lassen, welche in ihrer Summe jedoch, wie dies beim gegenständlichen Sportdachverband, dem OEPS, gegeben ist, jedenfalls ein verbandliches Gewaltverhältnis konstituieren.

504 Vgl dazu *Bußjäger*, Rückzug des Rechts aus dem Gesetzesstaat (1996) 36 ff.

505 Insofern ist sowohl *Krejci/S. Bydlinski/Weber-Schallauer*, Vereinsgesetz^2 § 29 Rz 4, welche meinen, dass „im Übrigen die Ausbeutung Unterlegener durch Druckausübung ein Phänomen ist, dass bereits mit Mitteln des Privatrechts bekämpft werden kann", als auch *Höhne*, Autoritätsanmaßung durch Vereine – zu Recht entrümpelt? RdW 2008, 195 f, der konstatiert, dass „auch das beste Vereinsgesetz es den Vereinsmitgliedern nicht abnehmen kann, sich selbst auf die Hinterbeine zu stellen und dem Missbrauch statutarisch eingeräumter Autorität kritisch entgegenzutreten", zu widersprechen. Dem Vereinsmitglied wird also im Ergebnis im Kontext des Vereinsrechts der gebotene Schutz durch den Staat (Art 11 Abs 2 EMRK) verweigert. Mit derselben Argumentation könnten schließlich die Sonderprivatrechte des Konsumentenschutzes, des Mietrechts und des Arbeitsrechtes für obsolet erklärt und auf das allgemeine Zivilrecht verwiesen werden. S im Gegensatz dazu *F. Bydlinski*, System 709, welcher ohnehin ein umfassendes „Sonderprivatrecht für Ungleichgewichtslagen" präferiert.

506 *Schäffer*, Grundrechtliche Organisations- und Verfahrensgarantien in Merten/ Papier (Hrsg), Handbuch der Grundrechte VII/1 (2009) Rz 7, ist freilich zuzustimmen, wenn er auf das historisch gewachsene, in der Bundesverfassung verankerte Rechtsschutzsystem verweist, welches im Ergebnis eine grundsätzlich vollständige und lückenlose Rechtsweggarantie und institutionelle Verfahrensgarantie bietet.

507 Gleichwohl hätten die ordentlichen Gerichte neben § 879 ABGB im Fall von gewalthandelnden Verbänden eine weitere grundsätzliche Rechtsnorm als Maßstab bzw als Entscheidungsgrundlage, nämlich § 26 ABGB, zur Verfügung,

(Streitschlichtung) zu verweisen, welcher ausdrücklich normiert, dass die Statuten vorzusehen haben, dass „Streitigkeiten aus dem Vereinsverhältnis"[508] vor einer Schlichtungseinrichtung des Vereins auszutragen sind.[509] Sofern das Verfahren vor der Schlichtungseinrichtung nicht früher beendet ist, steht für Rechtsstreitigkeiten (erst) nach Ablauf von sechs Monaten ab Anrufung der Schlichtungseinrichtung der ordentliche Rechtsweg offen.[510] Die Anrufung des ordentlichen Gerichts kann nur insofern ausgeschlossen werden, als ein Schiedsgericht nach den §§ 577 ff ZPO[511] eingerichtet wird. Und weiters ist in den Statuten die Zusammensetzung und die Art der Bestellung der Mitglieder der Schlichtungseinrichtung unter Bedachtnahme auf deren Unbefangenheit zu regeln. Schließlich gebietet die Rechtsnorm zur innervereinlichen Streitschlichtung, den Streitparteien beiderseitiges Gehör zu gewähren.[512] Obwohl der Gesetzgeber also vorgibt, dass in den Statuten Organisation und Verfahren der Streitschlichtung zu regeln sind, installieren Sportverbände oftmals Schiedsgerichte gem §§ 577 ff ZPO[513] in den sonstigen Vereinsregeln, welchen sich Sportler „freiwillig unterwerfen müssen", wenn sie an Wettbewerben teilnehmen wollen. Dies bezweckt im – aus verbandlicher Sicht – „Idealfall", dass Sportlern der Weg zu den ordentlichen Gerichten überhaupt abgeschnitten wird, im Fall „nur" einer Schlichtungseinrichtung aber wenigstens, dass eine Streitigkeit vom faktisch und rechtlich mächtigen Dachverband für zumindest sechs Monate „autonom gesteuert" werden kann.[514] In der Praxis bedeutet dies nichts Anderes, als dass sich zB im Konfliktsfall ein Vereinsmitglied entweder der als Streitschlichtung gem § 8 VerG[515] oder der als Schiedsgericht gem §§ 577 ff ZPO ausgeprägten[516] „Privat-

---

s dazu *Ostheim*, Rechtsfähigkeit 263: „Grundsätzlich ist jedenfalls daran festzuhalten, dass für die Entscheidung über die Erlaubtheit oder Unerlaubtheit eines Vereines, der seinem Zweck und seiner Einrichtung nach dem VerG (1951) unterfällt, die selbständigen Unerlaubtheitsgründe des § 26 ABGB und die materiellen Merkmale des § 6 VerG (1951), allenfalls auch das Vorliegen der Auflösungsgründe des § 24 VerG (1951), maßgebend sein müssen."

508 S dazu insbesondere *Höhne/Jöchl/Lummerstorfer*, Recht[3] 291 ff.
509 S ausführlich dazu jüngst *Saria*, Aktuelle Rechtsprechung 71 ff.
510 *Saria*, Aktuelle Rechtsprechung 72 f, hält infolge einer umfassenden Analyse der einschlägigen Rsp fest, dass von einer gefestigten höchstgerichtlichen Rsp zur dogmatischen Einordnung von § 8 Abs 1 Satz 2 VerG als von Amts wegen wahrzunehmende Prozessvoraussetzung – ein formelles, (grundsätzlich auf sechs Monate) befristetes Prozesshindernis der Unzulässigkeit des Rechtsweges ist gegeben – auszugehen ist.
511 S zum Schiedsverfahren grundsätzlich *Rechberger/Simotta*, Zivilprozeßrecht[8] Rz 1143 ff.
512 S dazu zB *Keinert*, Rechtliches Gehör beim Ausschluss aus Verein und Genossenschaft, GesRZ 2004, 155.
513 S dazu *Höhne/Jöchl/Lummerstorfer*, Recht[3] 284 ff.
514 *P. G. Mayr*, Vereinsstreitigkeiten zwischen Schlichtungseinrichtung, Gericht und Schiedsgericht, ÖJZ 2009, 545, macht bei Vereinen/Verbänden die Position aus, dass die Austragung von Vereinsstreitigkeiten vor einem staatlichen Gericht unerwünscht ist.
515 Eine derartige Streitschlichtung muss gem § 3 Abs 2 Z 10 iVm § 8 VerG in den Statuten bzw Satzungen des jeweiligen Vereins/Verbandes/Dachverbandes geregelt sein, s dazu zB *Kossak*, Handbuch 110 f.
516 S dazu *Krejci/S. Bydlinski/Weber-Schallauer*, Vereinsgesetz[2] § 3 Rz 118.

gerichtsbarkeit" des Verbandes zu „stellen" hat, welcher es sich zuvor (schein)freiwillig unterwerfen hat müssen oder welcher es im günstigeren Fall nur sechs Monate lang ausgesetzt ist. Vereinsmitglieder werden in Streitfällen nicht selten durch möglichst lang andauernde, oftmals intransparente „Verbandsverfahren" bei gleichzeitiger faktischer Macht- und Druckausübung von Seiten des Verbandes hingehalten[517], um für ein allfälliges (weiteres) Verfahren vor den ordentlichen Gerichten möglichst schon „vollendete Tatsachen" qua Zermürbung und/oder Erschöpfung schaffen zu können.[518] Der Staat schwächt im Ergebnis daher auf der einen Seite aufgrund fehlender Schutzbestimmungen direkt im VerG die einzelnen Vereinsmitglieder und stärkt zugleich auf der anderen Seite die ohnehin „bestens formierten", sich gegenseitig stützenden Vereinsdominatoren, welche sich letztlich eine „Privatgerichtsbarkeit" (im „Mantel" der Streitschlichtung gem § 8 VerG und/oder eines zumindest einseitig unfreiwilligen Schiedsgerichts gem §§ 577 ff ZPO) geschaffen haben. Je länger also derartige „Verbandsverfahren" dauern und damit der Steuerungsmacht der Verbände unterliegen, umso genehmer für die Vereinsdominatoren. Die Rsp unterstützt gewissermaßen die Verbände bei einer derartigen Vorgehensweise, da judiziert wird, dass der „vereinsinterne Instanzenzug einzuhalten ist"[519], mit dem Ergebnis „zweigeteilter Verbandsverfahren": dem gesetzlich verpflichtend vorgeschriebenen Schlichtungsverfahren nach § 8 VerG wird innerverbandlich ein „vereinsinterner Instanzenzug"[520]

---

517 Vgl zu Gruppensanktionen und Ausgrenzungen iZm „Ostrakismos" einen historischen Abriss bei *Zippelius*, Ausschluss und Meidung als rechtliche und gesellschaftliche Sanktionen in Gruter/Rehbinder (Hrsg), Ablehnung – Meidung – Ausschluss. Multidisziplinäre Untersuchungen über die Kehrseite der Vergemeinschaftung (1986) 11 ff.

518 Man denke etwa an Berufssportler im Fall von Auseinandersetzungen mit ihrem „Dienstgeber" Verein/Verband. IdZ: Darauf, dass die Verweisung von Vereinsmitgliedern (oder auch Nichtvereinsmitgliedern) auf den Privatrechtsweg grundsätzlich problematisch ist, verweisen auch *Höhne/Jöchl/Lummerstorfer*, Recht[3] 131, in dem sie das Beispiel anführen, dass von einer Versammlungsleitung rechtzeitig eingebrachte Anträge nicht zur Abstimmung gebracht werden und der Antragsteller sein Recht dann in weiterer Folge zunächst bei der vereinsinternen Schlichtungsstelle und schließlich vor den staatlichen Gerichten durchsetzen muss. *Höhne/Jöchl/Lummerstorfer* sprechen schon in diesem Zusammenhang explizit vom „Durchschreiten dieses dornenvollen Weges". Für ein Vereinsmitglied jedoch, welches zugleich Dienstnehmer eines Vereins/Verbandes ist, kann sich anstatt eines „bloßen Dornenweges" ein umso schmerzlicherer „Spießrutenlauf" ergeben.

519 S RS0119982 (T14); insbesondere OGH 25.11.2004, 6 Ob 172/04v = ecolex 2005, 544: Für eine Klage stattgebende Entscheidung ist davor der verbandsinterne Instanzenzug vor diesen „Vereinsgerichten" auszuschöpfen, weil nicht voreilig in die Selbstverwaltung eines Vereins eingegriffen werden darf und auch eine unnötige Anrufung der ordentlichen Gerichte vermieden werden soll. Als „Subtext" kann/könnte daraus entnommen werden, dass die ordentliche Gerichtsbarkeit möglichst nichts mit „Vereinsstreitigkeiten" – welcher Art auch immer – zu tun haben will und im Ergebnis dies daher Verbandsoligarchien gegenüber natürlichen Personen entsprechend nutzen werden.

520 Vgl *Höhne/Jöchl/Lummerstorfer*, Recht[3] 286 ff; sa *Grundei*, ecolex 2007, 401 f, sowie *Saria*, Aktuelle Rechtsprechung 82.

(bzw auch als „Rechtsmittelverfahren" oder „Rechtszug" tituliert)[521] vorgeschaltet. Der Verband wird daher im ersten Teil des Verbandsverfahrens möglichst staatsähnlich bzw -gleich auftreten, die Rechtsordnung, insbesondere das Zivil- und Strafverfahrensrecht ausgewählt zu seinem Vorteil imitieren, um solcherart eine zeitintensive und komplexe „Zurichtungsphase" gegenüber Vereins- oder Nichtvereinsmitgliedern nutzen zu können; Disziplinarmaßnahmen wie Strafen sind hierbei bewährte Mittel und zugleich Ausdruck und Manifestation von Subordinationsverhältnissen zwischen Verband und Verbandsuntertanen. Dabei werden Fakten geschaffen, Stimmung erzeugt und Meinung gemacht, und ein Sportler zB kann bzw muss dann, abgesehen von der Möglichkeit einer einstweiligen Verfügung[522], im zweiten Teil des Verbandsverfahrens, also in der Schlichtung gem § 8 VerG sechs Monate lang versuchen, seine Interessen durchzusetzen, bevor er zu den ordentlichen Gerichten kommt.[523] Der untersuchungsgegenständliche Sportdachverband, der OEPS, beispielsweise kreiert Verbandsorgane in seiner sonstigen Vereinsregel ÖTO, anstatt wie vereinsgesetzlich vorgegeben (§ 3 Abs 2 Z 7 VerG) in seinen Satzungen, und schafft überdies dortselbst[524] einen „verbandsinternen Instanzenzug" (§ 2001 ÖTO Rechtsordnung) insbesondere für seine Nichtmitglieder (Reitsportler, Wettkampfveranstalter etc).[525]

Zusammenfassend muss also festgehalten werden, dass Sportverbände mitunter die „Vereinigungsfreiheit" in der für sie wesentlichen Funktion eines „Schutzmantels" einerseits gegenüber dem Staat und – grundrechtsintentional entfremdet – andererseits gegenüber zB Sportlern und Wettkampfveranstaltern für die Durchsetzung ihrer Interessen (im Wesentlichen: die ungestörte Ausübung möglichst umfassender, normativer und faktischer Fremdbestimmung) instrumentalisieren; und aus diesem Grundrecht(sverständnis) wollen sie dann den weitergehenden Anspruch ableiten, „Rechtsnormen" zu setzen, eine Verbandsstrafgewalt zu begründen sowie insgesamt in verschiedenste, auch grundrechtlich geschützte Positionen von Vereins- und Nichtvereinsmitgliedern umfänglich eingreifen zu können. Das diesen Absichten und Vorgehensweisen zugrunde liegende verbandliche Normensystem wird daher VerG-widrig nicht in den Statuten, sondern gerade in den, der Prüfung der Vereinsbehörde entzogenen, sonstigen Vereinsregeln eingerichtet, stabilisiert und ausgebaut. Ganz grundsätzlich ist der derzeitigen Vollziehung, welche leider vielfach dazu führt, dass Vereins/Nichtvereinsmitglieder nahezu ohne wirksamen Schutz gegenüber

---

521 S *Kossak*, Handbuch 62 FN 54, 185 f.

522 S zB *Höhne/Jöchl/Lummerstorfer*, Recht[3] 310 ff, sowie *Kossak*, Handbuch 186 f.

523 Richtigerweise empfiehlt daher *Keinert*, Mitgliederversammlung 129, zB im Fall von Beschlüssen – nicht der Mitgliederversammlung sondern – anderer Organe, die bedingungslose Einhaltung der Jahresfrist (gem § 8 VerG), da der „statutarische interne Rechtszug" noch ungleich weniger das Anfechtungsrecht des Mitglieds (gem § 7 VerG) gefährden darf, als die gesetzliche Schlichtungsobliegenheit; ein Zuwarten ist jedenfalls unzumutbar.

524 Im Widerspruch zu § 3 Abs 2 Z 10 iVm § 8 VerG.

525 S unmissverständlich *Keinert*, Mitgliederversammlung 18: „Die ‚Vereinsorganisation' obliegt der Satzung, nicht aber einem Organbeschluss ‚außerhalb der Statuten' – also nicht einem einfachen Beschluss der Mitgliederversammlung oder gar eines anderen Organs, womöglich der betroffenen Organe selbst."

verbandsgewaltigen Fremdbestimmungen bleiben, entgegenzuhalten: Richtigerweise werden sowohl die Vereinsbehörde als auch die ordentliche Gerichtsbarkeit (jeweils ihrer Zuständigkeit entsprechend) auch den – von *Keinert* so genannten – „Gesamtcharakter des konkreten Vereins", ja sogar dessen „Individualität" zu prüfen bzw im Einzelfall mitzuberücksichtigen haben.[526] Ist demnach festzustellen, dass natürliche Personen durch (zahlreiche) Eingriffe/Entrechtungen etc von einer juristischen Person in einem (systematischen) verbandlichen Gewaltverhältnis gehalten werden, dann ist die Rechtslage gegeben, dass der dem Schwächerenschutz[527] verpflichtete gewaltmonopolisierende Staat entsprechend tätig wird; dies wird freilich nur dann geschehen, sofern dies von Gesetzgebung, Vollziehung und Politik gewollt bzw mitgetragen wird.

Nun sei anhand eines weiteren Beispiels die – wie zu zeigen sein wird – sachlich nicht gerechtfertigte Differenzierung der Kompetenzen (und damit Kontrolltätigkeit) der Vereinsbehörde in Bezug einmal auf die Statuten und das andere Mal auf die sonstigen Vereinsregeln dargelegt. Angenommen ein Verein würde all die typischerweise in den sonstigen Vereinsregeln in Form von „Regulativen, Ordnungen, Verfahrens- bestimmungen etc" geregelten Einzelbestimmungen (Sportausübungs- und Wettkampfregeln sowie Sportadministrationsregeln) direkt in die Statuten übernehmen (zB im Zuge einer Statutenänderung), und dadurch würden diese zB den Umfang von mehreren hundert Seiten annehmen, und hätte der Verein weiters keinerlei sonstige Vereinsregeln, welche ja der Prüfung der Vereinsbehörde entzogen sind: Die Vereinsbehörde dürfte/müsste dann auf einmal gem Art 11 Abs 2 EMRK prüfen, ob die Rechte und Freiheiten anderer (zB der Vereinsmitglieder) verletzt sind; ob also Vereins- bzw Nichtvereinsmitglieder durch die Statutenbestimmungen, welche, zB staatliche Autorität anmaßend oder der Rechtsordnung nach- gebildet sind und welche vor allem „zivil-, steuer-, verwaltungsstraf- und justizstrafrechtliche Regelungen" enthalten, in einem derartigen Maß ein privatautonomes Agieren der „Normunterworfenen" nahezu vollkommen ausschließen und überdies massiv in deren Persönlichkeitsrechte eingreifen. Dies würde auf einmal bedeuten, dass derart umfängliche

---

526 *Keinert*, Mitgliederversammlung 41, 46 f, zufolge prüft der OGH das Vor- liegen eines besonders gravierenden Verstoßes gegen zwingendes Recht in Hinblick auf die konkreten, eigentümlichen Umstände eines Vereins, welche sich im Wesentlichen aus dem Vereinsstatut und dessen Auslegung ergeben. Einmal mehr ist anzumerken, dass Ansprüche und Tendenzen eines Vereins im Groben – möglichst weit gefasst und „unangreif- bzw -beanstandbar" – sehr wohl in den Statuten nieder gelegt sein werden, dass aber „anmaßende" und/oder rechtsordnungswidrige Bestimmungen in den sonstigen Vereinsregeln platziert werden (das Verbandshandeln resultiert dann aus diesen).

527 S dazu abermals *F.* *Bydlinski*, System 708 ff; sowie krit *Schilcher*, Gesetz- gebungstheorie und Privatrecht in G. Winkler/Schilcher (Hrsg), Gesetz- gebung (1981) 53 ff, der „unter dem Titel des Verbraucherschutzes oder des Schutzes ‚sozial Schwacher' gegenwärtig in nahezu allen Rechtsordnungen" Versuche erkennt, „das überkommene Prinzip der Privatautonomie zu ergänzen." Für das österreichische Recht konstatiert er: „Am schutzwürdigsten ist der ‚Konsument', der einem ‚Unternehmer' gegenübersteht."

Statutenbestimmungen der Vereinsbehörde die Kontrolle mit Schutzwirkungen für Vereins- bzw Nichtvereinsmitglieder ermöglichten; dass die herrschende Sach- und Rechtslage jedoch der Vereinsbehörde schlichtweg die (bzw eine) effektive Aufsicht untersagt und damit den Vereinsbzw Nichtvereinsmitgliedern auch der entsprechende grundrechtlich gebotene Schutz versagt ist, kann sachlich nicht gerechtfertigt werden. Um die Fragwürdigkeit der geltenden Vollziehungspraxis (und des damit verbundenen Rechtsverständnisses) vor Augen zu führen, sei schließlich noch das Beispiel des Verkaufs von verbotener pornographischer Literatur angeführt: Wäre es zB sachlich zu rechtfertigen, dass die für die entsprechende Kontrolle (und allenfalls Bestrafung) zuständige Behörde („nur") dann einschreiten müsste/dürfte, wenn der Verkauf derartiger Medien „offen" erfolgte, dann jedoch nicht, wenn diese „Ware" gewissermaßen „unter dem Ladentisch" vertrieben werden würde? Die Antwort lautet unzweifelhaft: Nein.

3.2.2. Die „sonstigen Vereinsregeln" insbesondere im Licht von § 7 und 8 VerG

Welche (weiteren) Wertungen des Gesetzgebers hinsichtlich des Verhältnisses zwischen Individuum und Kollektiv können infolge einer dogmatischen Betrachtung gerade derjenigen einschlägigen Bestimmungen im VerG erkannt werden, in denen (vor allem) Konfliktfälle zwischen der Normsetzung der Gruppe (also des Verbandes) und rechtlichen Interessen der natürlichen Person geregelt werden? Es geht hierbei vorrangig darum, mit welchen Ansprüchen der Gesetzgeber das gegenüber Vereinsdominatoren schutzbedürftige Vereinsmitglied „ausgestattet" hat, und zwar in den bereits erläuterten beiden Grundverhältnissen[528]:
1. Fall, das Grundverhältnis Vereinsmitglied/Verein: Ein Vereinsmitglied steht einem Verein gegenüber, dessen Vereinsnormenordnung sich einerseits aus den Vereinsstatuten und andererseits aus den sonstigen Vereinsregeln zusammensetzt. Und zwischen dem Verein und anderen Vereinen (insbesondere Verbänden, Dachverbänden) sind keinerlei Verbindungen, wie zB in einer Vereinskette, vorhanden;
2. Fall, das Grundverhältnis natürliche Person/Dachverband: Eine natürliche Person ist Mitglied in einem Verein, steht jedoch in keinem Mitgliedschaftsverhältnis zum zweiten und/oder dritten Glied der Vereinskette dreier juristischer Personen, welche wie folgt gebildet wird: „Verein – Verband – Dachverband"; die natürliche Person ist in den jeweiligen Statuten weder als „Verbands- oder Dachverbandsmitglied" angeführt. Der Dachverband verlangt von den Mitgliedern der Vereine jedoch, dass sie seine gesamte verbandliche Normenordnung, wiederum bestehend aus den Vereinsstatuten und den sonstigen Vereinsregeln, anerkennen und befolgen, kurz: sich dieser ohne Vorbehalte „unterwerfen".[529]

---

528 S oben II.1.4.
529 In der Praxis kann dies zB insofern „gestaltet" werden, dass der Dachverband (als drittes Glied in der Vereinskette) die Vereine (als erstes Glied in der Vereinskette) „zwingt", dass die natürlichen Personen beim Beitritt zum Verein sich unterschriftlich „verpflichten", sämtliche (gegenwärtigen und

Festgehalten sei nochmals, wie oben schon ausgeführt, dass hinsichtlich der Möglichkeit der Vereinsbehörde, einen Verein gem § 29 VerG aufzulösen, zu unterscheiden ist, „wozu" dessen Beschlüsse geführt haben[530]: Erstens zu (neuen, veränderten) Statuten, oder zweitens zu sonstigen Vereinsregeln.

Nur dann, so die – oben wieder gegebene – gängige Vollziehungspraxis (bzw Rsp), wenn die Beschlüsse die Statuten geändert/ ergänzt haben, darf die Vereinsbehörde überhaupt prüfen, ob diese gegen Strafgesetze verstoßen, nicht den statutenmäßigen Wirkungskreis des Vereins überschreiten oder überhaupt den Bedingungen des rechtlichen Bestands des Vereins nicht mehr entsprechen. Niemand, also auch nicht eine natürliche Person (als Vereins- oder als Nichtvereinsmitglied), hat einen Rechtsanspruch auf die behördliche Auflösung eines Vereins[531], unbenommen bleiben diesbezügliche Anregungen auf Überprüfung bzw Auflösung. Da insofern also für Vereins- oder Nichtvereinsmitglieder die (wirksame, weil auf einem Anspruch beruhende) Geltendmachung von öffentlich-rechtlichen Ansprüchen auf vereinsgesetzlicher Basis zum eigenen Schutz (derzeit) so gut wie nicht gegeben erscheinen,[532] gilt es nun für die beiden Grundverhältnisse Vereinsmitglied/Verein und natürliche Person/ Dachverband sowohl hinsichtlich Statuten als auch hinsichtlich sonstiger Vereinsregeln den spezifischen privatrechtlichen Schutz (oder Nicht-Schutz) gem §§ 7 und 8 VerG darzustellen.

---

zukünftigen) Normen des Dachverbandes anzuerkennen und sich diesen zu unterwerfen. Oder der Dachverband wirkt auf seine Mitglieder, die Verbände, ein, dass diese in ihren Statuten den Passus übernehmen, (gegenwärtige und zukünftige) Normen des Dachverbandes anzuerkennen und sich diesen unbedingt zu unterwerfen; des Weiteren werden die Verbände verpflichtet, dies auch gegenüber den Vereinen durchzusetzen (zB in der Form, dass die Vereine eine derartige Bestimmung in ihre Statuten übernehmen müssen). Schließlich wird mitunter auch eine weitere „Methode" angewendet, die verbandliche Normenordnung des Dachverbandes gegenüber natürlichen Personen/Vereinsmitgliedern durchzusetzen, und zwar verpflichtet der Dach-verband die Sportler bei/vor jeder Wettkampfteilnahme zur Unterwerfung unter sämtliche seiner (gegenwärtigen und zukünftigen) Normen.

530 Das sonstige Vereinshandeln neben der Willensbildung in Beschlussform, welches durchaus auch im Lichte von § 29 VerG beurteilt werden kann, steht nicht im Mittelpunkt des gegenständlichen Untersuchungsinteresses.

531 S zB VfSlg 7048/1973; vgl allerdings zutreffend *Höhne/Jöchl/Lummerstorfer*, Recht[3] 328, die ausführen, dass „überall dort, wo das einzelne Mitglied unter die Räder einer übermächtigen Vereinsmaschinerie kommt, der Tatbestand der Überschreitung des statutenmäßigen Wirkungskreises nahe liegen und die Behörde daher über entsprechenden Hinweis zur Einleitung eines Auflösungs-verfahrens verpflichtet sein wird".

532 Die diesbezügliche Verfassungskonformität der Vollziehung von § 29 Abs 1 VerG, also die „Absolutsetzung" der Vereinigungsfreiheit des Vereins (und damit der Vereinsdominatoren) gegenüber jeglichen Grundrechtspositionen Dritter (obwohl Art 11 Abs 2 der EMRK explizit den Schutz der Rechte und Freiheiten anderer gebietet), in die eingegriffen wird, bedarf der Überprüfung ua im Wege von Verfahren.

3.2.2.1. Zu § 7 VerG

Konkret normiert § 7 VerG[533], dass Beschlüsse von Vereinsorganen nichtig sind, wenn dies Inhalt und Zweck eines verletzten Gesetzes oder die guten Sitten gebieten. Und Satz 2 leg cit regelt die Anfechtbarkeit anderer gesetz- oder statutenwidriger Beschlüsse: diese bleiben gültig, sofern sie nicht binnen eines Jahres ab Beschlussfassung gerichtlich angefochten werden.[534] Gem Satz 3 leg cit ist jedes von einem Vereinsbeschluss betroffene Vereinsmitglied zur Anfechtung berechtigt.[535] Worauf zielt der Wille des Gesetzgebers ab? In den Erläuterungen zu § 7 VerG hält der staatliche Normsetzer fest, dass gesetz- oder statutenwidrige Beschlüsse des Vereins bis zu ihrer erfolgreichen Anfechtung wirksam sind, es sei denn, Inhalt und Zweck des verletzten Gesetzes oder die guten Sitten erfordern die absolute Nichtigkeit des Beschlusses; weiters vertritt der Gesetzgeber die Position, dass diesbezüglich – wie generell im Gesellschaftsrecht – das Bedürfnis nach einer sowohl für den Verein als auch für die Vereinsmitglieder weniger nachteiligen und schwerwiegenden Regelung der Rechtsfolgen nur schlicht gesetz- oder statutenwidriger Beschlüsse besteht. Schließlich könne das von einem Beschluss betroffene Vereinsmitglied, so der Gesetzgeber, innerhalb der Frist von einem Jahr ab Beschlussfassung – auch diese ist in Anlehnung an das Recht der Kapitalgesellschaften gewählt worden – ja auf die Anfechtung hinweisen und vereinsinterne Mechanismen in Gang setzen, um eine Aufhebung oder statutenkonforme Abänderung des Beschlusses zu erreichen; unter Umständen kann die Streitschlichtungseinrichtung (§ 8 VerG) angerufen werden.[536] Wer von einer derartigen (Interpretation der) Rechtslage profitiert, auf der einen Seite die Vereinsdominatoren und auf der anderen Seite das einzelne Vereinsmitglied (oder kleinere Gruppen derselben,

---

533   *Keinert*, Mitgliederversammlung 39, zufolge orientiert sich § 7 VerG im Besonderen (zwar nur im Wesentlichen) am AktG, und zwar durch die (2002 erfolgte) wichtige Neueinführung des Rechtsinstituts bloßer Anfechtbarkeit, ohne aber die Details zu übernehmen.

534   Zur Problematik des Fristenlaufs gem § 8 Abs 1 S 2 VerG s *Saria*, Aktuelle Rechtsprechung 74 ff mit ausführlicher Jud; vgl beispielsweise RS0122211: Sehen die Statuten ohne jede Einschränkung vor, dass die Schlichtungseinrichtung („das vereinsinterne Schiedsgericht") zur Schlichtung aller aus dem Vereinsverhältnis entstehenden Streitigkeiten anzurufen ist, dann ist auch bei Streitigkeiten im Sinn des § 7 VerG grundsätzlich zwingend vor Anrufung des Gerichtes ein Streitschlichtungsantrag im Sinn des § 8 Abs 1 VerG zu stellen. Nur in Fällen, in denen ein Vereinsbeschluss ausnahmsweise im Anfechtungszeitpunkt unrevidierbar wäre, erschiene eine Anrufung der Schlichtungseinrichtung unzumutbar. Ist aber der betreffende Vereinsbeschluss noch revidierbar, ist § 8 Abs 1 VerG auch in den Fällen des § 7 VerG anwendbar. *P. G. Mayr*, ÖJZ 2009, 542, zufolge kann jene Partei, die einen raschen gerichtlichen Rechtsschutz benötigt und daher die (äußerstenfalls) sechsmonatige Schlichtungsdauer nicht abwarten kann, von den staatlichen Gerichten einen vorläufigen Rechtsschutz durch eine einstweilige Verfügung zu erhalten versuchen; die Gewährung von einstweiligem Rechtsschutz durch ein (staatliches) Gericht bleibt gem § 585 ZPO auch dann möglich, wenn ein (echtes) (Vereins)Schiedsgericht vereinbart worden ist.

535   S *Keinert*, Mitgliederversammlung 119 ff.

536   ErläutRV 990 BlgNR 21. GP 29.

welche allenfalls nicht bereit sind als „Verbandsuntertanen" eine ausgeprägte Fremdbestimmung hinzunehmen), ist wohl evident: Ein „wenig"
Gesetz- und/oder Statutenwidrigkeit ist für die Dauer von einem Jahr
schwebend unwirksam, dann saniert;[537] dass hier den Bedürfnissen/
Interessen der (jeweiligen) Vereinsdominatoren gesetzgeberisch entspro-
chen wird, ist ebenso offensichtlich, wie es beinahe schon „zynisch" klingt,
„Beschluss betroffenen" Vereinsmitgliedern mit auf den Weg zu geben,
dass sie ihre Anfechtung „im Verein aufzeigen" und dann „vereinsinterne
Mechanismen in Gang setzen" können, um eine Aufhebung oder statutenkonforme Abänderung des Beschlusses zu erreichen.[538] So möge man sich
einen Sportler vorstellen, der einen vom Dachverband vorgegebenen und
sowohl vom Verband als auch vom Verein „umgesetzten" Beschluss unter
derartigen Umständen „bekämpfen" wollen würde. Dem Sportler, der vielleicht auch noch Dienstnehmer eines Vereins ist, bleibt „zu guter Letzt",
vom „Beschluss betroffen" zu sein, denn das VerG samt Rsp bevorzugt in
einer derartigen Konstellation die (zumeist eindeutigen) Interessen von
Vereinsdominatoren.[539] *Krejci/S. Bydlinski/Weber-Schallauer* verweisen be-

---

537 ZB OGH 23.01.2008, 7 Ob 1/08k = RdW 2008, 519: Ist nach Ablauf der Jahres-
     frist eine Heilung eines möglicherweise unrichtigerweise zustande gekommen
     Bestellungsbeschlusses zum Obmann eingetreten, so kann die Frage der
     Wirksamkeit eines vorangegangenen Vereinsausschlusses des Obmannes
     als Vereinsmitglied nicht mehr neu aufgerollt werden.
538 IdS ist daher *Krejci*, JBl 2003, 713, nicht zu folgen, wenn er meint, dass § 7 VerG
     dem einzelnen Mitglied ein beachtliches Instrument bietet sich gegen fehler-
     hafte Beschlüsse zur Wehr zu setzen, die das Mitglied betreffen.
539 Bereits an dieser Stelle der Befassung mit § 7 VerG kann daher Folgendes
     konstatiert werden (vgl dazu Jud und Lit bei *Saria*, Aktuelle Rechtsprechung 76
     FN 44, 87 ff; sowie *Keinert*, Nichtigkeit passim): Vergleichbar mit einem derartigen
     vereinsgesetzlichen „Rechtsschutzsystem" für einen Berufssportler gegenüber
     einem Verband/Dachverband wäre etwa, einem Verhungernden und Verdurs-
     tenden als Problemlösung den Fußweg durch die Steppe aufzuzeigen und an-
     zubieten. Das autopoietische System „Sportverbandswesen" als autonomer, in-
     termediärer und zugleich supranationaler Akteur am Marktplatz der „Rechte"
     wird aufgrund der Rechtslage zuvorkommend ge- und unterstützt, und es herrscht
     daher, um es „österreichisch" auszudrücken, weitgehend „Ruhe in Krähwinkel".
     So sind die ErläutRV 990 BlgNR 21. GP 15, 17 f, wohl auch zu „verstehen",
     in denen es heißt: „Eine Verbesserung der rechtlichen Rahmenbedingungen
     für die Vereinsarbeit bei möglichster Rücksichtnahme auf die Vereinspraxis
     (sic) ist das Ziel des vorliegenden Entwurfs." Und der hier interessierende
     Inhalt des „neuen" VerG wird auch folgendermaßen beschrieben: „Erhöhung
     der Rechtssicherheit im Interesse der Vereine (sic), ihrer Mitglieder und ihrer
     vielfach ehrenamtlichen FunktionärInnen sowie im Interesse anderer
     Teilnehmer am Rechtsverkehr durch maßvolle Klarstellungen des öffentlich-
     rechtlichen Charakters (sic) und Eingehen auf wesentliche Ordnungsfragen
     des Vereinsprivatrechts." Sowie: „Erhöhung der Rechtssicherheit durch Auf-
     nahme einer Regelung über die Anfechtbarkeit von Vereinsbeschlüssen und
     damit eine erhebliche Verminderung der Gefahr (sic), für immer nichtige Ver-
     einsbeschlüsse zu fassen." Dem Gesetzgeber dürfte also nahezu ausschließ-
     lich das Grundverhältnis Vereinsmitglied/Verein, nicht aber dasjenige natürliche
     Person/Dachverband vor Augen gestanden sein, ob das zweitere bloß nicht
     erkannt oder aber „verdrängt" worden ist, kann den Erläuterungen nicht ent-
     nommen werden.

züglich des Normzwecks von § 7 VerG auf die deutsche Rechtsprechung, welche in einem Fall minderer Schwere der Rechtsverletzung – in Klammern wird dazu angeführt: bei Verletzungen von Verfahrensvorschriften, die nicht übergeordneten Interessen (sic), sondern lediglich dem Schutz des einzelnen Mitglieds dienen (sic) – die Nichtigkeit nur eintritt, wenn das in seinen Rechten verletzte Mitglied dem Beschluss in angemessener Frist widerspricht.[540] Auch hier drängt sich die Schlussfolgerung auf, dass die Interessen der Vereinsdominatoren dem – offenbar weniger wichtigen – Schutz des einzelnen Mitglieds übergeordnet sind.

Eine vor kurzem ergangene E des OGH, 1 Ob 32/10b, bietet einen konkreteren Unterscheidungsansatz zwischen Anfechtbarkeit und Nichtigkeit von Vereinsbeschlüssen; es werden drei Merkmale ausgemacht, die den schwerer wiegenden Beschlussmangel kennzeichnen: Grundsätzlich hat sich die Nichtigkeit auf gravierende Fälle fehlerhafter Beschlüsse zu beschränken. Es müssen daher, erstens, derartig klare Gesetzesverstöße oder Verstöße gegen die guten Sitten vorliegen, dass nicht einmal der Anschein rechtmäßigen Handelns gewahrt ist. In der gegenständlichen E geht es um Fehler im Wege der Willensbildung des Vereins[541], und insofern führt der OGH aus, dass bei einem bloßen Verstoß gegen das Erfordernis der rechtzeitigen Bekanntgabe der Tagesordnungspunkte ein Nichtigkeit begründender, schwerwiegender Einberufungsmangel idR nicht vorliegen wird, setzt ein solcher doch zweitens voraus, dass nur mehr von einem „Zerrbild einer Beschlussfassung" gesprochen werden könnte. Der Gerichtshof verneint grundsätzlich dann eine Sittenwidrigkeit, wenn – wie im vorliegenden Fall – die Mitgliederversammlung das vom zuständigen Vereinsorgan einberufene und für die Fassung der angefochtenen Beschlüsse zuständige Vereinsorgan war und die Mitglieder zur Versammlung geladen waren. Drittens schließlich bewirken Nichtigkeitsgründe die Verhinderung einer gültigen Verbandswillensbildung von vornherein. Mängel, die nicht derartige oder vergleichbare Merkmale bzw Wirkungen zeitigen, können idR angefochten werden.[542]

---

540 *Krejci/S. Bydlinski/Weber-Schallauer*, Vereinsgesetz[2] § 7 Rz 7; *Keinert*, Mitglieder-versammlung 110 ff, allerdings vertritt die nachvollziehbare Meinung, dass „jeder Sittenverstoß iSd VerG Nichtigkeit ‚gebietet'."

541 Zu § 7 f VerG sowie grundsätzlich zur Entlastungswirkung eines Vereins-beschlusses s *Michael Leitner*, Zur Haftung des Vereinsvorstands bei fehlerhaften Weisungen im VerG 2002, GeS 2009, 291 ff.

542 OGH 20.04.2010, 1 Ob 32/10b = JusGuide 2010/30/7761 = ecolex 2010, 986: Der Gerichtshof scheint sich seiner Sache nicht (ganz) sicher zu sein, wenn er ausführt, dass bzw eben ob „man eine grundsätzliche Orientierung des § 7 VerG am Kapitalgesellschaftsrecht anerkennt" – denn die Sachge-rechtheit einer derartigen „Annäherung" zwischen einem gemeinnützigen Verein auf der einen Seite und einer gewinnorientierten Aktiengesellschaft auf der anderen Seite erscheint als hinterfragenswert. Im gegenständlichen Fall – Beschlussmängel im Verein – zieht der OGH ganz konkret die Rechts-lage des/zum AktG heran: „Nach § 196 Abs 1 Z 2 AktG idF vor dem AktRÄG 2009 (nunmehr § 196 Abs 1 Z 2 lit c AktG) ist jeder in der Hauptversammlung nicht erschienene Aktionär zur Anfechtung ua dann berechtigt, wenn der Gegenstand der Beschlussfassung nicht gehörig angekündigt worden ist. Hauptversammlungsbeschlüsse, die unter Verletzung der Ankündigungs-vorschriften gefasst werden, sind somit nicht nichtig, sondern (bloß) anfechtbar."

Welches Procedere sieht das VerG gem Gesetzgeber in weiterer Folge vor, wenn ein Vereinsmitglied einen Beschluss des Vereins, konkret eines Vereinsorgans, wegen Nichtigkeit und/oder Anfechtbarkeit bekämpfen möchte? Um es auf den Punkt zu bringen: Da es dem Gesetzgeber ein Anliegen ist, die ordentlichen Gerichte von Prozessen in Vereinssachen möglichst zu befreien[543], „hält" dieser die Vereine und ihre Mitglieder dazu „an", vor einem etwaigen Verfahren vor den ordentlichen Gerichten ein Schlichtungsverfahren „vorzuspannen", in concreto zwingt der Gesetzgeber die Streitparteien in jedem Fall von „Streitigkeiten aus dem Vereinsverhältnis" ein innerverbandliches Schlichtungsverfahren gem Statuten vorzusehen und in Anspruch zu nehmen (§ 8 VerG – Streitschlichtung).[544] Entsprechend den Erläuterungen und der Interpretation von *Krejci/ S. Bydlinski/Weber-Schallauer* ist das Tatbestandsmerkmal „Streitigkeiten aus dem Vereinsverhältnis" sehr weit zu verstehen: Es umfasst sämtliche privatrechtlichen Streitigkeiten zwischen Verein und Vereinsmitgliedern sowie unter diesen, sofern sie im Zusammenhang mit dem Vereinsverhältnis stehen. Als Untergruppen sind einerseits „rechtliche" und andererseits „sonstige" (oder auch „reine") Vereinsstreitigkeiten auszumachen. Rechtsstreitigkeiten aus Vereinsverhältnissen sind bürgerliche Rechtssachen gem § 1 JN und fallen daher unter die erste Untergruppe. In den Erläuterungen wird ausdrücklich als Beispiel für die zweitere die Frage angeführt, ob zu einer Veranstaltung des Vereins ein bestimmter Ehrengast eingeladen werden soll oder nicht.[545] Hinsichtlich der Abgrenzung

---

543   Nichtigkeit eines Hauptversammlungsbeschlusses liegt nur vor, wenn die im § 199 Abs 1 AktG angeführten Gründe gegeben sind, insbesondere wenn er – was hier (analog) von Bedeutung ist – mit dem Wesen der AG unvereinbar ist oder durch seinen Inhalt Vorschriften verletzt werden, die ausschließlich oder überwiegend zum Schutz der Gläubiger der Gesellschaft oder sonst im öffentlichen Interesse gegeben sind, bzw wenn er durch seinen Inhalt gegen die guten Sitten verstößt (§ 199 Abs 1 Z 3 und 4 AktG, die durch das AktRÄG 2009, BGBl I 2009/71, nicht verändert wurden). Da die Fälle der Nichtigkeit im Gesetz erschöpfend aufgezählt sind, besteht in allen anderen Fällen nur Anfechtbarkeit, sofern die Voraussetzungen hiefür gegeben sind." *Keinert*, Mitgliederversammlung 37, welcher allerdings ebenfalls auf § 199 Abs 1 Z 4 AktG rekurriert, ist im Ergebnis zu folgen, wenn er ausführt, dass „ausnahmslos jede Sittenwidrigkeit, auch die eines Verfahrensverstoßes, nach VerG Nichtigkeit gebietet." Die eingriffsintensiven Fremdbestimmungen, welche zB im Sportverbandswesen oftmals vorkommen, werden daher sowohl zivilrechtlich (insbesondere in Hinblick auf §§ 879 u 1056 ABGB) als auch öffentlichrechtlich zu beurteilen sein; ua ob nicht allenfalls bereits eine gem § 26 S 3 u 4 ABGB „unerlaubte Gesellschaft" gegeben ist, s dazu *Höhne/Jöchl/Lummerstorfer*, Recht[3] 39.

543   Das SchiedsRÄG 2006 zielt gerade (auch) darauf ab, die staatlichen Gerichte nicht mit Schiedsangelegenheiten gem §§ 577 ff ZPO zu überfluten, so Krejci, Zur Schiedsrichterhaftung, ÖJZ 2007, 91; sa *Keinert*, Mitgliederversammlung 116.

544   *Krejci/S. Bydlinski/Weber-Schallauer*, Vereinsgesetz[2] § 8 Rz 2; sa krit *Keinert*, Mitgliederversammlung 116 ff, welcher unter Berufung auf den Wortlaut der EB die Schlichtungsobliegenheit „selektiv" beurteilt und im Ergebnis eine teleologische Reduktion vorschlägt.

545   Im Widerspruch dazu sehen *Höhne/Jöchl/Lummerstorfer*, Recht[3] 294, das Teilnahmerecht eines Ehrenmitgliedes zutreffend auch als Frage privatrechtlicher Natur an.

zwischen rechtlichen und sonstigen Vereinsstreitigkeiten ist mit *Krejci/ S. Bydlinski/Weber-Schallauer* die „gemäßigte Rechtsfolgentheorie"[546] heranzuziehen: Diese unterscheidet zwischen rechtsgeschäftlichen und sonstigen Willenserklärungen und kann auf die beiden Untergruppen umgelegt werden; daher fallen unter rechtliche Vereinsstreitigkeiten diejenigen vereinsinternen Verhaltensweisen, bei denen ein Rechtsfolgewillen (Geltungs-, Geschäftsund Bindungswille) vorliegt, und die Beteiligten im Streitfall mit der Anrufung des Gerichts und im weiteren mit behördlichem Zwang rechnen. Bei anderen Vereinsangelegenheiten, also außerrechtlichen bzw solchen rein gesellschaftlicher Natur, gehen die Beteiligten davon aus, dass sie im Streitfall nicht die Hilfe von ordentlichen Gerichten in Anspruch nehmen können.[547]

Dennoch dürfen nicht jegliche Differenzen zwischen zB Verein und Vereinsmitglied unter das Tatbestandsmerkmal „Streitigkeiten aus dem Vereinsverhältnis" subsumiert werden, wenn sie nur irgendwie im Zusammenhang mit dem Vereinsverhältnis stehen.[548] *Krejci/S. Bydlinski/Weber-Schallauer* argumentieren jedoch in diese Richtung, wenn sie unter Verweis auf OGH 6 Ob 219/04f[549] ausführen: „Sollte es sich im konkreten Streitfall objektiv um eine Streitigkeit aus dem Vereinsverhältnis handeln, ist es nicht relevant, ob der Statutenwortlaut auch diesen Fall erfasst oder nicht."[550] Zu denken ist beispielsweise an den „Fall", dass Vereinsmitglied A mit Vereinsmitglied B einen Kaufvertrag über irgend einen Gegenstand abschließt, und beide im zugrunde liegenden Vertrag (zB in der Präambel) ausdrücklich festhalten, dass dieses Rechtsgeschäft gerade deswegen bzw nur, weil es sich hierbei um Vereinskollegen handelte, zustande gekommen ist (was das/ein besondere/s Vertrauensverhältnis schafft etc), und dass aufgrund dieser Umstände auch einzelne, besondere Vertragsbedingungen (zB Rabatt für Vereinsmitglieder) zum Tragen kommen (der Vertrag ist also so gestaltet, dass jegliche Differenzen betreffend seine Erfüllung als Streitigkeit in Verbindung mit dem Vereinsverhältnis interpretiert werden können); ergänzt sei, dass Vereinsmitglied A bei dem Kontrakt an die ihm freundschaftlich sehr verbundenen Mitglieder der verbandlichen Schlichtungseinrichtung denkt, und dass dem Wortlaut der Statuten weder implizit noch

---

546 S dazu *Koziol/Welser*, Grundriss I[13] 96 f.
547 *Krejci/S. Bydlinski/Weber-Schallauer*, Vereinsgesetz[2] § 8 Rz 1 ff, sowie ErläutRV 990 BlgNR 21. GP 29. Sa P. G. Mayr, ÖJZ 2009, 540.
548 Sa *Lansky/Matznetter/Pätzold/Steinwandtner/Thunshirn*, Rechnungslegung der Vereine[3] (2011) Rz 141: Die Streitigkeit muss demnach anlässlich des Vereinsverhältnisses entstanden sein, nicht nur gelegentlich dessen.
549 OGH 17.03.2005, 6 Ob 219/04f = SZ SZ 2005/41; s dazu *Elhenický*, Vereinsrecht. Kurzkommentar (2011) 62.
550 *Krejci/S. Bydlinski/Weber-Schallauer*, Vereinsgesetz[2] § 8 Rz 1, unter Hinweis auf weitere Literatur. Sa OGH 04.07.2007, 7 Ob 139/07b = ecolex 2007, 870: Sehen die Statuten ohne jede Einschränkung vor, dass die Schlichtungseinrichtung („das vereinsinterne Schiedsgericht") zur Schlichtung aller aus dem Vereinsverhältnis entstehenden Streitigkeiten anzurufen ist, dann ist auch bei Streitigkeiten im Sinn des § 7 VerG grundsätzlich zwingend vor Anrufung des Gerichtes ein Streitschlichtungsantrag im Sinn des § 8 Abs 1 VerG zu stellen. Nur in Fällen, in denen ein Vereinsbeschluss ausnahmsweise im Anfechtungszeitpunkt unrevidierbar wäre, erschiene eine Anrufung der Schlichtungseinrichtung unzumutbar. Ist aber der betreffende Vereinsbeschluss noch revidierbar, ist § 8 Abs 1 VerG auch in den Fällen des § 7 VerG anwendbar.

explizit die Regelung eines derartigen Falles zu entnehmen ist. Auf der Basis der Interpretation von *Krejci/S. Bydlinski/Weber-Schallauer* von OGH 6 Ob 219/04f könnte nun Vereinsmitglied A meinen, dass Vereinsmitglied B im Streitfall vor die verbandliche Schlichtungseinrichtung ziehen müsste. Dies gibt die gegenständliche E jedoch nicht her, vielmehr lautet der RS dazu: „Die nach dem VerG 2002 vorzusehenden Schlichtungseinrichtungen sollen nicht nur bei bloßen Meinungsverschiedenheiten über vereinsinterne Angelegenheiten oder allenfalls darüber hinaus nur mit Fällen typischer interner Selbstverwaltung befasst werden, wie in einem Teil der Rechtsprechung zu § 4 VerG 1951 vertreten wurde, sondern der Begriff der ‚Streitigkeit aus dem Vereinsverhältnis' ist umfassender als in jenen Entscheidungen, die bei privatrechtlichen Rechtsstreitigkeiten eine weitere Differenzierung vornahmen (keine Geldansprüche wie Mitgliedsbeiträge, Schadenersatz), zu verstehen."[551] Überdies kann der mit *Krejci/S. Bydlinski/Weber-Schallauer* zumindest argumentierbaren Zuständigkeit der Schlichtungseinrichtung für die Entscheidung der Streitigkeit zwischen den Vereinsmitgliedern A und B von diesem[552] die öffentlich-rechtliche

---

551 RS0119982, s in demselben mehrere Beisätze infolge der E OGH 02.07.2009, 6 Ob 117/09p; Beisatz: Der Begriff der Streitigkeit aus dem Vereinsverhältnis ist auf alle privatrechtlichen Streitigkeiten zwischen Vereinsmitgliedern und dem Verein oder Vereinsmitgliedern untereinander auszudehnen, sofern sie mit dem Vereinsverhältnis im Zusammenhang stehen (6 Ob 219/04f). (T15); Beisatz: Dabei ist allein maßgeblich, ob eine vermögensrechtliche Streitigkeit in der Vereinsmitgliedschaft wurzelt (4 Ob 146/07k). (T16); Beisatz: Dazu gehören etwa Streitigkeiten über die Zahlung der Mitgliedsbeiträge und die Erbringung anderer vermögenswerter – mit der Mitgliedschaft verknüpfter – Leistungen an den Verein (4 Ob 146/07k). (T17); Beisatz: Hingegen sind nicht schlechthin alle privatrechtlichen Ansprüche eines Vereinsmitglieds gegen den Verein oder ein anderes Vereinsmitglied von der Formulierung „Streitigkeiten aus dem Vereinsverhältnis" in § 8 Abs 1 VerG 2002 erfasst. Beruht der Anspruch auf einem selbstständigen vertraglichen Schuldverhältnis, für Voraussetzung ist, liegt seine Grundlage nicht im Vereinsverhältnis, sondern in dem zwischen den Streitparteien abgeschlossenen Vertrag. Dabei ist entscheidend, auf welche Tatsachen der Kläger seinen Anspruch gründet (2 Ob 273/06w). (T18) Vor allem die letztzitierte E wird im gegenständlichen „Fall" der Position von *Krejci/S. Bydlinski/Weber-Schallauer*, welche selbige ebenfalls anführen, entgegen zu halten sein. Selbst eine „gelungene" Vertragsgestaltung durch das Vereinsmitglied A wird für das gegenständliche Rechtsgeschäft nicht jedenfalls eine zwingende Zuständigkeit der verbandlichen Schlichtungseinrichtung zur Folge haben.

552 Grundsätzlich wird B sich auf OGH 18.10.2007, 2 Ob 273/06w = RdW 2008, 269 = ecolex 2008, 45 (krit *Wilhelm*), berufen: Nicht schlechthin alle privatrechtlichen Ansprüche eines Vereinsmitglieds gegen den Verein oder ein anderes Vereinsmitglied sind von der Formulierung „Streitigkeiten aus dem Vereinsverhältnis" in § 8 Abs 1 VerG erfasst. Beruht der Anspruch auf einem selbständigen vertraglichen Schuldverhältnis, für dessen Zustandekommen die Vereinszugehörigkeit nicht denknotwendig Voraussetzung ist, liegt seine Grundlage nicht im Vereinsverhältnis, sondern in dem zwischen den Streitparteien abgeschlossenen Vertrag. Diesfalls kann direkt, also ohne Umweg über § 8 VerG, das ordentliche Gericht angerufen werden. S dazu *Saria*, Aktuelle Rechtsprechung 63 f.

Bestimmung § 29 VerG entgegen gehalten werden. Vereinsmitglied B wird bei der Vereinsbehörde die Überprüfung anregen können, ob bzw inwieweit ein Tätigwerden der von zB Vereinsmitglied A angerufenen verbandlichen Schlichtungseinrichtung dem Verbot der Überschreitung des statutenmäßigen Wirkungskreises des Vereins zuwider läuft, um damit zumindest „flankierend" der/einer „verbandlichen Druckausübung" qua innerverbandlich gehaltenem „Schlichtungsverfahren" entgegen zu wirken.[553] Der Rsp des VfGH zufolge überschreitet ein Verein seinen statutenmäßigen Wirkungsbereich, wenn er statutenwidrige Ziele verfolgt oder wenn er sich zur Verfolgung seiner statutenmäßigen Ziele Mittel bedient, die nicht in den Statuten vorgesehen sind.[554] Weiters hat der VfGH entschieden: Durch gesetz- oder rechtswidrige Handlungen verwirklicht ein Verein einen Missbrauch der Vereinstätigkeit und überschreitet dadurch jedenfalls seinen statutenmäßigen Wirkungskreis,[555] denn in diesen kann niemals die Setzung strafbarer Handlungen fallen.[556] Eine Statutenbestimmung, der zufolge ausnahmslos jede Streitigkeit zwischen Vereinsmitgliedern vor die vereinseigene Schlichtungseinrichtung zu bringen ist, wird von vorneherein rechtswidrig sein. Wenn die Statuten also eine derartig umfassende Bestimmung nicht vorsehen, vom Verein jedoch Zwang ausgeübt wird, dass sich Vereinsmitglieder, hier B, jedenfalls der „Entscheidungsgewalt" der Schlichtungseinrichtung zu unterwerfen haben, dann kann mit gutem Grund ua die Verfolgung statutenwidriger Ziele angenommen werden. Wenn – das Beispiel modifiziert – die Statuten zB den grundsätzlich zulässigen Zweck enthielten, dass „nach Tunlichkeit das Einvernehmen zwischen Vereinsmitgliedern innerhalb des Vereins herzustellen ist", würde dennoch eine den statutenmäßigen Wirkungsbereich überschreitende „Mittelverwendung" im Fall gegeben sein, sollte B bei Nichtunterwerfung unter die „Entscheidungsgewalt" der Schlichtungseinrichtung mit dem Vereinsausschluss „bedroht" werden.[557]

---

553 S dazu die bei *Fessler/Keller*, Vereinsrecht[2] 188, angeführte E VfSlg 3073/1956: Da nicht schlechthin jede Tätigkeit, die der Verein gelegentlich entfaltet, in den Statuten angeführt sein kann, ist nicht schon jede solche Tätigkeit ein Auflösungsgrund. Nur wenn der Verein sich in einer Richtung betätigt, die mit der Verwirklichung des statutenmäßigen Vereinsziels nichts zu tun hat, darf er wegen Überschreitung seines statutenmäßigen Wirkungskreises behördlich aufgelöst werden.

554 Der VfGH 08.10.2010, B 1161/09, erachtet im zugrunde liegenden Fall infolge einer Gesamtbetrachtung der zutreffenden Analyse der handelnden Personen und deren Umfeldes das Bild als gegeben, dass die Anhänger einer bestimmten Bewegung den aufgelösten Verein – über dessen statutenmäßigen Wirkungsbereich hinausgehend – als Deckmantel zur (strafgesetzwidrigen) Verbreitung ihrer Ideologien unter dem Schutz der Vereinsfreiheit gegründet und fortgesetzt haben.

555 S VfSlg 1735/1948; sa VfSlg 2057/1950: ein Verein, der nachträglich, dh nach der Nichtuntersagung, eine Tätigkeit entfaltet hat, deren Festlegung als Vereinszweck in den Satzungen die Untersagung des Vereins gerechtfertigt hätte, hat genau dadurch seinen statutenmäßigen Wirkungskreis durch Missbrauch der Vereinsfreiheit überschritten und kann aus diesem Grunde nach § 24 VerG 1867 aufgelöst werden.

556 VfSlg 3958/1961.

557 Ob eine derartige Fallkonstellation nun als Statutenüberschreitung oder aber als unzulässige „Anmaßung staatlicher Autorität" isv § 20 VerG 1951 – ein

IdS ist noch auf *Kossak* zu verweisen, der die grundsätzliche Regel, wonach alle Rechtsstreitigkeiten aus dem Vereinsverhältnis vor das vereinsinterne Schiedsgericht (als Schlichtungseinrichtung gem § 8 VerG) zu bringen sind, mit dem OGH dann durchbrochen sieht, wenn der strittige Anspruch auf einem selbständigen Vertragsverhältnis beruht.[558] Der Autor führt als „klassisches Beispiel" an: „Ein beim Verein angestelltes Vereinsmitglied möchte einen arbeitsrechtlichen Anspruch (zB eine ausstehende Lohnzahlung) durchsetzen. Hier geht das Arbeitsverhältnis dem Vereinsverhältnis vor, und der Arbeitnehmer muss nicht bis zu sechs Monate zuwarten, bevor er die ihm gegen den Verein als Arbeitgeber zustehenden Ansprüche beim Arbeits- und Sozialgericht einklagen kann."[559] Ebenso wenig handelt es sich bei einer Streitigkeit zwischen einer natürlichen Person, zB einem Reitsportler, und einem Gebühren/Strafgelder fordernden Sportdachverband, zB dem OEPS, (diesfalls ist das zweite Grundverhältnis gegeben) um einen Anwendungsfall des Vereinsrechtes, sondern wird das Konsumentenschutzrecht heranzuziehen sein. Wie noch gezeigt wird[560], tritt der OEPS als eine Art „Oberturnierveranstalter" auf, welcher den eigentlichen Turnierveranstalter jedoch völlig beherrscht, und diesen beiden Unternehmern[561] steht der Reitsportler als Konsument gegenüber.

Im gegebenen Zusammenhang interessieren vorrangig einerseits das Vereinshandeln auf Basis von bzw in Bezug auf Statuten und sonstige Vereinsregeln sowie andererseits Beschlüsse, welche die Änderung und/oder Ergänzung der verbandlichen Normenordnung bewirken bzw unmittelbar auf dieser beruhen; weniger bedeutsam bzw untersuchungsrelevant sind zB Beschlüsse, welche sonstige Umstände/Absichten der Verbandswillensbildung zum Inhalt haben, wie zB eine Ehrung oder eine Wettbewerbsveranstaltung. Zur Statutenwidrigkeit von Beschlüssen iSv § 7 S 1 und 2 VerG halten *Krejci/S. Bydlinski/Weber-Schallauer* fest: „Die Statuten beschränken sich nicht auf die Regelung von Verfahrens- und Organisationsfragen. So kann ein Beschluss zwar formal korrekt zustande gekommen sein, aber inhaltlichen Anordnungen der Statuten widersprechen. Solche Beschlüsse sind grundsätzlich nur anfechtbar. Ein derartiger Fall liegt zB vor, wenn Organwalter für eine längere oder kürzere Funktionsperiode gewählt werden, als die Statuten vorsehen. Der Beschluss ist trotz Statutenwidrigkeit gültig, wenn er nicht rechtzeitig angefochten wird. Die Vereinsbehörde hat die Gültigkeit eines solchen Beschlusses zur Kenntnis zu nehmen und ist nicht befugt, ihn für unwirksam zu erachten."[562] Diesem Fallbeispiel zur Statutenwidrigkeit und den Schlussfolgerungen zu privatrechtlichen, nicht aber öffentlich-rechtlichen Rechtsfolgen von *Krejci/S. Bydlinski/Weber-Schallauer* kann grundsätzlich zugestimmt werden, da derartige Verhaltensweisen im

Verband beansprucht die ausschließliche Privatjurisdiktion über seine Verbandsuntertanen –, s dazu *Höhne/Jöchl/Lummerstorfer*, Recht[3] 326 f, qualifiziert wird, führt zum selben Ergebnis.

558 OGH 18.10.2007, 2 Ob 273/06w = RdW 2008, 269 = ecolex 2008, 45 (krit *Wilhelm*).
559 *Kossak*, Handbuch 111 FN 108.
560 S unten V.2.
561 S zB *Merli/Struger*, Der Sportverein als Unternehmer in Reissner (Hrsg), Sport als Arbeit (2008) 41 ff.
562 *Krejci/S. Bydlinski/Weber-Schallauer*, Vereinsgesetz[2] § 7 Rz 24.

3. Statuten und sonstige Vereinsregeln

Widerspruch zu Statuten, wie im Gesellschaftsrecht grundsätzlich bei Wahl- bzw Beschlussanfechtungen vorgesehen, als Privatrechtsstreitigkeiten vor den ordentlichen Gerichten anzufechten sind.[563] Ein gänzlicher Ausschluss der Zuständigkeit der Vereinsbehörde für dem Privatrecht zuzuzählende Verhaltensweisen, vor allem im Fall von gravierenden Eingriffen in Privatrechtspositionen zB der Vereinsmitglieder, wird aber gerade wegen des in § 29 VerG normierten Gebot des Schutzes der Rechte und Freiheiten anderer gem Art 11 Abs 2 EMRK nicht argumentierbar sein.[564] *Fessler/ Keller* führen allerdings an, dass die in Vereinssachen zuständigen Verwaltungsbehörden zur Entscheidung von Streitigkeiten aus dem Vereinsverhältnis grundsätzlich nicht berufen sind.[565] In (etwa) ids *Keinert*, demzufolge die Vereinsbehörde zur privatrechtlichen Beurteilung von Beschlüssen als anfechtbar (§ 7 VerG) nicht zuständig ist; davon ausgenommen ist jedoch die „Sorge der Vereinsbehörde für gesetzes- und statutengemäße Betätigung des Vereins".[566] Dazu ist dezidiert festzuhalten: Positionen, wonach „Beschlüsse, die zu umfangreichen Vereinsordnungen führen, durch die Vereinigungsfreiheit geschützte innere Vereinsangelegenheiten seien, und daher Unzuständigkeit der Vereinsbehörde gegeben sei," sind durch die Rechtslage nicht gedeckt. Erheben Vereinsmitglieder und/oder (andere) Betroffene qualifizierte Beschwerden über „Beschlussprodukte" wie sonstige Vereinsregeln (oder Statutenänderungen) gegenüber der Vereinsbehörde, so wird diese im Lichte insbesondere von Art 11 Abs 2 EMRK nicht ihre Unzuständigkeit mit dem Hinweis, hierbei handelte es sich um Meinungsverschiedenheiten" und/oder „Streitigkeit(en) aus dem Vereinsverhältnis", erklären können. Die Vereinsbehörde wird vielmehr unter Heranziehung auch von privatrechtlichen Maßstäben, insbesondere § 879 ABGB, zu prüfen haben, ob die Betätigung des Vereins gesetzes- und/oder statutenmäßig ist.

Gem den Materialien zu § 29 VerG stellt schon § 3 Abs 1 VerG klar, dass die Vereinsautonomie nur dazu befugt, im Rahmen der Gesetze Statuten frei zu gestalten. Dies bedeutet (insbesondere), dass die Statuten nicht gegen Vorschriften zwingenden Rechts und/oder gegen die guten Sitten verstoßen dürfen.[567] Daraus folgt bzw kann nur folgen, dass die Vereinsbehörde die Ausübung grundrechtlicher Freiheiten, konkret der Vereinsautonomie, jedenfalls bei der Gestaltung der Statuten sehr wohl (auch) an privatrechtlichen Rechtsnormen wie zB § 879 ABGB[568] zu messen hat.

---

563 Vgl *Ratka*, Anfechtbarer Gesellschafterbeschluss in Straube (Hrsg), Fachwörterbuch zum Handels- und Gesellschaftsrecht (2005) 15.
564 S allerdings zur „Ohnmacht" der Vereinsbehörde insbesondere oben IV.3.2.1.
565 *Fessler/Keller*, Vereinsrecht[2] 115 f, unter Anführung mehrerer Entscheidungen.
566 Keinert, Mitgliederversammlung 120 FN 609.
567 ErläutRV 990 BlgNR 21. GP 24.
568 S iVd *Krejci*, Über „gröblich benachteiligende" Nebenbestimmungen in Allgemeinen Geschäftsbedingungen und Vertragsformblättern (§ 879 Abs 3 ABGB), JBl 1981, 169, 245. Sollten „Entrechtungen" in Vereinsstatuten (oder auch in sonstigen Vereinsregeln) zu einer „geradezu in die Augen fallenden Ungleichgewichtslage" samt Persönlichkeitsrechtseingriffen sowie insgesamt zu einem systematischen Knebelungsverhältnis gegenüber (Nicht)Mitgliedern führen, dann kann Derartiges für die Vereinsbehörde im Hinblick auf das

Maßgeblich für ein allfälliges Einschreiten der Vereinsbehörde gem § 29 VerG wird daher die Intensität der Verletzung privatrechtlicher Bestimmungen sowohl in Bezug auf Statuten, aber auch in Bezug auf sonstige Vereinsregeln sein (müssen). Konkret wird dies dazu führen (müssen), dass die Vereinsbehörde spätestens dann, wenn eine Verletzung der Rechte Dritter durch Vereinshandeln bzw -beschlüsse infolge systematischer Überschreitungen zB der durch § 879 ABGB gezogenen Grenze vorliegt; wenn also ein Verein/Verband auf Basis seiner verbandlichen Normenordnung und seines darauf aufbauenden Agierens ein verbandliches Gewaltverhältnis[569] in (verbandsstrafnormbewehrte) Zwangsgeltung gesetzt hat. *Höhne/Jöchl/Lummerstorfer* sprechen unter Bezugnahme auf absolut nichtige Beschlüsse (und damit izm § 7 VerG) explizit davon, dass „insbesondere dort, wo sich ein Mitglied in besonderer Weise einem ‚verbandlichen Gewaltverhältnis' unterwirft (das österreichische Sportwesen bietet hierfür mannigfaltige Beispiele), die staatlichen Gerichte besonderes Augenmerk auf die Einhaltung menschenrechtlicher Mindeststandards zu legen haben werden."[570] Zur notwendigen Klarstellung: Für einzelne menschenrechtswidrige Verstöße gegen § 879 ABGB mag das privatrechtliche Schutzinstrumentarium im Wege der ordentlichen Gerichtsbarkeit angemessen sein, im Falle eines staatsähnlichen, die Vertragsfreiheits-, die Eigentums- und Persönlichkeitsrechte umfassend und tiefgreifend verletzenden verbandlichen Gewaltverhältnisses, also einer systemischen Entrechtung und Verpflichtung von natürlichen Personen im Widerspruch zur Rechtsordnung, ist der Staat unmittelbar qua Vereinsbehörde verpflichtet, die Rechte Dritter zu schützen (§ 29 VerG). Daher ist die folgende (freilich auf die Rsp gestützte[571]) „Allaussage" von *Bydlinski/Weber-Schallauer* äußerst kritisch zu hinterfragen: Da ihnen zufolge Vereinsstreitigkeiten privatrechtlicher Natur sind, auch wenn sich Vereinsfunktionäre und Vereinsmitglieder in der Praxis in Streitfällen (häufig mit der Bitte um Auskunft oder gar Schlichtung an die Vereinsbehörde) wenden, folgt(e) daraus, dass den Vereinsbehörden daher keine Kompetenz zur Streitschlichtung zukommt.[572] Um was anderes, als um einen Streit handelt es sich zB, wenn ein Vereins- oder Nichtvereinsmitglied sich gegenüber Vereinsdominatoren zur Wehr setzt, wenn diese in systematischer Weise, auf Basis der verbandlichen Normenordnung, im Wege von Beschlüssen und sonstigem Vereinshandeln ihm gegenüber ein verbandliches Gewaltverhältnis durchzusetzen versuchen. Das Vereins- oder Nichtvereinsmitglied sollte in solchen Fällen also von der Vereinsbehörde vor die verbandliche Schlichtungseinrichtung (§ 7 und 8 VerG) und nach frühestens sechs Monaten in weiterer Folge zu den ordentlichen Gerichten „geschickt" werden? Aber die Vereinsbehörde sollte bzw dürfte trotz eindeutiger Rechtslage gem § 29 VerG nichts tun? Es kann wohl kaum der Wille des Gesetzgebers sein, dass die Vereinsbehörde in derartigen Fällen eine „Wegschau- bzw Nichtvollziehung" zugunsten von

---

Gebot des Schutzes der Rechte und Freiheiten anderer gem Art 11 Abs 2 EMRK nicht irrelevant sein.

569 Vgl *Thomasser*, Gewaltverhältnis 173 ff.
570 So *Höhne/Jöchl/Lummerstorfer*, Recht[3] 316.
571 VfSlg 15.825/2000.
572 *Krejci/S. Bydlinski/Weber-Schallauer*, Vereinsgesetz[2] § 8 Rz 2.

Vereinsrepräsentanten zu betreiben hat, welche im Ergebnis eine Rechtsschutzverweigerung darstellt. Einer E des VfGH aus 2003 ist im Wesentlichen der Sachverhalt zugrunde gelegen, dass die Beschwerdeführer die Vereinsbehörde ersucht haben, eine Vorstandswahl als Nichtakt zu werten, bzw eine „Nichtregistrierung des Nichtaktes der angezeigten Vorstandswahl" gem § 7 iVm § 34 VerG vorzunehmen. Der VfGH hat in diesem Fall erkannt, dass durch das Behördenhandeln keine Verletzung verfassungsgesetzlich gewährleisteter Rechte durch Zurückweisung eines Antrags auf Nichtregistrierung der Anzeige einer Vorstandswahl vorliegt; denn es ist keine Zuständigkeit der Vereinsbehörde zur Entscheidung über Wahlvorgänge und vereinsinterne Meinungsverschiedenheiten gegeben[573]; und die Rechtsverhältnisse eines Vereins, etwa sein Verhältnis zu seinen Organen und zu seinen Mitgliedern, sind grundsätzlich privatrechtlicher Natur und unterliegen den Regeln des Zivilrechts; vielmehr ist mit dem VerG für Rechtsstreitigkeiten aus dem Vereinsverhältnis (nach Erschöpfung vereinsinterner Streitschlichtungsmechanismen) ausdrücklich der ordentliche Rechtsweg (§ 1 JN) festgelegt worden.[574] Diese E auf Basis dieses Sachverhalts erscheint als nachvollziehbar, denn schließlich wurde vom Beschwerdeführer der Vereinsbehörde bzw dem VfGH gegenüber ja nicht das Vorliegen eines verbandlichen Gewaltverhältnisses iSe Tatbildlichkeit gem § 29 VerG geltend gemacht bzw dürfte ein solches nicht vorgelegen sein.

In diesem Zusammenhang bedarf auch die einschlägige Rsp des OGH einer genauen Analyse: Der OGH hält in 6 Ob 62/02i[575] (noch zum VerG 1951) ausdrücklich fest, dass „für die Entscheidungsbefugnis der ordentlichen Gerichte ausschließlich maßgebend ist, ob der Streit in den Bereich des Privatrechts fällt, ob also die strittigen Beziehungen zwischen Vereinsmitgliedern und dem Verein privatrechtlicher Natur sind." Angemerkt sei, dass der Gerichtshof in seiner weiteren Begründung (gewissermaßen ohne Einschränkung) meint, dass die Rechtsbeziehungen zwischen Vereinen und ihren Mitgliedern privatrechtlicher Natur sind. Nichtsdestotrotz werden dennoch nicht „alle" möglichen Streitigkeiten zwischen Verein als jedenfalls dem Privatrechtsverhältnis zwischen Verein und Vereinsmitglied bzw -nichtmitglied zuordenbar sein (ergibt sich auch bzw schon aus „ob der Streit in den Bereich des Privatrechts fällt"), sondern wird es strittige Konstellationen geben, in denen das Privatrecht bereits verlassen ist. Hat der OGH doch in 6 Ob 727/78[576] (aus 1978 zum VerG 1951) ausgesprochen, dass „die Rechtsbeziehungen zwischen Verein und Vereinsmitgliedern privatrechtlicher Natur sind; und soweit der Verein die Mitglieder berührende Entscheidungen und Verfügungen trifft, geschieht dies nicht in Ausübung hoheitlicher Befugnisse, sondern im Rahmen des durch Vereinsstatut und Beitrittserklärung begründeten Privatrechtsverhältnisses zwischen Verein und Mitgliedern; sollten diese Entscheidungen und Verfügungen des Vereins in Privatrechte seiner Mitglieder eingreifen, dann unterliegen sie der Überprüfung durch die ordentlichen Gerichte daraufhin,

---

573   Sa VfSlg 15.825/2000.
574   VfSlg 17.049/2003.
575   OGH 12.12.2002, 6 Ob 62/02i.
576   OGH 09.11.1978, 6 Ob 727/78 = SZ 51/154.

ob sie in formeller und materieller Hinsicht den Statuten und den allgemeinen Vorschriften zwingenden Rechts entsprechen; in weiterer Folge ist für
die Entscheidungsbefugnis der ordentlichen Gerichte somit ausschließlich
maßgebend, ob der Streit in den Bereich des Privatrechts fällt, also die
strittigen Beziehungen zwischen Verein und Vereinsmitgliedern privatrechtlicher Natur sind. Dies ist bei Streitigkeiten über die Mitgliedschaft
und den Ausschluss aus einem Verein ebenso zu bejahen wie bei der
Bekämpfung von verhängten Vereinsstrafen und keineswegs auf vermögensrechtliche Ansprüche beschränkt. Auch die disziplinären Maßnahmen
des Vereins können sich niemals auf ein öffentliches Recht, sondern lediglich auf die privatrechtlich zu beurteilende Unterstellung unter das Statut
berufen. In diesem Zusammenhang geht auch der Hinweis auf die Vereinsautonomie ins Leere, weil die Rechtsordnung den Vereinen nirgends eine
über den Rahmen der privatrechtlich zugebilligten Autonomie hinausgehende Rechtssetzungs- und Vollzugsgewalt einräumt. Auch die Vereinsstrafgewalt ist mithin der unbeschränkten gerichtlichen Kontrolle unterworfen."[577] Wenn sich nun Vereine/Verbände gegenüber Mitgliedern und/oder
Nichtmitgliedern staatsgleiche Autorität anmaßen und ein verbandliches
Gewaltverhältnis errichten, dann haben sie jedenfalls den durch die
Rechtsordnung vorgegebenen autonomen Bereich innerhalb der zwingenden Grenzen öffentlichen und privaten Rechts bei der Ausgestaltung von
Mitgliedschaftsrechten[578] verlassen.

3.2.2.2. Zu § 8 VerG

Bei einer gegebenen Vereinskette, also „Verein – Verband – Dachverband"
(sohin dem zweiten Grundverhältnis natürliche Person/Dachverband), strebt
der Dachverband üblicherweise gegenüber Mitgliedern eines Vereins
oftmals nicht nur deren Unterwerfung unter eine verbandliche Schlichtungseinrichtung an, sondern vielmehr versucht der Dachverband mitunter ein
Schiedsgericht gem §§ 577 ZPO einzusetzen, um damit den Schutz der
natürlichen Personen (bzw deren Justizgewährungsanspruch) durch die
ordentlichen Gerichte möglichst auszuschließen.[579] Werden dann zB
Sportler dazu „gebracht", sich dem Schiedsverfahren (auch nur faktisch)
zu unterwerfen, dann kommt § 583 Abs 3 ZPO zum Tragen, demzufolge
ein Formmangel der Schiedsvereinbarung im Schiedsverfahren durch

---

577   OGH 09.11.1978, 6 Ob 727/78 = SZ 51/154.
578   S OGH 15.09.2005, 4 Ob 134/05t, worin einmal mehr ausgesprochen wird,
      dass die Rechtsbeziehungen zwischen einem Verein und seinen Mitgliedern
      privatrechtlicher Natur sind.
579   Euphemistisch kann dies dann auch als „sport(art)internes Rechtsschutz-
      system" gesehen werden, und als „Vorteile" können angeführt werden: „die
      Schnelligkeit des Verfahrens", die „größere Vertraulichkeit", die „Fachkompe-
      tenz der Richter" sowie die Deckung der „realen Bedürfnisse", die sich auf-
      grund der „Besonderheiten des Berufssport" ergeben, so *Grundei/Schefer*,
      Außergerichtliche Streitbeilegung im Fußball in Nunner-Krautgasser/Reissner
      (Hrsg), Schlichtung und Schiedsgerichtsbarkeit im Sport (2011) 61 f. Dass
      Derartiges jedoch in „Privatgerichtsbarkeit" und/oder dergleichen abgleiten
      kann (zB Wer bezahlt die „Richter"? Gefahr des „Richters in eigener Sache"
      etc), liegt auf der Hand, so *Thomasser*, Gewaltverhältnis 196 f.

Einlassung in die Sache geheilt wird, wenn er nicht spätestens zugleich mit der Einlassung gerügt wird.[580] Unter der Annahme, dass der Sportler sowohl zum Veranstalter von Wettbewerben als auch zum Dachverband im Verhältnis eines Konsumenten gegenüber Unternehmern stehen wird (und die dem Wettkampf zugrunde liegenden „sonstigen Vereinsregeln" des Verbandes nichts anderes als Allgemeine Geschäftsbedingungen darstellen), greifen die Beschränkungen der Schiedsgerichtsbarkeit gem § 617 ZPO.[581] Vor allem können Schiedsvereinbarungen zwischen einem Unternehmer und einem Verbraucher wirksam nur für bereits entstandene Streitigkeiten abgeschlossen werden (Abs 1 leg cit). *P. G. Mayr* hält daher fest, dass die erwähnten Beschränkungen im Ergebnis dazu führen (werden), dass eine Vereinbarung der Schiedsgerichtsbarkeit in den betroffenen Rechtsbereichen (Konsumenten-, Arbeits-, aber auch Vereinsrecht) praktisch nicht vorkommen wird.[582] Und dies ist (bzw faktisch: wäre) im Sinn des Schutzes von Vereinsmitgliedern gegenüber einem Verein und von natürlichen Personen gegenüber einem Dachverband zu befürworten.

In § 8 VerG ist also einerseits die Pflicht normiert, dass Vereine in den Statuten eine Schlichtungseinrichtung einzurichten haben, und zweitens, dass Streitigkeiten aus dem Vereinsverhältnis (zwischen Verein und Mitglied bzw Mitgliedern untereinander) grundsätzlich[583] vor der Schlichtungsreinrichtung in einem entsprechenden Verfahren auszutragen sind. Gibt es

---

580 Vgl zB *Aburumieh/Koller/Pöltner*, Formvorschriften für Schiedsvereinbarungen, ÖJZ 2006, 439; sa *Rechberger/Simotta*, Zivilprozeßrecht[8] Rz 1152.

581 Für Berufssportler wird insbesondere § 618 ZPO relevant sein, demzufolge für Schiedsverfahren in Arbeitsrechtssachen nach § 50 Abs 1 ASGG die Bestimmung § 617 Abs 2 bis Abs 7 ZPO sinngemäß gilt. Daher werden die Sportverbände naheliegenderweise das allergrößte Interesse hegen, dass Berufssportler aus dem (Schutz)Bereich des Arbeitsrechts möglichst ausgenommen werden und entsprechende „Überzeugungsarbeit", konkret Lobbyismus, dafür leisten. Vgl zB *Friedrich*, Ausgewählte Rechtsfragen des kollektiven Arbeitsrechts im Berufssport in Reissner (Hrsg), Sport als Arbeit (2008) 43 ff, sowie *Grundei*, ecolex 2007, 403: in der Zusammenfassung des Beitrags heißt es, „der Ruf nach einem einheitlichen österreichischen Berufssportgesetz, das sowohl eine hinlängliche arbeitsrechtliche Basis schafft, als auch die Zuständigkeiten der Verbände regelt, wird immer lauter."

582 So *P. G. Mayr*, ÖJZ 2009, 548; sa *P. G. Mayr*, Schiedsklauseln in Vereinsstatuten, RdW 2007, 331. Ebenso auch *Rainer*, GesRZ 2007, 168, der die Schiedsgerichtsbarkeit im Bereiche des Gesellschaftsrechtes in jenen Fällen, in denen ein Verbraucher beteiligt ist, für praktisch tot erklärt; seine Meinung, dass „der Gesetzgeber mit § 617 ZPO eine wohl übertriebene Schutzvorschrift zugunsten von Konsumenten eingeführt hat," kann weder grundsätzlich, und schon gar nicht hinsichtlich des Verhältnisses zwischen Dachverband und natürlicher Person als Vereinsmitglied geteilt werden.

583 Es darf den Gegnern eines Vereinsmitglieds, also zB den Vereinsdominatoren, nicht möglich sein, durch die Nichterrichtung einer Schlichtungseinrichtung bzw ihrer Nichtbesetzung dem dadurch benachteiligten Vereinsmitglied für sechs Monate den Rechtsweg zu versperren (§ 8 Abs 1 S 2 VerG), so *Krejci/S. Bydlinski/Weber-Schallauer*, Vereinsgesetz[2] § 8 Rz 8. Unverständlicherweise empfiehlt *Jaufer*, Recht im Sport (2011) 53, anscheinend eine Vertreterin der/einer „Verbandsrechtsposition", in ihrem Tipp zur Streitbeilegung im Verein: „Existiert ein vereins (oder verbands) internes Schlichtungssystem, dann ist dieses unbedingt (Anm: Hervorhebung durch den Autor) vor Inanspruchnahme der ordentlichen Gerichte in Anspruch zu nehmen."

nun einen Streitfall im Verein, hier wird exemplarisch von einem zwischen Vereinsmitglied und Vereinsdominatoren, welche zB einen Beschluss zum Nachteil des ersteren gefasst haben, ausgegangen, womit hat das typischerweise schwächere und daher schutzbedürftige Vereinsmitglied zu rechnen? Was hat der Gesetzgeber wie geregelt und damit bewirkt bzw bezweckt? Wie wirken sich Rsp und Schrifttum auf die Position des Vereinsmitglieds aus? Und wie sieht die übliche „Vereinspraxis" aus?

Da in § 3 Abs 2 Z 10 VerG bestimmt ist, dass die Statuten jedenfalls die Art der Schlichtung von Streitigkeiten aus dem Vereinsverhältnis enthalten müssen, und konkretisierend dazu laut § 8 Abs 1 VerG ebenfalls in den Statuten vorzusehen ist, dass Streitigkeiten aus dem Vereinsverhältnis vor einer Schlichtungseinrichtung auszutragen sind (wobei in Abs 2 leg cit noch weitere Standards für das Schlichtungsverfahren festgelegt sind), ist daraus zu schließen, dass die Einrichtung einer Schlichtungsstelle als solche als auch die Regelung des Verfahrens hiefür so gut wie ausschließlich nur in den Statuten zulässig sind. Allerdings werden im Gegensatz dazu, gerade beim Vorliegen einer Vereinskette, mitunter im zweiten Glied, also zu einem Verband, und insbesondere im dritten Glied, beim Dachverband, entweder „nur" die wesentlichen Details für so genannte Schlichtungs- bzw Schiedsgerichtsverfahren in sonstige Vereinsregeln ausgelagert, oder aber werden parallel zur Statutenregelung die eigentlichen Schiedseinrichtungen samt Verfahren (welche wiederum der ZPO bzw der StPO nachgebildet sind) in den sonstigen Vereinsregeln „normiert". Mit dem – schon bekannten – Effekt, dass die Vereinsbehörde aufgrund der Rsp diese Bestimmungen nicht prüfen darf, und dadurch selbstredend nicht dem für sie geltenden Gebot gem Art 11 Abs 2 EMRK nachkommen kann, insbesondere die Rechte und Freiheiten anderer (zB der Vereinsmitglieder) zu schützen. Und Sportlern eines Vereines, der das erste von drei Gliedern einer Vereinskette ist, fehlt in der überwiegenden Mehrzahl der Fälle jeglicher Durchblick, wenn sie sich nämlich gem der sonstigen Vereinsregeln des Dachverbandes vor dessen „Schiedsinstanz" samt ZPO- und/oder StPO-nachgebildetem Verfahren zu „verantworten" haben. Sowohl die Vereinsdominatoren des Verbandes als auch insbesondere diejenigen des Dachverbandes vermitteln den Sportlern in den meisten Fällen mit Erfolg, dass sie sich schließlich der „Verbandsgewalt"[584] unterworfen hätten und daher über sie „gerichtet" wird.[585] Es han-

---

584 *Majcen,* Nominierungsanspruch zur Teilnahme an der Europameisterschaft? ZVR 2004/89, versteht als Verbandsgewalt die Summe der (sich daraus ergebenden) Befugnisse, einseitige Maßnahmen und Entscheidungen gegenüber Gewaltunterworfenen treffen zu können.

585 S dazu zB *M. Mayr,* Streiten, schlichten, entscheiden – Grundmodelle der Streiterledigung im Sport in Nunner-Krautgasser/Reissner (Hrsg), Schlichtung und Schiedsgerichtsbarkeit im Sport (2011) 11, welcher ein Zitat des FIFA-Präsidenten *Blatter* anführt, wonach „Probleme" innerhalb der Familie (Anm: des Fußballsports) eben auch in der Familie, nicht aber vor ordentlichen Gerichten gelöst werden sollen (s abermals *Weinreich,* Spezialdemokratie 33), und dieses paradigmatisch für die Denk- und Handlungsmuster von Entscheidungsträgern in Sportverbänden sieht: ganz klar wird die Tendenz erkennbar, dass der Weg vor die ordentlichen Gerichte (Anm: sollten „Verbandsuntertanen" unbotmäßigerweise diesen beschreiten wollen) aus-

delt sich realiter dabei oftmals um ein „Hineinführen" in die Schiedsgerichtsbarkeit gem § 577 ZPO.[586] Nun, was unter „Schlichtung" verstanden wird, ist eng damit verknüpft, wie die „Schlichtungseinrichtung" bezeichnet wird, und welche Wirkungen ihre Tätigkeit entfaltet. Nicht ohne Grund stellen *Höhne/Jöchl/Lummerstorfer* die Frage: „Die ‚Schlichtungseinrichtung', das unbekannte Wesen: schlichten oder entscheiden?"[587] Anstatt „Schlichtungseinrichtung" werden verschiedenste Begriffe, wie Vereinsschiedsgericht[588], Schiedsgericht, Vereinsgericht[589], vereinsinterne Schlichtungsstelle, Schlichtungsstelle, vereinsinterne Instanz, Schlichtungsstelle, vereinsinternes Schiedsorgan, vereinsinterne Schieds- oder Schlichtungsinstanz oder Schlichtungsorgan in Schrifttum und Rsp[590] verwendet, der Gesetzgeber allerdings spricht in § 8 VerG sowie den Erläuterungen dazu immer nur von Schlichtungseinrichtung bzw -verfahren. Zutreffend halten *Krejci/S. Bydlinski/Weber-Schallauer* fest, dass die meisten so (bzw ähnlich) genannten „Vereinsschiedsgerichte" keine „Schiedsgerichte" iS der §§ 577 ff ZPO, sondern eben bloß Schlichtungseinrichtungen (gem § 8 VerG) sind, und empfehlen diese nicht als „Schiedsgerichte" (oder dergleichen) zu bezeichnen, um Missverständnisse zu vermeiden.[591] Ebenso zeigen *Fessler/Keller* auf, dass die Benennung von Schlichtungseinrichtungen als „Schiedsgericht" irreführend, wenngleich üblich ist; zutreffender aus ihrer Sicht wäre die Bezeichnung „Versöhnungseinrichtung" oder „Versöhnungsteam".[592] Doch gerade dies wird mitunter in der Vereins-, aber noch mehr in der Verbandspraxis nicht gewünscht, denn den Vereinsmitgliedern (bzw Nichtvereinsmitgliedern) wird von Vereinsdominatoren im Vertrauen auf deren „Unterordnungsreflexe vor Gerichten" (vor allem staatlicher Art – wichtig ist, dass über „jemanden zu Gericht gesessen wird") suggeriert[593], dass sie sich schließlich

---

586   Das ist vielfach die „übliche" Vereins-/Verbandspraxis.
587   *Höhne/Jöchl/Lummerstorfer*, Recht[3] 296.
588   Sa krit *Mätzler*, Die internationalen Organisationsstrukturen im Spitzensport und die Regelwerke der Sportverbände (2009) 189 ff.
589   *S P. G. Mayr*, ÖJZ 2009, 540; sa *Peschl*, Schiedsgerichtsverfahren versus Zivilgerichtsverfahren – Gerichtsbarkeit im Verein in Möstl/Stark, Der Vereinsexperte (2008) 132 ff, welcher das Gericht im Verein als einen gesetzlichen Auftrag versteht.
590   *S Höhne/Jöchl/Lummerstorfer*, Recht[3] 284 ff, mit weiteren Nachweisen zum Schrifttum und zur Rsp.
591   *Krejci/S. Bydlinski/Weber-Schallauer*, Vereinsgesetz[2] § 8 Rz 24; sa *Kossak*, Handbuch 110 f, dazu: dem vereinsinternen Schiedsgericht kommt keine gerichtliche Entscheidungsfunktion zu, insofern ist der Wortteil „Gericht" überzogen.
592   *Fessler/Keller*, Vereinsrecht[2] 109.
593   Dies kann sogar so weit gehen, dass den Sportlern kontrafaktisch eingeredet wird, es läge ohnehin eine Schiedsvereinbarung gem §§ 577 ff ZPO vor. Und in weiterer Folge wird dann – im Interesse der Vereinsdominatoren – § 583 Abs 3 ZPO herangezogen, demzufolge ein Formmangel der Schiedsvereinbarung im Schiedsverfahren durch Einlassung in die Sache geheilt wird, wenn er nicht spätestens zugleich mit der Einlassung gerügt wird. Dass Sportler gegenüber Dachverbänden überdies vielfach im Verhältnis Konsument gegenüber Unternehmer stehen, und deshalb KSchG und insbesondere

geschlossen werden soll. Ziel ist es anscheinend, die „Verbandsgewalt" über die Staatsgewalt zu stellen.

dem Verein/Verband unterworfen und damit eben auch seiner „Gerichtsbarkeit" zugestimmt hätten.[594] Und die vielfach aus diesem Grund – in
verschiedensten Abwandlungen – als „Gerichte" bezeichneten „schlichten
Schlichtungsstellen" gem § 8 VerG sind zumeist schon mit „Parteigängern"
der Vereinsdominatoren (oder mit diesen selbst) besetzt, und werden
dann – „fair trial"[595] hin oder her – als „Richter in Sache deren eigener
Interessen" nicht etwa „schlichten", sondern vielmehr „richten"[596], also

---

594 § 617 ZPO zur Anwendung kommen müsste, wird den Sportlern von Vereinsdominatoren freilich ebenso wenig mitgeteilt.

594 Vgl dazu zB *Acham*, Sprachkritik – Weltanschauungsanalyse – intellektuelle
Selbstbesinnung. Eine Würdigung des Werks von Ernst Topitsch in Topitsch,
Überprüfbarkeit und Beliebigkeit (2005) 39 f: Mit dem Namen der Dinge ist in
der Alltagssprache im Allgemeinen schon ein Gefühlston und eine Anweisung
mitgegeben. So ist denn auch die menschliche Sprache, wie *Topitsch* ausführt,
wesentlich ein plurifunktionales Führungssystem, in welchem Informationen
häufig mit Gefühlen und Hinweisen darauf verbunden sind, wie man sich zu
den betreffenden Gegenständen verhalten soll. Freilich ist sie ihrerseits wieder
in umfassendere soziale Führungssysteme eingebettet und von den praktischen
und emotionalen Einstellungen, Normen und Werten der jeweiligen Gesellschaft durchdrungen, auf welche sie wiederum festigend zurückwirkt.

595 Ein Mindestmaß an fairer Verfahrensführung wird freilich auch im Verein
durchsetzbar sein. Die hM macht von der temporären Unzulässigkeit des
Rechtswegs lediglich dann eine Ausnahme, wenn die vorherige Anrufung der
vereinsinternen Schlichtungsstelle für die betroffene Partei nicht zumutbar ist.
Eine solche Unzumutbarkeit wird insbesondere bei einem Verstoß gegen die
in § 8 Abs 2 VerG angesprochenen Grundsätze des fair trial nach Art 6
EMRK gesehen, so OGH 29.09.2009, 4 Ob 77/09s = RdW 2010, 26.

596 Der Position von *Höhne/Jöchl/Lummerstorfer*, Recht[3] 296 ff, der zufolge es
auf der Grundlage der Vereinsfreiheit den Vereinsmitgliedern möglich sein
muss, sich dahingehend zu einigen, dass sie zur Regelung ihrer Angelegenheiten
eine Instanz (hier ein „Schiedsgericht", allerdings nicht eines gem § 577 ZPO ff)
berufen, die eine Entscheidung trifft, kann nicht beigepflichtet werden, denn
dadurch würden auch noch die kümmerlichen Reste jeglicher Vereinsdemokratie,
welche unter anderem im Gebot einer „gemeinsamen Willensbildung" aller
Vereinsmitglieder ihren Ausdruck findet (§ 5 VerG) – in ErläutRV 990 BlgNR
21. GP 26, ist von der Mitgliederversammlung als oberstes willensbildendes
Vereinsorgan ausdrücklich die Rede; sa *Krejci/S.* Bydlinski/Weber-Schallauer,
Vereinsgesetz[2] § 5 Rz 7, 13 f, sowie *Keinert*, Mitgliederversammlung 11 ff –,
beseitigt werden. Je nachdem, ob es den Vereinsdominatoren darum geht,
(über) ein Vereinsmitglied zu „richten", oder einen missliebigen Beschluss der
Mitgliederversammlung „umzudrehen", würde/wird das von ihnen kontrollierte
„allzuständige Vereinsorgan Schlichtungseinrichtung bzw Schiedsgericht"
aktiviert, um die Dinge in das gewünschte Lot zu bringen. Mit dem (bekannten)
Ergebnis, dass oligarchische Vereinsdominatoren mithilfe der Instrumente
„Leitungsorgan" oder „Schlichtungsorgan" nahezu „total unterworfene Vereins-
bzw Verbandsuntertanen" nach Willkür fremdbestimmen können.
Zu denken ist hierbei insbesondere an eine natürliche Person, die als Sportler
Mitglied in einem Verein – als erstes Glied einer Vereinskette – ist; und der
Dachverband hat, nicht einmal in seinen Statuten, sondern in seinen sonsti-
gen Vereinsregeln bestimmt, dass sich der Sportler (als sein Nichtmitglied) einer
„Entscheidung" einer dachverbandlichen Kommission zu unterwerfen hat,
welche wie ein Schiedsgericht gem §§ 577 ZPO agiert. Macht der Sportler
dies nicht, wird er zB von einer anderen dachverbandlichen Kommission oder

möglichst vollendete Tatsachen schaffen, falls ein Vereinsmitglied danach doch noch die ordentlichen Gerichte anrufen wollen würde; genau die ordentlichen Gerichte, die der Gesetzgeber (und wohl auch pressierende Lobbyistengruppen) vor „schutzsuchenden Vereinsmitgliedern" in Schutz genommen hat, denn schließlich war es dem staatlichen Normsetzer ja ein Anliegen, die ordentlichen Gerichte von Prozessen in Vereinssachen möglichst zu befreien.[597]

Wird die/eine Schlichtungseinrichtung tätig – deren Einrichtung und deren Verfahren in den Statuten zu regeln sind –, so unterscheiden *Krejci/S. Bydlinski/Weber-Schallauer* insbesondere zwischen rechtlichen und sonstigen Vereinsstreitigkeiten; deren Position, wonach reine Vereinsstreitigkeiten, als solche nicht Rechtsstreitigkeiten, ausschließlich vor der Schlichtungseinrichtung, nicht aber vor den ordentlichen Gerichten ausgetragen werden können, ist grundsätzlich nachvollziehbar, kann jedoch insofern problematisch sein, als mitunter die Abgrenzung strittig ist.[598] Bei sonstigen Vereinsstreitigkeiten ist die „Entscheidung" der Schlichtungseinrichtung endgültig. Im Fall von rechtlichen Vereinsstreitigkeiten jedoch unterbreitet das Schlichtungsorgan lediglich einen Einigungsvorschlag[599], woraufhin den Streitparteien im Bedarfsfall der Rechtsweg offen steht.[600] Bestimmungen in den Statuten, denen zufolge

---

gar „nur" von der Verbandsadministration zur Zahlung einer „Geldstrafe" verpflichtet und kann bis zur Bezahlung an keinem Wettkampf teilnehmen. Und derartige „Geldstrafen", welche nichts anderes als Forderungen gegenüber Sportlern sind, „treibt" der Verband dann nicht etwa im Wege über die ordentliche Gerichtsbarkeit „ein", nein, der Verband übt Druck aus auf Wettkampfveranstalter und/oder Wettkampfrichter: diese haben bei sonstiger Strafe wiederum zB insofern Druck auf den Sportler auszuüben, als sie ihn an der Teilnahme an Wettkämpfen hindern müssen. Wettkampfveranstalter und/oder Wettkampfrichter werden so zu „Inkassanten" des Verbandes und die ordentliche Gerichtsbarkeit ist im Ergebnis entlastet.

597 *Krejci/S. Bydlinski/Weber-Schallauer*, Vereinsgesetz[2] § 8 Rz 2. Jedenfalls zu weit geht die Position von*Lansky/Matznetter/Pätzold/Steinwandtner/Thunshirn*, Rechnungslegung Rz 142, welche einen (vom Verein) abgelehnten Beitrittswerber dazu verpflichten wollen, dass er – trotz gerade nicht vorliegendem Mitgliedschaftsverhältnis – sich vorerst an das „jeweilige Vereinsschiedsgericht" wenden müsse, anstatt sofort an das ordentliche Gericht. Als Grund wird angeführt, dass „die ordentlichen Gerichte nicht voreilig mit den die Privatautonomie des Vereins betreffenden Fragen befasst werden sollen." Einmal mehr wird dadurch der „Privat- bzw Verbandsautonomie" des Vereins ein nahezu absoluter Stellenwert gegenüber der Vertragsfreiheit natürlicher Personen eingeräumt.

598 *Krejci/S. Bydlinski/Weber-Schallauer*, Vereinsgesetz[2] § 8 Rz 3 f, verweisen auf (zahlreiche) vereinsinterne Verhaltensfragen, die keinen Bezug zu rechtlich durchsetzbaren Rechten und Pflichten haben, bringen jedoch keine weiteren Beispiele.

599 AA *Höhne/Jöchl/Lummerstorfer*, Recht[3] 296 ff, was jedoch im Ergebnis darauf hinauslaufen könnte, dass durch eine „allmächtige" Entscheidungsstatt Schlichtungsinstanz nicht nur die Mitgliederversammlung ihres wesentlichen Rechtes als oberstes Willenbildungsorgan zu fungieren, entkleidet würde, sondern Vereinsmitglieder mit einem „Schiedsgericht" gem §§ 577 ff ZPO, ohne dass es dazu eine Schiedsvereinbarung gibt, also gewissermaßen durch die „Hintertür", konfrontiert werden würden.

600 S grundlegend zur bedeutsamen Abgrenzung zwischen erstens „Streitig-

sich jegliche Streitparteien vorweg dazu verpflichten müssten, sich dem Einigungsvorschlag zu unterwerfen, sind unzulässig, da dies im Ergebnis den Ausschluss des Rechtsweges (und somit einen Verstoß gegen § 8 Abs 1 S 2 und 3 VerG) bedeuten würde.[601] *Höhne/Jöchl/Lummerstorfer* ist einmal mehr zu folgen, wenn sie die OGH Rsp zustimmend kommentieren, derzufolge Ansprüche, die aus einem ehrbeleidigenden, kreditschädigenden oder sonstigen deliktischen Verhalten resultieren, die der Verein gegen Mitglieder (oder aber der Dachverband gegen Nichtmitglieder) verfolgt, keine Angelegenheiten sind, die unter den in der Satzung festgelegten Aufgabenbereich des Vereins fallen – gerade in diesen Fällen wird es derartige Kompetenzanmaßungen in sonstigen Vereinsregeln geben – und daher keine Streitigkeiten aus den Vereins-verhältnis sind. Rhetorisch fragen *Höhne/Jöchl/Lummerstorfer*, was ein Schiedsgericht mit einem Unterlassungsbegehren nach § 1330 ABGB anfangen sollte? Dem ist zwar grundsätzlich beizupflichten, nur wird dies in der Verbandspraxis mitunter anders „gespielt", und zwar unter Heran-ziehung von „Tatbeständen" aus sonstigen Vereinsregeln; solcherart werden in „Strafregularien" zB „Schädigungen des Ansehens der Sportart XY" der Entscheidung des verbandlichen „Schiedsgerichts" zur Ent-scheidung anheim gestellt. *Höhne/Jöchl/Lummerstorfer* fordern, dass der Gesetzgeber per Rechtsnorm klarstellen möge, dass Ansprüche, die unmittelbar auf den allgemeinen Gesetzen beruhen und nicht auf den Statuten oder im Vereinsverhältnis ihren Grund haben (etwa ein Schaden-ersatz- oder Rückforderungsanspruch, der sich – zumindest nicht nur – nicht auf eine Statutenwidrigkeit, sondern auf das allgemeine Zivilrecht gründet) direkt vor den ordentlichen Gerichten geltend zu machen sind. Und gerade dies unterlaufen Verbände insofern, als dass sie in ihren sons-tigen Vereinsregeln derart unbestimmte und umfassende „Tatbestände" normieren, um nahezu immer eine Zuständigkeit ihrer „(Schieds)Gerichte" geltend machen können. *Höhne/Jöchl/Lummerstorfer* halten ausdrücklich fest, dass ihre Forderung ein Wunsch an den Gesetzgeber ist, und geben in Anbetracht der jüngsten Judikatur, die sich offenbar Vereinsstreitig-keiten möglichst „weit vom Hals halten" will, den dringenden Praxistipp, dass in allen Fällen vorsichtshalber jedenfalls die vereinsinterne Instanz angerufen werden sollte, auch wenn nach der von ihnen vertretenen Ansicht derartige Ansprüche schon nach geltendem Recht nicht vor die Vereinsinstanzen gehören.[602] Im Ergebnis überantwortet also der Gesetz-geber durch den Zwang, sämtliche Rechtsstreitigkeiten zunächst vereins-

---

keiten aus dem Vereinsverhältnis", zweitens „Rechtsstreitigkeiten aus dem Vereinsverhältnis" und drittens „sonstigen Rechtsstreitigkeiten" *P. G. Mayr*, ÖJZ 2009, 540 ff, 548 f; sowie *P. G. Mayr*, Entscheidungsbesprechung, SpuRt 2010, 63 f.

601 So *Krejci/S. Bydlinski/Weber-Schallauer*, Vereinsgesetz[2] § 8 Rz 20 f; allerdings passiert es, den Ausführungen von *Krejci/S. Bydlinski/Weber-Schallauer* zuwider laufend, in der Vereinspraxis immer wieder, vor allem bei Vorliegen einer Vereinskette, dass Vereinsmitgliedern, ohne dass eine (gültige) Schieds-vereinbarung gem §§ 577 ff ZPO vorliegt, ein „Schiedsverfahren" mit ab-schließendem „Schiedsspruch" nachdrücklich „auferlegt" wird.

602 *Höhne/Jöchl/Lummerstorfer*, Recht[3] 292 f, FN 1541 mit Judikaturnachweisen.

intern abzuhandeln,[603] Vereinsmitglieder im Verhältnis zum Verein und natürliche Personen im Verhältnis zum Dachverband der „schiedsrichterlichen" Einwirkungs- und Disziplinierungsmacht der Vereinsdominatoren. Im selben Sinn kritisieren *Höhne/Jöchl/Lummerstorfer* eine E (OGH 24.04.2003, 3 Ob 239/02x), in welcher es um den Ausschluss aus einem Verein geht und welche die Begründung enthält, dass „an den Ausschluss aus einem Verein nicht dieselben strengen Maßstäbe angelegt werden dürfen wie an gerichtliche oder verwaltungsbehördliche Verfahren", als abwegig: Es kann nicht sein, dass der Gesetzgeber einerseits die Streitregelung vor den Vereinsinstanzen zum Zweck der Gerichtsentlastung verpflichtend macht und andererseits dort den Rechtsschutz des Betroffenen abschwächt.[604] Jedoch genau dies ist die Tendenz gem VerG und der dazu ergehenden Rsp[605]; die „Verbandsverfahren" werden überdies häufig rechtlich und faktisch zweigeteilt. Für ersten Teil entwickeln die Verbände einen zeitintensiven und komplexen „vereinsinternen Instanzenzug, der gem Rsp einzuhalten ist"[606] und Teilen der ZPO und der StPO nachgebildet wird, und oftmals VerG-widrig nicht in den Statuten/Satzungen, sondern in sonstigen Vereinsregeln niedergeschrieben ist. Nach dieser Verfahrensphase, in welcher der Verband gegenüber Vereins- bzw Nichtvereinsmitgliedern heteronom disziplinierend bzw strafend aufgetreten ist, folgt das gesetzlich verpflichtend vorgeschriebene Schlichtungsverfahren nach § 8 VerG als zweiter Teil. Erst nachdem[607] solcherart die Vereinsdominatoren ihre Interessen haben verfolgen können, steht den Rechtsschutz suchenden Vereins- bzw Nichtvereinsmitgliedern gewöhnlich der Weg zu den ordentlichen Gerichten offen.[608]

M. Mayr hat es in Hinblick auf angestellte Sportler – für Amateursportler gilt das Folgende jedoch ebenso – auf den Punkt gebracht, wenn er zur „Streitbeilegung" zwischen Vereinsrecht und Berufssport, also

---

603 *Höhne/Jöchl/Lummerstorfer*, Recht[3] 306 f; so besteht auch in den Fällen des § 7 VerG, also zB bei einzelnen menschenrechtswidrigen Verstößen gegen die §§ 16 und/oder 879 ABGB – es muss sich gar nicht um ein System derartiger Entrechtungen iSe verbandlichen Gewaltverhältnisses handeln –, die Pflicht des § 8 Abs 1 S 1 VerG, die Schlichtungseinrichtung anzurufen, so *Krejci/S. Bydlinski/Weber-Schallauer*, Vereinsgesetz[2] § 7 Rz 20 f.
604 *Höhne/Jöchl/Lummerstorfer*, Recht[3] FN 1629.
605 S genau dazu *König/Broll*, Zum Rechtsschutz bei fehlerhafter Durchführung oder Wertung von Sportwettbewerben, SpuRt 2010, 134 f, 137, bezugnehmend auf eine „eigentümlich" sportverbandsfreundliche E des OGH (9 Ob 33/08f = ZAK 2010, 39): Die Autoren schließen daraus, „dass der Weg zum gerichtlichen Rechtsschutz, um behauptete Unregelmäßigkeiten bei Wettbewerben überprüfen zu lassen, in Österreich kontinuierlich dorniger wird," und die Entscheidung insgesamt wenig dazu beiträgt „die Verfolgung von Ansprüchen kalkulierbarer zu machen." Es bleibt zu hoffen, dass es nicht zur unumkehrbaren Tendenz wird, dass der Staat (qua Vollziehung) seine Staatsbürger der/einer „Privatverfahrensgerechtigkeit überantwortet" und sie dadurch zu (relativ schutzlosen) Verbandsuntertanen degradiert bzw degradieren lässt.
606 S RS0119982 (T14).
607 UU ist bereits vorher die Möglichkeit gegeben, eine einstweilige Verfügung zu erwirken, s zB *Krejci/S. Bydlinski/Weber-Schallauer*, Vereinsgesetz[2] § 3 Rz 61.
608 S dazu *Keinert*, Mitgliederversammlung 129.

zwischen Sportverband und dessen Arbeitnehmer[609] (Berufssportler[610]), ausführt: Um die verbandliche Normenordnung für Berufsathleten verbindlich zu erklären, werden diesen eigene Unterwerfungserklärungen vorgelegt, von deren Unterfertigung auch die „verbandsrechtliche" Freigabe (Lizenz) abhängt. Im Ergebnis zwingt so ein monopolistisch organisierter Arbeitgeberverband den einzelnen Arbeitnehmer (Sportler) auf seinen staatlichen Rechtsschutz zu verzichten, um überhaupt seinen Beruf ausüben zu können. Weigert sich der Sportler, so erhält er keine Lizenzen bzw Startberechtigungen vergeben, weswegen es an der Freiwilligkeit der Erklärung fehlt. Dem Athleten bleibt schließlich keine Wahl. Die Verbände nutzen solcherart ihre soziale und wirtschaftliche Macht sittenwidrig aus, um Sportler in Schiedsverfahren zu drängen. Derartig missbräuchliche Koppelungsverpflichtungen verletzen das verfassungsgesetzlich gewährleistete Recht auf den gesetzlichen Richter (Art 83 Abs 2 B-VG; Art 6 Abs 1 EMRK[611]). „Rechtswegveränderungsvereinbarungen", die einseitig von faktisch überlegener Seite vorgegeben werden, widersprechen dem Rechtsstaatsprinzip, zu dem unstreitig der Anspruch des Einzelnen auf adäquaten gerichtlichen Schutz gehört.[612] Als Folge des sittenwidrigen Zwangs, der zum Entzug des gesetzlichen Richters führt, sind derartige Schiedsvereinbarungen, so *M. Mayr*, mit Sportlern unwirksam.[613]

---

609 S *J. Reisinger*, Musterarbeitsvertrag für FußballspielerInnen der Österreichischen Fußball-Bundesliga, RdA 2011, 114, der hinsichtlich des „Musterspielervertrages" zutreffend festhält, dass „der Spieler die vorgegebenen Arbeitsbedingungen akzeptieren muss, wenn er nicht auf den Vertragsabschluss verzichten möchte, dh seine Vertragsfreiheit ist nur auf die Abschlussfreiheit beschränkt."

610 S dazu zB *G. Schneider*, Der Berufssportler. Persönlichkeit – Ausbildung – Berufsbild in Grundei/Karollus (Hrsg), Berufssportrecht III (2010) 21 ff.

611 S *Berka*, Verfassungsrecht[4] Rz 1573 ff.

612 Vgl dazu sowie grundlegend zur Bedeutung des Zivilrechts für das öffentliche Recht *Pernthaler/Walzel v. Wiesentreu*, ZÖR 2010, 502: „Die freiheitliche Wende zum Rechtsstaat – der stets ‚liberal' sein muss – brachten die vernunfts- und naturrechtlichen Kodifikationen des Zivilrechts, insbesondere des ABGB: Dass jeder Mensch durch seine angeborenen Rechte – und nicht nur durch staatliches Recht konstituiert – in gleicher Weise Rechtsperson und damit unabhängig von der Staatsgewalt Rechtssubjekt der Menschenwürde und Menschenrechte ist, hat das ABGB auch für das spätere öffentliche Recht unaufhebbar begründet. Verbunden war die freiheitsbegründende Kraft des Privatrechts von Anfang an mit einer dem Rechtssubjekt zugänglichen Verfahrensordnung und Gerichtsbarkeit. Rechtliche Freiheit war daher im Zivilrecht stets verbunden mit einer an Grundsatz und Norm orientierten Rechtsprechung, die im öffentlichen Recht in einem langen Entwicklungsprozess erst durch die Rechtsprechung der Verwaltungs- und Verfassungsgerichtsbarkeit erreicht wurde."

613 *M. Mayr*, Streiten 21. S dazu auch *Jaufer*, Recht 52.

3.2.3. Zwischenergebnis zu den „Sonstigen Vereinsregeln" – ein Schutzversagen des Staates liegt vor

Als wesentliche „Zwischenerkenntnis" ist zusammenzufassen, dass laut Rsp (und überwiegendem Schrifttum)[614] die Vereinsbehörde die sonstigen Vereinsregeln, welche gewöhnlich von Vereinen bzw Verbänden auf Basis der Statuten beschlossen werden, nicht prüfen kann/darf. Wenn jedoch Vereinsbeschlüsse Anlass zu Streit geben, dann können diese zuvor (nur) gem § 7 VerG vor einer Schlichtungseinrichtung des Vereins (§ 8 VerG) und in weiterer Folge gegebenenfalls vor den ordentlichen Gerichten bekämpft werden; jedenfalls soll allfälligen Beschwerdeführern (Vereinsmitgliedern und/oder Nichtmitgliedern) der öffentlich-rechtliche Rechtsschutz(weg) in Form eines entsprechenden, durchsetzbaren Anspruchs bei/gegenüber der Vereinsbehörde offenbar verwehrt sein. Diese Position lässt sich jedoch bei gebotener Auslegung/Zusammenschau der einschlägigen Rechtsnormen, und schon gar nicht im Fall des Vorliegens eines verbandlichen Gewaltverhältnisses aufrechterhalten.

Nichtig sind Beschlüsse und damit sonstige Vereinsregeln, wenn dies Inhalt und Zweck eines verletzten Gesetzes oder die guten Sitten gebieten (§ 7 S 1 VerG). Anfechtbar sind andere Beschlüsse und damit sonstige Vereinsregeln binnen eines Jahres ab Beschlussfassung vor den ordentlichen Gerichten (§ 7 S 2 VerG). Abgesehen von der Statutenwidrigkeit (welche zu Anfechtbarkeit führt) sind hier also zwei „Grade" an Gesetzeswidrigkeit auszumachen: einmal die, welche gegen den Gesetzeszweck oder die Sittengemäßheit gerichtet ist (S 1 leg cit), und das andere mal eine weniger bedeutsame (S 2 leg cit). Stellt man „diesen Gesetzwidrigkeiten", welche privatrechtliche Rechtsfolgen nach sich ziehen, diejenigen gegenüber, welche öffentlich-rechtliche Rechtsfolgen qua Tätigwerden der Vereinsbehörde mit sich bringen (§ 29 VerG), dann kann daraus unschwer die Unhaltbarkeit der Position der Rsp und des überwiegenden Schrifttums bezüglich § 29 VerG erschlossen werden.

Vereinfacht ist daher grundsätzlich davon auszugehen, dass Streitereien im Verein infolge von Vereinsbeschlüssen und/oder -handeln bezogen auf einen allfälligen Gesetzwidrigkeitsgehalt solange gem §§ 7 iVm 8 VerG, also im Wege der ordentlichen Gerichtsbarkeit, verfahrensmäßig abzuführen sind, als nicht ein Gesetzwidrigkeitsausmaß iSv § 29 VerG erreicht ist, woraufhin dann der Staat qua Vereinsbehörde in ein öffentlichrechtliches Verfahren zB zum Schutz Dritter tätig werden muss (bzw sollte).

Das wohl „stärkste Instrument" der staatlichen Vereinskontrolle als Reaktion auf rechtsordnungswidriges Vereinsverhalten ist die behördliche Auflösung gem § 29 VerG. *Krejci/S. Bydlinski/Weber-Schallauer* halten zutreffend fest, dass das VerG aus nahe liegenden Gründen keinen detaillierten Katalog einzelner Auflösungsgründe kennt, sondern sich auf eine dreigliedrige Generalklausel beschränkt, welcher als Voraussetzung der verfassungsrechtliche Rahmen des Art 11 Abs 2 EMRK zugrunde liegt.[615] Dieser Verfassungsnorm zufolge darf die Ausübung dieser Rechte, also der Vereinsfreiheit, keinen anderen Einschränkungen unterworfen werden

---

614 S Nachweise dazu bei IV.3.2.1.
615 *Krejci/S. Bydlinski/Weber-Schallauer*, Vereinsgesetz[2] § 29 Rz 2.

als den vom Gesetz vorgesehenen, die in einer demokratischen Gesellschaft im Interesse der nationalen und öffentlichen Sicherheit, der Aufrechterhaltung der Ordnung, der Verbrechensverhütung, des Schutzes der Gesundheit, des Schutzes der Moral oder des Schutzes der Rechte und Freiheiten anderer notwendig sind.

In diesen verfassungsrechtlichen Kontext gestellt lässt § 29 Abs 1 VerG daher gem – untergliederter – Generalklausel eine vereinsbehördliche Auflösung mit Bescheid zu, wenn ein Verein erstens gegen Strafgesetze verstößt, zweitens seinen statutenmäßigen Wirkungskreis überschreitet oder drittens überhaupt den Bedingungen seines rechtlichen Bestands nicht mehr entspricht.

Im Folgenden sei daher ein Beispiel für Beschlüsse und/oder Vereinshandeln angeführt – gleichgültig, ob dies für die personale Konstellation Vereinsmitglied und Verein (erstes Grundverhältnis) oder für diejenige zwischen natürlicher Person und Dachverband (zweites Grundverhältnis) gilt – hinsichtlich dessen sich die Frage der/einer Gesetzwidrigkeit sowohl in einer zivilrechtlichen Dimension gem § 7 VerG als auch in einer öffentlich-rechtlichen Dimension gem § 29 VerG stellt: Ausgegangen wird vom untersuchungsgegenständlichen Sportdachverband, dem OEPS, der mit einem einzelnen Verbandsorganbeschluss ein „Regulativ" in Kraft setzt (im Kern Sportausübungs- und Wettkampfregeln sowie Sportadministrationsregeln), bei welchem es sich um sonstige Vereinsregeln handelt. In diesem Beispiel maßt sich der Sportdachverband mithilfe des beschlossenen Regulativs insbesondere an, nahezu jegliche Umstände von Wettbewerben/-kämpfen im Wege einer „Verbandsjurisdiktion" zu normieren, die gem ausdrücklicher Bestimmung für sämtliche Wettkampfveranstalter, Sportler, Wettkampfrichter und sonstige Sportfunktionäre sowie sogar Zuschauer bei/Besucher von Wettbewerben[616] dieser Sportart in Österreich verbindlich sein soll.[617] Hinsichtlich der Wettbewerbe gestattet der Sportdachverband keinerlei (vom Regulativ abweichende) privatautonome Vereinbarungen zwischen Sportlern und Wettkampfveranstaltern; an die verbandlich detailliertest vorgegebenen Vertragsinhalte knüpfen verbandliche Gebühren und, im Fall der Nichtbefolgung, Strafen zB in Form von Geldforderungen oder Wettkampfverboten. Ein Teil dieses Regulativs wird „staatsgemäß bzw -entsprechend" sogar „Rechtsordnung" genannt; deren Terminologie (zB „Disziplinarvergehen", „Geldbuße", „Vergehen", „strafbare Handlung", „Strafnachsicht", „Einspruch", „Rechtsmittel", „mündliche Verhandlung", „dringender Tatverdacht", „verbandsintern rechtskräftige Ordnungsmaßnahmen", „Berufung" und „Gnadenrecht") sowie insgesamt deren Inhalt sind insbesondere dem (materiellen und prozessualen) Verwaltungs-, Zivil- und Strafrecht des Staates nachgebildet. Die Vereinsdominatoren des Sportdachverbandes streben anscheinend in toto an, zu „Normsetzern" für tausende Wettkampfveranstalter, Sportler, Wettkampfrichter und sonstige Sportfunktionäre zu werden. ZB zu Disziplinierungszwecken (aber auch um Gelder für den Verband zu lukrieren) werden im Namen des Sportdachverbandes von diversen verbandlichen Gremien,

---

616 Jedenfalls dann, wenn diese Zuschauer oder Besucher zB Reitsportler bei der Wettkampfvor- oder -nachbereitung unterstützen, zB indem sie Pferde trocken führen.

617 § 1 ÖTO Allgemeine Bestimmungen.

besetzt von verlässlichen Schlüsselfunktionären („Richter in eigener Sache"), „Entscheidungen" im Stil von „Urteilen" aufgrund dieser „Rechtsordnung" (und die ua „Geldstrafen" zum Inhalt haben) gefällt und in der Verbandszeitschrift „pferderevue" veröffentlicht, welche an Kiosken öffentlich erworben werden kann.[618] Den Betroffenen, welche nicht einmal Mitglieder des Verbandes sind, wird dabei der Eindruck vermittelt, hier walte eine staatsähnliche bzw -gleiche Gerichtsbarkeit. IdZ ist von der sehr knappen, treffenden Sentenz von *Griss* auszugehen: „Das Zivilrecht regelt die Rechtsbeziehungen zwischen Rechtssubjekten, die nicht mit Hoheitsgewalt ausgestattet sind. Rechtsbereiche, in denen der Staat mit Hoheitsgewalt auftritt, gehören dem öffentlichen Recht an."[619] Im gegebenen Fall maßt sich der Sportdachverband als privates Rechtssubjekt gegenüber anderen Rechtssubjekten, welche nicht einmal seine Mitglieder sind, „verbandshoheitliche Gewalt" an. Der intermediäre Akteur schafft sich demnach einen Handlungs- und Wirkungsraum, welcher geringe Elemente des Privaten Rechts, jedoch markant mehr Spezifika des Öffentlichen Rechts aufweist. Wie die aufgrund privater Normen geschaffene Machtposition[620] dann – gewissermaßen logischerweise – zur Ausübung staatsähnlicher Gewalt führt bzw führen kann, zeigt sich daran, dass der Sportverband mithilfe dieses Regulativs Druck auf Wettkampfrichter und Funktionäre ausübt, damit diese wiederum auf Sportler und/oder Wettkampfveranstalter zur Einhaltung der verbandlichen Normenordnung oder zur Bezahlung von Geldbußen oder -strafen einwirken. Geben die Wettkampfrichter und Funktionäre den Druck nicht entsprechend weiter (zB mit der Wirkung, dass sie solcherart „Inkassotätigkeiten" für den Sportverband ausüben), dann werden sie selbst verbandlich sanktioniert, also mit Geldbußen (bzw -strafen) und/oder Funktionsverboten belegt. Und von Funktionären wird eine Form der Unterwerfung unter den Sportverband verlangt, die an bestimmte „Sektenmerkmale"[621] gemahnt: Im Leitbild für bestimmte Funk-

---

618   S zu dieser von einem Staatsanwalt im Rahmen seiner „Verbandstätigkeit" verfassten Entscheidung, übertitelt mit „Urteil", näher unter IV.3.3.2.2.

619   *Griss*, Die Grundrechte in der zivilrechtlichen Rechtsprechung in Österreichische Juristenkommission (Hrsg), Aktuelle Fragen des Grundrechtsschutzes (2005) 54.

620   Vgl dazu EuG 30.01.2007, T-340/03 (5. erweiterte Kammer) MR-Int 2006, 171: Nach ständiger Rsp liegt eine beherrschende Stellung dann vor, wenn ein Unternehmen eine wirtschaftliche Machtposition innehat, die es in die Lage versetzt, die Aufrechterhaltung eines wirksamen Wettbewerbs auf dem relevanten Markt zu verhindern, indem sie ihm die Möglichkeit verschafft, sich seinen Wettbewerbern, seinen Abnehmern und letztlich den Verbrauchern gegenüber in nennenswertem Umfang unabhängig zu verhalten. Der OEPS hat es zuwege gebracht, dass es auf dem Markt der pferdesportlichen Turnierveranstaltungen so gut wie überhaupt keinen Wettbewerb gibt, weder OEPS-unterworfene, noch OEPS-freie Wettkampfveranstalter können selbstbestimmt, also undeterminiert von den Normenvorgaben und Strafdrohungen des Sportdachverbandes, unternehmerisch handeln. Seine Macht gebraucht der OEPS auf diesem Markt bzw im Lebenssachverhalt „verbandlicher Pferdesport" quasistaatlich, die Marktteilnehmer hat er sich mithilfe der Verbandsnormen exklusiv unterworfen und allfällige Widerstände werden behindert, boykottiert und/oder bestraft. S zum Marktmachtmissbrauch zB *Gamerith*, Wettbewerbsrecht I UWG7 (2011) 98 ff.

621   S dazu zB *Noll*, Der Begriff „Sekte" im Gesetz über die Einrichtung einer

tionäre (als Anhang zu einer spezifischen verbandlichen Normenordnung) werden diese verpflichtet, die verbandlichen Normenordnungen „mental"[622] anzuerkennen und als Autorität durchzusetzen."[623] Im Wesentlichen hat sich der Sportverband also hinsichtlich des einschlägigen „Wettkampfmarktes" in Österreich eine (nahezu) uneingeschränkte Monopol- und Machtstellung geschaffen, die eine Durchsetzung der verbandlichen Interessen gerade auch qua Druckausübung auf Sportler, Wettkampfveranstalter, Funktionäre, Zulieferer, Sponsoren und überdies Medien gestattet. In weiterer Folge „vermarktet" der Sportverband seine Angebote und Leistungen durch Verträge mit Sponsoren bzw mit an Werbung und Werbeträgern interessierten Unternehmen sowie Medien. Die ein derartiges „Vertragshandeln" voraussetzenden Verträge mit Sportlern (und Veranstaltern) „regelt" der Sportverband oftmals unter Ausnützung seiner Monopolstellung und „innerverbandlichen" Marktmacht in Form einseitig diktierter Knebelungsverträge.[624,625] Eine Summe derartiger „Zu- und Umstände" in einem Sportverband kann als „verbandliches Gewaltverhältnis" angesprochen werden.[626]

Die rechtliche Beurteilung dieses Vereinshandelns, also der Fassung eines verbandlichen Beschlusses, der zu einem derartig umfassenden Regulativ und damit zu einem verbandlichen Gewaltverhältnis führt, kann

---

Bundesstelle für Sektenfragen in H. Mayer (Hrsg), Staat und „Sekten" – staatliche Information und Rechtsschutz (2001) 37 ff.

622 „Gesinnungszwang" ist nicht selten ein Kennzeichen für autoritäre religiöse Splittergruppen und dergleichen: Pernthaler, Allgemeine Staatslehre 148, hält fest, dass „alle negativen Staats(Gesellschafts)utopien und praktische Erfahrungen mit totalitären Regimes darin übereinstimmen, dass der Griff nach dem Inneren des Menschen, nach seiner seelisch-geistigen Unabhängigkeit und Selbstgestaltungsfähigkeit in der freien Begegnung mit anderen Menschen die schärfste Waffe und das eigentliche Kennzeichen des Totalitarismus moderner Prägung ist. Entsprechend vorsichtig ist daher der liberale Staat in der Handhabung der Instrumente des Informations- und Erziehungsstaates; entsprechend enge Schranken sind daher auch der Bildung von Staatsgesinnung und politischer Autorität ‚von Amts wegen' gesetzt." S krit zum „Sektenbegriff" zB Brünner, „Sekten" im Schussfeld von Staat und Gesellschaft (2004) 58 ff.

623 Sa unten V.4.

624 F. Bydlinski, System 161, zufolge droht in manchen Bereichen durch Knebelungsverträge eine Selbstaufhebung von Vertragsfreiheit. Als gerade zu „klassische" Knebelungsverträge sind die sog „Bierbezugsverträge" anzuführen, s dazu OGH 22.10.1959, 1 Ob 309/59 = SZ 32/133.

625 S dazu OGH 13.02.2001, 4 Ob 324/00a mwN = SZ 74/19: Als sittenwidrig hat der OGH unter anderem „Knebelungsverträge" beurteilt, die einen Unternehmer einseitig an einen übermächtigen Partner oder auf eine übermäßig lange Dauer binden, ebenso wie Verträge, die den wirtschaftlichen Ruin eines Teils bezwecken. Auch eine Vereinbarung, die dem Eigentümer jede Verfügungsmöglichkeit über seine Liegenschaft und jede Einflussnahme auf ihren Verkauf entzogen hatte, wurde als sittenwidrig angesehen. Der untersuchungsgegenständliche Sportdachverband, der OEPS, stellt jedenfalls für die Turnierveranstalter und Reitsportler, beide nicht seine Mitglieder, hinsichtlich der Verträge iZm Wettkämpfen einen „übermächtigen Partner" dar, der als Vertragspartner jegliche Bedingungen diktiert; seinen Vertragspartnern bleibt so gut wie kein privatautonomer Spielraum.

626 S Thomasser, Gewaltverhältnis 193 ff.

nun in Form von Einzelfallbetrachtungen oder aber im Gesamten vorgenommen werden: Werden lediglich einzelne Bestimmungen des Regulativs an der Rechtsordnung gemessen, so erscheint eine Gesetzwidrigkeitsprüfung gem § 7 VerG geboten, ob also zB Verstöße gegen § 879 ABGB vorliegen; in Summe betrachtet wird ein solches – ein Gewaltverhältnis begründendes – Regulativ von der Vereinsbehörde jedenfalls unter Bezug auf den Gesetzwidrigkeitsmaßstab von § 29 VerG zu beurteilen sein, also vor allem dahingehend, ob bzw dass durch das Verbandshandeln die Rechte und Freiheiten anderer verletzt werden (Art 11 Abs 2 EMRK).

Wenn *Holzer* zusammenfassend meint, „dass der Abkoppelung der Verbandsgerichtsbarkeit von der staatlichen Gerichtsbarkeit im Bereich des Zivilrechts und der Wiederherstellung der autonomen Entscheidungsfreiheit (sic) auf diesem Gebiet, abgesehen von der Überprüfungsmöglichkeit im Lichte des Europarechts, im Ergebnis ein weitgehender Erfolg beschieden ist",[627] dann kann dem nur insoweit gefolgt werden, als der Staat qua Vollziehung dies mehr und mehr zulässt; dass nämlich Vereinsdominatoren, nicht aber Nichtverbandsmitglieder „autonome Entscheidungsfreiheit" für sich in Anspruch nehmen. Die „Instrumente", um diese Verselbstständigungstendenzen von Verbänden in Richtung „Staat im Staat" samt Verbandsuntertanengenerierung einzudämmen, sind in der Rechtsordnung vorhanden (insbesondere § 879 ABGB und § 29 VerG). Wenn der Staat qua Vereinsbehörde jedoch untätig ist, dann kann grundsätzlich nachvollzogen werden, dass normierende und lobbyierende Sportverbände in die entstandenen (vermeintlichen) „Leerräume" infolge Rechtsschutzverweigerung macht- und gewaltvoll vorstoßen. Im Ergebnis versagt der Staat seinen Staatsbürgern den verfassungsrechtlich gebotenen Schutz, indem er die Vereinsbehörde nicht gem Art 11 Abs 2 EMRK tätig werden lässt.

3.3. Tendenzen zur „Etablierung" von „Verbandsrecht" in Österreich

3.3.1. Einführende Literatur und Rechtsprechung

Ausgehend davon, dass gem der österreichischen Rechtsordnung weder den Statuten noch den sonstigen Vereinsregeln, welche zusammen die verbandliche Normenordnung eines Vereins bilden, die Qualität heternomer Rechtsnormen zukommt,[628] ist dennoch vor allem in Teilen des jüngeren, einschlägigen österreichischen Schrifttums eine Tendenz erkennbar, verbandliche Regelungen explizit als „Verbandsrecht" zu bezeichnen.[629]

---

627 *Holzer*, Konfliktbereinigung 8 f, spricht sogar davon, dass „es dem Sport im Bereich zivilrechtlicher Streitigkeiten weitgehend gelungen ist sich der staatlichen Gerichtsbarkeit zu entziehen."

628 S dazu insbesondere IV.2.2.6.

629 Vgl etwa auch *Christ*, ÖJZ 2005, 370 FN 27, welcher explizit von „verbandsrechtlichen Regelungen", von verbandlich geschaffenem „Sonderrecht" bzw „selbst gesetztem Recht der Vereine" spricht; allerdings kommt der Autor zum Schluss, dass die von ihm geprüften Transferbestimmungen seines Erachtens sitten- und rechtswidrig sind.

Hierbei wird unterschiedlich argumentiert, bisweilen fehlt auch eine Begründung, warum dies denn – dogmatisch vertretbar – so sein sollte.[630] Eine diesen Positionen mitunter zugrunde liegende Denkfigur ist diejenige des „Staates als Verband"[631], dem, dem Grunde nach gleichberechtigt, andere „Verbände" gegenüber gestellt werden. Auch in der österreichischen Judikatur[632], welche mitunter „Verbandsrechtstendenzen" (vermutlich) aus anwaltlichen Schriftsätzen und/oder der Literatur übernimmt und welche im Folgenden einleitend zu dieser allerkürzest referiert wird, findet sich gelegentlich der Begriff des Verbandsrechts, freilich eher in der Bedeutung der Regelung der Rechtsverhältnisse von Gesellschaften als Zweckverbände[633] durch die Rechtsordnung (konkret im Gesellschaftsrecht), denn als Anerkennung der verbandlichen Normenordnungen als vom jeweiligen Verband gesetztes „Recht".[634]

In einem jüngeren Judikat (10 Ob 36/07b), demzufolge Vereinsvorgänge und -rechtsfragen an den OGH herangetragen worden sind, hat dieser explizit Bezug genommen auf seine bisherige Rechtsprechung, wonach für eine wirksame Beschlussfassung einer Personenmehrheit – wie einem Verein (als einem Rechtsformtyp eines Verbandes) – ganz allgemein der Grundsatz anerkannt wird, dass selbst mangels diesbezüglicher positivrechtlicher Vorschriften oder organisatorischer Regelungen über die zu beachtenden Förmlichkeiten bei sonstiger Unwirksamkeit der Beschlussfassung allen an der Mitwirkung bei der Willensbildung berufenen Personen (Mitgliedern) die Tatsache der beabsichtigten Beschlussfassung rechtzeitig mitgeteilt und ihnen auch Gelegenheit zur sachlichen Stellungnahme geboten werden muss. Gerade der Mitgliederversammlung eines Vereins als Willensbildungsorgan und damit oberstes Vereinsorgan[635] kommt

---

630　Treffend ist all diesen (anscheinenden) Bestrebungen, „Verbandsrecht zu be- bzw herbeizuschreiben", *Jabloner*, Der Rechtsbegriff bei Hans Kelsen in Griller/Rill, Rechtstheorie. Rechtsbegriff – Dynamik – Auslegung (2011) 28 u FN 28, entgegen zu halten: „Die Rechtswissenschaft kann keine Rechtsnormen erzeugen." Die Tendenz „Verbandsrecht" dann sogar noch zu „Sportrecht" (bzw einen Teil davon) zu „erhöhen" ist zB in Deutschland auszumachen, s dazu zB *Steiner*, Quo vadis Sportrecht? CaS 2009, 20: „Sportrecht entsteht – so sagt man – im autonomen Raum des Sports." Vgl dazu insbesondere den 3. (rechts)soziologischen Exkurs.

631　S zB *Krejci* in Krejci (Hrsg), Kommentar zum Unternehmensgesetzbuch und ABGB (2007) § 108 UGB Rz 23 ff, welcher die „Verbandsherrschaft" (dh: die Normsetzungsgewalt) des Staates über seine Bürger durch den verfassungsgesetzlichen Gleichheitssatz, nicht zuletzt aus Gründen der Gerechtigkeit, eingedämmt sieht; der Gleichheitssatz normiert für den „Verband" Staat ein grundlegendes Willkürverbot.

632　Vgl allerdings OGH 20.12.1990, 6 Ob 711/89 = ecolex 1991, 338 = SZ 63/233, in welcher ausdrücklich von „Normsetzungsakten" (Anm: eben nicht „Rechtsnormsetzungsakten") des Vereins die Rede ist, welche auf die Vereinsstatuten rückführbar sind.

633　*Krejci*, Gesellschaftsrecht I 16.

634　Vgl dazu etwa *Tomandl/Schrammel*, JBl 1972, 241, welche feststellen, dass „der ÖFB und seine ihm angeschlossenen Verbände und Vereine über das Monopol der organisierten Ausübung des Fußballsportes in Österreich verfügen"; das vom ÖFB vereinsintern gesetzte „Recht" kann aber nur dann bestehen, wenn es „mit der staatlichen Rechtsordnung vereinbar ist".

635　AA *Krejci*, Gesellschaftsrecht I 119: Bei ideellen Vereinen ist die Kompetenz-

besondere Bedeutung zu. Ausdrücklich hält der OGH fest, dass bei einem Personenverband die Nichteinladung stimmberechtigter Mitglieder zu einer beschließenden Versammlung einen besonders schweren Verstoß gegen diese tragenden Grundsätze des Verbandsrechts bedeutet, und verweist in seinen nachfolgenden Ausführungen auf einen weiteren „Verband", nämlich eine Aktiengesellschaft, und das AktG.[636] Diese E wird vom OGH in einer weiteren E, 1 Ob 32/10b[637], zitiert, unter abermaliger Verwendung des Begriffes „Verbandsrecht" in derselben Bedeutung. Unbestreitbar rekurriert der OGH damit auf das vom Gesetzgeber geschaffene Gesellschaftsrecht und seine eigene Rechtsprechung hiezu; dafür, dass unter diesen vom OGH so verwendeten Terminus „Verbandsrecht" auch die von einem Verein und/oder einer Aktiengesellschaft (beide als je eigene Typen von Verbänden) geschaffenen Normen fallen könnten, bleibt kein Raum.

Nach dem beispielhaften Blick in die österreichische Rechtsprechung werden im Folgenden Positionen einschlägiger juristischer Literatur aus Österreich zur Qualifikation von Normen/Regeln von Vereinen/Verbänden wiedergegeben. Dies vor dem Hintergrund, dass vor allem Sportverbände beabsichtigen, ihre Normensysteme als autonomes, privates „Verbandsrecht" neben dem Recht des Staates darzustellen, zu behaupten und zu propagieren. Aus der Verein(igung)sfreiheit leiten sie eine „Rechtsnormsetzungskompetenz", eine „Verbandsstrafgewalt" samt „Verbandsdisziplinarrecht" sowie „Verbandsrechtsprechung" und dergleichen mehr ab; letztendlich wohl mit dem intendierten Ergebnis, dass natürliche Personen, die nicht einmal Mitglieder des Verbandes sind, dennoch zu einer Art von „Verbandsuntertanen"[638] werden (sollen). *Holzer/Reissner*

---

aufteilung zwischen allgemeinem Willensbildungsorgan und Leitungs- bzw Aufsichtsorgan der freien Gestaltung der Statuten vorbehalten. Beim ideellen Verein ist (es) nicht geboten, der Mitgliederversammlung Grundlagenkompetenzen zuzuweisen. Statt Mitgliederversammlungen sind auch bloße Repräsentationsorgane bzw Delegiertenversammlungen zulässig. Eine andere (modifizierte) Meinung wiederum bei *Krejci/S.* Bydlinski/Weber-Schallauer, Vereinsgesetz[2] § 5 Rz 14: Die Mitgliederversammlung wird im Allgemeinen als das „oberste" Willensbildungsorgan des Vereins gesehen. Sie sollte daher zur Entscheidung über „Grundlagengeschäfte" des Vereins berufen sein, wie der Neufassung bzw Änderung der Statuten, der Klärung sämtlicher Fragen, die in den Statuten geregelt sind, der Bestellung von Vereinsorganen und der Auflösung des Vereins. *Michael Leitner*, GeS 2009, 295 f, zufolge obliegt es dem Verein, welchem Organ, Mitgliederversammlung oder Vorstand, mehr Entscheidungsbefugnisse und Gestaltungsmacht übertragen wird. Im Widerspruch dazu vertritt *Keinert*, wbl 2011, 638, strikt die Position, dass die Mitgliederversammlung oberstes Vereinsorgan ist: „In der Hand der Mitgliederversammlung müssen sämtliche Fäden ‚fundamentaler' Willensbildung zusammenlaufen, dh jedenfalls derjenigen in wirklich wichtigen Angelegenheiten. Diese Funktion ist als zwingendes Recht anzusehen." Sa *Keinert*, Mitgliederversammlung 11 ff.

636 OGH 10.06.2008, 10 Ob 36/07b = RdW 2008, 584; sa *Keinert*, Mitgliederversammlung 32 f.

637 OGH 20.04.2010, 1 Ob 32/10b = JusGuide 2010/30/7761.

638 Beim untersuchungsgegenständlichen Sportverband, dem OEPS, kommt dessen Präsident gem einer Bestimmung der verbandlichen Normenordnung sogar die „Kompetenz" zu, gegenüber den der Verbands-Jurisdiktion unterliegenden Personen, welche aufgrund der Fülle und Intensität der angemaßten

verwenden explizit den Begriff „Verbandsrecht"[639] im sportverbandlich erstrebten Sinn, nämlich für die jeweilige verbandliche Normenordnung, so zB wenn sie hinsichtlich des Anti-Doping-Bundesgesetzes 2007 meinen, dass „der Bundesgesetzgeber im Zuge der inzwischen gescheiterten Bewerbung von Salzburg um die Ausrichtung der Olympischen Winterspiele 2014 die bisher nur im Verbandsrecht[640] verankerten Regeln über die Durchführung von Dopingkontrollen und die damit zusammenhängenden Vorschriften mit Gesetzeskraft ausgestattet hat." Dies lässt die sportverbandlich wohl begrüßte und vertretene Deutung zu, dass der Gesetzgeber des Verbandes „Staat" dem bisher „rein internen Recht" des Sportverbandes nunmehr auch „Rechtskraft" für alle österreichischen Staatsbürger verschafft hat. Des Weiteren gebrauchen *Holzer/Reissner* in Bezug auf verbandliche Normen den Begriff „verbandsrechtliche Bestimmungen", dann allerdings wieder „nur" die Wendung „von Sportverbänden aufgestellte Regelung". Die sprachliche und wohl auch (teilweise) inhaltliche Gleichsetzung zwischen „Staat" und „Sportverband" wird von *Holzer/Reissner* folgendermaßen beschrieben: „Im Rahmen des jeweiligen Vereins iwS (Einzelverein, Verband) kann auch ein ‚Vereinsstrafrecht' bestehen. Diesem unterliegt der Sportler infolge des Vereinsbeitritts bzw – insb im Falle eines übergeordneten ‚Verbandsstrafrechts' – durch entsprechende Unterwerfungserklärungen. Die schwerste Sanktion im ‚Strafrecht' eines Einzelvereins wäre der Vereinsausschluss; dieser kann, wie alle Entscheidungen

---

Verbandsgewalt durchaus als „Verbandsuntertanen" angesprochen werden können, allenfalls das/ein „Gnadenrecht" (Anm: dies steht wortwörtlich so, ohne Anführungszeichen, in der Verbandsnorm) walten zu lassen: „Der Präsident des OEPS ist befugt, über Gnadengesuche zu entscheiden. Vor der Ausübung des Gnadenrechts ist die Stelle zu hören, die verbandsintern rechtskräftig entschieden hat. Gnadenerweise dürfen sich nur auf Ordnungsmaßnahmen erstrecken und sind ausgeschlossen bei Rückfalltätern oder wenn die Tat selbst eine der Strafgerichtsbarkeit vorbehaltene Tathandlung darstellt (§ 2033 ÖTO Rechtsordnung)."

639 *Wess*, Rechtliche Rahmenbedingungen bei Durchführung von Sportveranstaltungen, insbesondere Fußball in Grundei/Karollus (Hrsg), Berufssportrecht I (2008) 186, zB verweist auf verbandsinterne Regelungen, die der jeweilige Sportverband für seine Mitglieder erlassen hat.

640 S dazu zB Positionierungen der Spitzenvollziehung, welche wohl dem selben Lobbying wie auch der Gesetzgeber (ua des VerG) „ausgesetzt" ist: „Nach den Ereignissen bei den Olympischen Winterspielen 2006 in Turin wurde ein eigenes ‚Anti-Doping-Bundesgesetz' als Teil des Bundessportförderungsgesetzes entwickelt, das von allen Parlamentsparteien noch vor Ende der Legislaturperiode (wegen der bevorstehenden Nationalratswahlen) beschlossen wurde. Dieses Bundesgesetz übernahm wesentliche Bestimmungen der Anti-Doping-Regeln, wie sie für die Sportfachverbände als Verbandsrecht schon gegolten haben. Bei Nichterfüllung des Gesetzes droht der Entzug von Sportförderungen an die entsprechenden Sportverbände (*Bundeskanzleramt*, 20. Sportbericht. 2005 – 2006, 163)." Die Dopingnormen bedeuten gerade für Berufssportler, die zumeist ohnehin in sportnormierte Produktionsverhältnisse eingepasst/spannt sind, die Vervollkommnung der Untertanenschaft gegenüber Verbandsoligarchien. Können doch die damit einhergehenden Pflichten als eine gesteigerte Form der „Entleibung" betrachtet werden, als nämlich die Berufssportler ihre skalierten Körper infolge des medial dramatisierten und damit „sportbesonders" nutzbaren Dopingthemas den Verbänden, also eigentlich dessen Repräsentanten, „übereignen" (müssen).

von Vereinsorganen, einer Überprüfung durch die ordentlichen Gerichte zugeführt werden." An anderer Stelle schreiben *Holzer/Reissner*, dass Sportverbände im Rahmen ihrer „Satzungsgewalt" das Recht in Anspruch nehmen, Zulassungsbeschränkungen für Berufssportler zu erlassen. Schließlich kennt ihnen zufolge der Sport ein „Disziplinarrecht" in zwei Richtungen, nämlich wenn es einerseits um die Ahndung von Verletzungen der sportlichen Disziplin oder andererseits um die Verletzungen arbeitsvertraglicher Pflichten geht.[641] Es ist unschwer, sich vorzustellen, wie in Hinkunft in prozessualen Auseinandersetzungen oder im Rahmen von Lobbyingaktivitäten von Sportverbänden (gegenüber Politik, Gesetzgebung, Verwaltung etc) in etwa argumentiert werden könnte: „In der Lehre ist anerkannt, dass ein Sportverband ein eigenes Verbandsrecht, ja sogar ein Verbandsstrafrecht schafft, unter anderem um die Disziplin im Sport zu gewährleisten, und dieses entsprechend den Grundsätzen der Rechtsordnung anwendet." Kritisch hinterfragen *Holzer/Reissner* jedoch die besonders weit reichende Strafgewalt der Sportverbände gegenüber dem einzelnen Sportler; aus ihrer Sicht ist fraglich, ob die idR bloß indirekt gegebene Zugehörigkeit des Einzelnen, nämlich über die Mitgliedschaft zum verbandsangehörigen Verein, als privatrechtlicher Unterwerfungsakt unter die Strafgewalt des Verbandes ausreicht. Aufgrund der verbandsseitig daher (oftmals) gewählten Vorgehensweise, vom Sportler im Wege der Lizenzierung eine ausdrückliche Unterwerfungserklärung zu verlangen, hinsichtlich derer er so gut wie keine Einflussmöglichkeit hat (kurz: er muss unterschreiben, sonst kann er den Sport[beruf] nicht ausüben), kommt der Inhaltskontrolle durch die Gerichte eine besondere Bedeutung zu.[642] Aus Sportverbandssicht ist daher eine größtmögliche „Bindung" von Nichtmitgliedern (insbesondere Sportlern) iS einer „Unterwerfung" unter die verbandliche Normenordnung anzustreben. Dies wird zumeist kumulativ versucht, erstens mithilfe von Lizenzierungs- und/oder Wettkampfteilnahmeverträgen und zweitens über die Argumentation der „Verbandszu- bzw -angehörigkeit" qua sog „mittelbarer Mitgliedschaft."

3.3.1.1. Das Konstrukt der sog „mittelbaren Mitgliedschaft"

Mitglied eines Vereins ist, wer mit diesem einen Beitrittsvertrag abgeschlossen hat. (Vereins)Rechtlich relevant ist demnach (nur), ob jemand Mitglied eines Vereins ist, oder (eben) nicht (s insbesondere § 3 Abs 2 Z 5 u 6 VerG). Dafür, dass ein Verein/Verband einseitig natürliche Personen zu seinen Mitgliedern erklärt bzw solcherart „rekrutiert", ohne dass er die/eine wie auch immer bezeichnete, infragekommende Mitgliedschaftsgruppe (für natürliche Personen) in seinen Statuten anführt[643], bietet das VerG keine

---

641 *Holzer/Reissner*, Einführung in das österreichische Sportrecht² (2008) 9 f, 33, 36, 47, 59.

642 So *Holzer/Reissner*, Sportrecht² 18 f.

643 In der E OGH 16.06.2008, 8 ObA 10/08s = DRdA 2009, 48, – ein sog zweites Grundverhältnis, natürliche Person/Dachverband, liegt vor – spricht das Höchstgericht ausdrücklich von einer „mittelbaren Mitgliedschaft" und weiters davon, dass „eine solche Mitgliedschaft nicht nur dann in Betracht kommt, wenn der Dachverband rechtsgeschäftlich bevollmächtigt war, für die beklagte Partei zu handeln, sondern auch dann, wenn die entsprechenden Vereins-

Rechtsgrundlage.[644] Gem § 3 Abs 2 Z 6 VerG müssen die Statuten jedenfalls die Rechte und Pflichten der Vereinsmitglieder enthalten. Eine (immer wieder) behauptete „(indirekte) Zugehörigkeit" oder Vergleichbares in Bezug auf Sport(dach)verbände ist diesbezüglich keine (vereins)rechtliche Kategorie, ebenso wenig wie eine „mittelbare Mitgliedschaft" und/oder dergleichen. Ist eine natürliche Person Mitglied eines Vereins und dieser mit weiteren Vereinen im Wege einer „Vereinskette" verbunden, also einem Verband und einem Dachverband, dann steht die natürliche Person demzufolge nur mit dem Verein in einem Mitgliedschaftsverhältnis, nicht aber mit dem Verband oder gar dem Dachverband, ebenso wenig ist die natürliche Person „mittelbares Mitglied" oder „zugehörig" (im vereinsgesetzlich relevanten Sinn) in Bezug auf Verband und/oder Dachverband;[645] es liegt das sog zweite Grundverhältnis, natürliche Person/ Dachverband, vor. Logischerweise ist daher auch der Verein (in einem vereinsgesetzlich maßgeblichen Sinn) nicht „dachverbandsangehörig" oder dem „Dachverband angeschlossen". All diese (sprachlichen) Variationen von „diversen Mitgliedschaften", welche nicht der vereinsgesetzlich eindeutig determinierten entsprechen, werden von Verbänden/Dachverbänden vielfach deshalb verwendet, um „Unterordnungsverhältnisse" und damit „Zugriffs- und Eingriffsberechtigungen" gegenüber natürlichen Personen zu rechtfertigen zu versuchen. Für Dachverbände geradezu „ideal" erscheint dieses Konstrukt: den natürlichen Personen wird anhand dessen einerseits vermittelt, den „Pflichten" von Mitgliedern, insbesondere der Unterordnung unter die „Verbandsgewalt", zu unterliegen (und dafür im Wege von Gebühren noch zahlen zu müssen), andererseits werden derartigen „mittelbaren Mitgliedern" aber gerade Rechte gem § 3 Abs 2 Z 6 VerG vorenthalten. Ausgegangen wird im Folgenden von einer OGH E (1 Ob 137/06p), in welcher die Thematik der „mittelbaren Mitgliedschaft" aufgeworfen wird, dann folgen „typische" Ausführungen in der wissenschaftlichen Literatur zum Thema.

---

satzungen eine solche ‚mittelbare Mitgliedschaft' vorsehen." Dazu ist festzuhalten, dass das VerG jedoch keinen Raum dafür lässt, dass durch eine bloße „rechtsgeschäftliche Bevollmächtigung" anstelle eines Beitrittsvertrages eine vereinsgesetzliche Mitgliedschaft entsteht; dass eine (wie immer bezeichnete, zB „mittelbare" oder „indirekte") Vereinsmitgliedschaft durch eine § 3 Abs 2 Z 6 VerG genügende Statutenbestimmung sowie einen Beitrittsvertrag auf dieser Basis zustande kommen kann, ist ohnehin unstrittig. Auch der vom OGH zitierte *Schrammel*, Die Kollektivvertragsangehörigkeit gemäß § 8 Z 1 ArbVG, ZAS 1993, 5, hält unmissverständlich fest, dass „die Vereinssatzungen entscheiden, wer als ‚Mitglied' zu betrachten ist." Sohin gibt es rechtlich zulässigerweise keine „mittelbaren Vereinsmitglieder" (die wohl als eine Art „Beutemitglieder" verstanden werden können, freilich ohne Mitgliedschaftsrechte) durch eine bloße (dach)verbandliche Behauptung, ohne dass entsprechende Statutenbestimmungen (und damit Rechte und Pflichten gem § 3 Abs 2 Z 6 VerG) und ein entsprechender Beitrittsvertrag gegeben sind.

644 S allerdings *Keinert*, Mitgliederversammlung 113, 125, welcher eine Analogie zum Genossenschaftswesen sieht.

645 Nur ausnahmsweise sind Einzelpersonen Mitglieder von (Dach)Verbänden, arg aus § 1 Abs 5 VerG: „in der Regel", so *Krejci/S. Bydlinski/Weber-Schallauer*, Vereinsgesetz[2] § 1 Rz 113.

3.3.1.1.1. Eine exemplarische OGH E zur Thematik „mittelbare Mitgliedschaft"

Der OGH E 1 Ob 137/06p liegt der Sachverhalt zugrunde, dass eine natürliche Person, die Klägerin, Mitglied von zwei „Ortsgruppen" ist, welche in weiterer Folge Mitglied eines Vereins sind; und dieser Verein ist wiederum Mitglied eines Verbandes, als solcher die beklagte Partei. Insofern ist hier ein sog zweites Grundverhältnis, natürliche Person/Verband, gegeben. Da die Klägerin an einer vom Verband nicht genehmigten Veranstaltung eines anderen Vereins teilgenommen hat, wurde sie von der beklagten Partei unter Berufung auf eine Bestimmung der Verbandsstatuten bis auf Weiteres für die Teilnahme an allen Veranstaltungen der beklagten Partei gesperrt. Die Klägerin bzw deren anwaltliche Vertretung brachte vor, die der Sperre zugrunde liegende Bestimmung der Verbandsstatuten sei gesetz- und statutenwidrig und verstoße gegen die guten Sitten, und stützte sich in weiterer Folge auf die §§ 7 und 8 VerG. Die Klägerin argumentierte damit, dass ihre Legitimation zur Klagsführung sich darauf gründe, dass sie von der bekämpften Bestimmung unmittelbar betroffen sei, wenngleich sie nur „mittelbar" Mitglied der beklagten Partei sei, weil deren (Verbands)Statuten die Aufnahme natürlicher Personen als Mitglieder nicht vorsähen. Da die Verbandsstatutenbestimmungen auf die „natürlichen Personen" (welche nur Mitglieder von Ortsgruppen sind), also auf „mittelbare" Mitglieder, durchgreifen, komme auch diesen die Legitimation zur Anfechtung dieser Satzungsbestimmung zu.[646] Zum Sachverhalt und der Argumentation der Klägerin ist – im Sinne der (bisherigen sowie noch folgenden) Beurteilung des Verhältnisses zwischen Staat, Sport(dach)verband und Sportler – freilich anzumerken, dass ein „Durchgriff" auf Nichtverbandsmitglieder, wie auf die Klägerin als natürliche Person, durch den Verband bloß aufgrund einer „Durchgriffsbestimmung" in dessen Statuten rechtlich nicht nachvollziehbar erscheint. Ein rechtlich relevantes Gelten einer derartigen Verbandsbestimmung ist/wäre zB dann denkbar, wenn erstens sämtliche Vereine bzw Verbände der Vereinskette zwischen der Klägerin und der beklagten Partei deren gegenständliche Verbandsbestimmung im Beschlusswege „übernommen" hätten; oder wenn zweitens zB die Klägerin bei der Anmeldung zu einer Veranstaltung der beklagten Partei sich im Rahmen eines Wettkampfteilnahmevertrages dazu verpflichtet hätte, die gegenständliche Verbandsbestimmung zu befolgen.[647] Keinesfalls jedoch wird in diesen beiden Varianten die Klägerin zu einem „mittelbaren Mitglied" der beklagten Partei und überdies ist in Hinblick auf die „Unterwerfungsbegehrlichkeiten" des Verbandes jedenfalls der Maßstab des Zivilrechts, insbesondere § 879 ABGB, heranzuziehen.[648]

---

646 OGH 12.09.2006, 1 Ob 137/06p = ecolex 2007, 33.
647 S dazu auch *Grundei/Schefer*, Streitbeilegung 59.
648 S dazu einmal mehr *C. F. Schneider*, ecolex 2000, 852: Nach der hL ist die Ermächtigung zur einseitigen Rechtsetzung zwischen Privaten (Anm: eine solche ist beim OEPS ohnehin nicht gegeben) im Hinblick auf die relative Geschlossenheit des Rechtsquellenkataloges sowie des Systems der Normenkontrolle nach dem B-VG abseits versteinerter Bereiche wie zB dem Familienrecht jedoch verfassungswidrig. Ebenso *Funk*, Kontrolle 388, der das Agieren von Vereinen

Der OGH erkannte im gegenständlichen Fall, es liege auf der Hand, dass die Sperre der Klägerin unter Verletzung von weiteren Satzungsbestimmungen als derjenigen erfolgte, welche Grundlage für die Sperre war; diese jedoch verstößt konkret nicht nur gegen die Statuten, sondern widerspricht zugleich den guten Sitten. Aufgrund weiterer Umstände verstößt die gegenständliche Sperre der Klägerin überdies eklatant gegen die Grund-sätze des fair trial nach Art 6 Abs 1 EMRK[649]. Die verfahrensrechtlichen Grundrechte der Klägerin sind insofern verletzt, als ihr insbesondere eine sachliche Gegendarstellung vor einer unabhängig besetzten Streitschlichtungseinrichtung des Verbandes im Sinn des § 8 VerG nicht ermöglicht wurde. Da der Klägerin das rechtliche Gehör nicht einmal nach Veröffentlichung der Sperre gewährt worden ist und da eine Rechtsmittelmöglichkeit statutarisch ausgeschlossen ist, steht die gegen die Klägerin verhängte „automatische" Sperre im Widerspruch zu § 879 ABGB und führt dies zur Unwirksamkeit der der Sperre zugrunde liegenden Verbandsbestimmung. Da die Klägerin Sittenwidrigkeit ausdrücklich geltend gemacht hat, ist die Klage als Feststellungsklage iSd § 7 S 1 VerG zu verstehen. Das Vorliegen eines rechtlichen Interesses an der Feststellung ist jedenfalls zu bejahen, ist doch die Klägerin durch den Beschluss in ihrem subjektiven, dem Vereinsverhältnis entspringenden Recht auf Teilnahme an Vereinsveranstaltungen verletzt worden. Soweit die beklagte Partei die fehlende Mitgliedschaft und damit die mangelnde Aktivlegitimation der Klägerin zur Geltendmachung der Nichtigkeit ins Treffen führt, ist ihr laut OGH Folgendes entgegen zu halten: Während § 7 VerG klar aussagt, dass zur Anfechtung eines Beschlusses mittels Rechtsgestaltungsklage (nur) „die vom Beschluss betroffenen Vereinsmitglieder" berechtigt sind, bleibt durch § 7 VerG ungeregelt, wer berechtigt ist, sich – mittels Feststellungsklage – auf die Nichtigkeit eines Vereinsbeschlusses zu berufen bzw diese geltend zu machen. Die bisherige Rechtsprechung knüpft grundsätzlich gleichermaßen an die Vereinsmitgliedschaft an, dass also (jedenfalls) jedes Vereinsmitglied die gerichtliche Feststellung verlangen kann, ein Vereinsbeschluss bzw eine Vereinsmaßnahme sei infolge Sittenwidrigkeit ihm gegenüber unwirksam. Die Qualifikation der Rechtsstellung der Klägerin in Ansehung zur beklagten Partei, ob sie als „Vereinsmitglied" zu werten ist, hängt von der Auslegung der Vereinsstatuten ab. Bestimmungen in Vereinsstatuten sind gem Rsp und hM

---

beschreibt, die sich (staatliche) Autorität anmaßend auftreten, mit dem (ausdrücklich) erklärten oder (nur) erschließbaren Anspruch, in einseitiger oder originärer Weise über das Verhalten von Nichtmitgliedern (natürlichen Personen) zu bestimmen oder gegen sie gar Sanktionen zu setzen; solcherart setzen sich Vereine über die Autonomie der Gegenseite hinweg, indem sie in gesetzwidriger oder sittenwidriger Weise psychologischen oder wirtschaftlichen Druck zur Unterwerfung ausüben. In der Praxis sind solche Tendenzen, so der Autor, insbesondere auf dem Gebiet des Sportverbandswesens zu beobachten, wo Vereine/Verbände vielfach eine totale Kontrolle mit den Begleiterscheinungen einer de-facto-Zwangsmitgliedschaft in dem jeweiligen Bereich (beruflich) Tätigen (va Berufssportler) ausüben und eine ausschließliche Regelungsbefugnis und monopolartige Quasi-Jurisdiktion über diese Personen anstreben.

649 S *Berka*, Verfassungsrecht[4] Rz 1580 ff.

grundsätzlich nach den §§ 6 f ABGB auszulegen; die sog gemäßigte objektive Auslegung ist anzuwenden.[650] Maßgebend ist der objektive Sinn statutarischer Bestimmungen, die Auslegung hat sich am Vereinszweck und den berechtigten Interessen der Mitglieder zu orientieren. Unklare oder eine mehrfache Deutung zulassende Bestimmungen sind in vernünftiger und billiger Weise so auszulegen, dass ihre Anwendung im Einzelfall brauchbare und vernünftige Ergebnisse zeitigt. Unter Berücksichtigung des Umstands, dass der Verband als beklagte Partei selbst die Mitglieder der ihr angehörenden Vereine bzw in weiterer Folge Ortsgruppen unmittelbar ihrer verbandlichen Disziplinarordnung *unterwarf* und über die Klägerin – *als ein solches Mitglied* (Anm: Kursivhervorhebungen durch den Autor) – eine Disziplinarmaßnahme verhängt hat, ist es dem OGH zufolge unumgänglich, dass der Klägerin auch das Recht auf Feststellung der Nichtigkeit des dieser Maßnahme zu Grunde liegenden Vereinsbeschlusses eingeräumt wird. Es würde ein nicht zu rechtfertigendes Rechtsschutzdefizit bedeuten, der auf Grundlage der gegenständlichen Statutenbestimmung „automatisch" gesperrten Klägerin mit der Begründung, sie sei nur „mittelbares" Vereinsmitglied, die gerichtliche Überprüfung dieses Beschlusses bzw der darauf gegründeten Vereinsmaßnahme zu versagen. Auf die Frage, ob die Klägerin zur Erhebung einer Rechtsgestaltungsklage nach § 7 S 2 VerG legitimiert gewesen ist, sie also als ein von „einem Vereinsbeschluss betroffenes Vereinsmitglied" isd § 7 S 2 VerG anzusehen wäre, muss nicht eingegangen werden (Anm: Der OGH bezieht sich irrtümlicherweise auf § 7 S 2 VerG, gemeint ist § 7 S 3 VerG).[651]

Was kann dieser OGH E entnommen werden, insbesondere hinsichtlich der höchstgerichtlichen Position zur Mitgliedschaft in einem Verein und den daraus erwachsenden Rechten und Pflichten? Nun, erstens legt der OGH seiner E offenbar wie selbstverständlich zugrunde, dass ein Verband natürliche Personen, welche nicht seine Mitglieder sind, seiner „verbandlichen Disziplinarordnung" unterwerfen könnte und rechtlich auch dürfte, sowie dass derselbe Verband die „solcherart Unterworfenen" daher auch disziplinär maßregeln könnte und dürfte. Die rechtliche Grundlage dafür bleibt unklar, kann (bloß) aus dem VerG keinesfalls abgeleitet werden. Denn aus § 3 Abs 2 Z 5 und 6 VerG folgt eindeutig, dass jeder Verein in seinen Statuten die Bestimmungen über den Erwerb und die Beendigung der Mitgliedschaft sowie die Rechte und Pflichten der Vereinsmitglieder zu regeln hat. Kommt zwischen Verein und Beitrittswerber kein Beitrittsvertrag zustande, so kann zwischen den beiden Personen, der juristischen und der natürlichen, kein Mitgliedschaftsverhältnis bestehen. Für eine „Quasi-Mitgliedschaft", „mittelbare Mitgliedschaft" etc bleibt vereinsgesetzlich (und auch sonst im Gesellschaftsrecht[652])

---

650 S näher bei *Krejci/S. Bydlinski/Weber-Schallauer*, Vereinsgesetz[2] § 3 Rz 11ff.

651 OGH 12.09.2006, 1 Ob 137/06p = ecolex 2007, 33. S im Gegensatz dazu jedoch OGH 29.09.2009, 4 Ob 77/09s = RdW 2010, 26: „Gemäß § 7 S 3 VerG ist jedes von einem Vereinsbeschluss betroffene Vereinsmitglied – und somit nicht jeder Dritte, auf den sich einzelne Wirkungen des Beschlusses erstrecken mögen – zur Anfechtung berechtigt." Zu beiden E: *Saria*, Aktuelle Rechtsprechung 87.

652 Schon aus dem gesellschaftsrechtlichen Typenzwang, s dazu *Krejci*, Gesellschaftsrecht I 5, ist abzuleiten, dass das Verhältnis von Vereinen

kein Raum. Sohin kann auch ein Verband (bzw ein Dachverband) eine natürliche Person, welche Mitglied eines Vereins ist, der wiederum über eine Vereinskette eine Verbindung zum Verband aufweist, nicht auf Basis des VerG „einfach" seiner verbandlichen Normenordnung unterwerfen. Ein derartiges, einseitiges „Wollen" bzw „Dekretieren" des Verbandes ist grundsätzlich rechtlich bedeutungslos, kann jedoch bei faktischer und verbandsnormativer Durchsetzung gegenüber Nichtmitgliedern ins Rechtsmissbräuchliche übergehen.[653] Wie schon mehrfach festgehalten, könnten Verbandsbestimmungen zB dann für Nichtverbandsmitglieder (natürliche Perso-Personen) Geltung erlangen, wenn es der Verband zuwege bringt, dass sein Mitglied, der Verein, diese Bestimmungen im Beschlusswege für das bzw die Vereinsmitglieder (natürliche Personen) verbindlich macht; oder aber die natürlichen Personen verpflichten sich zB bei der Anmeldung zu einer Wettkampfveranstaltung im Rahmen eines Wettkampfteilnahmevertrages[654] dazu, die Verbandsbestimmungen zu befolgen. Allerdings kommt es auch in diesen Fällen gerade nicht zu einer Mitgliedschaft zwischen Verband und natürlicher Person; und im Besonderen werden die Verbandsbestimmungen einer als Unternehmer auftretenden juristischen Person gegenüber dem Nichtverbandsmitglied als Konsument am KSchG bzw dem allgemeinen Zivilrecht zu messen sein.[655] Für die oftmals festzustellende Intention und Vorgangsweise von Dachverbänden, dass sie zB Sportler mithilfe des/unter Bezugnahme auf das VerG in eine „Unterwerfungssituation" ihnen gegenüber zwingen wollen, was zumeist zu einem verbandlichen Gewaltverhältnis führt bzw führen kann, bietet die Rechtsordnung keine ausreichende Grundlage. Der OGH behilft sich in der gegenständlichen E mit dem „Kunstgriff", die Klägerin als der verbandlichen Disziplinarordnung und damit der Disziplinarmaßnahme unterworfen zu beurteilen, ohne dass es dafür jedoch eine (nachvollziehbare) Rechtsgrundlage gibt. Dadurch wird die Klägerin als natürliche Person gewissermaßen als ein Mitglied (ob nun „mittelbares oder Quasimitglied" und/oder dergleichen, kann dahin gestellt bleiben) des Verbandes „gewertet", was dem Grunde nach bereits ein „Erfolg" des Verbandes ist, da dieser ohne Beitrittsvertrag natürliche Personen durch einseitige Beschlüsse seiner verbandlichen Normenordnung unterwerfen könn(t)e. Diese Konsequenz hat der OGH (anscheinend) nicht gesehen oder wollte sie nicht sehen, die „Wirkung" zugunsten von heteronom auftretenden Verbänden/Dachverbänden ist jedoch unbestreitbar. Denn letztlich läuft/liefe eine derartige Rsp darauf hin, dass Verbände entgegen dem VerG Nichtmitglieder ihren verbandlichen Normenordnungen „unterwerfen" (können), und auf diesem Wege besonders „unterworfene Mitglieder" oder auch „mittelbare Mitglieder" erschaffen

---

(Verbänden oder Dachverbänden) nach dem VerG zu natürlichen Personen entweder das der gesetzeskonformen Mitgliedschaft ist, oder nicht, tertium non datur. Dachverbände, welche durch ein einseitiges Unterwerfenwollen „mittelbare Mitglieder", „Quasimitglieder" und/oder dergleichen zu kreieren versuchen, würden letztlich auf eine neue Gesellschaftsform außerhalb des zulässigen numerus clausus hinauslaufen.

653   S dazu *F. Bydlinski*, System 473 f.
654   Sa *Kossak*, Haftung² 152.
655   Vgl dazu *Niederberger*, Verein 104 ff.

könnten. Der OGH weicht der Konsequenz, sich dazu eindeutig festzulegen aus, indem er folgende rechtliche Beurteilung trifft: „Auf die Frage, ob die Klägerin zur Erhebung einer Rechtsgestaltungsklage nach § 7 S 2 VerG legitimiert gewesen ist, sie also als ein von ‚einem Vereinsbeschluss betroffenes Vereinsmitglied' iSd § 7 S 2 VerG anzusehen wäre, muss nicht eingegangen werden."[656] Denn, indem der OGH im gegenständlichen Fall die Klage der Klägerin als Nichtmitglied des Verbandes als Feststellungsklage iSd § 7 S 1 VerG versteht[657], bestätigt das Höchstgericht – zumindest teilweise – (dach)verbandliche Tendenzen der Unterwerfung von Nichtmitgliedern unter einseitig vom Verband aufgestellte Verfahrens- und vor allem Disziplinarordnungen. Dies jedoch findet keine Deckung in der Rechtsordnung, da bei einer derartigen Sachlage (kein Mitgliedschaftsverhältnis zwischen natürlicher und juristischer Person, sondern eine Unternehmer-Konsumenten-Beziehung liegt vor) KSchG bzw allgemeines Zivilrecht anzuwenden ist.[658] Die vom jeweiligen Verband bzw Dachverband verwendete verbandliche Normenordnung stellt gegenüber Nichtmitgliedern nichts anderes dar als Allgemeine Geschäftsbedingungen, und ist daher einer Geltungs- sowie einer Inhaltskontrolle zu unterziehen.[659]

3.3.1.1.2. Einige fachliterarische Meinungen zur „mittelbaren Mitgliedschaft"

Anhand einiger Beispiele aus der Fachliteratur werden in diesem Unterkapitel Argumente zur bzw Thematisierungen der „mittelbaren Mitgliedschaft" wiedergegeben und besprochen: Begonnen sei mit *A. Leitner*, der ausführt, dass „sich der Sportler den Richtlinien des jeweiligen Vereins unterwirft, die in den Statuten verankert sind. Es handelt sich dabei um eine unmittelbare Mitgliedschaft. So gut wie nie besteht eine direkte Mitgliedschaft eines Sportlers im jeweiligen Sport- bzw Dachverband. Die Verbindung zum jeweiligen Sportfach- bzw Dachverband besteht in der Mitgliedschaft des Vereins in diesem Verband. Das Verhältnis des Sportlers zum Verband kann als mittelbare Mitgliedschaft bezeichnet werden, welche jedoch keine Mitgliedschaft im rechtlichen Sinn darstellt."[660] Zutreffend hält der Autor fest, dass in einer derartigen Konstellation eben gerade keine Mitgliedschaft zwischen natürlicher Person und Dachverband (sog zweites Grundverhältnis) vorliegt. Die Verwendung des Begriffs der „mittelbaren Mitgliedschaft" durch den Autor jedoch wird von Sportverbandsseite oftmals „eingesetzt", um eine „Unterwerfungswirkung" bei den solcherart „Irgendwie-doch-Mitgliedern" zu erzielen. Gleiches gilt für den Begriff der „angeschlossenen Vereine"[661] in Bezug auf einen

656   OGH 12.09.2006, 1 Ob 137/06p = ecolex 2007, 33.
657   OGH 12.09.2006, 1 Ob 137/06p = ecolex 2007, 33.
658   So kann beispiels- und wohl unbestrittenerweise (auch) nicht geschlussfolgert werden, dass ein Konsument, nur weil er in einer Apotheke einkauft, den Regularien der Apothekerkammer (als Selbstverwaltungskörper gem B-VG), insbesondere den Standesregeln, als Nichtmitglied derselben unterliegt.
659   *Kolmasch* in Schwimann, § 864a Rz 6.
660   *A. Leitner*, Organisation 9 f; krit zur „mittelbaren Mitgliedschaft" zB *Mätzler*, Organisationsstrukturen 92 ff, 219 ff.
661   So *Holzer/Reissner*, Sportrecht² 19.

Sportdachverband. In der Vereinskette zB zwischen Verein, Landesverband und Sportdachverband werden gerade die ersteren als dem letzeren gegenüber „angeschlossen" vereinnahmt. Rechtlich relevant ist aber gerade, dass zwischen diesen kein Mitgliedschaftsverhältnis besteht, weswegen offenbar der Terminus des „Angeschlossenseins" als Rechtfertigung bzw hinreichende Grundlage für eine „Unterworfenheit" unter die dachverbandliche Normenordnung herhalten muss. Infolgedessen wird von sportdachverbandlicher Seite dann im Weiteren von „angeschlossenen Mitgliedern" – sowohl substitutiv für „mittelbare Mitgliedschaft", als auch komplementär dazu – gesprochen; diese Klassifizierung erfolgt sowohl für die Vereine, als auch für deren Mitglieder, die natürlichen Personen.[662]

Geradezu ein „System der mittelbaren Mitgliedschaft" konstatieren vor kurzem *Grundei/Schefer* beim Fußball(sport).[663] Die Autoren erläutern ihr „Konzept" wie folgt: „Im Bereich der ‚Verbandskette' (Anm: dieser Begriff wird sich in etwa mit dem der ‚Vereinskette' gem zweitem Grundverhältnis, so II.1.4., decken) wird im Fußball der Weg der ‚mittelbaren Mitgliedschaft' gewählt. Im Rahmen der mittelbaren Mitgliedschaft wird für den Verein das Verbandsrecht verbindlich, wenn dem Gebot der mehrfachen Satzungsverankerung genüge getan wird. Das bedeutet, dass der Dachverband in seiner Satzung konkret bestimmen muss, welche Regelungen auch für die Einzelmitglieder gelten sollen. Darüber hinaus muss der (Mitglieds)Verein festlegen, welche konkreten Regelungen Wirksamkeit entfalten sollen. Die Verweisung muss widerspruchsfrei und verständlich gefasst sein und die einzelnen in Bezug genommenen Regelungen des Verbandes bestimmt bezeichnen. Dabei ist jedoch zu beachten, dass eine dynamische Verweisung in der Vereinssatzung auf den jeweils gültigen Inhalt übergeordneter Verbandssatzungen nicht zulässig ist, eine bloß statische Verweisung auf eine Fremdsatzung in einer bestimmten Fassung hingegen erfolgen kann. (...) Problematisch könnte diese Verweisungskette jedoch beurteilt werden, wenn der einzelne Sportler nicht Mitglied, sondern Arbeitnehmer des Vereines/Verbandes ist und somit in keiner unmittelbaren Mitgliedschaft zum eigenen Verein steht."[664] Wiederum ist festzuhalten, dass insbesondere das – rechtlich nicht relevante – Konstrukt der „mittelbaren Mitgliedschaft" iVm der „Verbandsrechtsterminologie" (samt Unterwerfungsverpflichtung unter die gesamte Vereins- bzw Verbandsgewalt[665]) anscheinend ein spezifisches sportdachverbandliches „Unterwerfungsmodell" ermöglichen sollen.

Des Weiteren sei iZm der „mittelbaren Mitgliedschaft" noch auf eine 2011 von *Saria* vorgelegte Übersicht zur aktuellen Rsp zum Vereinsrecht

---

662 Vgl dazu überdies *Brandstetter/Grünzweig*, Anti-Doping-Recht 2 f, welche sogar „Mitgliedschaftsketten" zwischen natürlichen Personen, den Sportlern, und weiter bis in den Weltverband der jeweiligen Sportdisziplin konstruieren. Ebenfalls meinen die Autoren, dass die einzelnen Sportvereine über die jeweiligen Dachverbände mittelbar Mitglied der ö Bundessportorganisation (BSO) sind.

663 *Grundei/Schefer*, Streitbeilegung 58, insbesondere FN 13; s überdies *Kadlec*, Ausgewählte Fragen 70 f, welche aus der/einer „mittelbaren Mitgliedschaft" die/eine „mittelbare Verbandsstrafgewalt" ableiten zu können meint.

664 *Grundei/Schefer*, Streitbeilegung 58.

665 *Grundei/Schefer*, Streitbeilegung 59.

Bezug genommen. Der Autor thematisiert diese zwar, führt jedoch dieses im VerG keine Deckung findende Konstrukt eigentümlicherweise gerade nicht als „Zweifelsfrage" im Rahmen seiner abschließenden Würdigung an.[666] Dies verwundert insofern, als die faktischen und vor allem normativen Entwicklungen im „Sportwesen" – nur einige Stichworte dazu: Verbandsrecht, -gewalt und mittelbare Mitgliedschaft – bei Weiterwirken bestimmter „fachliterarischer Tendenzen", verbandsanwaltlicher Schriftsätze in die Rsp sowie sportverbandlicher Lobbyarbeit in Rechtsetzung und Vollziehung wohl den Weg in Richtung eines ganz „eigentümlichen Sonderprivatrechts" weisen sollen. Obwohl *M. Mayr* vermutlich nicht eine „neue Gesellschaftsrechtsform"[667] vor Augen gehabt haben dürfte, als er kürzlich von der „Rechtsform des Sportvereins" geschrieben hat,[668] könnte sich aufgrund der aufgezeigten spezifischen sportverbandlichen Um- und Zustände tatsächlich eine solche herausbilden. Gegenwärtig jedoch bietet das VerG (bzw die Rechtsordnung) für Sportverbände in Ö keine Grundlage zur Schaffung eines „Untertanenverbandes", also die faktische und rechtliche Modellierung von „Unterworfenen" zB mithilfe des Konstrukts der „mittelbaren Mitgliedschaft". Das „(Sport)System" kann jedoch in verbandliche Gewaltverhältnisse kippen, mit den zwischen Sportdachverband und natürlicher Person feststellbaren Merkmalen: erstens einer staatsähnlichen Heteronomie den Sportlern, Wettkampfveranstaltern und Funktionären gegenüber, zweitens weitgehender Ausschaltung von deren Privatautonomie sowie drittens dem Auftreten ihnen gegenüber als „Privatgesetzgeber", „Privatrichter", „Privatstrafvollziehender" und „Privatsteuerfordernder".

Schließlich meint *Schaar* iZ seiner Ausführungen zu den Gründen für die Notwendigkeit eines eigenen Anti-Doping-Bundesgesetzes 2007 (ADBG 2007) in Österreich, dass die Bestimmungen des WADA-Codes „für alle Personen gültig sind, die sich diesen aufgrund einer Verbandszugehörigkeit oder einer Teilnahme an Wettkämpfen, bei welchen diese anzuwenden sind, unterworfen haben. Diese Unterwerfung basiert im Wesentlichen auf privatrechtlicher Vereinbarung (bspw Antrag auf Lizenz, Anmeldung bei einem Wettkampf)."[669] Der im ADBG 2007[670] so nicht vorkommende Begriff der/einer „Verbandszugehörigkeit" kann freilich auch als „Weiterentwicklung" der „mittelbaren Mitgliedschaft" gelesen werden. Wird wiederum aus „Verbandsangehörigkeit oder -zugehörigkeit" der altertümliche Begriff der „Hörigkeit"[671] herausgeschält, dann kann das „ver-

---

666 *Saria*, Aktuelle Rechtsprechung 87, 92, 97 f.
667 Zur „Rechtsformverfehlung" va iZm mit wirtschaftlichen Aktivitäten von Vereinen s zB *Lachmair*, Verein 25 f, 29 ff, 48, 95.
668 *M. Mayr*, Streiten 12.
669 *Schaar*, Streitbeilegung und Doping in Nunner-Krautgasser/Reissner (Hrsg), Schlichtung und Schiedsgerichtsbarkeit im Sport (2011) 83; vgl im selben Sinn *Brandstetter/Grünzweig*, Anti-Doping-Recht 18.
670 § 1a Z 15 ADBG definiert „Sportler" als Personen, die a) Mitglieder oder Lizenznehmer einer Sportorganisation oder einer ihr zugehörigen Organisation sind, oder offensichtlich beabsichtigen, dies zu werden, oder die b) an Wettkämpfen, die von einer Sportorganisation oder von einer ihr zugehörigen Organisation veranstaltet oder aus Bundessportförderungsmittel gefördert werden, teilnehmen.
671 S dazu Art 7 StGG über die Aufhebung aller Hörigkeits- und Untertänigkeitsverhältnisse.

bandliche Gewaltverhältnis" als dessen modifizierte Wiederkehr – mutatis mutandis – für den Lebenssachverhalt „Sport", insbesondere für an Wettkämpfen teilnehmende (Berufs)Sportler[672], angesprochen werden.

3.3.1.2. Explizite österreichische „Verbands- und Sportrechtspositionen"

In diesem Kapitel wird gezeigt, dass verschiedene österreichische Autoren in etwa dieselben „Argumentationsmodule", freilich mit unterschiedlichen Nuancierungen, übernehmen: Aus der Privatautonomie wird die Verbandsautonomie abgeleitet, welche wiederum die Grundlage für eine besondere Normsetzungs- oder sogar „Rechtsetzungskompetenz" des Verbandes ist[673], mit welcher auch eine „Strafgewalt" verbunden ist, die dann mithilfe von „Vereinsgerichten" oder „Vereinsschiedsgerichten" ausgeübt wird, deren rechtliche Grundlage, nämlich „Schlichten" gem VerG oder „Schiedsrichten" gem ZPO, von Verbandsseite her absichtlich unklar gehalten wird; letztlich wird von einem Privaten, dem Verband, über eine natürliche Person „zu Gericht gesessen". Und gegenüber der natürlichen Person, dem Amateur- (oder auch „Hobby-") und Profi- oder auch „Berufs-"Sportler, wird „aufgrund deren ja freiwillig erfolgtem Vereinsbeitritt" über die Achse (bzw rechtsdogmatisch aufgeladenen/belasteten Begriffe) „Anerkennung – Ermächtigung – Unterwerfung" ein „verbandliches Gewaltverhältnis" faktisch und (scheinbar) rechtsordnungskompatibel konstruiert. Mit dem Ergebnis, dass der Verband seinen „Verbandsuntertanen" staatsgleich heteronom gegenübertritt. So zB *Haschke/ Kadlec*, welche Vereinsstatuten zwar als „Vereinsverfassung" bezeichnen, diese aber den allgemeinen Privatrechtsgrundsätzen unterordnen und daher als zivilrechtlichen (Gesellschafts)Vertrag, nicht aber als objektives Recht, mit (typischerweise) besonderen Rechtswirkungen qualifizieren (in der BRD auch Normenvertrag genannt); zivilrechtlich gedeutet unterwirft sich damit das Vereinsmitglied unter die „Verbandsgewalt" des Vereins. Als äußerste Grenze für die Vereinsautonomie bei der Gestaltung von Satzungsbestimmungen führen *Haschke/Kadlec* § 879 ABGB an. Dennoch verwenden sie in weiterer Folge für die Verbandsnormen den Termi-

---

672 S dazu unverblümt *Trost*, „Verkauft", „zurückgetreten", „kostenlos frei", „sich selbst gehörend" – Fragen der Beendigung des Sportler-Arbeitsverhältnisses in Reissner (Hrsg), Sport als Arbeit (2008) 98, 102: „Es mutet sonderbar an, dass sich offenbar in weitem Umfang auch Insider auf Arbeitnehmerseite nicht daran stoßen, mit dem Vokabular des Menschenhandels umzugehen, wohl wissend, dass auch im Sport – zum Glück – Sklavenrecht keine rechtliche Kategorie ist." Die Verbindung zwischen Vertragsverhältnis und Vereinsbindung (vielfach liegt ein zweites Grundverhältnis, natürliche Person/Dachverband, vor) führt laut der Autorin zu Folgendem: „Tatsächlich wird auf diese Weise der Sportler nicht so sehr über die arbeitsvertragliche Verpflichtung, sondern mehr über die Mitgliedschaft im Verein auf eine Weise gebunden, die ihn gelegentlich in die Nähe einer Handelsware rückt." Auf eine/die Abgrenzung zwischen „verbandlichem Gewaltverhältnis" und „Sklavenstatus" wird in der gegenständlichen Darstellung nicht eingegangen.

673 Krit, die Grenzen der Verbandsautonomie aufzeigend, *Mätzler*, Organisationsstrukturen 160 ff.

nus „Verbandsrecht"[674] und leiten dann zum Gegebensein einer „Verbandsstrafgewalt" über.[675] Einmal mehr spricht auch *Reissner* von „Verbandsrecht", „Vereinsstrafrecht", „Verbandsstrafrecht" und „verbandsrechtlichen Freigabebeschränkungen und Sperren und Instanzen".[676] *Potzmann* hat 2008 die österreichische „Doping-Gesetzgebung" kommentiert und gemeint, dass „das ‚Sportrecht' – in erster Linie als Teil des Zivilrechtes – einige Eigenheiten aufweist. So nehmen die Verbände für sich in Anspruch, ihren Sport selbst zu regeln. Dies führt zu einem Nebeneinander von Verbandsrecht und staatlichem Recht. Das Sportrecht ist seiner Meinung nach auch von einer besonderen Internationalität gekennzeichnet."[677] *Grundei* wiederum unterscheidet zwischen nationalem und internationalem Sportverbandsrecht einerseits und staatlichem Recht andererseits; für die Existenz und das Tätigwerden einer nationalen und/oder einer internationalen „Sportgerichtsbarkeit" sieht er als Grundlage, dass sich Privatrechtssubjekte grundsätzlich ohne weiteres der Fremdbestimmung Dritter unterwerfen und diesen Gestaltungsrechte einräumen können.[678] In der Zusammenfassung von *Rebernigs* Beitrag aus 2007 wird zwar noch ein Vorrang der staatlichen Normen gegenüber den verbandlichen vertreten, jedoch wird ausdrücklich darauf hingewiesen, dass „das im Rahmen der Verbandsautonomie gesatzte Recht, die ‚Sportgesetze', nur insofern Berücksichtigung finden dürfen, als sie nicht der allgemeinen Rechtsordnung widersprechen. Dies gilt auch im Insolvenzverfahren, weshalb der Disziplinargewalt des Lizenzierungsverfahrens während eines Insolvenzverfahrens nur insofern Bedeutung zukommt, als diese nicht die Gläubigerinteressen gefährdet. Dass die tatsächliche Spruchpraxis der Österreichischen Fußball Bundesliga diesen Grundsätzen widerspricht, vermag diese im Hinblick auf den Grundsatz: ‚Konkursrecht bricht jedenfalls Verbandsrecht' nicht außer Kraft zu setzen."[679]

Überdies seien von *Grundei/Schefer* als Vertreter der/einer „Verbandsrechtsposition" und „abgeleiteter Rechte" noch weitere Ausführungen (ergänzend zu den obigen, die „mittelbare Mitgliedschaft" betreffend) wiedergegeben, welche der Grundposition von Sportverbänden verständnisvoll gegenüberstehen, die „im Rahmen ihrer Autonomie bestrebt sind, Streitigkeiten innerhalb ihrer Einflussmöglichkeiten zu erledigen." Es fällt hierbei

---

674 Ebenso spricht zB *Jaufer*, Berufssport 63, ausdrücklich von „(verband-) sportrechtlichen Regeln"; wiederum *Jaufer*, Recht, stellt im Vorwort „Verbands- und vereinsrechtliche Bestimmungen sowie die staatliche Rechtsordnung" gegenüber; sowie *Kadlec*, Ausgewählte Fragen 67, verwendet sogar „selbstgesetztes Satzungsrecht"; sa *Nunner-Krautgasser*, Insolvenzrecht bricht Verbandsrecht – stimmt das? in Grundei/Karollus (Hrsg), Berufssportrecht II (2008) 89 ff.

675 *Haschke/Kadlec*, Gelb/Rote Karte für den GAK – Ein Fall für den (Schieds)Richter? in Grundei/Karollus (Hrsg), Berufssportrecht I (2008) 65 ff, 70 ff; sa krit *Mätzler*, Organisationsstrukturen 97 ff.

676 *Reissner*, Hobbysportler, Arbeitnehmer oder freier Dienstnehmer – Rechtsbeziehungen mit Sportlern aus arbeitsrechtlicher Sicht in Reissner (Hrsg), Sport als Arbeit (2008) 2, 23 f, 28.

677 *Potzmann*, Doping, RZ 2008, 202.

678 *Grundei*, ecolex 2007, 400.

679 *Rebernig*, ecolex 2007, 406.

auf, dass (gar) nicht mehr von „Verbandsautonomie" sondern nur mehr von einer – wie selbstverständlichen – „Autonomie als solcher" gesprochen wird. Auch die aus der (Verbands)Autonomie offenbar abgeleitete „Gewalt zu strafen" wird von *Grundei/Schefer* gewissermaßen als gegeben hingenommen bzw vorausgesetzt, als hinterfragenswert erachten sie (dennoch) die „(Straf)Gewaltausdehnung" über die Verbandsgrenzen hinaus: „Kann ein Verein/Verband auch gegenüber Nichtmitgliedern, insbesondere Zuschauern, seine Strafgewalt ausüben?"[680] *Grundei/Schefer* meinen konkretisierend, dass „die einzelnen Vereine ihre Rechtsetzungsbefugnis aus der Verbandsautonomie ableiten. Aufgrund der fehlenden speziellen verfassungsrechtlichen oder einfachgesetzlichen Grundlage in der österreichischen Rechtsordnung für die Autonomie des Sports[681] wird die Verbandsautonomie mit der grundrechtlich gewährleisteten Versammlungs- und Vereinigungsfreiheit begründet, die in Art 12 StGG und Art 11 Abs 1 EMRK statuiert ist." Wie schon vielfach ausgeführt, kommt gem der österreichischen Rechtslage Vereinen/Verbänden gem VerG nicht das Recht zu, „Recht zu setzen".[682] Die eigene Normsetzung mit der Rechtsnormsetzung des Staates zu „verquicken" bzw zu „verzahnen", wird daher ein Hauptziel von Sportverbänden sein; die bloße „Anmaßung staatlicher Autorität" soll um eine staatliche „Anerkennung" einer faktischen und normativen „Quasiebenbürtigkeit"

---

680 Dies verneinen *Grundei/Schefer*, Streitbeilegung 57, grundsätzlich, wenngleich sie (einmal mehr) von einer „Vereinsgewalt" sprechen, „die sich auf die jeweiligen Vereinsmitglieder beschränkt. Eine Satzungsbestimmung, die gegen ein Nichtmitglied ein Sanktionsmittel androht, ist nichtig."

681 Das österreichische Schrifttum zum Vereinsrecht wird oftmals direkt/indirekt von deutschen Autoren bzw deren Positionen, Meinungen etc „beeinflusst", mitunter mit dem Ergebnis, dass der österreichischen Rechtslage nicht Entsprechendes dennoch „importiert" wird. Vgl dazu zB die Ausführungen des Regensburger Ordinarius *Steiner*, Die Autonomie des Sports (2003) 8 ff, 13 ff, welcher für sein Thema den grundlegenden Zugang wählt, dass es hierbei um die „Fähigkeit und Freiheit des Sports (also), nach eigenen, selbst bestimmten Regeln zu leben," geht; die „Verrechtlichung des Sports" kennzeichnet (auch), dass „staatliches Recht, vor allem in der Gestalt der Wertordnung des Grundgesetzes, seine Regeln überformt." Wenn *Steiner* die – wesentlich erscheinende – Feststellung trifft, dass iZm dem „Freiheitsanspruch des Sports", also im Kern „der Sportorganisationen", ebenfalls „sichtbar wird, dass die Autonomie des organisierten Sports nicht notwendig auch die Autonomie des Sportlers innerhalb dieser Organisation ist," so wird dies im österreichischen Schrifttum weitestgehend „ausgeblendet" und stattdessen das „Freiheitsbedürfnis" von „Sportverbänden" von staatlicher Regulation, Kontrolle etc betont. Für die deutschen (Rechts)Verhältnisse kann daher *Steiner* das „sportspezifische Recht" (bzw „Sportverbandsrecht") als „die Sportregeln als Summe der Vereins- und Verbandssatzungen und zahlreicher Nebenordnungen, insbesondere Spielordnungen", samt „Verbandsgewalt", „Disziplinargewalt der Verbände" usw usf definieren. Für die österreichische Rechtslage – de lege lata – treffen die deutschen Gegebenheiten und Positionen jedoch nicht zu. S grundlegend zum deutschen Vereinsrecht und „Verbandsrecht", welches zB im Wege von „Vereinsherkommen" (Observanz), also gewohnheitsrechtlich, oder als „vom Zentralverband gesetztes Recht" verstanden wird, *Reichert*, Vereins- und Verbandsrecht[12] (2010) Rz 502 ff, 5720 ff, sowie passim.

682 S IV.3. ff.

zwischen „staatlichem" und sportlichem Verband „angereichert" werden. IdZ muss gerade das Anti-Doping-Bundesgesetz 2007 (ADBG 2007)[683] als solches als nicht zu unterschätzender „Erfolg" der (nationalen) Sportverbände gesehen werden, den Staat Österreich und dessen Rechtsordnung für die eigenen Zwecke, vor allem der Disziplinierung, Kontrolle etc von Sportlern, „in die Pflicht bzw in Dienst zu nehmen". Ein „besonderes Ergebnis" konnten die Sportverbände erzielen, indem sie es schafften, dass im Gesetz explizit nicht nur auf deren Statuten, sondern auch auf deren (weitere) Reglements, also die sonstigen Vereinsregeln, Bezug genommen worden ist, nämlich insbesondere in § 18 Abs 2 Z 3 ADBG. Aufschlussreich dazu sind Bericht und Antrag des Ausschusses für Sportangelegenheiten im damaligen Gesetzgebungsprozess: „Die Anpassung an die Anti-Doping-Regelungen der zuständigen internationalen Sportorganisation hat in weiterer Folge unverzüglich laufend zu erfolgen. Auf Wunsch der Sportverbände wird in Z 3 an Stelle des Begriffes ‚Statuten' der Begriff ‚Reglement' verwendet, da viele Sportverbände neben dem Vereinsstatut ein Disziplinarstatut haben."[684] Nicht gefolgt werden kann *Schaar*, der diesbezüglich folgende Einschätzung trifft: „Bei der Schaffung eines eigenen ADBG in Österreich war bzw ist problematisch, dass der Bundesgesetzgeber in Landeskompetenzen (Sport) und Privatautonomie (Verein) eingreift."[685] Tatsächlich wird mit diesem Gesetz vor allem in die Privatautonomie und die Persönlichkeitsrechte von Sportlern eingegriffen, realiter gestärkt wurde dagegen die Autonomie der „Kleinkollektive" in den Verbänden, der Vereinsdominatoren, gegenüber deren Verbandsuntertanen. Die folgenden Erläuterungen im Bericht und im Antrag des Ausschusses für Sportangelegenheiten muten daher eigentümlich „zynisch" an: „Eine schwere oder mehrfache Verletzung der Statuten des internationalen Sportfachverbandes kann zum Ausschluss des österreichischen Bundessportfachverbandes führen. In weiterer Folge können seine Sportler nicht mehr an internationalen, sondern nur mehr an den nationalen Wettkämpfen in Österreich teilnehmen. Da aber der sportliche Vergleich im Spitzensport hauptsächlich auf internationaler Ebene stattfindet, wären alle anderen Sportler des österreichischen Verbandes von dem Berufsverbot betroffen, das eigentlich nur den ‚gedopten' Sportler nach dem Reglement treffen müsste. Den Eingriffen in die Rechte des Einzelnen bei Dopingkontrollen und der Pflicht zur Bekanntgabe der Änderung der Wohn- und Aufenthaltsadresse stehen Rechte vieler Anderer gegenüber, sich im sportlichen Wettkampf international messen zu können. Die als Förderungsbedingungen vorgesehenen Regelungen dieses Gesetzes sind daher sachlich gerechtfertigt und erforderlich. Sie können somit auch nicht sittenwidrig sein."[686] Eine derartige Argumentation, nämlich massive Eingriffe in höchst-

---

683 Sa *Mottl*, Doping im Spitzensport als schwerer Betrug, CaS 2010, 159; sowie *Zeinhofer*, Rechtliche Grundlagen der Dopingbekämpfung in Österreich, CaS 2010, 326, 329 FN 24, welche ausdrücklich „Verbandsrecht" und staatliches Recht gegenüberstellt, und iZm dem WADC von „privatrechtlicher Rechtssetzung" durch nationale und internationale Sportorganisationen spricht.
684 105 BlgNR 23. GP 14.
685 *Schaar*, Streitbeilegung 83.
686 105 BlgNR 23. GP 6.

persönliche Rechte Weniger mit dem „Nutzen" für die, die Mehrheit bildenden Anderen zu begründen, mag vielleicht utilitaristischen Opfertheorien der Vergangenheit entsprechen, sollte jedoch in einem demokratischen Rechtsstaat weder in die Gesetzgebung noch in deren Rechtfertigung einfließen.[687]

Aus Sportverbandssicht geradezu „ideal" muss eine jüngst ergangene E des OGH, 7 Ob 119/11t, eingestuft werden; das Höchstgericht zitiert darin beinahe wortwörtlich *Brandstetter/Grünzweig*[688]: „Bis zum Inkrafttreten des ADBG 2007 am 01.07.2008 war es Aufgabe des Disziplinarorgans des jeweiligen Bundessportfachverbandes, ein Disziplinarverfahren einzuleiten. Es wurde jedoch als Nachteil empfunden, dass der Sportverband gegen sein eigenes Mitglied ein Dopingverfahren führen musste. Mit dem ADBG 2007 wurde daher die Zuständigkeit in Dopingsachen bei der Beklagten ‚gebündelt'. Die Entscheidung wird aber immer noch ‚für' (Anm: Hervorhebung durch den Autor) den Bundessportfachverband getroffen, womit zum Ausdruck kommt, dass diese funktionell dem Sportverband zuzurechnen ist, weil nur der Bundessportfachverband zivilrechtlich sein Mitglied sperren oder disqualifizieren kann."[689] Angesichts der Tatsache, dass bereits vor Inkrafttreten des ADBG 2007 von Sportverbänden laufend sog „Verfahren" gegen Sportler (in der überwiegenden Mehrzahl gerade nicht „Mitglieder" der jeweiligen Dachverbände) „durchgeführt" worden sind und nach wie vor aufgrund „verbandsselbstherrlich entworfener Tatbestände" werden, muss die in den Raum gestellte „Motivenlage", „es wurde jedoch als Nachteil empfunden, dass der Sportverband gegen sein eigenes Mitglied ein Dopingverfahren führen musste," (so *Brandstetter/Grünzweig*) in Zweifel gezogen werden. Vielmehr ist es für einen Sportdachverband ein nicht zu unterschätzender „Vorteil", wenn quasi „der Staat" auf seinen Zuruf für ihn tätig wird, denn daraus kann sportverbandlich „Anerkennung", „Legitimation", „Zustimmung" etc abgeleitet werden; dies wird dann auch entsprechend den „Verbandsuntertanen" vermittelt. Vollkommen unverständlich ist, dass der den Sportverbänden solcherart „zuarbeitende" Staat andererseits „seiner" Vereinsbehörde offensichtlich untersagt, die verbandlichen Normenordnungen zB in Hinblick auf Art 11 Abs 2 EMRK zu prüfen, wodurch allenfalls die Rechte und Freiheiten anderer[690] geschützt werden könn(t)en.

---

687 Vgl dazu (einen Sachverhalt, bei dem es freilich um Leben und/oder Tod geht) statt vieler etwa *Westphal*, Der finale Rettungsabschuss – ist das deutsche Luftsicherheitsgesetz verfassungsgemäß? juridikum 2006, 138: „Die Menschenwürde muss nicht auf dem utilitaristischen Altar geopfert werden, sondern sie bleibt als Fixpunkt des freiheitlichen Rechtssystems unüberwindbare Hürde für den Verfassungsstaat jedenfalls dann, wenn er das Leben unschuldiger Bürgerinnen und Bürger für Zwecke der Gefahrenabwehr instrumentalisieren will."

688 *Brandstetter/Grünzweig*, Anti-Doping-Recht 68 f.

689 OGH 28. 9. 2011, 7 Ob 119/11t = JusGuide 2012/03/9592.

690 Vgl dazu zB eine Schweizer Rechtsansicht, nämlich *Riemer*, Dopingkontrollen beim Training und im Privatleben von Sportlern, CaS 2008, 127, welcher im Falle einer richterlichen Interessenabwägung die „Persönlichkeits- und Grundrechte" von Sportlern iZm Dopingkontrollen (wohl) „als weniger hoch" einstuft gegenüber den Interessen einer wirksamen Dopingbekämpfung und weiters meint, dass die entsprechenden Grundrechtseinschränkungen auch nicht als unverhältnismässig zu qualifizieren sind, sondern gebilligt würden. Der Autor erachtet es „daher (als) unerlässlich, dem organisierten Sport die

Nach diesem kursorischen Eingehen auf Aspekte und Wirkungen des ADBG 2007, welches als „Doping" sui generis des Staates für Sportdachverbände gesehen werden kann[691], sei mit *Grundei/Schefer* fortgesetzt: Die beiden Autoren verweisen auf die Ausführungen von *Fritzweiler/Pfister/ Summerer*, denen zufolge „dieses Grundrecht auf Vereinigungsfreiheit (Anm: Art 11 Abs 1 EMRK) neben dem Recht auf Bildung von Vereinen oder auf freie Mitgliedschaft zu Vereinen das Recht zur eigenen Rechtsdurchsetzung beinhaltet, vor allem durch Satzungen oder Nebenordnungen, und das Recht zur Selbstverwaltung durch Anwendung selbstgesetzten Rechts im Einzelfall durch dessen Durchsetzung."[692] *Grundei/Schefer* halten jedoch zutreffend fest, dass diese Ausführungen (nur bzw) „zumindest in der deutschen Rechtsordnung" gelten, und setzen dann mit dem Befund fort, dass „allgemein üblich ist, dass die Vereins- und Verbandsstatuten als Folge bestimmter unerwünschter Verhaltensweisen ihrer Mitglieder

---

hier in Frage stehenden – wirksamen – Präventivmassnahmen zu Lasten der einzelnen Sportler zuzugestehen." Hinter „dem organisierten Sport" stehende Verbandsoligarchien werden derartige juristische Einschätzungen dankbar entgegennehmen und zitieren.

691 Sportverbänden wird im Generellen und insbesondere durch das „zusätzlich legitimierend wirkende" ADBG 2007 eine Position zugestanden, welche rechtsstaatlich – vor allem in Hinblick auf die EMRK, jedoch ebenso auf die §§ 16 u 879 ABGB – mehr als bedenklich ist: „Privatgesetzgebung", „Privatgerichtsbarkeit", „Privatstrafvollzug" und „Privatsteuerforderung". *König/Broll*, Ist die gesetzliche Regelung der Doping-Disziplinarverfahren verfassungswidrig? ÖJZ 2012, 21, 23 f, gehen offenbar – ohne Begründung – von einer grundsätzlich „unbeschränkt bestehenden Regelungskompetenz in Disziplinarangelegenheiten" der Verbände aus und thematisieren, ob durch das ADBG 2007 und die damit verbundene Fremdbestimmung hinsichtlich der verbandlichen „Disziplinargewalt" über Vereinsmitglieder nicht das verfassungsrechtlich gewährleistete Recht auf Vereinsfreiheit berührt ist; zugleich verkennen die Autoren nicht, dass die Rechtslage einer nicht unbeträchtlichen Zahl von Vereinen/Verbänden gelegen kommt.

692 In „bundesdeutscher" Verbändetradition liest sich dies wie folgt bei *Fritzweiler/ Pfister/Summerer*, Praxishandbuch Sportrecht[2] (2007) 175: „Im Rahmen ihrer durch § 25 BGB und Art 9 Abs 1 GG garantierten Vereinsautonomie sind die Vereine und Verbände berechtigt, Verhaltenspflichten festzulegen und diese mittels eigener Ordnungs- und Strafgewalt durchzusetzen. Hinsichtlich der für die Beziehung zwischen Verein und Sportler bedeutsamen Sachverhalte, zB Zulassungsvoraussetzungen zum Wettkampf, besteht sogar eine Regelungspflicht, die sich aus der verbandsrechtlichen Förderpflicht ableitet. Zu unterscheiden sind Rechtsetzungsmaßnahmen sowie Ordnungsmaßnahmen, mit und ohne disziplinären Charakter. Ordnungsmaßnahmen disziplinären Charakters werden Vereinsstrafe genannt, solche ohne disziplinären Inhalt werden als privates Verwaltungshandeln eines Vereins oder Verbands bezeichnet (,Vereinsverwaltungsakt'). Sanktionen eines Verbandes gegen sich selbst sucht man vergeblich; sie richten sich stets an untergeordnete Vereine/Verbände oder gegen Sportler." Derartiges „transnationales Recht" von „autonomen Privatregimen" oder auch „autokonstitutionellen Regimen", noch dazu eingebettet in und zugleich die/eine „globale Zivilgesellschaft" (*Fischer-Lescano/ Teubner*, Regime-Kollisionen 17, 25, 41, 43) hervorbringend, verlocken freilich österreichische Verbände zum „Anschluss". Kollisionen mit Interessen sowie (Grund)Rechtspositionen von natürlichen Personen, Sportlern, und den Ansprüchen von Verbänden werden in Kauf genommen, wohl als „Kollateralschäden".

Strafen vorsehen."[693] Die beiden Autoren schränken weiters die Verbandsmöglichkeiten jedoch insofern ein, als „an die Ausgestaltung des Disziplinar- und Strafwesens der Vereine jedoch konkrete Anforderungen geknüpft sind, (dass nämlich) die Unterwerfung des Einzelnen unter eine solche Strafgewalt nur insoweit möglich sein soll, als der im Verein gemeinsam verfolgte Zweck dies erfordert. Zudem muss die Vereinsstrafe einen sachlichen Bezug zum Zweck und zur Ordnung des Vereins aufweisen. Darüber hinaus darf das Disziplinarrecht der jeweiligen Vereine nicht gegen zwingendes Recht und die guten Sitten gem § 879 ABGB verstoßen. Es muss unmissverständlich geregelt sein, dass die Verletzung einer bestimmten Verhaltenspflicht eine Sanktion nach sich zieht. Zudem muss für jedes Mitglied aus der Satzung erkennbar sein, welche Sanktionsmittel angedroht werden. Es muss eine gerichtliche Überprüfung der verhängten Strafen zulässig sein."[694] Bezug nehmend auf eine konkrete Praxis berichten *Grundei/Schefer* in der „Verbandsrechtsterminologie"[695] noch über eine „Unterwerfungsverpflichtung unter die gesamte Vereins- bzw Verbandsgewalt" und daraus erwachsend eine Sanktionsgewalt, aufgrund der Verbandsstrafen verhängt werden können, um schließlich festzustellen, dass hier aufgrund der „Entwicklung zu einem eigenen Berufs- und Wirtschaftszweig im Vergleich zu anderen Sportarten umfassende Regelungen und Zuständigkeiten für die sportinterne Streitbeilegung bestehen, sodass im Grunde von einem in sich geschlossenen „sport(art)internen Rechtsschutzsystem" gesprochen werden kann."[696] Die Entwicklung in mehr und mehr Sportarten geht freilich in die Richtung, dass das/ein „sport(art)internes" System zumeist die Interessen des kleinen Kollektivs im großen Kollektiv, also der Vereinsdominatoren gegenüber den natürlichen Personen als Verbandsuntertanen, schützt. Die Idee des „Rechtsschutzes" vor allem auch im Sinne des Schwächerenschutzes[697] verkehrt sich somit in ihr Gegenteil, hier liegt wohl „newspeak" im *Orwellschen* Sinne vor.

In seinem Anfang 2011 publizierten „Rechtsskriptum" mit dem Titel „Sportrecht" stellt *J. Reisinger* mit einer unbefangenen Selbstverständlichkeit

---

693 Tatsächlich ist die Tendenz in Richtung staatsähnliche bzw sogar -gleiche Strafgewalt von Verbänden gegenüber Verbandsuntertanen von allgemeinem Übel (vor allem da die produzierte „Untertanenmentalität" in diesem Teilbereich in die gesamte Gesellschaft ausstrahlt) und durch die österreichische Rechtsordnung zumindest nicht gedeckt.

694 Vgl dazu – dem Grunde nach zutreffend – *Jaufer*, Berufssport 95: Die Regeln von Sportverbänden müssen – um einer gerichtlichen Überprüfung standzuhalten – transparent, sachgerecht, nachvollziehbar, systemgerecht und verhältnismäßig sein. Darüber hinaus müssen sie einen effektiven Rechtsschutz gegen Verbandsentscheidungen vorsehen.

695 S ebenfalls *Mätzler*, Organisationsstrukturen 119 ff, 145 ff, 155ff, welcher vielfach deutsche Fachmeinungen zitiert, jedoch grundsätzlich die Position vertritt, dass die Regelwerke der Sportverbände keine anationale Rechtsordnung bilden können.

696 *Grundei/Schefer*, Streitbeilegung 56, 59 ff.

697 S dazu zB treffend *Süssmuth*, Grußwort in J. W. Pichler (Hrsg), Rechtsakzeptanz und Handlungsorientierung (1998) 13: „Das Programm von Rechtsgesellschaften, die sich in Rechtsstaatlichkeit organisiert haben, hat nach oben hin offen zu sein, zugleich aber keinesfalls das Unterschreiten von Mindeststandards – erst recht nicht gegenüber Schwächeren – zuzulassen."

das „selbst geschaffene Regelwerk des Sports (lex sportiva)"[698], im Weiteren auch „eigene Normen", „autonome Regeln", „eigene Rechtsordnung" (sic), „(Sport)Verbandsrecht", „autonom gesetztes Recht", dem „staatlichen Recht der einzelnen Staaten", also den „staatlichen Normen, welche sich auf den Sport beziehen oder diesen zum Gegenstand haben (lex extra sportiva) und auch zum Sportrecht gezählt" werden, gegenüber.[699] Der Autor geht also (ohne rechtsdogmatische und/oder -theoretische Begründungen) anscheinend von gleichrangigen Rechtsordnungen, der verbandlichen und der staatlichen, nebeneinander aus und meint: „Man spricht also von der ‚Zweispurigkeit' bzw (dem) ‚Zweisäulenmodell' des nationalen Sportrechts." Weiters schreibt *J. Reisinger*, dass „der Autonomiebereich der Sportverbände und -organisationen in den letzten Jahren immer weiter zurück gedrängt worden ist." Und deswegen, so *J. Reisinger*, „versuchen die Verbände und Organisationen allerdings, ihren Einflussbereich derart zu verstärken, dass praktisch für die meisten Vorgänge, die an sich von staatlichen Gerichten zu beurteilen wären, eine umfassende Schiedsgerichtsbarkeit vorgesehen ist."[700] Dieser Meinung kann nicht gefolgt werden, da gerade das „neue" VerG aus dem Jahr 2002 wesentliche Weichenstellungen geboten hat, damit die so genannte Macht der Verbände zunehmen kann, hervorzuheben ist die ersatzlose Streichung von § 20 iVm § 24 VerG 1951. Im Kern durften dieser Rechtslage zufolge von keinem Verein Beschlüsse gefasst oder Erlässe ausgefertigt werden, welche dem Strafgesetz zuwiderlaufen, oder wodurch nach Inhalt oder Form der Verein in einem Zweige der Gesetzgebung oder Exekutivgewalt sich eine Autorität anmaßt; und die zuständige Behörde war ermächtigt, einen Verein aufzulösen, wenn von ihm Beschlüsse gefasst oder Erlässe ausgefertigt werden, welche den vorangeführten Verboten zuwider liefen. Es ist offenkundig, dass verschieden ausgeprägte Formen der Anmaßung staatlicher Autorität seit 2002 (noch verstärkt) bei diversen Verbänden tendenziell festgestellt werden können. Verbände beanspruchen nicht nur eine Selbstverwaltungskompetenz auf der Grundlage der Vereinsautonomie, sondern wollen eigene Rechtsordnungen, in deren Zentrum Disziplinarbefugnisse samt Straffestsetzungs- und -vollziehungsgewalt gegenüber Mitgliedern und Nichtmitgliedern stehen. Und die der Verbandsmacht Unterworfenen, die Verbandsuntertanen, sollen derartige Fremdbestimmungen (durch Verbandsfunktionäre und -apparate) noch selbst „bezahlen", indem sich Verbände eine Gebührenfestsetzungsmacht in Richtung Privatsteuersystem anmaßen und praktizieren. Weiters hat die Vereinsgesetzgebung des Jahres 2002 dazu geführt, dass die Verbandsuntertanen in eine „sechsmonatige Schlichtungsphase" gezwungen werden (können), während der sie vornehmlich der faktischen Verbandsmacht ausgeliefert sind bzw überhaupt über die „Schiene" einer durch verbandliche Druckausübung gegenüber Sportlern „vereinbarten" Schiedsgerichtsbarkeit zugeführt werden. Verbandliche „Privatjustiz" gegenüber Sportlern kann also gepflogen werden.[701] IdS daher mit

---

698   S dazu *Fritzweiler/Pfister/Summerer*, Sportrecht[2] 6, 8 f.
699   *J. Reisinger*, Sportrecht (2011) 1, 13, 16, 20.
700   *J. Reisinger*, Sportrecht 1.
701   Sa IV.3.2.1.

J. Reisinger weiter, welcher auch die verbandliche „Sportgerichtsbarkeit" bzw deren Ergebnis, also die „Sportrechtsprechung", zum Sportrecht zählt, und meint, dass „auch der Sport grundrechtlichen Schutz genießt" (wobei unklar ist, wer aller bzw alles unter „den Sport" zu subsumieren ist), und dann die/eine „Verbandsstrafgewalt" (auch: „die im Verbandsbereich bestehende Strafbefugnis", „Verbandsstrafverfahren", „Ordnungs- und Strafgewalt der Vereine/Verbände", „Vereinsstrafgewalt", „Disziplinarrecht des Vereins" und Disziplinargewalt") der staatlichen Strafgewalt quasi gleichrangig gegenüberstellt.[702] Der Staatsbürger, der in einen derartigen Verein/Verband eintritt, ist demnach mit der „eigenen Unterwerfung", mit „Macht", „Gewalt", „Strafbefugnis" und „Disziplineinforderung" seitens des Verbandes konfrontiert. Es geht hierbei also nicht mehr bloß um die (im Gange befindliche) Anmaßung staatlicher Autorität (als anzustrebendes Ziel), hier wird staatsgleich agiert, allerdings ist der Normadressat des Verbandes nicht der/ein Staatsbürger (der zweiten Hälfte) des 20. bzw des begonnenen 21. Jahrhunderts, sondern ein „Untertäniger".[703]

Schließlich kann wohl als eine „hervorragende Vertreterin" der (Rechts)Macht der Verbände *Sommeregger* genannt werden. Auf den ersten Seiten ihrer Darstellung „Sportschiedsgerichtsbarkeit in Österreich" zeichnet sie eine „Fakten- und Rechtslage", indem sie – vereinfacht – „europäische Positionen" sowie deutsches Schrifttum mit der österreichischen Rechtslage und sportverbandlichen Tendenzen vermengt. Schon in der Einleitung meint sie, dass ihre „Arbeit der Erörterung der österreichischen Systeme zur außergerichtlichen Lösung sportrechtlicher Streitigkeiten, insbesondere der Möglichkeiten zur Rechtsdurchsetzung für Athleten, gewidmet ist und das Ergebnis der Untersuchungen zu einem Regelungsvorschlag für die Streitbeilegung im geplanten Berufssportgesetz führt." Gerade eine derartige Bestrebung ist jedoch äußerst kritisch zu sehen, denn es besteht die Gefahr, dass, wie *Reissner* zutreffend sieht, die Forderung nach einem „Sondergesetz", dem sog „Berufssportgesetz", das Arbeitsrecht im Sportbereich zurückdrängen bzw ganz ausschalten soll,[704] mit dem möglichen Effekt, dass die Sportler als Dienstnehmer gerade aus diesem speziellen Schutzbereich ausgegliedert werden (sollen), in ein – wie immer auch geartetes – Verbandsuntertanenverhältnis. *Sommeregger* zufolge „besteht (weiters) eine besondere Herausforderung in dem Umstand, dass der traditionell von staatlichem Recht weitgehend unabhängige Sport zahlreiche faktische und regulatorische Besonderheiten aufweist, sodass prozessrechtliche Regelungen und Erkenntnisse aus anderen Gebieten nicht ohne weiteres übernommen werden können."[705] Der österreichischen Rechtsordnung ist jedoch keine,

---

702 *J. Reisinger*, Sportrecht 3, 6, 14, 26 f; Der Autor gebraucht den Terminus „Verbandsrecht" weiterhin, s zB *J. Reisinger*, RdA 2011, 114, sowie *J. Reisinger*, Positives und Mängel im Kollektivvertrag der Österreichischen Fussball-Bundesliga, CaS 2011, 168.

703 S dazu unter 2. (rechts)soziologischer Exkurs, 2. mehr.

704 *Reissner*, Hobbysportler 18.

705 *Sommeregger*, Außergerichtliche Streitbeilegung im Skisport in Nunner-Krautgasser/Reissner (Hrsg), Schlichtung und Schiedsgerichtsbarkeit im Sport (2011) 34: Wie in vielen internationalen Sportorganisationen zeigt sich auch

und schon gar keine „traditionelle" Unabhängigkeit „des Sports" – wer ist in diesem Zusammenhang „der Sport"? – zu entnehmen. Mit „anderen Gebieten" ist wohl die österreichische Rechtsordnung gemeint, welche jedoch durch das Rechtsstaatskonzept samt staatlichem Gewaltmonopol und staatlicher Jurisdiktion geprägt ist. *Sommeregger* meint, dass „einerseits die staatlichen Gerichte aufgrund der speziellen Gegebenheiten im Berufssport[706] und des enorm großen Querschnitts der Materie nicht die beste Lösung hinsichtlich einer sachgerechten und effizienten Streitbeilegung darstellen, (und) andererseits die Anrufung der einschlägigen internationalen Instanzen in vielen Fällen unverhältnismäßig großen (Zeit)Aufwand für Athleten nationaler Wettkampfklassen bedeuten würde, (und) sich (daher) die Frage nach geeigneten nationalen Einrichtungen stellt." Und deshalb schlägt *Sommeregger* vor, den Blick über die österreichischen Grenzen nach Deutschland zu richten, wo „mit dem Sportschiedsgericht der Deutschen Institution für Schiedsgerichtsbarkeit, welches mit 01.01.2008 seine Arbeit aufgenommen hat, nunmehr für Deutschland eine solche Einrichtung besteht, wie sie (von *Sommeregger* in Entsprechung) zur Ergänzung des Streitbeilegungssystems im österreichischen Sport vorgeschlagen wird."[707]

Im Weiteren breitet *Sommeregger* ein „spezifisches System" aus: als „Überbegriff" fungieren die „Besonderheiten der Materie Sport", abgeleitet aus der „gesellschaftlichen Bedeutung des Sports", um dann zur „Autonomie des Sports und dem staatlichen Recht" zu gelangen, woraus dann „die Autonomie des Sports und das Recht auf interne Streitbeilegung" folgen sollen. *Sommeregger* rekurriert auf den Helsinki-Bericht der *Europäischen Kommission* aus 1999.[708] In diesem Bericht ist unter anderem die Rede von der sozialen und erzieherischen[709] Funktion des Sports und von dessen

---

706 an den detaillierten Regelungswerken und in insbesondere den ständig eingerichteten Streitbeilegungs- und Disziplinarinstanzen des Skisports deutlich ein Streben nach Unabhängigkeit von staatlichen Rechts(schutz)systemen. Vgl dazu auch *Jaufer*, Recht 49 f, welche die sportliche Betätigung aus rechtlicher Sicht auf den „zwei Säulen", nämlich der staatlichen Rechtsordnung und dem verbandsrechtlichen Regelwerk (Verbandsrecht), aufgebaut sieht. In weiterer Folge stellt die Autorin die vereins (bzw verbands)internen Schlichtungsinstanzen und die staatliche Gerichtsbarkeit als – wortwörtlich – „beide Gerichtsbarkeiten" gegenüber, und lässt Verständnis dafür erkennen, dass der Sport „seine" (Anm: Anführungszeichen durch die Autorin) Streitigkeiten intern endgültig lösen und den Einfluss der staatlichen Gerichtsbarkeit gering halten will. *Jaufer* erkennt die Problematik wohl, wenn sie dazu meint: „Insbesondere aus Rechtsschutzüberlegungen lässt sich diese jedoch nicht gänzlich ausschließen."

706 S dazu krit *Trost*, „Verkauft" 130 f, welche „eine Etablierung des Handels mit Arbeitnehmern" in bestimmten Sportbereichen und damit verbunden das Gegebensein von Sittenwidrigkeit konstatiert.

707 *Sommeregger*, Sportschiedsgerichtsbarkeit in Österreich (2009) 13 f.

708 *Kommission der Europäischen Gemeinschaften*, Bericht an den europäischen Rat im Hinblick auf die Erhaltung der derzeitigen Sportstrukturen und die Wahrung der sozialen Funktion des Sports im Gemeinschaftsrahmen, Helsinki-Bericht zum Sport, KOM (1999) 644 endg. (im Weiteren: Helsinki-Bericht).

709 Zur (möglichen) „erzieherischen Dimension" des „Sports" bzw durch „Sportverbände" folgen weiter unten Ausführungen, einerseits im „Sonderexkurs: Aspekte der Befassung mit Sport auf EU-Ebene" und andererseits unter IV.3.3.2.3., Schon an dieser Stelle sei die Frage aufgeworfen: Soll/Kann „der

wirtschaftlicher Bedeutung – der Sportsektor unterliegt, was die Wirtschaftstätigkeit, die er mit sich bringt, anbelangt, ebenso den Regelungen des EG-Vertrags wie alle anderen Wirtschaftssektoren. Der Begriff der „Besonderheit des Sports" kommt im Bericht genau zweimal vor, einmal heißt es: „Bei der Anwendung der Wettbewerbsvorschriften des Vertrags auf den Sport müssen dessen Besonderheiten berücksichtigt werden, vor allem die Wechselbeziehung zwischen sportlicher und wirtschaftlicher Tätigkeit, der Grundsatz der Chancengleichheit und die Ungewissheit der Ergebnisse." Das andere Mal ist davon im Zusammenhang mit der „klaren Absteckung des Rechtsrahmens für den Sport" die Rede, die Verbände (mit praktischer Monopolstellung) haben ihre Mandate und Satzungen zu präzisieren, sollen eine bestimmte Aufgaben übernehmen, wie zB die Förderung des Amateur- und Profisports, soziale und integrative Aufgaben (Jugendliche, Behinderte usw), und dann heißt es konkret „unkonkret": „Bei Tätigkeiten mit wirtschaftlicher Dimension müssen die Grundsätze der Transparenz und des ausgewogenen Marktzugangs, der effizienten und nachweislichen Umverteilung und der Klärung der Verträge angewandt werden, so dass die ‚Besonderheit des Sports' zum Ausdruck kommt."[710] Wohl ob dieses „vagen" Inhalts der „Besonderheit des Sports"[711] kommt *Sommeregger* zum Schluss: „Es ist sehr schwierig, diese Besonderheit des Sports, seine Vielfältigkeit und umfassende Präsenz in Worte zu fassen oder zu definieren, dennoch kommt ihm offensichtlich eine nicht zu unterschätzende gesellschaftliche Funktion zu, die auch die Organe der Europäischen Union anerkennen."[712] Als wichtiges Ergebnis verweist *Sommeregger* auf die Schlussfolgerung im Helsinki-Bericht, der zufolge „Integrität und Autonomie des Sports bewahrt werden müssen." Insgesamt wird im Bericht viermal von „Autonomie" gesprochen, neben der schon angeführten „Integrität und Autonomie des Sports" noch von „Identität und Autonomie des Sports" sowie von der „Autonomie der Sportverbände" und erweitert von der „Autonomie der Sportverbände und des Vertrags."[713] Im Ergebnis bleibt also die „Autonomie des Sports" auf dem bisherigen Informationsstand (also wie von *Sommeregger* referiert) ähnlich inhaltsleer und damit beliebig (somit leerformelhaft[714]) wie die „Besonderheit des Sports".[715] Aus dem

---

Sport" zu einer „Schule der (Europäischen) Nation" werden? – Hier scheint allerhöchste Skepsis angebracht.

710 *Kommission*, Helsinki-Bericht 3 ff, 6, 8, 10.

711 Von „Besonderheiten" (bzw Auffälligkeiten) ist es dann auch nicht mehr weit zu ähnlich gefälligen „Leerformeln", wie zB „natürlichen Aufgaben"; s dazu *Majcen*, Nominierungsanspruch zur Teilnahme an der Europameisterschaft, ZVR 2004/89, unter Bezugnahme auf den EuGH: „Es ist die natürliche Aufgabe der Sportverbände, geeignete Regeln aufzustellen und Auswahlverfahren in Anwendung dieser Regeln zu treffen." S zum Begriff der „Leerformel": *Topitsch*, Über Leerformeln. Zur Pragmatik des Sprachgebrauchs in Philosophie und politischer Theorie in Topitsch (Hrsg), FS Kraft (1960) 233 ff.

712 *Sommeregger*, Sportschiedsgerichtsbarkeit 15.

713 *Kommission*, Helsinki-Bericht 6, 8 f, 11.

714 S einmal mehr *Topitsch*, Über Leerformeln 233 ff.

715 Im gegebenen Zusammenhang interessiert freilich, inwieweit die/eine „Besonderheit des Sports" allenfalls ein Verbandssystem mit den Merkmalen Rechtsetzungskompetenz, Verbandsrecht, Strafgewalt und nahezu vollständig

Helsinki-Bericht kann daher vorrangig eine „europäische" Beschäftigung mit Kollektiven, deren Interessen und möglichen (Rechts)Stellungen, also den Sportverbänden, welche insgesamt vermutlich als „der Sport" zu verstehen sind, nicht aber mit der Rechtsstellung und den Interessen der natürlichen Personen (der „Staats- und Unionsbürger"?) herausgelesen werden. *Sommeregger* geht nun über zur „Autonomie des Sports und dem staatlichen Recht" und zitiert aus der Antwort des *Rats* auf den Helsinki-Bericht, die sog Erklärung von Nizza; darin heißt es unter anderem zur „Rolle der Sportverbände", dass „der *Europäische Rat* sein Eintreten für die Autonomie der Sportorganisationen und ihr Recht auf Selbstorganisation durch Schaffung geeigneter Verbandsstrukturen betont. Er erkennt an, dass die Sportorganisationen die Aufgabe haben, über Organisation und Weiterentwicklung ihrer jeweiligen Sportart, insbesondere in Fragen des sportlichen Regelwerks und der Bildung von Nationalmannschaften, so zu entscheiden, wie sie es zur Erreichung ihrer Ziele für richtig halten, soweit sie dabei einzelstaatliches und Gemeinschaftsrecht beachten und auf der Basis von Demokratie und Transparenz arbeiten."[716] Bloß der erste Teil des Zitats könnte eine (unbestimmte) Art „Freibrief" für eine (eher weiter gehende) „Autonomie" von Sportverbänden verheißen, im Folgenden wird jedoch klar gestellt, dass sich auch Sportverbände an die Rechtsordnungen der Mitgliedsstaaten der EU sowie an das Gemeinschaftsrecht zu halten haben. Bei der (wie auch immer ausgestalteten) Autonomie handelt es sich keinesfalls um eine „unbedingte", sondern der intermediäre Akteur Sportverband hat die Rechtsordnung des Staates (und damit insbesondere die Schutzstati für natürliche Personen, vor allem der Staatsbürger) einzuhalten. *Sommeregger* jedoch kommt nun zu einer nuanciert anderen Schlussfolgerung, indem sie meint: „Die oft zitierte Autonomie des Sports kommt also in der Freiheit der Sportverbände zum Ausdruck die eigenen Belange eigenverantwortlich zu regeln. Dies würde gleichzeitig bedeuten, dass diese sportlichen Angelegenheiten nicht durch staatliches Recht geregelt werden." Dies gibt jedoch weder der zitierte Text her, noch lässt es die österreichische Rechtsordnung zu. *Sommeregger* geht offenbar implizit davon aus, dass die „eigenverantwortliche verbandliche Regelung" qua „Verbandsrecht" (dem staatlichen gegenüber gestellt) erfolgt, hält sich jedoch „noch eine (Interpretations)Türe offen, indem sie die/eine Nicht- (bzw eigentlich unzulässige) Regelung sportlicher Verhältnisse durch den Staat lediglich im Konjunktiv formuliert. Durchaus zu-

---

fremdbestimmten Verbandsuntertanen in einem verbandlichen Gewaltverhältnis begründen und rechtfertigen oder aber unzulässig sein lässt. S dazu unten sowohl den Sonderexkurs als auch den 3. (rechts)soziologischen Exkurs.

716 Die Antwort des Rates auf den Helsinki-Bericht erfolgte in der Erklärung des Rates von Nizza 2000: *Europäischer Rat*, Erklärung über die im Rahmen gemeinsamer Politiken zu berücksichtigenden besonderen Merkmale des Sports und seine gesellschaftliche Funktion in Europa *("Nice Declaration")*. S idS zB *Heermann*, Verbandsautonomie versus Kartellrecht, causa sport 2006, 353: Auch der Europäische Rat hat in der Erklärung von Nizza deutlich gemacht, dass er die Unabhängigkeit der Sportverbände unterstütze und ihr Recht anerkenne, sich selbst zu organisieren. Nach Auffassung des Rats ist es die Aufgabe der Sportverbände, ihre Sportart zu organisieren und zu fördern, insbesondere durch den Erlass von spezifischen Sportregeln.

treffend führt sie weiter aus, dass „sich rechtspolitisch und -philosophisch heute die schwierige Frage stellt, wie viel Regelung durch staatliches Recht wünschenswert oder nötig ist."[717] Abgesehen davon, dass diese Frage jederzeit gestellt werden kann (bzw wurde sowie werden wird),[718] wird die „Sportverbands(rechts)bewegung" vor allem in denjenigen „Theoriekreisen" eine (gewissermaßen „symbiotische") Bestätigung finden, welche davon ausgehen, dass ab einer gewissen Faktizität von organisierter (Verbands)Macht, verbunden mit innerverbandlicher Normierung sowie mitunter Normierungssteuerung im staatlichen Bereich zB qua Lobbying, ohnehin von „privater Rechtsetzung" gesprochen werden muss; hierbei handelt es sich um die/eine „Allrechtslehre", eine „modernere" Ausprägung der Formel „ubi societas, ibi jus."[719]

Einmal mehr führt *Sommeregger* eine Passage aus dem Helsinki-Bericht an: „Der Sport müsse in der Lage sein, den neuen wirtschaftlichen Interessen Rechnung zu tragen, ohne dabei seine Identität und Autonomie und somit seine besondere gesellschaftliche, kulturelle, gesundheitsfördernde und erzieherische Aufgabe zu verlieren,"[720] und hält dies für „eine sehr sachgerechte Forderung, gleichzeitig aber auch eine große Herausforderung für die Rechtssysteme der Europäischen Union und der Mitgliedstaaten: Während der angesprochene erhöhte Regelungsbedarf einerseits dazu verleiten kann, die neuen sportrechtlichen Fragestellungen umfassend durch staatliche Rechtsetzung lösen zu wollen, sollte andererseits im Hinblick auf die traditionelle, charakteristische Autonomie des Sports wohl eine völlige Verrechtlichung des Sports vermieden werden. Dementsprechend sind einerseits klare rechtliche Rahmenbedingungen gefragt, die dem Sport jedoch andererseits genügend Raum für seine eigendynamische Entwicklung und autonomen Regelungsmechanismus lassen."[721] Hier begegnet wieder das bekannte Schema: nicht durch „staatliche Rechtsetzung" sollen die „sportrechtlichen Fragestellungen" gelöst werden, sondern offenbar durch „Verbandsrechtsetzung", eine derartige „Tradition" gibt es in der österreichischen Rechtsordnung jedoch nicht, eine idS „charakteristische Autonomie des Sports" ebenso wenig.

---

717 *Sommeregger*, Sportschiedsgerichtsbarkeit 17.
718 Vgl dazu zB *Dimmel*, (Post)Neoliberale Rechtsordnung, juridikum 2011, 43, 4; dazu sei angemerkt, dass Verbände diverse neoliberale Rahmenbedingungen nutzen, und, sie okkupieren einerseits die vom zurückgedrängten Staat freigewordenen Räume bzw fusionieren andererseits mit demselben teilweise, so zB auch *Frankenberg*, Staatstechnik. Perspektiven auf Rechtsstaat und Ausnahmezustand (2010) 19, der die auf der Grundlage einer Analogie von Markt und Staat konzipierten neuen Steuerungs- und Selbststeuerungsmodelle beschreibt.
719 *Fischer-Lescano*, Die Emergenz der Globalverfassung, ZaöRV 2003, 748, 755, zB erkennt „kommunikative Systeme des Weltrechts, in denen private governance regimes (Anm: zB „lex sportiva") und heterarchische public governance regimes je eigene strukturelle Kopplungen – Rechtsverfassungen also – ausbilden können"; und so der Autor weiter „treten Zivilgesellschaft, Staatenpraxis, staatliche Legislation und nicht-, zwischen- und überstaatliche Institutionen mit dem Anspruch auf, entweder neues Recht zu setzen oder altes zu bestätigen." S zur Tendenz, „Sportregeln" als Erscheinungen der Zivilgesellschaft zu deuten, insbesondere VI.1.
720 *Kommission*, Helsinki-Bericht 6.
721 *Sommeregger*, Sportschiedsgerichtsbarkeit 17 f.

Die Sorge, dass „dem Sport" eine „völlige Verrechtlichung" durch den Staat drohen könnte, ist vollkommen unbegründet, vielmehr besorgen das die Sportverbände schon selbst, indem sie dem staatlichen Recht nachgebildete „Verbandsrechtsordnungen" setzen, welche aus den Normadressaten Verbandsuntertanen machen, deren Status als „Staatsbürger" samt damit verbundener Rechtsposition zumindest für den Lebensbereich (wettkampforientierte bzw bestreitende) Sportausübung zumindest in Frage gestellt ist. Gilt schon für den Staat, dass das Recht metastasiert[722], so „verschonen" auch die Sportverbände ihre vorrangigen Normadressaten, die Sportler, nicht vor „Normen- bzw Regelfluten".[723] Ganz im Gegenteil. Die Herrschaftstechnik, umfangreiche und immer detailliertere Normen zu produzieren und diese laufend zu ändern, sodass die „Normunterworfenen" eine Form von „Ohnmacht" und damit totaler Unterworfenheit internalisieren (es gilt eine besondere Botmäßigkeit zu entwickeln, da zB ein Sportler so gut wie jederzeit möglicherweise gegen irgend welche verbandlichen Bestimmungen verstößt), wird verbandlich angewendet.

Im nächsten Unterkapitel, nämlich „die Autonomie des Sports und das Recht auf interne Streitbeilegung", versucht *Sommeregger* eine Verortung der Selbstgesetzgebung des Sports (also der Autonomie bzw des Rechts darauf) in der österreichischen Rechtsordnung. Sie meint: „Da es in der österreichischen Rechtsordnung weder eine spezielle verfassungsrechtliche noch eine einfachgesetzliche Grundlage für die Autonomie des Sports gibt, wird sie mit der grundrechtlich gewährleisteten Versammlungs- und Vereinigungsfreiheit begründet. Diese wird durch Art 12 StGG sowie Art 11 Abs 1 EMRK statuiert." Dem ist ua zutreffender Weise *Bric* entgegenzuhalten, der für die österreichische Rechtslage ausführt, dass „aus der Verfassung ein Anhaltspunkt für eine rechtliche Privilegierung der Vereinstätigkeiten gegenüber dem Handeln von individuellen Einzelpersonen nicht erkennbar ist. Ein umfassender grundrechtlicher Schutz jeglicher Tätigkeiten in Vereinsform wäre im Sinn des Gleichheitssatzes auch sachlich nicht gerechtfertigt. Vereine sind daher den für jedermann geltenden allgemeinen Gesetzen gleichermaßen unterworfen wie Einzelpersonen." Und weiter führt *Bric* aus, dass „sich der Schutz der verfassungsgesetzlichen Regelungen zur Vereinsfreiheit nicht nur auf die Außenseite, sondern auch auf die Innenseite von Vereinen bezieht, welche unter der Garantie der organisatorischen Autonomie („Verbandsautonomie") steht. Er beurteilt die Verbandsautonomie als eine neben die allgemeine Privatautonomie

---

722 S *Thomasser*, Der Homo occupatus als (ideales) Herrschaftsobjekt in Brünner/ Hauser/Hitzler/Kurz/Pöllinger/Reininghaus/Thomasser/Tichy/Wilhelmer (Hrsg), FS Prisching II (2010) 934.

723 Für den „privaten Bereich", nämlich konkret Allgemeine Geschäftsbedingungen (die verbandliche Normenordnung ist für natürliche Personen/Nichtverbandsmitglieder jedenfalls als solche zu bewerten), und zum geltenden Recht hält *Mayrhofer*, JBl 1993, 174, fest: Ein anderes immanentes Übel ist die auf diese Weise hervorgerufene Flut von Regeln: Wenn auch die meisten Geschäftsbedingungen nicht objektives Recht sind, sollte den Geschäftspartnern des Verwenders schon im eigenen Interesse daran gelegen sein, Kenntnis über den Inhalt zu erlangen. Zu der Zahl der Regeln, die jeder kennen soll, weil sie geltendes Recht sind, gesellen sich also noch die vielfältigen Geschäftsbedingungen.

tretende eigenständige Rechtserscheinung,[724] wenngleich zwischen beiden Autonomien ein enger Zusammenhang besteht; die allgemeinen verfassungsrechtlichen Grundlagen für das Privatrecht und dessen Normsetzungsbefugnis (die Privatautonomie) sind daher zur Bestimmung des Umfanges der Verbandsautonomie mit heranzuziehen. Der verfassungsrechtlich geschützten Institution des Vereins ist die autonome Bildung eines kollektiven Willens wesensmäßig immanent. Der institutionelle Kern dieser Autonomie ist die Selbstbestimmung der Mitglieder des Vereins über ihre eigenen (entscheidungsbefugten und vertretungsbefugten) Organe. Die Autonomie ist auf die Mitgliederversammlung als das oberste Organ des Vereins konzentriert."[725] Daraus erhellt unmissverständlich, dass gem der österreichischen Rechtsordnung allenfalls ein einzelner Verein/Verband Träger des Grundrechts der Vereinigungsfreiheit ist bzw sein kann[726], aber für die/eine „Wesenheit" wie „den Sport" keine derartige verfassungsrechtliche Grundlage gegeben ist, um so weniger ist für „den Sport" gem österreichischer Rechtsordnung eine „(traditionelle) Autonomie" im *Sommereggerschen* Sinn gegeben. Dennoch führt *Sommeregger* unter Zitierung von *Brändle/Schnetzer*[727] an: „Das Grundrecht auf Vereinsfreiheit beinhaltet, wie *Brändle* zusammenfasst, das Recht auf Bildung von Vereinen, das Recht auf Fortbestand eines Vereins und das Recht auf freie Mitgliedschaft zu Vereinen, muss jedoch seine Grenzen in der gesellschaftlichen Ordnung und der Unterwerfung der Mitglieder unter die Regelungen der Vereinssatzung finden."[728] Den mE wichtigen, folgenden Einleitungssatz bei *Brändle/Schnetzer* gibt *Sommeregger* nicht wieder: „Die Vereinsfreiheit kann aber keine absolute Freiheit sein, da sie ihre Grenze in der gesellschaftlichen Ordnung und in der Unterwerfung der Mitglieder unter die Verhaltensnormen der Vereinssatzung findet."[729] Eine (mögliche) Absolutsetzung der „Autonomie des Sports" kann daher auch mit *Brändle/Schnetzer* nicht begründet werden.[730] In weiterer Folge wendet sich *Sommeregger* deutschen Autoren zu, zuerst *Fritzweiler/Pfister/ Summerer*,[731] die das Recht zur eigenen Rechtsetzung von Sportvereinen etc betonen. *Sommeregger* zieht daraus folgenden Schluss: „Mit der Durchsetzung des selbstgesetzten Vereinsrechts ist offensichtlich die vereins- beziehungsweise verbandsinterne Beilegung von Streitigkeiten über Rechte und Ansprüche aufgrund ebendieser internen Rechtsordnungen angesprochen." Und auch der zweite von *Sommeregger* noch herangezogene, deutsche Autor erweist sich offenbar als ein Vertreter einer weitgehenden, möglichst staatsunabhängigen Verbandsautonomie samt entsprechenden „Kompetenzen", weshalb dann *Sommeregger* diese

724 AA *Krejci/S. Bydlinski/Weber-Schallauer*, Vereinsgesetz² § 3 Rz 8, welche festhalten, dass die „Satzungsautonomie" allerdings lediglich eine Facette der allgemeinen Privatautonomie ist.
725 *Bric*, Vereinsfreiheit 18, 30 f.
726 Vgl zB VfSlg 2568/1953, 9366/1982.
727 *Brändle/Schnetzer*, Das österreichische Vereinsrecht³ (2002).
728 So *Sommeregger*, Sportschiedsgerichtsbarkeit 18 FN 18.
729 *Brändle/Schnetzer*, Vereinsrecht³ 39.
730 Ebensowenig mit *Brändle/Rein*, Vereinsrecht⁴ 51.
731 *Sommeregger*, Sportschiedsgerichtsbarkeit 18, zitiert *Fritzweiler/Pfister/ Summerer*, Praxishandbuch Sportrecht (1998).

beiden deutschen Positionen als in Übereinstimmung mit *Brändle/ Schnetzer* werten will, „da die von ihm (Anm: *Fritzweiler*, da *Sommeregger* von den drei Autoren *Fritzweiler/Pfister/Summerer* nur den ersten anführt) dargestellten Grenzen für die vereinsinterne Streitbeilegung wohl als genauere Definition jener von *Brändle* angesprochenen ‚Grenzen in der gesellschaftlichen Ordnung' verstanden werden können. Insofern sind mE die gerade dargestellten Argumente gleichermaßen für die österreichische Rechtslage zutreffend. Im Ergebnis lässt sich daher das Recht auf vereinsinterne Streitbeilegung aus dem Grundrecht der Vereins- und Versammlungsfreiheit ableiten, muss jedoch einer gerichtlichen Überprüfung im Hinblick auf kollidierende, in der allgemeinen Rechtsordnung[732] begründete Interessen offenstehen – dies jedenfalls soweit die Kompetenz zur Konfliktlösung ausschließlich in der Sport- und Vereinsautonomie gründet." In dieser Tendenz geht es bei *Sommeregger* weiter, sie empfiehlt in ihrer Zusammenfassung unter anderem möglichst die Einrichtung von Schiedsgerichten, da „effektiver Rechtsschutz für die Betroffenen nur durch zeitlich und örtlich möglichst ‚nahe' Streitbeilegung gewährt werden kann", und dies „durch Schiedsgerichte wesentlich besser als durch staatliche Gerichte möglich ist"; überdies befürwortet sie die „Strafgewalt" resultierend aus dem Disziplinarwesen der Verbände als die „Ausübung eines Gestaltungsrechts im Rahmen des privatrechtlichen Vereinsverhältnisses." Schließlich plädiert sie für ein Berufssportgesetz, welches insbesondere die Schutzbestimmung § 9 ASGG für Arbeitnehmer (Berufssportler) außer Kraft setzen soll, und meint „im Hinblick auf das noch bestehende Verbesserungspotential der sportrechtlichen Streitbeilegung in Österreich die Einrichtung eines institutionellen nationalen Sportschiedsgerichts als Rechtsmittelinstanz für Sportstreitigkeiten" als „erstrebenswert" erkennen zu können.[733] Es ist zu befürchten bwz anzunehmen, dass eine derartige Entwicklung dazu führt, dass vereinsbeitretende Staatsbürger zu „Verbandsuntertanen" in einem „verbandlichen Gewaltverhältnis" werden.

Wie ersichtlich, wird von Vertretern der/einer „Verbandsrechtsposition" – in welcher Intensität und mit welchen (Rechts)Folgen auch immer – auf einschlägige Positionen auf EU-Ebene Bezug genommen. Nach der punktuellen Beschäftigung mit dem Helsinki-Bericht aus 1999 und der Erklärung von Nizza aus 2000 seien nun schwerpunktartig das Weißbuch der Kommission aus 2007 sowie die Kommissionsmitteilung „Entwicklung der europäischen Dimension des Sports" samt der Begleitunterlage (Folgenabschätzung) dazu vom 18.01.2011 dahingehend kritisch gesichtet, ob daraus eine Argumentationsbasis gewonnen werden kann, dass Sportverbände im Mitgliedstaat Österreich auf Basis der österreichischen Rechtsordnung Verbandsrecht setzen und allenfalls ein verbandliches Gewaltverhältnis samt Verbandsuntertanen errichten können.

---

732 Sa *Kocholl*, Geistiges Eigentum am Wesensmerkmal des Sports – seinen Regeln, CaS 2008, 150, welcher unter Bezugnahme auf *Fritzweiler/Pfister/ Summerer*, Sportrecht[2] 6 ff, (sogar) meint, dass „das Sportverbandswesen neben der Katohlischen Kirche heute sicherlich das markanteste Beispiel einer weltweiten Organisation mit einer komplexen, eigenständigen ‚Rechtsordnung' sei."

733 *Sommeregger*, Sportschiedsgerichtsbarkeit 151 ff.

Sonderexkurs: Aspekte der Befassung mit Sport auf EU-Ebene

Das Weißbuch Sport der *Kommission* aus 2007[734] besteht aus den drei großen thematischen Kapiteln „gesellschaftliche Rolle des Sports", „wirtschaftliche Dimension des Sports" und „Organisation des Sports"; vor allem enthält es auch eine Beschreibung der „Besonderheit des Sports" und der Anwendung des EU-Binnenmarkts- und -Wettbewerbsrechts auf „den Sport"[735].

Bei eingehender Beschäftigung mit dem Weißbuch käme man, wenn es zu beurteilen gälte, wessen Interessen, die der Sportverbände oder die der Sportler, darin im Vordergrund stehen, wohl unweigerlich zum Schluss, dass die ersteren selbst nicht besser hätten die Feder führen können. So fällt zB auf, dass vom „Schutz moralischer und materieller Interessen von Sportlerinnen und Sportlern" im gesamten, 232 Seiten umfassenden, Bericht lediglich zweimal die Rede ist[736]; dagegen wird die „Besonderheit"[737] iZm Sport ca 40mal angeführt, wobei „das Besondere" im Wesentlichen offenbar die Interessen von Sportverbänden sind (Näheres dazu gleich).[738] Als weitere, äußerst bemerkenswerte „Agenda" ist diejenige zu erkennen, dass im Bericht ca 50 Mal von „Erziehung durch Sport" gesprochen wird, und zwar im engeren Sinn dahingehend, dass die EU offenbar gemeinsam mit Sportverbänden ein Erziehungsmandat als gegeben sieht bzw beansprucht, die Staatsbürger der Mitgliedschaften im Wege über den Sport in eine bestimmte Richtung „mündig werden zu lassen".[739]

---

734 *Kommission*, Weißbuch Sport KOM (2007) 391 endg; im Folgenden wird die elektronische Form des Weißbuches, abrufbar unter <eur-lex.europa.eu>, zitiert, welche insgesamt 232 durchnummerierte Seiten aufweist. Ausgedruckt, also in Papierform, sind zusätzlich zum (eigentlichen) Weißbuch noch vier weitere Arbeitsdokumente (Begleitdokumente) mit jeweils neu beginnender Paginierung vorhanden, welche hier nicht gesondert ausgewiesen werden. Sa *Flick*, Die meritorische Berechtigung des Sachverständigen aus dem Bereich Sport im schiedsgerichtlichen Verfahren, CaS 2011, 294; sowie *Stein*, Das Weißbuch der EU-Kommission zum Sport, SpuRt 2008, 46.

735 Dem Dokument liegt ein oder weites Verständnis des Begriffs „Sport" zugrunde: Aus Gründen der Klarheit und Einfachheit wird in diesem Weißbuch die Definition des Europarates für „Sport" verwendet: „jegliche Form körperlicher Ertüchtigung, die innerhalb oder außerhalb von Vereinen betrieben wird, um die körperliche und seelische Verfassung zu verbessern, zwischenmenschliche Beziehungen zu entwickeln oder ergebnisorientierte Wettkämpfe auf allen Ebenen zu bestreiten," so *Kommission*, Weißbuch 8 FN 2.

736 *Kommission*, Weißbuch 169, 190.

737 Vgl dazu zB die Meinung von *Brost*, Die „Besonderheit des Sports" im neuen Artikel 165 des Lissabonner Vertrages, SpuRt 2010, 178, 180 ff, welcher iZm der „Besonderheit" oftmals „den Sport" anführt, damit aber wohl die Interessen von (Spitzenfunktionären von) Sportverbänden meint, sa unten den 3. (rechts)soziologischen Exkurs.

738 S dazu zB *Muresan*, Das „Weissbuch Sport" der Kommission der Europäischen Gemeinschaften, CaS 2007, 287, welcher wohl „die Sicht der auf ihre Autonomie bedachten Sportverbände" vertritt und (sogar) von der/einer „Autonomie des Sportsektors" in Abrenzung zum Anwendungsbereich des Gemeinschaftsrechts spricht.

739 Vgl zB Be (EP/ER) 2003/291/EG, ABl 2003 L 43/1, womit das Jahr 2004 zum „Europäischen Jahr der Erziehung durch Sport" erklärt wird (Art 1 leg cit). In dessen ErwGr 1 bis 4 wird weiters festgehalten, dass zu den Zielen der EG

Es erscheint dringend geboten, diesem Umstand umfassend mit kritischer Vorsicht zu begegnen, vor allem dann, wenn in Sportverbänden Normenordnungen und faktisches Handeln auszumachen sind, welche für natürliche Personen, vorrangig Sportler, den Weg in die/eine Verbandsuntertanenschaft weisen (können).

Zu begrüßen ist, wenn die *Kommission* nicht ein so genanntes „europäisches Sportmodell" fördern will, sondern bestimmte Werte und Traditionen des europäischen Sports, weil sie erkannt hat, dass es angesichts der Vielfalt und Komplexität der europäischen Sportstrukturen unrealistisch ist zu versuchen, ein einheitliches Modell für die Organisation des Sports in Europa festzulegen. Wichtig erscheint ebenfalls deren folgende Positionierung: „Das Auftreten neuer Akteure (Aktive außerhalb der organisierten Sportarten, professionelle Sportvereine usw) wirft neue Fragen hinsichtlich Governance, Demokratie und Interessenvertretung in der Sportbewegung auf. Die *Kommission* kann dazu beitragen, den Austausch bewährter Governance-Verfahren im Sport anzuregen. Sie kann dabei helfen, einige gemeinsame Grundsätze für gutes sportpolitisches Handeln zu entwickeln, wie Transparenz, Demokratie, Rechenschaftspflicht und Vertretung der Akteure (Vereine, Verbände, Spieler, Clubs, Ligen, Fans usw)." Allein daraus kann schon abgeleitet werden, dass eine allenfalls geforderte, bedingungslose Unterwerfung von natürlichen Personen (Sportlern) unter verbandliche Normenordnungen keine Deckung durch das Weißbuch Sport findet. Die *Kommission* erkennt (ausdrücklich) die Autonomie der Sportorganisationen (Anm: ohne jene näher zu definieren) und der repräsentativen Strukturen (wie Ligen) an und räumt ein, dass Governance hauptsächlich Sache der sportpolitischen Gremien und bis zu einem bestimmten Grad der Mitgliedstaaten und der Sozialpartner ist. Im Dialog mit den Sportorganisationen sind der *Kommission* jedoch einige Bereiche „ans Herz gelegt" worden (so die wortwörtliche Diktion; offen bleibt, von wem). Die *Kommission* ist (daher) der Meinung, dass die meisten Herausforderungen durch Selbstregulierung unter Einhaltung von Grundsätzen der Good Governance und der EU-Rechtsvorschriften bewältigt werden können, und ist bereit, gegebenenfalls eine Vermittlerrolle zu übernehmen oder (bestimmte) Maßnahmen zu treffen.

---

die Förderung einer qualitativ hoch stehenden Bildung zählt; die erzieherischen Werte des Sports wurden (bereits) anerkannt, ebenso wie die Rolle, die dem Sport bei der Identitätsfindung der Menschen zukommt. Desgleichen wird anerkannt, dass sportliche Aktivitäten einen erzieherischen Nutzen haben können, der zur Stärkung der Bürgergesellschaft beiträgt.

Dazu ist anzumerken, dass die EU Entwicklungen (wie zB „eine Erziehung zur weitestgehenden Unterwerfung unter dem Banner ‚des Sports'"), welche zu verbandlichen Gewaltverhältnissen führen (können), wohl weder 2003, noch in Zukunft als für vereinbar mit der Rechtsordnung sowie insbesondere mit ihrem Ziel der Förderung einer „aktiven europäischen Bürgerschaft" erachten wird; vgl zur Einbeziehung europäischer Bürger und Bürgerinnen und von Organisationen der Zivilgesellschaft bei den europäischen Integrationsprozess zB Be (EP/ER) 1904/2006/EG, ABl 2008 L 350/58, für das Programm „Europa für Bürgerinnen und Bürger" (2007-2013) sowie die diesbezügliche Seite <eacea.ec.europa.eu>. S zum Themenkreis „Zivilgesellschaft" ua VI.1.

Und nun zur „Besonderheit des Sports" im Weißbuch: „Sportliche Aktivitäten unterliegen dem EU-Recht. Dies wird ausführlich im Arbeitspapier der Kommissionsstellen und in den zugehörigen Anhängen dargelegt. Die Wettbewerbs- und Binnenmarktvorschriften gelten insofern für den Sport, als er eine wirtschaftliche Tätigkeit darstellt. Für den Sport gelten außerdem andere wichtige Aspekte des EU-Rechts wie das Verbot der Diskriminierung aus Gründen der Staatsangehörigkeit, Bestimmungen hinsichtlich der Unionsbürgerschaft und der Gleichstellung von Frauen und Männern bei der Beschäftigung. Gleichzeitig weist der Sport bestimmte Merkmale auf, die oft unter ‚Besonderheiten des Sports' zusammengefasst werden. Die Besonderheit des europäischen Sports kann aus zwei Blickwinkeln betrachtet werden: (einerseits) im Hinblick auf die Besonderheit sportlicher Aktivitäten und sportlicher Regeln, wie getrennte Wettkämpfe für Frauen und Männer usw), und (andererseits) im Hinblick auf die Besonderheit der Sportstrukturen, insbesondere die Autonomie und Vielfalt der Sportorganisationen, die Pyramidenstruktur der Wettkämpfe vom Breiten- bis hin zum Spitzensport, organisierte Solidaritätsmechanismen zwischen den verschiedenen Ebenen und Beteiligten, die Organisation des Sports auf nationaler Basis, und den Grundsatz eines einzigen Verbands pro Sportart." Eminent wichtig, gerade auch für den Mitgliedstaat Österreich und hier wiederum im Hinblick auf sportverbandliche Begehrlichkeiten, nämlich auf Basis der Vereinsautonomie einerseits eine umfassende Unabhängigkeit vom (kontrollierenden) Staat sowie andererseits die/eine „Lizenz" zur vollständigen Unterwerfung von „Verbandsuntertanen" zu erlangen, sind die folgenden Feststellungen der *Kommission*: „Die Rechtsprechung des Europäischen Gerichtshofs und die Beschlüsse der *Kommission* belegen, dass die Besonderheit des Sports anerkannt und berücksichtigt wird. Sie dienen außerdem als Orientierungshilfe für die Anwendung des EU-Rechts im Sport. Gemäß der ständigen Rechtsprechung des Europäischen Gerichtshofs wird die Besonderheit des Sports zwar weiterhin anerkannt, sie kann jedoch nicht so ausgelegt werden, dass eine allgemeine Ausnahme von der Anwendung des EU-Rechts gerechtfertigt ist." Daraus folgt unmissverständlich, dass Sportverbände auf EU-Ebene keinen derartigen rechtlichen Sonderstatus innehaben, dass aufgrund ihrer „Besonderheit und Autonomie" EU-Recht für sie bzw ihre Organisation und vor allem ihr Handeln nicht gelten würde. Ebenso wenig ist der österreichischen Rechtsordnung zu entnehmen, dass Sportverbände aufgrund einer (mehr oder weniger undefinierten) „Besonderheit und Autonomie" gegenüber dem Staat Österreich eine andere Rechtsstellung als sonstige Vereine gem VerG hätten.

Von ebenso hoher Bedeutung im gegebenen Zusammenhang sind die folgenden Feststellungen der *Kommission*: „es gibt organisatorische Sportvorschriften, die – aufgrund ihrer legitimen Ziele – den kartellrechtlichen Bestimmungen des EG-Vertrags eher nicht (sic) zuwiderlaufen, und zwar unter der Voraussetzung, dass ihre wettbewerbsbeschränkenden Auswirkungen in der Natur der Sache liegen und hinsichtlich der angestrebten Ziele verhältnismäßig sind. Beispiele für solche Vorschriften sind die ‚Spielregeln' (dh die Regeln, die die Dauer der Spiele oder die Anzahl der Spieler auf dem Feld festlegen), die Regeln für die Auswahlkriterien bei

Sportwettbewerben, die ,Heim- und Auswärtsregel', die Multiple-Ownership-Regel bei Vereinswettbewerben, die Vorschriften für die Zusammensetzung der Nationalmannschaften, Antidoping-Vorschriften und Vorschriften über Transferperioden. Was die regulatorischen Aspekte des Sports anbelangt, kann nur von Fall zu Fall entschieden werden, ob eine bestimmte Sportregel mit dem EU-Wettbewerbsrecht vereinbar ist, wie der Europäische Gerichtshof vor kurzem in seinem Urteil Meca-Medina[740] bestätigt hat. Der Gerichtshof lieferte eine Klarstellung hinsichtlich der Auswirkung des EU-Rechts auf die Sportregeln. Er verwarf den Begriff von ,rein sportlichen Regeln' als irrelevant für die Anwendbarkeit der EU-Wettbewerbsvorschriften im Sportsektor. Der Gerichtshof räumte ein, dass die Besonderheit des Sports insofern berücksichtigt werden muss, als restriktive Auswirkungen auf den Wettbewerb, die für die Organisation und ordnungsgemäße Durchführung des Wettkampfsports unerlässlich sind, nicht gegen die EU-Wettbewerbsvorschriften verstoßen, unter der Voraussetzung, dass diese Auswirkungen hinsichtlich des verfolgten legitimen ureigenen sportlichen Interesses angemessen sind. Das Erfordernis der Verhältnismäßigkeitsprüfung schließt ein, dass die speziellen Merkmale jedes Einzelfalls berücksichtigt werden müssen. Für die Anwendung der Wettbewerbsvorschriften im Sportsektor können keine allgemeinen Leitlinien formuliert werden."[741]

Daraus (bzw aus dem gesamten Weißbuch) kann abgeleitet werden, dass die Kommission den (auch wirtschaftlichen) Interessen der Sportverbände sehr weit entgegen kommt, indem sie die „Besonderheit" des Sports anerkennt und berücksichtigt und ausdrücklich die „Autonomie" der Sportorganisationen und der repräsentativen Strukturen hervorhebt (diese beiden Schlüsselbegriffe bleiben allerdings merkwürdig unkonkret und wirken wie „Fahnenwörter"[742]); bemerkenswert ist die kommissarische Bezeichnung der Sportverbände als die „Wächter der Sportvorschriften" (iZm verbandlichen Arbeitgeber- und sportlerischen Arbeitnehmerinteressen)[743]; pejorativ fortgesponnen würde dies im Fall eines verbandlichen Gewaltverhältnisses die Assoziation eines „Wächterstaates im

---

740 EuGH 18.07.2006 Rs C-519/04.
741 *Kommission*, Weißbuch 19 ff.
742 Vgl dazu *Panagl*, „Fahnenwörter", Leitvokabel, Kampfbegriffe: Versuch einer terminologischen Klärung in Panagl (Hrsg), Fahnenwörter der Politik (1998) 21: „Fahnenwörter sind voluntaristisch getönte Signalausdrücke einer Partei, eines Lagers oder einer Ideologie, die als identitätsstifende Kampfbegriffe bewusst gewählt und dezidiert verwendet werden, um in Konfliktsituationen, aber auch für das Selbstverständnis ‚Flagge zu zeigen'." Für das Sportverbandswesen heißt dies wohl: Verbandsoligarchien tragen standartengleich ihre „Autonomie", offen − bzw sogar: fordernd − gegenüber dem Staat und verdeckt gegenüber den Sportlern, sowie ihren „besonderen Status" in der Gesellschaft vor sich her; ihre wohl größte und in ihrer Interessenverhüllungswirkung mächtigste Fahne ist jedoch der Signalausdruck „der Sport". In Reden, Elaboraten des Verbandsmarketing, Publikationen von Interessensvertretern wird oftmals beschworen, was denn „der Sport" alles ist/kann/muss/darf/soll etc. Derartige Erscheinungen sind Teil einer/der Sportideologie, s dazu unten den 3. (rechts)soziologischen Exkurs.
743 *Kommission*, Weißbuch 101.

Staat" zulassen. Aufgrund des gehörigen Maßes an Unbestimmtheit der (diesbezüglichen) Besonderheit (und wohl auch der Autonomie) des Sports kann insofern das *Sommereggersche* Diktum übernommen werden, dass „es sehr schwierig ist, diese Besonderheit des Sports, seine Vielfältigkeit und umfassende Präsenz in Worte zu fassen oder zu definieren."[744] Keinesfalls jedoch ist für die Sportverbände eine so weitgehende Autonomie zu konstatieren, dass eine Ungebundenheit sowohl gegenüber dem EU-Recht als auch gegenüber dem Recht von Mitgliedstaaten vorläge, vielmehr fordert die Kommission Governance, Demokratie und Interessenvertretung in der Sportbewegung ein, das gleiche wird auch für die Mitgliedstaaten gelten. Verbandliche Normenordnungen unterliegen demnach (selbstredend) dem EU-Recht wie dem Recht der Mitgliedstaaten.[745]

Dem Weißbuch ist jedoch auch ein „Erziehungsmandat" der *Kommission* (bzw der EU) und der Sportverbände gegenüber den natürlichen Personen (vor allem Sportlern) zu entnehmen. Unter Bezugnahme auf die gesellschaftliche Rolle des Sports wird eine eigentümliche „pädagogische Rolle" entwickelt: „Der Sport kann auf mehrere Weisen bei der Erziehung und Ausbildung von Kindern, Jugendlichen und Erwachsenen helfen. Neben den rein körperlichen Aspekten, können auch die sozialen und pädagogischen Werte des Sports eine wesentliche Rolle spielen, indem beispielsweise gelernt wird, Mitglied einer Mannschaft zu sein und das Prinzip des Fair Play zu akzeptieren."[746] Dem kann grundsätzlich gefolgt werden, sofern die „Erziehung" nicht so weit geht, dass Sportler (von Kindheit an) als „Verbandsuntertanen" geformt werden, die sich ohne Wenn und Aber den verbandlichen Normenordnungen und den Entscheidungen von Vereinsdominatoren zu unterwerfen haben, wobei privatautonomes Agieren der „Normunterworfenen" nahezu vollkommen ausgeschlossen ist und überdies massiv in deren Persönlichkeitsrechte eingegriffen wird. Derartiges wird die *Kommission* jedoch nicht unterstützen, da sie doch die Position vertritt, dass „die pädagogischen Möglichkeiten des Sports auch zur Stärkung der Zivilgesellschaft beitragen können",[747] und eines ihrer Ziele ist, „die Entwicklung der europäischen Dimension des Sports durch Förderung der Fairness und der Offenheit von Sportwettkämpfen und der Zusammenarbeit zwischen den für den Sport verantwortlichen Organisationen sowie durch den Schutz der körperlichen und seelischen Unversehrtheit der Sportler, insbesondere junger Sportler"[748] zu gewährleisten.

Bezug nehmend auf das Inkrafttreten des Vertrages von Lissabon[749], ua EUV (VvL) und AEUV, (01.12.2009) hält die *Kommission* in ihrer Mitteilung

---

744 *Sommeregger*, Sportschiedsgerichtsbarkeit 15.

745 Vgl dazu jedoch die „Tendenzen" (infolge des Vertrags von Lissabon) zB bei *Brost*, SpuRt 2010, 182: „Auf der Grundlage des Art 165 AEUV ist aber eine rechtliche Neubewertung des Verhältnisses von Sport und EU möglich und erforderlich. Ausgangspunkt dafür muss die grundrechtlich geschützte Einschätzungsprärogative der Sportverbände für die Regelung eigener sportlicher Belange sein."

746 *Kommission*, Weißbuch 41.

747 *Kommission*, Weißbuch 46.

748 *Kommission*, Weißbuch 41.

749 Konsolidierte Fassungen des Vertrags über die Europäische Union, EUV

vom 18.01.2011 fest: Wie im Weißbuch erläutert, fallen diverse Aspekte des Sports unter verschiedene Vertragsbestimmungen. Darüber hinaus wurde der EU durch den Vertrag von Lissabon die Zuständigkeit für Unterstützungs-, Koordinierungs- oder Ergänzungsmaßnahmen im Bereich des Sports zugewiesen, sodass Handlungsbedarf zur Entwicklung der europäischen Dimension des Sports besteht.[750] Ausführlich ist im Vertrag über die Arbeitsweise der Europäischen Union (AEUV) normiert: Die Union ist für die Durchführung von Maßnahmen zur Unterstützung, Koordinierung oder Ergänzung der Maßnahmen der Mitgliedstaaten zuständig, wobei diese Maßnahmen mit europäischer Zielsetzung ua im Bereich des Sports getroffen werden können (Artikel 6 lit e AEUV). Sowie: Die Union trägt zur Förderung der europäischen Dimension des Sports bei und berücksichtigt dabei dessen besondere Merkmale, dessen auf freiwilligem Engagement basierende Strukturen sowie dessen soziale und pädagogische Funktion. Die Tätigkeit der Union hat ua das Ziel, die Entwicklung der europäischen Dimension des Sports durch Förderung der Fairness und der Offenheit von Sportwettkämpfen und der Zusammenarbeit zwischen den für den Sport verantwortlichen Organisationen sowie durch den Schutz der körperlichen und seelischen Unversehrtheit der Sportler, insbesondere der jüngeren Sportler zu fördern. Ebenso fördern die Union und die Mitgliedstaaten die Zusammenarbeit mit dritten Ländern und den für den Bildungsbereich und den Sport zuständigen internationalen Organisationen, insbesondere dem Europarat. Als Beitrag zur Verwirklichung dieser Ziele erlassen einerseits das Europäische Parlament und der Rat gemäß dem ordentlichen Gesetzgebungsverfahren und nach Anhörung des Wirtschafts- und Sozialausschusses und des Ausschusses der Regionen Fördermaßnahmen unter Ausschluss jeglicher Harmonisierung der Rechts- und Verwaltungsvorschriften der Mitgliedstaaten und erlässt andererseits der Rat auf Vorschlag der *Kommission* Empfehlungen (Artikel 165 AEUV[751]).

Was kann aus der bisherigen (und noch folgenden) kommissarischen Umschreibung des eigenen Standorts vom 18.01.2011 sowie aus dem europäischen Rechtsnormtext, AEUV, für die hier interessierende(n) Grundsituation(en) geschlossen werden? Wessen Position wird als schutzwürdiger eingestuft, wessen Interessen, möglichst frei agieren zu

---

(VvL), und des Vertrags über die Arbeitsweise der Europäischen Union, AEUV, ABl 2010 C 83/01.

750 *Kommission*, Mitteilung an das europäische Parlament, den Rat, den europäischen Wirtschafts- und Sozialausschuss und den Ausschuss der Regionen, Entwicklung der europäischen Dimension des Sports, KOM (2011) 12 endg. 2.

751 S dazu statt vieler *Muresan*, Die neue Zuständigkeit der Europäischen Union im Bereich des Sports, CaS 2010, 102, 105, der einerseits meint, „die Verpflichtung der EU, im Rahmen der Ausübung ihrer Zuständigkeit gem Art 165 AEUV die Besonderheiten des Sports zu berücksichtigen, darf hinsichtlich ihrer Tragweite nicht überbewertet werden", andererseits jedoch schätzt, dass „auf der Grundlage von Art 165 AEUV insbesondere auch keine signifikanten, neuen Beeinträchtigungen der Autonomie des Sports zu erwarten sind." Sowie *Brost*, SpuRt 2010, 181, welcher zum Ausdruck bringt, dass „die Aufnahme des Sports in das Primärrecht der EU vom organisierten Sport begrüßt worden ist, dass allerdings die damit verbundenen großen Erwartungen und Ziele nur zum Teil erfüllt worden sind."

können, werden als höherwertig eingeschätzt und (allenfalls) unterstützt? Bei beiden „Grundverhältnissen", nämlich Vereinsmitglied/Verein und natürliche Person/Dachverband, stehen einander (letztlich) Individuum und Kollektiv gegenüber. Dem ersten (durchaus auch rechtlichen) Anschein nach handelt es sich bei einem Verein um ein Kollektiv von Individuen (was auch im Fall von Verbänden so gesehen werden kann), beim genaueren Hinsehen kommt es vor allem dann, wenn Führungspositionen im Kollektiv Verein mit Macht, Einfluss, Reputation etc verbunden sind, dazu, dass dieses eigentliche Kollektiv zur Hülle, zum Mantel und damit zur Begründungs- und Rechtfertigungsapparatur für das „Kleinkollektiv" Vereinsdominatoren und deren Interessen wird. Insofern steht also das Individuum (der Sportler) einer sich abstimmenden, stützenden und gegenseitig befördernden Kleingruppe gegenüber. Für diese Vereinsdominatoren erscheint es allzu verlockend (und zynischerweise historisch bewährt), wenn die Individuen möglichst „unten gehalten werden", also möglichst „Untertanenstatus" haben. Und um dies zu erreichen, ist es unerlässlich, dass die normativen Apparate, also vor allem die verbandlichen Normenordnungen (aber auch die möglichst in diese Richtung beeinflusste Normsetzung des Gesetzgebers auf mitgliedsstaatlicher sowie auf EU-Ebene) für die Individuen „freiheitsvermindernd" und für die Kleinkollektive „freiheitsgewinnend" gestaltet werden. Nun, die im AEUV angeführte „Freiwilligkeit" des Engagements in sportlichen Strukturen und die Bedeutung des Schutzes der körperlichen und seelischen Unversehrtheit der Sportler können dahingehend gelesen werden, dass die Interessen auf freie Selbstentfaltung im Sport und damit untrennbar verbunden die Würde der natürlichen Personen den ihnen zukommenden Stellenwert haben. So wird damit zB nicht vereinbar sein, dass Wettkampfrichter, die sportliche Leistungen beurteilen (sollen), von einem Sportverband unter Androhung von finanziellen Strafen und/oder Funktionsverboten gezwungen werden, auf Sportler Druck auszuüben (also gewissermaßen „Inkassotätigkeiten" ausüben), damit diese (Strafgeld)Forderungen des Sportverbandes (eben ohne Einschaltung der ordentlichen Gerichtsbarkeit) erfüllen. Ebenso wenig kann aus dem Postulat der „Unversehrtheit", insbesondere der jüngeren Sportler, eine Berechtigung gefolgert werden, dass diese von Beginn ihrer Sportlerlaufbahn, durch Trainer, Funktionäre etc, dahingehend „erzogen"/„geformt" werden, verbandliche Normenordnungen und Entscheidungen von Verbandsgremien, die ein verbandliches Gewaltverhältnis begründen, möglichst widerspruchsfrei hinzunehmen, sich also diesen Zwängen und Abläufen nahezu „bedingungslos" zu unterwerfen.[752] Diesbezüglich darf nicht unterschätzt werden, dass solche Sportbände, die auf die vollkommene, normative Unterwerfung von Individuen aus sind, das im AEUV angeführte besondere Merkmal des europäisch dimensionierten Sports, nämlich dessen soziale und pädagogische Funktion[753], allenfalls als „Freibrief" bzw sogar als „Auftrag"

---

752 S dazu V.4.
753 Zur gesellschaftlichen und erzieherischen Funktion des Sports weiters: *Kommission*, Arbeitsunterlage der Kommissionsdienststellen. Zusammenfassung der Folgenabschätzung. Begleitunterlage zur Mitteilung der Kommission vom 18.01.2011, SEK (2011) 68 endg 2 ff.

für eine sportverbandliche, „schwarze Pädagogik"[754] verstehen (wollen). In der Mitteilung vom 18.01.2011 hält die *Kommission* einmal mehr fest, dass sie die Unabhängigkeit der Leitungsstrukturen des Sports als dessen grundlegendes Organisationsprinzip achtet. Gerade was die „Anti-Doping-Aktivitäten" betrifft, „unterstreicht die *Kommission*, dass die Anti-Doping-Vorschriften und Anti-Doping-Verfahren im Einklang mit dem EU-Recht stehen müssen, also die Grundrechte sowie Prinzipien wie Achtung des Privat- und Familienlebens, Datenschutz, Recht auf einen fairen Prozess und Unschuldsvermutung respektieren müssen. Jede Einschränkung der Ausübung dieser Rechte und Freiheiten muss gesetzlich vorgesehen sein und den Wesensgehalt dieser Rechte und Freiheiten sowie den Grundsatz der Verhältnismäßigkeit achten." Das daraus ableitbare, unbedingte Gebot der Achtung der Grundrechte ist primär für die Mitgliedstaaten Auftrag, bindet jedoch auch sämtliche Sportverbände bei der Gestaltung und Anwendung ihrer verbandlichen Normenordnungen.[755] In diesem Sinn weiter erachtet die *Kommission* im Jänner 2011 „die Organisation des Sports" als mit der „Förderung von Good Governance" in demselben engst verbunden: „Good Governance im Sport ist eine Voraussetzung für die Autonomie und die Selbstregulierung von Sportverbänden. Zwar ist es nicht möglich, ein einziges Governance-Modell für den europäischen Sport über alle Disziplinen und nationale Unterschiede hinweg zu definieren, aber die *Kommission* vertritt die Auffassung, dass es miteinander zusammenhängende Prinzipien gibt, die der Governance im Sport auf europäischer Ebene zugrunde liegen, etwa Autonomie innerhalb der gesetzlichen Grenzen, Demokratie, Transparenz und Verantwortlichkeit bei der Beschlussfassung sowie Einbeziehung aller betroffenen Akteure. Good Governance im Sport ist eine Voraussetzung dafür, dass die Herausforderungen, die sich dem Sport im Kontext des EU-Rechts stellen, bewältigt werden können."[756] Auch daraus erhellt, dass von Seiten der Kommission

---

754 S dazu *Rutschky* (Hrsg), Schwarze Pädagogik. Quellen zur Naturgeschichte der bürgerlichen Erziehung[8] (2001) passim, s insbesondere Kapitel V. Erziehung als totale Institution.

755 Vgl zur mittelbaren Wirkung von EU-Grundrechten zB *Herdegen*, Grundrechte der Europäischen Union in Isensee/Kirchhof (Hrsg), Handbuch des Staatsrechts X[3] (2012) 218.

756 Vgl dazu einen (österreichischen) Ansatz bzw eine Annäherung zu diesem schillernden Begriff bei *Eberhard/Konrath/Trattnigg/Zleptnig*, Governance – zur theoretischen und praktischen Verortung des Konzepts in Österreich, JRP 2006, 35: Verbunden mit den Themen wie „Entstaatlichung", „Informalisierung", „Krise repräsentativer Demokratie", „Partizipation", „Transparenz", „Verantwortlichkeit" (accountability) und „demokratische Legitimation" wird gerade auch über deren Diskussion die/eine „traditionelle Form" von Staatlichkeit bzw -sverständnis hinterfragt und werden neue Formen des Zusammenwirkens von staatlichen und privaten Akteuren entwickelt. Und siehe da, wenn die/eine Regulierungsmacht faktisch und/oder auf gesetzlicher Basis bei „Privaten" (zB Sportverbänden) zentriert werden soll bzw wird, dann stellen sich für den Staat zB die Fragen: wie mit einem Mehrebenensystem umgehen, bei gegebenen Interdependenzen zwischen den Ebenen (Beleihungsbegehren von Seiten der Verbände); wie reagieren auf allfälliges Zusammenwirken öffentlicher und privater Akteure (wer straft auf wessen Zuruf

auf keine Akteure, insbesondere nicht auf die Sportler, vergessen wird, und dass daher tief und nachhaltig in individuelle Freiheitsrechte eingreifende Sportverbandssysteme schon im EU-Recht keine Deckung finden (werden).

Zur „Sonderstellung des Sports" führt die *Kommission* abermals aus, dass diese ein vom Gerichtshof der Europäischen Union eingeführter Rechtsbegriff ist, der von den EU-Einrichtungen bereits bei verschiedenen Gelegenheiten berücksichtigt sowie im Weißbuch Sport und der ergänzenden Arbeitsunterlage der Kommissionsdienststellen ausführlich behandelt wurde, und inzwischen durch Artikel 165 AEUV anerkannt ist." Unbestritten bleibt, dass dieser Begriff nach wie vor höchst unbestimmt ist, und auch die *Kommission* gelangt nur zu einer punktuellen, beispielhaften Erläuterung: „Er umfasst all die Merkmale, die die Besonderheit des Sports ausmachen, etwa die wechselseitige Abhängigkeit miteinander im Wettbewerb stehender Gegner oder die Pyramidenstruktur offener Wettkämpfe. Der Begriff der Sonderstellung des Sports wird berücksichtigt, wenn beurteilt wird, ob Sportregeln mit den Anforderungen des EU-Rechts im Einklang stehen (Grundrechte, Freizügigkeit, Diskriminierungsverbot, Wettbewerb usw).

Die Sportregeln, so die *Kommission* weiter, betreffen im Allgemeinen die Organisation und den ordnungsgemäßen Ablauf der Wettkämpfe im Leistungssport. Diese Regeln liegen in der Verantwortung der Sportverbände und müssen mit dem EU-Recht vereinbar sein. Zur Beurteilung der Vereinbarkeit von Sportregeln mit dem EU-Recht berücksichtigt die Kommission, ob die mit diesen Regeln verfolgten Ziele legitim sind, ob eventuelle restriktive Wirkungen dieser Regeln untrennbar mit der Verfolgung dieser Ziele verbunden sind und ob sie verhältnismäßig sind. Legitime Ziele der Sportverbände könnten beispielsweise mit der Fairness sportlicher Wettbewerbe, der Ungewissheit der Ergebnisse, dem Schutz der Gesundheit der Sportler, der Förderung der Rekrutierung und des Trainings junger Sportler, der finanziellen Stabilität von Sportvereinen/ Mannschaften oder der einheitlichen und konsistenten Ausübung einer bestimmten Sportart (,Spielregeln') zu tun haben. Im Dialog mit den Akteuren des Sports wird sich die Kommission auch weiterhin darum bemühen, die Beziehungen zwischen dem EU-Recht und den Sportregeln im Profi- und Amateursport Thema für Thema zu erläutern. Wie von den Mitgliedstaaten und der Welt des Sports in der Konsultation gefordert, engagiert sich die *Kommission* für die Unterstützung einer angemessenen Auslegung des Begriffs der Sonderstellung des Sports."[757] Das dargestellte kommissarische Verständnis von „Sportregeln" wird in etwa dem von verbandlichen Normenordnungen entsprechen. Die hier angeführten (rechtlichen) Maßstäbe für

---

„Dopingsünder"); ob dem Staat nachgebildete institutionalisierte Regelsysteme innerhalb von Ebenen zugelassen werden können (Verbandssanktionsgewalt mit zumindest Geldstrafen, „Freiheitsstrafen" in dem Sinn, dass „gefallene Sportler" nicht mehr frei sind, an Wettbewerben teilzunehmen, und sämtliche Wettkampfveranstalter bei sonstiger Strafe daran gebunden sind); welche Koordinationsmodi zwischen den Ebenen, wie etwa Verhandlungen, Hierarchie oder Wettbewerb, angemessen sind (welche Verschärfung von „Anti-Doping-Gesetzen" ist von wem gewünscht, in wessen Interesse) usw?

757 *Kommission*, Mitteilung 4, 6, 12.

Sportregeln, wie Grundrechte, Freizügigkeit, Diskriminierungsverbot, Wettbewerb, Legitimität der mit den Regeln verfolgten Ziele, deren Verhältnismäßigkeit sowie allfällige restriktive Regelwirkungen, werden im weiteren (wissenschaftlichen) Diskussionsprozess[758] sowie in gerichtlichen Auseinandersetzungen entwickelt werden, wodurch die Begriffe „Autonomie", „Besonderheit" und „europäische Dimension" des Sports an Gehalt und damit Orientierungsfunktion gewinnen können.

Mit Interesse, wie auf EU-Ebene der Schutz für mit Verbandsgewalt konfrontierte Sportler, Wettkampfveranstalter und Funktionäre verstärkt werden wird/soll, werden daher auch der 2011 entworfene Arbeitsplan der Europäischen Union für den Sport 2011-2014 und die damit iZ stehenden Aktivitäten zu beobachten sein. Gem diesem Arbeitsplan für die Entwicklung der europäischen Dimension des Sports sollen ua der „besondere Beitrag herausgestellt werden, den der Sport in anderen Politikbereichen der EU leisten kann", und auf eine „faktengestützte Sportpolitik hingearbeitet werden." Es wird sich zeigen, ob die plangemäß einzurichtenden Expertengruppen Themengruppen wie „Good Governance", „Sonderstellung des Sports" und vor allem den „gesellschaftlichen Wert des Sports, insbesondere im Bereich der sozialen Eingliederung"[759] überwiegend aus der Perspektive von Sportverbänden „evaluieren" werden, ja vielleicht sogar sportverbandlich gewünschte „Weiterentwicklungen"/„Emanzipationen" gegenüber mitgliedstaatlichen Rechtsordnungen als Forderungen empfehlen.

Da mit dem „Verbandsrechtsbegriff und dem -verständnis" so gut wie immer (auch im österreichischen, einschlägigen Schrifttum) „Gewalt" verbunden ist, in der fokussierten „Kurzformel: Die Verbandsuntertanen haben sich der Gewalt des Verbandes unterworfen", soll dem im Folgenden nachgegangen werden. Welcher Fremdbestimmung in welcher Intensität durch einen Verein/Verband kann im Rahmen der österreichischen Rechtsordnung ein Individuum als Vereinsmitglied (oder auch Nichtmitglied) rechtsordnungskonform „ausgesetzt" werden?

3.3.2. „Verbandsrecht" und der Begriff der „Gewalt"

Es fällt auf – und ist selbstredend zu begrüßen –, dass sowohl im gesellschaftlichen Diskurs[760] als auch im rechtlichen Kontext, konkret in der Rechtsetzung und Rechtsanwendung, „Gewalt" zwischen natürlichen Personen verurteilt wird und (zB strafbewehrt) möglichst unterbunden

---

758 S dazu auch den Europäischen sozialen Dialog im Sportbereich, so *Kommission*, Mitteilung 15.

759 Entsch (Rat und der im Rat vereinigten Vertreter der Regierungen der Mitgliedstaaten) 2011 (Arbeitsplan der Europäischen Union für den Sport 2011-2014), Abl 2011 C 162/01.

760 Vgl zB *Heitmeyer/Schröttle* (Hrsg), Gewalt. Beschreibungen, Analysen, Prävention (2006) passim, und *Liebsch*, Subtile Gewalt. Spielräume sprachlicher Verletzbarkeit (2007) passim. Zum Schutz von Kindern vor Gewalt (in Österreich) zB *Scheiber*, Neue Wege beim Schutz von Kindern vor Gewalt. Aktuelle justizpolitische Überlegungen, iFamZ 2008, 108, welcher aufgrund der Rechtslage davon ausgeht, dass Kinder über einen unmittelbaren grundrechtlichen Schutzanspruch gegenüber dem Staat verfügen.

werden soll[761]. So zB vor nicht langer Zeit mit dem 2. Gewaltschutzgesetz, BGBl I 2009/40, welches nicht nur viele Änderungen im Zivilverfahrensrecht, sondern auch im Straf- und Strafprozessrecht mit sich gebracht hat.[762] Um ein weiteres Beispiel zu nennen, sei auf *Hengerer/Ullmann* verwiesen, welche familiäre bzw häusliche Gewalt untersucht haben und generell feststellen, dass erstens der latente Hintergrund einer Gewaltbeziehung in diesem Umfeld oftmals nicht in Erwägung gezogen worden ist, dass zweitens die Exekutive bei derartigen „Familienstreitigkeiten" vielfach in erster Linie in der Rolle des „Streitschlichters" tätig waren und dass drittens langfristig die hiermit verbundene „versteckte" Gewalt nur unwesentlich reduziert werden konnte (Anm: vor dem Inkrafttreten des Bundesgesetzes zum Schutz vor Gewalt in der Familie, BGBl 1996/759). Wenn die Autorinnen von Gewalt in der Familie sprechen, dann handelt es sich ihnen zufolge dabei nicht um einen einmalig situativ bedingten Konflikt, der zur Gewalt entgleist, sondern um Gewaltbeziehungen, welche sie mit Machtbeziehungen gleichsetzen, in denen ein Mensch weiß, dass er der Gewalt eines anderen ausgesetzt ist; der Begriff private oder häusliche Gewalt kann sohin wie folgt definiert werden: Es handelt sich um Gewaltbeziehungen, die sich im privaten Raum konstruieren und in denen ein Machtgefälle besteht, als dessen Folge Gewalt auftritt.[763] Wiewohl es sich hierbei vorrangig um körperliche Gewalt zwischen natürlichen Personen im „Familienverband" handeln wird und der Gewaltbegriff ein weiter ist[764], können dennoch Merkmale, wie dasjenige „es mit einer versteckten Gewalt zu tun zu haben", oder ein anderes, dass nämlich ein Mensch weiß, der Gewalt eines anderen/anderer ausgesetzt zu sein (Verbandsgewalt), auch auf das „(Gewalt)Verhältnis" zwischen Sportverband und Sportler übertragen werden. Es hat allerdings den Anschein, dass das Thema der Gewalt zwischen Kollektiv und Individuum, hier zwischen Sportverband und Sportler, vielfach mit Absicht „ausgeblendet" wird, und statt dessen mit „Konstrukten", wie „hier liegt eine freiwillige Unterwerfung vor" und/oder dergleichen, argumentiert wird, ohne jedoch, und gerade darauf kommt es an, nach dem Grad der aus der Unterwerfung resul-

---

761 Zur Gewaltprävention s zB *Kraus/Schmoll*, Täterarbeit als Beitrag zum Opferschutz. Trainingsprogramm zur Beendigung von gewalttätigem Verhalten in Paarbeziehungen, iFamZ 2009, 238.

762 S dazu *Tipold*, Zur Auslegung des § 107b StGB (Fortgesetzte Gewaltausübung), JBl 2009, 677, der vor allem den (neuen) Gewaltbegriff von § 107b Abs 2 StGB untersucht, und ua festhält, dass „Gewalt schon bisher ein vielschichtiger, im Detail durchaus strittiger Begriff ist." Vgl zum strafrechtlichen Gewaltbegriff *Hochmayr/Schmoller*, Die Definition der Gewalt im Strafrecht, ÖJZ 2003/36, welche eine Ergänzung der hM vorschlagen, jedoch mit dieser eine Ausferung (insb in Richtung bloß psychischer Beeinflussung) vermeiden.

763 *Hengerer/Ullmann*, Das Gewaltschutzgesetz in Österreich, SIAK-Journal 2005 H 3, 12, 14 f, 18, meinen überdies, dass „familiäre Gewalt nicht mehr als Privatsache, sondern als eine staatliche und gesamtgesellschaftliche Verantwortung wahrgenommen wird." Dies sollte auch für „verbandliche Gewalt" gelten.

764 S dazu auch *Sautner*, Die Gewalt bei der Nötigung (2002) 17 ff, 165 f, welche im Hinblick auf § 105 StGB für eine teleologische Auslegung plädiert und festhält, dass ihre Analyse von Lehre und Rsp zu keinem vollständig widerspruchsfreien Gewaltbegriff führte.

tierenden Fremdbestimmung und damit deren Zu- oder Unzulässigkeit zu fragen; es wird vielfach so getan, als ob das/ein „volenti non fit iniuria"[765] jegliches Maß an verbandlicher Determinierung heilte.[766]

3.3.2.1. Der Gewaltbegriff bei *Triffterer*

Im Verhältnis zwischen Verein/Verband und natürlicher Person ist das Augenmerk auf die Macht zu lenken, welche das Kollektiv erstens normativ aufbaut, je nachdem im (weit gesteckten) rechtlichen Rahmen des Staates oder sogar darüber hinausgreifend, und zweitens (auch) faktisch ausübt, was ebenfalls contra legem erfolgen kann. *Triffterer* hat in seiner bemerkenswerten Studie aus 1991 das Thema „Machtmissbrauch" fachübergreifend untersucht; er widmet sich sowohl den Machtstellungen, die das Verhältnis von Einzelpersonen zueinander kennzeichnen, zB in der Familie, im Erziehungswesen, in der Ausbildung, aber auch bei sonstigen persönlichen Abhängigkeiten wie zwischen Arbeitgeber und Arbeitnehmer, als auch den wirtschaftlich abgesicherten Machtpositionen verschiedener „pressure groups", zB aus dem Bereich der Großindustrie, der Verbände und der Gewerkschaften. *Triffterer* spricht jedoch ebenfalls die weniger sichtbaren Erscheinungsformen von Machtmissbrauch (in Hinblick auf bestimmte Staaten) an, hierbei geht es um Steuerungsmechanismen, die den Betroffenen oft nicht einmal bewusst werden, sie jedoch nicht weniger beeinflussen, und dann zu einem „von oben" gesteuerten Konformismus führen (können), der (nach den geschichtlichen Erfahrungen) einen besonders günstigen Nährboden für Machtmissbrauch darstellt.[767]

Gerade bei Sportverbänden kann die Entwicklung festgestellt werden, dass die Sportler fortwährend an neue und immer detailliertere Regeln gewöhnt[768] werden, welchen sie sich ja, sofern sie Wettkampfsport aus-

---

765 Vgl dazu grundlegend *Ohly*, „Volenti non fit iniuria" – die Einwilligung im Privatrecht (2002) passim.

766 Vgl dagegen *Krejci* in Krejci (Hrsg), Unternehmensgesetzbuch § 108 UGB Rz 11: Das Zivilrecht kennt die Unterwerfung eines Vertragspartners unter die Fremdbestimmung eines anderen (im gegenständlichen Fall: die des Sportlers unter die verbandliche Normenordnung, also die AGB des Verbandes) durchaus (in analoger Erweiterung von § 1056 ABGB über die Festsetzung des Kaufpreises durch einen Dritten), allerdings nicht ohne Einschränkung, konkret sind die Grenzen billigen Ermessens zu beachten.

767 *Triffterer*, Kriminologische Erscheinungsformen des Machtmißbrauchs und Möglichkeiten zu ihrer Bekämpfung, ZfRV 1991, 184 und 262.

768 Vgl zur Herrschaftstechnik der Unterwerfung zB im staatlichen Abgabenwesen *Kirchhof*, Die Steuer ist ein Preis der Freiheit in Frankfurter Allgemeine Zeitung, 07.11.2009, 33: „Das heutige Steuerrecht ist durchsetzt mit Privilegien und fordert überhöhte Steuersätze bei löchriger Bemessungsgrundlage. Der Einzelne kämpft nicht mehr für die Allgemeinheit gegen seinen gestaltet sein wirtschaftliches Verhalten so, dass er möglichst viele der gesetzlichen Begünstigungen in Anspruch nehmen kann. Er gewöhnt sich daran, sich täglich tief vor dem modernen Geßlerhut des Steuerrechts zu verbeugen. Der Niedergang des Rechts hat in dieser Unterwerfung seinen Ursprung." Auch die „Gebührenordnung" des untersuchungsrelevanten Sportverbands, des OEPS, bewirkt fortwährende Subordination von Sportlern, Wettkampfveranstaltern und Wettkampfrichtern.

üben wollen, bedingungslos unterwerfen müssen (von Seiten der Verbandsfunktionäre wird dies ua damit begründet, dass der europäische und/oder internationale Sportverband das schließlich so vorgeben[769]). Und die Wettkampfrichter werden von den Sportverbänden zu „Vollziehern und -streckern" der jeweiligen Verbandsregeln und Sportadministration (und nicht zuletzt auch der verbandlichen Gebührenforderungen) „regelrecht" erzogen, andernfalls sie selbst einen Regelverstoß begehen würden und mit Funktionsverbot und/oder Bestrafungen in Geldform bedacht werden. Die eigene Verbandspresse samt Verbandsmarketing und sonstige „engagierte" Journalisten propagieren das jeweilige sportdisziplinäre System üblicherweise.

Als einem bedeutenden österreichischen Strafrechtswissenschafter ist *Triffterer* sehr wohl bewusst (gewesen), dass sich die meisten Menschen den drastischen oder „verfeinerten", aus Machtpositionen auf sie einwirkenden Fremdeinflüssen aus eigener Kraft kaum entziehen können, weswegen diese spezifische Opfersituation ihn dazu angeregt hat, im Jahr 1991 insbesondere nach den strafrechtlichen Grenzen der Ausübung von Macht zu fragen; die Rechtslage hat sich mehr als 20 Jahre später freilich geändert, nichts desto trotz lohnt es, *Triffterer* dabei zu folgen, wie er den Begriff der Macht und denjenigen des Missbrauchs näher beleuchtet. Grundsätzlich stellt er fest, dass „die Garantie der Menschenrechte überall in der Welt nämlich nicht nur eine innerstaatliche Aufgabe, sondern auch eine der Aufgaben der Staatengemeinschaft ist; insofern ist jeder Machtmissbrauch, für den staatliche Sanktionsmechanismen nicht ausreichend greifen, von internationalem Interesse, wie zB transnationale und internationale Erscheinungen von Machtmissbrauch." Eine Brücke zur themengegenständlichen, vereinsbehördlichen Pflicht gem § 29 VerG iVm Art 11 Abs 2 EMRK, insbesondere die Rechte und Freiheiten anderer (zB der Vereinsmitglieder) zu schützen, kann problemlos hinsichtlich *Triffterers* Ausführungen zur Macht als Gestaltungsverpflichtung geschlagen werden, da ihm zufolge (jegliche) in Erscheinung tretende, insbesondere auch eine sozialpolitische Gestaltungsmacht nicht willkürlich ausgeübt werden darf. Sie ist vielmehr zum Wohle aller oder Einzelner einzusetzen, darf also nicht zu einer von Egoismus (zB der Vereinsdominatoren) geprägten Fremdbestimmung führen, vor allem wenn dadurch Rechte Dritter beeinträchtigt werden. Dies gilt insbesondere für vom Recht eingeräumte Machtbefugnisse zB im Rahmen der Hoheitsverwaltung. *Triffterer* orientiert den von ihm verwendeten Machtbegriff[770], da er die Rechtswissenschaft als einen Teil der Sozialwissenschaften sieht, für die von ihm vorgenommene kriminalpolitsche und kriminologische Untersuchung an

---

769 Oder denkbar wäre/ist weitergehend, dass nationale Sportdachverbände "Maßnahmen" gegen Nichtverbandsmitglieder bei "internationalen Verbänden" gewissermaßen "bestellen"; die nationalen Sportdachverbände könn(t)en sich dann darauf berufen, dass sie ja qua eigener "Unterwerfung" regelrecht " gezwungen" sind, die Maßnahmen gegen Sportler, Trainer etc, welche nicht einmal ihr Mitglied (also des nationalen Sportdachverbandes) sind, "umzusetzen". S beispielsweise einen Rechtsfall mit Bezug zu nationalem und internationalem Sportverband *König*, Anm zu OGH 21. 5. 2007, 8 Ob A 68/06t, JBl 2007, 804.

770 Vgl zB zum vielschichtigen „Gewaltbegriff" *Kühne*, Rechtspsychologische Aspekte von Gewalt in Gruter/Rehbinder (Hrsg), FS Usteri (2002) 13 f, 27.

3. Statuten und sonstige Vereinsregeln

der klassischen Definition *Max Webers*[771]. Vollkommen zu Recht verweist *Triffterer* darauf, dass Machtausübung zwar häufig, aber eben nicht notwendigerweise durch einen widerstrebenden Willen der Unterworfenen gekennzeichnet ist, andernfalls liegt eine „freiwillige Unterwerfung"[772] vor; „machttechnisch" interessant sind vor allem Bereiche, in denen die Ausübung von Macht idR sogar auf eine innere Bereitschaft zur Entgegennahme stößt. *Triffterer* sieht dies etwa bei der Ausübung politischer Macht in rechtsstaatlichen Demokratien, aber auch im Erziehungssektor; einen blinden und sogar aus innerer Überzeugung kommenden Gehorsam sieht er bei Machtunterworfenen zB im Sektenbereich. Schließlich rekurriert *Triffterer* hinsichtlich der Bereitschaft zur Machtunterwerfung auf *Vierkandt*[773], der das Zusammenwirken von Machttrieb und Unterordnungstrieb beschrieben hat. Dieses Zusammenwirken findet seine Erklärung nicht selten darin, dass beim Unterworfenen der Eindruck erweckt wird, trotz oder gerade wegen der Unterwerfung an der Machtausübung teilzuhaben. Vielfach wird in Sportverbänden den Sportlern eine „freiwillige Unterordnung" nicht nur in Bezug auf die sporttypische Körperbeherrschung, sondern vor allem gegenüber sämtlichem Regelwerk „anerzogen"[774], weswegen, und es sei an dieser Stelle wiederholt, es mehr als befremdet, wenn auch auf EU-Ebene, wie oben bei der Besprechung des Weißbuch Sport dargestellt, das „erzieherische Mandat" für Sportorganisationen betont und sogar ausdrücklich erteilt wird. Sportdachverbandlich wird dies als „Eu-Freibrief zur Erziehung" verstanden und daher den an Wettkämpfen teilnehmenden Sportlern und Wettkampfrichtern, aber auch den Wettkampfveranstaltern „suggeriert"[775], dass es gesamtgesellschaftlich „erwünscht" ist, wenn sie sich verbandlichen Normenordnungen, die der „Autonomie und Besonderheit des Sports" gemäß geschaffen sind, mehr oder weniger freiwillig (und zum Gehorchen erzogen) unterwerfen (sollen). Und speziell die Wettkampfrichter beim untersuchungsgegenständlichen Sportverband (deren Bezeichnung lautet „Turnierrichter"), dem OEPS, sind von diesem Dachverband

---

771 *M. Weber*, Wirtschaft[5] 28, definiert Herrschaft als Chance für einen Befehl bestimmten Inhalts bei angebbaren Personen Gehorsam zu finden, und Macht als jede Chance, innerhalb einer sozialen Beziehung den eigenen Willen auch gegen Widerstreben durchzusetzen, gleichviel worauf diese Chance beruht.

772 S dazu de *La Boétie*, Von der freiwilligen Knechtschaft (1980) passim.

773 *Brockhaus*, Enzyklopädie XI (1970) 751, zitiert bei *Triffterer*, ZfRV 1991, 184 FN 40.

774 S dazu zB *Ehrlich*, ZfRSoz 1992, 5: So ist jede Organisation in erster Linie eine psychische Machtfrage: die Bedeutung des Herkommens, der Satzung oder Verfassung beruht auf der Macht über die Gemüter.

775 Vgl zur „Überredung" zu normkonformem Verhalten bzw zur „Druckausübung" in diese Richtung, also zur sehr hohen Form- bzw Verformbarkeit des Menschen, zB *Popitz*, Konstruktion 17. Und genau dies wird von/in Sportverbänden auch genützt, der „sportdisziplinär" verregelte Körper ist hier eine wesentliche Grundlage/Voraussetzung für weitere „Prägungen", wie der Unterwerfung unter sämtliche sportverbandliche Regelungen, vor allem in finanzieller Hinsicht, was die Einschränkung der Privatautonomie betrifft etc. ZB Trainer, welche die körperlichen Abläufe der Sportler der jeweiligen Sportart entsprechend formen, werden als schon lange im „Sportverbandssystem befindliche", dann auf „ihre Schützlinge" einwirken, dass diese sich zB auch den Marketingverträgen „unterwerfen" mögen, ebenso wie den sonstigen mit der eigentlichen Sportausübung nicht verbundenen Verbandsnormen, da „es einfach dazugehört".

verpflichtet, die verbandlichen Normenordnungen „‚mental' anzuerkennen und als Autorität durchzusetzen."[776] Die Turnierrichter als Wettkampfrichter sind einerseits dem Sportverband unterworfen und dienen ihm dazu, die Unterwerfung der Sportler und Wettkampfveranstalter sicherzustellen. Für gar nicht so wenige gilt (leider): Gerade die Funktionäre, die sich vom Sport-Dachverband als beauftragt (mitunter sogar „beliehen") betrachten und solcherart (vielleicht zum ersten Mal in ihrem Leben) „Autorität" zu verkörpern meinen, erscheinen als die eifrigsten Vollstrecker der verschiedenen Ordnungen bzw Abgabenforderungen. Der (jeweiligen) Obrigkeit zu dienen, dürfte diesen Personen eine Erhöhung ihres Selbstwertes und -bildes verschaffen. Treten derartige Funktionäre in Gruppen auf, entsteht manchmal der Eindruck, dass sie sich gegenseitig darin überbieten wollen, den Wettkampfveranstaltern und Reitsportlern durch die Anwendung diverser Ordnungen die Sportausübung so schwer wie nur möglich zu machen.[777]

Fortgesetzt sei mit *Triffterer*, welcher für die strafrechtliche Betrachtungsweise an einen weiten soziologischen Machtbegriff anknüpft und es für ein Strafbedürfnis nicht ausschlaggebend sein lässt, ob aus einer institutionalisierten Beziehung oder aus einer faktischen Überlegenheit über zufällig in den Einflussbereich gelangende Personen heraus Macht missbraucht wird. Kriminologisch interessant(er) sind für den Autor jene Machtverhältnisse, die über die alltäglichen Möglichkeiten allgemeiner zwischenmenschlicher Beziehungen hinausgehen. Dementsprechend wird von einem Machtmissbrauch herkömmlicherweise nur dann gesprochen, wenn der Täter eine über die jedermann zugänglichen Einflussnahmemöglichkeiten hinausgehende Position (herausragende Machtpositionen) innehat. *Triffterer* stellt klar, dass der Unterschied zwischen sonstigen Delikten und einer durch einen spezifischen Machtmissbrauch gekennzeichneten Straftat demnach darin besteht, dass strafrechtlich relevanter Machtmissbrauch nur in den Fällen überhaupt in Betracht kommt, in denen der Täter von vorneherein eine besondere, nicht jedermann zugängliche, Machtstellung innehat, die ihm eine bessere Möglichkeit bietet, seinen Willen gegenüber anderen durchzusetzen. Solcherart wird zugleich vermieden, jedes strafrechtlich relevante Handeln innerhalb einer sozialen Beziehung, wie etwa bei einem Betrug oder einem Kridadelikt, automatisch als Machtmissbrauch einzustufen. Als Faktoren einer herausragenden sozialen Machtstellung nennt *Triffterer* die folgenden, sich teilweise überschneidenden: Erstens Verfügungsmöglichkeit über Personen durch Hierarchie (ein wesentliches Merkmal ist Befehls- bzw Anordnungsgewalt, wobei gleichgültig ist, ob eine solche Hierarchie legal oder illegal organisiert ist), zweitens persönliche Abhängigkeit (zB Verhältnisse von Minderjährigen zu ihren Erziehungsberechtigten, Behinderten, Kranken und Gebrechlichen zu ihren Pflegern, Patienten zu ihrem Arzt und insbesondere Gefangenen zum Wachpersonal), drittens wirtschaftliche Potenz (infolge der Verfügungsgewalt über außergewöhnliche wirtschaftliche Mittel), viertens Verfügbarkeit über technische Einrichtungen, fünf-

---

776 S dazu das „Leitbild für Turnierrichter" in *Bundesfachverband für Reiten und Fahren in Österreich*, Richterregulativ (2006) 11.

777 *Thomasser*, Tendency 192 (die zitierte Passage ist aus dem Englischen übersetzt).

tens Wissen und Information und sechstens rechtliche Befugnisse (als Paradebeispiel der Staat, dem als Träger der Hoheitsverwaltung eine besondere Macht über die Rechtsunterworfenen eingeräumt wird; dieser darf zB einseitig in Rechte Dritter eingreifen[778]).

Es liegt nahe, dass diese Merkmale einer herausragenden sozialen Machtstellung ohne weiteres (allerdings nicht in ihrer strafrechtlichen und/oder kriminologischen Dimension) ebenso in den Verhältnissen zwischen Mitglied/Verein und natürlicher Person/Verband anzutreffen sind. Im Zuge der weiteren Untersuchung nimmt *Triffterer* eine (wenn auch notwendige, so doch trennscharf kaum erzielbare) Abgrenzung des Begriffs der Macht von den verwandten und oftmals synonym verwendeten Begriffen „Gewalt"[779] und „Zwang"[780] vor, wobei diese beiden gerade im Strafrecht schon einen bestimmten Bedeutungsgehalt besitzen, welcher sie vom vorgenannten

---

778 Vgl dazu kritisch *Liebsch*, Gewalt 74 ff: Worauf es hinsichtlich des Zusammenhangs von Recht und Gewalt in modernen Gesellschaften entscheidend ankommt, ist, dass das Versprechen einer rechtlichen Pazifierung der gesellschaftlichen Verhältnisse mehr und mehr als brüchig und unglaubwürdig erscheint – unabhängig davon, welchem Subjekt politische oder rechtliche Souveränität zukommt. Gegen den „Diskurs" über das „Paradigma der staatlichen Monopolisierung und Einhegung der Gewalt" meint er: „Zwar haben wir den Rechtsstaat, was gewiss nicht gering zu schätzen ist. Aber weit entfernt, zur Aufhebung der Gewalt im Recht geführt zu haben, setzt das gesellschaftliche Leben sogar zunehmend Formen der Gewalt frei, denen das Recht nicht angemessen Rechnung trägt und denen es vielleicht nicht angemessen Rechnung tragen kann." Vgl dazu den OEPS, der die Rechtsordnung heranzieht und bestimmte Begriffe, Zusammenhänge und Verfahren (bzw die ihm zupass kommenden Versatzstücke davon) in eine eigene „Rechtsordnung" fügt, eben die „ÖTO Rechtsordnung", damit also den Staat kopiert, und zusätzlich noch (aus Legitimationsgründen) auf „das Personal" des Staates zugreift – indem er seine „Rechtsgremien" mit „nach Möglichkeit ausübenden oder pensionierten Richtern oder Staatsanwälten" beschickt (§ 2005 Abs 1 ÖTO Rechtsordnung) –, um auch dadurch den „Verbandsuntertanen" seine quasistaatliche Position bzw Macht zu demonstrieren.

779 Vgl dazu eine schon ältere, aber treffende Definition zu diesem Begriff; demnach „heißt Gewalt das Vermögen etwas auszurichten, entweder mit Fug und Recht, und alsdann ist es rechtmäßige Gewalt, potestas, pouvoir, oder ohne Recht und aus Muthwillen, da ist es eine strafbare Gewaltsamkeit," so in *Zedler*, Großes vollständiges Universal-Lexikon X[2] (1994) 1377.

780 Vgl zB *Krejci* in Rummel, Kommentar[3] § 879 Rz 216 ff [2000] (rdb) zum zivilrechtlichen „Zwangsbegriff" in § 879 Abs 4 ABGB (Wuchertatbestand), mit Judikaturnachweisen: Eine Zwangslage ist dabei, neben Leichtsinn, Verstandesschwäche, Unerfahrenheit oder Gemütsaufregung, ein mögliches Element des Willensmangels; die Begriffe sind schwer abgrenzbar. Dabei bedeutet Zwangslage nicht nur eine wirtschaftliche Notlage, sondern umfasst alle Fälle, in denen die besonderen Verhältnisse dem Bewucherten die Wahl lassen, entweder auf die ihm vorgeschlagene drückende Vereinbarung einzugehen oder einen noch größeren Nachteil zu erleiden; sie ist aber nicht schon dann gegeben, wenn durch das Nichtzustandekommen eines Vertrages kein anderer Nachteil eintritt, als dass das angestrebte Vertragsziel nicht erreicht wird. Das Vorliegen einer Zwangslage setzt nicht voraus, dass der Bewucherte bedroht wird (§ 870 ABGB). Eine vorübergehende Zwangslage genügt, objektive Unvermeidbarkeit ist nicht erforderlich. Sa *Kolmasch* in Schwimann (Hrsg), § 870 ABGB Rz 5 ff.

deutlich unterscheidet. Wenngleich zB der Aussagegehalt der Formulierungen, man habe eine Person in seiner „Macht" oder in seiner „Gewalt", derselbe ist, beschreibt Macht grundsätzlich einen statischen Zustand, ist also latent vorhanden, auch wenn sie im Augenblick nicht ausgeübt wird. Zwang und Gewalt wohnt dagegen in einem eher dynamischen Sinn eine augenblickliche Einflussnahme auf einen anderen inne. *Triffterer* sieht die Begriffe Gewalt[781] und Zwang zueinander in zweifacher Relation verbunden. Einerseits ist Gewalt im Verhältnis zum Zwang insofern als der engere Begriff einzuordnen, als Zwang sowohl durch Gewalt als auch durch andere massive Nötigungsmittel, zB Drohung, ausgeübt werden kann. Dies gilt, so *Triffterer* 1991, unabhängig davon, ob der Begriff der Gewalt gem einer restriktiven (zB in Österreich herrschenden) Meinung auf die „Anwendung physischer Kraft" beschränkt wird, oder ob er mit einer flexibleren, zB deutschen, Deutung als „Zwangseinwirkung aufgrund einer gegenwärtigen Übelszufügung" umschrieben wird. Von diesen beiden Begriffen unterscheidet sich jener der Macht – wie unschwer zu erkennen ist – grundlegend. Zwar kann Macht mit Hilfe der dynamischen Mittel Gewalt oder Zwang ausgeübt werden, jedoch für ihren Aufbau, ihre Durchsetzung und ihren Erhalt stehen auch andere Mittel zur Verfügung. Weiters nennt *Triffterer* als Beispiele für (staatliche) Machtausübung zB eine Indoktrination durch die Massenmedien oder im Rahmen des schulischen Unterrichts, die Verabschiedung von Gesetzen und Verordnungen sowie der Erlass eines Urteils durch ein Gericht. Dann trifft der Autor eine im gegebenen Zusammenhang (Verbandsmacht betreffend) wesentliche Feststellung: Dass nämlich durch ein „besonderes Machtverhältnis" die Ausübung von (Anm: wohl „staatlichem") Zwang gegen andere Personen idR erheblich erleichtert ist, wie die vielfältigen (legalen und illegalen) Zwangsmaßnahmen im Rahmen der „besonderen Gewaltverhältnisse"[782],

---

781 Vgl zum mitunter problematischen Zugang von Juristen zu „Recht und Gewalt" *Jakob*, Die alltägliche Gewalt und die Hilflosigkeit der Juristen in Gruter/Rehbinder (Hrsg), FS Usteri (2002) 324: „Ein Argument in Richtung mangelnder Sensibiltität und Hilflosigkeit (Anm: von Juristen) mag im Recht selbst gefunden werden. Es ist in vielfacher Weise untrennbar mit Gewalt verbunden; es definiert nicht nur Gewalt, es ist auch mit Gewalt sanktioniert, es beantwortet ‚böse Gewalt' mit ‚guter', legitimer Gewalt und so fort. Es monopolisiert die Gewalt, gelegentlich ermächtigt es auch Privatpersonen zur Gewalt. Fassen wir einmal so zusammen: Recht selbst ist in gewisser Weise aggressiv und damit gewaltträchtig, es bedeutet durch Verfahren ‚abrufbare Gewalt'. Nicht zuletzt kann, unter der Tarnung des Gesetzes, Gewalt durch Richter und Bürokraten geübt werden (‚versachlichte Gewalt')."

782 *Herzfelder*, Gewalt und Recht. Eine Untersuchung über den Begriff des Gewaltverhältnisses (1890) 37, formuliert: Bei der Gewalt über eine Person (*Triffterer* würde dabei eher von Macht sprechen) ist das wesentliche Merkmal des Gewaltverhältnisses, dass gegenüber dem in demselben allein maßgebenden Willen des Gewalthabers der Wille des Gewaltunterworfenen nichts gilt, somit völlig bedeutungslos ist. Insofern kann davon gesprochen werden, dass ein Sportverband in Hinblick auf einen Wettkampfveranstalter „Gewalt ausübt", wenn dieser von jenem bis ins kleinste Detail vorgeschrieben erhält, was er im Zusammenhang mit einem Wettkampf tun bzw unterlassen muss, und insbesondere in seinem Vertragsverhältnis zu den Sportlern keinerlei privatautonomen Spielraum mehr hat. Ja, der Wettkampfveranstalter darf nicht einmal auf seinem eigenen Grund und Boden ein Sportereignis ohne

etwa beim Militär oder in der Strafhaft, belegen. Für den Missbrauch von Machtstellungen setzt *Triffterer* begrifflich zunächst deren fehlerhaften Gebrauch voraus, und zwar muss es sich um ein unvertretbares, das heißt um ein eindeutiges Fehlverhalten handeln. Ob dies der Fall war, lässt sich ihm zufolge überhaupt nur dann beurteilen, wenn im Vergleich dazu festgestellt werden kann, wie die betreffende Macht fehlerfrei, das heißt „richtigerweise" hätte ausgeübt werden müssen. Und Richtlinien für diese Beurteilung entnimmt *Triffterer* vorrangig aus dem positiven Recht, vor allem für die Ausübung demokratisch oder sonst rechtlich legitimierter Machtpositionen. *Triffterer* will diese Richtlinien anhand von allgemeinen sozialethischen Gesichtspunkten ergänzt und/oder überprüft wissen. Sollten allenfalls positivrechtliche Maßstäbe überhaupt fehlen, wie insbesondere bei faktisch begründeten Machtverhältnissen, muss sogar überwiegend auf sozialethische Gesichtspunkte zurückgegriffen werden. Mit *Triffterer* kann daher argumentiert werden, dass dann, wenn sich Sportverbände staatsähnliche bzw gleiche Autorität und Machtausübung anmaßen, schon allein aufgrund fehlender Legitimation der Missbrauch einer Machtposition vorliegt. Beim Fehlen von sozialethischen Gesichtspunkten sind laut *Triffterer* für die „richtige", also korrekte, Ausübung von Macht sozialethische Gesichtspunkte heranzuziehen, etwa in Form der „guten Sitten". Der Autor nennt als Beispiel den – damals, 1991, in Geltung befindlichen – § 105 öKartG, welcher einen ausdrücklichen Verweis auf die „guten Sitten" als Maßstab für die Ausübung einer Machtposition enthält; mit Strafe bedroht wird, wer „gegen eine Person oder ein Unternehmen einen gegen die guten Sitten verstoßenden wirtschaftlichen Druck ausübt (...)". Die „guten Sitten" markieren in diesem Fall also die Grenze für eine straflose bzw strafbare Ausübung einer wirtschaftlichen Machtposition. *Triffterer* schlussfolgert anhand dieses Beispiels, dass derartige sozialethische Beschränkungen für die Ausübung von Macht ihren Grund in der These haben, jede Machtausübung beinhalte zugleich eine Fremdbestimmung über andere Personen. Und diese ist deshalb nur dann (rechtlich) korrekt und damit akzeptabel, wenn das Wohl derjenigen, die der Macht unterworfen sind, zumindest mitberücksichtigt wird. Sozialethisch erscheint für *Triffterer* daher jede Machtausübung nur insoweit legitim, als sie nicht Rechte und Interessen Dritter in unvertretbarer Weise beeinträchtigt. Dem ist (nicht nur in Hinblick auf Sportverbände) zuzustimmen. 1991 konnte/musste *Triffterer* feststellen, dass ein einheitlicher juristischer Sprachgebrauch für Machtmissbrauch nicht besteht, schlägt jedoch auf Basis seiner Ausführungen die folgende zusammenfassende Definition vor: „Machtmissbrauch ist jede positivrechtlich bzw sozialethisch unvertretbare Ausübung oder zweckgerichtete Nichtausübung einer herausragenden sozialen Machtposition." Über den Bereich des Strafrechts hinaus interessant ist die grundlegende Darstellung *Triffterers* zum Missbrauch der Macht mit Hilfe von Untergebenen im Rahmen einer funktionierenden Organisationshierarchie. Abgesehen von – eher selten vorkommenden, derartigen – Straftaten

---

Genehmigung des Sportbandes (samt Gebührenzahlungen an diesen) veranstalten, auch dafür wird er, wie bei sonstigen Verstößen gegen Bestimmungen betreffend Wettkämpfe, vom Sportverband mit Veranstaltungsverboten und/oder Geldstrafen belegt.

innerhalb von solchen Strukturen werden Machtpositionen häufiger dazu eingesetzt, mit Hilfe von „Untergebenen" (Beauftragten, Funktionären etc) den eigenen Willen gegenüber Dritten durchzusetzen. Diese Form des Machtmissbrauchs ist *Triffterer* zufolge deshalb besonders gefährlich, weil der/die Täter (als Machthaber) über eine ihm unterstehende Organisation verfügt (bzw verfügen), kraft derer er/sie sich auf die Ausführung (manchmal sogar „unbedingt", gem einem „Kadavergehorsam") verlassen kann (bzw können). Denn selbst dann, wenn ein mit der Ausführung des Machtmissbrauchs beauftragter Untergebener den Gehorsam verweigern sollte, werden häufig sofort (andere, austauschbare) Gehorsamswillige an seine Stelle treten, sodass der unmittelbar Ausführende aus der Sicht des/der Machthabers lediglich als auswechselbares Element der Organisationsstruktur erscheint. *Triffterer* hält allerdings auch fest, dass der Umstand, dass machthabende Täter hierarchisch unterstehende Befehlsempfänger zur Tatbegehung eingesetzt haben, in Extremfällen eine verschärfte strafrechtliche Verantwortlichkeit begründen. Der Autor zitiert die (1991) zB im deutschen Recht vertretene Auffassung, dass die Veranlassung von untergebenen Personen zur Tatbegehung bei besonders stark ausgeprägten Machtverhältnissen nicht (lediglich) als Anstiftung oder Beihilfe, sondern als Täterschaft bestraft wird (so genannte „Tatherrschaft kraft organisatorischer Machtapparate").[783]

Was im gegebenen Zusammenhang besonders kritisch gesehen werden muss, ist gerade die Entwicklung bei Sportverbänden, dem Justiz- und/ oder Verwaltungsstrafrecht nachgebildete, „verbandliche Straf- und/oder Disziplinarordnungen" samt „Rechtsprechungs- und Vollziehungsapparat" zu konstituieren.[784] Solcherart schafft sich ein Verband aus Anmaßung und eigener Vollkommenheit („quasihoheitliche") „rechtliche Befugnisse" gegenüber Mitgliedern und Nichtmitgliedern, welche dann als „Verbandsuntertanen" angesprochen werden können. *Triffterer* nennt als hoheitliche Befugnisse zB die Ausübung von unmittelbarer verwaltungsbehördlicher Befehls- und Zwangsgewalt, der Erlass von Urteilen, Bescheiden oder Beschlüssen, aber auch andere Tätigkeiten, die ein Privater nicht gleichermaßen vornehmen kann, wie zB die Anklageerhebung durch den Staatsanwalt.[785]

---

783 *Triffterer*, ZfRV 1991, 184 und 262.
784 Innerverbandlich dienen derartige „Instrumente" vorrangig der Disziplinierung sowie des Weiteren der „gesellschaftlichen, oft auch geschäftlichen Isolierung" (zB wenn [Berufs]Sportler mit Wettkampfausübungsverboten bedroht werden, oder Wettkampfveranstaltern die Organisation von Turnieren verboten wird), in den Formen des „Schneidens, Meidens oder Boykottierens", s *Zippelius*, Ausschluss 11.
785 *Triffterer*, ZfRV 1991, 184 und 262.

3.3.2.2. Verbandlicher Missbrauch der Marktmacht?

Anknüpfend an *Triffterer* wird im Folgenden ein konkreter Sachverhalt beim untersuchungsrelevanten Sportverband im Lichte der jüngst erschienenen, sehr interessanten (rechtsvergleichenden) Studie von *Glaser/Pirko*[786] zum Missbrauch einer marktbeherrschenden Stellung beurteilt.[787]

Die beiden Autoren beurteilen die Rechtsnormen Art 102 AEUV, § 5 KartG[788] und § 19 GWB – mit guten Gründen – als nicht frei von kriminalstrafrechtlichen Querverbindungen. Gem europäischer Rechtslage ist nach Art 102 Abs 1 AEUV die „missbräuchliche Ausnutzung" einer beherrschenden Stellung mit dem Gemeinsamen Markt unvereinbar und verboten.[789] Beispiele für eine solche missbräuchliche Ausnutzung sind den nicht taxativen Katalogen in Art 102 Abs 2 AEUV und § 5 Abs 1 KartG zu entnehmen, überdies relevant sind die Beispieltatbestände der §§ 19 Abs 4, 20 GWB[790]. Der Missbrauch erfolgt *Glaser/Pirko* zufolge oft dadurch, dass anderen Marktteilnehmern ein gewisses Verhalten aufgezwungen wird. Beispielsweise werden Marktteilnehmer gezwungen, unangemessene Geschäftsbedingungen[791], Einkaufs- oder Verkaufspreise zu akzeptieren (Art 102 Abs 2 lit a AEUV, § 5 Abs 1 Z 1 KartG, § 19 Abs 4 Z 2 u 3 GWB), oder zusätzliche Leistungen anzunehmen, die weder sachlich noch nach Handelsbrauch in Beziehung zum Vertragsgegenstand stehen (Art 102 Abs 2 lit d AEUV, § 5 Abs 1 Z 4 KartG, § 19 Abs 4 Z 1 GWB).[792]

---

786 *Glaser/Pirko*, Missbrauch einer marktbeherrschenden Stellung aus strafrechtlicher Sicht, ÖZK 2010, 20 und 59; sa zB *Zanger*, Auswirkungen mangelnder Transparenz von Energierechnungen auf die einzelnen Energieunternehmen, OZK 2009, 95 f (alte Rechtslage auf Europäischer Ebene).

787 Sa *Gladt*, Zur Marktbeherrschung im österreichischen Lebensmitteleinzelhandel, wbl 2009, 164 f.

788 Sa jüngst zB *Koppensteiner*, Gesellschafts- und Kartellrecht, wbl 2011, 292.

789 Vgl zur älteren europäischen Rechtslage, sohin Art 82 und 86 EG, zB (aus Schweizer Sicht) die Urteilswiedergabe/bearbeitung von *Muresan*, Potenzieller Missbrauch einer marktbeherrschenden Stellung durch Sportverbände, CaS 2008 264 ff; sowie (aus deutscher Sicht) *Schroeder*, Sportrecht und Europäisches Wettbewerbsrecht, SpuRt 2006, 1 ff, 6.

790 (deutsches) Gesetz gegen Wettbewerbsbeschränkungen dBGBl 1966 I 37 idgF.

791 Vgl OGH als KOG 20.12.2004, 16 Ok 18/04 = wbl 2005, 290: Geschäftsbedingungen können einen Missbrauch der marktbeherrschenden Stellung dann darstellen, wenn sie die Vorteile und Risiken eines Rechtsgeschäfts einseitig zugunsten des marktbeherrschenden Unternehmers verteilen und so entweder mit wettbewerblichen Schutzzwecken oder mit der Sicherung individueller Belange vor Ausbeutung in Konflikt geraten, wenn also die erzwungenen Konditionen offensichtlich unbillig sind. Ein Missbrauch der Marktmacht wäre etwa dann anzunehmen, wenn die vom marktbeherrschenden Unternehmer als Voraussetzung für den Vertragsabschluss genannten Bedingungen ihrem Inhalt nach nicht gerechtfertigt sind, weil sie volkswirtschaftlich als Missbrauch der Stellung im Markt zu bloßem unternehmenseigenen Nutzen des marktbeherrschenden Unternehmers zu qualifizieren sind oder wenn der Marktbeherrscher dem Vertragspartner Verpflichtungen auferlegt, die für die Verwirklichung eines an sich legitimen Ziels entbehrlich sind und die Freiheit des Vertragspartners unbillig beschränken.

792 *Glaser/Pirko*, ÖZK 2010, 20 f.

Beim OEPS (als Dachverband) ist Folgendes der Fall: Als (einen) Zweck nennt er in 2.1. seiner Satzungen (kurz: OEPS-Satzungen) die Förderung des Reit- und Fahrsports, soweit er nach den Grundsätzen der Federation Equestre Nationale d'Autriche ausgeübt wird, sowie die sportliche Betreuung seiner Mitgliedsverbände und deren Mitglieder. (Ordentliche) Mitglieder des OEPS sind die Landesfachverbände der einzelnen (österreichischen) Bundesländer, deren Mitglieder wiederum sind jeweils Vereine (üblicherweise) eines Bundeslandes (bis hier liegt also eine Vereinskette, bestehend aus drei juristischen Personen, vor). Die Mitglieder der Vereine sind grundsätzlich natürliche Personen, Sportler, Wettkampfveranstalter etc.[793] Ein weiterer Zweck besteht gem 2.3. OEPS-Satzungen in: „Die Förderung, Genehmigung und Kontrolle pferdesportlicher Veranstaltungen jeder (sic) Art." Im gegenwärtigen Zusammenhang ebenfalls relevant sind 2.10. und 6.2. OEPS-Satzungen, da der Dachverband als weiteren, zentralen Zweck, die „Erlassung der einschlägigen Sportregeln und Durchführungsbestimmungen" für Österreich (sic)" angibt, sowie seine (ordentlichen) Mitglieder verpflichtet, dass diese „Vorsorge zu treffen haben, dass österreichische Turnierteilnehmer (sic) an Turnieren in Österreich (sic) Mitglieder eines einem Landesfachverband angeschlossenen Vereins sind." Auf Basis der OEPS-Satzungen hat der Dachverband zahlreiche sonstige Vereinsregeln (zumeist „Ordnung" oder „Regulativ" genannt) beschlossen, ua – es sei hier wiederholt – seine „Rechtsordnung" als Teil der „Österreichischen Turnierordnung 2011" (kurz: ÖTO), welche ganz wesentlich zur Aufrechterhaltung der dachverbandsspezifischen Disziplin dienen soll.

Und nun versucht der Dachverband – wie schon in seinen Satzungen vorformuliert – alle möglichen juristischen und natürlichen Personen (in Österreich, die Pferdesport betreiben und allenfalls Wettkämpfe veranstalten wollen) „seiner" ÖTO zu „unterwerfen": beginnend mit seinen (ordentlichen) Mitgliedern, den LFV, dann deren Mitglieder, die Vereine, sowie als deren Mitglieder die Sportler (wohlgemerkt die beiden letztangeführten sind gerade keine Mitglieder des OEPS); doch damit nicht genug, der OEPS geht noch weiter mit (seinem Versuch) der Unterwerfung, in § 2001 Abs 1 und 2 ÖTO Rechtsordnung liest sich das folgendermaßen: „Die Rechtsordnung (Anm: ÖTO Rechtsordnung), in der jeweils gültigen Fassung, bestimmt die Vorgangsweise, wie die satzungsmäßigen Organe, die Mitglieder und Funktionäre ihre entsprechenden Tätigkeiten für das Wohlergehen der Pferde und für die faire Abwicklung aller Pferdesportdisziplinen zum Vorteil aller Teilnehmer und der Zuschauer ausüben. Alle Personen und Gremien, einschließlich der LFV, Vereine, Veranstalter, Richter, Funktionäre, Pferdebesitzer, verantwortliche Personen, Trainer, Teilnehmer und Pferdesportler, die in irgendwelche Aktivitäten involviert sind, die unter die Jurisdiktion der ÖTO und ergänzender Bestimmungen des OEPS und der LFV fallen, sind der Zuständigkeit der Organe der Rechtsordnung[794] unterworfen."

---

793 S dazu Anhang II.
794 Da in § 3 Abs 2 Z 7 u 8 VerG eindeutig geregelt ist, dass die Organe des Vereins und ihre Aufgaben jedenfalls in den Vereinsstatuten enthalten sein müssen, ebenso wie die Art der Bestellung der Vereinsorgane und die Dauer

Dadurch (bzw in Verbindung mit weiteren Bestimmungen der ÖTO) beabsichtigt der OEPS offenbar zB auch Zuschauer, Eltern, Freunde etc von Sportlern, welche bei einer Wettkampfveranstaltung zB Pferde trocken führen oder Sportler am Abreitplatz unterstützen (argumentum: „alle Personen"), seiner „Jurisdiktion" zu unterstellen.[795] Der OEPS versucht offenbar seine Verbandsordnung auf möglichst viele natürliche Personen auszudehnen und diese damit in den Status der Verbandsuntertanenschaft zu führen.[796] Dies geht (auch) aus folgender Regelung hervor: „Die Bestimmungen der ÖTO und die sich daraus ergebenden Durchführungsbestimmungen sind für alle physischen und juristischen Personen, die Turniere vorbereiten, durchführen, beaufsichtigen oder an solchen in irgendeiner Form beteiligt sind oder teilnehmen, verbindlich (§ 1 Abs 4 ÖTO Allgemeine Bestimmungen; Anm: eine weitere Untergliederung der ÖTO)."[797] Die „Anmaßung einer Anordnungsgewalt" gegenüber jeglichen Sportlern geht allerdings über Wettkampfveranstaltungen hinaus, wenn der OEPS in § 2001 Abs 4 ÖTO Rechtsordnung dekretiert: „Vergehen gegen die Grundsätze sportlich-fairer Haltung und gegen das Wohl des Pferdes können durch Ordnungsmaßnahmen geahndet werden, unabhängig davon, ob sie sich während einer pferdesportlichen Veranstaltung oder außerhalb derselben ereignen."

Das heißt nicht mehr und nicht weniger, als dass jeder Reitsportler (zumindest vorrangig diejenigen, welche Mitglied eines Vereins sind, der in einer Vereinskette mit dem OEPS verbunden ist) dem Grunde nach jederzeit, also zB beim Ausreiten oder beim Trainieren (auf Privatgrund)[798], bei der Verwirklichung eines so „konkreten" Tatbildes wie „Vergehen gegen die Grundsätze sportlich-fairer Haltung und gegen das Wohl

---

795 ihrer Funktionsperiode, der OEPS jedoch die „Organe der Rechtsordnung" nur in der ÖTO, einer sonstigen Vereinsregel, geschaffen hat, wird es sich bei selbigen um „Nichtorgane" handeln und werden deren „Beschlüsse" ein rechtliches Nullum darstellen und nichtig sein, s dazu *Keinert*, Mitgliederversammlung 110.

795 S idS eindeutig *H. Schuster*, Reitstall 135, zur ÖTO: „Dieses Kapitel richtet sich zwar nicht ausschließlich, aber doch primär an alle, die bei pferdesportlichen Veranstaltungen involviert sind, sei es als Teilnehmer, Veranstalter, Mithelfer oder sonstiger Funktionär." Wenn *H. Schuster* schon die unzulässigen „Wirkungen" der ÖTO (als Allgemeine Geschäftsbedingungen) auf Wettkampfteilnehmer anscheinend ausblendet, dann sollte er zumindest die Rechtsfigur des „Vertrages zu Lasten Dritter" berücksichtigen. S dazu statt vieler *Koziol/Welser*, Grundriss II[13] 146.

796 Vgl dazu *M. Weber*, Wirtschaft[5] 27, welcher (vor ca 100 Jahren wohl vor dem Hintergrund der damaligen deutschen Rechtslage) beschreibt, dass Ordnungen außer den Genossen auch Ungenossen eines Verbandes oktroyiert werden können. Exakt dies versucht der OEPS hier.

797 Vgl dazu VfSlg 3073/1956: Wenn der Verein sich in einer Richtung betätigt, die mit der Verwirklichung des statutenmäßigen Vereinsziels nichts zu tun hat, darf er wegen Überschreitung seines statutenmäßigen Wirkungskreises behördlich aufgelöst werden.

798 Vgl diesbezüglich § 1328a ABGB, das Recht auf Wahrung der Privatsphäre, und s *Handler*, Der Schutz von Persönlichkeitsrechten (2008) 195 ff; die gegenständliche Bestimmung der ÖTO Rechtsordnung ist geradezu intentional gegen die Wahrung der persönlichen Bereiche, der Privatsphäre der Sportler gerichtet.

des Pferdes" ein „Verfahren" gem ÖTO Rechtsordnung, auf Basis von § 2014 (Arten der Ordnungsmaßnahmen) und § 2015 (Bemessen der Ordnungsmaßnahmen) ÖTO Rechtsordnung iVm 5. Nenn- und Startgelder ÖTO Gebührenordnung (Anm: eine weitere Untergliederung der ÖTO), mit allfälligen „Geldbußen" in der Höhe bis € 210,- oder aber zB Sperren von pferdesportlichen Veranstaltungen konfrontiert werden könnte.[799] Man stelle sich nun beispielsweise einen „OEPS-kritischen" Amateur- oder gar Berufssportler vor, der auf einmal eines „Disziplinarvergehens" gem § 2012 ÖTO Rechtsordnung[800] – von wem auch immer – geziehen werden würde, und dann von einem Disziplinaranwalt LFV (§ 2008 ÖTO Rechtsordnung) oder gar dem „Bundes-Disziplinaranwalt" OEPS (§ 2009 ÖTO Rechtsordnung) mit „Vorerhebungen" bzw „Verfolgungshandlungen" (wortwörtliche Diktion in der ÖTO Rechtsordnung) zur dachverbandsspezifischen „Disziplin" gebracht werden würde.

Da das eigentliche Thema dieses Einstiegs in die verbandliche Normenordnung des OEPS jedoch der/ein allfälliger Missbrauch der/einer Marktmacht ist (Anm: die wieder gegebenen ÖTO-Bestimmungen sollen als ein Beispiel für die – der Meinung des Verfassers zufolge – „repressive" Tendenz der OEPS-Verbandsnormen dienen), geht es bei den weiteren ÖTO-Bestimmungen um die dachverbandliche Regelung des „Marktes" von „pferdesportlichen Veranstaltungen". Der OEPS beansprucht schon in seinen Satzungen „pferdesportliche Veranstaltungen jeder Art" zu fördern, genehmigen und kontrollieren (2.3. OEPS-Satzungen) und legt daher den „Geltungsbereich der ÖTO" wie folgt fest: „Die ÖTO gilt auf allen pferdesportlichen Veranstaltungen im Österreichischen Bundesgebiet, sofern hiefür nicht das Reglement der FEI anzuwenden ist (§ 1 Abs 2 ÖTO Allgemeine Bestimmungen)." Der OEPS definiert weitergehend: „„Pferde-

---

799   Der Sportdachverband ahmt mit seinen „Gebühren" und „Geldbußen" laut ÖTO gegenüber Wettkampfveranstaltern, Reitsportlern und/oder Funktionären den steuerfordernden und Geldstrafen verlangenden Staat nach; jedenfalls greift der OEPS damit in das Eigentum von natürlichen Personen ein, die nicht seine Mitglieder sind. S zur Einordnung von „Abgabenpflichten" gegenüber dem Staat sowie durch diesen verhängte „Geldstrafen" als „Eigentumseingriffe eigener Art", welche als „gezielte hoheitliche Vermögenseingriffe nur zulässig sind, wenn sie in Übereinstimmung mit dem Allgemeininteresse erforderlich sind", *Raschauer*, Wirtschaftsverfassungsrecht und Gemeinschaftsrecht in Raschauer (Hrsg), Grundriss des österreichischen Wirtschaftsrechts[3] (2010) Rz 228 ff.

800   Der OEPS maßt sich in seiner Rechtsordnung sogar Folgendes an: „Disziplinarvergehen gegen die Grundsätze sportlich-fairer Haltung, gegen das Wohl des Pferdes und gegen sonstige Bestimmungen der ÖTO, können durch Ordnungsmaßnahmen geahndet werden, egal, ob sie im In- oder Ausland begangen werden (§ 2012 Abs 1 ÖTO Rechtsordnung)." Dh, beim OEPS liegt nicht einmal eine – allenfalls „bescheidene" – Beschränkung des ÖTO-Geltungsbereiches zB auf die Mitgliedstaaten der Europäischen Union mehr vor, nein, eine „weltweite" Geltung der „ÖTO-Jurisdiktion" wird normiert. Ein Sportler also, der im Zuge eines Urlaubs, zB in Südamerika, in welcher Form auch immer „gegen das Wohl des" bzw eines Pferdes verstößt, allenfalls filmisch dokumentiert, könnte in Österreich mit „Verfolgungshandlungen" gem ÖTO konfrontiert sein. Mit Konstrukten wie „transnationales Recht" ließe sich auch derartiges allemal rechtfertigen.

sportliche Veranstaltungen' sind insbesondere: erstens Turniere, zweitens Reiter-, Fahrer- oder Voltigiertreffen, drittens Sonderprüfungen, viertens Pferde-Sport & Spiel Veranstaltungen, und fünftens Turnierartige Veranstaltungen (§ 2 Abs 1 ÖTO Allgemeine Bestimmungen)." Daraus kann gefolgert werden, dass der OEPS offenbar den „gesamten Markt" an pferdesportlichen Veranstaltungen in Österreich reglementieren will, und zwar indem er in Bezug auf diesen Markt alleinig die Funktionen „Förderung, Genehmigung und Kontrolle" ausübt bzw auszuüben beansprucht.[801] Da die Tätigkeit der „Förderung" ob ihres „Leerformelcharakters" verzichtbar ist, wird das Wirken des OEPS wohl als auf den vier Säulen „Anordnung, Genehmigung, Kontrolle und Strafe" aufgebaut zu sehen sein. Die „Strafkompetenz" ist in diesem OEPS-System offenbar insofern „notwendig", als „Marktnormenabweicher" mittels Ordnungsmaßnahmen (§ 2014 ÖTO Rechtsordnung) zur gehörigen Subordination gebracht werden (können).

Und dieser so umfassende Begriff „pferdesportliche Veranstaltungen im Österreichischen Bundesgebiet" soll dem OEPS offenbar ermöglichen, tatsächlich jegliche pferdesportliche Veranstaltung in Österreich nach seinen (wohl auch wirtschaftlichen) Intentionen (va Gebührenerlangung) zu determinieren; als Grundlage dafür wird ein „Vereins-/Verbandsverhältnis" angeführt, tatsächlich werden diese Wettkämpfe (vielfach Turniere) auf vertraglicher Basis – wie sonst? – durchgeführt, Vertragspartner sind dabei, was das Risiko und das Engagement betrifft, vorrangig der Wettkampfveranstalter und der/die Sportler, jedoch kommt als weiterer und tatsächlich dominierender, sämtliche Vertragsbedingungen vorgebender „Hauptvertragspartner" der OEPS ins Spiel, der vor allem mit seinen Allgemeinen Geschäftsbedingungen namens ÖTO die Privatautonomie der anderen Parteien so gut wie vollständig ausschließt.[802]

---

801 S *Thomasser*, Tendency 191.
802 Und dieser „Hauptvertragspartner" OEPS versucht dann offenbar in weiterer Folge sich aus der Vertragsabwicklung/-erfüllung, ja aus jeglicher Verantwortung für das zustande gekommene Rechtsgeschäft „Wettkampfveranstaltung und -teilnahme" mit folgender Passage aus seinen Allgemeinen Geschäftsbedingungen namens ÖTO zu „winden": „Der OPS und die LFV übernehmen keine finanzielle oder rechtliche Verantwortung hinsichtlich der Verantwortung von Turnieren (§ 5 Abs 5 ÖTO Allgemeine Bestimmungen)." Aber in Verbindung mit der Veranstaltung fordert der OEPS zahlreiche Gebühren, lässt sich von Funktionären (Wettkampfrichtern, Turnierverantwortlichen etc), welche der Veranstalter zu bezahlen hat, zuarbeiten und verwendet ein „Strafregime" (ÖTO Rechtsordnung), welches ihm (Disziplinierungs)Macht und wohl auch den Gebührenzufluss sichert, um jeglichen Widerstand bzw jeglicher „Unbotmäßigkeit" von Veranstaltern und/oder Sportlern mit obrigkeitlichem Selbstverständnis gegensteuern zu können. Eine derartige Bestimmung jedoch, die einen Vertragspartner, hier den OEPS, aus jeglicher (Haftungs)Verantwortung entlassen soll(te), ist sittenwidrig. Sa *Serozan*, Einschränkung der Vertragsfreiheit durch soziale Schutzgedanken, JBl 1983, 561: Es wird als sittenwidrig bezeichnet, dass die Monopolstellung zur einseitigen Risikoverlagerung ausgenützt wird. Weiter wird angenommen, dass schon unzumutbare, unangemessene, grob einseitige Risikoverlagerungen und Belastungen zum Nachteil des Kunden eine Sittenwidrigkeit darstellen. Dies übrigens selbst dann, wenn kein Monopolunternehmen vorliegt.

Ganz wesentlich für diesen „Markt" ist weiters, dass der OEPS an derartige pferdesportliche Veranstaltungen zahlreiche „Gebührenforderungen" knüpft, viele dieser „Gelder" – unter den verschiedensten „Titeln", s ÖTO Gebührenordnung – fordert der Dachverband für sich, bei Nichtablieferung drohen zB „Geldbußen" auf Basis der ÖTO Rechtsordnung.

Folgende „Begriffsdefinitionen" gem ÖTO sind ebenfalls von Bedeutung: „Turniere' sind Veranstaltungen, bei denen Leistungsvergleiche von Pferden, Reitern, Fahrern und/oder Voltigierern aufgrund der Bestimmungen der ÖTO durchgeführt werden und gemäß § 5 und § 24 genehmigt worden sind (§ 2 Abs 2 ÖTO Allgemeine Bestimmungen)." Dies könnte nun so interpretiert werden, dass der OEPS – gewissermaßen „maßvoll" – ohnehin „nur" diejenigen pferdesportlichen Veranstaltungen bestimmen wollen würde, welche eben „aufgrund der Bestimmungen der ÖTO durchgeführt werden und gemäß § 5 und § 24 genehmigt worden sind". Dass dies jedoch nicht der Fall ist, geht ua aus der weiteren Definition hervor: „‚Turnierartige Veranstaltungen', die nicht den Abs 2 – 5 (Anm: den vorangegangenen) entsprechen, bedürfen einer Sondergenehmigung des zuständigen LFV (§ 2 Abs 2 ÖTO Allgemeine Bestimmungen)." Dieser Bestimmung ist die Verbandsintention zu entnehmen, dass doch wieder „sämtliche" Turniere bzw Turnierartigen Veranstaltungen in Österreich unter die „Jurisdiktion" des OEPS qua LFV fallen (sollen), und dass nichts Derartiges ohne dachverbandliche „Anordnung, Genehmigung, Kontrolle und allenfalls Strafe" veranstaltet werden darf.

In Verbindung mit diesen Verbandsbestimmungen ist auch eine weitere – strafbewehrte – Norm zu nennen, welche ebenfalls belegt, dass es dem OEPS genau darauf ankommt, dass jegliche pferdesportliche Veranstaltung durch ihn genehmigt wird, und dass es niemandem anderen gestattet ist bzw sein soll, solche ohne dessen Genehmigung zu veranstalten; bzw für den Fall, dass doch eine solche „nicht genehmigte" Veranstaltung stattfinden sollte, dass niemand daran teilnimmt: „Ein Disziplinarvergehen begeht insbesondere, wer pferdesportliche Veranstaltungen ohne Genehmigung veranstaltet oder sich daran beteiligt (§ 2012 Abs 2 Z 12 ÖTO Rechtsordnung)." Ein Veranstalter kann/könnte dann vom OEPS mit einer Geldbuße gem § 2014 Abs 3 ÖTO Rechtsordnung mit mindestens € 70,- belegt werden, oder, wenn die nicht genehmigte Veranstaltung vom OEPS als „Missachtung der Bestimmungen der ÖTO durch den Veranstalter"[803] beurteilt wird, mit einer Zahlungsverpflichtung ab € 300,- bestraft werden (4. Gebühren bei Veranstaltungen ÖTO Gebührenordnung). Wenn ein Sportler an einer nicht genehmigten pferdesportlichen

---

803 Die Dimension dieses – von der Wirkung her vor allem disziplinierenden – „Straftatbestandes" erscheint jedenfalls sittenwidrig, denn dies bedeutet letztlich nichts Anderes, als dass jeder Turnierveranstalter, welcher ja auf vertraglicher Basis mit dem OEPS seine pferdesportliche Veranstaltung durchführt, vom OEPS bei Verstoß gegen irgend eine (noch dazu unbestimmte, also der Auslegung durch dem OEPS verantwortliche Personen bedürftige) Bestimmung der ÖTO, und derer gibt es zahlreiche, mit einer Strafe ab € 300,- belegt werden kann. Die ÖTO als allgemeine Geschäftsbedingungen zwischen OEPS und Veranstalter führen zu einer (Selbst)Aufhebung jeglicher Vertragsfreiheit auf Seiten der zweiten und stellen Knebelungsverträge dar, vgl dazu *F. Bydlinski*, System 161.

Veranstaltung teilnimmt, dann verwirklicht er den Tatbestand einer „unberechtigten Teilnahme" (§ 2013 Abs 1 Z 2 ÖTO Rechtsordnung) und kann/könnte vom OEPS mit einer Geldbuße von € 70,- bis € 1000,- belegt werden (5. Nenn- und Startgelder ÖTO Gebührenordnung).

Als praktische Beispiele seien folgende dazu angeführt: Erstens beabsichtigt ein Veranstalter, der bisher (immer) vom OEPS genehmigte pferdesportliche Veranstaltungen durchgeführt hat, nunmehr eine „OEPS-freie" Veranstaltung (zB um sich die vielen OEPS-Gebühren zu ersparen) auszurichten, dann bestünde die „Gefahr", dass er vom OEPS eine Strafe erhält. Zahlte er die nicht, dann würde er vom OEPS, falls er doch wieder gemeinsam einen Wettkampf mit diesem veranstalten wollen würde, zB keine weiteren Turniere mehr genehmigt erhalten. Besteht der Veranstalter dennoch darauf (ohne irgendeine Geldbuße an den OEPS zu bezahlen), dass er seine nicht genehmigte Veranstaltung abhält, dann steht er faktisch vor einem weiteren Problem: Wer soll an einer nicht genehmigten Veranstaltung teilnehmen? Sportler, die üblicherweise an vom OEPS genehmigten teilnehmen (und dies auch weiterhin wollen), werden sich überlegen (müssen), ob sie sich dem „Risiko" einer unberechtigten Teilnahme und damit einer Geldbuße bzw allenfalls Wettkampfsperre durch den OEPS aussetzen. Im Ergebnis kann also der OEPS durch sein „Strafandrohungssystem" recht effektiv seine Macht, den Markt der pferdesportlichen Veranstaltungen zu reglementieren, zu kontrollieren und gegebenenfalls mit Strafen zu steuern, wirken lassen. Grundsätzlich hat das zwischen dem OEPS und jedem Turnierveranstalter bestehende Wettbewerbsverhältnis – ob es sich nun um OEPS-Turniere oder um OEPS-freie Wettbewerbe handelt – Lauterkeitsrechtsrelevanz, weshalb allfällige wettbewerbswidrige Handlungen des Sportdachverbandes nicht nur gem KartG, sondern ebenso im Lichte des UWG[804] zu beurteilen sind und allfällige Ansprüche geltend gemacht werden können.[805] Die Beeinflus-

---

804 BG gegen den unlauteren Wettbewerb BGBl 1984/448 idgF; s iZm dem VerG insbesondere *Höhne/Jöchl/Lummerstorfer, Recht*[3] 183 ff. Sa *Heidinger* in Wiebe/Kodek (Hrsg), Kommentar zum UWG (2009) § 1 Rz 93: „Auch wohltätige und gemeinnützige Unternehmungen sowie Vereine, deren satzungsmäßiger Zweck an sich nicht auf einen wirtschaftlichen Geschäftsbetrieb ausgerichtet ist, können sich in einer Weise betätigen, in der eine Teilnahme am Erwerbsleben zum Ausdruck kommt."

805 Ein Veranstalter, welcher zB durch den OEPS unter Bezugnahme auf die allzu unbestimmten (und daher für Disziplinierungen umso besser geeigneten) Tatbestände gem § 2012 ÖTO Rechtsordnung, wie „Schädigung des Ansehens des Pferdesports" oder „Nichtbeachtung von ÖTO-Bestimmungen", bestraft und dann in der Verbandszeitschrift (am Kiosk erhältlich) öffentlich vorgeführt werden würde, könnte sich dagegen wohl unter anderem gem § 7 UWG zur Wehr setzen. S dazu grundlegend *Gamerith*, Wettbewerbsrecht I[7] 49 ff; weiters hat *Schopper*, Die Verwendung unzulässiger Allgemeiner Geschäftsbedingungen als Wettbewerbsverstoß, ecolex 2010, 684 f, darauf hingewiesen, dass vor kurzem sowohl OGH und BGH beinahe zeitgleich entschieden haben, dass die Verwendung unwirksamer Allgemeiner Geschäftsbedingungen (AGB) einen Wettbewerbsverstoß darstellen kann. Allerdings darf der abstrakte Verstoß einer AGB-Klausel gegen zivilrechtliche Bestimmungen der Geltungs- oder Inhaltskontrolle (§§ 864a, 879 Abs 1 und 3 ABGB und §§ 6, 9 KSchG) nicht mit einer unlauteren Geschäftspraktik iSd

sung der gegenständlichen, pferdesportlichen Marktverhältnisse durch den OEPS kann wohl nur als „total intensiv" bzw schlichtweg „uneingeschränkt dominierend" bezeichnet werden. Die „Geschäftspolitik" des OEPS, österreichweit für sämtliche Reitsportler und Wettkampfveranstalter strafbewehrte Verbote zu „erlassen", andere, nicht dem OEPS-Regime unterliegende, Wettkämpfe zu veranstalten und/oder daran teilzunehmen, kann als geradezu „aggressiv"[806] bezeichnet werden.[807]

Der OEPS als Oberturnierveranstalter versucht mithilfe seiner verbandlichen Normenordnung jeden (potentiellen) Wettkampfveranstalter in Österreich (Zwecke gem 2.3. und 2.10. OEPS-Satzungen: „Förderung, Genehmigung und Kontrolle pferdesportlicher Veranstaltung jeder Art" sowie „Erlassung der einschlägigen Sportregeln und Durchführungsbestimmungen für Österreich") unter sein „Unternehmenskonzept" zu zwingen; andernfalls setzt der Sportdachverband sein Droh- und Maßnahmenpotential ein, welches von Strafen, über persönliche Unwertzuschreibungen in „verbandsoffiziellen" Mitteilungen (für jedermann zB am Kiosk erhältlich) bis zu Marktteilnahme- bzw Unternehmensausübungsverboten gegen nicht gefügige Wettkampfveranstalter reicht. Somit wirken die verbandliche Normenordnung und das faktische Handeln des OEPS als Beschränkung des Wettbewerbs auf dem Markt der Turnierveranstaltungen. Das Ergebnis ist eine Unternehmenskonzentration unter einem Sportdachverband.[808]

Als Begründungsrahmen wird ein Verbandsverhältnis mit Quasiverbandsmitgliedschaft (auch der Turnierveranstalter) konstruiert und die (überdies abgeschlossenen) Wettkampfdurchführungsverträge haben vor allem die Beherrschung der untergeordneten Unternehmer durch den Oberturnierveranstalter zum Ziel und zur Folge. Dieser Markt ist durch und durch sportdachverbandlich einseitig, nahezu ohne verbleibende Spielräume, geregelt, und da (zwischen dem OEPS und OEPS-unterworfenen sowie -freien Veranstaltern) Wettbewerb bei sonstiger Verbandsstrafe[809]

UWG gleichgesetzt werden. Einer gesonderten Prüfung bedarf im Lauterkeitsrecht ua, ob die Verwendung der unzulässigen Klausel einen Verstoß gegen berufliche Sorgfaltspflichten darstellt und ob der Einsatz der unzulässigen Klausel den Wettbewerb zum Nachteil von Unternehmen nicht unerheblich beeinflusst.

806   Vgl dazu *Heidinger* in Wiebe/Kodek, Kommentar § 1 Rz 21: „Eine Geschäftspraktik gilt als aggressiv, wenn sie geeignet ist, die Entscheidungs- oder Verhaltensfreiheit des Marktteilnehmers in Bezug auf das Produkt durch Belästigung, Nötigung oder durch unzulässige Beeinflussung wesentlich zu beeinträchtigen und ihn dazu zu veranlassen, eine geschäftliche Entscheidung zu treffen, die er andernfalls nicht getroffen hätte. ... Der Anwendungsbereich von § 1a UWG erstreckt sich auf alle Marktteilnehmer, sodass auch aggressive Geschäftspraktiken gegenüber Unternehmen nach § 1 Abs 1 Z 1 UWG erfasst werden."

807   S zB *Zanger*, OZK 2009, 96 ff.

808   S statt vieler zB *Behr*, Sportveranstaltungen als Geldmaschinen, CaS 2008, 205 ff.

809   S einmal mehr die Verbotsbestimmungen des marktbeherrschenden Unternehmens OEPS, Wettkämpfe ohne seine Zustimmung bzw die Zugrundelegung seiner verbandlichen Normenordnung (insbesondere § 2012 ÖTO Rechtsordnung) veranstalten zu wollen; auch dadurch wird tatbildlich gem § 1 UWG „Behinderung" gegenüber potentiellen Konkurrenten gepflogen, wie zB planmäßige Aussperrungen und Boykottmaßnahmen. S dazu *Gamerith*, Wettbe-

ausgeschlossen ist, kann auch eine der Hauptfunktionen von Wettbewerb nicht zum Tragen kommen, nämlich durch Abbau von Machtungleichgewichten auf „gerechte" Verträge hinzuwirken.[810]

Festgehalten sei überdies, dass es aus „OEPS-Sicht und -Selbstverständnis" weder einem Veranstalter noch potentiell teilnehmenden Sportlern etwas nützt, wenn sie meinen sollten, auf Privatgrund des Veranstalters auf Basis eines privatautonom zwischen ihnen (Veranstalter und Sportler) ausverhandelten Vertrages doch tun und lassen zu können, was sie wollen, also zB eine „OEPS-freie" Veranstaltung abzuhalten. In einer Vorgängerfassung der ÖTO 2011, derjenigen aus 1992, wurden Veranstaltungen ohne Genehmigung noch als – bei Strafe verbotene – „wilde Turniere" klassifiziert.[811] Dass es dem OEPS bzw dem BFV (als dessen Vorgänger) durchaus ernst damit war, dass nur durch ihn genehmigte Veranstaltungen durchgeführt werden durften, zeigt ein diesbezügliches „Urteil" gegen einen oberösterreichischen Verein, der vor 10 Jahren wegen der Durchführung einer nicht genehmigten, jedoch genehmigungspflichtigen Veranstaltung zu einer Geldstrafe in der Höhe von öS 15.000,- (Anm: ca € 1.090,-) „verurteilt" worden ist, wobei der Vollzug der Hälfte der verhängten Geldstrafe auf zwei Jahre bedingt ausgesprochen worden ist; dies wurde in der am Kiosk erhältlichen Verbandszeitschrift „Pferderevue" 2000/2 unter „BFV – Offiziell" in der Rubrik „Ordnungsmaßnahmen" veröffentlicht.[812] Daraus erhellt wohl, dass der OEPS also in Bezug auf pferdesportliche Veranstaltungen bzw den Pferdesport überhaupt in Österreich die/eine „Allzuständigkeit" und „Alleinregelungskompetenz" beansprucht. Durch seine verbandliche Normenordnung, welche er auf so gut wie alle potentiellen Marktteilnehmer (Veranstalter und Sportler) anwendet bzw angewendet wissen will, welche jedoch für diese nichts anderes als allgemeine Geschäftsbedingungen darstellen, der/denen sie sich dem OEPS zufolge freilich unterwerfen müssen, kontrolliert der OEPS den Markt der Pferdesportveranstaltungen monopolistisch.[813] Das „Wirken" des OEPS sichert vorderhand seine Marktmacht, ist aber noch unter einem weiteren, wesentlichen Aspekt zu beurteilen: *Pernthaler* ist zuzustimmen, wenn er ausführt, dass das Grundrecht der Vereinigungsfreiheit auch einer allenfalls gesetzlich angeordneten oder durch Verbandsmaßnahmen herbeigeführten „Außenseiterwirkung" verbindlicher Normsetzung wesentliche Schranken setzt. Diese darf nämlich weder in einen unmittelbaren Organisationszwang noch in die Unabdingbarkeit dieser Normwirkung gegenüber konkurrierenden gesellschaftlichen Verbänden umschlagen, ohne den Kernbereich des Grundrechtes auf Vereinigungsfreiheit zu zerstören.[814]

Nach dieser ausführlicheren Schilderung spezifischer Umstände beim OEPS sei daher im Folgenden mit der Marktmachtmissbrauchs-Studie von *Glaser/Pirko* fortgesetzt und in Verbindung damit der Versuch einer Würdi-

---

werbsrecht I[7] 98 ff; *Duursma/Duursma-Kepplinger*, UWG Ergänzungsband (2009) § 1 Rz 45; *Wiltschek*, UWG[2] (2007) § 1 Anm 4.
810 *Koppensteiner*, wbl 2011, 286 f.
811 *Thomasser*, Tendency 191.
812 *Thomasser*, Tendency 191, das „Urteil" liegt vor.
813 *Thomasser*, Gewaltverhältnis 197.
814 *Pernthaler*, Schranken 103.

gung der dachverbandlichen Normenordnung samt -wirkung vorgenommen.
Davon ausgehend, dass die Dispositionsfreiheit nicht nur zivilrechtlich
(Privatautonomie), sondern auch strafrechtlich abgesichert ist, nehmen
Glaser/Pirko ein Delikt in Augenschein, das das Rechtsgut der Freiheit
des Willens schützt: Nötigung (§ 105 StGB bzw § 240 dStGB). Der Tat-
bestand der Nötigung ist durch das Merkmal des Einsatzes besonderer
Nötigungsmittel gekennzeichnet, nämlich Gewalt oder gefährliche Drohung.
Auch 20 Jahre nach *Triffterers* Studie gilt, dass Gewalt ein Begriff ist, der
an vielen Stellen im StGB und dStGB verwendet wird, jedoch nirgendwo
gesetzlich definiert ist. Grundsätzlich verstehen österreichische Lehre und
(überwiegende) Rsp der Körperlichkeitstheorie folgend unter Gewalt die
Anwendung von nicht unerheblicher physischer Kraft zur Überwindung
eines wirklichen oder erwarteten Widerstandes. Hervorzuheben ist, dass
der Gewaltbegriff allerdings nicht einheitlich und (daher) deliktsspezifisch
auszulegen ist. *Glaser/Pirko* halten fest, dass sich gerade im Zusammenhang mit dem Delikt der Nötigung andeutet, dass der OGH mitunter auch
dem Gewaltbegriff der in Deutschland herrschenden Vergeistigungstheorie
folgt, derzufolge jedes Verhalten, welches Zwangswirkungen entfaltet, als
Gewalt einzustufen ist; insofern könnten die Zwangswirkungen gegenüber
Veranstalter und/oder Sportler im Hinblick auf die verpflichtende
Genehmigung von pferdesportlichen Veranstaltungen bei sonstiger Strafandrohung als Gewalt eingestuft werden. Im Kartellrecht wiederum wäre
den Autoren zufolge das Tatbestandsmerkmal Gewalt – zB bei der
Erzwingung von unangemessenen Geschäftsbedingungen oder Einkaufs-
und Verkaufspreisen – nur unter Zugrundelegung der Vergeistigungs-
theorie denkbar. Bei Anwendung dieser Theorie (in Österreich) kann die
willensbeugende Wirkung eines Preisangebots oder von Geschäftsbedingungen als Gewalt iSd strafrechtlichen Nötigung verstanden werden.
Setzt ein marktbeherrschendes Unternehmen ein missbräuchliches
Verhalten, zB in Richtung Erzwingung von missbräuchlichen Preisen oder
Geschäftsbedingungen, entweder durch Gewalt oder durch gefährliche
Drohung, dann gelten diese als erwiesen, wenn das Vermögen des Opfers
gefährdet ist. Wobei unter den Opferbegriff alle Personen fallen, die durch
die Tat geschädigt oder „sonst in ihren strafrechtlich geschützten Rechts-
gütern beeinträchtigt worden sein könnten", also auch juristische Personen.
Eine Vermögensbeeinträchtigung kann zB dann vorliegen, wenn der
Marktbeherrscher seine Konkurrenten in wettbewerbswidriger Weise vom
Markt ausschließt und deren potentielle Umsatzchancen maßgeblich
beeinträchtigt.[815]
    Wenn man davon ausgeht, dass der OEPS erstens den bestehenden
Markt pferdesportlicher Veranstaltungen beherrscht, zweitens in Bezug
auf sämtliche Veranstalter, welche von ihm genehmigte Turniere abhalten,
zumindest als dominierender „Mitveranstalter" jeglichen pferdesportlichen
Ereignisses zu beurteilen sein wird, und drittens durch seine verbandliche
Normenordnung (als allgemeine Geschäftsbedingungen) jeglichen weiteren,
potentiellen Veranstalter, welcher sich nicht der „OEPS-Reglementierungs-
gewalt" unterwerfen will, vom Markt ausschließt, würde der OEPS durch

---

815   *Glaser/Pirko*, ÖZK 2010, 21 f.

Ordnungsmaßnahmen gegen Veranstalter oder Teilnehmer nicht genehmigter Veranstaltungen möglicherweise ein missbräuchliches Verhalten verwirklichen können. In weiterer Folge weisen *Glaser/Pirko* – anhand einiger Fallbeispiele – darauf hin, dass bei Gegenüberstellung der Rsp zu den Tatbeständen des Art 102 Abs 2 lit a und d AEUV, § 5 Abs 1 Z 1 und 4 KartG und §§ 19 f GWB dem § 105 StGB bzw § 240 dStGB sich Überschneidungen zwischen den kartell- und strafrechtlichen Bestimmungen erkennen lassen. Konkret kann eine Gefahr für das Vermögen der Marktteilnehmer durch ein missbräuchliches Verhalten eines marktbeherrschenden Unternehmens zB in denjenigen Fällen drohen, in denen vorhandenen oder (auch) potentiellen Wettbewerbern der Absatz von Produkten und der Zugang zu Lieferquellen oder Märkten erschwert oder unmöglich gemacht wird. Veranstalter, welche sich von vorne herein nicht dem Regime des OEPS unterwerfen wollen bzw dies nicht mehr tun wollen, werden demnach kaum Vertragspartner (Sportler) finden, welche mit ihnen hinsichtlich einer Veranstaltung einen Vertrag abschließen. Hervorzuheben ist, so *Glaser/ Pirko*, bei der Nötigung das Tatbestandsmerkmal, dass die Person, gegen die die gefährliche Drohung gerichtet ist, dadurch zu einer – nicht völlig bedeutungslosen – Handlung, Duldung oder Unterlassung genötigt wird. Zwischen der abgenötigten Handlung und der zuvor erfolgten gefährlichen Drohung muss allerdings – und das ist auch im vorliegenden Fall von Bedeutung – eine Kausalbeziehung bestehen. Gerade auch im gegenständlichen Fall von hoher Bedeutung ist der besondere Rechtfertigungsgrund gem § 105 Abs 2 StGB beim Delikt der Nötigung. Eine Nötigung ist dann nicht rechtswidrig, wenn die Anwendung der Drohung als Mittel zu dem angestrebten Zweck nicht den guten Sitten widerstreitet (sohin wird auf die soziale Unerträglichkeit abgestellt), was sowohl für Tatmittel oder Zweck als auch für die Verknüpfung von Mittel und Zweck gilt.[816]

Legt man zB die Maßstäbe von *Mayer-Maly* an, demzufolge Statuten von Verbänden mit den guten Sitten vereinbar sein müssen und zB Knebelungsverträge[817] wegen übermäßiger Freiheitsbeschränkungen sittenwidrig sind[818], dann könnten die umfassenden Reglementierungen des OEPS gegenüber Veranstaltern, welche demnach ohne OEPS überhaupt keine Veranstaltungen durchführen könn(t)en, als derartige Verträge qualifiziert werden. Indem der OEPS sich in seiner verbandlichen Normenordnung „beauftragt" und dadurch den Zweck verfolgt, sämtliche pferdesportlichen Veranstaltungen in und für ganz Österreich zu reglementieren (und Abweichungen vom Regelement allenfalls zu bestrafen), könnte eine soziale Unerträglichkeit erkannt werden, insbesondere da die Privatautonomie der anderen „Marktteilnehmer" weitgehend ausgeschaltet wird. Im weiteren Zusammenhang *Glaser/Pirko*: Liegt der Nötigung allerdings wie in den von ihnen untersuchten Fällen ein Missbrauch einer marktbeherrschenden Stellung nach österr und dt sowie nach Art 102

---

816 *Glaser/Pirko*, ÖZK 2010, 22 f.
817 S dazu *F. Bydlinski*, Privatautonomie 171: „Wo freilich nicht nur ein starkes Machtgefälle besteht, sondern auch der Ausgleich durch den Markt versagt, vermag das Rechtsgeschäft seine Aufgabe, Rechtsgestaltung in Selbstbestimmung zu ermöglichen, nicht mehr zureichend zu erfüllen."
818 Vgl *Mayer-Maly*, Einführung 53 f.

AEUV zugrunde, so muss dieses Verhalten stets den guten Sitten widerstreiten bzw verwerflich sein. Immerhin ist der Missbrauch einer marktbeherrschenden Stellung im Gegensatz zu Kartellen in allen relevanten Bestimmungen ausnahmslos verboten. *Glaser/Pirko* halten daher fest, dass ein Missbrauch einer marktbeherrschenden Stellung – wird er in den Tatbestandsvarianten der Erzwingung unangemessener Geschäftsbedingungen, Einkaufs- oder Verkaufspreise (Art 102 Abs 2 lit a AEUV, § 5 Abs 1 Z 1 KartG, § 19 Abs 4 Z 2 u 3 GWB) oder der an den Abschluss von Verträgen geknüpften Bedingung, zusätzliche Leistungen anzunehmen, die weder sachlich noch nach Handelsbrauch in Beziehung zum Vertragsgegenstand stehen (Art 102 Abs 2 lit d AEUV, § 5 Abs 1 Z 4 KartG, § 19 Abs 4 Z 1 GWB) begangen – regelmäßig eine Nötigung nach § 105 StGB und § 240 dStGB darstellen wird. Eine Deliktsqualifikation liegt den Autoren zufolge dann vor, wenn die iZm dem Missbrauch einer marktbeherrschenden Stellung begangene Nötigung eine Drohung mit der Vernichtung der wirtschaftlichen Existenz zum Inhalt hat, und zwar eine schwere Nötigung (§ 106 Abs 1 Z 1 StGB) vor. *Glaser/Pirko* führen als Beispiel dazu eine Geschäftsverweigerung eines Unternehmens gegenüber einem Marktteilnehmer an, wenn das Ausmaß der Auswirkungen über eine bloße Beeinträchtigung der wirtschaftlichen Existenz hinausginge. Dies kann dann der Fall sein, wenn sich der Marktbeherrscher vorbehält, ein ihm zustehendes Recht oder eine Einrichtung exklusiv selbst zu nutzen, sie also überhaupt nicht zu vermarkten. Grundsätzlich muss die Vertragsverweigerung geeignet sein, jeden Wettbewerb auf einem abgeleiteten Markt auszuschließen oder ihn zumindest signifikant zu beeinträchtigen.[819] Ob derartiges beim OEPS gegeben sein könnte, wäre zB auch mithilfe von „Markterhebungen" zu verifizern bzw zu falsifizieren.

3.3.2.3. Studentisches Disziplinarrecht vor 40 Jahren und verbandliche Erziehung heutzutage

Nach der Anwendung des „Gewaltbegriffs" von *Triffterer* auf das/ein „Verbandsrecht", der Markt schaffenden und (ausschließlich) regulierenden Kraft desselben, sei nunmehr ein „Rückblick" auf eine „normative Situation" von vor 40 Jahren unternommen; damals ist es (auch) um das Thema „Erziehung" gegangen, wie es heute – unverständlicherweise – im EU Weißbuch Sport der Fall ist, wo eine derartige Tätigkeit/Wirkung etc in Verbindung mit Sportorganisationen gesehen wird bzw werden will. Und bei Betrachtung „österreichischer Gegebenheiten" in der Gegenwart fällt auf, dass sich der OEPS dem Thema „Erziehung" und „Disziplin" (nicht nur in Hinblick auf die Entwicklung einer Gebührenzahlungsfolgsamkeit, sondern im viel umfänglicheren Sinn) schon seit vielen Jahren gewidmet hat; was dachverbandlich im Ergebnis an Unterwerfung von den „Verbandsuntertanen" erwünscht wird, findet sich massiert in der ÖTO – allein das „Wording" ist beachtlich und dekuvrierend: „Disziplinarvergehen und Ordnungsmaßnahmen"; „Disziplinarvergehen" gegen die Grundsätze „sportlich-fairer Haltung", gegen das „Wohl des Pferdes" und gegen „sonstige Bestimmungen

---

819   *Glaser/Pirko*, ÖZK 2010, 23 f, 60 f.

der ÖTO", können durch Ordnungsmaßnahmen geahndet werden, egal, ob sie im In- oder Ausland begangen werden. Ein „Disziplinarvergehen" begeht insbesondere, wer das „Ansehen des Pferdesports schädigt"; sich „unreiterlich benimmt"; ein Pferd „unreiterlich behandelt", überfordert, mit ungeeigneter oder unzulässiger Ausrüstung einsetzt; einer im Rahmen der Zuständigkeit „erlassenen Anordnung" des OEPS, eines LFV oder eines Veranstalters nicht Folge leistet; die „Bestimmungen der ÖTO und sonstiger vom OEPS und/oder LFV erlassenen Regeln und Regulative nicht beachtet"; die durch die Nennung „eingegangenen Verpflichtungen nicht einhält" (Anm: darunter wird wohl auch die Ablieferung von Gebühren fallen); bei der Nennung, Teilnahme oder Durchführung einer pferdesportlichen Veranstaltung eine Täuschung begeht; eine Verabredung trifft oder anregt, die bezweckt, den Ausgang einer pferdesportlichen Veranstaltung in unerlaubter Weise zu beeinflussen; als Veranstalter die ihm nach der ÖTO bzw. dem Reglement der FEI „obliegenden Verpflichtungen nicht erfüllt"; pferdesportliche Veranstaltungen „ohne Genehmigung veranstaltet oder sich daran beteiligt"; eine Streitigkeit vor ein ordentliches Gericht bringt, soweit und solange zu deren Entscheidung ein Schiedsgericht vorgesehen ist; einen „Spruch eines Organs der Rechtsordnung nicht beachtet"; sich im Rahmen einer pferdesportlichen Veranstaltung einer gerichtlich strafbaren Handlung schuldig macht (§ 2012 Abs 1 und 2 ÖTO Rechtsordnung). Weiters: „Undiszipliniertes Verhalten, unentschuldigtes Fernbleiben"; Zur Aufrechterhalten „der Ordnung bei mündlichen Verhandlungen und im Schriftverkehr" sowie bei unentschuldigtem Fernbleiben kann das Schiedsgericht bzw. der Strafausschuss des OEPS für Personen, die „der ÖTO unterstehen", ein Ordnungsgeld gem Gebührenordnung verhängen, im Übrigen gegen alle Verfahrensbeteiligte den „Ausschluss" von der Verhandlung anordnen (§ 2019 ÖTO Rechtsordnung). Bemerkenswert ist insbesondere, dass die Normsetzer im OEPS offenbar nicht einmal davor zurück schrecken, Reitsportler „im Namen der Disziplin zu verfolgen", s dazu ausdrücklich § 28 Abs 5 ÖTO Allgemeine Bestimmungen: „Der Start eines Pferdes am selben Tag und in derselben Sparte bei mehreren termingleichen Turnieren führt zur Disqualifikation von allen termingleichen Veranstaltungen und zur disziplinarischen Verfolgung." Ausdrücklich festgehalten sei, dass es sich bei dieser „normativen Pädagogisierung" nicht etwa um Bestimmungen eines Selbstverwaltungskörpers, des Beamtendienstrechtes oder Vergleichbarem handelt, nein, dies ist dem Selbstverständnis des OEPS zufolge ein Auszug aus dessen „Verbandsrecht", also ein Beispiel dafür, wie in Österreich (auch) miteinander umgegangen wird von Privat zu Privat, was also ein Dachverband von natürlichen Person zu verlangen können meint.

Vor 40 Jahren haben sich *Brünner/Proske/Schilcher* in „Ein Ordnungsrechtsgesetz für Studenten. Zugleich ein Beitrag zur Theorie der Rechtssetzung" ausführlich mit der „studentischen Disziplinarordnung" befasst. Anknüpfend an die alte Tradition privater Gesetzesentwürfe untersuchen sie den bis dahin kaum bestrittenen Anspruch der Hochschule auf den ganzen Studenten, also deren Absicht, den „guten Menschen" zu erziehen. Damals kümmerten sich die Universitäten auf Basis einer wenig reflektierten „akademischen Standespflicht" zB ua auch um das Privatleben ihrer Hörer; ob diese ihre Miete pünktlich zahlen, nicht übermäßig trinken, dem anderen Geschlecht anständig begegnen und im Straßenverkehr vorsichtig sind. Die Autoren berichten, dass zB zwei Drittel aller Disziplinarfälle an der Universität Graz Verkehrsdelikte nach dem damaligen Strafgesetzbuch zum Inhalt hatten, und stellen dann die (damals wie grundsätzlich heute) nahe liegende Frage, ob sich die Hochschule mit dieser lückenlosen Überwachung ihrer Studenten nicht einer Grenzüberschreitung in Bereiche schuldig macht, in denen sie eigentlich nichts mehr verloren hat. Dies hatte damals bedeutende rechtliche als auch gesellschaftspolitische Dimensionen gehabt,[820] ebenso wie es heute von zumindest hoher Relevanz ist, ob und wenn ja, in welchem Ausmaß Sportverbände auf Sportler (allenfalls als Mitglieder, aber auch ohne Zugrundeliegen eines Mitgliedschaftsverhältnis derselben zum Verband) „zugreifen" sollen/dürfen. *Brünner/Proske/Schilcher* stellen fest, dass der dürre Gesetzesbefehl an die Studierenden, sich „standesgemäß" zu verhalten, bereits den gesamten materiellen Teil des geltenden Disziplinarrechts erschöpft, und weiters, dass eine so vage und vieldeutige Formulierung mit modernen rechtsstaatlichen Minimalanforderungen in Konflikt geraten muss. Denn diesbezüglich herrscht ihnen zufolge Einigkeit, einen rechtlichen Zwang zu bestimmten Verhaltensweisen nur hinzunehmen, wenn das geforderte Verhalten klar umschrieben, für den potentiellen Delinquenten berechenbar und an allgemeinen Wertungen messbar ist[821]; allerdings trifft nichts von alledem auf jenes „standesgemäße Verhalten" zu, und von Rechtssicherheit oder Kontrolle kann offenbar keine Rede sein. Schwerer als die juristische Schwäche des (damals) geltenden Disziplinarrechts wiegt nach Meinung der Autoren aber die gesellschaftspolitische, weswegen die erwähnte „Totalbindung" des Studierenden an seine Alma Mater – unabhängig von ihrer legistischen Ausformung – die Gretchenfrage nach der Funktion der Hochschule in der Gesellschaft in „unserer" Gesellschaft aufwirft: Soll die Universität wirklich „anständige" Menschen erziehen, also den Akademiker mit dem besonderen Lebensstil und dem erhöhten Verantwortungsbewusstsein? Und falls ja, ist

---

820 *Brünner/Proske/Schilcher*, Ein Ordnungsrechtsgesetz für Studenten. Zugleich ein Beitrag zur Theorie der Rechtsetzung (1970) 12.

821 *Brünner/Proske/Schilcher*, Ordnungsrechtsgesetz 52 f, dazu: „Man ist sich heute (Anm: also 1970) in der rechtsstaatlichen Diskussion zumindest darüber einig, dass ein rechtlicher Zwang zu einem bestimmten charakterlichen Verhalten überhaupt nur dann einigermaßen gerechtfertigt sein kann, wenn dieses Verhalten klar umschrieben bzw umschreibbar, für den potentiellen Delinquenten berechenbar und an allgemeinen Wertvorstellungen messbar ist. Die im studentischen Disziplinarrecht üblichen vagen Hinweise auf eine Pflicht zum ‚anständigen Benehmen', einer Achtung von ‚Sitte' und ‚Würde' erfüllen diese selbstverständlichen Forderungen der Rechtsstaatlichkeit in keiner Weise." Diese Forderung der Universität, konkret dieser Maßstab – von vor 40 Jahren – gilt selbstredend auch heutzutage, jedenfalls für das heteronome Verhältnis zwischen Staat und Staatsbürger; um so weniger hat im privaten Verhältnis zwischen Verein/Verband und natürlicher Person ein vergleichbares Handeln und Denken, also ein quasistaatliches „Anordnen, Genehmigen, Kontrollieren und Strafen", eine rechtlich zulässige Grundlage. Genau dies wollte schon der Vereinsgesetzgeber des Jahres 1867 verhindern, indem er die „Anmaßung staatlicher Autorität" verboten bzw mit der Sanktion der Vereinsauflösung normiert hat.

eine solche elitäre Erziehung überhaupt juristisch erzwingbar?[822] Konnte vor 40 Jahren die Universität gewissermaßen dem Staat zugerechnet werden und es sich damit beim studentischen Disziplinarrecht als eine Facette der staatlichen Heteronomie gegenüber Staatsbürgern gehandelt hat, ist dies – gegenwärtig – von Seiten eines privaten Vereins/Verbandes gegenüber einer natürlichen Person (Mitglied oder Nichtmitglied) keinesfalls gegeben; dennoch fordert der Dachverband disziplinierend (und strafbewehrt) von „Verbandsuntertanen" die Erfüllung so „bestimmter" Verhaltensweisen, wie die „Einhaltung von Grundsätzen sportlich-fairer Haltung", die „Wahrung des Ansehens des Pferdesports" oder ein „reiterliches Benehmen", und strebt damit für diese im sportdisziplinären Bereich durch zahlreiche weitere Verbandsnormen eine „Totalbindung" an. *Brünner/Proske/Schilcher* bieten einen Überblick zur Entwicklung der disziplinären Verantwortlichkeit von Studierenden (bis vor 40 Jahren), vom Mittelalter an, über das Hofnormale von 1752, die provisorische Disziplinarordnung von 1849 (die den Hochschulen eingeräumte Disziplinargewalt bestand in der „Anordnung und Vollziehung derjenigen Maßregeln, die geboten erscheinen, um Ordnung und Anstand auf den Hochschulen, den Charakter derselben als wissenschaftlichen Lehrstätten auf das Strengste zu bewahren und die Ehre und Würde der ganzen Anstalten sowohl als ihrer Gliederungen rein zu erhalten"), die Strafordnung für Studenten von 1935 und schließlich die damals, vor 40 Jahren in Geltung befindliche, „Disziplinarordnung für Hochschüler, Prüfungskandidaten und Bewerber um akademische Grade sowie Benützer der Hochschuleinrichtungen (im Folgenden: HDO)"[823, 824].

(Auch) Hierbei fällt auf, dass das heutzutage vor allem in den verbandlichen Normenordnungen und hier wiederum in den „disziplinierenden Teilen" zum Ausdruck kommende „Verhältnis" von Sportverbänden gegenüber Sportlern, Wettkampfveranstaltern, Funktionären etc gar nicht nur ein „gestriges", sondern vielmehr ein „vorgestriges" ist, im Sinne des 19. Jahrhunderts und früher, als noch weniger vom „(Staats)Bürger" die Rede war, sondern das Verständnis der jeweiligen, damaligen Obrigkeit (königlich und/oder kaiserlicher Herrscher, Landesfürsten, Grundherren) noch von „Unterworfenen", „Untertänigen" und mitunter „Leibeigenen" geprägt war.[825]

Weiter mit der HDO, deren Mängel *Brünner/Proske/Schilcher* auf Basis von vier Einwänden kritisieren: Erstens den Verstoß gegen den Grundsatz „nullum crimen (nulla poena) sine lege praevia", zweitens die Konstruktion des besonderen Gewaltverhältnisses, drittens die potentiell totalitäre Komponente des Disziplinarrechtes und viertens die mangelnde Legitimierung der Hochschule zur planmäßigen Erziehung der Studenten. Der Autoren erster Einwand: Die österreichische Rechtsordnung kennt insbesondere im Straf- und Verwaltungsstrafgesetz den Grundsatz, dass kein Verhalten

---

822 *Brünner/Proske/Schilcher*, Ordnungsrechtsgesetz 12.
823 StGBl 1945/169 in der Fassung von 1970, welche (damals) als Gesetz in Geltung war, so *Brünner/Proske/Schilcher*, Ordnungsrechtsgesetz 24.
824 *Brünner/Proske/Schilcher*, Ordnungsrechtsgesetz 15 ff.
825 Vgl zB *Baltl*, Österreichische Rechtsgeschichte³ (1977) 173 ff, 177 ff; *Hattenhauer*, Europäische Rechtsgeschichte² (1994) 495 ff, und *Sugenheim*, Geschichte der Aufhebung der Leibeigenschaft und Hörigkeit in Europa um die Mitte des Neunzehnten Jahrhunderts (1861) passim.

eines Normadressaten mit Strafe bedacht werden darf, sofern aus diesem Verhalten nicht jene Tatbestandsmerkmale gewonnen werden können, die einen mit einer Sanktion verknüpften Tatbestand bilden; Tatbestand und Sanktion müssen in positiv-rechtlichen Normen formuliert sein.[826] Hinter dem damit verbundenen Art 18 Abs 1 B-VG (Legalitätsprinzip) sowie Art 83 Abs 2 B-VG (Recht auf den gesetzlichen Richter), so die Autoren weiter, steht der Gedanke, dass die Rechte und Pflichten der Normadressaten, hier der Studenten, relativ präzise festgelegt sein müssen, dass dem Normadressaten die Möglichkeit gegeben werden muss, an Hand des positiven Rechts die Folgen seines Verhaltens zu erkennen bzw gleichsam diese Rechtsfolgen „vorausberechnen" zu können, und dass aus all diesen Gründen das rechtliche Verhalten der Behörde und die dieses Verhalten auslösenden Bedingungen vom Gesetzgeber relativ bestimmt umschrieben werden müssen.[827]

An dieser Stelle ist ein weiteres Mal darauf hinzuweisen, dass das Vorausgeführte für das Verhältnis Staat (als Inhaber des Gewaltmonopols[828]) und Staatsbürger (als Rechtsnormadressat) gilt, nicht aber für das Verhältnis zwischen zwei Privaten, der juristischen Person Dachverband und der natürlichen Person Sportler etc. Es würde also „dachverbandliche Disziplinarordnungen" nicht rechtskonformer machen, wenn anstatt zB von (auslegungsbedürftigen und damit der dachverbandlichen Funktionärswillkür ausgesetzten) Bestimmungen wie dem „Verbot der unreiterlichen Behandlung eines Pferdes" taxative Kataloge formuliert wären, was genau „verboten" ist.[829] Denn der Dachverband hat bei der Anmaßung staatlicher Autorität längst den Bereich des rechtlich zulässigen verlassen, und daher ist sein Handeln zB an § 29 VerG und/oder an § 879 ABGB zu messen. Nun zum zweiten Einwand, der Konstruktion des besonderen Gewaltverhältnisses hinsichtlich dessen *Brünner/Proske/Schilcher* ausführen, dass die Verwaltungsrechtswissenschaft dem allgemeinen Verpflichtungs-

---

826 Das gilt nach wie vor gem österreichischer Rechtslage, s dazu zB *Schäffer*, Organisationsgarantien Rz 7 ff, sowie *Piskernigg*, Zur Lage des staatlichen Gewaltmonopols, JBl 2010, 151.

827 *Brünner/Proske/Schilcher*, Ordnungsrechtsgesetz 24 f.

828 Für die deutsche Rechtslage zB *C. Müller*, Das staatliche Gewaltmonopol (2007) 1: Dass grundsätzlich allein der Staat befugt sein soll, Gewalt anzuwenden, um Gefahren für die öffentliche Sicherheit und Ordnung abzuwenden, ist heute praktisch allgemeine Ansicht.

829 Eigentümlich verbandsführungs- und damit machtorientiert erscheinen dagegen die Ausführungen von *Steiner*, CaS 2009, 18, wenn er die „Privatjustizierung" von natürlichen Personen durch juristische Personen, nämlich von Sportlern durch Vereine/Verbände, und das „Abseits-halten-können" der staatlichen Gerichte in Deutschland folgendermaßen beschreibt/kommentiert: „Die Rechtsprechung der Zivilgerichte hat akzeptiert, dass der Sport zur disziplinarischen Ahndung von unerwünschtem Verhalten oder unerwünschten Zuständen nicht ohne die Generalklausel ‚unsportliches Verhalten' auskommen kann, die es an Unschärfe mit ‚Treu und Glauben' aufnehmen kann. Diesen Generaltatbestand zu konkretisieren und auf den Einzelfall umzusetzen, ist Sache der sporteigenen oder sportnahen Gerichte." Eine derartige, nahezu selbstverständlich anmutende „Privatmachtbefürwortung" (gegenüber Staatsbürgern) ist insbesondere auch im Lichte des staatlichen Gewaltmonopols rechtsgrundsätzlich zu kritisieren.

verhältnis der Staatsbürger den Rechtsnormen gegenüber ein so genanntes „besonderes Gewaltverhältnis" gegenüber gestellt hat; dieses zeichnet sich dadurch aus, dass weder ein förmliches Verfahren der Normenedition eingehalten werden müsse noch ein förmliches Rechtsschutzverfahren gegeben sei, noch die Grundrechte zur Anwendung kämen. Studenten, Schüler, Beamte, Soldaten stünden in einem derartigen Gewaltverhältnis; und die Zulässigkeit der Freiheitsbeschränkung ergebe sich aus der Freiwilligkeit des Eintritts.[830] Die Autoren weisen umgehend auf die Problematik einer solchen Konstruktion hin; solange keine differenzierte Untersuchung über die Möglichkeit der Grundrechtsbeschränkung durch freiwilligen Grundrechtsverzicht vorgelegt wird, darf mit dem – Anm: üblichen – Hinweis auf den Satz „volenti non fit iniuria" das Problem nicht einfach verschüttet werden (weitere Anm: zu denken ist idZ an die Behauptung „mit dem Vereinsbeitritt hat sich das Mitglied der – Gestaltung durch die – ,Verbandsmacht' unterworfen"), eingedenk zB der Tatsache, dass die Verfasser der Declaration of Independence der USA nicht ohne Grund von „unverzichtbaren Rechten" der Menschen gesprochen haben.

Brünner/Proske/Schilcher fordern in ihrer weiteren Argumentation für eine derartige Ungleichstellung einer Gruppe von Staatsbürgern durch die Auferlegung besonderer Pflichten eine verfassungsmäßige Begründung qua verfassungsmäßige Verankerung; diese verfassungsrechtliche Legitimierung allein bietet jedoch – bei Fehlen ausdrücklicher Verfassungsbestimmungen – noch keinen Anhaltspunkt für das Maß der Einschränkbarkeit der persönlichen Freiheitsrechte[831]. Dieses erforderliche Maß kann den Autoren zufolge hierbei nur aus den Aufgaben bzw dem Zweck des jeweils verfassungsrechtlich begründeten Gewaltverhältnisses abgeleitet werden. Aus der Antwort auf die Frage nach den Aufgaben der Hochschule wird somit jene Grenze erkennbar sein, die der Freiheitsbeschränkung der in der Teilrechtsordnung „Hochschule" integrierten Studenten gezogen ist. Basierend auf Art 17 StGG (und den vor 40 Jahren geltenden „Hochschulgesetzen") gilt es ihrer Meinung demnach, den Aufgaben der Institution Hochschule das Maß der Freiheitsbeschränkung durch die HDO bzw den mit der HDO verfolgten Zwecke gegenüberzustellen. Der HDO ist die Vorstellung zugrunde gelegen, dass mit den Mitteln des Disziplinarrechts der „gute Mensch" verwirklicht werden könnte und müsste, der etwas Besonderes von sich fordere und der ausgestattet sei mit einer spezifischen, menschlichen qualitas. Mit dieser Idee unterstellte sich die HDO, so *Brünner/Proske/Schilcher* weiter, dem Wissenschaftsbegriff klassisch-idealistischer Prägung, und Ziel der Hochschulbildung sei der ethischer Totalbindung verhaftete akademische Mensch, was jedoch im Widerspruch zur Garantie der Wissenschaftsfreiheit gem Art 17 Abs 1 StGG steht, welche, um voll wirksam werden zu können/sollen, keinen spezifischen und ausschließlichen Wissenschaftsbegriff zum Inhalt haben darf. Wenn der Begriffshülse „Wissenschaft" die idealistisch-humanistische Grundlage entzogen wird, fällt damit auch die Grundlage für ein Disziplinar-

---

830 Vgl *Thomasser*, Gewaltverhältnis 184 ff mwN.
831 Vgl dazu zB *Öhlinger*, Verfassungsrecht[8] Rz 743, zum Persönlichkeitsrecht auf Achtung des Privatbereichs; und grundsätzlich *Aicher* in Rummel, Kommentar[3] § 16 Rz 11 ff [2000] (rdb).

recht, das die ethische Totalbindung der Normadressaten vor Augen hat.
Daraus folgt – nach den Autoren – wiederum, dass die HDO und deren
Vollziehung daher die Grenze der in der Teilrechtsordnung Hochschule
erlaubten Freiheitsbeschränkung durchbrochen haben, welche demnach
mit der allen Staatsbürgern gleichermaßen zuerkannten Sphäre freier
Persönlichkeitsentfaltung in Konflikt geraten, zumal der Wissenschaftsbegriff gem Art 17 StGG keine sachlich begründete Ungleichstellung zu
rechtfertigen vermag. Als Drittes wenden *Brünner/Proske/Schilcher* gegen
die HDO deren totale Inpflichtnahme des Studenten ein: Wiewohl die der
HDO innewohnende Tendenz, den Menschen in allen seinen Lebensäußerungen zu erfassen (Anm dazu: partiell vergleichbar sind damit dachverbandliche Ansprüche, natürliche Personen zumindest für die Lebenssachverhalte einerseits jeglicher Ausübung einer bestimmten Sportdisziplin
und andererseits die Wettkampfausübung zu determinieren), unmittelbar
mit dem idealistischen Wissenschaftsbegriff zusammenhängt, sind einer
derartigen Tendenz in einer liberal-demokratisch strukturierten Rechtsordnung Schranken gezogen. (Schon) Die positive Rechtsordnung (Anm:
das wird jedenfalls auch für AGB gelten) darf nicht den ganzen Menschen
der Regelung unterwerfen; sie hat dem Menschen Freiheitsräume und
Privatsphäre zu überlassen, die zu normieren ihr verwehrt sind; sie darf
nicht vorschreiben, in welcher Weise sinnvoll zu leben ist.[832] *Brünner/*
Proske/Schilcher verschärfen ihre vorangeführte Kritik noch, indem sie
(wortwörtlich) festhalten: „Ohne der HDO und ihrer Vollziehung einen
Totalitarismus östlicher Prägung unterstellen zu wollen, darf andererseits
nicht unbeachtet bleiben, dass sie zu einer absoluten Integration des
Menschen in das positiv-rechtliche Normensystem tendieren. Sie be-
gleiten den Studenten auch dann, wenn er die Hochschule verlässt und
sich in seinen Privatbereich zurückzieht;[833] sie belegen ihn mit Sanktionen,

---

832   Vgl idZ nochmals die „besonderen Pflichten der Sportler" gem § 19 ADBG
      sowie die „besonderen Kontrollbestimmungen" gem § 22 Abs 1 ADBG: Die
      Organe des Bundesministers für Landesverteidigung und Sport, vom Bun-
      desminister für Landesverteidigung und Sport beauftragte Sachverständige
      und die vom Bundesminister für Landesverteidigung und Sport hierzu geson-
      dert beauftragte Unabhängige Dopingkontrolleinrichtung sind zum Zweck der
      Überwachung der Verbote gemäß § 22a befugt, in Räumen von juristischen
      oder natürlichen Personen, die der Ausübung des Sportes oder der Förde-
      rung der Gesundheit oder Fitness gewidmet sind oder in denen Sportveran-
      staltungen und Wettkämpfe stattfinden, *Nachschau zu halten* (Anm: Hervor-
      hebung durch den Autor). Die Befugnis zur Nachschau gilt auch für
      Räumlichkeiten, bei denen aufgrund begründeten Verdachts anzunehmen ist,
      dass sich in ihnen die technische Ausstattung für die Erzeugung von verbo-
      tenen Wirkstoffen oder von Mitteln mit verbotenen Wirkstoffen oder für Zwe-
      cke des Blutdopings oder Gendopings befindet. Die Amtshandlungen sind,
      außer bei Gefahr im Verzug, während der üblichen Geschäfts-, Betriebs-
      oder Wettkampfzeiten durchzuführen.
833   Auch der OEPS versucht den Privatbereich von Nichtmitgliedern zu normie-
      ren: gem § 2001 Abs 4 ÖTO Rechtsordnung können seine Diszi-
      plinarbestimmungen, konkret Vergehen gegen die Grundsätze sportlich-fairer
      Haltung und gegen das Wohl des Pferdes, durch Ordnungsmaßnahmen ge-
      ahndet werden, unabhängig davon, ob sie sich während einer pferdesport-

wenn er auf der Strasse Sicherheitsorgane beschimpft oder religiöse Riten durch ungeziemende Bekleidung stört; sie folgen ihm sogar in seine Intimsphäre und messen ihn an der ‚standegemäßen' Sittlichkeit, auch wenn in seinem ‚unsittlichen' Verhalten niemals die Absicht der Erregung öffentlichen Ärgernisses gelegen war."[834]

Tatsächlich entsteht mitunter der Eindruck, dass Sportverbandsnormensysteme, die in ein verbandliches Gewaltverhältnis führen, auch der Austestung dienen, was Menschen bereit sind, alles über sich ergehen zu lassen. Insofern könnte ein verbandliches Gewaltverhältnis in der ausgeprägtesten Form daher auch als Versuchslabor für die gesellschaftliche Akzeptanz und Durchsetzbarkeit von tendenziell undemokratischen, autoritären, wenn nicht gar totalitären Subsystemen gesehen werden.[835]

Viertens schließlich wenden *Brünner/Proske/Schilcher* – vollkommen zutreffend – ein, dass an/für die Institution Hochschule kein zulässiger Erziehungsauftrag gegeben ist, es fehlt schlichtweg die Legitimierung der Hochschule zu einer planmäßigen Erziehung der Studenten, denn eine organisierte Erziehung nach bestimmten Leitbildern würde sowohl dem weiten Wissenschaftsbegriff zuwiderlaufen als auch erneut einen mehr oder minder totalen Anspruch auf den Menschen erheben.[836] Ein von der EU qua Weißbuch Sport in den Raum gestellter „Erziehungsauftrag", welcher so von „Vertretern des Sports" – wer auch immer lobbyierend oder in anderer Form unter diese „Begrifflichkeit" fällt – selbst, also für die eigenen, bestimmten Interessen nicht besser hätte formuliert werden können, birgt also genau auch die Gefahren für Sportler (und damit Staatsbürger), denen Studenten mehr oder weniger „real" durch eine „erziehende" Institution Hochschule vor 40 Jahren ausgesetzt waren. Derartig paternalistische, bevormundende „Konzepte" wie sie sich vorwiegend in Bestimmungen sogenannter „Verbandsrechte" von Sportverbänden finden, noch dazu mit so unbestimmten, allerdings „strafbewehrten Tatbeständen" wie „Ansehen des Pferdesports" oder „unreiterliches Benehmen", welche noch dazu der willkürlichen Anwendung/Interpretation durch dachverbandlich abhängige Funktionäre ausgesetzt sind, führen in verbandliche Gewaltverhältnisse, mit der Folge, dass der Staatsbürger mit Eintritt in den angemaßten Wirkungskreis eines Sportverbandes zu einem „Untertänigen" wird.

Auch, und gerade beim gegebenen, spezifischen „Erziehungsverständnis" zwischen Verband und natürlicher Person stellt sich die (schon aufgeworfene) Frage, weshalb das Thema der „Gewalt" zwischen natürlichen Personen und vor allem die Gewaltprävention rechtlich so viel (durchaus nachvollziehbare und begrüßenswerte) Aufmerksamkeit und zugleich gesetzgeberische Umsetzung erfahren; weshalb jedoch das vielfältige Praktizieren von kollektiver (verbandlicher) „Erziehungsgewalt" vergleichbar so wenig allgemeine Beachtung und Tätigwerden des Staates

---

lichen Veranstaltung oder außerhalb derselben ereignen, also zB auch auf Privatgrund irgendwo in Österreich. *H. Schuster*, Reitstall 135, zufolge kann die (ÖTO) Rechtsordnung auch als Disziplinarordnung der österreichischen Turnierordnung bezeichnet werden.

834   *Brünner/Proske/Schilcher*, Ordnungsrechtsgesetz 26 ff.
835   *Thomasser*, Gewaltverhältnis 199 FN 106.
836   *Brünner/Proske/Schilcher*, Ordnungsrechtsgesetz 28 f.

nach sich zieht? Nun, es wird wohl auch mit der „Wirkmacht" von „Sportverbänden" in die Sphären des Staates und, nicht zu unterschätzen, in die der „vierten Gewalt", der Medien, zu tun haben. Die verbandliche Einforderung und strafbewehrte Durchsetzung von „Disziplin" qua „Erziehung" kann also – auch in rechtlicher Hinsicht – mit guten Gründen in Verbindung mit „Gewalt" gebracht werden. Ist ein Sportverbandssystem daher auf latenter bis allenfalls permanenter Gewaltausübung aufgebaut, wird diesbezüglich auch der Begriff „struktureller Gewalt" relevant werden. Abschließend sei idZ noch auf einen Beitrag aus 1993 Bezug genommen, welcher „private Gewalt" im individuellen bzw „kleinkollektiven", familiären Bereich und (begrüßenswerte) gesetzgeberische Maßnahmen dazu thematisierte, nämlich „Zur Strafbarkeit der ‚G'sundn Watschn'" von *Maleczky*. Der Autor befasst sich mit dem so genannten „Züchtigungsrecht in der Familie": Mit dem Kindschaftsrechtsänderungsgesetz 1989 BGBl 1989/162 wurde in § 146a ABGB das Gewaltverbot, somit der Gedanke der gewaltfreien Erziehung, gesetzlich verankert. Ein elterliches Züchtigungsrecht gibt es seit damals nicht mehr. Durch diese Neuordnung des Kindschafts- und Jugendwohlfahrtsrechtes 1989 wurde der Gedanke der gewaltfreien Erziehung gesetzlich verankert, welcher auch die Vermeidung struktureller Gewalt, welche die Menschenwürde verletzt, mit umfasst. Damit verbunden ist der Verzicht auf einseitiges Diktieren und entsprechende Indoktrinierung.[837] Dies sollte wohl auch für Sportverbände gelten und vor allem dem Staat der „gewaltmonopolisierten" Gesetzgebung und Vollziehung als selbstverständliche Handlungsgrundlage dienen. Der Staat hat mit (seiner) Macht zwischen den Gewalt normierenden und anwendenden Sportverband und den schutzbedürftigen Staatsbürger zu treten, andernfalls lässt er diesen zum untertänigen Vereins-/Verbandsmitglied mutieren.

---

837 *Maleczky*, Zur Strafbarkeit der „G'sundn Watschn", ÖJZ 1993, 625. Vgl dazu auch *Stefula/Thunhart*, Die Ausübung der elterlichen Obsorge durch Dritte. Zulässigkeit und Grenzen der Delegierung elterlicher Rechte und Pflichten, iFamZ 2009, 70, 73, welche, Bezug nehmend auf die elterliche Obsorge gem § 144 ABGB, als ein Beispiel für die Betrauung von Dritten mit Angelegenheiten der Obsorge die Mitgliedschaft des Kindes in einem Sportverein anführen. Grundsätzlich halten die Autoren zur Befugnis der Eltern fest, Aufgaben der Obsorge Dritten anzuvertrauen, dass diese dort ihre Grenze findet, wo das Wohl des Kindes gefährdet ist; nämlich jedenfalls ist eine Betrauung Dritter mit Aufgaben der Obsorge dann unzulässig, wenn es dadurch zu einer Gefährdung des Kindeswohls käme. Und der Begriff der Gefährdung des Kindeswohls ist ein weiter: Darunter ist den Autoren zufolge jede potenzielle Beeinträchtigung des körperlichen, geistigen, seelischen und wirtschaftlichen Wohlergehens des Kindes zu verstehen; so kann sich eine Gefährdung insbesondere daraus ergeben, dass die Aufsicht über das Kind einer dafür nicht geeigneten Person überlassen wird. Die Eltern müssen zB einschreiten, wenn der Dritte das Kind unter Verstoß gegen das Gewaltverbot in § 146a ABGB gar züchtigt. Dies gilt nicht zuletzt für die vermeintlich „g'sunde Watschn". Handlungsbedarf besteht nach den Ausführungen von *Stefula/ Thunhart* überdies, wenn der Dritte zB Erziehungsmethoden anwendet, die gegen die Menschenwürde verstoßen, wie etwa das Einsperren des Kindes; in letzter Konsequenz verletzen die Eltern ihre Pflichten gegenüber dem Kind durch die Betrauung ungeeigneter Person mit Aufgaben der Obsorge.

2. (rechts)soziologischer Exkurs: Ein wirkmächtiges Konzept des Verbandsrechts und eine Weiterentwicklung

In aller Kürze und vor allem auch vor einem zeitlich und dogmatisch anderen Hintergrund (als dem des geltenden österreichischen Vereinsrechts) seien nun im Folgenden einerseits *(von) Gierke*[838] als Präzeptor und Promoter des Verbandsrechts und andererseits *Teubner* und *Fischer-Lescano* als Vertreter unter anderem des sog „Transnationalen Rechts" (samt einigen der mit ihnen Publizierenden bzw der ihren Positionen Folgenden) im Hinblick auf (Rechts)Normsetzungskompetenz, Entscheidungshoheit über „eigene" Angelegenheiten und sogar Vollziehungsmacht beanspruchende (Sport)-Verbände dargestellt. Ob der mehr als zahlreichen und umfangreichen Schriften der Angeführten und der Sekundärliteratur dazu können freilich nur ausgewählte Schwerpunkte (und Grundlinien) skizziert werden. Bei/Von *Gierke* ist dies die (als Rede konzipierte und gehaltene) kleine Schrift „Das Wesen[839] der menschlichen Verbände"[840] aus 1902, in welcher er sein „Verbandsrechtskonzept" sehr verdichtet und über die (Grenzen der) Rechtswissenschaften hinaus – geradezu emotional – darlegt.[841]

---

838 S dazu zB *Nerb*, Verbände als korporative „Realpersönlichkeiten" im Staat: Otto von Gierke in Sebaldt/Straßner (Hrsg), Klassiker der Verbändeforschung (2006) 259.

839 S zum „Wesensargument" die sehr treffende Studie von *Scheuerle*, Das Wesen des Wesens, AcP 1963, 429 f, 469 ff, der das „Wesensargument" als „Kryptoargument" beurteilt, also eines, hinter welchem sich andere Argumente verbergen, es entbehrt der Klarheit. Dieses sein „Wesen" lässt sich durch die Überlegung einer beliebigen Anwendbarkeit verdeutlichen. Daraus folgt, das Wesensargument kann jedes beliebige Argument verdecken, so vielseitig (verwendbar), unscharf und unriskant ist es. Im Zusammenhang mit dem gegenständlichen Thema ist es mehr als naheliegend, dass auch das Argument der „Besonderheit" des Sports in diese Kategorie fällt. Vgl dazu überdies *Topitsch*, Vom Ursprung und Ende der Metaphysik (1958) 284, der hinsichtlich „pseudo-normativer Leerformeln, also Ausdrücke, die einen Normgehalt vorspiegeln, ohne ihn wirklich zu besitzen" festhält: „Doch derartige Formeln können, solange sie nicht durchschaut sind, eine erhebliche Wirkung auf das menschliche Motivationsbewußtsein ausüben. Der Glaube, dass bestimmte Normen in einer über (Anm: zB) aller empirischen Gesetzgebung stehenden ‚Naturrechtsordnung' verankert sind, hat die Menschen oft veranlasst, sich ihnen bereitwillig zu unterwerfen oder sie anderen Handlungsanweisungen vorzuziehen. Wegen dieser psychologischen Wirkung haben sich weltanschauliche und politische Führungsmächte immer wieder der naturrechtlichen Leerformeln bedient, indem sie sie mit ihren jeweiligen Rechtsidealen erfüllten und diesen dadurch den Schein einer höheren Legitimation verliehen." Die/eine Verbandsrechtsposition könnte wohl auf die Kurzformel gebracht werden: Die (Autonomie und) Besonderheit des Sports verlangen die Unterwerfung der Staatsbürger unter die Verbandsgewalt.

840 *Gierke*, Das Wesen der menschlichen Verbände (1902) passim.

841 S dazu beispielsweise *Dilcher*, Otto von Gierke in Stolleis (Hrsg), Juristen. Ein biographisches Lexikon (1995) 323 f, welcher als wohl wichtigste Leistung von *Gierke* auf dessen Entwicklung des Verbandsrechts verweist, das von privatrechtlichen Vereinigungen bis zum Staat reicht, ihn als Gegner sowohl eines überspitzten Individualismus als auch eines revolutionären Kollektivismus sieht, und dessen Schrift „Das Wesen der menschlichen Verbände" als eine

Als (eine Form der) Weiterentwicklung des Verbandsrechtsdenkens werden vorwiegend zentrale Positionen von *Teubner* und *Fischer-Lescano* aus ihrer gemeinsamen Schrift „Regime-Kollisionen. Zur Fragmentierung des globalen Rechts" aus 2006 in den untersuchungsgegenständlichen Kontext gestellt. Hinsichtlich beider Denkrichtungen sowie der damit verbundenen Begriffsapparaturen wird im Hinblick auf Sportverbände die „Cui bono-Frage" zu stellen sein.

2. (rechts)soziologischer Exkurs, 1. *Gierkes* „Verbandswesen"

Gierke bekennt am Beginn seiner Rede (bzw Schrift), dass er „unter einem gewissen inneren Zwange ein Grundproblem (betrachtet), das in der Rechtswissenschaft sein Haupt erhebt, das aber in der Tiefe aller Geisteswissenschaft wurzelt, weil dieses Problem für seine wissenschaftliche Lebensarbeit Ausgangspunkt gewesen und Mittelpunkt geblieben ist." Hierbei handelt es sich um die menschlichen Verbandseinheiten bzw um die Frage nach der Beschaffenheit der unter einander überaus ungleichartigen Gebilde, die dem Gattungsbegriff der gesellschaftlichen Körper zu unterstellen und denen hiermit ein gemeinsames Merkmal zuzuschreiben ist, das die erhabenen Erscheinungen des Staates und der Kirche mit der kleinsten Gemeinde und der losesten Genossenschaft teilen.[842] Recht rasch kommt *Gierke* zu seinem „Kernthema", dass nämlich „die Rechtswissenschaft daher nicht von der Entstehung des Rechtes handeln kann, ohne auf die erzeugende Gemeinschaft zurückzugehen; sie muss die sofort auftauchende Frage beantworten, ob nur der Staat oder in Form der autonomistischen Satzung auch ein anderer Verband oder in Form des Gewohnheitsrechtes auch eine unorganisierte Gemeinschaft Recht

---

philosophische Begründung seiner Ansichten begreift. *Gierke*, Wesen 21 ff, folgert – vermeinend im Rahmen der äußeren Erfahrung zu bleiben – aus den kulturgeschichtlichen Tatsachen das Dasein realer Verbandseinheiten, um dann auf den Punkt zu bringen: „So scheint mir die wissenschaftliche Berechtigung der Annahme einer realen leiblich-geistigen Einheit der menschlichen Verbände festzustehen."

842 Vgl *Hattenhauer*, Rechtsgeschichte² 614, welcher diese Schrift als das wissenschaftliche Glaubenbekenntnis *Gierkes* bezeichnet; dieser wollte nach der nationalen Einigung ein juristisches Angebot zur gesellschaftlichen Befriedung, und dies war seine „Genossenschaft", als partnerschaftlicher Zusammenschluss befriedeter Rechtsgenossen. Bei seiner Geschichtsbetrachtung ist *Gierke* überall auf sein Konzept der Genossenschaft gestoßen und hat in weiterer Folge die Theorie der „realen Verbandsperson" als ein lebendiges Wesen mit Sinnesorganen, zugleich dem Mensch entsprechend und ihm überlegen, vertreten. Einerseits, so *Hattenhauer*, haben die Naturforscher den Staat als Modell zur Erklärung des Zusammenlebens der Ameisen herangezogen, und andererseits wurde der „Ameisenstaat" von den Juristen als Gleichnis für menschliche Verbandspersönlichkeiten genommen; dies hatte „Tradition", wurde doch bereits in der Antike die Gesellschaft immer wieder mit dem menschlichen Körper verglichen (vgl zur damaligen Wirkung der Naturwissenschaften zB *Weiler*, Die Ordnung des Fortschritts. Zum Aufstieg und Fall der Fortschrittsidee in der „jungen" Anthropologie [2006] 61 ff, 73 ff). *Hattenhauers* conclusio: Gierke redete nachdrücklich von der Wirklichkeit, während er einen Mythos anbot.

schafft." Und weiter schlussfolgert er auf Basis der Feststellung, dass „die Rechtsordnung das Leben des Staates, der Kirche, der Gemeinden und der Genossenschaften, (also) all dieser Verbände regelt, und (solcherart) ihr Innenleben beherrscht und durchdringt, dass die Frage nach dem Wesen der Verbände für die Rechtswissenschaft nicht mehr Vorfrage, sondern Kernfrage ist."[843]

In weiterer Folge arbeitet *Gierke* die „Verkörperung" bzw „Personifizierung" von Verbänden heraus, und beschreibt diese als reale Einheiten, die mit der Anerkennung ihrer Persönlichkeit durch das Recht ohnehin nur das empfangen, was ihrer wirklichen Beschaffenheit entspricht. Einem (zumindest gemäßigten) „Kollektivismus" verpflichtet verwirft *Gierke* die „individualistische Gesellschaftsauffassung" und „fordert", dass sich das Einzelleben in das menschliche Gemeinleben als ein Leben höherer Ordnung einzugliedern hat[844], was im Macht bewussten Sportverbandsbereich heutzutage eine Entsprechung in typischen Normierungen und Praxen findet, die darauf abzielen, dass sich Mitglieder und/oder Nichtmitglieder der Verbandsgewalt zu unterwerfen haben. *Gierke* führt in das Problem der rechtlichen Verbandspersönlichkeit die reale Verbandseinheit ein: „Nehmen wir also an, die rechtlich geordnete Gemeinschaft sei ein Ganzes, dem eine reale Einheit innewohnt, und suchen wir nun vom Rechte her zu ermitteln, wie dieses Ganze beschaffen sein muss, wenn sich im Recht die Wirklichkeit spiegeln soll. Das Recht schreibt Verbänden Persönlichkeit zu. Somit muss er gleich dem Individuum eine leiblich-geistige Lebenseinheit sein, die Wollen und das Gewollte in Tat umsetzen kann. Das Recht aber ordnet und durchdringt zugleich den inneren Bau und das innere Leben des Verbandes. Somit muss er im Gegensatz zum Individuum ein Lebewesen sein, bei dem das Verhältnis der Einheit des Ganzen zur Vielheit der Teile der Regelung durch äußere Normen für menschliche Willen zugänglich ist. Dies sind die Grundgedanken, aus denen die so genannte organische Theorie entsprungen ist." Von *Gierkes* organischer Theorie, derzufolge der Staat und die anderen Verbände als soziale Organismen betrachtet werden,[845] konnte/kann zuvorderst zumindest eine grundsätzliche Gleichartigkeit zwischen dem Staat und sonstigen Verbänden abgeleitet werden, was auch in der gegenwärtigen „Verbandsrechtsdiskussion" einige (deutsche) Autoren implizit zum Ausdruck bringen. „Gleich" dem Staat beanspruchen Sportverbände alleinige „Rechtsetzungs-, Rechtsprechungs- und -vollziehungskompetenz" für den Bereich „des Sports"; argumentiert wird zB mit „den legitimen Interessen des Sports" und „dessen Autonomie", und sogar eine „Rechtskonkurrenz zwischen staatlichem Recht und Sportrecht" wird erkannt.[846]

Doch eine derartige „Spiegelung" zwischen Staat und (Sport)Verband gibt *Gierkes* Verbändewesen nicht her – es folgen zur Verdeutlichung ausführliche Zitierungen –, denn „in der Eigenart des Sozialrechts (Anm: eine von ihm vorgenommene Klassifizierung)[847] ist begründet, dass es die

---

843 *Gierke*, Wesen 3 f, 5.
844 *Gierke*, Wesen 10.
845 *Gierke*, Wesen 12 f.
846 S zB *Steiner*, CaS 2009, 19, 20 f, 23.
847 *Gierke*, Wesen 25, sieht das Verbandsrecht als eine Lebensordnung für

Beziehungen zwischen einem einheitlichen Ganzen und dessen Teilen zu Rechtsbeziehungen auszugestalten vermag. Ein Rechtsverhältnis zwischen dem einzelnen Menschen und seinen Gliedern oder Organen ist undenkbar. Dagegen gibt es Rechte der Verbandspersonen an ihren Glied- und Organpersonen, die in der Staatsgewalt als dem höchsten Rechte auf Erden gipfeln und mannigfach abgestuft in jeder Verbandsgewalt bis hinab zur privaten Vereinsgewalt enthalten sind. Es gibt aber auch Recht der Glied- und Organpersonen an ihren Verbandspersonen, Rechte auf Anteil an Einrichtungen und Gütern des Verbandes, Rechte auf Mitbildung des Gemeinwillens, wie die Stimmrechte, Rechte auf eine besondere Glied- oder Organstellung[848] bis hinauf zu dem angebornen Herrscherrecht des Monarchen. Alle derartigen Rechtsverhältnisse haben eine völlig andere Struktur, als die Rechtsverhältnisse des Individualrechts, die zwischen denselben Subjekten als Trägern freier Sonderbereiche bestehen

soziale Lebewesen, und denjenigen Teil davon, der das innere Leben der Verbände ordnet, grundsätzlich als verschieden von allem Rechte, das die äußeren Beziehungen der als Subjekte anerkannten Lebewesen regelt; anthropomorph geht es weiter, wenn *Gierke* das Recht entsprechend der Doppelnatur des Menschen, der ein Ganzes für sich und Teil höherer Ganzen ist, in zwei große Zweige spaltet, die er als Individualrecht und Sozialrecht bezeichnet. Unter den Typus des Sozialrechts fallen dabei das Staatsrecht und alles sonstige öffentliche Recht, aber auch die dem Privatrecht einverleibte innere Lebensordnung privater Verbandspersonen. Im Sozialrecht dagegen lässt er Begriffe walten, die im Individualrecht keinerlei Vorbild haben, denn hier kann, ihm zufolge, das, was in Ansehung der Einzelperson schlechthin der Ordnung durch Rechtssätze entzogen ist, der Ordnung durch Rechtssätze unterworfen werden. Daraus schließt *Gierke*, dass hier das Recht, weil und soweit das Innenleben des sozialen Organismus zugleich äußeres Leben von Menschen oder engeren Menschenverbänden ist, den Aufbau des lebendigen Ganzen aus seinen Teilen und die Betätigung seiner Einheit in der Vielheit dieser Teile normativ bestimmen kann. Aus dem Rechtsbegriff der Verfassung, der die Zusammensetzung des gesellschaftlichen Körpers aus ihm zugehörigen Personen durch Rechtssätze ordnet, leitet er den Rechtsbegriff der Mitgliedschaft, welche als Rechtszustand einen aus Rechten und Pflichten bestehenden Inhalt empfängt; usw usf in dieser Diktion. S dazu statt vieler *Coing*, 429 f: Gierkes Theorie ist nie zur herrschenden Lehre geworden, gleichwohl hat sie einen tiefen Einfluss auf die Entwicklung des (deutschen) Vereinsrechts ausgeübt. Ebenso kann – vor allem in den letzten Jahren – ein nicht unbeträchtlicher (indirekter) Einfluss des Gierkeschen Verbandsrechtsdenkens (wohl auch im Wege über einschlägige deutsche Schriften) auf Teile der österreichischen Vereins-/ Verbandsliteratur festgestellt werden.

848   Überdies sei angemerkt, dass *Gierke*, Wesen 27 ff, weder für die Gründung eines Verbands (die für ihn eine „freie Willenstat ist, die eine Verbandsperson ins Leben ruft, " und als solche „ein schöpferischer Gesamtakt"), noch für dessen Handeln bzw dessen Willensbildung qua Beschlüsse das Vertragsrecht als anwendbar erachtet. Durchaus „verbandsmystisch" meint er: „Hier versagt der Begriff des Vertrages, bei dem sich gesonderte Subjekte über einen gemeinschaftlichen Willensinhalt einigen, den sie als bindende Richtschnur ihres Verhaltens setzen. Alle Vereinbarung ist hier nur Bildung eines einheitlichen Gemeinwillens aus den dazu berufenen Teilwillen, alle Entscheidung von Meinungskämpfen nur Durchsetzung der Willenseinheit des Ganzen."

können und bei denen auch der Staat und der einzelne Bürger einander wie beliebige Privatleute gegenübertreten." Und weiter biologisch/ biologistisch, jedoch den (rechtlichen und sonstigen) Primat des „Verbandes Staat" ausdrücklich hervorhebend: „Ein reiches System sozialrechtlicher Normen endlich befasst sich mit der Eingliederung niederer gesellschaftlicher Organismen in höhere und aller zuletzt in das souveräne Gemeinwesen. Dass die Verbände zugleich selbstständige Ganze mit eigener Lebenseinheit und Glieder oder Organe[849] umfassenderer Ganzen sein können, haben sie mit dem einzelnen Menschen gemein. Allein eine neue juristische Begriffswelt eröffnet sich vor Allem dadurch, dass auch das innere Leben solcher Glied- oder Organspersonen einer rechtlichen Einwirkung des Gesamtorganismus zugänglich ist. Es versteht sich von selbst, dass für sie nicht grundsätzlich gleiches, sondern grundsätzlich ungleiches Recht gilt. Der durch seine souveräne Machtvollkommenheit über alle erhöhte Staat nimmt für sich selbst ein Recht höheren Ranges in Anspruch und lässt nur solche Gemeinschaften, die er als öffentliche Einrichtungen wertet, in gewissem Umfange an den Vorzügen des öffentlichen Rechtes Teil nehmen."[850]

Daraus ist klar ersichtlich, dass *Gierke* die verschiedenen Verbände (Staat, Kirche, Gemeinde, Genossenschaft etc) zwar „wesensmäßig" vergleicht und als vergleichbar beurteilt, dass er jedem von ihnen die (Kompetenz der) Setzung von „Verbandsrecht"[851] zuschreibt (dies aller-

---

849 Die Bedeutung des Begriffs des „Organs" beschreibt *Gierke*, Wesen 26 f, in seinem „System" folgendermaßen: „Rechtssätze vor allem bestimmen die Organisation, vermöge deren diese zum Ganzen verbundenen Elemente eine Einheit bilden. Indem das Recht anordnet, dass und unter welchen Voraussetzungen in den Lebensäußerungen bestimmter Glieder oder Gliederkomplexe die Lebenseinheit des Ganzen zur rechtlichen Erscheinung kommt, stempelt es den Begriff des Organs zum Rechtsbegriff. Eine unübersehbare Fülle bei den verschiedenen Verbänden höchst ungleichartiger und oft sehr verwickelter Normen dient dazu, Zahl und Art der Organe festzusetzen, jedem von ihnen einen abgegrenzten Wirkungsbereich als Kompetenz oder Zuständigkeit zuzuteilen, das Verhältnis der Organe zu ordnen, ihr Zusammenwirken, usw. Durch das Organ offenbart sich also die unsichtbare Verbandsperson als wahrnehmende und urteilende, wollende und handelnde Einheit. Die juristische Person unseres Rechts ist kein des gesetzlichen Vertreters bedürftiges Wesen, sondern ein selbsttätig in die Außenwelt eingreifendes Subjekt. Sie ist geschäftsfähig."

850 *Gierke*, Wesen 28 f.

851 Vgl im Gegensatz dazu beispielsweise *H. Heller*, Staatslehre[6] (1983) 212: „Wollten wir uns zum Zwecke der Bestimmung des Rechtsbegriffs nicht daran orientieren, was ist, sondern daran, ‚was einstens war und was vielleicht wieder einmal sein' wird, so müssten wir allerdings erklären, dass nicht nur der Staat, sondern auch die Kirchen, Territorien, Geburtsstädte, Städte, Zünfte und Berufsstände, kurz alle organisierten Verbände Recht erzeugen und zu sichern im Stande sind. Wir würden damit schließlich auf jede Unterscheidung von Recht und Konvention verzichten, jedenfalls aber einen Sprachgebrauch einführen, der auch jede Vereinssatzung als Recht bezeichnet. Seitdem der souveräne Staat das Monopol legitimer physischer Zwangsgewalt erfolgreich für sich beansprucht und damit allen autonomen Instanzen gegenüber zur letzten gesellschaftlichen Entscheidungs- und Wirkungseinheit

dings nicht mithilfe des Vertragsrechts erklärt, sondern als – wie auch immer rechtlich einzuordnende – „Bildung eines einheitlichen Gemeinwillens" erachtet), dass er jedoch eindeutig den Staat als denjenigen Verband qualifiziert, der allen anderen Verbänden gegenüber eine „souveräne Machtvollkommenheit" besitzt und dessen Staatsgewalt allen anderen (Verbands)Gewalten übergeordnet ist. Das *Gierkesche* Modell des Verbandsrechts (allein) kann also nicht all das leisten, was (national und international agierende) Sportverbände offenbar anstreben (Rechtsetzungskompetenz allein ist/wäre Verbänden zu wenig). Um einen, ihrem Anspruch gerecht werdenden, (rechtlichen) Status, nämlich einerseits der Gleichartigkeit mit dem Staat und andererseits der Autonomie ihm gegenüber, zu erlangen, zu behaupten, auszubauen, argumentativ zu untermauern und zu vermarkten, bedarf es mehr. Und dafür eignet sich (ua) das Konzept des Transnationalen Rechts, zumindest bietet es (wissenschaftliche) Begründungen.

2. (rechts)soziologischer Exkurs, 2. Das „Transnationale Recht" als eine Weiterentwicklung von *Gierkes* Verbandsrecht

Wenn zB mit dem Modell des Gesellschaftsvertrages (bzw Sozialkontrakts)[852] davon ausgegangen wird, dass beim (National)Staat die (Rechtsnormsetzungs/Rechtsprechungs/Vollziehungs)Macht konzentriert bzw „ausschließlich" – Gewalt monopolisierend – verortet ist[853], dann folgt für intermediäre Kräfte (zB Verbände), die einen Teil dieser Macht „übernehmen" bzw sich aneignen wollen, dass diese Umstände (Begrenzungen bzw Hemmnisse) geändert werden müssen. Vielerlei Maßnahmen, idealerweise parallel, werden aus Verbandssicht dieses Ziel erreichen lassen, wie zB: erstens das Schaffen von Fakten (zB der Aufstellung von verbandlichen Rechtsordnungen samt Verwirklichung eines staatsähnlichen bzw -gleichen heteronomen Verhältnisses gegenüber Verbandsuntertanen), zweitens die „Erlangung" von Beauftragungen, Beleihungen[854] und der-

---

geworden ist, behält man zweckmäßigerweise den Namen des Rechts derjenigen gesellschaftlichen Normordnung vor, die von den besonderen Organen der staatlichen Organisation gesetzt und gesichert wird."

852   S zB *Koller*, Die neuen Vertragstheorien in Graf Ballestrem/Ottmann (Hrsg), Politische Philosophie des 20. Jahrhunderts (1990) 283, welchem zufolge „das primäre Ziel der Idee des Gesellschaftsvertrages es nicht ist, die Entstehung staatlich organisierter Gesellschaften aus ihren faktischen Ursachen heraus zu erklären, sondern vielmehr die Bedingungen der Legitimität politischer Ordnung durch die gedankliche Herausarbeitung derjenigen Voraussetzungen aufzufinden, unter denen sie die allgemeine Zustimmung freier und gleicher Individuen finden würde." Sowie *Koller*, Theorie 123 f.

853   Vgl zB *Akude/Daun/Egner*, Legitimität und Funktionsweise politischer Herrschaft im synchronen und diachronen Vergleich in Akude/Daun/Egner/ Lambach (Hrsg), Politische Herrschaft jenseits des Staates (2011) 11: „Neben dem Monopol legitimer physischer Gewalt können wir also auch die Monopole der legitimen Steuereintreibung und der legitimen Rechtsetzung innerhalb dieses Territoriums in eine Definition des Staates mit aufnehmen."

854   Der bloße Anschein einer „Beleihung" wird zu wenig sein; ebenso, wenn sich (Sport)Verbände selbstmächtig als „beliehen" gerieren/erachten und im Rahmen

gleichen durch den Staat, drittens „Personaltransfer" (Verbandsangehörige bzw -verbundene in die staatliche Vollziehung, Gesetzgebung und Rechtsprechung „einbringen" bzw „Staatsdiener", vorrangig Juristen, für die Beschickung verbandlicher Gremien „gewinnen), viertens Verbandsmarketing jeglicher Art (zB Politikern Publicity izm dem „gesunden Sport" verschaffen), fünftens Lobbyismus (in alle gesellschaftlichen Bereiche)[855] und sechstens fortlaufend das im Kern rechtsstaatliche, Gewalten teilende, demokratische und Gewalt monopolisierende Staatsmodell[856, 857] (freilich zulässigerweise) infragestellen, allenfalls auch mit der Intention der „(Teil)Überwindung" desselben.[858] Als Endziel wird grundsätzlich der vom Staat (weitestgehend) unabhängige, in seiner Struktur, Organisation und hinsichtlich seiner Kompetenzen allerdings zumindest staatsähnliche oder idealiter staatsgleiche Verband zu schaffen sein. „Verbindungen" mit dem Staat wie zB im Fall des „Dopingthemas" hinsichtlich dessen der Staat von Verbänden insofern in die Pflicht genommen worden ist, als es (ja auch) um die Disziplinierung von Verbandsuntertanen geht, schaden nicht. Denn die „Verbandsnormenabweichler", welche zugleich auch gegen (Straf-) Rechtsnormen" verstoßen haben (dies „durchgesetzt" zu haben, ist als „großer" Verbandserfolg zu konstatieren), können solcherart vom Verband dem „weltlichen Arm"[859], eben dem Staat, zur Bestrafung genannt bzw

---

der Vereinigungsfreiheit „Privatgesetzgebung", „Privatgerichtsbarkeit", „Privatstrafvollzug" sowie „Privatsteuerforderung" praktizieren. Denn eine Beleihung erfordert (im Wesentlichen), dass Hoheitsaufgaben von der Staatsverwaltung auf private Rechtssubjekte übertragen werden (sog beliehene Unternehmen). Und hierbei müssen den staatlichen Behörden die entsprechenden Einflussmöglichkeiten auf die Aufgabenerfüllung zur Verfügung stehen: die Beliehenen müssen staatlicher Aufsicht unterstellt sein und einem staatlichen Weisungsrecht unterliegen, so *Berka*, Verfassungsrecht[4] Rz 733.

855 Vgl zB *Mann*, Macht und Ohnmacht der Verbände (1994) 262 ff, sowie *netzwerk recherche*, „In der Lobby brennt noch Licht". Lobbyismus als Schatten-Management in Politik und Medien (2008) passim.

856 So verweist *F. Bydlinski*, JBl 1994, 36, zB auf übereinstimmende normative Weichenstellungen, also gleiche Prinzipien in verschiedenen Rechtsordnungen, welche einem gemeinsamen Rechtskreis zugezählt werden können; fürs Privatrecht nennt er etwa Persönlichkeitsschutz, Privatautonomie, Vertrauensschutz und Privateigentum, fürs Verfassungsrecht führt er Demokratie, Rechtsstaatlichkeit und Grundrechtsschutz an.

857 S statt vieler zum Rechtsstaat(smodell) *Bußjäger*, Rückzug 18 ff.

858 S dazu zB *Röttgers*, Freiheiten und Mächte in Fischer (Hrsg), Freiheit oder Gerechtigkeit (1995) 88: „Macht ist parasitär. Macht setzt andere Beziehungen voraus und interveniert in sie."

859 Vgl zB *Steinhauer*, Von der Inquisition zur Lehrbeanstandung. Ein historischer Rückblick in Haas/Steinhauer (Hrsg), Festgabe Rivinius (2006) 296 ff: Stand die Häresie aufgrund des (kirchlichen) Ketzerprozesses fest, wurde der Schuldige dem weltlichen Arm zur Bestrafung übergeben. Im Anschluss an mittelalterliche Herrscher wie Kaiser *Friedrich II.* hat sich die Kirche durch ihr kanonisches Verfahren der Anordnung der Hinrichtung von Ketzern angeschlossen und die Verurteilungen gebilligt, hat zugleich aber formaliter um die Schonung des Schuldigen gebeten, was jedoch bloß aus Rücksicht auf die kanonische Tradition erfolgte, die ein Blutvergießen durch die Kirche immer abgelehnt hat. Anderseits hat die Kirche sogar denjenigen, die die Strafe an

übergeben werden, mit dem/einem Ergebnis, dass die Disziplinierung der Verbandsuntertanen über mehrere Wege konzentriert(er) erfolgen kann.

Teubner[860] und *Fischer-Lescano* definieren den Begriff eines „Transnationalen Rechts" außerhalb des staatlichen Rechts in ihrem gemeinsamen Buch aus 2006 folgendermaßen: „Transnationales Recht[861] bezeichnet eine dritte Kategorie von autonomen Rechtssystemen jenseits der traditionellen Kategorien des staatlichen nationalen[862] und internationalen Rechts. Transnationales Recht wird durch die Rechtsschöpfungskräfte einer globalen Zivilgesellschaft[863] geschaffen und entwickelt[864], es ist auf

---

dem festgestellten Häretiker nicht vollziehen (wollten), die Exkommunikation angedroht. *Steinhauer* kommt zu dem Schluss, dass die Inquisition, die angetreten war, um in besonderer Weise der Wahrheitsfindung in Glaubensprozessen zu dienen, solcherart sich (gerade) im Verbund mit der weltlichen Sphäre zu einem Instrument der Unterdrückung und des Schreckens entwickelte, welches mit Recht als das beunruhigendste Thema der Kirchengeschichte bezeichnet wird.

860   *Teubner*, Unternehmenskorporatismus, KritV 1987, 64 ff, 83, allerdings kritisiert *Gierkes* Konzeption mit der systemtheoretischen Begriffsapparatur und meint überdies: „Es wäre ziemlich unsinnig zu behaupten, Neo-Korporatismus sei die politische Konsequenz der Systemtheorie." Eine derartige All-Aussage bezogen auf Sportdachverbände wird in der gegenständlichen Darstellung freilich nicht getroffen.

861   Es ist hier nicht der Platz, um die vielfältigen Diskussionen um die Denk- und Forschungsrichtung des Transnationalen Rechts nachzuzeichnen, welche mittlerweile schon eine „Schulen bildende" Wirkung zeitigt. Vgl zB *Schleiter*, Globalisierung im Sport (2009) 227 ff, mit dem „programmatischen" Untertitel „Realisierungswege einer harmonisierten internationalen Sportrechtsordnung" sowie mit Inhalten in einem Vorschlagskatalog wie zB: „Der internationale Sport sollte bei seinem Handeln stets die Maximen von Freiheit, Gleichheit, Rechtssicherheit, ausgleichender Gerechtigkeit und Transparenz beachten"; der Autor bringt weiters die interne Verbandsgerichtsbarkeit mit der Schiedsgerichtsbarkeit als Streitschlichtungssystem in Zusammenhang; überdies skizziert *Schleiter* den „heutigen Sport" als ein abgrenzbares, einheitliches Geschehen der Akteure; der internationale Sport stellt(e) demnach eine abgrenzbare Gesellschaft im funktionalen Sinn dar usw usf. Im Gegensatz dazu sei als ein umfangreiches, kritisches Werk zu diesem Theoriekonzept zB *Ipsen*, Private Normenordnungen als Transnationales Recht? (2009) passim, angeführt.

862   *Hilgendorf*, Zur Lage der juristischen Grundlagenforschung in Deutschland heute in Brugger/Neumann/Kirste (Hrsg), Rechtsphilosophie im 21. Jahrhundert (2008) 125, führt als einen Themenbereich einer revitalisierten juristischen Grundlagenforschung zum Schlagwort „Globalisierung und Recht" als bemerkenswerten Ansatz das gegenständliche Buch von *Teubner* und *Fischer-Lescano* an, und meint weiter: Der Bedeutungsverlust von nationalem Recht wird kompensiert durch die Entstehung internationalen und transnationalen Rechts, bei dem allerdings die Frage nach der inhaltlichen Legitimation besondere Probleme aufwirft.

863   Der Begriff der „Zivilgesellschaft", als grundsätzlich positiv aufgeladen und besetzt sowie vielseitigst verwendbar, wird letztlich wohl als „leerformelhaftig" anzusprechen sein; s dazu zB *Krysmanski*, Hirten & Wölfe. Wie Geld- und Machteliten sich die Welt aneignen[2] (2009) 19: Aber was ist unter der Utopie der Bürgergesellschaft nicht schon alles an Schweinereien passiert; sowie *Hefner*, Vier Lektionen über die Idee der Civil Society in Brix (Hrsg), Civil Society in Österreich (1998) 22 ff. S ausführlich VI.1.

864   Im zivilgesellschaftlichen Bereich sind sogar „Privatsteuertendenzen" auffindbar,

allgemeine Rechtsprinzipien und deren Konkretisierung in gesellschaftlicher Praxis (Übung) gegründet, seine Anwendung, Interpretation und Fortbildung obliegt – jedenfalls vornehmlich – privaten Anbietern alternativer Streitschlichtungsmechanismen, und eine Kodifikation findet – wenn überhaupt – in Form von allgemeinen Prinzipien- und Regelkatalogen, standardisierten Vertragsformularen oder Verhaltenskodizes statt, die von privaten Normierungsinstitutionen aufgestellt werden."[865] Übersetzt bzw wendet man den Begriff „Panlegalismus" von *Trappe*[866] auf das hier vorgefundene an, dann lautet der treffende Ausdruck wohl „Allrechtslehre"[867]; und das ist eben genau die zupass kommende „Legitimation", die Anspruchsgrundlage, die zB Sportverbände für ihr Normieren und Handeln wollen/benötigen.

Zu Beginn ihres Buches „erläutern" *Teubner* und *Fischer-Lescano* ihr Verhältnis zu denjenigen Juristen, welche, anstatt mit den Konflikten/ Kollisionen zwischen zB global agierenden Quasi-Gerichten, fragmentiertem, internationalem Recht und globalen privaten Rechtsnormsetzern auf der einen Seite und nationalem, staatlichem Recht auf der anderen Seite (entsprechend) umzugehen, in einem „eigentümlichen juridischen Reduktionismus" verharren, „der das Verständnis der Normenkonflikte verflacht und deren Lösungsperspektiven beschränkt". Und weiter: „Juristen registrieren im Prinzip nur die verwirrende Vielfalt von autonomen, politisch gesetzten Bereichsrechten, ,self-contained regimes' und hochspezialisierten Tribunalen. Sie sehen die Einheit des internationalen Rechts deshalb gefährdet, weil im Weltrecht eine begrifflich-dogmatische Konsistenz, eine klare Normenhierarchie, wie sie die Nationalstaaten herausgebildet haben, fehlten. Als

---

s dazu *Thomasser*, Tendency 193 f (bei dem im Beitrag dargestellten „zivilgesellschaftlichen Akteur" handelt es sich um den OEPS, welcher 2006 aber noch als „Bundesfachverband für Reiten und Fahren in Österreich", abgekürzt BFV, firmierte): Allem Anschein nach handelt es sich beim BFV daher nicht um einen zivilgesellschaftlichen Akteur (im klassischen Sinn), sondern um eine quasi-etatistisch-bürokratische Organisation mit deutlichen Tendenzen in Richtung Privatsteuer. Da die Binnenstruktur dieses Sport-Dachverbandes ebenso wie dessen Normsetzung von einigen wenigen gesteuert und weiterentwickelt wird, scheinen sich vor allem die Veranstalter und Reitsportler, in einem durch und durch verregelten Gehäuse von Subordinationsverhältnissen zu befinden, so dass hier von einem auch nur annähernd gleichberechtigten Umgang privater Akteure miteinander keinesfalls gesprochen werden kann. Den 42.000 Mitgliedern von Reitvereinen, die den neun LFV „angeschlossen" sind, tritt der BFV daher bis dato als ein wirkmächtiges, intermediäres Gebilde gegenüber, insbesondere dann, wenn es um Bestimmungen und Abgabenforderungen im Zusammenhang mit Turnieren geht. Diesbezüglich scheint sogar die Metapher „Staat im Staat" nachvollziehbar (diese zitierte Passage ist aus dem Englischen übersetzt). Vgl dazu zB 1966 Gehlen, Zwangsläufigkeit oder Gestaltung in *Gehlen*, Gesamtausgabe. Einblicke VII (1978) 223 f: „Deutlich haben sich autonome Staaten im Staate konsolidiert, als Großverbände, die zum Teil über die Wirtschaftspolitik hinaus bis in den Raum der großen Politik hineinwirken."

865 *Fischer-Lescano/Teubner*, Regime-Kollisionen 43.
866 *Trappe*, Einleitung 16.
867 Die autonomen Privatregimes (bestimmter Struktur und Durchsetzungsfähigkeit), welche alle Recht setzen (sollen), erscheinen als ähnliche Chiffre wie der Begriff des Transnationalen Rechts selbst, vgl *Ipsen*, Normenordnungen 26.

Ursachen werden sieben Problembereiche identifiziert: Mangel zentralisierter Organe, Spezialisierung, Unterschiede in den Normstrukturen, Parallelregulierungen, konkurrierende Regulierungen, Ausweitung des Völkerrechts, unterschiedliche Regimes sekundärer Normen. Juristen sehen damit nur rechtsinterne Fragmentierungsphänomene und deren rechtsinterne Ursachen. Entsprechend streben sie dann auch rechtsinterne Lösungen des Problems an: die Etablierung von Gerichtshierarchien und einer Stufenordnung von Rechtsnormen auf Weltebene, die das Ideal nationalstaatlicher Rechtshierarchien zwar nicht erreichen, aber sich ihm zumindest annähern."[868]

An dieser Stelle ist diesen Ausführungen gegenüber ganz klar festzuhalten, dass Juristen jeglicher Herkunft, Weltanschauung und/oder welcher beruflicher Tätigkeiten auch immer und deren schriftliche und mündliche Positionierungen jeglicher Kritik ausgesetzt sein sollen, ja müssen, wozu sich (insbesondere) auch die Herangehensweisen des Kritischen Rationalismus, als zwei Vertreter seien *Albert* und *Topitsch* genannt[869], eignen. Wenn die Kritik[870] jedoch gegen „die gewissen Juristen" gerichtet ist, die

---

868 Die(se) „Juristenschelte" zieht sich bei *Fischer-Lescano/Teubner*, Regime-Kollisionen 7 ff, 21, 23f, 33, 36, 48, 56, durch das ganze Buch, einige Beispiele dazu: „Weder mit rechtsdogmatischen Formeln der Einheit des Rechts noch mit dem rechtstheoretischen Ideal einer Normenhierarchie noch mit der Institutionalisierung von Gerichtshierarchien sei solchen Konflikten beizukommen." Dem „Reduktionismusvorwurf" folgt: „Ob die Einrichtung von Gerichtshierarchien den aus solchen gesellschaftsstrukturellen Widersprüchen resultierenden Rechtsfragmentierungen beikommen kann, lässt sich bezweifeln." Sowie: „Das Auftauchen globaler Regimes bedeutet dann gerade nicht, wie immer wieder gerade von Juristen behauptet, dass sich im Zuge globaler Verrechtlichungsschübe die Rechtsordnungen vereinheitlichen, harmonisieren oder dass sie wenigstens konvergieren, sondern dass das Recht eine neue Form der Binnendifferenzierung heraustreibt und dabei nicht Rechtseinheit, sondern eine neue Fragmentierung erzeugt." Dann geht es gegen die „Reine Rechtslehre", welche, wie jedes andere Theoriegebäude, selbstverständlich der Kritik auszusetzen ist, bei *Fischer-Lescano/Teubner* entsprechend weiter: „Ließen sich die politischen regulatorischen Regimes noch, wenn auch mit Mühe, in einer Normenhierarchie staatlich induzierten Rechts unterbringen, die nach dem Vorgehen *Kelsens* und *Merkls* als Stufenbau der Rechts von nationalen Rechtsakten, nationalem Gesetzesrecht, nationalem Verfassungsrecht und internationalem Recht, als dessen nächst höhere Stufe ein internationales Verfassungsrecht durchaus zu denken wäre, konstruiert war, so bricht diese Hierarchie mit dem Auftreten autonomer nicht-staatlicher Regimes zusammen." Schließlich: „Erst wenn man diese verschiedenen Annahmen – polyzentrische Globalisierung, eigenständiges Weltrechtssystem, dessen sektorielle Binnendifferenzierung, Etablierung politischregulatorischer Regimes, Emergenz zivilgesellschaftlicher Regimes, Trennung von Zentrum und Peripherie des Weltrechts, Regime-Konstitutionalisierung – nachvollzieht, gewinnt man ein ausreichendes Verständnis der Rechtsfragmentierung. Durch seinen Bezug auf gesellschaftliche Widersprüche unterscheidet es sich von der Alltagssicht der Juristen, die nur durch das Fehlen einer Gerichtshierarchie bedingte Jurisdiktionskonflikte wahrnimmt, beträchtlich."

869 Vgl *Hilgendorf*, Lage 114 f.

870 Diese bestimmte Kritik an Juristen und damit (auch) am Rechtsmodell des Nationalstaates wird von vielen Proponenten des Transnationalen Rechts bzw deren „Theoriefolgern" geteilt, wie zB: *Hanschmann*, Theorie transnationaler

ein im Kern rechtsstaatliches, Gewalten teilendes, demokratisches und Gewalt monopolisierendes Staatsmodell[871] vertreten[872], das auch und gerade den Schutz der Staatsbürger vor dem normativen und faktischen Zugriff intermediärer Organisationen/Gewalten etc gewährleistet (bzw gewährleisten soll), dann betrifft dies grundlegende soziale Machtverteilungen und möglicherweise angestrebte -verschiebungen.[873] Wenn in weiterer Folge unter „Kollision" der „Konflikt" zwischen zwei gleichrangigen „Rechtsregimes", dem (staatsartig nachentworfenen) „autonomen Verbandsrecht"[874] und/oder dem schutzauftragverpflichteten „Recht des Staates", in Bezug auf die Person eines Staatsbürgers (oder aber Verbandsuntertanen) verstanden werden soll, und die Lösung dann vielleicht in der Anwendung eines „Kollisionsrechts" zwischen beiden im Sinn des „Transnationalen Rechts" erfolgen soll, ist unschwer zu erkennen, dass das vorgenannte Staatsmodell am Ende wäre bzw ist[875],

---

Rechtsprozesse in Buckel/Christensen/Fischer-Lescano (Hrsg), Neue Theorien des Rechts[2] (2009) 379, der von *Kelsen'scher Fixierung"* und etatistisch verengter Perspektive" spricht. Vgl Derartigem gegenüber treffend insbesondere *Topitsch*, Hans Kelsen – Demokrat und Philosoph in Krawietz/Topitsch/Koller (Hrsg), Ideologiekritik und Demokratietheorie bei Hans Kelsen (1982) 11, 14: „Er (Anm: Kelsen) war Philsoph in doppelter Hinsicht: als Forscher und Denker, der tief in die Grundmuster menschlicher Weltauffassung und Selbstdeutung eingedrungen ist, und – in geradezu antikem, exemplarischem Sinne – als Verkörperung der moralischen und intellektuellen Haltung des geistigen Menschen gegenüber den Mächten und Mächtigen." Und: „Das zentrale Motiv des gesamten Wirkens dieser außerordentlichen Persönlichkeit lag jedoch noch tiefer. Es war die Verteidigung der Freiheit, besonders der geistigen Freiheit, gegen jede Form der Unterdrückung, von welcher Seite auch immer."

871 Vgl dazu, mit etwas anderer Nuancierung, *Prisching*, Freiheiten in der postmodernen Welt in E. J. Bauer (Hrsg), Freiheit in philosophischer, neurowissenschaftlicher und psychotherapeutischer Perspektive (2007) 219: „Das konstitutionelle, demokratisch-liberale, rechtsstaatliche Modell ist eine soziale Innovation, die sich innerhalb eines Jahrhunderts weltweit durchgesetzt hat."

872 Zum Disput zwischen „Transnationalisten" und „Traditionalisten" (oder wohl „Nationalisten") s zB *Zumbansen*, Lex Mercatoria, Schiedsgerichtsbarkeit und Transnationales Recht, RabelsZ 2003, 642 ff, 676; und zum so genannten „alteuropäischen Denken" s *Christensen/Fischer-Lescano*, Das Ganze des Rechts. Vom hierarchischen zum reflexiven Verständnis deutscher und europäischer Grundrechte (2007) 21 f, 24 ff.

873 Vgl *Brunkhorst*, Die globale Rechtsrevolution. Von der Evolution der Verfassungsrevolution zur Revolution der Verfassungsrevolution? in Christensen/Pieroth (Hrsg), Rechtstheorie in rechtspraktischer Absicht (2008) 9 ff, 14 ff, 18.

874 Das emanzipatorische Ideal im „Verein freier Menschen" von *Fischer-Lescano*, Kritische Systemtheorie Frankfurter Schule in Callies/Fischer-Lescano/ Wielsch/Zumbansen (Hrsg) FS Teubner (2009) 66 f, mutet im Fall von der „Verbandsgewalt unterworfenen Verbandsuntertanen" als Modellierung eines reichlich kontrafaktischen Bildes des Wahren, Schönen und Guten an.

875 Genau das stellen *Fischer-Lescano/Teubner*, Regime-Kollisionen 36 f, jedoch in Abrede. Vgl jedoch zB *Leisner*, Die Demokratische Anarchie. Verlust der Ordnung als Staatsprinzip? (1982) 264 ff, welcher die neuen Formen „gesellschaftlicher Selbstverwaltung" als „neuen Privatfeudalismus" bezeichnet, bei dem Autonomie in Anarchie übergeht; wesentlich private, nicht-staatliche

ebenso wie der „Gesellschaftsvertrag" mit der natürlichen Person, dem „Staatsbürger". Ein paar Begrifflichkeiten der/dieser Allrechtslehre seien noch angeführt: *Teubner* und *Fischer-Lescano* meinen, dass die Fragmentierung des globalen Rechts viel radikaler ist, als es eine „reduktionistische Einheitssicht" – welcher Provenienz auch immer – begreifen kann, die Rechtszersplitterung wird zunehmen und ist nicht überwindbar. Autonome (oder auch autokonstitutionelle) Privatregimes bilden sich laufend, der Rechtsbegriff weitet sich aus, es entstehen sub-, supra- oder transnationale Gemeinschaften mit nichtstaatlicher Jurisdiktion, bei Regime-Kollisionen soll die Technik der „Dejuridifizierung" angewendet werden, so die Autoren; und für eine „schöne, neue Normenwelt" gilt dann (wohl): „Es sind prozedurale Normierungen von kognitiven Lösungsverfahren zu entwickeln, die auf Anhörung anderer Interessen, Machtneutralisierung, fairen Interessenausgleich und Gemeinwohlorientierung bei gesellschaftlichen Kollisionsauflösungen zielen."[876] Usw usf.

All dies, dh schon diese „Kurztour" durch die „Welt der Regimekollisionen", kann dazu führen, als Ausweg auf eine Möglichkeit der Filmproduktion zu vertrauen, nämlich „Schnitt" zu rufen bzw zu machen. Man möge sich vorstellen, wie sehr Sportverbände[877], welche qua verbandlichem Gewaltverhältnis auf die fortwährende Subordination ihrer Verbandsuntertanen aus sind, deren Interessen anhören werden, anstatt sie zu „heteronomisieren", oder eine Neutralisierung ihrer Macht zB durch den Staat, der seine Staatsbürger schützt bzw schützen soll, begrüßen werden, wo sie sich doch bisher „faktisch" und auch „rechtlich" Sonderpositionen geschaffen haben. Eine weitere Annäherung an diese für (Sport)Verbände so attaktrive Denkrichtung sei noch vorgenommen: *Callies* zB, dem Konzept des Transnationalen Rechts verbunden, geht in seiner Darstellung der Systemtheorie auf die „strukturelle Anpassung des Rechts an Veränderungen in der Gesellschaft, dh die Ko-Evolution von Rechtssystem und seiner innergesellschaftlichen Umwelt wie Wirtschaft, Politik, Wissenschaft, Sport etc ein." Ihm zufolge lautet die These der Systemtheorie nun, „dass diese Umstellung von den etablierten nationalen und internationalen Rechtsordnungen nicht vollzogen werden kann, weil sich der im Modell des demokratischen Verfassungsstaates angelegte rechtsphilosophische Etatismus[878] als unüberwindliche Evolutionsblockade erweist."

Kräfte übernehmen Staatsfunktionen, dem Namen nach im öffentlichen, in Wahrheit in ihrem eigenen, beruflichen, Gruppen-, Klasseninteresse; der Staat stellt die Formen seiner öffentlich-rechtlichen Autonomie zur Verfügung, in der sich private Macht gewaltige Trutzburgen errichten kann, gegen die immer schwächere Zentralgewalt; im Grunde geht es nach wie vor darum, „den Staat zu sich hin zu ziehen", im letzten bleiben all die Mächte Auszehrungsgewalten der Staatlichkeit, nicht Aufladepotenzen, so der Autor.

876 *Fischer-Lescano/Teubner*, Regime-Kollisionen 24, 41, 54, 132.
877 Ja, Verbände als „Hegemonieapparate" versuchen einen (zwar oligarchischen und daher „kleinkollektiven") „Kollektivwillen" herauszubilden, was ua heißt: „Staat zu werden" bzw möglichst „staatsgleich", vgl *Buckel/Fischer-Lescano*, Hegemonie im globalen Recht – Zur Aktualität der Gramscianischen Rechtstheorie in Buckel/Fischer-Lescano (Hrsg), Hegemonie gepanzert mit Zwang. Zivilgesellschaft und Politik im Staatsverständnis Antonio Gramscis (2007) 90, 99.
878 Selbstredend und nachvollziehbarer Weise ist auch im österreichischen Schrift-

Teubner habe ihm, *Calliess*, zufolge mit seiner „globalen Bukowina"[879] eine, wenn nicht die Basis für „ein Forschungsprogramm gelegt, welches nach den Möglichkeiten eines globalen Rechts ohne Weltstaat fragt." *Calliess* zeichnet das Vorgehen *Teubners* nach, wonach dieser zunächst den Rechtspluralismus von *Ehrlich* mithilfe der Systemtheorie neu formuliert. Hat *Ehrlich* beschrieben wie Phänomene gesellschaftlicher Nebenrechtsordnungen im Verlauf des 19. und 20. Jahrhunderts weitgehend vom demokratischen Nationalstaat domestiziert worden sind, stellt der funktionale Rechtspluralismus von *Teubner* auf die Ungleichzeitigkeiten im Prozess der Globalisierung ab. Die Wirtschaft zB lehnt eine segmentäre Binnendifferenzierung anhand territorialer Grenzen ab – ubi societas, ibi ius (kann auch als Grundsatz der Allrechtslehre gelesen werden) – und daher kommt es zu privaten Ordnungsleistungen und gesellschaftlicher Selbstorganisation, zu nennen ist zB die Lex Mercatoria als Privatregime.[880] Als „gesellschaftliche Nebenrechtsordnung des 19. Jahrhunderts" wird aber auch

---

tum eine kritische Haltung gegenüber dem/einem Etatismus (zumeist iVm mit rechtspositivistischen Positionen) gegeben, vgl etwa *Mayer-Maly*, Anmerkungen zu einer Theorie der wirklichen Jurisprudenz, JBl 1984, 1: Unter den politischen Bedingungen der Gegenwart ist von jeder machtvollen positiven Rechtsautorität eine Verstärkung der ohnedies schon übermächtigen Tendenz zum Etatismus zu befürchten; sowie *F. Bydlinski*, AcP 1994, 323, 329, 346: „klassischer etatistischer Rechtspositivismus", das ausschließlich vom Staat her definierte Recht, von der Kreation und Durchsetzung seiner Regeln durch staatliche Organe", „etatistisch-formale Rechtsverständnis", „klassisches etatistisch-positivistisches Rechtsverständnis", „etatistische Fixierung des klassischen Rechtspositivismus" sowie „rein etatistische Rechtslehre des Gesetzespositivismus".

879   Ein „Schlüsselwerk" der „Transnationalen Bewegung": *Teubner*, Globale Bukowina. Zur Emergenz eines transnationalen Rechtspluralismus, RJ 1996, 255, 259, 261 f; Der Autor meint, „die Zivilgesellschaft" als eine Kraft/Quelle für die Produktion „pluralen Rechts" identifizieren zu können (angemerkt sei, dass Verbandsoligarchien jedoch gerade nicht „die" bzw „eine" Zivilgesellschaft verkörpern bzw repräsentieren, auch wenn das „marketingtechnisch" oftmals so „verkauft" wird): „Da es nicht die Politik ist, sondern die Zivilgesellschaft selbst, die eine Globalisierung ihrer verschiedenen fragmentierten Diskurse vorantreibt, wird sich auch die Rechtsglobalisierung im Wege des spill-over-Effekts diesen Entwicklungen anschließen. Hieraus ergibt sich unsere Hauptthese: Das Weltrecht entwickelt sich von den gesellschaftlichen Peripherien, von den Kontaktzonen zu anderen Sozialsystemen, her und nicht im Zentrum nationalstaatlicher oder internationaler Institutionen. Die ‚global villages' autonomer gesellschaftlicher Teilbereiche bilden die neue Bukowina der Weltgesellschaft, in der *Eugen Ehrlichs* ‚lebendes Recht' in unserer Zeit neu entsteht. Hier liegt der tiefere Grund dafür, dass weder politische noch institutionelle Theorien des Rechts angemessene Erklärungen für die Globalisierung des Rechts liefern können, sondern nur eine – erneuerte – Theorie des Rechtspluralismus." Was „im Sport" vonstatten geht, bei gleichzeitigem „Vorschieben ‚des Sports'" durch Vereinsdominatoren, kann dennoch auch mit *Teubner* beschrieben werden: „Das Weltrecht differenziert sich intern vielmehr in ‚unsichtbare Kollegien', ‚unsichtbare Märkte und Geschäftszweige', ‚unsichtbare professionelle Gemeinschaften' und ‚unsichtbare soziale Netzwerke', die über territoriale Grenzen hinweg verlaufen, aber dennoch auf die Ausbildung eigenständiger rechtlicher Formen drängen."

880   Vgl zB *Callies*, Systemtheorie: Luhmann/Teubner in Buckel/Christensen/Fischer-Lescano (Hrsg), Neue Theorien des Rechts[2] (2009) 66 f.

zB die Grund- oder Gutsherrschaft[881] genannt werden können. Die „Norm-adressaten" und „Untertänigen"[882] derartiger Verhältnisse sind, je nach Grad und Intensität der Unterwerfung, als Leibeigene, Hörige oder zur Frohndienst-leistung[883] Verpflichtete anzusprechen.[884] Um es sehr verkürzt auf einen Nenner zu bringen: Der von *Teubner* und *Fischer-Lescano* zugleich mit den „gewissen Juristen" kritisierte Begriff bzw die Denk- und Handlungsrichtung des/eines „Etatismus"[885] hat (auch) zum rechtsstaatlichen, Gewalten teilenden, demokratischen und Gewalt monopolisierenden Staatsmodell geführt, das die (persönliche) Freiheit der Staatsbürger garantiert und schützt. Auch dieser Etatismus[886]

---

881 Vgl zB *Kaak*, Die Gutsherrschaft. Theoriegeschichtliche Untersuchungen zum Agrarwesen im ostelbischen Raum (1991) passim, oder *Sugenheim*, Geschichte 485, ua zur Bukowina.

882 S zB *Rieger*, Grundherrschaft in Mischler/Ulbrich (Hrsg), Österreichisches Staatswörterbuch I2 (1905) 34, 38, der ausführt, dass „sich die Patrimonial-gewalt gegenüber der ursprünglich überwiegenden öffentlichen Gewalt histo-risch zum Teil auf Grund besonderer Titel, zum Teil aus allgemeinen Normen entwickelt hat." Und weiter: „Es war schon eine allgemeine Konsequenz der ständischen Verfassung und der Erbuntertänigkeit, dass die Grundherrschaft mit der wirtschaftlichen Verwaltung ihrer ständischen Güter auch die obrig-keitliche Verwaltung verbanden, dass sie für diese beiden Zwecke ihre priva-ten Bestellten oder Beamten einsetzten, und dass ihnen die Untertanen in beiden Richtungen zugleich unterworfen waren, so dass die staatlichen Un-tertanen nur zu mittelbaren Staatsuntergebenen wurden. Die Obrigkeiten nahmen eine mächtige Mittelstellung zwischen dem Staate und den Unterta-nen ein, indem sie sich vermöge ihres Besitzes zu ziemlich unabhängigen Organen machten, ja die öffentliche Gewalt förmlich als Ausfluß des eigenen wohlworbenen Rechtes ausübten. In dieser Stellung wurden die Obrigkei-ten nicht wenig bestärkt durch die namhafte Entwicklung der landwirtschaftli-chen Selbstverwaltung (im Gebiete des Steuer- und Aufgebotswesens), als deren Organe sie auch fungierten." Selbstredend, so der Autor, standen den Grundherrschaften, die auf die Festigung von „Gehorsam und Unterwürfigkeit der Untertanen" abzielten, im Fall der „Unfolgsamkeit der Untertanen" eine „obrigkeitliche Strafgewalt" sowie die „Patrimonialgerichtsbarkeit" zu. Diese (Elemente der) Beschreibung des grundherrschaftlichen Systems von vor mehr als hundert Jahren lässt Parallelen zum derzeitigen sportverbandlichen System mit den eigentümlichen Tendenzen zu „Privatgesetzgebung", „Privat-gerichtsbarkeit", „Privatstrafvollzug" und „Privatsteuerforderung" erkennen, insbesondere können im Lebenssachverhalt Sport (in der Ausprägung eines verbandlichen Gewaltverhältnisses) „Verbandsuntertanen" als bloß mehr mit-telbare „Staatsbürger" angesprochen werden.

883 Vgl etwa *Rau*, Lehrbuch der politischen Ökonomie II[5] (1862) 123 ff.

884 Vgl dazu *Ermacora*, Grundriss einer Allgemeinen Staatslehre (1979) 179: „Die sogenannten besonderen Gewaltverhältnissse wurden in der Hochblüte des Liberalismus nach patrimonialen Vorstellungen entwickelt, um Menschen – entgegen der symbolischen Herrschaft und der Menschenrechte – in eine größere Abhängigkeit von Staat und staatlichen Einrichtungen zu bringen (Soldaten, Schüler, Beamte)."

885 „Etatistische Manipulation" bei *Fischer-Lescano/Teubner*, Regime-Kollisionen 16.

886 Vgl etwa dazu *Brand*, Gegen und im globalen Konstitutionalismus. Emanzipatorische Politiken im globalen Kapitalismus, juridikum 2010, 95, welcher mit den Theorien von *Gramsci* und *Poulantzas*, die Brands Einschätzung zufolge der Aktualisierung und vielfältigen Ergänzung bedürfen, den Handlungsrahmen emanzipatorischer sozialer Bewegungen ausloten möchte;

hat daher geholfen, „alte Untertänigkeitsverhältnisse" wie Grundherrschaft und Hörigkeit zu überwinden. Nun soll jedoch dieser Etatismus (auch weil „alt", „überholt" und eben „nicht mehr zeitgemäß") durch eine „neue" Ordnung von „hybriden, dh weder klar privatrechtlich noch völkerrechtlich zuordbaren Akteuren, die einen massiven Normbedarf entwickeln, den sie selbst im unmittelbaren Durchgriff auf das Recht befriedigen"[887], ersetzt werden. Sportverbände als „Allrechtsprofiteure" würden dem vermutlich zustimmen; grundsätzlich besteht die Gefahr, dass das (vermeintlich) „Neue" (Transnationales Recht) Formen des „Alt-Alten" (Untertänigkeiten zB des 19. Jahrhunderts), welche vom „Alten" (Etatismus) zum Verschwinden gebracht worden sind, „rekonstruieren" hilft, weswegen es gilt, hier Einspruch zu erheben. Denn, wenn man „Recht" (bzw das Rechtsstaatsmodell) als Kultur[888] bzw als Kulturleistung[889] versteht, dann sollten alle beteiligten Kräfte einen allfälligen „(rechts)kulturellen Paradigmenwechsel" weg vom Staat, welcher für seine Staatsbürger, für sein Staatsgebiet die Definitions- und Setzungshoheit in Bezug auf das Recht hat, mit allen sozialen, kulturellen, theoretischen und vor allem faktischen Konsequenzen bedenken. Gewiss, sozialer Umbau, entweder evolutionärer oder revolutionärer, ist immer auch lukrativ, keinesfalls jedoch darf der Rechtsschutz (insbesondere der Schwächeren[890]) des rechtskulturell[891] entwickelten, (im Großen und

---

Brand nennt diesbezüglich Foucault oder Ansätze der kritischen Psychologie (Anm: im gegebenen Zusammenhang – vor allem wegen der vielfältigen „Unterwerfungsintentionen" von/bei Sportverbänden – erscheint zB die/eine „Psychologie der Ent-Unterwerfung" von *Osterkamp*, Kritische Psychologie als Wissenschaft der Ent-Unterwerfung, Journal für Psychologie 2003, 176 passim, als sehr interessanter Ansatz). *Brand* kommt es darauf an, emanzipatorische Widerständigkeit und Ansätze nicht als den herrschaftlichen Verhältnissen außen oder gegenüber stehend zu konzeptualisieren, und nicht zugleich in einen Etatismus oder aufgeklärten Institutionalismus zu verfallen.

887 *Hanschmann*, Theorie 380.

888 S insbesondere *Gephart*, Recht als Kultur. Zur kultursoziologischen Analyse des Rechts (2006) 33 ff; sowie *Schütrumpf*, Anmerkungen in *Aristoteles*, Politik I (1991) 222, verweist darauf, dass von *Aristoteles* in seiner Schrift Politik die Ausbildung von Recht als Kulturleistung mit der Bildung des Staates in Zusammenhang gebracht worden ist. S zur bürgerlichen Rechtskultur iZm/durch das ABGB *Schilcher*, Zeiller passim.

889 ZB *Schuppert*, Politische Kultur als Institutionelle Kultur in Grote/Härtel/Hain/Schmidt/Schmitz/Schuppert/Winterhoff (Hrsg), FS Starck (2007) 120 f, verweist auf den Staat, die Staatsgewalt als Kulturleistung; sa „Staat als Kulturleistung" in *Allmendinger* (Hrsg), Entstaatlichung und soziale Sicherheit (2003) 723 ff; weiters *Mayer-Maly*, Recht 676: Recht als Kulturerscheinung.

890 Vgl (zumindest) für die österreichische Rechtslage *Kneihs*, RdA 2005, 136 FN 97: Die Schutzpflicht aus Art 4 EMRK ergibt sich schon aus dessen Wortlaut, weil Sklaverei und Leibeigenschaft von vornherein Begriffe sind, die sich auf Rechtsbeziehungen unter Privaten beziehen. Bedenkt man die völkerrechtliche Verpflichtung des Staates und die verfassungsrechtliche Verpflichtung des Gesetzgebers, den Anordnungen der EMRK gerecht zu werden, kann das nichts Anderes bedeuten, als dass der Gesetzgeber solchen Rechtsverhältnissen einen wirksamen Riegel vorschieben muss; in diesem Sinne bereits Art 7 StGG über die Aufhebung aller Hörigkeits- und Untertänigkeitsverhältnisse.

891 Vgl *Mankowski*, Rechtskultur. Eine rechtsvergleichend-anekdotische Annäherung an einen schwierigen und vielgesichtigen Begriff, JZ 2009, 323 f, 330 f:

Ganzen noch) existierenden Staatsmodells als Kristallisationspunkt europäischer Rechtskultur[892] zu einem „nullum" verkommen. Diese Gefahr besteht (leider). Klar ist, dass letztlich die Entscheidung „Was ist Recht?"[893] bzw „Was soll Recht sein?" und damit verbunden „Wer hat Rechtsetzungskompetenz?" das/ein Ergebnis einer (dogmatischen) Setzung[894] (im evolutionären Fall infolge vorangegangener „Abstimmungsentwicklungen und -verfahren") ist.[895]

Eine weitere Komponente von Rechtskultur kann sein, ob und in welchem Umfang der Staat seinen eigenen Markt mit Hilfe seines Rechts gegen allzu aggressive Eindringlinge schützt. Das freie Spiel der Marktkräfte kann nicht alles sein. Der Staat hat die Verantwortung für die ihm unterworfenen Subjekte. Ihn treffen Schutzaufgaben; krit gegenüber dem Begriff ist zB *Ryffel*, Rechtssoziologie 290: „Zuweilen ist die Rede von ‚Rechtskultur'. Es empfiehlt sich, diesen Terminus, soweit er überhaupt verwendet werden soll, auf das Ganze positiver Rechtsphänomene einer bestimmten Gesellschaft zu beziehen. So verstandene Rechtskultur umfasst die Rechtsnormen, das Rechtsbewusstsein und das Rechtsethos sowie das wirkliche Rechtsverhalten und die zugehörigen Einrichtungen (sachlicher und persönlicher Art), aber auch die wissenschaftliche Durcharbeitung des Rechts durch die Jurisprudenz und die Sozialwissenschaft."

892 S grundlegend *Häberle*, Europäische Rechtskultur (1997) 16 ff, 299 ff, zu „Rechtskultur", „Verfassungskultur", „Grundrechtskultur", „Rechtswissenschaft als Kulturwissenschaft" sowie „Rechtsvergleichung als Kulturvergleichung". Vgl auch *Blankenburg*, Rechtskultur in Becker/Hilty/Stöckli/Würtenberger (Hrsg), FS Rehbinder (2002) 425, der in Anknüpfung an *Häberle* Rechtskultur als das gemeinsame Erbe von Gerechtigkeitsideen bezeichnet, die zwar nie erreicht, denen aber stets nachzustreben sei.

893 *Hart*, Der Begriff des Rechts (1973) 11: Wenige Fragen nach der menschlichen Gesellschaft wurden mit solcher Hartnäckigkeit gestellt und von ernsthaften Denkern auf so verschiedene, merkwürdige und sogar paradoxe Arten beantwortet wie die Frage „Was ist Recht". Vgl dazu zB politikwissenschaftlicher Sicht die umfangreiche Studie von *Porsche-Ludwig*, Die Abgrenzung der sozialen Normen von den Rechtsnormen und ihre Relevanz für das Verhältnis von Recht(swissenschaft) und Politik(wissenschaft) (2007) 24 ff, 117 ff, 505 ff.

894 Vgl dazu *Popper*, Frühe Schriften (2006) 170 ff; sowie *Albert*, Traktat über kritische Vernunft[5] (1991) 13 ff; sa *Geiger*, Vorstudien 126 f.

895 Vgl zB *Koller*, Otfried Höffes Begründung der Menschenrechte und des Staates in Kersting (Hrsg), Gerechtigkeit als Tausch (1997) 301, der krit ausführt, dass *„Höffes Rechtsbegriff deshalb zu stark ist, weil eine rechtliche Ordnung nicht notwendig eine öffentliche Zwangsgewalt im Sinne einer alleinzustiftenden Organisation mit einer monopolisierten Zwangsbefugnis voraussetzt. Rechtshistorische und ethonologische Forschungen zeigen, dass sich das Recht als ein selbständiges, von Religion und Sitte unterscheidbares Regelsystem lange vor dem Entstehen einer zentralisierten Herrschaftsorganisation herauszubilden begann."* Fraglich ist jedoch, ob dieses „historische" Argument heutzutage – wo die gesamte Welt staatlich organisiert ist (so auch *Koller*, Der Geltungsbereich der Menschenrechte in Gosepath/Lohmann [Hrsg], Philosophie der Menschenrechte [1998] 111) und nahezu sämtliche „transnationale (Rechts)Erscheinungen" staatliche Basen haben – noch als taugliche Begründung für eine Trennung von Staat und Recht herangezogen werden kann/soll. Wenn *Koller*, Klugheit, Moral und menschliches Handeln unter Unrechtsverhältnissen in Kersting (Hrsg), Klugheit (2005) 269, treffend feststellt, dass es stets Meinungsverschiedenheiten über das rechte Verständnis von „Klugheit" gegeben und die vorherrschende

Im Sinne des bisher Ausgeführten erscheint es daher mehr als angebracht, diesbezüglich ein in der wesentlichen Ausprägung etatistisches, rechtspositivistisches Staatsmodell, rechtsstaatlich[896], Gewalten teilend, demokratisch und nicht zuletzt Gewalt monopolisierend, auf Basis eines „etatistischen Rechtsnormverständnisses" beizubehalten und zu unterstützen;[897, 898] „Verbandsentwicklungen" insbesondere auf der Grundlage von Transnationalem Recht[899] in der Nachfolge *Gierkes* ist entschieden entgegen zu treten.

Auffassung dazu sich im Laufe der Zeit gewandelt hat, ist anzumerken, dass dies auch für das Recht bzw den Rechtsbegriff gilt. Historische Rechtsvorstellungen bzw -gegebenheiten lassen eine (unautorisierte, quasi autonome) Rechtsetzung durch Private neben der des Rechtsstaates gegenwärtig weder notwendig, noch wünschenswert erscheinen. Jedenfalls dann nicht, wenn dies zu verbandlichen Gewaltverhältnissen führt.

896 S dazu statt vieler *L. K. Adamovich/Funk/Holzinger/Frank*, Staatsrecht I² Rz 14.009: „Rechtsstaatlichkeit beruht auf dem Grundsatz der Herrschaft des Rechts. In der Demokratie haben die politischen Parteien und die Interessenverbände eine wichtige Funktion als Träger des Rechtssetzungsprozesses, sie neigen aber auch zu einer Instrumentalisierung des Rechts für ihre eigenen Zwecke. Der Rechtsstaat ist auf die Kooperation mit politischen Parteien und Interessenverbänden angewiesen. Seine Funktionsfähigkeit kann aber auch durch das Wirken eben dieser Institutionen beeinträchtigt sein."

897 Vgl dazu zB die Definition von *Zeleny*, positives Recht in H. Mayer (Hrsg), Fachwörterbuch zum Öffentlichen Recht (2003) 356 f, für „positives Recht": „Jedes von Menschen für Menschen gesetzte, regelmäßig im Großen und Ganzen wirksame, organisierten (arbeitsteiligen) Zwang im Diesseits androhende Normensystem; es handelt sich dabei um ein Regelungssystem, also um ein System von Sollensanordnungen (‚Rechtsordnung')." Konkretisierend/ Einschränkend wird in der gegenständlichen Untersuchung – zumindest für die ö Rechtsordnung – davon ausgegangen, dass die Setzung von „Rechtsnormen" und damit iwS die Schaffung einer „Rechtsordnung" von den zuständigen staatlichen Organen bzw allenfalls von Privaten infolge ausdrücklicher staatlicher Ermächtigungen erfolgt bzw erfolgen kann. S idZ zum „gesetzespositivistischen Rechtsbegriff" sowie zur „Unterscheidung zwischen Rechtsnorm und Rechtstext" statt vieler *L. K. Adamovich/Funk/Holzinger/Frank*, Staatsrecht I² Rz 03.001 f, 03.012 f. Insofern kann daher all den zutreffend auch *Rill*, Fragen 9 f, entgegen gehalten werden: „Die subjektive Intention, Recht setzen zu wollen, reiche nicht aus, um dem Sinn eines Willensaktes Rechtsnormqualität zu verleihen."

898 Vgl zB den – offenen – „schwachen allgemeinen Begriff des Rechts", den *Koller*, Der Begriff des Rechts und seine Konzeptionen in Brugger/Neumann/Kirste (Hrsg), Rechtsphilosophie im 21. Jahrhundert (2008) 160 ff, 175, im Hinblick auf die Vereinbarkeit sowohl mit dem Rechtsmoralismus als auch dem Rechtspositivismus entwickelt: „Das Recht ist eine soziale Praxis, die auf die Bereitstellung der für eine friedliche und gedeihliche soziale Ordnung erforderlichen Normen zielt, die, 1. auf autorisierter Macht beruhen, dh durch hierzu autorisierte Amtsträger erzeugt und/oder angewendet werden, 2. mit organisiertem Zwang verbunden sind, dh von hierzu autorisierten Personen nötigenfalls mit Zwangsmitteln in geregelter Weise durchgesetzt werden können, und 3. einen Anspruch auf Legitimität sowohl auf Seiten der rechtlichen Amtsträger als auch seitens der Adressaten unterliegen."

899 Vgl dazu etwa *Sieber*, Rechtliche Ordnung in einer globalen Welt. Die Entwicklung zu einem fragmentierten System von nationalen, internationalen und privaten Normen, Rechtstheorie 2010, 163 f: Private Akteure schaffen außerhalb des staatlichen, zwischenstaatlichen und überstaatlichen Rechts neue nichtstaatliche Steuerungsinstrumente. Der Autor spricht von „privater

3. (rechts)soziologischer Exkurs: „Der Sport", „die Besonderheit des Sports" und „das Sportrecht" – Merkmale einer Sportideologie

Sind die jeweiligen Verbandsnormen der interne Ausdruck der Unterordnungsforderung(en) gegenüber den Sportlern, so hat die darüber hinaus gehende Darstellung des „organisierten Sports" in Form von Presseaussendungen, Reden, (wissenschaftlichen) Publikationen, Lobbyingmaßnahmen und/oder dergleichen häufig mehrfache Funktionen: Statusbehauptung, -konsolidierung und -ausbau, sowie Werbung als auch Rechtfertigung, und schließlich Legitimation[900]; ab einer bestimmten Verdichtung von spezifischen Merkmalen des normativen, faktischen und insbesondere textlichen Auftritts entwickelt sich üblicherweise eine Systemideologie[901] – im gegenständlichen Zusammenhang die des (organisierten) Sports. Und deren Codes, Phrasen, Komponenten und „Glaubenssätze" werden von Systemdogmatikern laufend wiederholt, verstärkt, in die Medien getragen und weiter entwickelt. Im Folgenden sei daher eine knappe Betrachtung von ausgewählten Meinungen zum „Sport(recht)" unternommen, die einen „gegebenen" bzw anzustrebenden „gesellschaftlichen Zustand einerseits durch interne Legitimierungen konsolidieren, ihn andererseits nach ,außen' oder gegen interne Kritiker gegen seine historischen Alternativen abschirmen oder sogar die historische Begrenztheit bzw Selektivität eines bestehenden Zustandes gänzlich leugnen."[902]

K. Salamun versteht unter Sportideologie „Gedanken, Vorstellungen und Aussagen über Sport, in denen subjektive Wertungen mit gut bestätigten Tatsachenerkenntnissen auf das engste vermischt sind und die durch den

---

Schaffung von eigenständigen normativen Ordnungen, die häufig staatlich garantierte Freiräume ausfüllen." Private Rechtsschöpfung findet sich dem Autor zufolge bei privaten Berufs- und Interessenverbänden, in Betriebsvereinbarungen bis zu Sportverbänden; *Sieber* meint, dass „mit diesen neuen Formen der privaten Normierung in vielen Fällen die traditionelle Unterscheidung zwischen öffentlichem und privatem Recht sowie zwischen Normsetzung und Vertragsgestaltung verschwimmt."

900 S *K. Salamun*, Ideologie und Aufklärung (1988) 109, der aus ideologiekritischer Sicht auf die Legitimationsfunktion verweist, „die Ideologien leisten, indem sie ihren Trägern helfen, Lebensansprüche, Einfluß- und Machtinteressen gegenüber anderen gesellschaftlichen Gruppen plausibel zu machen." Zu den geistes- und sozialgeschichtlichen Voraussetzungen von Ideologien halten *Topitsch/Salamun*, Ideologie (1972) 16, fest: „Versteht man unter ,Ideologien' Gedankengebilde, welche die Macht- und Lebensansprüche bestimmter gesellschaftlicher Gruppen legitimieren und deren Unwahrheit oder Halbwahrheit auf eine interessen- und sozialbedingte Befangenheit ihrer Vertreter zurückzuführen ist, so hat es Ideologien bereits im Alten Orient und in der Antike gegeben."

901 Mit *Geiger*, Kritische Bemerkungen zum Begriffe der Ideologie in Eisermann (Hrsg), FS Vierkandt (1949) 148, 150 f, gilt wohl: „,Ideologie' ist und bleibt ein ,Vorwurf'."

902 So lautet zB die Definition von „Ideologie(n)" nach *Hillmann*, Wörterbuch[5] 358. Aus der Sicht der Sportideologie gilt es anscheinend, das „historische Konzept" des (das) Gewaltmonopol innehabenden und allein Recht setzenden Staates zu „überwinden" und zugleich unter dem Schutz der/einer Autonomie ein staatsähnliches System (mit vormärzlichen bzw noch älteren herrschaftlichen Attributen) zu installieren.

Einfluss von Interessen im weitesten Sinn (wirtschaftliche, politische, persönlich-egoistische Interessen wie: Macht-, Prestige-, Publicity-Interessen usw) letztlich ein höchst einseitiges und verzerrtes Bild von der sportlichen Wirklichkeit liefern."[903] Was „den Sport", vor allem dessen normatives Gefüge betrifft, kann vielfach beobachtet werden, dass vor allem deutsche und schweizerische Autoren (als Ideologieträger[904]) sich gegenseitig „Bälle auflegen", um die/eine „schöne, neue Sportrechtswelt" zu be- bzw herbeizuschreiben, was anhand einiger „Beispielstexte" gezeigt werden soll. „Der Sport" wird zu einem identitätsstiftenden Signalbegriff, einem Fahnenwort[905], stilisiert; die selten erwähnten, dahinter stehenden (oligarchischen) Interessengruppen profitieren insbesondere davon, dass ein Teil dieser „Sporterzählung" darin besteht, dass sich natürliche Personen als Sportler (und zugleich Staatsbürger) diesem beliebig aufladbaren und verwendbaren Konstrukt zu unterwerfen haben. So meint zB *Steiner*, dass „man von der lex sportiva als einer Parallelrechtsordnung zum staatlichen Rechtsgefüge spricht", und dass „Sportrecht – so sagt man – im autonomen Raum des Sports entsteht." Der Autor vertritt weiters den/einen „verfassungsrechtlich und gemeinschaftsrechtlich geschützten Autonomieanspruch des Sports an die europäische Rechtsordnung und die Rechtsordnungen der Mitgliedstaaten", welcher zur „Respektierung des Selbstverständnisses des Sports in Bezug auf die Gestaltung und die Organisation des Sportbetriebs, insbesondere seiner Wettbewerbsveranstaltungen und seiner spezifischen Sportethik" führen soll bzw muss.[906] Diese und vergleichbare Positionen sind offenbar Teil einer Verbalstrategie (*K. Salamun*)[907], welche für Sportverbände ideale Zustände propagieren, wiederholen, verstärken und ausbauen helfen sollen.[908] Die Verbandsnormen sind in der Sprache von Rechtsnormen gehalten und die begleitende Rhetorik versucht die Wörter bzw Wortfolgen „Vereinsautonomie – Verbandsrecht – Sportrecht – Besonderheit des Sports", mitunter kaskadenartig, gelegentlich in rollierender Wiederholung, dementsprechend zu prägen; wie üblich bei ideologischen Unternehmungen treten Zitiergemeinschaften in Aktion.

Ein weiterer „Erzählstrang"[909] in diese Richtung handelt vom Sport, der trotz der ihm eigenen Autonomie womöglich „durch den Staat" in/bei der

---

903 *K. Salamun*, Ideologie 124 f.

904 *K. Salamun*, Ideologie 108.

905 S *Panagl*, „Fahnenwörter" 18, 21; wobei „der Sport" dem Grunde nach als eine „nichtssagende Leerformel" zu sehen sein wird. Sa *Panagl*, Wortbildungstypen und politische Semantik in Panagl/Stürmer (Hrsg), Politische Konzepte und verbale Strategien (2002) 55.

906 *Steiner*, CaS 2009, 15, 20 f.

907 S *K. Salamun*, Ideologie 11 ff, zu „Verbalstrategien in der Politik", welche auch in der Sportideologie zu erkennen sind; sa *Panagl*, „Fahnenwörter" 17, der unter Bezugnahme auf *K. Salamun* „Verbalstrategien als ein Bündel von Maßnahmen und Attitüden für die Umsetzung propagandistischer Ziele" bezeichnet.

908 Sa grundlegend zu „Sprachbeeinflussung", „(autoritäre) Sprachlenkung", „gesellschaftliche Kontrolle durch Propaganda", „Befehl", „Suggestion", „Sprachpolitik" und „Sprachwirkung": *Dieckmann*, Sprache 9, 28 f, 34 ff, 41, 43, 45, 113 ff.

909 Vgl *R. Egger*, Vorwort in Pilch-Ortega/Felbinger/Mikula/R. Egger (Hrsg), Macht – Eigensinn – Engagement (2010) 7: „Gesellschaftliche Macht beruht

Organisation seines „Innenlebens" bedroht ist; weiter geht es dann mit dem David-Goliath-Topos: der schwächere Akteur behauptet die ihm zustehenden Rechte „erfolgreich" gegenüber den Gefahren, die von einem stärkeren Akteur ausgehen (können). So sieht zB *Scherrer* (ein Schweizer Autor) mit anderen „das Sportrecht als Disziplin im Dienste des Sports", und „das Recht" (Anm: des Staates) „dürfe nicht dazu dienen, den Sport zu zerstören", sondern es sind „stets vernünftige Freiräume für den Sport" zu fordern, was auch als „Grundphilosophie" genannt werden kann.[910] Die „Sportansprüche" gegenüber dem Staat sind jedoch noch einer Steigerung fähig, wie *Scherrer* weiters iZm der „Rechtsprechungsautonomie der Sportverbände" zu entnehmen ist: „Das Vereinsrecht ist geprägt durch eine relativ ausgeprägte Rechtsetzungsautonomie, weitgehend aber auch durch eine etwas eingeschränktere Rechtsprechungsautonomie. (...) Das TAS[911] erweist sich für die Sportverbände und Sportorganisationen als Glücksfall: Dank einer ausgeklügelten Verfahrensordnung und dank des Umstands, dass die Schiedsrichter aus einer von den Verbänden und Organisationen vorgegebenen, ‚geschlossenen' Schiedsrichterliste ausgewählt werden müssen, ist es den Verbänden und Vereinen gelungen, ihre Rechtsprechungskompetenz teils massiv auszuweiten und sich dadurch wirksamer staatlicher Rechtskontrolle zu entziehen. (...) Der Sport setzt sein Recht und wacht heute selber über dessen Einhaltung!"[912] Derartige „Befürwortungen" sind allerdings für die Schweizer, die Deutsche und/oder die Österreichische Rechtsordnung gleichermaßen abzulehnen, nämlich gerade dann, wenn Vereine/Verbände ihre Normenordnungen so gestalten (wollen), dass Vereinsmitglieder (und/oder Nichtmitglieder von Verbänden) in verbandlichen Gewaltverhältnissen[913] gehalten werden können. Wenn idZ überdies die Zurückdrängung des Staates, welcher gerade auch Rechtsstandards zum Schutz seiner Staatsbürger kontrollieren und nötigenfalls auch durchsetzen können muss, als „Verbandserfolg" zB iSe „Sportideologie" dargestellt wird, erscheint dies aus rechtsstaatlicher Sicht als äußerst bedenklich. Welche „fahnenwörtliche Verbrämung" des Sportes zB in Bezug auf die Rechtslage in Deutschland möglich ist, kann der Meinung *Steiners* aus einem Würdigungsbeitrag für *Pfister*, „dessen wissenschaftliches Interesse der Eigenart des Sportrechts als einer privat-

---

(...) nicht einfach auf Gewalt, Zwang oder Unterdrückung, sondern in Demokratien ist die Erlangung und Erhaltung von Zustimmung zu bestimmten Erzählungen und Interpretationen von Gesellschaftsvorstellungen zentraler Bestandteil der Absicherung von Herrschaft."

910 S *Scherrer*, Amateure und Profis im Sport(Recht), CaS 2009, 96 f FN 15; unter einem wird den nationalen Staaten die Macht der internationalen Sportverbände als Rute ins Fenster gestellt, wenn der Autor unter Hinweis auf die „Globalisierung des Sports" die zunehmende „Bedeutung der von den Sportverbänden und -organisationen entwickelten allgemeinen Grundsätze des Sportrechts" hervorhebt.

911 Zum Court of Arbitration for Sports (CAS)/Tribunal Arbitral du Sport (TAS) s zB *Wong*, Streitbeilegung durch Schiedsverfahren: Court of Arbitration for Sports (CAS)/Tribunal Arbitral du Sport (TAS) in Nunner-Krautgasser/ Reissner (Hrsg), Schlichtung und Schiedsgerichtsbarkeit im Sport (2011) 93.

912 *Scherrer*, CaS 2009, 98.

913 S *Thomasser*, Gewaltverhältnis 192 ff; sowie V.3.2. und VI.

autonom gestalteten Rechtsordnung galt und gilt", entnommen werden: „Die deutsche Rechtsordnung räumt den Sportverbänden die Befugnis ein, sich selbst Regeln zu setzen und sie auch selbst durchzusetzen. (…) Das Recht der Vereinigungsfreiheit des Art 9 Abss 1 GG[914] kann als das Freiheitsgrundrecht des Sports schlechthin bezeichnet werden. (…) Diese Freiheit dient nicht zuletzt der Fähigkeit des Sports, seine ‚spezielle Sozialmoral', seine ‚Sonderethik' gegenüber den allgemeinen Wertvorstellungen von Staat und Gesellschaft durchzusetzen."[915] Die Verbindung des Sports mit Lexemen für fundamentale Werte und Handlungsorientierungen wie „Freiheit" und weiteren Ideologievokabeln[916] wie „Sozialmoral" und „(Sonder)Ethik" zeigt Ansprüche der Sportinteressensvertreter, formuliert ihre Ziele und soll desgleichen Vertreter von Medien, Politik, Rechtsetzung und Vollziehung „überzeugen". „Allgemeine Wertvorstellungen" wie zB die Einhaltung von Standards wie Justizgewährungsanspruch[917], staatliches Gewaltmonopol sowie Grundrechtsgewährleistung sind mit einer derartigen „Sportfreiheit" mit an Sicherheit grenzender Wahrscheinlichkeit kaum vereinbar; „Unfreiheitsverhältnisse" wie zB die Verbandsuntertanenschaft bedürfen eben einer Sondermoral. Auch bei *Steiner* ist das Bild des „gegenüber dem Staat schutzbedürftigen Sportes" zu erkennen. Der Autor meint, es müsse „dem Sport ‚ein gewisser Freiraum' gesichert sein." Mehr noch, (durchaus im Sinn des juristischen Anspruchdenkens) fordert *Steiner*: „Es gehe letztlich um die Frage, ob das gesamte Regelwerk aus Rechtsregeln bestehe oder ob nicht für einen ‚Kernbereich des Sports' und der für ihn wesentlichen Regeln ein ‚rechtsfreier Raum' anzuerkennen sei. Es soll der Raum sein, zu dem jedenfalls die Vorschriften des staatlichen Rechts und damit auch die staatliche Gerichtsbarkeit keinen Zugang haben."[918] Die sport(recht)liche „Kernbereichsideologie" zielt wohl auf einen „(Sport)Staat im Staat" mit möglichst totaler Autonomie; der Sport-

---

914 Grundgesetz für die Bundesrepublik Deutschland dBGBl 1949, 1.
915 *Steiner*, Verfassungsrechtliche Bemerkungen zu Bernhard Pfisters Theorie des Sportrechts, CaS 2009, 104.
916 *Panagl*, „Fahnenwörter" 16.
917 Vgl zB *Steiner*, CaS 2009, 17, der meint, dass die „Gewährung einstweiligen Rechtsschutzes durch die staatlichen Richter tief in das Eigenleben des Sports eingreift"; in weiterer Folge führt der Autor ein „Glanzstück des staatlichen Justizgewährleistungsanspruches" an. Einer derartigen Position ist richtigerweise *Hildebrandt*, Staat 189, entgegenzuhalten: „Wird der Staat aus seiner umfassenden Tätigkeit als Schlichter in gesellschaftlichen Konflikten von hegemonialen Formationen hinausgedrängt und nicht mehr als vertrauenswürdig angesehen, zeigt diese Entwicklung einen fortgeschrittenen Zerfall der Gesellschaft an, in dem entweder außerstaatliche Gruppen und Institutionen zunehmend Schlichtungsaufgaben übernehmen (zB die friedliche Beilegung von Streitpunkten zwischen transnational tätigen Unternehmen sowie Finanzagenturen) oder rohe Gewalt an die Stelle der Schlichtung tritt. Hat die Schlichtertätigkeit des Staates bereits einen erheblichen Vertrauensverlust erlitten, zeigt diese negative Entwicklung an, dass auch im umfangreichen Sanktionsbereich zunehmend Herablassung, Misstrauen und Missachtung gegenüber staatlichen Maßnahmen vorherrschen und staatliche Sanktionsversuche umgangen oder unterlaufen werden."
918 *Steiner*, CaS 2009, 105.

staat exkludiert den Staat bei gleichzeitiger Nutzung von dessen (gesellschaftlichen) Leistungen. *Steiner* weist „den Staat" sogar zurecht bzw in die Schranken: „Das Sportrecht hält überlegte Lösungen für den Konflikt zwischen dem Grundsatz der Ergebnisstabilität und dem Grundsatz der effizienten und konsequenten Regeldurchsetzung vor. Es sind sporttypische Lösungen, die der Staat grundsätzlich zu akzeptieren hat."[919] Das sportideologische Selbstbewusstsein richtet sich nicht nur gegen die Nationalstaaten, sondern auch gegen die Europäische Union bzw deren Rechtsordnung, idS wohl formuliert *Steiner*: „Es ist Sache des Sports, legitime sporttypische Belange gegenüber dem Recht zur Geltung zu bringen. Gleiches gilt auch – wie *Bernhard Pfister* klarstellt – gegenüber dem Gemeinschaftsrecht und dessen Auslegung durch den EuGH." Und wiederum verwendet der Autor die Metapher des „gefährdeten" und „verunsicherten" Sportes: „Dem Sport wird gerade im europäischen Raum eine beträchtliche Rechtsunsicherheit zugemutet. Jeder neue Konflikt des Sports mit dem Gemeinschaftsrecht ist ein Konflikt mit einem ergebnisoffenen Richterspruch." Als Hilfe/Unterstützung etc für „den Sport" verweist *Steiner* auf *Pfisters* entscheidendes Kriterium des Sports, nämlich die Bewegung: Und „Bewegung kennzeichnet auch das Sportrecht. ‚SpuRT' und ‚Causa Sport'[920] dokumentieren dies für den nationalen und internationalen Raum des Sportrechts. Dabei sind die ökonomischen Entwicklungen im Sport längst der wichtigste Impulsgeber. Hier vor allem wird die Begegnung Autonomie des Sports gegen staatliche und europäische Rechtsordnungen entschieden."[921] Wie ersichtlich verdeckt das Fahnenwort „(der) Sport" vieles, wie vor allem die Interessen von Sportlern, wenn sie als Verbandsuntertanen massengehalten werden; dennoch ist gerade dem letzten Zitat von *Steiner* zu entnehmen, was mit der Sportideologie jedenfalls mitzulesen ist (bzw wohl hauptsächlich dahinter steht), nämlich ökonomische Interessen. „Sport-typische" Verbandsnormen oder „Sportrecht" (iSd Regeln von Sportverbänden) sollen wohl ein vom staatlichen Rechtsschutz (für Schwächere) möglichst freies „Wirtschaften" im sportautonomen Herrschaftsbereich gewährleisten.

„Den Staat" nur mit „Sportrechtsansprüchen" zu konfrontieren oder bloß als Gefahr für die Sportautonomie darzustellen, würde wohl jede „Marketingstrategie" verbieten, ebenso wenig entspräche es einer auf Ausgewogenheit bedachten, juristischen „Einerseits-Andererseits-Melodie". Es verwundert daher nicht, dass *Steiner* an anderer Stelle

919 S *Steiner*, CaS 2009, 104 f: „Die Spielregeln und deren Sanktionierung durch den Schiedsrichter oder durch die Sportgerichtsbarkeit im Fall des Verstoßes (sog Spielfeldentscheidung) sind naturgemäß der Bereich, der primär vor staatlichen Ingerenzen abzuschirmen ist."

920 Zeitschrift für Sport und Recht (SpuRt); Causa Sport – Die Sport-Zeitschrift für nationales und internationales Recht sowie für Wirtschaft (CaS).

921 *Steiner*, CaS 2009, 105 f; sa *Steiner*, Der Sport als Gegenstand des Verfassungsrechts, SpuRt 2008, 223, bereits 2008, dem Staat gegenüber „händereichend": „In diesen Tagen haben der organisierte Sport und ein Teil der politischen Kräfte ihre Anstrengungen verstärkt, in das deutsche Bundesverfassungsrecht einen Sportartikel mit dem Inhalt aufzunehmen, dem Staat die Förderung und Pflege des Sports als Ziel anzuvertrauen."

(konkret in seinem Beitrag „Was des Staates ist und was des Sports" – auf die/eine Gleichrangigkeit anspielend) den Staat mit der Sportrechtswelt „gemein machen" möchte, und unter anderem „die Gemeinwohlleistung des Sports" hervorhebt: „Nach wie vor ist der Staat der wichtigste Partner des Sports. (...) Was kann der Sport dem Staat als Gegenleistung für so viel politische, ideelle und finanzielle Zuwendung geben? Im Vordergrund steht sicher die Fähigkeit des Sports, gemeinnützige Leistungen in Vereinen und Verbänden zu organisieren, und dies mit einem nach wie vor eindrucksvollen Einsatz des Ehrenamtes. Noch immer vermag der Sport positives Verhalten und erwünschte ethische Einstellungen einzufordern und durchzusetzen, zu denen Staat und Gesellschaft nicht oder nur eingeschränkt in der Lage sind."[922] Bei all der erstrebten „Ebenbürtigkeit" zwischen einerseits den Sportbänden als Trägern des Sportrechts und andererseits dem Staatsverband, schadet eine gewisse Rücksichtnahme gegenüber dem „Grundrechtsgaranten" nicht, idS *Steiner*: „Der organisierte Sport darf nicht die Vorstellung haben, der Staat sei nur gefragt, wenn der Sport ihn frage. Der Sport kann aus seinem Autonomieanspruch heraus den Staatsbedarf im Sport nicht einseitig abschließend rechtsverbindlich definieren." Einer scheinbaren „Unterstellung" unter den Gewaltmonopolinhaber folgt sogleich wiederum die Bestemmhaltung in Bezug auf eine „Kernbereichsautonomie": „Die Entwicklung der Bundesrepublik ist von einer Entgrenzung der Staatsaufgaben bestimmt. Der Sport muss es aushalten, dass es klare und justiziable Einmischungsgrenzen wohl nur im Kernbereich des Sportes gibt, seinen Statuten und Regelwerken." Verbalstrategisch geht es mit der Betonung der gemeinsamen Interessen weiter: „Zu einem lebendigen öffentlichen Leben gehören eben auch Grenzüberschreitungen zwischen Staat und Sport, zur politischen Kultur in Deutschland gehören zahlreiche Symbiosen von Staat und Sport, beispielsweise bei der Übernahme von präsidialen Funktionen in Sportverbänden und Sportvereinen durch parlamentarische und kommunale Mandatsträger." Die Kernbotschaft der wohlwollenden, wechselseitigen Anerkennung der autonom zu gestaltenden Eigenbereiche wird mit dem Hinweis auf die in beiden Sphären, über deren Grenzen hin tätigen Funktionsträger verbunden: gemeinsames „Personal" bedeutet gemeinsame Interessen. Schließlich präferiert und empfiehlt *Steiner* offenbar einen „Graubereich" zwischen Sport und Staat: „Staat und Politik einerseits und der Sport andererseits sind, auch weil es das Grundgesetz so will, getrennt, kennen aber gemeinsame Angelegenheiten und nehmen wechselseitig offen und verdeckt aufeinander Einfluss. Die Verfassungsjuristen sollten gar nicht versuchen, die Grenzlinien der verfassungsrechtlich erlaubten und unerlaubten wechselseitigen Einflussnahme zu finden und sie justizabel zu markieren. Wir müssen weder politisch noch verfassungsrechtlich ganz genau wissen, was des Staates ist und was des Sports."[923] *Steiner* und andere, die inhaltlich und stilistisch an einer Sportrechtsideologie mitwirken, werden von ihresgleichen sowie Adepten wiedergegeben, verstärkt und mitunter (in Hinblick auf Schlussfolgerungen) sogar übertroffen.

---

922 *Steiner*, Was des Staates ist und was des Sports, SpuRt 2009, 222.
923 *Steiner*, SpuRt 2009, 224.

IdZ sei zB auf *Brost* eingegangen, der sich der „besonderen Merkmale des Sports" in Art 165 AEUV angenommen hat und konstatiert, dass „die Förderung und Entwicklung der ‚europäischen Dimension des Sports' in Bezug zu den ‚besonderen Merkmalen des Sports' gesetzt werden muss." Insbesondere betont der Autor, dass „‚die besonderen Merkmale des Sports' bei der Interpretation des Art 165 AEUV für den Sport eine herausragende Bedeutung haben." *Brost* hält fest, dass „nach seinem", also wohl (des Verständnis) „des Sports" (und zitiert ua als Beleg ein UEFA-Papier) „Verständnis dieser unbestimmte Rechtsbegriff als Garant für die Achtung der Autonomie der Sportorganisationen dient."[924] Die Fahnenwörter der „besonderen Merkmale" oder kurz: „der Besonderheit des Sports"[925] werden also „europarechtlich" von sport(rechts)ideologischer Seite offenbar so interpretiert, dass die Mitgliedsstaaten allgemein zivilrechtliche, konsumentenschutz-, wettbewerbsrechtliche sowie allenfalls vereinsrechtliche nationale Bestimmungen gewissermaßen gar nicht mehr gegen die von der EU garantierte Freiheit des Sports anwenden bzw weiterentwickeln dürf(t)en. Nicht (mehr bzw vorrangig) ist also zB der Sportler als Vereinsmitglied (bzw als Konsument) zu schützen, sondern „der Sport" bzw „dessen Interessen" bedürfen der Fürsorge/Achtung/Unterstützung etc durch die Rechtsordnungen der Nationalstaaten und der EU. Fortgesetzt sei mit *Brost*, der meint, dass „der Sport kein Wirtschaftsbereich wie jeder andere ist"; dessen „spezifische Merkmale rechtfertigen eine differenzierte Betrachtung", und aus den sich daraus ergebenden „Besonderheiten" resultiert „vor allem das Recht des Sports zur Selbstregelung und -verwaltung, was in unterschiedlichen Ausprägungen in allen EU-Mitgliedstaaten anerkannt ist." Die rechtlichen Grundlagen leitet der Autor aus der Charta der Grundrechte, konkret, Art 12 GRCh[926], sowie Art 11 EMRK und für Deutschland aus Art 9 GG her. In weiterer Folge gelangt *Brost* – Sportrechtsautoren zitierend – zu „Kernstatements und zugleich -forderungen" der Ideologie „des Sports"; als Auftakt folgt der Satz: „Im Sinne richtig verstandener Subsidiarität bedeutet dies (Anm: das Vorausgeführte), dass der Staat nur dann zum Handeln befugt ist, wenn der Sport nicht tätig wird oder nicht tätig werden kann." Der Staat soll also offenbar „den Sport" in Autonomie gewähren lassen, allerdings bleibt noch unklar, wer (der eigentliche Inhaber des Gewaltmonopols oder aber private Vereinigungen) die Definitionshoheit dafür haben soll, ebenso wie für den Fall, ob „sportliche" Untätigkeit oder Unvermögen gegeben ist. Dies „entscheidet" *Brost*, einen Beitrag von *Steiner*[927] zitierend, mit einer „Allaussage" ganz im Sinne „des Sports": „Die Entscheidung über die Zweckmäßigkeit und Notwendigkeit einer sportlichen Regel liegen alleine in der Hand des Sports."[928] Wird bei *Steiner*

---

924   *Brost*, SpuRt 2010, 180.
925   S dazu die Technik des „Begriffe besetzens" zB bei *Wengeler*, Beabsichtigter Sprachwandel und die „unsichtbare Hand". Oder: Können „verbale Strategien" die Bedeutungsentwicklung „brisanter Wörter" beeinflussen? in *Panagl/Stürmer* (Hrsg), Politische Konzepte und verbale Strategien (2002) 65 f.
926   Vgl *Bernsdorff* in J. Meyer (Hrsg), Charta der Grundrechte der Europäischen Union³ (2011) Art 12 Rz 1 ff.
927   *Steiner*, CaS 2009, 14, 21.
928   *Brost*, SpuRt 2010, 180.

jedoch genau nachgelesen, so finden sich gerade (auch) im gegenständlichen Beitrag zahlreiche und weitgehende Forderungen „des Sports", aber nicht die „Feststellung" *Brosts* in ihrer sportideologischen Totalität. Dieses *Brostsche* Diktum eignet sich freilich hervorragend für weitere Zitierungen im Kreis der „Sport-Besonderheits-Bewegung".

Gegen Ende seines Beitrags steigert sich der Autor nochmals: „Bei künftigen politischen und gesetzgeberischen Maßnahmen hat die EU die ‚besonderen Merkmale des Sports' zwingend zu berücksichtigen. Damit ist zwar keine generelle Ausnahme sportlicher Regeln vom übrigen EU-Recht verbunden. Auf der Grundlage des Art 165 AEUV ist aber eine rechtliche Neubewertung des Verhältnisses von Sport und EU möglich und erforderlich. Ausgangspunkt dafür muss die grundrechtlich geschützte Einschätzungsprärogative der Sportverbände für die Regelung eigener sportlicher Belange sein. Dem Sport muss es also weiter zustehen, seine Grundwerte durch die autonome Festlegung eigener Regeln zu verteidigen."[929] All dies mutet als pointierte Abfolge von Ansprüchen an, welche auf die Errichtung von staatsähnlichen Gebilden in bzw über Staaten abzielen.

Als ein Beispiel für eine Schweizer Annäherung an sport(rechts)-ideologische Positionen sei auszugsweise ein Beitrag des Autorenduos *Osterwalder/Kaiser* wiedergegeben.[930] „Der Sport" mutiert darin zB zur „Sportwelt" und behandelt werden einige Fragen zu Schiedsgerichten (insbesondere des CAS) nach Schweizer Recht, welche für viele europäische Sportverbände anscheinend eine Art „Privatsportjustiz" besorgen.

Vorangestellt werden der nachfolgenden Rezension der Meinungen der beiden Schweizer Autoren typische Aussagen, welche von Schlüsselfunktionären, Trainern und/oder systemetablierten Sportlern gegenüber ernsthaft wettkampfausübenden Hobby- und/oder (einsteigenden) Berufssportlern zum Zweck der zielgerichteten Menscheneinflussung[931] getätigt

---

929 *Brost*, SpuRt 2010, 182.
930 *Osterwalder/Kaiser*, Vom Rechtsstaat zum Richtersport? – Fragen zum vorsorglichen Rechtsschutz in der Sportschiedsgerichtsbarkeit der Schweiz, SpuRt 2011, 230.
931 S *K. Salamun*, Ideologie 9, 14: Der Autor untersucht das „moderne Massenphänomen Sport aus ideologiekritischer Sicht auf politische Funktionen und ideologische Tendenzen"; *K. Salamun* hält fest, dass „die Bedeutung des Sports für die Bewusstseinsbildung und Konstitution von Weltanschauungen heute (Anm: 1988) noch weitgehend unterschätzt wird, weil nicht in Rechnung gestellt wird, wie viele Einflüsse vom Bereich des Sports (Sportgeschehen, -berichterstattung, -industrie, -politik usw) auf Verhaltensformen und Einstellungen breiter Bevölkerungsschichten ausgehen und wie stark dadurch auch allgemeinere Lebenshaltungen (zur Freizeit, zum Beruf, zur Familie, zur Politik usw) geprägt werden." Heute, mehr als 20 Jahre später, muss konstatiert werden, dass im Fall des Gegebenseins von verbandlichen Gewaltverhältnissen eine Prägung von Sportlern (und damit Staatsbürgern) in Richtung Unterwerfung und Unterwürfigkeit stattfindet. Es kann in der gegenständlichen Darstellung nicht weiter auf die Aufklärungstheorie des „sogenannten Priester- und Herrentrugs" eingegangen werden; s dazu zB *Geiger*, Ideologie und Wahrheit (1968) 23 ff: „Ihr Inhalt ist in Kürze, dass die Herrschenden den Beherrschten ein X für ein U vormachen und sie dadurch sicherer als durch bloße äußere Machtmittel in Unterwürfigkeit halten. Heute würde man das einen politisch-sozialen Mythos nennen. Sofern die Untertanen an solche Fabeln glauben, sind sie wirtschaftlich leichter auszubeuten,

werden; die transportierten Inhalte (vorrangig Imperative) werden sich in Deutschland, der Schweiz und in Österreich in etwa gleichen. Was hierbei vermittelt wird, konnte aufgrund von teilnehmender Beobachtung[932] und Gesprächen mit Sportlern, Funktionären und Sportjournalisten in Erfahrung gebracht werden. Den Hobby- und/oder Berufssportlern wird zumeist nachdrücklich eingeredet, sie müssten die Verbandsnormen (also „das Sportrecht") auf Punkt und Beistrich befolgen, denn schließlich hätten sie sich ja der „Verbandsgewalt" und vor allem der „Sportgerichtsbarkeit" unterworfen; bei Zuwiderhandeln drohen (Geld)Strafen[933] und Wettkampf-ausübungsverbote.[934, 935] Dahinter steht (auch), und gerade diese Zusammenhänge sind jedenfalls den Schlüsselfunktionären nur zu bewusst, dass das Sportrecht eines Repressionsapparates bedarf, oder kurz: eines Zwanges, um dessen Durchsetzung zu sichern. Die Sportler müssen also in das/ein möglichst ausschließliches „Sportgerichtssystem eingebracht" werden, dies funktioniert zumeist wohl ebenfalls in Form von Zwang, dem sogenannten „Schiedszwang". Die Trainer, die den Hobby- und/oder Berufssportlern das „Sich-Einfügen-Müssen" in die verbandliche Normenordnung beibringen, sind selbst durch das „System" geformt worden, haben sich zumeist irgendwie arrangiert und profitieren davon. Die sonstigen Funktionäre, die die Regeleinhaltung propagieren, überwachen und gegebenenfalls sanktionieren, arbeiten den Verbänden zu und erhalten dafür (abge-

---

sind sie fügsames Material für den konstruktiven Ehrgeiz der Geschichte-Macher. Der Herrschende ist an der Unwissenheit der Massen interessiert." Ein wesentliches Interesse der heutigen „Sportherren" gilt jedenfalls der Unterworfenheit und Akzeptanz von Sportlern gegenüber der Verbandsnormenflut.

932 S zB *Hillmann*, Wörterbuch[5] 83.

933 ZB *Sieber*, Rechtstheorie 2010, 165, scheint dem folgenden eher positiv gegenüber zu stehen: „Private Akteure entwickeln mit Regelungen der Betriebsjustiz und Verbandssatzungen über sportliches Fehlverhalten selbst funktionale Äqivalente zum staatlichen strafrechtlichen Rechtsgüterschutz und setzen die entsprechenden Sanktionionen (wie faktische Berufsverbote im Fall von Doping) international erfolgreich durch."

934 Die „Indoktrination" der Sportrechtsideologie soll bei Verbandsuntertanen „bedingungsloses Einfügen" und „dauerhaftes Akzeptieren" bewirken – entweder Verbandsnormenunterwerfung oder keine Wettkampfteilnahme –, gegenüber allfälligen Abweichlern stehen zahlreiche Sanktionsmechanismen zur Verfügung; grundsätzlich gilt mit *Schmid*, Ideologie und Rationalität in Batz (Hrsg), Schwerpunkt: Ernst Topitsch (2004) 222 FN 116: „Die Veränderung einer Ideologie durch die Mitglieder eines Verbandes kann schwer sein, wenn die Organisation des Widerspruchs nicht gelingt und die Exitoptionen außer Reichweite liegen."

935 Vgl dazu die pointierte Position von *Bohannan*, Ostrazismus und das Problem, etwas aus einem System herauszuwerfen in Gruter/Rehbinder (Hrsg), Ablehnung – Meidung – Ausschluss. Multidisziplinäre Untersuchungen über die Kehrseite der Vergemeinschaftung (1986) 149, demzufolge „Ostrazismus das Wegwerfen eines Mitglieds der Gesellschaft darstellt, (also) das Wegwerfen einer Person, die eine Funktion ausübt. (...) Was bedeutet das: ‚Weg'"? Und: „In eine auf die Gesellschaft bezogene Ausdrucksweise gefasst, ist das das Problem von Ostrazismus: wie wirft man Menschen ‚weg'?" Berufssportler die verbandlich mit Wettkampfausübungsverboten belegt werden, erscheinen als zumindest „aus der Bahn" geworfen.

leitete) Macht und Bedeutung;[936] einige Funktionsträger, wie auch in anderen Sozialzusammenhängen, bereichern sich mehr oder weniger geschickt. Unter anderem ist idZ auf ein Interview mit *Redeker* zu verweisen, der der „Sportideologie" äußerst kritisch[937] gegenübersteht und ausführt: „Die Erfindung des Sports fällt mit der Absicht zusammen, Körper und Geist den neuen Arbeitsformen in der Fabrik gefügig zu machen und neue Gesellschaftsschichten zu zähmen und zur Arbeit zu erziehen. (…) ab der Mitte des 20. Jahrhunderts gab sich der Sport die Zielsetzung einen bestimmten Typus Mensch zu fabrizieren. In diesem Sinn ist Sport eine Anthropofaktur. (…) Im Sport wird die Unterordnung unter eine bestimmte gesellschaftliche Hierarchie und zugleich die Unmöglichkeit des Ausbrechens gelehrt, das Einsperren."[938]

Fortgesetzt sei mit *Osterwalder/Kaiser*, welche das (private Schweizer Schiedsgericht) CAS als eine „einzigartige Institution zur Schlichtung sportbezogener Streitigkeiten" für die „Sportwelt" halten, wodurch „der Zersplitterung der internationalen Sportjustiz entgegengewirkt werden soll." Wie schon ausgeführt, werden wettkampfausübende Hobby- und Berufssportler dazu „verpflichtet", sich nicht nur den jeweiligen privaten „Verbandsgerichten" in ihren Nationalstaaten, sondern eben auch dem CAS zu unterwerfen.[939] *Osterwalder/Kaiser* setzen fort, dass „mit der verbandsrechtlich vorgesehenen CAS-Schiedsgerichtsbarkeit gleichzeitig auf die Einschaltung staatlicher Gerichte (sei dies in der Schweiz oder anderswo auf der Welt) zu verzichten ist. Die Unterwerfung unter die Sportschiedsgerichtsbarkeit des CAS geht in der Regel so weit, dass für die alternative Anrufung staatlicher Gerichte durch Sportler als Satzungsverstoß eine disziplinarische Bestrafung vorgesehen ist." Wenn der gegenüber einem Sportverband regelmäßig (faktisch und vor allem finanziell) schwächere Sportler in weiterer Folge „trotz dieser verbandsrechtlichen

---

936 S dazu zB *Weinberger*, Akzeptanz, Akzeptabilität und Diskurs. Eine demokratietheoretische Überlegung in J. W. Pichler (Hrsg), Rechtsakzeptanz und Handlungsorientierung (1998) 74 f, 77, welcher „Akzeptanz auch (als) ein (mögliches) Ergebnis massiver Indoktrination" ivm zB „direktem oder indirektem institutionellen Zwang" erkennt; grundsätzlich „determinieren ideologische Indoktrination und dogmatische Vorgaben oder Manipulation im Sinne und gemäß den Interessen gewisser mächtigen Organisationen oder Interessengruppen oft in außerrationaler Weise Akzeptanz oder Ablehnung."

937 S zur (historischen) Rolle und Weite von Ideologiekritik zB *Strasser*, Aufklärung über die Aufklärung? in Krawietz/Topitsch/Koller (Hrsg), Ideologiekritik und Demokratietheorie bei Hans Kelsen (1982) 106: „Der Kampf, den die geistige Elite Europas im Zeitalter der Aufklärung kämpft, ist solcherart ein Kampf gegen jede Autorität, welche die Vernunft des Menschen unter Imperative und Gesetze zwingen möchte, die nicht die der Vernunft selbst sind. Und es ist auch ein Kampf gegen die dunklen Kräfte, welche aus der Unvollkommenheit des Menschen, seiner Täuschbarkeit und seinem Hang zur Idolatrie, resultieren und das Licht der Vernunft trüben. All diese Kämpfe sind ihrem Wesen nach Ideologiekritik. Das Ziel ist dabei stets das gleiche: die Wahrheit möge ans Tageslicht treten, um der Verblendung und Unterdrückung des Menschen ein Ende zu bereiten."

938 *Vanay*, „Der Sport ist gegen den Menschen!" (Interview mit Robert Redeker), mobile 2003/03, 50 f.

939 S einmal mehr *Wong*, Streitbeilegung 93, 97.

Regelungen auf internationaler und nationaler Ebene in der Schweiz regelmäßig an staatliche Gerichte gelangt," dann liegt „dies im Besonderen im Zusammenhang mit Gesuchen um vorsorgliche Maßnahmen (sog Maßnahmen einstweiligen Rechtsschutzes)." *Osterwalder/Kaiser* zufolge „werden Maßnahmengesuche in der Schweiz sodann durchwegs mit dem Zusatz ‚unter Androhung der Überweisung an den Strafrichter zur Bestrafung verpflichteter Organe/Personen gem Art 292 SchwStGB‘[940] (mit Buße zu bestrafender Ungehorsam gegen amtliche Verfügungen) gestellt, was im Falle einer Gesuchsgutheißung in der Regel Beachtung findet. Im Normalfall führt dieser Umstand zu nicht zu unterschätzenden persönlichen Drucksituationen vor allem für in der Schweiz niedergelassene Verbandsfunktionäre." Unter der Annahme, dass Sportler im Wege des/eines Schiedszwanges vor den/zum CAS „gebracht" worden sind, erscheint es einigermaßen schwer nachzuvollziehen, dass die „Drucksituation", welcher Sportler zB in verbandlichen Gewaltverhältnissen ausgesetzt sind, ausgeblendet werden soll, um sich statt dessen in die/eine Pressionssituation von Funktionären „einzufühlen", welche womöglich Teil eines verbandlichen Repressionssystems sind. Sportideologisch werden hier wohl „der Sport" und einige seiner Repräsentanten unzulässigerweise in der/einer Opferrolle gesehen; verbalstrategisch kann dies als ein von Verbändeseite abzulehnender, staatlicher Eingriff in „die Autonomie des Sports" genutzt werden. Sinngemäß so argumentieren *Osterwalder/Kaiser*: „In Sportkreisen werden solche Aktionen von Sportlern nicht gerne gesehen, und vorsorgliche Verdikte staatlicher Gerichte als ‚Einmischung' in Angelegenheiten der Sportverbände und Sportschiedsjustiz verstanden. Im Grundsatz ist es tatsächlich problematisch, wenn der drohenden Maßnahmenflut vor staatlichen Gerichten[941] nicht (mehr) Einhalt geboten werden kann. Hierbei kann es aber nicht darum gehen, den staatlichen Richter als in Sportsachverhalten per se angeblich unkundig und zu wenig schnell auszuschließen (was in der Regel schlicht falsch ist), oder eine grundsätzliche Spezialbehandlung sportlicher Angelegenheiten zu fordern." Die beiden Schweizer Autoren bieten, wie andere, die diese und ähnliche Positionen vertreten, als „Lösung" an, dass „der Sport" möglichst (noch mehr) „Kompetenzen" anstelle des Gewaltmonopolinhabers erlangt bzw -hält: „Bei vorsorglichen Maßnahmen im Sport ist somit stets von einer parallelen Zuständigkeit der Schiedsgerichte und der staatlichen Gerichtsbarkeit auszugehen. Diese parallele Zuständigkeit ist freilich für den einleitend erwähnten Harmonisierungsgedanken problematisch. Dies kann die einheitliche Rechtsdurchsetzung durch die Konkurrenz von staatlichem und schiedsgerichtlichem vorläufigen Rechtsschutz gefährden, was letztlich zu Rechtsunsicherheiten und sportlicher Unfairness im international organisierten Sportsystem führt. Die Alleinzuständigkeit des CAS für vorsorgliche Maßnahmen würde zumindest organisatorisch die Voraussetzung schaffen, dass der Rechtsschutz aus einer Hand gewährt wird." Beim Vorliegen

---

940   Schweizer Strafgesetzbuch vom 21.12.1937 SR 311.0.
941   Vgl andererseits folgenden Aspekt: so meinen *Weinreich/Wulzinger*, Tiefe Taschen, Der Spiegel 2011/23, 150: „Das Schweizer Strafgesetzbuch verschont korrupte Mitglieder internationaler Sportorganisationen, die wie die Fifa ihren Hauptsitz in dem Alpenland haben."

eines verbandlichen Gewaltverhältnisses jedoch ist der Sportler gerade dann nicht „gefährdet", wenn er sich (noch) an den Staat wenden kann, sondern wäre es dann (umso mehr), wenn seine Angelegenheiten „einheitlich" (und ausschließlich) vom „Sport", sohin „privaten Sportgerichten", verhandelt werden würden. *Osterwalder/Kaiser* resümieren: „Der vorsorgliche Rechtsschutz ist gerade im Sport eine sehr effiziente prozessuale Waffe der Interessenvertretung. Das Wissen, vor staatlichen Gerichten mit Maßnahmenbegehren in der Regel zu reüssieren, birgt letztlich ein erhebliches Risiko für eine einheitliche Sportgerichtspraxis. Diese kann im worst case so weit gehen, dass die Sportschiedsgerichtsbarkeit in wichtigen Aspekten des Sports gänzlich in Frage gestellt wird. (…) Die durch die Sportschiedsgerichtsbarkeit erstrebte Einheitlichkeit und Gleichbehandlung sind dadurch gefährdet, auch weil sich diese Probleme in wichtigen wettkampfrelevanten Bereichen (Zulassungen, Nominierungen, Dopingvergehen, etc) relativ häufig stellen." Und dies sind, laut den beiden Schweizer Autoren, wichtige „sportimmanente Aspekte".[942]

Die vorliegende Darstellung befasst sich vorrangig mit dem normativen und faktischen Wirken eines österreichischen Sportdachverbandes gegenüber Nichtmitgliedern (sogenanntes zweites Grundverhältnis); dies ist selbstredend im Kontext der (österreichischen) Rechtsordnung zu beurteilen und insbesondere das rechtsvollziehende Handeln der sachlich primär zuständigen Vereinsbehörde sowie der Höchstgerichte ist dahingehend zu untersuchen, wie es sich auf die (Rechts)Position(en) des Sportdachverbandes und/oder des Nichtmitgliedes auswirkt. Für die Sport(rechts)ideologie bietet die österreichische Rechtsordnung keine ausreichende Grundlage, nichts desto trotz „diffundieren" deren „Hauptanliegen" qua (österreichischem) Schrifttum im Wege der Übernahme/des Zitierens[943] in das Verhältnis „Staat – Verband – Nichtmitglied (Staatsbürger)". Spätestens dann, wenn zwischen Sportdachverband und Nichtmitglied unter Berufung auf die „Besonderheit des Sports" ein verbandliches Gewaltverhältnis mit den Merkmalen „Privatgesetzgebung", „Privatgerichtsbarkeit", „Privatstrafvollzug" sowie „Privatsteuerforderung" gestaltet wird, ist Klärungs- und Handlungsbedarf gegeben. Gesamtgesellschaftlich ist genauestens abzuwägen, ob derartige Partikularordnungen sui generis, die von der Sportrechtsideologie als EU-gewollt und nationalstaatlich geduldete bzw zu duldende beworben werden, vereinbar sind mit dem rechtsstaatlichen, Gewalten teilenden, demokratischen und Gewalt monopolisierenden Staatsmodell. Positionen, wie die *Steiners*: „Sportrecht ist die Sonderrechtswelt, in der legitimerweise geregelt wird, was der Sport an rechtsverbindlicher Ordnung aus eigener Kraft und eigener Vorstellung benötigt,"[944] sind im Sinne genau dieses Staatsmodells abzulehnen.

Die von Kleinkollektiven (Vereinsdominatoren) geformten Konglomerate von (Verbands)Normen ermöglichen die Beherrschung von vielen (Verbandsuntertanen). Sollte dieses sportrechtsideologische Projekt erfolgreich sein, dann haben Rechtsordnungen (Gesetzgebung, Vollziehung) – im besten Fall – „nur" versagt, im schlechtesten sich instrumentalisieren

---

942   *Osterwalder/Kaiser*, SpuRt 2011, 231, 233, 235.
943   S dazu oben IV.3.3.
944   *Steiner*, CaS 2009, 21.

lassen bzw allenfalls sogar „mitgemacht". Werden Arbeitnehmer, Konsumenten und Mieter grundsätzlich gegenüber ihren Vertragspartnern geschützt, so scheint beim Sportler in Bezug auf Sportverbände das Gegenteil der Fall zu sein. Allgemeine Machtinteressen iVm mit ökonomischem Optimierungsstreben haben anscheinend dazu geführt, dass gesamtgesellschaftlich (wieder einmal) gezeigt werden konnte, was (dennoch) alles möglich ist, nach Aufklärung[945], Freiheitsbewegungen, Rechtsstaatsentwicklung und Ideologiekritik[946]: Ein Rückfall in alte Stati. Was hier geschehen ist bzw die erkennbaren weiteren, verstärkten Tendenzen können als Lehrbeispiel gelesen werden für die Durchsetzung oligarchischer (Spezial)Interessen über Jahre hinweg im Staat, in der Politik und in den Medien.

---

945 Vgl statt vieler zB *Koller*, Höffes Begründung 284 f, der als große Errungenschaften der Aufklärung die Methodik der Wissenschaften, die Ideen der Gleicheit und Freiheit, die Menschenrechte, den konstitutionellen Rechtsstaat, die marktwirtschaftliche Ordnung, aber auch die Idee der sozialen Gerechtigkeit anführt.

946 S dazu *Hillmann*, Wörterbuch[5] 358 f: „Ideologiekritik, wendet sich gegen Ideologien, dh gegen Argumentationsweisen, welche Strategien der Verdunklung, Verklärung oder Immunisierung anwenden, indem sie sich dogmatisch gegen mögliche Widersprüche in ihren Aussagesystemen oder gegen Zweifel an ihren Grundannahmen bzw Paradigmen abschirmen." Vgl dazu pointierter *Lenk* (Hrsg), Ideologie[9] (1984) 359: „Alles was Ideologiekritik kann, ist Immunisierung gegen Techniken der Manipulation und Verdummung. Ihrer vornehmsten Aufgabe wäre sie untreu, sobald auch sie damit begänne, Ideologien oder gar Gegenideologien zu fabrizieren. Ihr ‚positiver' Beitrag besteht in der Auflösung realitätsverschleiernder Bewußtseinsformen."

V. Der OEPS und die Wettkampfveranstalter, Reitsportler sowie Wettkampfrichter

1. Grundsätzliches/Zusammenfassung des Bisherigen

Die Merkmale, Zuschreibungen und Grenzen, die dem/einem klassischen Staatsmodell (rechtsstaatlich, Gewalten teilend, demokratisch und Gewalt monopolisierend) zufolge üblicherweise (gerade auch) das Verhältnis zwischen „Staat" und „Privat" kennzeichnen, „drohen" in Bezug auf die drei Akteure „Staat – Sportverband – natürliche Person", also dem „Staatsverband"[947], dem „privaten Verein" und dem ebenfalls privaten Vereinsmitglied, welches zugleich Staatsbürger ist, an Bedeutung zu verlieren und als bloße Verhüllungen[948] für neue Zustände ihren entsprechenden Zweck zu erfüllen. Als ganzes oder auch „totales" Bild könnte folgendes entstehen: Die „Mitte" wächst, maßt sich Staatsfunktionen an und übt (quasi)etatistische Gewalt aus. Der Leviathan duldet und lässt es zu, seine Vertreter/Funktionsträger wollen sich mit dem Intermediären (eher) arrangieren. Und das „letzte" Glied der Reihe muss in einem bestimmten Lebenssachverhalt (hier dem „Verbandssport") den Freiheitsrechte achtenden, zivilisierten Staat als alleinigen Ansprechpartner und Schutzgewährer missen und hat es stattdessen mit einem verbandlichen Gewalthaber zu tun, der, je nachdem, „das Neue" verkörpert (wie es zB wohl Vertreter des „Transnationalen Rechts" meinen werden) oder aber als ein Wiedergänger des Gestrigen bzw Vorgestrigen, also zB partikularer Rechtsverhältnisse des 19. Jahrhunderts, gesehen werden kann.[949] Interessante „Verschiebun-

---

947 *L. K. Adamovich/Funk/Holzinger/Frank*, Staatsrecht I² Rz 01.004, 01.006, sprechen vom staatlichen Herrschaftsverband bzw Staatsverband.

948 Vgl dazu zB *Bußjäger*, Rückzug 67, welcher Dereliktionen staatlicher Rechte feststellt, in deren Folge sich der Staat seiner inneren und äußeren Rechte begibt, bei gleichzeitigem Verhüllen dieses Rückzugs durch die (spezifische) Rechtsetzungstätigkeit des Staates, nämlich in Form der/einer Gesetzesflut; sa *Schilcher*, Pentalog zur Verbesserung der Rechtsakzeptanz in J. W. Pichler (Hrsg), Rechtsakzeptanz und Handlungsorientierung (1998) 293, welcher aufgrund der stetig wachsenden Flut an Gesetzen und (Behörden)Entscheidungen eine immer geringere Bereitschaft der Bürger sieht, diesen Normen-Output anzunehmen.

949 Vgl dazu *Bock*, Die Eigendynamik der Verrechtlichung in der modernen Gesellschaft in Lampe (Hrsg), Zur Entwicklung von Rechtsbewußtsein (1997) 405 f, welcher mit der/einer „Dekorporierung des Bürgers" verbindet, dass in bürgerlichen Verfassungen der einzelne als Person subjektive Rechte erhält, dh seine Rechtsstellung nicht mehr durch seinen Status, seine Zugehörigkeit zu einem Bekenntnis, einer Zunft und/oder dergleichen bestimmt ist. Unter den gegebenen (und beschriebenen) Umständen erfolgt mit dem Eintritt in einen Sportverband allerdings eine ganz eigentümliche Form einer „Rekorporierung". Der Beitritt zum Verein, welcher über eine Vereinskette mit dem Sportverband verbunden ist, kann daher auch als Handlung des Menschen gesehen werden, die zu seiner (selbstverschuldeten) Unmündigkeit führt.

gen" passieren zwischen dem mehr und mehr unbeteiligten Staat und dem mehr und mehr „Staat werden wollenden" Verband; so stellt beispielsweise *F. Bydlinski* – in Anknüpfung an die oftmals variierte Dichotomie „freier Markt" und „zentral gelenkte Planwirtschaft" – zwei Ordnungsmodelle einander gegenüber: einerseits einen „Nachtwächterstaat", dessen Recht beinahe nur aus Privatrecht und seiner staatlichen Sanktionierung besteht und andererseits eine nahezu privatrechtslose Kommandogesellschaft und -wirtschaft.[950] Der gegenständliche Sportdachverband tendiert, indem er mithilfe seiner strafbewehrten verbandlichen Normenordnung gegenüber den „Verbandsbürgern" oder zutreffender „Verbandsuntertanen" durchsetzt, dass diese in Bezug auf die Sportausübung und vor allem Wettkampfveranstaltung so gut wie keinerlei privatautonomen Spielraum mehr haben (dürfen)[951], letztlich in Richtung „Staat im Staat", der, obwohl grundsätzlich „privat", ironischerweise als eine höchst zentralistische und (im negativen Sinn) „etatisierte", privatrechtslose Kommandogesellschaft und -wirtschaft angelegt ist. Die „Freiheit vom Staat" fordernde Vereinsbewegung des 19. Jahrhunderts hat also (mitunter) zu Vereinen/ Verbänden geführt, die staatsgleich organisiert sind und agieren; und die Vereinsmitglieder oder „Verbandsuntertanen", die/eine Freiheit im Verein gegen den Verein durchsetzen wollen, werden vom ehemals freiheitsverbürgenden Staat allein gelassen, auf die „Verbandsinstanzen" verwiesen und damit der Verbandsgewalt „ausgeliefert". Der Staat tritt insofern beiseite oder überhaupt ab, denn der „Sport der Besonderheiten" ist ja irgendwie sehr „autonom".

Wenn im Folgenden das Normieren und Handeln des OEPS und die davon Betroffenen näher betrachtet werden, dann geschieht dies schwerpunktartig, denn weder werden sämtliche Normen des Dachverbandes behandelt – dies würde ob der Menge, wie oben gezeigt[952], den hier gegebenen Rahmen bei weitem sprengen –, noch werden alle vom dachverbandlichen Normierungsanspruch erfassten natürlichen und/oder juristischen Personen in ihrer Erfasstheit dargestellt. Überdies wird nicht weiter auf „eigentümliche Spezifika/Kuriosa" der Normenordnung des OEPS, wie beispielsweise die „animalische Sippenhaftung", eingegangen. Der OEPS bestimmt nämlich in seiner „Rechtsordnung": „Solange einer Entscheidung oder einer Ordnungsmaßnahme nicht Genüge getan ist (Anm: darunter wird vor allem die Leistung der Strafzahlung an den OEPS zu verstehen sein), sind die Betroffenen und ihre Pferde an pferdesportlichen Veranstaltungen nicht teilnahmeberechtigt und betroffene Veranstalter nicht berechtigt, pferdesportliche Veranstaltungen durchzuführen. Für die Teilnahmeberechtigung der Pferde sind die Besitzverhältnisse zum Zeitpunkt der Tat maßgebend. Nachträgliche Besitzwechsel sind unbeachtlich (§ 2030 Abs 2 ÖTO Rechtsordnung)." Hat demnach ein dachverbandlich gemaßregelter bzw disziplinierter Reitsportler zB die ihm auferlegte „Geldstrafe" noch nicht abgeliefert, dann „schlägt" das auf seine (offenbar: sämtlichen) Pferde „durch" (Anm: hier liegt einmal mehr ein Eingriff ins Eigentumsrecht vor), und zwar

---

950 *F. Bydlinski*, AcP 1994, 329.
951 Vgl auch dazu *F. Bydlinski*, AcP 1994, 344 f: Das Privatrecht bewirkt somit schon durch seine Existenz Freiheitssicherung in einer bestimmten Richtung.
952 S oben III.

deshalb, da der OEPS diese Pferde, selbst im Fall des Verleihens oder Verkaufens durch den „Betroffenen" an einen Dritten nicht bei pferdesportlichen Veranstaltungen zum Einsatz gelangen lässt. Der OEPS konstruiert hier also offenbar eine „Sippe des säumigen Zahlers" und all derer, die von diesem die Pferde übernehmen.

Vorrangig interessiert die „individuelle" Betroffenheit der Wettkampfveranstalter, Reitsportler, Wettkampfrichter und sonstigen Funktionäre, in ihren verschiedenen, vom OEPS geformten Rollen als „Fremdbestimmungs- und Disziplinierungsobjekte sowie Gebührenleister". Grundsätzlich kann festgehalten werden, dass im Vier-Ebenen-Modell des österreichischen verbandlichen Reitsports, die beiden Pole, also einmal die soeben angeführten natürlichen Personen – als Akteure der „untersten" Ebene, s Anhang II – und zum weiteren der OEPS als juristische Person von Relevanz sind. Die Akteure der zweiten Ebene, die Reitvereine, und die der dritten Ebene, die LFV, sind nahezu vollkommen zu vernachlässigen, sowohl faktisch als auch rechtlich;[953] insbesondere die LFV haben mehr oder weniger den Status von „Erfüllungsgehilfen" des OEPS.[954] Die verbandliche

---

953 Weder auf die Vereine, die LFV bilden, noch auf die LFV, welche sich zum OEPS zusammen geschlossen haben, treffen die folgenden Feststellungen von *Krejci/S. Bydlinski/Weber-Schallauer*, Vereinsgesetz[2] § 1 Rz 114, zu: „Verbandsmitglieder sind nicht nur rechtlich selbständig. Sie sind auch sonst vom Verband weitgehend unabhängig." Und: „Der Verband ist Instrument seiner Verbandsmitglieder und nicht die Verbandsmitglieder Instrumente des Verbandes." Die Schlüsselfunktionäre auf LFV- und auf OEPS-Ebene werden typischerweise dahingehend ausgewählt und entsprechend eingesetzt, um den Vereinsdominatoren des OEPS und deren Interessen zuzuarbeiten, insbesondere ist die Position des Sportdachverbandes als Oberturnierveranstalter zu vertreten, zu wahren und auszubauen.

954 S zB in der Satzung des NOEPS (Niederösterreichische Pferdesportverband) folgende Zwecke: „Die sportliche Betreuung der ihm angeschlossenen Vereine einschließlich der Aufsicht über diese. Die Beurteilung und Weiterleitung von Ansuchen an den OEPS betreffend Verleihung von Abzeichen und anderen Anerkennungen. Die Erledigung von Ansuchen um Genehmigung der Beteiligung von Reitern, Fahrern und Voltigierern an in- und ausländischen Veranstaltungen bzw die Begutachtung und Vorlage solcher Ansuchen an den OEPS, soweit sie satzungsgemäß von diesem zu erledigen sind. Die Förderung, Genehmigung und Kontrolle von pferdesportlichen Veranstaltungen aller Art." Sowie insbesondere: „Die Weiterleitung der Beschlüsse des OEPS an die Vereine und die Durchführung dieser Beschlüsse auf Landesebene (§ 2 Abs 2, 6, 7, 8 und 10 NOEPS Satzung)." Noch stärker auf die eigene Unterwerfung gegenüber dem OEPS ausgerichtet und auf die vollumfängliche Unterwerfung unter das gegenständliche Sportverbandsregime der Akteure der zweiten und ersten Ebene zielend sind zB „Zweck und Aufgaben" des LFV Steiermark: „Die Förderung und Durchführung von pferdesportlichen Veranstaltungen jeder Art; insbesondere: a) Die Genehmigung von Turnieren, soweit dies in die Kompetenz der LFV fällt, sowie die Unterstützung bei der Überwachung der Einhaltung der vom BFV (Anm: nunmehr OEPS) festgelegten Richtlinien für die Veranstaltungen, b) die Überprüfung von Ansuchen um Startgenehmigung von Reitern und Fahrern an Veranstaltungen und deren Weiterleitung an den BFV. c) die Durchführung und Überwachung der Prüfungen für Reit- und Fahrabzeichen nach den Richtlinien des BFV. Die Durchführung der Beschlüsse des BFV sowie deren Weitergabe an die Vereine (§ 2 Abs 2 und 8 Statuten LFV Steiermark)." Unter anderem stellt sich

Normenordnung und das Wirken des OEPS können demnach auf die vier Säulen „Anordnung, Genehmigung, Kontrolle und Strafe" ausgerichtet gesehen werden. In den Normen des Verbands vereinigen sich grundsätzlich einseitige Fremdbestimmungen, teils explizit ausgeformt in Disziplineinforderungen, sowie Gebührenanordnungen, welche sämtlich strafbewehrt und dadurch innerverbandlich durchsetzbar sind; die dachverbandliche „Sportsystemsteuerung" (insbesondere der Wettkämpfe) funktioniert zumeist so effizient, dass mit Strafen belegte Personen, so sie weiter im Verbandsregime bleiben bzw an Wettkämpfen teilnehmen wollen, von oftmals bereitwillig mitmachenden Funktionären des Verbandssports zur Akzeptanz der jeweiligen Sanktionen (zB Wettkampfverbote oder Strafgebühren) „gebracht" werden.[955] Vor allem mit der ÖTO zeigt der OEPS an, umfassend über fremdes Vermögen und fremdes Interesse verfügen zu wollen. Die Grenze des Notwendigen, Verhältnismäßigen und Billigen im/beim Normschaffen des Sportdachverbandes und vor allem bei den von ihm vorgegebenen Vertragsbeziehungen iZm Wettkämpfen ist schon überschritten worden.[956] Weder in der Sportdachverbandsadministration noch im geschaffenen Funktionärswesen ist diesbezüglich ein Korrektiv auszumachen, welches der zunehmenden Verkomplizierung, Verteuerung und Disziplinierung entgegenwirken (wollen) würde; eher scheint das Gegenteil der Fall zu sein. Die verbandlichen Normsetzer scheinen – aufgrund jahrelanger teilnehmender Beobachtung sowie der Entwicklung der Verbandsnormen und deren Umsetzung – immer selbstherrlicher zu werden und bei den Normadressaten verfestigt sich eine (kritiklose) Untertanenmentalität[957] qua Gewöhnung.[958] Dass dies alles andere als „demokratisch", insbesondere im

---

die Frage, ob LFV, welche offenbar kritiklos, eins zu eins „Beschlüsse des OEPS" durchführen, nicht zu Lasten Dritter, also ihrer Mitglieder, der Reitvereine, und deren Vereinsmitglieder, handeln.

955 Sowohl für unter Sanktionsdruck stehende Funktionäre als auch für bestrafte Sportler wird mit zB *Geiger*, Vorstudien 298, gelten: „Die Beobachtung gewisser Handlungsweisen ist dem einzelnen durch den Druck der Gesellschaftsmacht aufgezwungen. Er erleichtert sich selbst den Gehorsam und den Druck, der ihn erzwingt, indem er die Handlungsweise ‚gut' findet. So lügt er den Zwang, unter dem er handelt, in Freiheit um."

956 Vgl dazu OGH 07.07.1981, 5 Ob 544/81: Sittenwidrig sind Vereinbarungen, die die durch die überwiegend anerkannte Sozialmoral und die immanenten rechtsethischen Prinzipien der geltenden Rechtsordnung der Privatautonomie gezogenen Grenzen überschreiten.

957 S dazu *Schilcher*, Pentalog 298 f, 304, der die „österreichische Besonderheit" anführt, „in schöner und jahrhundertelanger Untertänigkeit auf eine Entscheidung ‚von oben'" zu warten; zutreffend kritisiert der Autor die „tief sitzende Untertanenmentalität vieler Österreicher." Vgl, noch ausführlicher, *Prisching*, Untertanenmentalität: Bemerkungen zur österreichischen Identität und ihren zeitgeschichtlichen Arabesken in Beer/Marko-Stöckl/Raffler/ F. Schneider (Hrsg), FS Ableitinger (2003) 180: „Der österreichische Mensch ist nicht als Bürger, sondern als Untertan definiert. Seine natürliche Blickrichtung ist die nach oben, und er leidet nicht sehr darunter, denn er findet es angemessen, sich nach einer starken Führungspersönlichkeit zu sehen." Insofern begünstigen derartige Grunddispositionen die Ausformung von verbandlichen Gewaltverhältnissen in Österreich.

958 S de *La Boétie*, Knechtschaft, 55, 63: Die Gewohnheit, die in allem große Macht auf Menschen ausübt, hat nirgends eine solche Gewalt wie darin, dass

Sinn der Identität von Normsetzern und Normadressaten (Wettkampfveranstalter und Reitsportler), erfolgt, ist systemimmanent.

Wenn *Keinert* ausführt, dass „in der Hand der Mitgliederversammlung sämtliche Fäden ‚fundamentaler Willensbildung' zusammenlaufen müssen, dh jedenfalls derjenigen in wirklich wichtigen Angelegenheiten, wobei diese Funktion als zwingendes Recht anzusehen ist"[959], so ist ihm freilich zuzustimmen. Hält man sich jedoch iZm dem OEPS das Vier-Ebenen-Modell der beteiligten Akteure vor Augen und eruiert, wer all die „wichtigen Angelegenheiten" iZm Wettkämpfen, nämlich die Bedingungen, Kosten etc determiniert, dann wird umgehend klar: Nicht die Hauptbetroffenen, die Wettkampfveranstalter und Reitsportler (Erste Ebene), als natürliche Personen Mitglieder von Vereinen regeln dies in den Mitgliederversammlungen in ihren Vereinen (Zweite Ebene), ebensowenig die Mitgliederversammlungen (als Delegiertenversammlung) der neun LFV (Dritte Ebene) und desgleichen normiert nicht einmal die Mitgliederversammlung des OEPS („Generalversammlung" genannt und ebenfalls aus Delegierten bestehend) diese wesentlichen Angelegenheiten. Das OEPS-System ist so konstruiert, dass die Regelungsmacht von ca 14 Personen, nämlich den Mitgliedern des OEPS-Organs Präsidium ausgeübt werden kann; im Wesentlichen ohne Mitsprache von welchen Mitgliederversammlungen auch immer. Gem 12. OEPS-Satzungen „ermächtigt" sich nämlich dieses Präsidium, die ÖTO zu beschließen, also „vorbei an" und ohne eine Mitwirkung der Generalversammlung (welche bloß nominal „oberstes verbandliches Organ ist, zumindest laut 9. OEPS-Satzungen). Gerade die ÖTO, welche aus Sportdachverbandssicht

· ganz fundamentale Rechte und Pflichten der OEPS-Mitglieder, also der neun LFV enthält, und

· überdies für die Verbandsuntertanen jedenfalls bei Wettkämpfen unbedingt verbindlich sein soll, sowie

· die normative und faktische Grundlage für die gesamte Wettkampfveranstaltungsgeschäftstätigkeit des Sportdachverbandes bildet und seine Marktbeherrschung sichern soll,

wird also von ca 14 Personen (Mitglieder des OEPS-Präsidiums) mit dem Selbstverständnis der Entscheidungskompetenz in allen wesentlichen Fragen der österreichischen Reiterei bzw in sämtlichen Fragen, welche von gesamtösterreichischer Bedeutung sind, ohne Beteiligung der Generalversammlung und – wie selbstverständlich – ohne Beteiligung der

---

sie Menschen dienen lehrt. Dem Menschen wird alles, wozu man ihn erzieht und woran man ihn gewöhnt, zur zweiten Natur; demnach ist die Gewohnheit eine wesentliche Ursache für die freiwillige Knechtschaft.

959 S *Keinert*, wbl 2011, 638, 643, 646: „Zu den ungeschriebenen Zuständigkeiten der Mitgliederversammlung, dh auch ohne Nennung im Statut, gehört weiters das Erlassen folgender grundlegenden organisatorischen Regelungen wie Geschäftsordnungen, Geschäftsverteilung für das Leitungsorgan und ggf für Ausschüsse, Disziplinarstatut, Wahlordnung, Richtlinien für die satzungsgemäße Vereinstätigkeit sowie die Ermächtigung an das Leitungsorgan oder an Ausschüsse, sich selbst eine Geschäftsordnung zu geben oder Regulative zu erlassen. Das wird sich erweitern lassen auf sämtliche vergleichbar gewichtigen Organisationsregeln." Ebenso *Keinert*, Mitgliederversammlung 12 f, 17 f.

Vereine und deren Mitglieder (der Verbandsuntertanen) beschlossen (2.3., 2.10., 6.2. und 12. OEPS-Satzungen).

Gerade in Bezug auf Wettkämpfe (als Sachverhalt) sind für die verschiedenen Akteure zwei Vertragsarten von Bedeutung: erstens die „Wettkampfdurchführungsverträge", welche grundsätzlich zwischen OEPS, Wettkampfveranstaltern, Wettkampfrichtern und sonstigen Funktionären zustande kommen, und zweitens die „Wettkampfteilnahmeverträge", welche grundsätzlich zwischen OEPS, Reitsportlern und Wettkampfveranstaltern geschlossen werden. Der OEPS regelt die pferdesportlichen Veranstaltungen äußerst umfänglich und detailliert in seiner verbandlichen Normenordnung, allerdings ohne Hinweis darauf, dass den dabei erbrachten Leistungen und Gegenleistungen (der Akteure) schlicht Verträge zu Grunde liegen; stattdessen vermittelt der OEPS seinen Vertragspartnern, dass sie qua Verein (Vereinskette etc) „Unterworfene" (Verbandsuntertanen) seiner „einseitig diktierten" Normen wären, und diese eben – bei sonstiger Strafe – zu befolgen hätten. Einmal mehr ist darauf hinzuweisen, dass der OEPS Verstöße gegen (sonstige) Bestimmungen der ÖTO (auch) als „Disziplinarvergehen" qualifiziert, welche durch „Ordnungsmaßnahmen" geahndet werden können, egal, ob sie im In- oder Ausland begangen werden (§ 2012 Abs 1 ÖTO Rechtsordnung). Im Fall einer unrichtigen Nennung (also einer Anmeldung zum Start bei einem Wettkampf) zB können vom OEPS gegen Reitsportler Geldstrafen (oder Geldbußen) in der Höhe von € 70,- bis 1.000,- verhängt werden, gem ÖTO Gebührenordnung. Das Verhältnis zwischen juristischer Person Dachverband und natürlicher Person, zB einem Reitsportler, erscheint aufgrund der „verbandshoheitlichen Verhängung und Vollstreckung von Sanktionen" also nur mehr dem Grunde nach privat(rechtlich).

Schwerpunktartig werden im Weiteren das Normieren und Handeln des OEPS in Bezug auf seine „Verbandsuntertanen", erstens Wettkampfveranstalter, zweitens Reitsportler, und drittens Wettkampfrichter und sonstige Funktionäre, unter anderem mit Anknüpfungen an Bisheriges dargestellt. Dabei kann die vorgenommene Dreiteilung, nacheinander die vom OEPS-Regime Betroffenen in ihrer Beziehung zum Sportdachverband darzustellen, nicht konsequent durchgehalten werden. Vorgriffe und Überschneidungen sind die Folge. So wirkt zB der OEPS auf die Wettkampfveranstalter gerade unter Abstützung auf die Wettkampfrichter und sonstigen Funktionäre ein; ebenso haben die Wettkampfveranstalter und Funktionsträger des OEPS dessen „Geschäftsgebaren" gegenüber den Reitsportlern zu besorgen.

2. Der OEPS und die Wettkampfveranstalter

Eine pferdesportliche Veranstaltung (auch als „Turnier" bezeichnet) zu organisieren und durchzuführen, ist üblicherweise eine aufwändige Unternehmung, welche nicht zuletzt ein wirtschaftliches Risiko in sich birgt. Auch wenn der OEPS in der ÖTO definiert, dass „als Veranstalter der OEPS, die Landesfachverbände oder den Landesfachverbänden angeschlossene Vereine auftreten können, und (dass) der Veranstalter Aufsicht und Verantwortung über die Durchführung übernimmt (§ 2 Abs 12 ÖTO

Allgemeine Bestimmungen)", werden tatsächlich vielfach „Reitanlagen-
bzw -stallbetreiber" Engagement und Know How bedingt als die eigentlichen Wettkampf- bzw Turnierveranstalter tätig werden.
Die einzelnen
pferdesportlichen Veranstaltungen sowie die Summe derselben, welche
der OEPS ja gemäß seinen Normenordnungen OEPS-Satzungen und
ÖTO sämtlich und ausschließlich für/in Österreich zu regeln beansprucht,
können als Märkte bzw ein großer Markt verstanden werden.[960] Der OEPS
hat es (bisher) offenbar zuwege gebracht, dass Reitstallbetreiber und/oder
Reitsportvereine (beide nicht seine Mitglieder) als Wettkampfveranstalter
in den allermeisten Fällen Turniere nach dessen Verbandsnormen, insbesondere der ÖTO, abhalten. Von Seiten des OEPS wird davon ausgegangen, dass sämtliche Turnierveranstalter aufgrund des/eines „Ver-
eins-/Verbandsverhältnisses" und damit verbunden der entsprechenden
„Unterwerfung" die verbandliche Normenordnung des Dachverbandes iZm
Wettkämpfen unbedingt zu befolgen hätten.

Tatsächlich jedoch werden diese Wettkämpfe auf vertraglicher Basis –
in Form von Wettkampfdurchführungs- und -teilnahmeverträgen – abgehalten, Vertragspartner sind dabei, was Leistung, Gegenleistung, Risiko
und Engagement betrifft, vorrangig der Wettkampfveranstalter und der/die
Sportler, jedoch kommt als weiterer und faktisch dominierender, sämtliche
Vertragsbedingungen vorgebender „Hauptvertragspartner" der OEPS ins
Spiel, der vor allem mit seinen Allgemeinen Geschäftsbedingungen in
Form der ÖTO die Privatautonomie sämtlicher anderen Parteien so gut
wie vollständig ausschließt. Allerdings sind richtigerweise auf diese Vertragsverhältnisse allgemeines Zivilrecht bzw die Sonderprivatrechte „Unternehmensrecht" oder „Konsumentenschutzrecht"[961] anzuwenden, etwaige „Vereinsbeziehungen" und damit das VerG treten dabei in den
Hintergrund.[962] Genau dies versucht der OEPS jedoch zu vermeiden,
indem er den Turnierveranstaltern (und auch Reitsportlern) vermittelt, dass
sämtliche Sportverhältnisse möglichst ausschließlich bzw vorrangig durch
die verbandliche Normenordnung, also durch eine Art „Verbandsrecht",
determiniert wären. Tatsächlich ist der OEPS – als gewissermaßen „Oberturnierveranstalter" – der österreichweite (Haupt)Betreiber des Unternehmens[963] „Turnierveranstaltungen"[964], in dessen Namen bzw unter dessen

---

960 S hiezu und im Folgenden die bereits oben, unter IV.3.3.2.2., ausführlich zitierten
     Regelungen des OEPS.
961 S dazu *Niederberger*, Verein 104 ff.
962 Vgl dazu einmal mehr *Krejci/S. Bydlinski/Weber-Schallauer*, Vereinsgesetz² § 1
     Rz 51.
963 S dazu bei *Dehn* in Krejci, Unternehmensgesetzbuch, ABGB, Kommentar (2007)
     § 1 UGB 44: Eine auf Dauer angelegte Organisation selbstständiger wirtschaft-
     licher Tätigkeit liegt vor, wenn planmäßig unter zweckdienlichem Einsatz materiel-
     ler und immaterieller Mittel, idR unter Mitwirkung einer arbeitsteilig kooperierenden
     Personengruppe, auf einem Markt laufend wirtschaftlich werthafte Leistungen ge-
     gen Entgelt angeboten und erbracht werden. Auf Gewinnorientierung kommt es
     dabei nicht an. Sa jüngst OGH 18. 4. 2012, 3 Ob 34/12i = JusGuide
     2012/21/10026. Insofern tritt der OEPS gegenüber den Turnierveranstaltern als
     Mitunternehmer und gegenüber den Reitsportlern als Unternehmer auf, wobei
     den Wettkampfnehmern Konsumenteneigenschaft zukommt.
964 S statt vieler *Karollus*, Auswirkungen des neuen Unternehmensgesetzbuchs auf
     (Berufs-)Sportvereine in Grundei/Karollus (Hrsg), Berufssportrecht I (2008) 6 f, 12,

laufender Aufsicht und bestimmender Einwirkung unternehmensbezogene Geschäfte abgeschlossen werden.[965] Die Turnierveranstalter als Unternehmer sind gezwungenermaßen in das Organisations- und Vertriebssystem des OEPS[966] – nahezu ohne eigene Dispositionsfreiheit[967] – eingebunden, denn im Fall von Nichtbefolgung der ÖTO bzw dachverbandlicher Anordnungen drohen disziplinierende Sanktionen.[968] Den Turnierveranstaltern bleibt, dachverbandlich vorgegebene Tätigkeiten zu verrichten.[969] Der OEPS ordnet an, genehmigt, kontrolliert, straft gegebenenfalls und lukriert vor allem zahlreiche Gebühren von seinen „Vertrags-

---

16: Den Unternehmensbegriff macht das (relativ) dauerhafte entgeltliche Anbieten von Leistungen auf dem Markt aus. Da Vereine keine Unternehmer kraft Rechtsform sind, wird bei diesen eine Unternehmereigenschaft nur nach § 1 UGB begründet werden, somit dann, wenn tatsächlich ein Unternehmen betrieben wird. Wesentlich ist dabei (auch) das Element des „laufenden" Geschäftsbetriebes. Wenn ein Verein in seiner Eigenschaft als Unternehmer Rechtsgeschäfte mit Verbrauchern isd § 1 Abs 1 Z 2 KSchG abschließt, dann gelangen auch die Schutzvorschriften des KSchG zur Anwendung, zu deren Einhaltung auch Vereine verpflichtet sind. All diese Merkmale treffen auf den Verband OEPS und sein Verhältnis zu den Reitsportlern als Konsumenten, welche gerade nicht seine Mitglieder sind, zu.

965 S ids *Kossak*, Handbuch 140 FN 144.

966 Gem *Keller*, Vereine und unlauterer Wettbewerb in Bernat/Böhler/Weilinger (Hrsg), FS Krejci I (2001) 200 f, fällt unter den Begriff des „geschäftlichen Verkehrs" jede selbständige, auf Erwerb gerichtete Tätigkeit – im Gegensatz zu rein privater oder amtlicher Tätigkeit – also jede geschäftliche Betätigung im weitesten Sinn, ohne dass Gewinnabsicht notwendig wäre; eine selbständige, zu wirtschaftlichen Zwecken ausgeübte Tätigkeit, in der eine Teilnahme am Erwerbsleben zum Ausdruck kommt, genügt.

967 *Heidinger*, Zivilrechtliche Grenzen der Beschränkung des Dispositionsrechts des Einzelhändlers, wbl 2002, 106, sieht zB im Verhältnis zwischen Handelsketten und Einzelhändler eine Relevanz des „Tatbestandes der Knebelung, weil der Einzelhändler erhebliche Einschränkungen seiner Dispositionsfreiheit hinnehmen muss, die seinen wirtschaftlichen Entscheidungsspielraum stark einschränken." Der Autor verweist auf die dt Rechtslage, wonach „Knebelung jedoch nur dann vorliegt, wenn der Betroffene seine wirtschaftliche Entschließungsfreiheit zur Gänze oder in einem wesentlichen Teil einbüßt, wodurch sich seine Befugnisse im Ergebnis auf die eines Arbeitnehmers reduzieren." Als Ergebnis hält Heidinger fest, „dass die mit der Eingliederung eines Einzelhändlers in ein Vertriebssystem einhergehende Beschränkung seines Dispositionsrechtes diesen nicht gröblich benachteiligt, wenn in dem Vertrag die Interessen beider Parteien ausreichende Berücksichtigung finden. Insbesondere ist ein Ausgleich für das durch die beschränkte wirtschaftliche Handlungsfreiheit vermehrte geschäftliche Risiko vorzusehen. Ferner muss dem Einzelhändler ein ausreichender Spielraum für seine eigene geschäftliche Entfaltung verbleiben." Wie bereits gezeigt worden ist und detaillierter im Folgenden noch ausgeführt wird, lässt der OEPS als „steuernde Zentrale" bzw „übergeordnetes Unternehmen" des Geschäftszweiges Turnierveranstaltungen seinen „Geschäftspartnern", den eigentlichen Turnierveranstaltern, so gut wir keinerlei Dispositionsfreiheit.

968 S zB § 24 Abs 5 ÖTO Allgemeine Bestimmungen: Der Veranstalter wird mit einer Geldbuße laut Gebührenordnung bei nicht korrekt vorgelegter Ausschreibung belegt.

969 Vgl zum „Betreiben" eines Unternehmes *Dehn* in Krejci, Unternehmensgesetzbuch § 1 UGB Rz 7 ff.

partnern", weigert sich jedoch gemäß seiner Normenordnung, Risiko bzw Haftung zumindest mit zu tragen: „Der OEPS und die LFV übernehmen keine finanzielle oder rechtliche Verantwortung hinsichtlich der Veranstaltung von Turnieren (§ 5 Abs 5 ÖTO Allgemeine Bestimmungen)." Wie sehr der Oberturnierveranstalter OEPS seine Vertragspartner, die eigentlichen Turnierveranstalter, normativ knebelt, wird im Folgenden anhand wesentlichster Verbandsbestimmungen gezeigt; überdies werden diese spezifischen Zustände an den §§ 879 und 1056 ABGB gemessen.

2.1. Die Fremdbestimmung der Wettkampfveranstalter im Überblick

Der OEPS verlangt von seinen Vertragspartnern, den Wettkampfveranstaltern, dass sie sämtliche Turniere nach exakt seinen Vorgaben/ Bedingungen durchführen, schon für die Planung/Organisation wird festgelegt: „Alle Turniere sind genehmigungspflichtig (§ 5 Abs 1 ÖTO Allgemeine Bestimmungen)." Seine „Anordnungs- und Genehmigungsleistungen" lässt sich der OEPS vom Wettkampfveranstalter vergüten, denn für die Abhaltung eines Turniers sind folgende Gebühren zu entrichten – die Auflistung ist keineswegs vollzählig, s dazu die „Gebührenordnung", Anhang III: die Kalendergebühr idHv € 130,-, bei verspäteter Anmeldung (oder bei Änderung eines Termins) beim OEPS sind € 260,- fällig (Anm: die Wettkampfveranstalter haben für die eigene Disziplinierung im Rahmen des OEPS-Systems auch noch zu bezahlen); bei Turnieren über das (verpflichtend zu nutzende) „OEPS-eigene Zentrale Nenn-System" (ZNS, s dazu §§ 26 ff ÖTO Allgemeine Bestimmungen) fällt eine Gebühr pro genanntem Pferd (laut Nennliste) idHv € 4,- an; für eine Veröffentlichung der Ausschreibung durch den OEPS je angefangener Spalte werden € 45,- und je Logo € 22,- eingehoben; für die Ergebniserfassung durch den OEPS (für alle Sparten und Kategorien) werden pro Zeile € 0,50 verrechnet, was eine besondere „Bewirtschaftung" des Turnierwesens im Rahmen des Gebührensystems mit Privatsteuertendenzen darstellt; ein Sportförderbeitrag pro Start bringt dem OEPS € 1,- (Anm: der OEPS, welcher in seinen Satzungen ausdrücklich die „Förderung des Reit- und Fahrsports" als Zweck angibt, „fördert" also die zu Fördernden, die Reitsportler, indem er von ihnen, nebst vielen anderen Gebühren, sogar eine gesonderte unter dem Titel „Sportförderbeitrag" verlangt; einheben muss sie der Turnierveranstalter). Letztlich sind sämtliche Gebühren, die der Wettkampfveranstalter an den OEPS zu leisten bzw weiterzuleiten hat (indem er sie beim Turnier von Reitsportlern „einheben" muss), von den Reitsportlern als Wettkampfteilnehmer zu bezahlen.

Selbstredend fordert der OEPS von den Wettkampfveranstaltern auch für seine expliziten „Kontroll- und Strafleistungen" bzw „Erziehungsmaßnahmen" ihnen gegenüber Gebühren, wie grundlegend in § 5 Abs 7 und 8 ÖTO Allgemeine Bestimmungen und detailliert in der Gebührenordnung festgelegt ist. So sind bei einer Änderung/Ergänzung einer (Turnier)Ausschreibung durch den Veranstalter € 45,- an den OEPS fällig; eine Änderung der Turnierdaten (Datum, Ort, Kategorie) „kostet" den Wettkampfveranstalter, je nach Turnierkategorie, für ein A-Turnier € 700,-, für ein B-Turnier € 500,- und für ein C-Turnier € 300,- an Gebührenleistung an den OEPS. An dieser Stelle sei nochmals darauf hingewiesen, dass das (wirtschaftliche) Risiko samt und sonders vom Veranstalter zu tragen ist. Überdies verlangt der OEPS vom Turnierveranstalter sogar dann Gebühren, wenn ein Turnier abgesagt wird: bei internationalen Turnieren € 2.000,-, bei A-Turnieren € 1.500,-, bei B-Turnieren € 1.000,- und bei C-Turnieren € 300,-. Die Turnierveranstalter, die sich auf dieses System eingelassen haben, sind mit einem Sportdachverband konfrontiert, dessen Kreativität in Hinblick auf neue Gebühren beachtlich ist. Laufend neue Regelungen im „Gebührenwesen", Veränderungen der Beträge bzw der Prozentsätze und damit geringere Nachvollziehbarkeit qua Verkomplizierung erleichtert dem OEPS letztlich die Herrschaft über die Verbandsuntertanen. Das/ein Verbandsmarketing versucht, derartige Entwicklungen selbstverständlich „positiv" zu „verkaufen". Es wird sogar die intensivere „Gängelung" durch Vorschriften insofern „vermarktet", als die Turnierveranstalter und Reitsportler sich als Normadressaten an die Sportadministration wenden können bzw müssen; dies unter anderem deshalb, bei Nichtbefolgung ja Strafen drohen (können), gem ÖTO Rechtsordnung. Die „PR-Einkleidung" liest sich dann so: „Generalsekretariat. Wir haben die Kompetenzen ... Wir, mit unseren kompetenten Mitarbeitern, bündeln umfangreiches Knowhow rund um das Pferd in Österreich. Dieses Fachwissen bietet der OEPS der Pferdesportfamilie im Sinne einer modernen und professionellen Serviceinstitution."[970]

„Ihre" weitere Erziehung durch den OEPS kostet die Wettkampfveranstalter folgende Gebühren: bei nicht fristgerechter Vorlage der Ausschreibung beim OEPS € 100,-, bei nicht korrekt vorgelegter Ausschreibung (gem ÖTO) beim ersten Mal € 50,-, beim zweiten Mal € 100,- und ab dem dritten Mal € 200,-. Wird gegen einen Wettkampfveranstalter aus Sicht des OEPS die Verhängung einer Ordnungsmaßnahme gem § 2014 Abs 3 ÖTO Rechtsordnung fällig, dann bedeutet dies für den Erstgenannten Geldbußen idHv mindestens € 70,-. Die Missachtung der Bestimmungen der ÖTO durch den Veranstalter wird vom OEPS mit „Strafgebühren" ab € 300,- geahndet. Insbesondere für seine „Kontrolltätigkeiten" pferdesportlicher Veranstaltungen sowie sämtlicher Beteiligter (Reitsportler, Wettkampfveranstalter, Wettkampfrichter und Funktionäre) „benötigt" der OEPS die Ergebnisse von Turnierbewerben, gem § 44 Abs 1 ÖTO Allgemeine Bestimmungen hat der Veranstalter die Ergebnisse aller Bewerbe des Turnieres dem OEPS über den zuständigen LFV innerhalb von drei Tagen nach Turnierende bekannt zu geben; legt der Turnierveranstalter dem OEPS die Ergebnisse nicht fristgerecht vor, dann fallen bei einer Fristüberschreitung um zwei Wochen € 100,-, um vier Wochen € 200,- und um sechs Wochen € 300,- an.

Bei all den Gebühren, welche der OEPS von den Wettkampfveranstaltern verlangt, stellt sich die Frage nach deren Qualifikation als „Privat- bzw Verbandssteuer" und damit nach deren Zulässigkeit; unter ande-

---

970 S „OEPS – Organisation/Generalsekretariat", abrufbar unter <oeps.at> (24.04.2011).

rem kann diesbezüglich an die sog „Parteisteuerentscheidung" des OGH, 6 Ob 54/10z, angeknüpft werden. Davon ausgehend, dass der E zufolge Parteisteuern in Österreich als grundsätzlich zulässig angesehen werden (was für „Privat- bzw Verbandssteuern" nicht konstatiert werden kann), wird darin auf § 879 Abs 1 ABGB abgestellt. Demnach kann bei Fehlen eines gesetzlichen Verbots Sittenwidrigkeit nach leg cit dann angenommen werden, wenn die Interessenabwägung eine grobe Verletzung rechtlich geschützter Interessen oder bei Interessenkollision ein grobes Missverhältnis zwischen den durch die Handlung Verletzten und den durch sie geförderten Interessen ergibt (RIS-Justiz RS0045886). Da den von den Mandatsträgern auf Basis einer schriftlichen Vereinbarung zu leistenden Parteisteuern keine konkrete, in Geld bewertbare Gegenleistung gegenüber gestanden ist, liegt Sittenwidrigkeit iSv § 879 Abs 1 ABGB vor.[971] Dementsprechend wird im Verhältnis zwischen OEPS und Wettkampfveranstalter (bzw Reitsportler) die Frage nach der konkreten, in Geld bewertbaren verbandlichen Gegenleistung für die Gebührenablieferungen zu stellen sein.

Mit seiner verbandlichen Normenordnung hat sich der OEPS ein nahezu unbeschränktes Gestaltungsrecht gegenüber Reitsportlern, Wettkampfveranstaltern, Wettkampfrichtern und Funktionären zu sichern vermocht. Vor allem die Wettkampfveranstalter, aber auch die anderen Vertragspartner des OEPS in Bezug auf Wettkämpfe sind einer nahezu totalen Fremdbestimmung qua ÖTO ausgesetzt. Der OEPS behält sich überdies vor, jederzeit, nach Willkür die einschlägigen (ohnehin viel Raum für dachverbandliches Ermessen bietenden) Normen – und damit die „Geschäftsgrundlage"[972] der Wettkampfdurchführungs- und Wettkampfteilnahmeverträge – ändern bzw modifizieren zu können, was für die Verbandsuntertanen die normative Vorhersehbarkeit verringert und den Eindruck des unbeschränkten Ausgeliefertseins vergrößert.[973] In § 6 Abs 1 und 2 ÖTO Allgemeine Bestimmungen ist dementsprechend festgelegt: „Die Bestimmungen der ÖTO sind Rahmenbestimmungen, die durch die Ausschreibungen der Turniere eingeengt, aber keinesfalls erweitert werden können. Falls erforderlich, werden Durchführungsbestimmungen vom Direktorium des OEPS (Anm: ein Organ des Dachverbandes gem 8.3. OEPS-Satzungen) im Einvernehmen mit dem Turnierreferat erlassen." Die allfällige Annahme, dass das angeführte „Turnierreferat" als eine Art „Kon-

---

971 OGH 24.06.2010, 6 Ob 54/10z = JBl 2010, 790.
972 S zB Koziol/Welser, Grundriss I[13] 161 ff, sowie Schilcher, Geschäftsgrundlage und Anpassungsklauseln im Zivilrecht, VR 1999, 32, 40 ff: Der OEPS hat das Vertragsverhältnis zu den Turnierveranstaltern so normiert, dass er einseitig jederzeit Änderungen bzw Modifikationen vornehmen kann; nicht vorgesehen ist, dass die Turnierveranstalter die Möglichkeit haben, die Geschäftsgrundlage zur Bedingung zu erheben, gesonderte Risikoregelungen zu treffen oder Nachverhandlungen vom OEPS einzufordern.
973 S zB OGH 25.03.1993, 8 Ob 531/93: Bei der Sittenwidrigkeit eines Rechtsgeschäfts sind auch alle Umstände zu berücksichtigen, unter denen das Rechtsgeschäft abgeschlossen wurde; sowie OGH 13.02.2001, 4 Ob 324/00a = immolex 2001/116: Als sittenwidrig hat der OGH ua „Knebelungsverträge" beurteilt, die einen Unternehmer einseitig an einen übermächtigen Partner oder auf eine übermäßig lange Dauer binden.

trollstelle" zb im Sinn der Turnierveranstalter fungieren würde/könnte, mit welchen das Direktorium des OEPS eben ein Einvernehmen zu erzielen hätte, geht ins Leere; denn die sog „Haupt- und Bundesreferenten" sind samt und sonders als Schlüsselfunktionäre und damit Vereinsdominatoren des OEPS anzusprechen, da sie vom Präsidium des OEPS (Anm: ein weiteres Organ des Dachverbandes gem 8.2. OEPS-Satzungen) eingesetzt werden und – grundsätzlich jederzeit – vom Direktorium des OEPS suspendiert und durch das Präsidium des OEPS ihrer Funktion enthoben werden können (17 OEPS-Satzungen). Demnach sind die „Haupt- und Bundesreferenten" von den zwei wesentlichsten Organen des OEPS „abhängig" und können daher zb von diesen beiden Organen „beauftragt" werden, ihre „Zustimmung" im Sinne eines „Einvernehmens" zur Änderung bzw Modifikation der ÖTO – grundsätzlich jederzeit – mithilfe von Durchführungsbestimmungen zu erklären (§ 6 Abs 2 ÖTO Allgemeine Bestimmungen).

Im Fall der Durchführung eines Turniers nach der verbandlichen Normenordnung des OEPS reduziert sich die Privatautonomie der Wettkampfveranstalter (vor allem in Bezug auf ihre Vertragspartner, die Reitsportler) auf ein nullum. ZB ist der Inhalt von Ausschreibungen weitestgehend vorgegeben (§ 21 ÖTO Allgemeine Bestimmungen), entsprechendes gilt für die bei Turnieren ausgeschriebenen Geldpreise (§ 22 ÖTO Allgemeine Bestimmungen) und selbst für die Stallgebühren für die vom Veranstalter bereitgestellten Pferdeeinstellplätze (§ 23 ÖTO Allgemeine Bestimmungen). Wird von einem Wettkampfveranstalter also eine Ausschreibung verfasst, gewissermaßen als „Plan" für die auf sein Risiko erfolgende „Unternehmung Turnier", dann bedarf diese der Genehmigung gem ÖTO, um Gültigkeit zu erlangen (§ 24 ÖTO Allgemeine Bestimmungen). Die Turnierveranstalter werden vom OEPS qua ÖTO in einen bürokratischen „Genehmigungsparcours" geschickt; Zuarbeiten haben dabei die LFV zu leisten.[974] Jede Ausschreibung ist innerhalb bestimmter Fristen vor dem Nennungsschluss auf dem offiziellen Formular („Checkliste") dem Turnierreferat des zuständigen LFV vorzulegen, welchem die Kontrolle der Checklisten samt weiterer Beilagen obliegt. Die Genehmigung oder Ablehnung der fristgerecht eingelangten Checkliste erfolgt innerhalb von drei Wochen nach Einlangen derselben. Die Genehmigung wird dann ganz oder teilweise abgelehnt werden, insbesondere wenn die Ausschreibung nicht den Bestimmungen der ÖTO entspricht, bestimmte Fristen nicht eingehalten werden, erforderliche Bestätigungen ganz oder teilweise fehlen, organisatorische oder andere Voraussetzungen nicht im erforderlichen Umfang gegeben sind oder der Veranstalter seinen Verpflichtungen, wie zB aus früheren Turnieren oder als Mitgliedsverein, nicht nachgekommen ist (§ 24 Abs 2 und 3 ÖTO Allgemeine Bestimmungen). Vor allem der letzte mögliche Ablehnungsgrund, nämlich allfällige noch nicht dem OEPS abgelieferte Gebühren, zeigt, wie sehr es dem Sport-

---

974 Der OEPS agiert hierbei, obwohl sein Verhältnis zum jeweiligen Turnierveranstalter ein privatrechtliches ist – ein Wettkampfdurchführungsvertrag kommt zustande –, als eine Art „allmächtige Regulierungsbehörde" für den Reitsport bzw pferdesportliche Veranstaltungen in Österreich, vgl dazu *Thomasser*, Tendency 189.

dachverband offenbar um den Erhalt von Zahlungen zur Finanzierung seines Systems, bestehend aus „Anordnung, Genehmigung, Kontrolle und Strafe", geht. Anstatt zB allfällige Forderungen gegenüber Turnierveranstaltern im Wege der ordentlichen Gerichtsbarkeit geltend zu machen, wählt der OEPS ua das Mittel der Druckausübung qua Nichtgenehmigung von Wettkämpfen. Ohnehin hat der Veranstalter bei nicht korrekt vorgelegter Ausschreibung eine Geldbuße laut ÖTO Gebührenordnung zu vergegenwärtigen (§ 24 Abs 5 ÖTO Allgemeine Bestimmungen).

Von Interesse ist die weitere Regelung in § 24 Abs 5 ÖTO Allgemeine Bestimmungen, wonach der OEPS für nicht ÖTO-konforme Ausschreibungen (bei Reklamationen) bei Turnieren bestimmter Kategorien keine Haftung übernimmt. Dies würde ja bedeuten, dass der OEPS im Fall ÖTO-konformer Ausschreibungen sehr wohl bereit ist, eine Haftung zu übernehmen. Im Widerspruch dazu versucht jedoch der OEPS in der ÖTO, also den von ihm als „Oberturnierveranstalter" verwendeten Allgemeinen Geschäftsbedingungen, jegliche Übernahme einer finanziellen oder rechtlichen Verantwortung hinsichtlich der Veranstaltung von Turnieren auszuschließen (§ 5 Abs 5 ÖTO Allgemeine Bestimmungen)[975, 976]. *Serozan* ist zuzustimmen, wenn er für Individualverträge als Sittenwidrigkeitsele-

---

[975] Der Versuch einer derartigen vollkommenen „Haftungsfreizeichnung" durch den einseitig Vertragsbedingungen diktierenden Sportdachverband wird sowohl gegenüber den Wettkampfveranstaltern als Unternehmer als auch insbesondere gegenüber Sportlern als Nichtverbandsmitglieder und Konsumenten wenig erfolgreich sein, bzw mit *Serozan*, JBl 1983, 561, aufgrund der einseitigen Risikoverlagerung infolge einer Monopolstellung sogar als sittenwidrig bezeichnet werden müssen; s differenzierend *Kossak*, Haftung[2] 66 f, 123, in Bezug auf § 6 Abs 1 Z 9 KSchG – Ausschluss von Schadenersatzforderungen von Mitgliedern gegen den Verein für leicht fahrlässig zugefügte Sachschäden; der weiteren, expliziten Meinung des Autors kann nicht beigetreten werden: „Das Schuldverhältnis zwischen dem Verein und seinen Mitgliedern hat eine andere Rechtsqualität als das konsumentenschutzrechtliche Schuldverhältnis zwischen einem unternehmerisch tätigen Verein und seinen Kunden." Denn betreffend Sportler kann weder für das erste Grundverhältnis, also Vereinsmitglied und Verein, aber noch umso weniger für das zweiten Grundverhältnis, natürliche Person und Dachverband, das KSchG als Schutzgesetz ausgeschlossen bzw ausgehöhlt werden. Es ist kein nachvollziehbares Argument ersichtlich, weshalb ein Konsument gegenüber einem Verein/Verband als Unternehmer, entweder im Kontext eines ersten oder eines zweiten Grundverhältnisses, weniger schutzbedürftig sein soll, als ein Konsument gegenüber einem Unternehmen ohne irgendeinen Vereinsbezug. Kurz: Das VerG hat nicht die Qualität, den Konsumentenschutz auszuhebeln.

[976] Vgl dazu *Schilcher*, Gesetzgebungstheorie 76, 81, der sich auf das Merkmal der „Unterlegenheit" in § 879 Abs 3 ABGB bezieht und die korrespondierende „Überlegenheit" als „Überwälzungskapazität" negativer Geschäftsfolgen beurteilt. Auf die Vertragsverhältnisse zwischen OEPS und einerseits Wettkampfveranstaltern und andererseits Sportlern werden weiters die grundlegenden Beurteilungsparamater Schilchers heranzuziehen sein: „Ein Vertrag wäre demnach komparativ gesehen, umso weitgehender von Nichtigkeit erfasst, a) je größer die Überwälzungskapazität des einen Partners und seine geschäftlich-juristische Routine: b) je unangemessener das Verhältnis von Leistung und Gegenleistung; c) je mangelhafter die Freiheit der konkreten Zustimmung bzw d) je geringer umgekehrt die Überwälzungskapazität des Geschäftspartners und seine geschäftlich-juristische Routine."

mente die übermäßige wirtschaftliche Freiheitsbeschränkung und die grobe Benachteiligung des schwächeren Vertragspartners (hier der Turnierveranstalter) nennt; übermäßig bindende sog Knebelungsverträge[977] (die Wettkampfdurchführungsverträge fallen unter diese Kategorie, da die Veranstalter so gut wie keinerlei Freiraum haben und jegliche verbandliche Vorgaben befolgen müssen) stellen dabei ebenso einen Verstoß gegen die guten Sitten dar, wie die selbstsüchtige und rücksichtslose Ausnutzung von wirtschaftlicher oder intellektueller Vormachtstellung, welche als ausgesprochener Rechtsmissbrauch[978] zu qualifizieren sind; gem der Institutionenmißbrauchslehre von *Raiser*[979], darf niemand die Vertragsfreiheit dazu missbrauchen, den Vertragspartner auszubeuten.[980] Gerade das vom OEPS praktizierte, ausschließlich einseitige Diktieren sämtlicher Vertragsbedingungen iZm der Durchführung von (und der Teilnahme an) Turnieren, das überdies durch quasistaatliche Straf(verfahrens)drohungen bei nicht punktgenauer Erfüllung des Wettkampfdurchführungs- bzw -teilnahmevertrages bewehrt ist, legt eine rechtsmissbräuchliche Vorgehensweise des Sportdachverbandes nahe.[981]

Apathy/Riedler führen aus, dass sich Sittenwidrigkeit zB erstens aus einer groben Benachteiligung des wirtschaftlich Schwächeren oder eines Dritten, zweitens aus einer weitgehenden einseitigen Abweichung vom dispositiven Recht, insbesondere in AGB, drittens aus Rechtsmissbrauch[982],

---

977 Vgl dazu *F. Bydlinski*, System 161. Wilhelm, Zur Doppelzession bei Factoring und verlängertem Eigentumsvorbehalt, ecolex 1990, 739, zufolge setzt Knebelung eine krasse wirtschaftliche Beeinträchtigung voraus. Sa *Keinert*, Mitgliederversammlung 36 FN 163.

978 S dazu insb *Mader*, Neuere Judikatur zum Rechtsmissbrauch Salzburg, JBl 1998, 677: „Beim Einsatz von Mißbrauchswertungen handelt es sich nicht um ein mehr oder weniger unsystematisches Wirken von Gedanken der Einzelfallgerechtigkeit, um sonst nur schwer erträgliche Ergebnisse der ‚ordentlichen' Rechtsanwendung zu korrigieren, sondern um die Anwendung von Prinzipien und Grundsätzen, die der Rechtsordnung immanent sind und die nur ermittelt werden müssen. Bei den zur Anwendung kommenden Wertungen handelt es sich weiters um ein ‚offenes' System."

979 *Raiser*, Das Recht der AGB (1961) 277 f.

980 *Serozan*, JBl 1983, 561.

981 S dazu zB RS0022884: Sittenwidrigkeit eines Rechtsgeschäftes kann sich nicht nur aus seinem Inhalt, sondern auch aus dem Gesamtcharakter der Vereinbarung – im Sinne einer zusammenfassenden Würdigung von Inhalt, Beweggrund und Zweck – ergeben, weshalb es insbesonders auch auf alle Umstände ankommt, unter denen das Rechtsgeschäft geschlossen wurde.

982 Laut *F. Bydlinski*, System 138 f, müssen, damit Rechtsmissbrauch bejaht werden kann, Zwecke der konkreten Rechtsausübung im Spiel sein, die nach den erkennbaren Wertungen der Rechtsordnung besonders und scharf missbilligt sind. IdS wird die vom OEPS den Turnierveranstaltern (und den Reitsportlern) oktroyierte verbandliche Normenordnung unter mehreren Blickwinkeln als rechtsmissbräuchlich beurteilt werden können, zumindest einmal ob ihres Inhalts, welcher nahezu vertragsfreiheitsausschließend ist, und das andere Mal, da die totale Unterwerfung mit dem/einem „Verbandsverhältnis", welches allerdings gerade kein Mitgliedschaftsverhältnis ist, vom Sportdachverband begründet wird, wodurch offenbar verschleiert werden soll, dass (allgemeines) Zivilrecht zur Anwendung zu gelangen hat.

viertens aufgrund eines Verstoßes gegen allgemeine Rechtsgrundsätze[983] und Rechtsinstitute, fünftens infolge missbilligter Kommerzialisierung, sechstens aus verwerflicher Gesinnung und/oder siebentens aus der Verletzung der Persönlichkeitsrechte ergeben kann. Ein bestehendes Recht auszuüben ist nicht sittenwidrig, eine sog missbräuchliche Rechtsausübung begründet jedoch einen Fall von Sittenwidrigkeit. Hierbei scheint jemand ein Recht auszuüben, doch handelt er in Wahrheit rechtswidrig, weil die Ausübung eines Rechts, die als solche gegen die guten Sitten verstößt, unzulässig ist. Für die Annahme der Sittenwidrigkeit sollte den Autoren zufolge dabei nicht erforderlich sein, dass der Handelnde offenbar die/eine Schädigung bezweckt (vgl § 1295 Abs 2 ABGB). Auch (Anm: und gerade dann, – wie in der gegenständlichen Angelegenheit relevant) wenn zwischen den von ihm verfolgten eigenen Interessen und den beeinträchtigten Interessen des anderen ein ganz krasses Missverhältnis besteht, handelt jemand rechtsmissbräuchlich. Ob Rechtsmissbrauch vorliegt, ist (freilich) eine nach den Umständen des Einzelfalls zu klärende Rechtsfrage.[984]

Ein Beispiel (von zahlreichen weiteren) für die nahezu totale Fremdbestimmung des Turnierveranstalters und der Ausschaltung von dessen Privatautonomie durch die ÖTO/den OEPS sei noch angeführt. Der OEPS führt eine sog „Sperrliste" von (dachverbandlich „gemaßregelten" und zumeist mit Geldstrafen belegten) Reitsportlern und versucht seine entsprechenden (Zahlungs)Forderungen diesen gegenüber im Wege von Druck, vor allem über Turnierveranstalter oder dachverbandliche Funktionäre, durchzusetzen: „Turnierteilnehmern, die auf der Sperrliste angeführt sind, kann der Turnierbeauftragte die Teilnahme am Turnier gestatten, wenn die Gründe nachweislich behoben sind, die zur Sperre führten. Offene Beträge, die die Sperre bewirkten, hat die Meldestelle vom Gesperrten zu übernehmen. Hierüber ist eine Mitteilung an den OEPS zu erstatten und der Betrag zu überweisen. Die Meldung hat gleichzeitig mit der Übersendung der turnierrelevanten Daten (Ergebnislisten, etc) zu erfolgen (§ 28 Abs 1 ÖTO Allgemeine Bestimmungen)." Die vom Turnierveranstalter einzurichtende und zu finanzierende Meldestelle, welche vor allem Organisationsaufgaben gem ÖTO und damit vorrangig im Interesse des OEPS wahrnimmt, muss also auch als „Inkassostelle" für Geldforderungen des Sportdachverbandes agieren. Der Turnierveranstalter dürfte also nicht, es sei denn bei sonstiger Strafe, mit einem Reitsportler einen Wettkampfteilnahmevertrag abschließen; den beiden Hauptakteuren im Hinblick auf Wettkampfveranstaltungen wird also vom OEPS die Möglichkeit privatautonomer Selbstgestaltung[985] genommen, wie aus § 28 Abs 6 ÖTO Allgemeine Bestimmungen entnommen werden kann: „Mit der Nennung

---

983   S insb RS0022866: Unter den guten Sitten ist der Inbegriff jener Rechtsnormen zu verstehen, die im Gesetz nicht ausdrücklich ausgesprochen sind, die sich aber aus der richtigen Betrachtung der rechtlichen Interessen ergeben. Die guten Sitten werden mit dem ungeschriebenen Recht gleichgesetzt zu dem neben den allgemeinen Rechtsgrundsätzen auch die allgemein anerkannten Normen der Moral gehören.

984   *Apathy/Riedler* in Schwimann (Hrsg), Praxiskommentar zum ABGB I³ (2005) § 879 Rz 9 ff.

985   S *F. Bydlinski*, Privatautonomie 126 ff.

verbundene Vorbehalte des Nenners sind für den Veranstalter nicht verbindlich." Der OEPS will damit offenbar verhindern, dass zwischen Turnierveranstalter und zB verbandlich „gesperrtem Reitsportler" ein geson-
derter Wettkampfteilnahmevertrag zustande kommt, indem zB der
Reitsportler dem Turnierveranstalter „Schad- und Klagloshaltung" zusi-
chert, wenn dieser wegen der Gestattung des Starts eines gesperrten
Reitsportlers vom OEPS mit Strafen oder Bußen in Geldform und/oder
sonstigen Repressalien (zB Veranstaltungsverboten) belegt werden sollte.

Geradezu eine Chuzpe[986] kann im folgenden Umstand des dachverbandlichen Normenregimes erkannt werden: Der OEPS verpflichtet die
Turnierveranstalter (und letztlich auch die Reitsportler) qua ÖTO, dass sie
ihre eigene Kontrolle/Überwachung durch vom Sportdachverband eingesetzte und beauftragte „Turnierfunktionäre" auch noch selbst bezahlen
müssen. Die(se) besonders nachhaltige Unterwerfung geht sogar so weit,
dass die verschiedenen im Auftrag des OEPS, jedoch auf Kosten der
Wettkampfveranstalter tätigen Funktionäre aufgrund der „Straf- und Dis-
ziplinierungsordnung" vulgo „ÖTO Rechtsordnung" sogar während stattfindender Wettkämpfe sowohl die Veranstalter als auch die Reitsportler mit
den verschiedensten Sanktionen „bedenken" können. Gem ÖTO Gebührenordnung sind folgende Turnierfunktionäre, welche unter dem Titel
„Aufwendungen" (grundsätzlich) vom Turnierveranstalter zu bezahlen sind,
bei Wettkämpfen tätig: Richter, Parcours- und Geländebauer, Vorsitzende
des Schiedsgerichts oder des Strafausschusses, Senatsmitglieder, Disziplinaranwälte, Sachverständige, Turnierbeauftragter, Turniertierärzte, Assistenten (mit Qualifikation) des Parcours bzw Geländebauers gem ÖTO, Refe-
ree- und Hindernisrichter/Streckenposten/Zeitnehmer bei Fahrturnieren.[987]

Der OEPS bestimmt in der ÖTO, dass für jedes Turnier ein Turnierleiter (grundsätzlich vom Turnierveranstalter mit Bekanntgabe bereits in
der Ausschreibung) einzusetzen ist, der als Repräsentant des Veranstalters gegenüber anderen Parteien fungiert (§ 30 Abs 1 ÖTO Allgemeine
Bestimmungen), was zunächst nahelegen würde, dass dieser Funktionär
im Interesse und Auftrag des Trägers des (wirtschaftlichen) Risikos der
pferdesportlichen Veranstaltung tätig wäre, und zwar gegenüber sämt-

---

986 „Chuzpe" kann als „Unverfrorenheit, unbekümmerte Dreistigkeit, Unverschämt-
     heit" übersetzt werden, s *Duden*, Fremdwörterbuch V[7] (2001) 178.
987 Diese Turnierfunktionäre werden mit *Kossak*, Haftung[2] 121 f, unter von § 24
     VerG nicht umfasste Funktionäre und Helfer zu zählen sein und damit ent-
     sprechend nicht haftungsprivilegiert sein. *Kossak* empfiehlt: „Vereinsstatuten
     sollten daher so beschaffen sein, dass Ausschüsse mit dem Recht, ohne
     Zwischenschaltung des Vorstandes durch Entscheidungen im Mitgliederrech-
     te eingreifen zu können, als Organe des Vereins ausdrücklich ausgewiesen
     werden und ihre Mitglieder von der Generalversammlung zu wählen sind.
     Dadurch werden diesen Ausschussmitgliedern, sofern sie ehrenamtlich tätig
     sind, seit der VerGNov 2011 die Haftungsprivilegien des § 24 Abs 1 S 2 und
     Abs 5 VerG zuteil. Aus denselben Gründen sollte der Verein solchen Funkti-
     onären, die eine besondere Verantwortung oder ein besonderes Haftungs-
     risiko haben, in seinen Statuten die Mitgliedschaft im Vorstand zuweisen."
     Beim OEPS kommt hinzu, dass all diese Funktionäre überdies nicht einmal
     gegenüber Mitgliedern des OEPS, sondern vorrangig gegenüber Sportlern
     als Konsumenten tätig werden.

lichen anderen „Parteien" des Wettkampfdurchführungsvertrages und der Wettkampfteilnahmeverträge, also dem OEPS, den Reitsportlern, den Wettkampfrichtern und sonstigen Funktionären. Dies trifft jedoch (so) nicht zu. Denn erstens „bevormundet" der Turnierleiter den Turnierveranstalter als Unternehmer der Wettkampfveranstaltung, da er (hauptsächlich dem OEPS gegenüber) für den reibungslosen und störungsfreien Ablauf der Veranstaltung verantwortlich ist; dabei obliegt ihm insbesondere, für ausreichend geschultes Personal zu sorgen. Des Weiteren erstellt er den Zeitplan und die Wettkampfrichtereinteilung in Absprache mit dem Turnierbeauftragten (Anm: ein weiterer Turnierfunktionär im Auftrag des OEPS, mehr dazu sogleich unten) und dem Parcoursbauchef. Dem wirtschaftlich verantwortlichen Turnierveranstalter bleibt gem ÖTO lediglich (die Kompetenz), auf seinem (gepachteten oder in seinem Eigentum befindlichen) Grund bzw in seiner Reitsportanlage „ausreichende sanitäre Einrichtungen für Aktive, Funktionäre und Zuschauer bereitzustellen" (§ 30 Abs 2 bis 4 ÖTO Allgemeine Bestimmungen). Zweitens ist aus § 30 Abs 5 ÖTO Allgemeine Bestimmungen zu ersehen, dass der Turnierleiter vorrangig im OEPS-Interesse, weil gem ÖTO, tätig werden soll: „Der Turnierleiter ist befugt, gegen jede Person einzuschreiten oder sie des Veranstaltungsplatzes zu verweisen, die gegen die allgemeinen Anordnungen oder die Bestimmungen der ÖTO verstößt oder auf andere Weise den geregelten Ablauf der Veranstaltung stört." Der OEPS stärkt solcherart „seinen" Funktionären den Rücken und verschafft ihnen gem ÖTO Macht, welche mitunter auch, durch den OEPS gedeckt, willkürlich eingesetzt werden kann, was vermutlich deren „Verbundenheit" mit dem Sportdachverband erhöht. So sind gem § 54 ÖTO Allgemeine Bestimmungen – Teilnahmebeschränkungen von Reitern und Fahrern – bei Turnieren und Bewerben ua Personen nicht zugelassen und gegebenenfalls zu disqualifizieren, die vom Turnierleiter entweder gemäß § 30 Abs 5 ÖTO Allgemeine Bestimmungen oder aus Anlässen, die ihm nicht „zumutbar" sind (zB Sachverhalte, die im Dienstrecht einen Entlassungsgrund darstellen), des Veranstaltungsplatzes verwiesen wurden. Unter diesen Begriff „Personen" fallen denkbar viele, zB auch („bloße") Turnierbesucher, welche nicht am Wettkampf teilnehmen (nicht einmal Mitglied eines Reitvereins sind), aber zB beim Buffet des Turnierveranstalters konsumieren und somit dessen Vertragspartner sind, und die dann vielleicht „Unterstützungsleistungen" für Reitsportler erbringen, indem sie Pferde halten, sportliche Ausrüstungsgegenstände entgegen nehmen oder zureichen (zB Reithelme).

Selbstredend werden auch insbesondere Reitsportler unter diesen „Personenbegriff" zu subsumieren sein, welche jedenfalls Vertragspartner des Turnierveranstalters sind. Und all die Personen sollen von einem für den OEPS tätigen Funktionär, dem Turnierleiter, aufgrund der Verwirklichung des letztlich vollkommen willkürlichen Tatbestandes, nämlich ihm (womöglich) nicht „zumutbar" zu sein, vom Veranstaltungsplatz verwiesen werden können? Mit privatrechtlichen Kategorien ist ein derartiges „Wegweiserecht"[988] des OEPS qua OEPS-Funktionär kaum noch zu erfassen,

---

988 Vgl dazu *Giese*, Sicherheitspolizeirecht in Bachmann/Baumgartner/Feik/ Giese/Jahnel/Lienbacher (Hrsg), Besonderes Verwaltungsrecht[8] (2010) 23.

hier handelt es sich wohl vielmehr um die Anmaßung einer einseitigen Anordnungsgewalt (imperium)[989]. Es ist allerdings nicht erkennbar, dass es sich beim OEPS um einen außerhalb der Staatsorganisation stehenden Rechtsträger handelt, welcher mit imperium beliehen worden ist[990], vielmehr dürfte bei einem derartigen „verbandshoheitlichen Handeln" eine „Selbstbeleihung bzw -ermächtigung" vorliegen.

Nach der Befassung mit dem Turnierleiter sei noch in aller Kürze auf einen weiteren kontrollierenden/überwachenden OEPS-Turnierfunktionär eingegangen, nämlich den Turnierbeauftragten, dessen Aufwand ebenfalls vom Turnierveranstalter zu entschädigen ist. Der Turnierbeauftragte fungiert als Vertreter der genehmigenden Stelle (Anm: grundsätzlich des LFV) während des Turniers und wird von dieser im Zuge der Genehmigung der Ausschreibung eingesetzt (§ 45 B Abs 1 ÖTO Allgemeine Bestimmungen). Da dessen Rückbindung an den OEPS eine stärkere ist als beim Turnierleiter, sind seine Aufgaben/Kompetenzen umfassender, insbesondere kommt bei ihm ein besonderes „disziplinierendes Moment" hinzu, als er (wohl) im Interesse des Sportdachverbandes Vorsitzender des „Schiedsgerichtes" ist (§ 33 Abs 2 ÖTO Allgemeine Bestimmungen), und dementsprechend diese Funktion wahrnehmen wird. Zu den Aufgaben des Turnierbeauftragten (§ 45 B Abs 3 ÖTO Allgemeine Bestimmungen) zählen insbesondere die Überwachung der Einhaltung der Bestimmungen der ÖTO bei der Durchführung des Turniers und der Vorbereitung der Wettkämpfe (Bewerbe), und hier wiederum besonders in Hinblick auf § 11 (Kontrolle der Pferdepässe), § 31 (Ambulanz, Arzt, Tierarzt, Hufschmied), § 35 Abs 1 (Meldeschluss) und § 43 (Austragungs- und Vorbereitungsplätze) ÖTO Allgemeine Bestimmungen; überdies obliegen ihm die Kontrolle der Aufsicht auf den Vorbereitungsplätzen und die Überprüfung der Unterbringungsmöglichkeiten für Pferde, besonders im Hinblick auf die Einhaltung der Tierschutzbestimmungen. Dessen Anordnungsbefugnis wird euphemistisch verbrämt, wenn als weitere „Aufgabe" angeführt ist, dass er dem Turnierveranstalter in Fragen betreffend die ÖTO beratend zur Seite stehen soll. Dass der Turnierbeauftragte im Auftrag des OEPS (auch) die anderen Turnierfunktionäre überwachen soll, folgt einerseits (umschreibend) aus der Bestimmung, wonach er „die Richtergruppe

---

989 Zum strafrechtlichen Behördenbegriff iVm imperium vgl *Helmreich*, Recht auf Widerstand? Zur Reichweite und Rechtsnatur des Widerstandsrechts (§ 269 Abs 4 StGB), ÖJZ 2006/3.

990 S *Korinek*, Staatsrechtliche Bedingungen und Grenzen der Ausgliederung und Beleihung, ÖZW 2000, 46, vor allem zu den Grenzen, „denen eine Ausgliederung im Allgemeinen und eine Beleihung im Besonderen entsprechen muss." Neben der Art der Ausgliederung sind auch Art, Umfang und Bedeutung der ausgegliederten Aufgaben von Relevanz; des weiteren „besteht eine verfassungsrechtliche Verpflichtung zur Sicherung eines Mindestmaßes an Leitungsbefugnis durch die obersten Organe, das im Falle der Ausgliederung zur privatrechtsförmigen Gestion dahin geht, die gesellschaftsrechtlichen Möglichkeiten zur Sicherung ausreichender Ingerenzbeziehungen zu nutzen und das für die Setzung von Hoheitsakten durch ausgegliederte Rechtsträger darüber hinaus auch eine Weisungsbindung iSd Art 20 Abs 1 B-VG verlangt, deren Effektivität gesichert sein muss." Der Staat hat gegenüber dem OEPS jedoch weder eine Leitungs- noch eine Weisungsbefugnis.

bei der ordnungsgemäßen Abwicklung der Bewerbe zu unterstützen" hat, und andererseits unmissverständlich aus § 45 B Abs 4 ÖTO Allgemeine Bestimmungen: „Stellt der Turnierbeauftragte Mängel fest, ist er berechtigt und verpflichtet, die notwendigen Änderungen zu erwirken. Dabei ist er vom Veranstalter und allen Funktionären, auch von der Richtergruppe, zu unterstützen."

Sohin ist (auch) aus den in der ÖTO geregelten (und hier auszugsweise wieder gegebenen) Funktionärskompetenzen und -aufgaben abzuleiten, dass der jeweilige Turnierveranstalter erstens die Wettkampfveranstaltung auf eigenes wirtschaftliches Risiko ohne privatautonomen Spielraum gegenüber seinen wichtigsten Vertragspartnern, den Reitsportlern, durchführt; dass er zweitens jedoch zugleich dem Risiko des sich manifestierenden Dirigismus des OEPS durch das Zusammenwirken von verbandlicher Normenordnung und OEPS-Funktionären ausgeliefert ist. Zum erstickenden „Normenkokon" gesellen sich die bereitwillig die OEPS-Vorgaben „vollziehenden" Wächter/Aufpasser, deren Fügsamkeit[991] jedoch auch den möglichen Sanktionen des Sportdachverbandes im Fall von Verstößen gegen die ÖTO Rechtsordndung geschuldet ist.

Für die Organisation vor allem während der Wettkämpfe benötigt der Turnierveranstalter eine administrative Einheit, nämlich die sog „Meldestelle". Dieses „Turnierbüro" ist vom Turnierveranstalter einzurichten und zu finanzieren, wird jedoch vom OEPS im Wege der ÖTO vor allem für seine Interessen und Zwecke determiniert (§ 33 ÖTO Allgemeine Bestimmungen). Für den OEPS kommt es offenbar darauf an, dass die Meldestelle ihm entsprechend „zuarbeitet", weswegen er „den Turnierveranstalter auch für die ordnungsgemäße und regelkonforme Tätigkeit der Meldestelle (Anm: unter ausdrücklichem Verweis auf § 44 Abs 5 ÖTO Allgemeine Bestimmungen) haften lässt" (§ 33 Abs 1 ÖTO Allgemeine Bestimmungen).[992] Den Vorgaben in § 44 ÖTO Allgemeine Bestimmungen – Meldung der Wettkampfergebnisse– kommt für den OEPS deshalb so zentrale Bedeutung zu, da der Sportdachverband anhand derselben vor allem überprüfen kann, ob die Ablieferung der von ihm vorgeschriebenen Gebühren an ihn ÖTO-konform, also in ausrecheichender Höhe, erfolgt ist. Der geforderte, umfangreiche Datentransfer – die Ergebnislisten haben die folgenden Angaben zu enthalten:

---

991 S dazu *M. Weber*, Wirtschaft[5] 122 f, welcher darauf verweist, dass Herrschaft (Autorität) im Einzelfall auf den verschiedensten Motiven der Fügsamkeit beruhen kann: angefangen von dumpfer Fügsamkeit bis zu rein zweckrationalen Erwägungen; ein bestimmtes Minimum an Gehorchenwollen, also äußerem oder innerem Interesse am Gehorchen, gehört zu jedem Herrschaftsverhältnis. *M. Weber* bringt es auf den Punkt: „Fügsamkeit kann vom Einzelnen oder von ganzen Gruppen rein aus Opportunitätsgründen geheuchelt, aus materieller Eigeninteresse geübt, aus individueller Schwäche und Hilflosigkeit als unvermeidlich hingenommen werden."

992 Der OEPS bietet ein Musterbeispiel an „Bürokratieüberwälzung", indem er durch eine fortwährende „pathologische Bürokratisierung" qua Regelvermehrung und -komplizierung „seine Vertragspartner", die Wettkampfveranstalter, auf deren Kosten dazu verpflichtet, für ihn diverse Kontroll- und Disziplinierungsaufgaben sowie den Gebührenzufluss in seine Richtung zu administrieren, s dazu statt vieler *Wittkämper*, Bürokratieüberwälzung – Begriff, Problem- und Streitstand in Dickertmann/König/Wittkämper (Hrsg), Bürokratieüberwälzung. Stand, Ursachen, Folgen und Abbau (1982) 3 ff, 7, 9.

genaue Bezeichnung des Turniers und des Bewerbes, Termine, Anzahl der Starter (die Startlisten), Name des Parcoursbauers, Name des Parcoursbauassistenten, Namen der Richter, Platzierung, Geldpreise – dient der grundsätzlichen Kontrolle, sowie, damit verbunden, der fortwährenden Disziplinierung, nämlich dann, wenn Ordnungsmaßnahmen, also Strafen, im „Spiel" sind (§ 44 Abs 2 und 3 ÖTO Allgemeine Bestimmungen); mit den letzteren wird freilich auch das Finanzierungsinteresse des OEPS bedient, da Bestrafungen oftmals Geldflüsse an den Sportdachverband bedeuten.

Das „Meldestellenwesen" des OEPS ist mittlerweile so kompliziert geworden, dass die Turnierveranstalter dafür sportdachverbandlich besonders „ausgebildete Experten" benötigen und bezahlen müssen, welche wiederum gem „Sondernormen", nämlich dem „Pflichtenheft 2011, Datentransfer BFV-Meldestellen-BFV, Version 2.2", dem OEPS Dienste zu leisten haben. Dass dem OEPS gerade und insbesondere die Gewährleistung der Gebührenabführung an ihn ein besonderes Anliegen ist, zeigt ua die folgende ÖTO-Regel: Gem § 10 Abs 1 ÖTO Allgemeine Bestimmungen müssen „alle Pferde von österreichischen Reitern, welche an nationalen Turnieren in Österreich teilnehmen, im Pferderegister des OEPS eingetragen sein. Soll ein Pferd, das nicht im Pferderegister des OEPS eingetragen ist, gestartet werden, kann dies nur bei/nach Bezahlung einer Bearbeitungsgebühr direkt in der Meldestelle" (gem ÖTO Gebührenordnung) erfolgen; ebenso wie bei der Einhebung von Strafgebühren von Reitsportlern, welche sich auf der sog „Sperrliste" des OEPS – siehe oben – befinden, muss also auch im Fall von Pferderegistergebühren das vom Turnierveranstalter einzurichtende und zu finanzierende Turnierbüro als „Inkassostelle" für Geldforderungen des Sportdachverbandes agieren.

2.2. §§ 879 und 1056 ABGB

Aus dem Vorangeführten ergibt sich deutlich, dass das grundsätzliche Verhältnis zwischen den zwei Turnierunternehmern, nämlich einerseits dem OEPS als Oberturnierveranstalter und andererseits dem jeweiligen, eigentlichen Turnierveranstalter, zwar auf dem/einem Wettkampfdurchführungsvertrag fußt, dass jedoch aufgrund der Dichte und Intensität der dachverbandlichen (ÖTO)Regeln, welche zugleich die Vertragsklauseln sind, eine heteronome Konstellation zwischen Gewalthaber und Verbandsuntertan konstatiert werden kann. Sportdachverbandlich wird versucht, einen von der österreichischen Rechtsordnung weitgehend unbeeinflussten und unbeeinflussbaren, autonomen „Innenraum eines Verbandsrechts" zu konstruieren; nichts desto trotz kommt zwischen den beiden Turnierunternehmern (allgemeines) Zivilrecht zur Anwendung.

Der OEPS strebt an, den gesamten Markt pferdesportlicher Veranstaltungen im Generellen („für Österreich") zu regeln, ebenso wie er auf den einzelnen Marktplätzen, also den stattfindenden Turnieren, (mit)-unternehmerisch tätig wird. Bei den Turnierveranstaltern, den „Vertragspartnern" des OEPS, verdünnt sich die Willensfreiheit bis zum Verschwinden und wird letztlich durch das Moment des verbandlichen „Unterworfenseins" ersetzt, welches Folge des spezifischen Bevormundungs- und Repressalienregimes ist. Insofern ist auf die Ausführungen von *F. Bydlinski* zu verweisen: „Selbst (die) freiwillige Unterordnung eines Subjekts unter die Entscheidungen eines anderen ist dann unzulässig, wenn Ausmaß und Auswirkungen dieser Unterwerfung infolge ihrer globalen Beschaffenheit nicht näher voraussehbar sind oder zur unkontrollierten wirtschaftlichen Selbstauslieferung führen.

Vollständige oder unverhältnismäßige Aufgabe der Selbstbestimmung auch auf ‚bloß' wirtschaftlichem Gebiet verstößt gegen den fundamentalen Grundsatz der Maximierung gleicher Freiheit der Person, im Extremfall wohl sogar gegen die Menschenwürde, und damit jedenfalls gegen die guten Sitten. Dieselbe Wertung tritt bei den ‚Knebelungsverträgen'[993] und bei unbegrenzter Unterwerfung eines Vertragspartners unter ein Leistungsbestimmungsrecht des anderen begrenzend in Erscheinung. Selbst zunächst frei vereinbarte ‚Unterwerfungsgeschäfte' verstoßen gegen die Freiheitsmaxime, wenn durch ein Geschäft dieser Art für die Zukunft eine Vielzahl von rechtsgeschäftlichen Gestaltungsmöglichkeiten des Unterworfenen ausgeschlossen wird."[994] Die sportdachverbandlich geforderte und die von Seiten der Turnierveranstalter gepflogene Subordination, teils fügsam freiwillig und – wohl – überwiegend sanktionsdrohungsgeschuldet, ist daher im Licht von § 879 Abs 1 ABGB[995], konkret dem Vorliegen von Knebelungsverträgen[996], sowie unter Bezugnahme auf § 1056 ABGB, Grenzen der vertraglichen Heteronomie, zu sehen.

Bollenberger zufolge sind Verträge nach stRspr nichtig, wenn eine Abwägung (bzw Bewertung) der Interessen grobe Verletzung rechtlich geschützter Interessen ergibt (zB wird dies beim vollkommenen Ausschlusses der Vertragsfreiheit einer Partei der Fall sein) oder wenn bei Interessenkollisionen ein grobes Missverhältnis zwischen den verletzten und den geförderten Interessen vorliegt. Knebelungsverträge wiederum

---

993 *Krejci*, JBl 2003, 713, erkennt als grundlegende Problematik aller privatrechtlichen Zusammenschlüsse mehrerer Personen zur gemeinsamen Zweckverfolgung, ob bzw inwieweit den Gesellschaftern bzw Mitgliedern ein zwingender Mindestschutz insbesondere vor übergebührlicher Freiheitsbeschränkung, vor Diskriminierung, Ausbeutung und Knebelung gegenüber dem Rechtsträger selbst, aber auch gegenüber den anderen Gesellschaftern bzw Mitgliedern gewährt wird. Zwischen OEPS einerseits und Reitsportler sowie Turnierveranstalter andererseits ist freilich gerade kein Vereinsverhältnis gegeben, weswegen eine allfällige „Mindestduldung" sittenwidriger Handlungen und/oder Unterlassungen nicht diskutiert werden muss.

994 *F. Bydlinski*, System 473 f.

995 ZB kommentiert *Graf* in Kletečka/Schauer, § 879 Rz 276, dass § 879 Abs 3 neben § 864 a ABGB der zweite Eckpfeiler der AGB-Kontrolle des Gesetzbuches ist. Während § 864 a ABGB darauf abstellt, inwieweit der Vertragspartner mit der betreffenden AGB-Klausel rechnen musste, orientiert sich § 879 Abs 3 ABGB ausschließlich an dem inhaltlichen Kriterium der gröblichen Benachteiligung des Vertragspartners. Die Kontrolle nach § 879 Abs 3 ABGB folgt nach der Geltungskontrolle gem § 864 a ABGB, da kein Bedarf nach Kontrolle einer Vertragsbestimmung besteht, die gar nicht Vertragsinhalt wird. Somit geht die Geltungskontrolle gem § 864 a ABGB der Inhaltskontrolle gem § 879 ABGB vor. Im Verbrauchergeschäft sind überdies § 6 Abs 1 und 2 KSchG sowie das Transparenzgebot gem § 6 Abs 3 KSchG zu beachten.

996 Sa *Koziol/Welser*, Grundriss I[13] 180.

(als ein „Sonder- bzw Unterfall" der Sittenwidrigkeit) liegen dann vor und sind nichtig, wenn sie das Merkmal der einseitigen Bindung eines Unternehmers an einen übermächtigen Partner aufweisen und damit eine Beeinträchtigung der wirtschaftlichen Freiheit des ersteren bewirken.[997] Ein Spezifikum des vertraglichen Verhältnisses zwischen OEPS und Turnierveranstaltern besteht ja gerade darin, dass der Sportdachverband „seine Vertragspartner" zwingt, jegliche „Unternehmung", sohin jede pferdesportliche Veranstaltung, ausschließlich und punktgenau gem ÖTO durchzuführen; andernfalls maßt sich der übermächtige, einseitig diktierende „Partner" die Verhängung von Strafen gegenüber dem ausgelieferten „Kontrahierenden"[998], welcher zu einem Verbandsuntertanen herabgestuft worden ist, an. Obgleich hier – allerdings für die schwächere Partei – ein „Zwang zum Kontrahieren" besteht[999], liegt kein („klassischer") „Kontrahierungszwang" vor; denn darunter wird verstanden, dass die Rechtsordnung gewisse Personen verpflichtet, zu (den) üblichen Bedingungen mit jedermann einen Vertrag abzuschließen bzw eine Leistung zu erbringen, wie es zB für lebenswichtige Unternehmen (Eisenbahn, Straßenbahn, Energieversorgungsunternehmen etc) gilt, auf die jeder angewiesen ist.[1000]

Da Turnierveranstalter und Reitsportler Wettkampfteilnahmeverträge weder ohne OEPS noch zu anderen Bedingungen als der ÖTO – bei sonstigen Strafen – miteinander schließen dürfen, ist zwischen ihnen aufgrund des dachverbandlichen Diktats eine „Kontrahierungsunfreiheit" festzustellen. Die „Verträge" zwischen OEPS und Turnierveranstaltern beruhen daher idR der

---

997 *Bollenberger* in Koziol/Bydlinski/Bollenberger, Kommentar zum ABGB³ (2010) § 879 Rz 5 ff.

998 *M. Weber*, Wirtschaft⁵ 401, spricht vom „Rechtszwang zum Kontrahieren" iZm obrigkeitlichen Eingriffen in (Prozess)Verfahren gegen die Parteien, Vereinbarungen abzuschließen, welche den Fortgang des Prozesses bewirken sollten. Der OEPS hingegen zwingt in obrigkeitlicher Art und Weise die an Wettkämpfen teilnehmden Reitsportler von vorneherein, sich den von ihm kontrollierten „Verfahren" gem ÖTO zu unterwerfen.

999 Vgl zu den OEPS-Systemmerkmalen, so gut wie alles „von oben herab" bei sonstiger Strafe anzuordnen und die Privatautonomie der Untertanen nahezu „auszuschalten", Weinberger, Akzeptanz 83, der zutreffend sowohl Vertragsfreiheit als auch den Schutz des Schwachen (oder des Schwächeren in gesellschaftlichen Relationen) für ein Desiderat der/einer demokratischen Auffassung hält.

1000 *Koziol/Welser*, Grundriss I¹³ 141 f; *Koppensteiner*, Kontrahierungszwang und Geschäftsverweigerung, ÖBl 2007, 100 ff; sa OGH 1 Ob 125/09b = RdW 2010, 144: Neben den Fällen gesetzlich normierten Kontrahierungszwangs nahmen Lehre und Rechtsprechung unter gewissen Voraussetzungen einen „allgemeinen" Kontrahierungszwang überall dort an, wo die faktische Übermacht eines Beteiligten bei bloß formaler Parität diesem die Möglichkeit der „Fremdbestimmung" über andere gibt (RS0016745; RS0016744). Die Pflicht zum Vertragsabschluss wird insbesondere dort bejaht, wo ein Unternehmen eine Monopolstellung innehat, diese Stellung durch Verweigerung des Vertragsabschlusses sittenwidrig ausnützt und dem Interessenten zumutbare Ausweichmöglichkeiten fehlen. Es ist dem Monopolisten ganz allgemein verwehrt, seine faktische Übermacht in unsachlicher Weise auszuüben. (RS0113652). Eine Pflicht zum Vertragsabschluss besteht dann nicht, wenn der Unternehmer für die Weigerung sachlich gerechtfertigte Gründe ins Treffen führen kann (OGH 1 Ob 554/86 = JBl 1987, 86). Sa Saria, Aktuelle Rechtsprechung 64.

Fälle auf der Ausübung eines „Unterwerfungs- und Selbstaufgabezwanges" gegenüber den letzteren und können daher als „Knebelungsverträge" sui generis angesprochen werden. IdZ ist etwas ausführlicher auf die relevante OGH E 10 Ob 125/05p einzugehen – im zugrunde liegenden Fall geht es um die konsumentenseitig geltend gemachte Unzulässigkeit der Zinsanpassungsklausel nach § 879 Abs 3 ABGB –, welche sowohl für Konsumenten- als auch für Unternehmergeschäfte von Bedeutung ist: Nach § 879 Abs 3 ABGB ist eine in Allgemeinen Geschäftsbedingungen (oder Vertragsformblättern) – wie sie im gegenständlichen Fall unzweifelhaft vorliegen – enthaltene Vertragsbestimmung, die nicht eine der beiderseitigen Hauptleistungen festlegt, jedenfalls nichtig, wenn sie unter Berücksichtigung aller Umstände des Falles einen Teil gröblich benachteiligt. Diese durch das KSchG eingeführte Bestimmung dient nach dem Willen des Gesetzgebers der Verhinderung unfairer Vertragsbestimmungen und sollte idR schwächere Vertragspartner gegen einen Missbrauch der Privatautonomie durch einen typischerweise überlegenen Vertragspartner schützen. Nach den Gesetzesmaterialien treffen bei den in Allgemeinen Geschäftsbedingungen enthaltenen Klauseln über Nebenbestimmungen des Vertrags häufig zwei Momente aufeinander: einerseits die objektive Unbilligkeit solcher Bestimmungen infolge einseitiger Verschiebung des vom Gesetz vorgesehenen Interessenausgleichs durch den Vertragsverfasser zum Nachteil seines Partners und andererseits die „verdünnte Willensfreiheit" bei diesem Vertragspartner, durch die dieser Vertragsbestandteile zum Inhalt seiner Erklärung macht, die er nicht wirklich will.

Bei der in einem beweglichen System[1001] vorzunehmenden Beurteilung, ob eine in Allgemeinen Geschäftsbedingungen enthaltene Bestimmung eine „gröbliche" Benachteiligung des Vertragspartners bewirkt, hat sich der Rechtsanwender am dispositiven Recht als dem Leitbild eines ausgewogenen und gerechten Interessenausgleichs zu orientieren. Nach ständiger Rsp können Abweichungen vom dispositiven Recht unter Umständen schon dann eine gröbliche Benachteiligung sein, wenn sich dafür keine sachliche Rechtfertigung ins Treffen führen lässt, jedenfalls aber dann, wenn die dem Vertragspartner zugedachte Rechtsposition in einem auffallenden Missverhältnis zur vergleichbaren Rechtsposition des anderen steht. Die Beurteilung, ob die Abweichung von der für den Durchschnittsfall getroffenen Norm sachlich gerechtfertigt ist, erfordert damit eine umfassende, die Umstände des Einzelfalls berücksichtigende Interessenabwägung, bezogen auf den Zeitpunkt des Vertragsabschlusses. Der Umstand, dass die Vertragspartner Unternehmer sind, steht der Beurteilung einer vertraglichen Abrede als sittenwidrige Bestimmung nicht grundsätzlich entgegen; allenfalls ist im Einzelfall eine besonders gravierende Ungleichgewichtslage in den durch den Vertrag festgelegten Rechtspositionen zu fordern. Je weniger die Bevorzugung eines Vertragspartners – am dispositiven Recht gemessen – sachlich gerechtfertigt erscheint, desto eher wird auch im Handelsverkehr die Sittenwidrigkeit zu bejahen sein. Die im I. Hauptstück des KSchG enthaltenen Regeln über

---

1001 S dazu *Wilburg*, Entwicklung eines beweglichen Systems im bürgerlichen Recht (1950) passim; *F. Bydlinski/Krejci/Schilcher/Steininger* (Hrsg), Das bewegliche System im geltenden und künftigen Recht (1986) passim.

das Verbrauchergeschäft, insbesondere auch der Klauselkatalog des § 6 KSchG, können nach einhelliger Lehre und Rechtsprechung als Konkretisierungsmaßstab für die gröbliche Benachteiligung isd § 879 Abs 3 ABGB dienen, weil diese Bestimmungen erkennen lassen, welche Regelungen der Gesetzgeber für ungültig erachtet, wenn ungleiche starke Vertragspartner einander gegenüberstehen. Die Einzeltatbestände des § 6 KSchG können daher zur Auslegung der „gröblichen" Benachteiligung isd § 879 Abs 3 ABGB auch bei Verträgen herangezogen werden, die keine Verbrauchergeschäfte isd § 1 KSchG sind, sofern eine vergleichbare Ungleichgewichtslage besteht.[1002]

Wie bereits gezeigt, kann im Verhältnis zwischen OEPS und Turnierveranstalter (bzw Reitsportler) nicht nur vom Gegebensein unfairer Vertragsbestimmungen ausgegangen werden, desgleichen kann nicht nur ein einseitiger verbandlicher Missbrauch der Privatautonomie, sondern deren nahezu vollkommene Ausschaltung auf Seiten der Schwächeren erkannt werden. Die vom OEPS angemaßte „Anordnungsgewalt" ist dem Leitbild eines ausgewogenen und gerechten Interessenausgleichs wohl diametral entgegengesetzt. Und was von besonderer Wichtigkeit erscheint: Für das dachverbandliche Normenregime lässt sich keine plausible sachliche Rechtfertigung ins Treffen führen. Weder die/eine „Besonderheit" des Sports überhaupt, noch die konkreten, eigentümlichen Begehrlichkeiten des OEPS, welche sowohl aus seinen Satzungen als auch insbesondere aus der ÖTO zu entnehmen sind, nämlich ein ganz spezielles System von „Anordnung, Genehmigung, Kontrolle und Strafe" zu kreieren, können als im Einklang vor allem mit dem Rechtsinstitut der Privatautonomie gesehen werden.

Vor der Befassung mit § 1056 ABGB sei noch eine geradezu aktuell anmutende – allerdings schon aus 1929 stammende – E des OGH, welche vorrangig für das Verhältnis OEPS zu den Wettkampfveranstaltern relevant ist, auszugsweise wieder gegeben: „(...) niemand ist verpflichtet, auf seine Mitbewerber im Geschäftsverkehre Rücksicht zu nehmen. Auch ein monopolistischer Betrieb kann ohne Bedachtnahme darauf erfolgen, ob der Mitbewerber dadurch der Gefahr ernsthafter Schädigung ausgesetzt wird. Das ist eben die Folge einerseits des das Verkehrsleben beherrschenden freien Wettbewerbs, andererseits des von der Rechtsordnung gestatteten Betriebs von Unternehmungen monopolistischer Natur. Die Grenzen des so Zulässigen werden aber, wie das deutsche Schrifttum und die Rsp des Reichsgerichts mit Recht im Interesse der Allgemeinheit wiederholt ausgesprochen hat, dann übertreten, wenn die Ausübung der wirtschaftlichen Machtstellung im einzelnen Falle hinsichtlich des Zweckes unsittlich ist bzw die angewendeten Mittel deshalb gegen die guten Sitten verstoßen, weil sie ihrer Natur nach schon unerlaubt sind oder nach der Art ihrer Anwendung gegen die sittlichen Anschauungen der beteiligten Verkehrskreise verstoßen.

Dass hierbei nicht der enge, im eigenen Interesse die möglichste Freiheit des Handelns anstrebende, unmittelbar berührte Kreis der wett-

---

1002 OGH 13.06.2006, 10 Ob 125/05p = SZ 2006/87. Sa *Mätzler*, Organisationsstrukturen 160 ff.

bewerbenden Unternehmer in Betracht kommen kann, sondern wie *Becker* mit Recht sagt (Ausführungen zu § 1 UnlWG Anm 7) die anständig denkende Geschäftswelt überhaupt, bedarf keiner weiteren Ausführung. Auch darauf muss Bedacht genommen werden, dass eine missbräuchliche Verkehrssitte nicht durch fortwährende Übung zu einer sittlichen werden kann. Gerade der Richterspruch ist es ja, der die Aufgabe hat, Missständen im Verkehrsleben entgegenzutreten (…) Unsittlich nennt die Lehre mit Recht ein Mittel, das die wirtschaftliche Vernichtung eines Gegners zum Selbstzweck hat, weiters aber auch ein solches, dessen Nachteile für den Dritten unverhältnismäßig größer sind als die durch sie zu erzielenden Vorteile, zumal in diesem Falle das in Frage stehende Vorgehen als ein gehässiges, nur Schädigungszwecken dienendes, erscheint. Mit Rücksicht auf das Interesse der Allgemeinheit müssen aber noch die Fälle der Ausdehnung monopolistischer Großbetriebe auf Erwerbszweige beigefügt werden, die zum Hauptunternehmen weder im Allgemeinen noch nach den Umständen des einzelnen Falles gehören und auch nicht von seiner Errichtung oder Fortsetzung gefordert werden. Denn jeder Gebrauch wirtschaftlicher Übermacht ist als ein nicht gerechtfertigter Eingriff in die persönlichen Rechtsgüter des Dritten unsittlich, wenn die wirtschaftliche Freiheit des anderen stärker als notwendig eingeschränkt wird. Den im einzelnen Falle zur richtigen Beurteilung einzuschlagenden Weg muss die billige Abwägung der beiderseitigen Interessen zeigen, gleichgültig ist es aber dabei, ob jene der unmittelbar Beteiligten oder eines nur mittelbar dadurch betroffenen Dritten in Frage kommen."[1003] Der OEPS gebraucht seine durch „verbandliche Gewalt" abgesicherte wirtschaftliche Macht gegenüber den Wettkampfveranstaltern so, dass diesen keine Freiheit für individuelle Vertragsvereinbarungen mit Wettkampfrichtern sowie Reitsportlern bleibt. Gem § 1056 ABGB[1004] „können Käufer und Verkäufer die Festsetzung des Preises auch einer dritten bestimmten Person überlassen. Wird von dieser in dem bedungenen Zeitraume nichts festgesetzt, oder will im Falle, dass kein Zeitraum bedungen worden ist, ein Teil vor der Bestimmung des Preises zurücktreten, so wird der Kaufvertrag als nicht geschlossen angesehen."[1005] *Apathy* hält dazu mwN fest, dass die Kaufvertragsparteien, die einem bestimmten Dritten, zB einem Schiedsgutachter, die Preisfestsetzung überlassen, die Wirksamkeit des

---

1003 OGH 4 Ob 175 = ZBl 1929/320 (angeführt zB in OGH 4Ob 388/87 = JBl 1988, 454 = ÖBl 1989, 19).

1004 S grundlegend zB *Bürge*, Preisbestimmung durch einen Vertragspartner und die Tagespreisklausel, JBl 1989, 687.

1005 Sa *Schmaranzer*, Über die Gesetzeskraft von (Marginal-)Rubriken - unter besonderer Berücksichtung der ABGB-Rubriken, JBl 2004, 497, der darauf verweist, dass die Rubrik zu § 1056 ABGB besagt, dass der Preis „bestimmt" sein müsse. Damit ist jedoch noch nicht gesagt, dass der Preis in einer fixen Zahl gefordert ist. Denn erstens lässt § 1058 ABGB die Vereinbarung objektiver Preisbestimmungselemente genügen und zweitens spricht § 1054 S 2 ABGB allgemein nur davon, dass der Preis „nicht unbestimmt" sein dürfe. Der Autor verweist auf *Aicher* in Rummel (Hrsg), Kommentar zum Allgemeinen bürgerlichen Gesetzbuch[3] § 1056 Rz 1 [2000] (rdb), demzufolge die normative Wirkung der Marginalie des § 1056 ABGB darauf beschränkt ist, dass es genügt, wenn sich die Parteien über ein Verfahren einigen, nach dem die Preisbestimmung erfolgen soll.

Vertrags von dessen Festsetzung abhängig machen; dieser hat insofern ein Gestaltungsrecht[1006]. Eine derartige Preisfestsetzung durch Dritte ist auch bei anderen Verträgen möglich.[1007] Die Rsp, so der Autor, hat auch das weitergehende Gestaltungsrecht, sowohl des Verkäufers als auch des Käufers, nämlich den zur Preisbestimmung heranzuziehenden Dritten selbst zu bestimmen, (grundsätzlich) nicht als sittenwidrig beurteilt, denn dieses Recht ist nach billigem Ermessen auszuüben. Erfolgt die Preisfestsetzung offenbar unbillig, durch den Dritten oder durch einen Vertragspartner selbst (was entgegen dem Gesetzeswortlaut ebenfalls zulässig ist[1008]), dann ist richterliche Korrektur möglich. Dies gilt *Apathy* zufolge ebenso für weitere Fallkonstellationen: wenn also der Dritte die ihm durch den Vertrag gezogenen Grenzen eindeutig überschritten hat, oder wenn der Verkäufer einen Preis festgesetzt hat, der das Ausmaß überschreitet, mit dem der Käufer überhaupt hätte rechnen können. Geradezu offenbar unbillig ist die Preisfestsetzung dann, wenn die Maßstäbe von Treu und Glauben in gröbster Weise verletzt werden (s dazu die Maßstäbe gem § 879 ABGB) und die Unrichtigkeit der Preisfestsetzung einem sachkundigen und unbefangenen Beurteiler sofort erkennbar ist.[1009] Da es zwischen OEPS und Turnierveranstaltern (bzw Reitsportlern[1010]) bei weitem nicht

---

1006 Vgl dazu *P. Bydlinski*, Übertragung, 6 ff, 12 ff, 274 ff.

1007 S zB OGH 10.07.1979, 4 Ob 538/79 = JBl 1980, 151 (mit Anm *F. Bydlinski*):
Das dem Kontrahenten durch die Preisfestsetzung eingeräumte Gestaltungsrecht schafft somit grundsätzlich zwischen den Parteien verbindliches Recht, sofern der Gestaltungsberechtigte nicht die ihm schon durch den Vertrag selbst gesetzten Grenzen (etwa gemeinsam festgelegte Abrechnungsrichtlinien) überschreitet oder das Ergebnis offenbar unbillig ist.
Das, was jedoch der OEPS vielfach praktiziert, ist beliebiges Ermessen hinsichtlich Wettkampfdurchführungs- und/oder -teilnahmeverträgen gegenüber Reitsportlern und/oder Wettkampfveranstaltern, und zwar quasihoheitliches; dies ist jedoch mit zB *Mayer-Maly*, Ermessen im Privatrecht in Schäffer (Hrsg), FS Melichar (1983) 442, 447, abzulehnen: „Beliebiges Ermessen kann nur hinsichtlich nebensächlicher Punkte wirksam vereinbart werden." Und: „Das ‚Ermessen im Privatrecht' hat nichts mit der Ausübung von Hoheitsrechten zu tun. Es führt nicht zu einer Entscheidung, sondern zu einer rechtsgeschäftlichen Erklärung." Vgl dazu aber die folgende, für Reitsportler und/oder Wettkampfveranstalter die Gesamtvertragskosten unkalkulier machende OEPS-Bestimmung: „Das Verfahren vor den Schiedsgerichten und dem Strafausschuss des OEPS regelt sich nach deren freiem Ermessen (§ 2018 Abs 4.11 ÖTO Rechtsordnung)."

1008 S dazu auch *Verschraegen* in Kletečka/Schauer (Hrsg), ABGB-ON 0.01 § 1056 Rz 11 f [2010] (rdb).

1009 *Apathy*, Kommentar[3] § 1056 Rz 1 ff.

1010 S einmal mehr OGH 13.06.2006, 10 Ob 125/05p = SZ 2006/87, für das Verhältnis zwischen OEPS als Unternehmer und dem Reitsportler als Konsument: Die einseitige Preiserhöhung iSd § 6 Abs 1 Z 5 KSchG ist nur ein Teilaspekt der allgemeinen Frage nach den Grenzen einseitiger Leistungsbestimmung durch den Vertragspartner oder Dritte. Das ABGB enthält keine nähere Regelung des Falles der Leistungsbestimmung durch eine der Vertragsparteien, sei es ursprünglich bei Abschluss des Vertrages oder nachträglich. Lediglich § 1056 ABGB ordnet in einem ganz speziellen Zusammenhang, nämlich beim Kaufvertrag an, dass die Vertragsparteien die Festsetzung des Preises auch einer dritten Person überlassen können. Da

nur um die (Letzt)Bestimmung der Kosten/Preise für die zweiteren durch den ersteren geht, sondern darüber hinaus um eine totale Fremdbestimmung, ist *Krejci* uneingeschränkt zuzustimmen, wenn er in analoger Erweiterung von § 1056 ABGB über die Festsetzung des Kaufpreises durch einen Dritten grundsätzlich festhält, dass das Zivilrecht die Unterwerfung eines Vertragspartners unter die Fremdbestimmung eines anderen (zwar) kennt, allerdings nicht uneingeschränkt, da konkret immer die Grenzen billigen Ermessens[1011] zu beachten sind.[1012]

Die Grundwertungen zu § 1056 ABGB werden daher auf sämtliche „fremdbestimmte Leistungsverhältnisse", sei es nun durch Dritte oder eben durch eine Vertragspartei, Anwendung finden. Maßstab für die Preisbestimmung nach billigem Ermessen sind *Verschraegen* zufolge die Austauschgerechtigkeit und somit die Interessen beider Parteien, sodass der Gestaltungsspielraum nicht erst bei „offenbar unbilliger" Preisbestimmung überschritten sein kann oder wenn ein Verstoß gegen § 879 ABGB vorliegt bzw der Dritte die ihm durch den Vertrag gezogenen Grenzen eindeutig überschritten hat.[1013] Würden nun die Rahmenbedingungen im verbandlichen Pferdesport so verstanden werden wollen, dass die Turnierveranstalter ja letztlich doch den Gebühren- bzw Preiskatalog des OEPS kennen, und daher eigentlich keine (nachträgliche) Preisbestimmung (im engen Sinn gem § 1056 ABGB) vorliegen könne, so ist darauf zu verweisen, dass sowohl der OEPS als auch dessen viele „Zuarbeiter und Beauftragte" (die LFV sowie die verschiedensten Funktionäre, wie zB Turnierleiter und -beauftragter) jegliche „Turnierunternehmung" für Wettkampfveranstalter (und auch Reitsportler) jederzeit vor allem durch Straf-

---

diese Möglichkeit einfach das Ergebnis der Ausübung von Privatautonomie ist, besteht Einigkeit darüber, dass es auch zulässig ist, die Preisbestimmung einer Vertragspartei zu überlassen. Konsequenterweise muss es daher auch zulässig sein, einer Vertragspartei die Möglichkeit der nachträglichen Preisänderung durch Vereinbarung einer Preisänderungsklausel einzuräumen. § 1056 ABGB enthält nach seinem Wortlaut keine inhaltliche Beschränkung für die Preisfestsetzung. Es ist jedoch einhellige Auffassung, dass das einer Vertragspartei eingeräumte Gestaltungsrecht auf Leistungsbestimmung nur nach billigem Ermessen auszuüben ist.

1011 S dazu auch *F. Bydlinski*, Die Baukostenabrechnung als Bestimmung der Leistung, JBl 1975, 248: „Eine unbegrenzte und daher gerichtlich nicht kontrollierbare, sei es auch vertraglich vereinbarte wirtschaftliche (um so mehr natürlich persönliche) Selbstausslieferung eines Privatrechtssubjektes unter das Belieben eines anderen negiert geradezu die Personsqualität des Ausgelieferten, führt zur Ausbeutung des Unterworfenen durch die Bestimmungsberechtigten und kann daher als hochgradig sittenwidrig nicht rechtens sein. Eine solche vertragliche Unterwerfung über die beschriebenen Grenzen hinaus muss daher an § 879 ABGB scheitern." Bezugnehmend auf *F. Bydlinski* hält *Krejci*, Grenzen einseitiger Entgeltbestimmung durch den Arbeitgeber, ZAS 1983, 207, fest, dass „die Unterwerfung unter die uneingeschränkte Willkür eines anderen aus den bereits genannten Gründen zurecht für unerlaubt gehalten wird." Dies wird insbesondere für die ÖTO Rechtsordnung als Teil der verbandlichen Normenordnung des OEPS gelten.

1012 *Krejci* in Krejci, Unternehmensgesetzbuch § 108 UGB Rz 11; sa *Krejci*, Gesellschaftsrecht I 131 f.

1013 *Verschraegen*, ABGB-ON 0.01 § 1056 Rz 15.

gebühren (ua zum Zwecke der Disziplinierung) verteuern und damit endbestimmen können. Dieses Gestaltungsrecht steht dem OEPS aufgrund seiner verbandlichen Normenordnung, seinen Allgemeinen Geschäftsbedingungen, unbeschränkt zur Verfügung – zumindest maßt sich der Sportdachverband dies an, idS sei nochmals auf die folgende Bestimmung verwiesen: „Die Bestimmungen der ÖTO sind Rahmenbestimmungen, die durch die Ausschreibungen der Turniere eingeengt, aber keinesfalls erweitert werden können. Falls erforderlich, werden Durchführungsbestimmungen vom Direktorium des OEPS im Einvernehmen mit dem Turnierreferat erlassen (§ 6 Abs 1 und 2 ÖTO Allgemeine Bestimmungen)." Der verbandsuntertänige Turnierveranstalter „reicht" gewissermaßen eine Ausschreibung beim OEPS bzw seinen Helfern „ein", welche als solche Grundlage für seine organisatorische und vor allem auch finanzielle Planung für die Unternehmung „Turnier" ist, und der Vertragspartner OEPS kann (nicht nur) den Preis ändern und damit letztbestimmen: „Bei Änderung der Turnierdaten (Datum, Ort, Kategorie) nach Genehmigung des Turnierkalenders (Termin) oder Absage wird eine Gebühr in der in der Gebührenordnung vorgeschriebenen Höhe verrechnet. Sollte die Änderung infolge anderer Änderungen im Turnierkalender notwendig werden oder die Änderung im Interesse des OEPS oder des LFV liegen, so kann von der Vorschreibung der Gebühr abgesehen werden (§ 5 Abs 8 ÖTO Allgemeine Bestimmungen)."

Angemerkt sei, dass diese ÖTO-Klausel nur eine von mehreren ist, neben den allzeit drohenden Strafgebühren, aufgrund derer der OEPS beansprucht, die Turnierumstände und damit die Kosten für Wettkampfveranstalter grundsätzlich beliebig ändern zu können. Im Vertragsverhältnis zwischen OEPS und Turnierveranstalter (bzw Reitsportler) erscheint die jederzeitige, letztlich unvorhersehbare dachverbandliche Fremdbestimmung bzw die Möglichkeit dazu nicht etwa als ein vereinzelt auftretendes – und allenfalls vernachlässigbares – Merkmal, sondern als systemimmanente Regel. Der Turnierveranstalter (ebenso wie der wettkampfteilnehmende Reitsportler), welcher Mitglied eines Vereins ist, der wiederum über eine Vereinskette mit dem OEPS „verbunden" ist, hat demnach in Bezug auf den Lebenssachverhalt „verbandlicher Pferdesport" die Freiheit zur weit(est)gehenden Selbstaufgabe seiner (persönlichen und ökonomischen) Freiheit genutzt. Der OEPS hat sich umfassend und tiefgreifend die Verfügungsmacht über fremdes Vermögen und fremdes Interesse verschafft, sodass die Wettkampfdurchführungsverträge zwischen Sportdachverband und Turnierveranstalter (ebenso wie die Wettkampfteilnahmeverträge hauptsächlich zwischen Sportdachverband und Reitsportler) nicht nur einzelne dachverbandliche Gestaltungsrechte enthalten, sondern als solche eine nahezu lückenlose Ansammlung von Gestaltungsrechten darstellen; insofern können sie als „Gestaltungsrechtsverträge" bezeichnet werden.[1014] Der OEPS kann demnach seinem offensichtlichen Selbstver-

---

1014 Aus lauterkeitsrechtlicher Sicht handelt es sich bei den Wettkampfdurchführungsverträgen um eine Art von „Exklusivbindungsverträgen" gem § 1 UWG, welche der OEPS „seinen Vertragspartnern", den Wettkampfveranstaltern, aufzwingt. Diese müssen (und dürfen nur) mit ihm kontrahieren, ebenso wie sie nur mit vom OEPS lizenzierten „Vertragspartnern", den Reitsportlern,

ständnis und seiner verbandlichen Normenordnung zufolge mit (zumindest einem gehörigen Maß an) Willkür agieren. Dies ist jedoch unzulässig, s dazu E 9 ObA 35/09a: Es ist (auch in der Lehre) unbestritten, dass die Festlegung der Gegenleistung für eine Leistung nicht nur beim Kauf, sondern bei jedem Rechtsgeschäft iSd § 1056 ABGB nicht nur einer dritten Person, sondern auch einer der Parteien des Rechtsgeschäfts überlassen werden kann. Das ABGB normiert keine Grenzen, innerhalb derer dem zur Preisbestimmung Berufenen ein Gestaltungsrecht eingeräumt wäre. Gleichwohl ist es einhellige Auffassung, dass die Leistungsbestimmung nicht der Willkür des Berufenen überlassen bleibt (Anm: der OEPS gestaltet permanent in Form von Anordnung, Genehmigung, Kontrolle und Strafe). Die Preisbestimmung durch eine Partei unterliegt daher insofern der richterlichen Kontrolle, als eine Partei an eine grob unbillige Preisfestsetzung durch die andere Partei nicht gebunden ist. Die Preisbestimmung hat sich an der Austauschgerechtigkeit im Einzelfall zu orientieren, für die die Interessenlage beider Parteien von Bedeutung ist. Dem Vertragsteil, dem die Festsetzung einer Leistung überlassen wird, soll ein Spielraum eingeräumt werden, innerhalb dessen ein (der gerichtlichen Überprüfung zugänglicher) Ermessensfehler nicht vorliegt. Wird jedoch die Ermessensgrenze überschritten, kann die verfehlte – grob unbillige – „Preisfestsetzung" (im gegenständlichen Fall: Kürzung einer Sonderprovision) durch den Richter korrigiert werden.[1015, 1016]

Das Normensystem des OEPS und sein faktisches Handeln greifen also massiv in die Verfügungsfreiheit des Turnierveranstalters über sein Eigentum an Produktionsmitteln ein (Art 5 und 6 StGG[1017]), insbesondere

---

Wettkampfteilnahmeverträge abschließen dürfen, unter anderem nur zu den vorgegebenen Preisen des Sportdachverbandes und unter Ablieferung zahlreicher Gebühren an diesen. S dazu zB *Gamerith*, Wettbewerbsrecht I[7] 24, 99.

1015 OGH 03.03.2010, 9 ObA 35/09a mwN.

1016 Unter anderem wird in dieser Darstellung nicht weiter auf die wettbewerbsrechtliche Problematik des Gebarens des OEPS gegenüber Wettkampfveranstaltern als seinen Nichtmitgliedern eingegangen. Versucht der OEPS doch durch sein Normenregime, das zugleich seine Allgemeinen Geschäftsbedingungen beinhaltet, – vorrangig im Wege von Strafandrohungen – zB zu verhindern, dass zwischen Turnierveranstaltern und Reitsportlern OEPS-freie Wettkämpfe veranstaltet werden. Zwischen dem OEPS als Oberturnierveranstalter und dem Veranstalter von (OEPS-freien) Wettkämpfen ist jedenfalls ein Wettbewerbsverhältnis iSd UWG gegeben, s dazu *Höhne/Jöchl/ Lummerstorfer*, Recht[3] 183 ff; zum Marktmachtmißbrauch iSd KartG sa oben IV.3.3.2.2.

1017 S zur Erwerbsfreiheit und zur Eigentumsgarantie zB Raschauer, Wirtschaftsverfassungsrecht Rz 207 ff, 220 ff, 223 ff: hinsichtlich ersterer ist „ungeklärt, inwiefern die den Grundrechten zugrunde liegende Pflicht zu staatlicher Grundrechtsgewährleistung den Staat verhält, auf geeignete Weise gegen erhebliche Beschränkungen des Erwerbs durch andere Private – zB durch Monopol- und Wettbewerbsregeln – vorzusorgen." Jedoch ist „der Staat im Rahmen grundrechtlicher Gewährleistungspflichten verpflichtet, subjektive Eigentumsrechte zu schützen." Folglich: „Jede Entziehung oder Einschränkung einer wirtschaftlich werthaften Rechts- oder Vermögensposition und der damit zusammenhängenden Nutzungsmöglichkeiten stellt einen Eingriff in das Eigentumsgrundrecht dar."

durch die vertraglich – im Wettkampfdurchführungsvertrag – eingekleideten Eigentumsbelastungen in Form von zwangsweisen Abgabenvorschreibungen qua ÖTO Gebührenordnung[1018]. Nochmals sei daher festgehalten, dass ein Turnierveranstalter, wenn er einmal im OEPS-System ist, über seine Reitanlage, vielfach seinen eigenen Grund und Boden[1019], nicht mehr frei verfügen kann, da ein OEPS-freies Turnier unter Strafandrohung (Geldstrafen für nicht genehmigte Turniere) steht. Damit im Zusammenhang unterliegen potentielle Vertragspartner (die Reitsportler) eines Turnierveranstalters, welcher aus der „Ordnung" des OEPS aussteigen will, einem „Kontrahierungsverbot" mit demselben aufgrund von Strafdrohungen durch den Sportdachverband, denn Reitsportlern drohen Geldstrafen für die Beteiligung an nicht genehmigten pferdesportlichen Veranstaltungen.[1020] Den Staat wird also sehr wohl (auch) hinsichtlich der Wettkampfveranstalter, welche seine Staatsbürger sind, eine Schutz- und Handlungspflicht treffen, da durch sportdachverbandliche Normen und das entsprechende Handeln deren Erwerbsfreiheit massiv beschränkt ist und laufend in ihr Eigentum eingegriffen wird.

Wie gezeigt werden konnte, wirkt der Wettkampfdurchführungsvertrag zwischen OEPS und Turnierveranstalter auf Basis der dachverbandlichen Allgemeinen Geschäftsbedingungen, der ÖTO, sowohl mittelbar als auch unmittelbar auf den Reitsportler. Viele der dachverbandlichen „normativen Zugriffe" betreffen Turnierveranstalter und Reitsportler gleichermaßen. Dennoch ist der Wettkampfdurchführungsvertrag üblicherweise nicht nur zeitlich dem Wettkampfteilnahmevertrag vorgelagert, überdies sind die Vertragsparteien des letzteren zwar ebenfalls der OEPS und der Wettkampfveranstalter, jedoch kommt zusätzlich der Reitsportler hinzu. Und im Folgenden sei (einmal mehr) auf das spezifische Verhältnis zwischen OEPS und Reitsportler eingegangen.

3. Der OEPS und die Reitsportler

Die Reitsportler, welche Mitglied bei einem Reitverein sind und (womöglich) an Wettkämpfen teilnehmen (wollen), machen die „Masse" des vom OEPS geschaffenen Verbandssystems aus, der die Vereinsdominatoren des Sportdachverbandes gegenüber stehen. Das Leitungsorgan, die Mitglieder diverse Ausschüsse, und beauftragte und/oder bevollmächtigte

---

1018 S zu diesen Privatsteuersystemtendenzen *Thomasser*, Tendency passim
1019 S dazu Art 8 EMRK, welcher speziell die Privatsphäre schützt. Ausdrücklich verbunden ist damit ua ein Anspruch auf Achtung des Privatlebens und den Staat treffen Schutzpflichten gegen Grundrechtseingriffe Dritter, so *Grabenwarter/ Pabel*, Menschenrechtskonvention[5] § 22 Rz 1. Über einem „Privatturnier" eines Turnierveranstalters, zu welchem er zB mehrere Reitsportler, welche sonst OEPS-Wettkämpfe bestreiten, einlädt, hängt das Damoklesschwert von Sportdachverbandsstrafen.
1020 S zur Freiheit betreffend die Disposition über Produktionsfaktoren sowie zur diesbezüglichen Drittwirkung *Korinek*, Freiheiten Rz 27 f, 34, 50 ff. S zur Drittwirkung insbesondere *Kucsko-Stadlmayer*, Allgemeine Strukturen der Grundrechte in Merten/Papier (Hrsg), Handbuch der Grundrechte VII/1 (2009) Rz 41 ff.

Schlüsselfunktionäre des OEPS sind nicht von den Reitsportlern (direkt) gewählt und damit ihnen gegenüber auch nicht verantwortlich, sondern erscheinen vielmehr als durch ein wohldurchdachtes, probates Mehrebenensystem von der Basis der „Verbandspyramide"[1021] abgeschottet. Diese Pyramidenspitze kann ihre (Bestimmungs)Macht rasch und effizient im Wege der Normierung und vor allem in Form von Geldforderungen (zB „Strafgebühren") gegenüber den Reitsportlern als verbandsuntertänigen Adressaten bottom-down mithilfe von LFV und Funktionären durchsetzen. Gleiches gilt für disziplinierende (Geld)Strafen gegenüber Normabweichlern, zB Reitsportler und Turnierveranstalter. Wollen dagegen Reitsportler (oder auch Turnierveranstalter) Widersprüche oder gar Forderungen gegenüber Vereinsdominatoren geltend machen, werden sie auf die ÖTO Rechtsordnung verwiesen, worauf dann zumeist Schlüsselfunktionäre einzeln oder in Gremien die Interessen der Verbandspyramide ua dilatorisch wahrnehmen (können). Das VerG, insbesondere § 8 VerG, bietet grundsätzlich für eine derartige „Behandlung" von Streitigkeiten im Verein (als Stichwort zB: Sechs-Monatsfrist) eine die Verbandsobrigkeit begünstigende Ausgangsbasis. Sollte es von Seiten der Verbandsuntertanen dann dennoch zu den ordentlichen Gerichten gehen, kann eine beabsichtigte Zermürbung der Reitsportler qua „verbandsinterne Verfahren" (zumeist) längst schon ihre Wirkung entfaltet haben.[1022]

In diesem Verbandssystem ist der Reitsportler zum Objekt von Anordnung, Genehmigung, Kontrolle und Strafe geworden. Er dient als permanenter Proband dafür, was noch möglich und zumutbar ist, welche Unterwerfungsintensität, -tiefe und damit -totalität erreicht werden kann, freilich nicht zu abrupt, sondern Schritt für Schritt, auf die Gewöhnung setzend.[1023] Das Dachverbandssystem kann als zivilgesellschaftliches Labor für quasietatistische Menschenlenkung betrachtet werden. Im Lebenssachverhalt Sport findet anscheinend ein groß angelegtes (normatives)

1021 M. Mayr, Streiten 20, verwendet (sogar) den Begriff „verbandsrechtliche Regelungspyramide"; z ua Mätzler, Organisationsstrukturen 52 ff, 90 ff.
1022 Siehe IV.3.2.1.
1023 Vgl dazu RS0022920: Gegen die guten Sitten verstößt, was dem Rechtsgefühl der Rechtsgemeinschaft, das ist aller billig und gerecht Denkenden widerspricht. Das Normenregime des OEPS zielt anscheinend auf eine vollständige (strafbewehrte) Unterwerfung von natürlichen Personen, welche samt und sonders nicht seine Mitglieder sind, wie eben Wettkampfveranstalter, Reitsportler, Wettkampfrichter und sonstige Funktionäre, weswegen von diesen als Verbandsuntertanen zu sprechen ist, welche sich in einem verbandlichen Gewaltverhältnis (wieder)finden. Dies ist schon grundsätzlich dann der Fall, wenn eine natürliche Person einem Verein beitritt, welcher über eine Vereinskette mit dem OEPS verbunden ist; die Maschen des Unterwerfungsnetzes werden in den Vertragsbeziehungen iZm Wettkämpfen (deren Durchführung und die Teilnahme daran) vom OEPS um ein Vielfaches enger geknüpft, sodass diesbezüglich das Gegebensein von Sittenwidrigkeit nahe liegt. Selbst dann, wenn im Wege eines Gedankenexperiments die Sonderprivatrechte des Konsumentenschutzes, des Mietrechts und des Arbeitsrechtes aus der ö Rechtsordnung hinweg gedacht werden würden, so widerspräche der „Umgang" des OEPS mit den vorgenannten natürlichen Personen dem (allgemeinen) Zivilrecht bzw insbesondere dessen Grundsätzen.

Spezialexperiment statt,[1024] das Auffälligkeiten aufweist, die nicht nur eine juristische Befassung (insbesondere in Hinblick auf die Kategorien wie Privatautonomie und Persönlichkeitsrechte) erfordern, sondern umfassend bewertet werden soll(t)en. Diese Form der Erziehung zur Unterwerfung wird wohl als eine Besonderheit des Sports anzusehen sein?

3.1. Die Fremdbestimmung der Reitsportler

3.1.1. Die Reitsportler als „mittelbare Verbandsmitglieder"?

Von Beginn der Mitgliedschaft in einem Reitverein an soll den Reitsportlern anscheinend eine besondere Nahebeziehung zum OEPS, „eine Art Mitgliedschaft"[1025] bei demselben, suggeriert werden.[1026] Die Erfas-

---

1024 Vor allem für Reitsportler wird sich die Frage des „moralischen Handelns unter Unrechtsverhältnissen" stellen; *Koller*, Klugheit 289, 294 ff, zB verwendet den Begriff „Unrechtsverhältnis" sehr weit, und versteht darunter ganz allgemein Konstallationen sozialen Handelns, in denen man durch fremdes Unrecht, das heißt durch offensichtliches und gravierendes moralisches Fehlverhalten anderer Menschen tangiert wird, was freilich voraussetzt, dass die moralischen Gebote, die durch solches Fehlverhalten verletzt werden, offenbar begründet und auch weithin anerkannt sind. *Koller* nennt im Fall, dass die Verletzung moralischer Gebote zur Regel geworden ist und massenhaft vorkommt, nur Opportunismus oder Widerstand als mögliche Verhaltensweisen. Ihm zufolge „liegt Opportunismus vor, wenn man, der herrschenden Praxis folgend, selber Unrecht tut, um Nachteile von sich abzuwenden oder den eigenen Vorteil zu wahren. Dagegen leistet man Widerstand, wenn man, dem herrschenden Unrecht entgegentritt, indem man trotz eigener Nachteile das Rechte tut oder auf eine andere Weise, die sonst unerlaubt ist, die bestehende korrupte Praxis zu zu verändern sucht."

1025 Wie ambivalent der OEPS mit dem Rechtsbegriff der „Mitgliedschaft" – anscheinend in voller Absicht – umgeht, zeigt zB § 2001 Abs 1 ÖTO Rechtsordnung: „Die Rechtsordnung in der jeweils gültigen Fassung, bestimmt die Vorgangsweise, wie die satzungsmäßigen Organe, die Mitglieder und Funktionäre ihre entsprechenden Tätigkeiten für das Wohlergehen der Pferde und für die faire Abwicklung aller Pferdesportdisziplinen zum Vorteil aller Teilnehmer und der Zuschauer ausüben." Hier stellt sich die Frage, wessen Mitglied ist gemeint? Denklogischerweise sind es die natürlichen Personen als Mitglieder der Reitvereine. Oder aber ist dieser Mitgliedsbegriff in der ÖTO Rechtsordnung ein „mittelbarer"? Um ein weiteres Exempel für das „Spiel" des OEPS mit dem „Mitgliedsbegriff" zu zeigen und damit dessen Anspruch, auf die natürlichen Personen über zwei Ebenen (LFV und Reitvereine) durchzugreifen, sei auf 7. OEPS-Satzungen verwiesen: „Die ordentlichen Mitglieder haben Beiträge pro Einzelmitglied ihrer Vereine zu entrichten. Die Höhe der Mitgliedsbeiträge wird von der Generalversammlung bestimmt."

1026 Vgl dazu die „Ausführungen" von *F. Schuster*, Freizeit vs. Wettkampf, pferderevue 2005/10, 7: „Die Mitgliederzahl des BFV für Reiten und Fahren in Österreich hat sich in den letzten 20 Jahren nahezu verzehnfacht und nähert sich der 50.00er-Grenze." Sowie *F. Schuster*, Pferdesport und Spiel, pferderevue 2006/11, 7: „Um den FreizeitreiterInnen, FreizeitfahrerInnen und VoltigiererInnen als Einstieg in den Wettkampfsport Vergleichsmöglichkeiten anzubieten, wurde Pferde Sport&Spiel im § 800 der ÖTO 2006 geregelt. ... Fast 80% aller Mitglieder des BFV sind dem Bereich Freizeit mit dem Pferd zuzuordnen, wünschen aber

sung neuer Verbandsuntertanen, vor allem von deren Daten, bringt dem OEPS in erster Linie neue Gebührenleister. Der (Gesamt)Mitgliedsbeitrag wird nämlich vom Reitverein „eingehoben", muss zum Teil an den jeweiligen LFV „abgeliefert" werden, wovon wiederum ein bestimmter Betrag zum Zweck der Finanzierung an den OEPS weitergeleitet wird. Der Sportdachverband verpflichtet die Reitvereine bei der Aufnahme von neuen Mitgliedern ein von ihm kreiertes Formular zu verwenden, die sog „Beitrittserklärung", wobei (vereins)rechtlich eindeutig ist, dass eine Mitgliedschaft weder beim jeweiligen LFV noch beim OEPS entsteht. Eine mittelbare Mitgliedschaft qua einseitiger Erklärung eines Sportdachverbandes, „diese und jene Sportler wären (nun) meine mittelbaren Mitglieder", ist vereinsgesetzlich jedoch nicht vorgesehen. Gem § 3 Abs 2 Z 5 u 6 VerG müssen die Statuten jedenfalls erstens die Bestimmungen über den Erwerb und die Beendigung der Mitgliedschaft sowie zweitens die Rechte und Pflichten der Vereinsmitglieder enthalten. Sind die Sportler jedoch nicht ausdrücklich als Mitglieder(gruppe) in den Statuten des Sportdachverbandes angeführt und liegt zusätzlich nicht ein entsprechender Beitrittsvertrag vor, dann sind die Sportler sowohl gesetzeskonformer als auch denklogischer Weise auch keine Mitglieder des Sportdachverbandes, unabhängig davon, was dieser (in Hinblick auf eine Verbandsuntertanenbindung) behauptet, verkündet, propagiert etc.[1027]

Die „Beitrittserklärung" ist Mitte 2011 eigenartigerweise in zwei Versionen downloadbar, einmal in einer „älteren", zB von der homepage des LFV Wien, <reitenwien.at>, oder des NOEPS, <noe-pferdesport.at>, jeweils am 15.06.2011 abgerufen, und das andere Mal in einer „jüngeren" direkt beim/ vom OEPS. Der wesentliche Unterschied der beiden Versionen besteht darin, dass bei der von den beiden LFV (der NOEPS hat lediglich seinen Namen geändert, ist jedoch ein solcher) vorgeschriebenen Version der folgende Text vom Beitrittswerber mit zu unterfertigen ist:

„Die Mitgliederdaten werden automationsunterstützt verarbeitet. Der Zweck der Verarbeitung ist die Mitgliederverwaltung, die Einhebung der Mitgliedsbeiträge, die Zusendung von Mitteilungen und Veröffentlichungen sowie verschiedene statistische Auswertungen. Mit dieser Mitgliedschaft bin ich über den Landesfachverband, dem mein Verein angeschlossen ist, beim Bundesfachverband angemeldet. Mit dieser Mitgliedschaft anerkenne ich die Rechtsvorschriften des Bundesfachverbandes für Reiten und Fahren in Österreich und des Landesfachverbandes für Reiten und Fahren meines jeweiligen Bundeslandes, insbesondere die Bestimmungen der Österreichischen Turnierordnung (ÖTO) einschließlich der Disziplinar- und Verfahrensbestimmungen. Die ÖTO ist beim Bundesfachverband käuflich zu erwerben, es kann aber auch beim Verein und/oder im jeweiligen Landesfachverband Einsicht in die ÖTO genommen werden. "

Treffen mit Gleichgesinnten unter Wettkampfbedingungen." Die Sportler erhalten dadurch den irrigen Eindruck vermittelt, dass sie „zusätzlich" zur ihrer Mitgliedschaft beim jeweiligen Reitverein (Akteur der zweiten Ebene, s Anhang II) „quasiautomatisch" Mitglieder beim Sportdachverband (Akteur der vierten Ebene, s Anhang II) wären. Dies soll wohl ihre „Treue" und Normenunterwerfungsbereitschaft gegenüber dem OEPS erhöhen, wenngleich sie selbstverständlich keine Mitgliedschaftsrechte gegenüber dem OEPS haben.

1027 Sa dazu oben IV.3.3.1.1.

Mit dieser „älteren" Version der Beitrittserklärung wurde also vom OEPS (vormals kurz „Bundesfachverband") und den ihm bereitwillig zuarbeitenden LFV versucht, bei den Reitsportlern gleich von Beginn der Mitgliedschaft bei einem Reitverein an, eine vollkommene Unterwerfung unter das Regelwerk des OEPS zu erreichen.[1028] Bei dem beim OEPS abrufbaren Beitrittsformular fehlt, wie angeführt, dieser vollumfängliche Unterwerfungstext. Der OEPS „begnügt" sich offenbar damit, dass „erst" mit der (beabsichtigten) Teilnahme an Wettbewerben, also der sog „Nennung" (§§ 1 ff und 26 ff ÖTO Allgemeine Bestimmungen), die Reitsportler sich dem gesamten dachverbandlichen Regelwerk unterzuordnen haben.[1029] Doch bis ein Reitsportler überhaupt für ein Turnier nennen kann, hat er das OEPS-System von Anträgen und Gebührenzahlungen zu durchschreiten. Wie bereits mehrfach erläutert konstruiert der OEPS die/eine „mittelbare Mitgliedschaft"[1030] sowohl der Reitsportler als auch der Reitvereine

---

1028 Vgl dazu Lehner, Die Urform des Non-Profits - Plädoyer für eine Wiederbelebung der Gegenseitigkeit, juridikum 2007, 188: „Die nur im Versicherungswesen anzutreffende Rechtsform des Vereins auf Gegenseitigkeit brachte bislang den Grundsatz der Identität von Kunde und Mitglied am reinsten zur Geltung. Die Mitgliedschaft bei einem Versicherungsverein auf Gegenseitigkeit ist nur um den Preis des Abschlusses einer Versicherung möglich, die Versicherungsnahme hat als unverzichtbare Parallelwirkung gleichzeitig auch die Mitgliedschaft beim Verein zur Folge. ‚Mitgliedschaft und Versicherungsverhältnis haben in einem einheitlichen Rechtsakt ihre Grundlage.'" Bei einer Gesamtschau des OEPS-Systems ist jedoch eine mindest ebensolche „Reinheit" der Identität von (allerdings Nicht)Mitglied und (besonderer) Kunde feststellbar: dieser ist als Verbandsuntertan ganz und gar nicht im konsumentenschutzrechtlichen Sinn im Großen und Ganzen „privatautonomiebefreiter" Abnehmer „sportdachverbandlicher Leistungen".

1029 Also je nach dem, welches „Beitrittsformular" ein Reitsportler verwendet, spätestens dann, wenn er an OEPS-gesteuerten Wettkämpfen teilnehmen will und dafür eine Nennung abgibt, so intendiert der Sportdachverband, dass sich sein Vertragspartner dadurch auch der (nach § 6 Abs 2 ÖTO Allgemeine Bestimmungen) – grundsätzlich jederzeit möglichen – „dynamischen Weiterentwicklung" bzw Modifikation der Durchführungsbestimmungen (also Allgemeinen Geschäftsbedingungen) unterworfen hätte. Dass allerdings Verträge, die einen Teil ganz dem Ermessen des anderen ausliefern, ungültig, weil sittenwidrig, sind, ist bereits seit langem judiziert; s zB OGH 27.06.1914, 309/14 = GIUNF 6985: eine vollständige Unterwerfung des einen Vertragsteils unter den Willen des anderen müsste unbedingt als contra bonos mores gerichtet angesehen werden. S als eine jüngere E zB OGH 21.10.1980, 5 Ob 610/80 = HS 10.636: Sittenwidrigkeit eines Vertrages/einer Vertragsbestimmung ist insbesondere dann gegeben, wenn eine krass einseitige Benachteiligung eines Vertragspartners vorliegt und ihm etwa Bindungen auferlegt werden, die ihm praktisch jede Verfügungsmöglichkeit und Einflussnahme nehmen.

1030 Ganz im Sinn des OEPS H. Schuster, Reitstall 19: „Durch diese Mitgliedskette Einzelmitglied – Reitverein – örtlich zuständiger LFV – BFV (Anm: nunmehr OEPS) entsteht sohin eine rechtliche Beziehung und Bindung zwischen dem einzelnen Mitglied einerseits und dem BFV andererseits, die meines Erachtens als zumindest mittelbare Mitgliedschaft bezeichnet werden kann." Ebenso schreibt Zappl, Praxishandbuch Pferderecht (2010) 7, in Anlehnung an H. Schuster von einer „indirekten Zugehörigkeit." Dazu ist zum wiederholten Male festzuhalten, dass eine auch „nur" mittelbare „Vermitgliedschaftung", wie hier of-

(Akteure der zweiten Ebene) und macht diese zur grundsätzlichen Voraussetzung für die Teilnahme an Wettkämpfen gem § 13 Abs 1 ÖTO Allgemeine Bestimmungen: „Für die Teilnahme an allen Arten von Bewerben im Rahmen von genehmigten Veranstaltungen ist die Stamm-Mitgliedschaft[1031] bei einem Verein, der über einen LFV korporativ dem OEPS angeschlossen[1032] sein muss, erforderlich."[1033] Auf Basis dieser Stamm-Mitgliedschaft müssen dann Reitsportler, welche an Wettkämpfen teilnehmen wollen, gebührenpflichtig beim OEPS sog „Lizenzen" und „Startkarten" beantragen (§ 14 ff ÖTO Allgemeine Bestimmungen). Vor allem die weiteren ÖTO-Bestimmungen zu den Lizenzen und deren Höherreihungen (welche aufgrund erbrachter Voraussetzungen vom Reitsportler auch während des Turnierjahres gegen Gebühren beantragt werden kann, § 17 Abs 5 ÖTO Allgemeine Bestimmungen) sind geradezu mit Voraussetzungen „gespickt" und daher für die Sportverbandsadministration ein weiteres ideales Mittel zur Disziplinierung.

Auch bei dieser, andauernden Änderungen und Verkomplizierungen unterliegenden, verbandlichen „Spezialmaterie" ist die Frage zu stellen, welches Maß an Reglementierung sich die Reitsportler in Bezug auf die Wettkampfausübung noch gefallen lassen (werden). Reitsportler allerdings, die gegen die ÖTO verstoßen oder unrichtig nennen bzw unberechtigt an Wettkämpfen teilnehmen, werden gem § 2012 ff von den verbandseigenen „Organen der Rechtsordnung" (§ 2001 Abs 2 ÖTO Rechtsordnung) bestraft. Insofern ist es den Wettkampfteilnehmern daher im Rahmen des OEPS/ÖTO-Systems verbandsobrigkeitlich verwehrt, zB mit Wettkampfveranstaltern gesonderte Vereinbarungen im Hinblick auf Wettkämpfe zu treffen, also Rechtsgestaltung in Selbstbestimmung auszuüben.[1034]

Was kennzeichnet das Verhältnis zwischen dem Sportdachverband OEPS und den Reitsportlern? Im Kern geht es wohl darum, wie einige

---

fenbar intendiert, nicht zulässig ist; ein Zwang bzw Automatismus zu einer Mitgliedschaft ist aufgrund der Vereinsfreiheit nicht denkbar, so *Höhne/ Jöchl/Lummerstorfer*, Recht³ 102.

1031 Anm: Gem § 13 Abs 2 ÖTO Allgemeine Bestimmungen können/dürfen Reitsportler neben ihrer Stamm-Mitgliedschaft noch bei weiteren Reitvereinen Mitglied sein.

1032 S dazu oben IV.3.3.1.1.2.

1033 Als jüngstes Beispiel für die andauernde Irreführung der Verbandsuntertanen, dass sie Mitglieder des OEPS wären, der „PR-Kommentar" von *F. Schuster*, Eine starke Stimme wird gehört! pferderevue 2012/1, 75, auszugsweise wieder gegeben: „Die Gewinnung von PferdesportfreundInnen und Mitgliedern für den Verein/Verband ist deshalb ein Gebot der Stunde, stärkt die Basis und sichert den Nachwuchs! (…) Die besten sieben Argumente für eine Mitgliedschaft im Österreichischen Pferdesportverband: (…)"

1034 *F. Bydlinski*, Privatautonomie 135, hält in Bezug auf eine allzu dirigistische, staatliche (Gesetzgebungs- und Vollziehungs)Gewalt fest: „Wo das Rechtsgeschäft zurückgedrängt wird, dort beginnt die Herrschaft verwaltungsbehördlichen oder richterlichen Ermessens. Wo die klare Vereinbarung nicht mehr gilt, dort wird ,nach dem Grundsatz von Treu und Glauben' oder aus ,Gründen des öffentlichen Interesses' etc eine von der entscheidenden Instanz für angemessen gehaltene Regelung gestaltet." Im verbandlichen Reitsport dagegen strebt der OEPS quasistaatlich die Rolle des Verbandsrechtssetzers an, und verbietet den weiteren Akteuren die privatautonome Willensbildung.

wenige natürliche Personen, welche das Vereinsorgan „Präsidium" des OEPS bilden (12. OEPS-Satzungen), zahlreiche andere natürliche Personen, also die Reitsportler, Wettkampfveranstalter, Wettkampfrichter und Funktionäre (sowie mitunter auch die Besucher bei Wettkampfveranstaltungen) ihrer verbandliche Normenordnung unterwerfen. Das gesamte „System OEPS" mit seinen mehr oder weniger ausgeprägten Tendenzen in Richtung „Privatgesetzgebung", „Privatgerichtsbarkeit", „Privatstrafvollzug" und „Privatsteuerforderung" basiert einerseits auf dem Zusammenwirken des Leitungsorgans Präsidium, diverser Ausschüsse (Schiedsgerichte etc) des OEPS, sowie beauftragter und bevollmächtigter Schlüsselfunktionäre (mit den wesentlichen Aufgaben: Anordnung, Genehmigung, Kontrolle und Strafe), welche allesamt als „Vereinsdominatoren" angesprochen werden können. Auf der anderen Seite stehen die Mitglieder („nur") der Reitvereine, die aufgrund der Wirkung der dachverbandlichen Normenordnung (sowie deren Umsetzung) einen Verbandsuntertanen-Status haben. OEPS-seitig werden hauptsächlich zwei „Wege bzw Begründungen" gewählt, um den Status quo zu erhalten bzw auszubauen.

Zum einen wird vom OEPS das Konstrukt der „mittelbaren Mitgliedschaft" und damit verbunden (bzw dieses verstärkend) das der „Mitglieds(chafts)kette"[1035] fortwährend in den Raum gestellt, was darauf hinauslaufen soll, dass eine „Zugehörigkeit zum" bzw ein „Angeschlossensein an den" Sportdachverband vorläge. Dies wird den (Jung)Reitsportlern vom Sportdachverband sogar in eigenen „Lehrbüchern" qua „Erziehung" „eingeprägt".[1036] Eine derartige (vereinsgesetzlich nicht begründbare) „Quasimitgliedschaft" sollte offenbar dazu führen, dass Nichtmitglieder die Entscheidungen von Organen des Sportdachverbandes so zu befolgen hätten, als wären sie Mitglieder desselben. Mit anderen Worten: Der OEPS beabsichtigt demnach, natürliche Personen (welche in den OEPS-Satzungen nicht als Mitglieder genannt sind) gleichsam als unterworfene Mitglieder zu behandeln, möchte diesen jedoch zugleich nicht die Rechte als Sportdachverbandsmitglieder zukommen lassen. Um Irreführungen, hinsichtlich der Kette „natürliche Person – Verein – Verband – Dachverband", wonach zwischen dem ersten und letzten Glied eine „Quasimitgliedschaft" bestünde, von vornherein zu vermeiden, sollte daher gerade nicht der Begriff der „Mitgliedschaftskette" Verwendung finden, sondern statt dessen, auf die juristischen Personen abgestellt, von einer „Vereinskette" gesprochen werden.[1037] Um es einmal mehr auf den Punkt zu brin-

---

1035 S H. Schuster, Reitstall 15.
1036 S zB Bundesfachverband für Reiten und Fahren in Österreich, Pferdesport. Fena Lehrbuch[8] (2006) 254, im Kapitel „Organisation des österreichischen Reitsports" und dem Unterkapitel „Die Mitgliedschaft in einem Verein": „Wer einem Reitverein als Mitglied angehört, gehört demnach über den zuständigen Landesfachverband dem Bundesfachverband an." In seinen aktuellen Satzungen freilich hat der OEPS (ebensowenig wie in den Vorgängersatzungen unter seiner vorhergehenden Bezeichnung als „Bundesfachverband für Reiten und Fahren in Österreich") die natürlichen Personen nicht als seine Mitglieder angeführt.
1037 In einem bestimmten (vereinsgesetzlich nicht entsprechenden) Sinn freilich beschreibt der Begriff der „Mitgliedschaftskette" trefflich Absichten und Zustände:

gen: Vereinsgesetzlich relevant ist jedoch (nur), ob eine natürliche Person Mitglied eines Vereins/Verbandes ist, oder nicht. Liegt eine Mitgliedschaft (infolge eines Beitrittsvertrages) nicht vor, dann bedarf es grundsätzlich für eine beabsichtigte Unterordnung/Unterwerfung einer natürlichen Person unter Verbandsbestimmungen (als solche Allgemeine Geschäftsbedingungen) typischerweise einer (sonstigen) vertraglichen Grundlage. Und genau diesen Weg zur Erhaltung des Status quo beschreitet der OEPS, indem er behauptet, dass sich die natürlichen Personen seinem gesamten Regelwerk (ohnehin bzw überdies) vertraglich unterwerfen, entweder bereits beim Beitritt zu einem Reitverein (je nach verwendetem Formular), oder beim Erwerb einer zu beantragenden und gebührenpflichtigen „Erlaubnis" (Lizenz) beim Sportdachverband, um bei Wettkämpfen überhaupt starten zu dürfen; des Weiteren wird dachverbandsseitig argumentiert, dass ebenfalls mit der Nennung für einen Wettbewerb bzw dem Start bei demselben (nochmalige) entsprechende vertragliche Unterwerfungen gegeben sind.

All die „Unterwerfungskonstrukte" wie „mittelbare Mitgliedschaft" oder „Mitgliedschaftskette" finden keine Deckung im VerG; dennoch versucht der OEPS die Reitsportler mitgliedergleich an sich zu binden, indem er für seine sonstige Vereinsregel ÖTO eine Grundlage in seinen Satzungen schafft und diese Norm zugleich (bzw in weiterer Folge) an seine Nichtmitglieder (wie die Reitvereine und deren Mitglieder, die Reitsportler) adressiert: „Verstöße gegen reit- und fahrsportliche Normen, insbesondere gegen die ÖTO, die Österreichische Ausbildungs- und Prüfungsordnung (ÖAPO) oder internationale Regulative werden durch die in der ÖTO genannten Ordnungsmaßnahmen geahndet (22. OEPS-Satzungen)." Und in der ÖTO selbst kreiert der OEPS entgegen dem VerG offenbar weitere „Verbandsorgane", nämlich „satzungsmäßige Organe" und „Organe der Rechtsordnung"[1038], sowie einen „verbandsinternen Instanzenzug" (§ 2001 ÖTO Rechtsordnung). Dies, obwohl in § 3 Abs 2 Z 7 VerG unmissverständlich festgelegt ist, dass „die Organe des Vereins und ihre Aufgaben, insbesondere eine klare und umfassende Angabe, wer die Geschäfte des Vereins führt und wer den Verein nach außen vertritt", jedenfalls in den Vereinsstatuten (hier: OEPS-Satzungen) enthalten sein müssen.[1039]

Der Sportdachverband intendiert gerade, natürliche Personen als „Quasimitglieder" (jedoch nicht mit den vereinsgesetzlich vorgesehenen Mitgliederrechten ausgestattet) an sich zu „ketten" bzw zu knebeln, wodurch ein mit vereinsgesetzlichen Maßstäben nicht (mehr) erfassbares Verhältnis einer Verbandsuntertanenschaft entsteht; dieses wiederum steht im Widerspruch insbesondere zu den §§ 16 u 879 ABGB sowie zur EMRK.

1038 Dies, obwohl der OEPS in seinen Satzungen die „Organe des OEPS" abschließend anführt, diese sind: „Generalversammlung, Präsidium, Direktorium, Referentenkonferenz, Ausschüsse, Rechnungsprüfer und Schiedsgericht (8. OEPS-Satzungen)." Diese „ÖTO-Rechtsordnungsorgane" werden daher als „Nichtorgane" zu qualifizieren sein, s *Krejci/S. Bydlinski/Weber-Schallauer*, Vereinsgesetz[2] § 3 Rz 111 u § 7 Rz 25 f.

1039 S zB *Höhne/Jöchl/Lummerstorfer*, Recht[3] 100; sa *Keinert*, Mitgliederversammlung 89, welcher aufgrund des vereinsgesetzlich vorgegebenen Inhalts von Statuten und (daraus folgend) sonstigen Vereinsregeln, zB einer Geschäftsordnung, richtigerweise ausführt: „Eine Geschäftsordnung (wenn

VerG-konform müssten daher diese „Organe der Rechtsordnung" (gem § 2001iVm § 2002 ff ÖTO Rechtsordnung) in den OEPS-Satzungen angeführt werden. Überdies müssten gem § 3 Abs 2 Z 9 VerG die Statuten jedenfalls die Erfordernisse für gültige Beschlussfassungen durch die Vereinsorgane enthalten. Ebensowenig wie diese „Organe der Rechtsordnung" (die gem § 2001 ÖTO Rechtsordnung in einem „verbandsinternen Instanzenzug" für den Sportdachverband „richten") in den OEPS-Satzungen angeführt sind, finden sich darin (im Widerspruch zum VerG) die Erfordernisse für deren gültige Beschlussfassungen; sogar in der ÖTO Rechtsordnung sind die näheren Bestimmungen der Willensbildung der „Nichtorgane" gem VerG nicht geregelt. Inhaltlich könn(t)en daher (auch) diese Bestimmungen der ÖTO, welche nicht einmal vom obersten Organ des OEPS, also von dessen Generalversammlung (9. OEPS-Satzungen), sondern nur vom Präsidium beschlossen worden sind, als VerG-widrige Statutenänderung gesehen werden.[1040]

Damit die Verbandsnormen des OEPS und seine beabsichtigte „Verbandsgewalt" wirksam sind und befolgt werden, bedarf aus seiner Sicht offenbar eines „Schiedssystems", welches vor allem gegenüber den „mittelbar vermitgliedschafteten Verbandsuntertanen" in einer Art von „Privatgerichtsbarkeit" und „Privatstrafvollzug" tätig werden kann/soll. Intrasystematisch ist das nur konsequent, denn die gepflogenen Arten der „Privatgesetzgebung" und der „Privatsteuerforderung" bedürfen für ihre Effektivität der Sanktionsdrohung und -durchsetzung. Wie sehr der OEPS mit seinem anscheinend bewusst kompliziert[1041] bzw teilweise (vereinsgesetzeskonform) nicht nachvollziehbar gestalteten „Schiedswesen" nun auf die Reitsportler einwirken kann bzw könnte, wird im Weiteren skizziert.

3.1.2. Die Reitsportler und das „Schiedswesen" bzw Disziplinierungs- und Strafsystem des OEPS

Die verbandliche Normenordnung des OEPS enthält „Schiedsbestimmungen" einmal in den OEPS-Satzungen und das andere Mal in der zentralen, sonstigen Vereinsregel, der ÖTO.

Die Schiedsbestimmungen im Rahmen der OEPS-Satzungen sind sehr dürftig und genügen nicht dem VerG. Die erste Schiedsgerichts-

---

sie nicht ganz ausnahmsweise bereits einen Bestandteil des Statuts bilden sollte) beruht stets auf einem Beschluss eines Organs und kann daher nicht mehr Wirkung entfalten als ein derartiger Organbeschluss sonst auch."

1040 S zur faktischen Statutenänderung Kossak, Handbuch 59, und Höhne/Jöchl/ Lummerstorfer, Recht³ 140, und zu einigen Folgen IV.3.2.1.

1041 S zustimmend Zappl, Praxishandbuch 10; aA bezogen auf die gesamte ÖTO offenbar H. Schuster, Reitstall 135: „Im Rahmen der am 24.04.2006 beschlossenen neuen ÖTO ist es gelungen, eine übersichtliche Kodifizierung der ‚Rechtsordnung' der ÖTO zu kreieren."
Des Weiteren sind iVm der verbandlichen Normenordnung des OEPS und der Wettkampfteilnahmeverträge die Merkmale „intransparente Klauselgestaltung", „gestörte Vertragsparität" sowie „gröbliche Benachteiligung" als wesentliche Manifestationen eines „Macht- und Informationsgefälles zu Ungunsten einer Partei" anzuführen, s dazu zB Risak, Transparenzgebot auch im Arbeitsvertragsrecht? ecolex 2006, 880.

Erwähnung findet sich iZm der Ermittlung der auf die ordentlichen OEPS-Mitglieder fallenden Delegiertenstimmen für die Generalversammlung (9. OEPS-Satzungen). Sollte es Einsprüche gegen das Ermittlungsergebnis geben, so sind diese binnen 14 Tagen nach Bekanntgabe beim Präsidium einzubringen, woraufhin darüber dann „ein Schiedsgericht gem Punkt 20 (Anm: OEPS-Satzungen)" entscheidet. Hervorzuheben ist an dieser Stelle der unbestimmte Artikel „ein", welcher zunächst darauf schließen lässt, dass es nicht nur ein (arg: „das") Schiedsgericht gebe. In 20. OEPS-Satzungen – betitelt mit „Das Schiedsgericht" (arg: also gibt es doch nur ein Schiedsgericht) – ist folgendes normiert: „Zur Schlichtung von aus dem Verbandsverhältnis entstehenden Streitigkeiten ist das verbandsinterne Schiedsgericht gem Schiedsrechts-Änderungsgesetz 2006[1042] berufen. Es ist eine Schlichtungseinrichtung im Sinne des Vereinsgesetzes 2002 und kein Schiedsgericht gemäß den Bestimmungen der ZPO. Für Berufungen gegen Entscheidungen des Schiedsgerichtes ist die Generalversammlung zuständig. Die Generalversammlung entscheidet über die Berufung endgültig und unter Ausschluss des Rechtsweges." Es ist unbestreitbar, dass der vom OEPS normierte „Ausschluss des Rechtsweges"[1043] einen Verstoß gegen § 8 Abs 1 S 2 und 3 VerG darstellt.[1044] Des Weiteren hat es der OEPS unterlassen, § 3 Abs 2 Z 10 VerG zu entsprechen, welcher vorschreibt, dass die Statuten jedenfalls die Art der Schlichtung von Streitigkeiten aus dem Vereinsverhältnis enthalten müssen; schließlich hat der OEPS mit seinen Satzungsbestimmungen § 8 Abs 2 S 1 VerG nicht genügt: „Die Statuten haben die Zusammensetzung und die Art der Bestellung der Mitglieder der Schlichtungseinrichtung unter Bedachtnahme auf deren Unbefangenheit zu regeln." Weder die Zusammensetzung, noch die Art der Bestellung der Mitglieder hat der OEPS in seinen Satzungen geregelt.

Die „Schiedsbestimmungen" des OEPS im Rahmen seiner sonstigen Vereinsregel[1045], der ÖTO (konkret der ÖTO Rechtsordnung), sind im Gegensatz zu denjenigen in den OEPS-Satzungen sehr umfangreich ausgestaltet. Da § 2001 ÖTO Rechtsordnung – übertitelt mit „Zuständigkeit" – insgesamt von grundlegender Bedeutung für das OEPS-System ist, wird diese

---

1042 BGBl I 2006/7.
1043 S *Krejci/S. Bydlinski/Weber-Schallauer*, Vereinsgesetz[2] § 8 Rz 20 f.
1044 § 8 Abs 1 VerG lautet: Die Statuten haben vorzusehen, dass Streitigkeiten aus dem Vereinsverhältnis vor einer Schlichtungseinrichtung auszutragen sind. Sofern das Verfahren vor der Schlichtungseinrichtung nicht früher beendet ist, steht für Rechtsstreitigkeiten nach Ablauf von sechs Monaten ab Anrufung der Schlichtungseinrichtung der ordentliche Rechtsweg offen. Die Anrufung des ordentlichen Gerichts kann nur insofern ausgeschlossen werden, als ein Schiedsgericht nach den §§ 577 ff ZPO eingerichtet wird. S dazu ebenfalls unmissverständlich *Höhne/Jöchl/Lummerstorfer*, Recht[3] 286.
1045 Zum wiederholten Male sei darauf hingewiesen, dass die Vereinsbehörde eine allfällige Gesetzwidrigkeit (des Vereins) nur aus dem der Behörde vorgelegten Statut schließen darf, s *Fessler/Keller*, Vereinsrecht[2] 123. Für die Praxis hat das die logische Folge, dass rechtlich bedenkliche Passagen nicht in den Statuten nieder geschrieben, sondern entsprechend in die sonstigen Vereinsregeln „verschoben" werden; sa *Krejci/S. Bydlinski/Weber-Schallauer*, Vereinsgesetz[2] § 123 Rz 6.

Bestimmung daher vollständig wieder gegeben und schwerpunktartig ivm Folgenormen besprochen:

Abs 1: Die Rechtsordnung (RO), in der jeweils gültigen Fassung, bestimmt die Vorgangsweise, wie die satzungsmäßigen Organe, die Mitglieder und Funktionäre ihre entsprechenden Tätigkeiten für das Wohlergehen der Pferde und für die faire Abwicklung aller Pferdesportdisziplinen zum Vorteil aller Teilnehmer und der Zuschauer ausüben.

Abs 2: Alle Personen und Gremien, einschließlich der LFV, Vereine, Veranstalter, Richter, Funktionäre, Pferdebesitzer, verantwortliche Personen, Trainer, Teilnehmer und Pferdesportler, die in irgendwelche Aktivitäten involviert sind, die unter die Jurisdiktion der ÖTO und ergänzender Bestimmungen des OEPS und der LFV fallen, sind der Zuständigkeit der Organe der Rechtsordnung unterworfen.

Abs 3: Streitigkeiten, die aus der oben erwähnten Tätigkeit oder Funktion resultieren, unterliegen dieser Rechtsordnung. Ausgenommen hievon sind nur Streitigkeiten gemäß den Satzungen des OEPS aus dem Vereinsverhältnis des OEPS zu ordentlichen Mitgliedern des OEPS (das sind die LFV), bei denen das Schiedsgericht gemäß den Satzungen des OEPS zuständig ist.

Abs 4: Vergehen gegen die Grundsätze sportlich-fairer Haltung und gegen das Wohl des Pferdes können durch Ordnungsmaßnahmen geahndet werden, unabhängig davon, ob sie sich während einer pferdesportlichen Veranstaltung oder außerhalb derselben ereignen.

Abs 5: Schiedsgerichte bei pferdesportlichen Veranstaltungen, Schiedsgerichte der LFV, der Strafausschuss des OEPS und das Schiedsgericht des OEPS entscheiden über Einsprüche und Ordnungsmaßnahmen. Es handelt sich nicht um Schiedsgerichte im Sinne der Zivilprozessordnung.

Abs 6: Ordentliche Gerichte dürfen nicht angerufen werden, soweit und solange die Zuständigkeit eines Schiedsgerichtes der RO oder des Strafausschusses des OEPS begründet ist. Werden ordentliche Gerichte nach Ausschöpfung des verbandsinternen Instanzenzuges und Rechtskraft der ergehenden Entscheidung nicht binnen vier Wochen nach Zustellung der letztinstanzlichen Entscheidung angerufen, so gilt dies als Verzicht.

Abs 7: Werden dem Personenkreis gem Abs 1 Tatsachen bekannt, die den Verdacht eines Vergehens gegen das Tierschutzgesetz oder die ethischen Grundsätze des Pferdefreundes oder eines sonstigen strafbaren Verhaltens rechtfertigen, kann ungeachtet des Abs 6 eine Sachverhaltsdarstellung an die Strafbehörde erstattet werden.

In § 2001 Abs 3 ÖTO Rechtsordnung wird auf das „Schiedsgericht gemäß den Satzungen des OEPS" verwiesen; daher muss damit „das Schiedsgericht" des OEPS gem 20. OEPS-Satzungen gemeint sein, welches wie oben bereits besprochen VerG-widrig in den Dachverbandsstatuten erstens nicht die Art der Schlichtung von Streitigkeiten aus dem Vereinsverhältnis enthält (§ 3 Abs 2 Z 10 VerG) und zweitens nicht die Zusammensetzung und die Art der Bestellung der Mitglieder der Schlichtungseinrichtung unter Bedachtnahme auf deren Unbefangenheit regelt (§ 8 Abs 2 S 1 VerG) sowie drittens entgegen dem VerG den „Ausschluss des Rechtsweges" vorsieht (§ 8 Abs 1 S 2 und 3 VerG).

Der Folgeabsatz, also § 2001 Abs 4 ÖTO Rechtsordnung, ist für den OEPS die vermeintlich ausreichende Grundlage, um Sanktionen („Ordnungs-maßnahmen") infolge von Disziplinarvergehen vor allem gegenüber Nicht-mitgliedern (Reitsportlern) verhängen zu können (§ 2012 ff ÖTO Rechts-ordnung).

Die in § 2001 Abs 5 ÖTO Rechtsordnung angeführten „Organe der Rechtsordnung", nämlich Schiedsgerichte bei pferde-sportlichen Ver-anstaltungen, Schiedsgerichte der LFV, der Strafausschuss des OEPS und das Schiedsgericht des OEPS – allesamt nicht Schiedsgerichte iSd ZPO – entscheiden über Einsprüche und Ordnungsmaßnahmen. Wenn es sich hierbei nicht um ZPO-Schiedsgerichte handelt, sind es dann „Schieds-gerichte" bzw eigentlich „Schlichtungseinrichtungen"[1046] des OEPS gem § 3 Abs 2 Z 10 iVm § 8 VerG? Nein, denn „Schiedsgerichte" bzw eigentlich „Schlichtungseinrichtungen" gem § 3 Abs 2 Z 10 iVm § 8 VerG müsste der OEPS VerG-konform in seinen Satzungen einrichten.

Ebenso geht zB aus der OGH E 7 Ob 139/07b eindeutig hervor, dass gem § 8 Abs 1 VerG jeder Verein eine entsprechende Schlichtungs-einrichtung zu schaffen hat und seine Mitglieder verpflichten muss, im Fall einer Rechtsstreitigkeit aus dem Vereinsverhältnis diese Schlichtungs-einrichtung anzurufen, ehe vor dem ordentlichen Gericht geklagt werden kann.[1047] Überdies „richten" sich die in § 2001 Abs 5 ÖTO Rechtsordnung angeführten „Organe der Rechtsordnung"[1048] mit dem Wortbestandteil „Schieds", nämlich Schiedsgerichte bei pferdesportlichen Veranstaltungen, Schiedsgerichte der LFV und das Schiedsgericht des OEPS, VerG-widrig nicht einmal „nur" an die OPEPS-Mitglieder (also die LFV), sondern vor-rangig an dessen Nichtmitglieder, wie zB Reitsportler und Wettkampf-veranstalter. Einmal mehr ist daher der Schluss zu ziehen, dass im Verhältnis zwischen OEPS und dessen Nichtmitgliedern, den Reitsportlern, die gesamte ÖTO lediglich als Allgemeine Geschäftsbedingungen zu qualifizieren ist, und der zwischen diesen Vertragspartnern zustande kommende Wettkampf-teilnahmevertrag im Lichte des Zivilrechts bzw des KSchG zu beurteilen ist.

Anhand des nachfolgenden „Organs der Rechtsordnung" seien sowohl weitere VerG-Widrigkeiten der verbandlichen Normenordnung des OEPS als auch dessen Tendenzen in Richtung „Privatgesetzgebung, -steuerforderung, -gerichtsbarkeit und -strafvollzug" gezeigt. Wie verhalten sich das „Schieds-gericht gemäß den Satzungen des OEPS (20. OEPS-Satzungen)" laut § 2001 Abs 3 ÖTO Rechtsordnung und „das Schiedsgericht des OEPS" laut § 2001 Abs 5 ÖTO Rechtsordnung zueinander? Ist damit ein und dasselbe „Organ" des OEPS gemeint, einmal mit den „Kompetenzen" gem OEPS-Satzungen und das andere Mal mit denen gem ÖTO Rechtsordnung?[1049] Unter der

---

1046 S *Höhne/Jöchl/Lummerstorfer*, Recht[3] 296.
1047 OGH 04.07.2007, 7 Ob 139/07b = ecolex 2007, 870; sa krit *Keinert*, Mitglieder-versammlung 116 ff, welcher unter Bezugnahme auf die EB die Schlichtungs-obliegenheit krit sieht.
1048 Diese sind „Nichtorgane" des OEPS, da sie samt ihren Aufgaben nicht in dessen Satzungen, sondern nur in der sonstigen Vereinsregel ÖTO angeführt bzw geregelt sind.
1049 Die ÖTO Rechtsordnung ist (auch) bezüglich der LFV in sich widersprüchlich: Gem § 2001 Abs 2 ÖTO Rechtsordnung sind auch die LFV der Zuständigkeit der Organe der Rechtsordnung unterworfen, also auch dem „Schiedsgericht des

(begründeten[1050]) Annahme, dass es „nur" ein, nämlich „das Schiedsgericht des OEPS" gibt, unabhängig davon, wo (also in den OEPS-Satzungen und/ oder in der ÖTO Rechtsordnung), in welchem Umfang dessen Zusammensetzung und Kompetenzen angeführt sind, ist zu diesem „Schiedskonstrukt" des OEPS Folgendes auszuführen: Indem der OEPS die Zusammensetzung und Kompetenzen seines Schiedsgerichts in seiner sonstigen Vereinsregel (ÖTO Rechtsordnung) normiert, anstatt ausschließlich in seinen Satzungen, verstößt er (wiederum) gegen § 3 Abs 2 Z 10 iVm § 8 VerG.

In § 2007 ÖTO Rechtsordnung – betitelt mit „Schiedsgericht des OEPS" – legt der OEPS fest: „Das Schiedsgericht des OEPS besteht aus einem Vorsitzenden und bis zu zwei Stellvertretern sowie bis zu neun weiteren Mitgliedern. Der Vorsitzende und die Stellvertreter sollen nach Möglichkeit ausübende oder pensionierte Richter, Staats- oder Rechtsanwälte bzw Mediatoren mit abgeschlossenem juristischem Hochschulstudium sein (Abs 1). Den Vorsitzenden und dessen Stellvertreter bestellt das Präsidium des OEPS. Jeder LFV ist berechtigt, ein Mitglied zu nominieren (Abs 2). Mitglieder eines Schiedsgerichtes der LFV, des Strafausschusses des OEPS und Disziplinaranwälte dürfen als Mitglieder des Schiedsgerichtes des OEPS nicht bestellt werden (Abs 3). Die Geschäftsordnung wird vom Vorsitzenden und dessen Stellvertreter(n) erlassen (Abs 4). Die Mitglieder werden vom Präsidium mit der gleichen Funktionsperiode wie die der Bundesreferenten bestellt (Abs 5). Bei einer Befangenheitseinrede über eines der Schiedsgerichtsmitglieder entscheidet der Vorsitzende. Betrifft die Befangenheitseinrede den Vorsitzenden, entscheidet der Präsident des OEPS (Abs 6). Das Schiedsgericht des OEPS entscheidet in der Besetzung von drei Mitgliedern einschließlich des Vorsitzenden (Abs 7). Die Mitglieder sind unabhängig und nicht weisungsgebunden (Abs 8)."

Es ist daher festzustellen: Der Sportdachverband normiert selbst, dass „das Schiedsgericht des OEPS" keines gem §§ 577 ff ZPO ist[1051]; dieses „Schiedsgericht" sowie die weiteren „Organe der Rechtsordnung" entsprechen weiters nicht dem VerG, sind also insbesondere keine „Schlichtungseinrichtungen" gem § 8 VerG; insbesondere die „Organe der Rechtsordnung" mit dem Wortbestandteil „Schieds" können daher auch nicht VerG-zulässig in

---

OEPS" laut § 2001 Abs 5 ÖTO Rechtsordnung. Gem § 2001 Abs 3 ÖTO Rechtsordnung jedoch sind von der Unterworfenheit unter diese (ÖTO) Rechtsordnung „nur Streitigkeiten gemäß den Satzungen des OEPS aus dem Vereinsverhältnis des OEPS zu ordentlichen Mitgliedern des OEPS (das sind die LFV), bei denen das Schiedsgericht gemäß den Satzungen des OEPS zuständig ist, ausgenommen." Das „Schiedsgericht gemäß den Satzungen des OEPS" ist zur Schlichtung von aus dem Verbandsverhältnis entstehenden Streitigkeiten zuständig (20. OEPS-Satzungen). Wären Streitigkeiten zwischen dem OEPS und einem LFV iZm Turnieren bzw Fragen/Auslegungen etc der ÖTO Rechtsordnung nun „aus dem Verbandsverhältnis entstehende Streitigkeiten", oder nicht?

1050 S zB die folgende Bestimmung: Die Meldestelle und die Sekretariate der LFV und des OEPS sind gleichzeitig Geschäftsstellen der entsprechenden Schiedsgerichte und des Strafausschusses des OEPS sowie des Disziplinaranwaltes (§ 2011 ÖTO Rechtsordnung).

1051 *K. Heller*, Kernaufgaben 250, zufolge ist Schiedsgerichtsbarkeit eine auf Privatautonomie gestützte Institution. Im Gegensatz dazu beruht das Privatjustizsystem des OEPS gegenüber Nichtmitgliedern auf dessen heteronomer Gestaltung.

ein „Vereins-/Verbandsverhältnis" zwischen OEPS und seine Nichtmitglieder, Reitsportler, Wettkampfveranstalter etc, „umgedeutet" werden. Überdies haben die Nichtvereinsmitglieder gegenüber dem OEPS in Hinblick auf „das Schiedsgericht des OEPS" sowie „das Schiedsgericht (des) LFV" (§ 2005 ÖTO Rechtsordnung) so gut wie keine (wirksamen) Rechte auf Nominierung der „Schiedsrichter" bzw „Schlichter". Es liegt nahe, dass vom OEPS mit Bedacht ausgewählte Personen (Vereinsdominatoren) in derartige „Schiedsgremien" des OEPS entsandt werden und dort vorrangig im Interesse des OEPS „agieren".[1052] Die Kosten dieser „Schiedskörper", welche weder Schlichtungseinrichtungen gem VerG, noch Schiedsgerichte gem §§ 577 ff ZPO sind, sondern wohl eine Art „Privatjustiz" – heteronom eingerichtet zur Geldstrafenverhängung und Disziplinierung – darstellen, tragen direkt bzw indirekt die Reitsportler, s § 2032 ÖTO Rechtsordnung.

Dass derartige „Schieds-" bzw tatsächlich „Bestrafungsverfahren" (ohnehin) nicht mit § 8 VerG (Unbefangenheit der Mitglieder der Schlichtungseinrichtung; beiderseitiges Gehör) in Einklang stehen (werden), ist wohl aus den folgenden Regelungen, nämlich § 2018 ÖTO Rechtsordnung – übertitelt mit „Verfahren vor den Schiedsgerichten und dem Strafausschuss des OEPS"– ersichtlich: „Das Verfahren vor den Schiedsgerichten und dem Strafausschuss des OEPS ist nach folgenden Grundsätzen zu führen (Abs 4): Das Schiedsgericht und der Strafausschuss des OEPS entscheiden nach mündlicher Verhandlung (Abs 4.1). Die Verhandlung ist öffentlich. Der Vorsitzende kann Zuhörern, die keinem dem OEPS mittelbar oder unmittelbar angeschlossenen Verein angehören, die Anwesenheit untersagen (Abs 4.2.). Als Vertreter eines Beteiligten oder Beschuldigten sind nur Mitglieder eines dem OEPS mittelbar oder unmittelbar angeschlossenen Vereines oder Vertreter rechtsberatender Berufe zugelassen. Es ist eine schriftliche Vollmacht vorzulegen. Minderjährige haben in Begleitung des gesetzlichen Vertreters zu erscheinen (Abs 4.3.). Die Vorbereitung der mündlichen Verhandlung obliegt dem Vorsitzenden. Er entscheidet nach pflichtgemäßem Ermessen, ob und welche Zeugen und Sachverständige geladen und vernommen werden sollen (Abs 4.4.). Das Verfahren vor den Schiedsgerichten und dem Strafausschuss des OEPS regelt sich nach deren freiem Ermessen (Abs 4.11.)." Die Reitsportler als Teilnehmer am Markt der Wettkampfveranstaltungen werden vom OEPS im Rahmen eines scheinbar gegebenen „Vereins-/Verbandsverhältnisses", tatsächlich jedoch außerhalb sowohl des VerG als auch eines Verfahrens gem §§ 577 ZPO umfassend diszipliniert, damit sie sich seinen „Allgemeinen Geschäftsbedingungen" vulgo ÖTO unterwerfen. Die ÖTO-Schiedsgerichte sind nach dem Vorbild der Gerichte der JN/ZPO bzw der StPO obrigkeitlich konzipiert, mithilfe derselben wird weder „geschlichtet", noch „schiedsgerichtet", sondern schlichtweg über Verbandsuntertanen „gerichtet".

Als ein weiteres der zahlreichen Beispiele für das heteronome, quasi-etatistische Auftreten des OEPS gegenüber den Reitsportlern mit „Zurichtungscharakter" sei § 2019 ÖTO Rechtsordnung – Undiszipliniertes Verhalten, unentschuldigtes Fernbleiben – angeführt: „Zur Aufrechterhalten der Ordnung bei mündlichen Verhandlungen und im Schriftverkehr sowie

---

1052 S dazu eindeutig zB *Höhne/Jöchl/Lummerstorfer*, Recht[3] 286 f.

bei unentschuldigtem Fernbleiben kann das Schiedsgericht bzw der Strafausschuss des OEPS für Personen, die der ÖTO unterstehen, ein Ordnungsgeld gem Gebührenordnung verhängen, im Übrigen gegen alle Verfahrensbeteiligte den Ausschluss von der Verhandlung anordnen. Außerdem können dem unentschuldigt Ferngebliebenen, wenn er der ÖTO untersteht, die dadurch verursachten Kosten auferlegt werden." Es hat bzw ist offenbar System, dass die Nichtmitglieder für die an ihnen gepflogene Disziplinierung auch noch zahlen müssen. Damit die „Verbandsmacht" auch möglichst öffentlichkeitswirksam demonstriert wird, hat der OEPS die (weltweite) Veröffentlichung von Ordnungsmaßnahmen (in der Zeitschrift pferderevue) gesondert in seiner verbandlichen Normenordnung geregelt (§ 2022 ÖTO Rechtsordnung, s sogleich). § 16 iVm § 879 ABGB scheinen hierbei keine Rolle zu spielen.[1053]

Die/eine „Prangerwirkung" gegenüber Nichtmitgliedern wie Reitsportlern wird zB durch folgende Bestimmungen erzielt: „Ordnungsmaßnahmen sind unmittelbar nach Wahrnehmung eines Fehlverhaltens zu verhängen und sofort durch Anschlag und/oder Lautsprecher bekannt zu machen" (§ 2016 Abs 4 ÖTO Rechtsordnung, Befugnisse des Turnierbeauftragten und der Richter). Eine derartige „Bestrafungsmacht", die sich sofort, ohne Reaktionsmöglichkeit für das „Sanktionsopfer" zeigt, ist ungemein wirksam. Die diesbezügliche „Zentralbestimmung" ist § 2022 ÖTO Rechtsordnung – übertitelt mit „Anordnung einer Ordnungsmaßnahme, Veröffentlichung": „Die Ordnungsmaßnahme kann bei Anwesenheit des Beschuldigten durch mündliche Verkündung der Entscheidung, im Übrigen durch schriftliche Ausfertigung verhängt werden. Die Entscheidung ist mit Begründung dem Beschuldigten innerhalb von zwei Monaten schriftlich zu übermitteln. Zur Fristwahrung genügt die rechtzeitige Absendung (Datum des Poststempels), Abs 1. Eine Ordnungsmaßnahme wegen Misshandlung eines Pferdes kann sofort mündlich verhängt werden und bedarf keiner schriftlichen Begründung (Abs 2). Die Ordnungsmaßnahme muss das zugrunde liegende Vergehen unter Angabe von Ort und Zeit genau bezeichnen

---

1053 Ebenso gilt, dass ein Reitsportler, der ein Pferd kauft und in weiterer Folge damit an Wettkämpfen nach dem OEPS-Regime teilnimmt, dann nur mehr deutlich eingeschränkt über das Pferd verfügen kann; ausgehend von § 10 Abs 1 ÖTO Allgemeine Bestimmungen (Grundsätzlich müssen alle an nationalen Turnieren in Österreich teilnehmenden Pferde von ö Reitern im Pferderegister des OEPS eingetragen sein.) schreiben dem Reitsportler zahlreiche verbandsadministrative Bestimmungen vor, Anträge und Nachweise, vielfach mit Kosten verbunden, zu stellen bzw beizubringen. S idZ zur Freiheit betreffend die Disposition über Produktionsfaktoren, zur diesbezüglichen Drittwirkung sowie zu einer möglichen „Eigentumseinschränkung" *Korinek*, Freiheiten Rz 34, 43 ff, 50 ff; sowohl für Reitsportler in Hinblick auf ihre Pferde, als auch für Wettkampfveranstalter in Hinblick auf ihre Reitanlagen gilt laut *Bußjäger*, Schutz des Eigentums in *Heissl* (Hrsg), Handbuch Menschenrechte (2009) 384: „Der Eigentumsschutz kann sich in einer modernen Gesellschaft auch nicht in einer Garantie einer bloßen Entschädigung im Falle von Eingriffen des Staates in das Eigentum erschöpfen. Er bezieht sich vielmehr auf das konkrete Vermögensobjekt und die damit verknüpfte Freiheit der Vermögensnutzung. Grundrechtliches Eigentum ist also Schutz der vermögensrechtlichen Privatautonomie und Privatinitiative im Hinblick auf bestimmte Vermögensobjekte."

(Abs 3). Ordnungsmaßnahmen mit Ausnahme der Verwarnung sind, sobald sie verbandsintern rechtskräftig geworden sind, ebenso wie vorläufige Maßnahmen, unter Angabe des Grundes in den offiziellen Mitteilungen des OEPS zu veröffentlichen. Sämtliche verhängte Ordnungsmaßnahmen und vorläufige Maßnahmen sind dem jeweiligen LFV und dem OEPS unverzüglich mitzuteilen (Abs 4)."

Abgesehen davon, dass die „Offiziellen Mitteilungen" des OEPS in der Zeitschrift „pferderevue. Das österreichische Pferdemagazin" im Zeitschriftenhandel erhältlich sind und damit über die/eine „Verbandsöffentlichkeit" hinausgehen, gewissermaßen in Richtung „Weltöffentlichkeit", werden Reitsportler nach ihrem verbandlichen „Outing" als „Täter" (§ 2015 ÖTO Rechtsordnung) oder gar als „Rückfallstäter", bei denen überdies die „Wohltat" eines OEPS-präsidentiellen „Gnadenerweises" ausgeschlossen ist (§ 2033 ÖTO Rechtsordnung, Gnadenrecht), nach einem entsprechenden, „verbandsinternen Verfahren" für ein allfälliges Verfahren vor den ordentlichen Gerichten wohl „verbandsgünstig hergerichtet" sein. Indem „das Verfahren im Verband" möglichst langwierig gestaltet wird, „zielt" der OEPS anscheinend auf die Fristen gem § 8 VerG „ab" (obwohl im Verhältnis zu Reitsportlern jedenfalls das Konsumentenschutzrecht vorgehen wird);[1054] so regelt der Sportdachverband in § 2012 Abs 2.13 ÖTO Rechtsordnung, dass jemand, der „eine Streitigkeit vor ein ordentliches Gericht bringt, soweit und solange zu deren Entscheidung ein Schiedsgericht vorgesehen ist, ein Disziplinarvergehen begeht," und in weiterer Folge bestraft werden kann. Obwohl derartige „Verbandsverfahren" insbesondere konsumentenschutzrechtlich weder zulässig noch grundsätzlich zumutbar sind, soll mit dem Reitsportler anscheinend so lange „verbandsverfahren" werden, bis ihm – vermeintlich – die vereinsgesetzlichen Fristen entgegen gehalten werden können.

Das offenbar staatsähnliche Selbstverständnis des OEPS manifestiert sich auch in § 2025 ÖTO Rechtsordnung, Ordnungsliste: „Der OEPS führt eine Ordnungsliste, in die verbandsintern rechtskräftige Ordnungsmaßnahmen einzutragen sind (Abs 1). Bei der Eintragung in die Ordnungsliste sind zu vermerken: Name, Anschrift und Mitgliedsnummer des Betroffenen; das Organ, das die Ordnungsmaßnahme verhängt hat; das Datum der Verhängung; Art, Umfang und Begründung der Ordnungsmaßnahme; Nummer und Seite der Veröffentlichung in den offiziellen Mitteilungen des OEPS (Abs 2). Den mit der Einleitung oder Durchführung eines Verfahrens befassten Organen ist vom OEPS Einsicht zu gewähren bzw Auskunft zu geben (Abs 3). Eine Ordnungsmaßnahme ist nach Ablauf von fünf Jahren nach Beendigung ihrer Vollstreckung zu löschen und unbeachtlich (Abs 4)."

Der „verbandsinterne Instanzenzug" (§ 2001 Abs 6 ÖTO Rechtsordnung) wird nicht nur durch die bereits mehrfach angeführten „Organe der Rechtsordnung" gem § 2001 Abs 5 ÖTO Rechtsordnung „bespielt", sondern als weitere „Organe" werden gem § 2002 Abs 1.1 ÖTO Rechtsordnung noch „der Turnierbeauftragte, der eingesetzte Richter oder die Richtergruppe eines Bewerbes für technische und disziplinäre Ent-

---

1054 S dazu *Keinert*, Mitgliederversammlung 129.

scheidungen" tätig (sein müssen[1055]). Je länger Nichtmitglieder in einem verbandlichen „Verfahrensdickicht" gehalten werden können, desto nachhaltiger kann die „Verbandsgewalt" ausgeübt werden. Insofern sind gem § 2002 ÖTO Rechtsordnung (Organe der Rechtsordnung und sachliche Zuständigkeit) zwei Instanzen vorgesehen. Die gewissermaßen „staatsanwaltliche Komponente" im „verbandlichen Staat im Staat" verkörpern die Disziplinaranwälte der LFV und der Disziplinaranwalt OEPS, welche mit „Vorerhebungen" bzw „Verfolgungshandlungen" auf mutmaßliche „disziplinäre Vergehen" reagieren können (§ 2008 und 2009 ÖTO Rechtsordnung).[1056] Da die „Tatbestände" der „Disziplinarvergehen" zum Teil sehr unbestimmt gefasst sind, können Reitsportler, vor allem widerständige (welche vielleicht Zahlungen an den OEPS nicht leisten wollen), recht rasch entsprechend „verbandsbehandelt" werden: „Disziplinarvergehen gegen die Grundsätze sportlich-fairer Haltung, gegen das Wohl des Pferdes und gegen sonstige Bestimmungen der ÖTO, können durch Ordnungsmaßnahmen geahndet werden, egal, ob sie im In- oder Ausland begangen werden (§ 2012 Abs 1 ÖTO Rechtsordnung)."[1057] Die ÖTO Rechtsordnung und das entsprechende verbandliche Handeln orientieren sich offenbar an zivil-, steuer-, verwaltungsstraf- und justizstrafrechtlichen Regelungen des Staates. Auf der Basis der ÖTO Rechtsordnung können geradezu „kafkaeske Verfahren" iSv „Undurchschaubarkeit, Ausgeliefertsein und Dilatorik" abgehalten werden, kurz all das, was mit einem anderen, als dem/einem rechtsstaatlichen Vorgehen assoziiert werden kann.

3.2. Die Reitsportler als Konsumenten

Der OEPS als „Oberturnierveranstalter" betreibt/bestimmt/dominiert österreichweit das Unternehmen „Turnierveranstaltungen"; in seinem Namen bzw unter seiner permanenten Aufsicht und bestimmenden Einwirkung

---

1055 Sollten diese Personen bzw -gruppen, allesamt grundsätzlich nicht Mitglieder des OEPS, dennoch nicht im Auftrag bzw bzw Sinn des Sportdachverbandes tätig werden (zB wenn es darum geht, Druck auf einen Reitsportler auszuüben, damit dieser Geldforderungen des OEPS bezahlt), dann haben/hätten sie ebenfalls mit „Verbandsverfahren" wegen „Disziplinarvergehen" (§ 2012 ff ÖTO Rechtsordnung) zu rechnen; als Sanktionen kommen zB Geldstrafen und/oder Funktionsverbote in Frage.

1056 Eine (wohl unabsichtliche) Demaskierung scheint dem OEPS bei den Disziplinaranwälten der LFV und dem Disziplinaranwalt OEPS „passiert" zu sein. Während die „obrigkeitlich", also durch die LFV bzw den OEPS, bestellten Mitglieder des Schiedsgerichts LFV und des Schiedsgerichts OEPS „unabhängig und nicht weisungsgebunden sind" (§§ 2005 Abs 7 und 2007 Abs 8 ÖTO Rechtsordnung), sind die „Staatsanwaltsnachbildungen" bei den LFV und dem OEPS nur „nicht weisungsgebunden" (§§ 2008 Abs 3 und 2009 Abs 3 ÖTO Rechtsordnung). Demnach sind diese wohl „abhängig". Im wahrsten Sinn „unabhängig" jedoch davon, was diesbezüglich für „Attribute" für Mitglieder von „Organen der Rechtsordnung" bzw diese selbst in die ÖTO Rechtsordnung geschrieben werden, wird es sich wohl bei der Mehrzahl der solcherart „Tätigen" um Vereinsdominatoren handeln.

1057 Die etwas „konkreteren" Tatbestände gem § 2012 Abs 2 ÖTO Rechtsordnung sind bereits unter IV.3.3.2.3. angeführt.

werden unternehmensbezogene Geschäfte abgeschlossen und abgewickelt. Die Turnierveranstalter (Reitstallbetreiber etc) als (Mit)Unternehmer sind dem Organisations- und Vertriebssystem des OEPS vollständig untergeordnet. Der Wettkampfdurchführungsvertrag zwischen diesen beiden Unternehmern besteht im Wesentlichen in den Allgemeinen Geschäftsbedingungen des Sportdachverbandes, im Kern der ÖTO, sowie überdies der gesamten anderen verbandlichen Normenordnung des OEPS. Diesen beiden, unterschiedlich durchsetzungsstarken Unternehmern steht der Reitsportler als Konsument gegenüber, welcher mit ihnen den Wettkampfteilnahmevertrag abschließt. Nicht aber befindet sich der Reitsportler zum OEPS in einem Mitgliedschaftsverhältnis,[1058] weswegen auf die Sonderbestimmung § 1 Abs 5 KSchG[1059] nicht weiter eingegangen werden muss[1060], sondern das gesamte KSchG uneingeschränkt auf das gegenständliche Vertragsverhältnis anzuwenden ist.[1061]

Das Unternehmerangebot, also das jeweils ausgeschriebene Turnier, ist in sämtlichen wesentlichen Details nach den Vorgaben des OEPS gestaltet, weiters durch dessen Genehmigung freigegeben und schließlich der sportdachverbandlichen, jederzeitigen eingriffspotentiellen, Kontrolle unterworfen. Der Reitsportler hat sich, dem „Gebaren" des OEPS gemäß, mit der Annahme dieses Angebots, welche vorgegebenermaßen durch die Nennung (§ 26 ff ÖTO Allgemeine Bestimmungen) geschieht, ebenfalls sämtlichen sportdachverbandlichen Normen (bedingungslos[1062]) zu unterwerfen. Der OEPS legt in seinen Allgemeinen Geschäftsbedingungen dazu ausdrücklich fest: „Mit der Abgabe der Nennung erkennen Nenner,

---

1058 „Die Vermarktlichung aller Lebensbereiche", so *Prisching*, Freiheiten 234 f, hat auch vor dieser Sportart nicht Halt gemacht. Vertretbar erscheint die Position, dass die Mitgliedschaft des Sportlers beim Reitverein (erste und zweite Ebene des verbandlich organisierten Reitsports, s Anlage II) gegenüber dem Verhältnis zwischen Sportler und OEPS (erste und vierte Ebene des verbandlich organisierten Reitsports, s Anlage II) längst in den Hintergrund tritt und bestenfalls bzw bestens als „Schleier" für eine Marktbeherrschung und sonstige Machtausübung dient. Zwischen Sportler und OEPS liegt ein Leistungsaustausch (s dazu *Rummel*, Privates Vereinsrecht 822), freilich auf der Basis nahezu kaum vorhandener Privatautonomie bei der natürlichen Person, dafür aber zwangsbewehrter Gestaltungsmacht beim Sportdachverband vor.

1059 S zur KSchG-Problematik im Verhältnis Verein und Vereinsmitglied zB: *Terlitza/Weber*, Zur Schiedsfähigkeit gesellschaftsrechtlicher Streitigkeiten nach dem SchiedsRÄG 2006, ÖJZ 2008, 6 f, zufolge „erscheint der Befund Niederbergers, dass das KSchG im Mitgliedschaftsverhältnis zu einem Verein nicht grundsätzlich unanwendbar sei, jedoch in praxi kaum ein Sachverhalt vorstellbar sei, aufgrund dessen sich der Tatbestand verwirklichen könnte, zumindest zweifelhaft." (Anm: Bezug genommen wird auf *Niederberger*, Verein, 116 ff.) Sowie *Mayrhofer/Nemeth* in Fenyves/Kerschner/Vonkilch (Hrsg), Klang³. KSchG (2006) § 1 KSchG Rz 23.

1060 S *Höhne/Jöchl/Lummerstorfer*, Recht³ 84 f, sowie *Krejci/S. Bydlinski/Weber-Schallauer*, Vereinsgesetz² § 1 Rz 44 ff.

1061 S grundlegend *Mayrhofer/Nemeth* in Fenyves/Kerschner/Vonkilch (Hrsg), Klang³ § 1 KSchG Rz 1 ff, Rz 37.

1062 S dazu § 28 Abs 5 ÖTO Allgemeine Bestimmungen: Mit der Nennung verbundene Vorbehalte des Nenners sind für den Veranstalter nicht verbindlich.

Pferdebesitzer[1063] und Teilnehmer die ÖTO und die Ausschreibung als verbindlich an (§ 26 Abs 7 ÖTO Allgemeine Bestimmungen)." Der OEPS kann seine Rolle und Verantwortung als dominierender Unternehmer des Geschäftszweiges „Turnierveranstaltungen" auch nicht durch zB folgende Bestimmung in seinen Allgemeinen Geschäftsbedingungen „verschleiern": „Der OEPS fungiert als Inkassostelle im Namen des Veranstalters. Wird vom Nenner ein zu geringer Betrag eingezahlt, tritt der OEPS gegenüber dem Veranstalter in Vorlage und fordert den ausstehenden Betrag zusammen mit einer Bearbeitungsgebühr vom Nenner nach (§ 26 Abs 2.4 ÖTO Allgemeine Bestimmungen)." Es liegt demgegenüber vielmehr auf der Hand, dass der OEPS seinen untergeordneten „Mitunternehmer", den Turnierveranstalter, normativ dazu anhält, vom gemeinsamen Kunden, also dem Reitsportler (als Konsument), Leistungen im dachverbandlichen Interesse einzufordern, s zB § 28 Abs 1 S 5 f ÖTO Allgemeine Bestimmungen: „Offene Beträge, die die Sperre bewirkten, hat die Meldestelle vom Gesperrten zu übernehmen. Hierüber ist eine Mitteilung an den OEPS zu erstatten und der Betrag zu überweisen. Die Meldung hat gleichzeitig mit der Übersendung der turnierrelevanten Daten (Ergebnislisten, etc) zu erfolgen." Mit der Nennung (bzw Nachnennung) des Reitsportlers und deren Annahme durch den OEPS bzw den Turnierveranstalter[1064] ist daher der Wettkampfteilnahmevertrag zwischen Konsument und Unternehmer zustande gekommen. Als ein wesentliches Merkmal für den Reitsportler gilt freilich, dass er weder vor dem Wettkampf (also mit der Nennung) noch während bzw nach demselben mit fixen Kosten rechnen/kalkulieren kann, denn insbesondere aufgrund der Strafbestimmungen iVm den Gebühren der ÖTO liegt das letztliche Preisbestimmungsrecht faktisch beim OEPS.[1065]

1063 Die Tendenz des OEPS, alle und jeden an sich zu binden bzw sich normativ und faktisch zu unterwerfen, geht auch aus der Anführung der „Pferdebesitzer" (richtigerweise sind damit wohl „Pferdeeigentümer" gemeint) in dieser ÖTO-Bestimmung hervor; denn „Pferdebesitzer" müssen überhaupt keine Berührungspunkte zum OEPS haben (also zB nicht einmal in Form eines zweiten Grundverhältnisses, nämlich natürliche Person und Dachverband), was auch die Bestimmung betreffend die/eine verantwortliche Person zeigt, § 9 ÖTO Allgemeine Bestimmungen: „Als für ein Pferd verantwortliche Person im Sinne der ÖTO gilt diejenige Person, auf welche das Pferd beim OEPS registriert ist; während einer pferdesportlichen Veranstaltung ist der Reiter, Fahrer oder Longenführer/Voltigierer verantwortlich (Abs 1). Die verantwortliche Person muss mittelbar oder unmittelbar dem OEPS angehören (Abs 2). Ein Wechsel der verantwortlichen Person ist dem OEPS unverzüglich anzuzeigen (Abs 3)." Die verantwortliche Person soll nach den Normvorstellungen des OEPS anscheinend so etwas wie ein „mittelbares Mitglied" sein. Der Pferdebesitzer muss gem § 9 ÖTO Allgemeine Bestimmungen demzufolge kein mittelbares (oder angeschlossenes) Mitglied sein, er muss dem OEPS für die Pferderegistrierung nur eine verantwortliche Person angeben. Mit § 26 Abs 7 ÖTO Allgemeine Bestimmungen versucht der OEPS offenbar auch den Pferdebesitzer (hinsichtlich dessen eben nicht einmal ein zweites Grundverhältnis gegeben ist) unter seine Verbandsnormen zu zwingen.
1064 S dazu § 28 ÖTO Allgemeine Bestimmungen.
1065 S zB *Bürge*, JBl 1989, 687.

Zwischen OEPS und Reitsportler ist das zweite Grundverhältnis (Dachverband/natürliche Person) gegeben. Der am Wettkampf teilnehmende Reitsportler hat es als Konsument mit dem Unternehmer OEPS zu tun; dessen Handeln ist unter § 1 UGB zu subsumieren.[1066] Der Sportdachverband geht einer auf Dauer angelegten Organisation selbständiger wirtschaftlicher Tätigkeit nach; er bietet auf dem Markt „Turnierveranstaltungswesen" laufend wirtschaftlich werthafte Leistungen (Anordnung, Genehmigung, Kontrolle und Strafe, wie oben bereits dargestellt) gegen (Zwangs)Entgelt an und erbringt sie auch; dies alles planmäßig unter zweckdienlichem Einsatz materieller und immaterieller Mittel und unter Mitwirkung einer arbeitsteilig kooperierenden (sportdachverbandlich diszipliniert en) Personengruppe.[1067] Allerdings ist der OEPS bemüht, seine diesbezüglichen „Aktivitäten" auf das VerG zu stützen bzw sie in ein vorrangig vereinsgesetzliches „Kleid zu hüllen"[1068]; dementsprechend wird vom Sportdachverband zwischen sich und den Reitsportlern ein (quasi)-mitgliedschaftliches Verhältnis samt Verbands- und Strafgewalt konstruiert, welchem sich die Nichtmitglieder aufgrund entsprechender „Unterwerfungen" gefügt hätten.[1069] Vielmehr (rechts)richtig ist jedoch zwischen Sportdachverband und den Reitsportlern als dessen Nichtmitglieder das Sonderprivatrecht des Konsumentenschutzes und subsidiär allgemeines Zivilrecht, hier insbesondere § 879 ABGB, anzuwenden.[1070] Und dabei ist

---

1066 S dazu *Dehn*, Der Unternehmer nach den §§ 1 ff UGB, ÖJZ 2006, 44.

1067 S zB *Dehn* in Krejci, Unternehmensgesetzbuch § 1 UGB 44 ff; *Karollus*, Auswirkungen 6 ff; *Kossak*, Vereinsrechtliche Haftungen 33 ff; sowie OGH 30.03.2006, 8 Ob 128/05i = RdW 2006, 563; Die Frage, „Was ist ein Verbrauchergeschäft?", wird in VKI, Konsumentenschutzgesetz - KSchG ist am 1.10.2009 30 Jahre alt, VRInfo 2009 H 10, 3, wie folgt beantwortet: „Jedes Geschäft zwischen einem Verbraucher und einem Unternehmer." Weiters ist dortselbst ausgeführt: „Als unklar war, ob das KSchG auch auf den Beitritt zu dubiosen Vereinen anzuwenden sei, hat der Gesetzgeber 1999 im Lichte von Gerichtsverfahren des VKI, eine Klarstellung getroffen."

1068 S dazu nochmals *Krejci/S. Bydlinski/Weber-Schallauer*, Vereinsgesetz[2] § 1 Rz 51; unabhängig davon ist *F. Bydlinski*, System 730, zuzustimmen: Die analoge Anwendung von Regeln des Konsumentenschutzgesetzes auf andere Rechtsverhältnisse als Verbraucherverträge ist im Rahmen der konkreten ratio legis nach allgemeinen methodischen Grundsätzen möglich (§ 7 ABGB).

1069 *Krejci*, VR 2007, 31, führt aus, dass „schon derzeit vertreten wird, dass die Vorschriften über den Schutz vor Allgemeinen Geschäftsbedingungen, wie ihn die §§ 864a und 879 Abs 3 ABGB festlegen, keineswegs nur für Allgemeine Geschäftsbedingungen und Vertragsformblätter relevant sind. Im Grunde geht es doch weniger darum, dass jemand derartige Regelwerke verwendet, sondern darum, dass jemand dem Verhandlungspartner gegenüber so übermächtig auftreten kann, dass es allein bei ihm liegt, die Vertragsbedingungen zu diktieren und dem anderen nichts übrig bleibt, als nach dem Motto ‚Friss Vogel oder stirb' zu akzeptieren, was ihm vorgelegt wird." Und genau diese „Diktatsposition" ist im Verhältnis zwischen OEPS und Reitsportler (aber auch gegenüber dem Wettkampfveranstalter) gegeben.

1070 S zur, hier nicht gegebenen, Konstellation zwischen Verein und Vereinsmitglied (also dem ersten Grundverhältnis) und der daraus folgenden bzw allenfalls nicht folgenden Anwendung des KSchG zB: *Niederberger*, Verein 104 ff, *Krejci/S. Bydlinski/Weber-Schallauer*, Vereinsgesetz[2] § 1 Rz 44 ff, und *Höhne/Jöchl/Lummerstorfer*, Recht[3] 84 f.

die verbandliche Normenordnung, welche der OEPS samt und sonders seinem Geschäft mit den Reitsportlern zugrunde legt und welche Allgemeine Geschäftsbedingungen darstellen, vor allem am „Klauselkatalog" von § 6 KSchG[1071] zu messen.[1072] Nachfolgend sei auf eine jüngste E, nämlich OGH 7 Ob 173/10g, infolge eines Verbandsprozesses (§ 28 KSchG) verwiesen, welche hauptsächlich die Prüfung von entsprechenden Klauseln (anhand von §§ 864a und 879 ABGB sowie § 6 KSchG) zum Inhalt hat; die wesentlichsten Ausführungen des OGH werden auf das gegenständliche zweite Grundverhältnis (natürliche Person/Dachverband) umgelegt: „Durch § 879 Abs 3 ABGB wurde ein eine objektive Äquivalenzstörung und ‚verdünnte Willensfreiheit' berücksichtigendes bewegliches System geschaffen. Sie wendet sich va gegen den Missbrauch der Privatautonomie durch das Aufdrängen benachteiligender vertraglicher Nebenbestimmungen durch den typischerweise überlegenen Vertragspartner bei Verwendung von Allgemeinen Geschäftsbedingungen (AGB) und Vertragsformblättern."

Die überwiegende Mehrzahl der gängelnden und entrechtenden ÖTO-Bestimmungen, welchen sich der an einem Wettkampfstart interessierte Reitsportler gem OEPS unterwerfen soll, wird in Bezug auf die Turnierteilnahme Nebenbestimmungscharakter haben. In der gegenständlichen E ist weiter ausgeführt: „Das Motiv des Gesetzgebers, insbesondere auf AGB und Vertragsformblätter abzustellen, liegt in der zwischen den Verwendern von AGB und deren Vertragspartnern typischerweise anzutreffenden Ungleichgewichtslage." Im verbandlichen Pferdesport hat ein quasistaatlich auftretender Sportdachverband gegenüber Nichtmitgliedern vor allem im Zusammenhang mit Wettkämpfen ein normatives und faktisches verbandliches Gewaltverhältnis errichtet. S dazu weiter in der E: „Der mit den AGB konfrontierte Vertragspartner ist in seiner Willensbildung eingeengt, muss er sich doch zumeist den AGB fügen oder in Kauf nehmen, dass ihm der Verwender den Vertragsabschluss verweigert. Ein Abweichen vom dispositiven Recht wird uU schon dann eine gröbliche Benachteiligung des Vertragspartners isd § 879 Abs 3 ABGB sein können, wenn sich für die Abweichung keine sachliche Rechtfertigung ergibt. Sie ist jedenfalls schon dann anzunehmen, wenn die dem Vertragspartner zugedachte Rechtsposition in auffallenden Missverhältnis zur vergleichbaren Rechtsposition des anderen steht, wenn also keine sachlich berechtigte Abweichung von der für den Durchschnittsfall getroffenen Norm des nachgiebigen Rechts vorliegt. Bei der Beurteilung, ob eine gröbliche Benachteiligung des Vertragspartners bewirkt wird, hat sich der Rechtsanwender daher am dispositiven Recht als dem Leitbild eines ausgewogenen und gerechten Interessenausgleichs zu orientieren."[1073]

Der „Vertragspartner" OEPS zwingt nicht nur Nichtmitglieder zum Abschluss ganz bestimmter Verträge, sondern er verbietet darüber hinaus denselben auch unter „verbandsgewaltiger" (dem Charakter nach staats-

1071 *Krejci*, ÖJZ 2007, 96, zufolge dient der Klauselkatalog des § 6 KSchG der Konkretisierung des Tatbestandsmerkmals der „gröblichen Benachteiligung".

1072 Vgl zB OGH 04.05.2006, 9 Ob 15/05d = JBl 2007, 42; zu den §§ 879 und 1056 ABGB sa oben V.2.2.

1073 OGH 11.05.2011, 7 Ob 173/10g = JusGuide 2011/24/8864.

ähnlicher) Strafandrohung, dass sie gemeinsam von den Verbands-
vorgaben allenfalls abweichende Vereinbarungen treffen (s dazu § 2012 ff
ÖTO Rechtsordnung). Als „sachliche Rechtfertigung" ist eine verbandliche
Selbstherrlichkeit zu erkennen, welche sich aus der Kompetenz-
ermächtigung eo ipso in den OEPS-Satzungen ergibt, nämlich staatsgleich,
quasi Art 10 ff B-VG[1074] nachempfunden, pferdesportliche Veranstaltungen zu
fördern, genehmigen und kontrollieren, einschlägige Sportregeln zu erlassen sowie Beschlüsse in allen wesentlichen Fragen der österreichischen
Reiterei zu fassen. Die verbandlichen Normen, also die Allgemeinen Geschäftsbedingungen des OEPS, sind mit zivilrechtlichen Kategorien allein
nicht mehr erfassbar, sondern stellen als Ergebnis einer staatsähnlichen
Heteronomie eine gröblichste Abkehr von einem ausgewogenen und gerechten Interessenausgleich zwischen juristischer und natürlicher Person
dar. Wenn schon „nicht nur ein Verstoß gegen die tragenden Grundsätze
des Verfassungsrechtes und des sonstigen öffentlichen Rechts, sondern
auch eine Verletzung des § 16 ABGB, über den die allgemeinen Vorstellungen der verfassungsmäßig garantierten Grundrechte in die Privatrechtsordnung einfließen, zur Unwirksamkeit eines Schiedsspruches eines
Börsenschiedsgerichtes führt"[1075], dann sind die quasihoheitlichen „Verfahren" des OEPS auf Basis seiner ÖTO Rechtsordnung, welche weder § 577 ff
ZPO, noch § 8 VerG entsprechen bzw genügen, gem der österreichischen
Rechtsordnung keinesfalls zulässig.

Schließlich sei noch ein weiteres Mal auf die E OGH 7 Ob 173/10g rekurriert: „Nach § 6 Abs 3 KSchG ist eine in AGB oder Vertragsformblättern
enthaltene Vertragsbestimmung unwirksam, wenn sie unklar oder unverständlich abgefasst ist. Durch diese Bestimmung wurde die Richtlinie
93/13/EWG des Rates vom 05.04.1993 über missbräuchliche Klauseln in
Verbraucherverträgen umgesetzt und damit das sogenannte Transparenzgebot[1076] für Verbrauchergeschäfte normiert. Dieses soll dem Kunden
ermöglichen, sich aus den AGB oder Vertragsformblättern zuverlässig
über seine Rechte und Pflichten bei der Vertragsabwicklung zu informieren. Maßstab für die Transparenz ist das Verständnis der für die jeweilige
Vertragsart typischen Durchschnittskunden. Es soll verhindert werden,
dass der Verbraucher durch ein unzutreffendes oder auch nur unklares
Bild seiner vertraglichen Position von der Durchsetzung seiner Rechte
abgehalten wird. Daraus kann sich konkret eine Verpflichtung zur Voll-
ständigkeit ergeben, wenn die Auswirkung einer Klausel sonst unklar
bliebe." Und weiter: „Auch auf die für den Verbraucher ungünstigste Auslegung wird im Verbandsprozess deshalb abgestellt, weil befürchtet wird,
dass der einzelne Verbraucher die wahre Rechtslage und die ihm zu-

---

1074 Art 10 ff B-VG regeln die Kompetenzbestimmungen zwischen Bund und Ländern.
1075 S RS0084879.
1076 Vgl dazu zB *Schilcher*, Das Transparenzgebot im Vertragsrecht in Aicher/
      Holoubek (Hrsg), Der Schutz von Verbraucherinteressen (2000) 122 ff, 126 ff,
      welcher das Zusammenspiel verschiedener Wertungen aus der Geltungs-, In-
      halts- und Transparenzkontrolle anstatt der formalen Abgrenzung der entspre-
      chenden Tatbestände befürwortet; zu Recht beurteilt der Autor das Transpa-
      renzgebot als „Brückenprinzip" zwischen Konsumentenschutz und Allgemeinem
      Vertragsrecht.

stehenden Rechte nicht erkennt und sich daher auch nicht auf diese beruft."[1077, 1078] Was, wenn nicht als missbräuchlich sind denn beispielsweise die folgenden „Klauseln" in den Allgemeinen Geschäftsbedingungen des OEPS, konkret in § 2012 Abs 1 und 2 ÖTO Rechtsordnung, welche als Disziplinar-

---

1077 OGH 11.05.2011, 7 Ob 173/10g = JusGuide 2011/24/8864.

1078 S zB jüngst *Koziol*, Auslegung und Beurteilung der Sittenwidrigkeit von AGB-Klauseln im Verbandsprozess, RdW 2011, 67; Krit zum Transparenzgebot sowie zum Grundsatz der kundenfeindlichsten Auslegung im Verbandsprozess gem der Rsp des OGH meint *P. Bydlinski*, Thesen zur praktischen Handhabung des „Transparenzgebots" (§ 6 Abs 3 KSchG), JBl 2011, 141 f, 144, dass als Grund für die besondere Strenge bei der Klauselinterpretation bei nicht voll transparenten Klauseln die Gefahr gesehen wird, dass dem Vertragspartner im Ernstfall – zu Unrecht – eingeredet wird, die jeweilige Klausel sei in bestimmter (für den Unternehmer günstiger) Weise zu verstehen, weshalb sich die Rechtsposition des Kunden in bestimmter, für ihn ungünstiger Weise darstelle, wovor der Verbraucher eben geschützt werden müsse. Und weiter führt der Autor aus: „Bei genauem Hinsehen ist dieses Argument allerdings wenig schlagkräftig. Es geht gedanklich von einer (möglichen) Konfliktsituation aus, in der der Unternehmer für seine Position eine ganz konkrete – und zugleich mehrdeutige bzw intransparente – AGB-Klausel ins Treffen führt. Lässt sich ein Verbraucher auf diese Art und Weise tatsächlich schnell abwimmeln, wäre Gleiches dem Unternehmer in aller Regel wohl auch bei einer hinreichend transparenten Klausel möglich gewesen. Ein heutiger (verständiger und ,vertragstypischer') Durchschnittsverbraucher lässt sich jedoch nicht (mehr) alles einreden. Viel wahrscheinlicher ist es, dass er nicht sofort klein beigibt, wenn ihm sein Recht vom Unternehmer unter Hinweis auf eine ganz bestimmte AGB-Klausel abgesprochen wird. Vielmehr wird er die Klausel genauer prüfen bzw prüfen lassen. Konkret: Geht der Kunde von Vorsatzschädigung aus, wird er sich kaum einmal mit der Auskunft zufrieden geben, er habe durch Akzeptieren der AGB (insb einer bestimmten darin enthaltenen Klausel) auch für diesen Fall auf alle Ansprüche verzichtet." In einem verbandlichen Gewaltverhältnis wie dem des OEPS wird anstatt dem – von *P. Bydlinski* idealiter gezeichneten – „verständigen und vertragstypischen" Durchschnittsverbraucher ein disziplin- und strafunterworfener Verbandsuntertan geformt, dem heteronom eine vordemokratische und -rechtsstaatliche Stellung aufgezwungen wird. Realiter wird ihm von Schlüsselfunktionären, abhängigen Turnierveranstaltern und Sporttrainern „eingeredet", er müsste sich der (normativ metastasierenden) Verbandsgewalt unterwerfen. Und ebenfalls realiter erklärt sich der Staat qua Vereinsbehörde und/oder VfGH hinsichtlich dieser Zustände – trotz des Schutz- und Handlungsgebotes dem Art 11 Abs 2 EMRK – für inkompetent, hier entsprechend tätig zu werden; eine „Wegschau-Vollziehung" und höchstgerichtliche Rsp im Interesse von Verbandsoligarchien greift Platz. Sa *Max Leitner*, Transparenzgebot, Privatautonomie und Auslegung, JBl 2011, 431, welcher als Grund für die Nichtigkeit von unklar oder unverständlich abgefassten AGB-Bestimmungen iSv § 6 Abs 3 KSchG deren Verschleierungs- und Verheimlichungseffekt hinsichtlich ihrer Bedeutung und ihres Inhalts für den an der betreffenden Vertragsart beteiligten Durchschnittskunden angibt. Dem Autor zufolge hat der AGB-Verwender bei der Festlegung der Rechte und Pflichten der Konsumenten im hellen Licht zu agieren, damit sich dieser mit angemessenen Mitteln informieren kann, worauf er sich bei dem Vertrag einlässt. In der Sportverbandspraxis wird jedoch oftmals das Unternehmer-Konsumenten-Verhältnis nach Möglichkeit negiert und stattdessen in einen „dunklen" Raum von „mittelbarer Mitgliedschaft", Disziplin- und Strafunterworfenheit sowie Untertanenstatus verschoben.

vergehen „Verstöße" gegen die Grundsätze „sportlich-fairer Haltung", gegen das „Wohl des Pferdes" und gegen „sonstige Bestimmungen der ÖTO" (vom „Quasistaat" Sportverband ahndbar, egal, ob sie im In- oder Ausland begangen werden) darstellen; ebenso begehen Verbandsuntertanen Disziplinarvergehen, wenn sie das „Ansehen des Pferdesports schädigen" oder sich „unreiterlich benehmen". Und all diese – generalklauselartigen – „unbestimmten Tatbestände" können willkürlich vom Sportdachverband bzw dessen Funktionären „festgestellt" werden und für die „Untertänigen" Ordnungsmaßnahmen nach sich ziehen, welche zusätzlich zu den Wettkampfteilnahmekosten weitere Kosten, zB Strafgebühren, oder Bloßstellungen in Form von Unwertzuschreibungen durch „Veröffentlichung in den offiziellen Mitteilungen des OEPS" (§ 2022 Abs 4 ÖTO Rechtsordnung) – also Ausstellung am „Verbandspranger" – mit sich bringen.

Anstatt also in der gegebenen Konstellation rechtskonforme Transparenz für einen Durchschnittskunden zu schaffen, wird diesem mit der Verbandsuntertanenschaft ein unzutreffendes und insbesondere vom KSchG ablenkendes Bild geboten, anscheinend mit dem Ziel, ihn von der Durchsetzung seiner Rechte abzuhalten. Viele der Verbandsnormen vor allem in der ÖTO Rechtsordnung werden zB der folgenden Bestimmung aus dem KSchG-Klauselkatalog widersprechen; dieser regelt – unter der Überschrift „Unzulässige Vertragsbestandteile" – in § 6 Abs 1 Z 5 KSchG, dass „für den Verbraucher besonders solche Vertragsbestimmungen im Sinn des § 879 ABGB jedenfalls nicht verbindlich sind, nach denen dem Unternehmer auf sein Verlangen für seine Leistung ein höheres als das bei der Vertragsschließung bestimmte Entgelt zusteht, es sei denn, daß der Vertrag bei Vorliegen der vereinbarten Voraussetzungen für eine Entgeltänderung auch eine Entgeltsenkung vorsieht, daß die für die Entgeltänderung maßgebenden Umstände im Vertrag umschrieben und sachlich gerechtfertigt sind sowie daß ihr Eintritt nicht vom Willen des Unternehmers abhängt."[1079] Die Verbandsuntertanen sind jedoch gerade in diesem Sinn dem Willen des OEPS ausgeliefert.

Neben § 879 Abs 3 ABGB ist auch Abs 1 leg cit als Maßstab für das Handeln des OEPS gegenüber Reitsportlern heranzuziehen, insbesondere im Zusammenhang mit den direkt und indirekt (im Wege über die Wettkampfveranstalter) an den Sportdachverband zu bezahlenden Gebühren. Als eine ganz besondere „Verbandssteuer" gegenüber Reitsportlern ist wohl der sog „Sportförderbeitrag" idHv € 1,- pro Wettbewerbsstart zu qualifizieren, welcher vom Turnierveranstalter bei sonstiger Strafe einzuheben bzw „einzutreiben" ist. Der laut OEPS-Satzungen als „Reit- und Fahrsportförderer" sich gerierende Sportdachverband „fördert" nicht etwa die Reitsportler, indem er deren Kosten für die Wettkampfausübung so gering wie möglich hält, sondern fordert von den zu Fördernden unter dem (kreativen) Titel „Sportförderbeitrag" schlicht Geld, um sein Verbandsbudget zu fördern. Wenn auch gem „Parteisteuerentscheidung" des OGH, 6 Ob 54/10z, Partei-

---

1079 *Eccher* in Fenyves/Kerschner/Vonkilch (Hrsg), Klang³ § 6 Abs 1 Z 5 KSchG Rz 1 ff, Rz 4: Für Entgeltänderungen maßgebliche Umstände müssen im Vertrag klar umschrieben sein (sog „kleines" Transparenzgebot gegenüber § 6 Abs 3 KSchG); Generalklauselartige Formulierungen sind daher keinesfalls ausreichend.

steuern in Österreich als grundsätzlich zulässig angesehen werden können, so muss dies für „Privat- bzw Verbandssteuern" in Zweifel gezogen werden. In dieser E, siehe ausführlicher schon oben unter V.2.1., wurde Sittenwidrigkeit gem § 879 Abs 1 ABGB deswegen festgestellt, da den von den Mandatsträgern auf Basis einer schriftlichen Vereinbarung zu leistenden Parteisteuern keine konkrete, in Geld bewertbare Gegenleistung gegenüber gestanden ist.[1080] IdZ drängt sich die Frage auf, worin denn für die Reitsportler nach der Leistung des „Sportförderbeitrags" (oder weiterer zahlreicher Gebühren/Privatsteuern des OEPS) eine konkrete, in Geld bewertbare Gegenleistung des Sportdachverbandes bestünde?

Vor allem Reitsportler (als Konsumenten) werden gegenüber dem OEPS (als Unternehmer) auch unter den Schutzbereich des UWG fallen.[1081] IdZ ist *Rüfflers* Feststellung zuzustimmen, dass gerade die UWG-Novelle 2007[1082] den Zweck verfolgt hat, den individuellen Verbraucher zu schützen (bei gleichzeitigem Entfall des Erfordernisses eines Wettbewerbsverhältnisses bei § 1 Abs 1 Z 2 UWG) und auch der Wortlaut des § 1 Abs 1 UWG deutlicher als zuvor für einen Schadenersatzanspruch des Verbrauchers spricht. Dem Autor zufolge reicht es für das Vorliegen einer tatbestandsmäßigen unlauteren Geschäftspraktik (gem § 1 ff UWG) gegenüber einem Verbraucher aus, dass auch nur das Verhalten eines Verbrauchers wesentlich beeinflusst werden kann. Das ist jedenfalls dann gegeben, wenn ein Verbraucher, der dem Maßstab des Durchschnittsverbrauchers (§ 1 Abs 2 UWG) entspricht, beeinflusst durch eine solche Irreführung oder aggressive Geschäftspraktik (§ 1a und 2 UWG) einen Vertrag abgeschlossen hat, also im schadenersatzrechtlichen Sinn Kausalität zu bejahen ist. Nicht mehr erforderlich ist dagegen ein Wettbewerbsverhältnis, ebensowenig wie eine nicht ganz unerhebliche Nachfrageverlagerung in diesem Verhältnis.[1083] In Betrachtung zu nehmen sind vorrangig „aggressive (und damit laut § 1 Abs 3 UWG unlautere) Geschäftspraktiken" gem § 1a UWG: „Eine Geschäftspraktik gilt als aggressiv, wenn sie geeignet ist, die Entscheidungs- oder Verhaltensfreiheit des Marktteilnehmers in Bezug auf das Produkt durch Belästigung, Nötigung, oder durch unzulässige Beeinflussung wesentlich zu beeinträchtigen und ihn dazu zu veranlassen, eine geschäftliche Entscheidung zu treffen, die er andernfalls nicht getroffen hätte (Abs 1 leg cit)."[1084] Wie ausführlich gezeigt, werden die Reitsportler als Konsumenten in Bezug auf das „Produkt" Wettkampfteilnahme durch den OEPS so sehr determiniert, dass bei ihnen

---

1080 OGH 24.06.2010, 6 Ob 54/10z = JBl 2010, 790.

1081 S *Handig*, Zahlreiche unzulässige "per se"-Verbote im Gefolge der RL-UGP. Die weitreichenden Auswirkungen der RL-UGP, ÖBl 2011, 196: Die Normen des UWG dienen weitgehend nicht nur dem Schutz der Mitbewerber, sondern auch dem Schutz der Verbraucher.

1082 BGBl I 2007/79; s dazu statt vieler *Wiltschek*, Die UWG-Novelle 2007, ÖBl 2007, 97.

1083 So *Rüffler*, Schadenersatzansprüche von Verbrauchern und der unternehmerischen Marktgegenseite nach UWG, wbl 2011, 531 f, überzeugend gegen Positionen wie zB die von *Leupold*, Schadenersatzansprüche der Marktgegenseite nach UWG, ÖBl 2010, 173, welche die Aktivlegitimation des Verbrauchers im UWG ablehnt.

1084 Vgl dazu *Burgstaller* in Wiebe/Kodek (Hrsg), Kommentar zum UWG (2009) § 1a Rz 49 ff.

von Entscheidungs- oder Verhaltensfreiheit im System der verbandlichen Reiterei nicht mehr gesprochen werden kann; werden sie insbesondere doch mit Strafen für von den Verbandsnormen abweichendes Verhalten bedroht.

Die Reitsportler sind in diesem Regelregime auf genau eine „geschäftliche Entscheidung" konditioniert, nämlich die der bedingungslosen Unterwerfung, welche sich vorrangig in der Gebührenleistung gegenüber dem Sportdachverband manifestiert. § 1a Abs 2 UWG bestimmt weiters: „Bei der Feststellung, ob eine aggressive Geschäftspraktik vorliegt, ist auch auf belastende oder unverhältnismäßige Hindernisse nichtvertraglicher Art[1085] abzustellen, mit denen der Unternehmer den Verbraucher an der Ausübung seiner vertraglichen Rechte – insbesondere am Recht, den Vertrag zu kündigen oder zu einem anderen Produkt oder einem anderen Unternehmen zu wechseln – zu hindern versucht." Da sich der OEPS gerade eine spezielle Machtposition (mit den Merkmalen: „Privatgesetzgebung", „Privatgerichtsbarkeit", „Privatstrafvollzug" und „Privatsteuerforderung") gegenüber seinen Nichtmitgliedern wie den Reitsportlern (als verbandlich Gewaltunterworfenen) geschaffen hat, ist für die Interpration von § 1a UWG jedenfalls die Legaldefinition gem § 1 Abs 4 Z 6 UWG heranzuziehen: eine „unzulässige Beeinflussung eines Verbrauchers" bedeutet „die Ausnutzung einer Machtposition[1086] gegenüber dem Verbraucher zur Ausübung von Druck – auch ohne die Anwendung oder Androhung von körperlicher Gewalt –, wodurch die

---

1085 S dazu *Gamerith*, Wettbewerbsrecht I[7] 24 f, welcher Hindernisse „nichtvertraglicher Art" dahin interpretiert(e), dass die Ausübung von Rechten aus dem Vertrag, wie zB die Androhung einer Klage bei Nichteinhalten bestehender Zahlungsverpflichtungen, nicht als aggressive Geschäftspraktik gilt. Im Verhältnis zwischen OEPS und Reitsportler wird darunter die Mehrzahl der vom Sportdachverband in den Wettkampfvertrag hineinreklamierten Verbandsnormen (insbesondere die ÖTO) zu verstehen sein, da sehr viele davon, weil auf „Totalerfassung und -bestimmung" der „Vertragspartner" zielend, schlichtweg gem § 879 ABGB nichtig und damit eben gerade nicht Vertragsinhalt sind. Und unter Abstützung auf diese Verbandsnormen versucht der OEPS die Reitsportler an der Ausübung seiner wettkampfteilnahmevertraglichen Rechte – insbesondere am Recht, den Vertrag zu kündigen oder zu einem anderen Produkt oder einem anderen Unternehmen zu wechseln – zu hindern. S zB das strafbewehrte Verbot für Reitsportler, sich an pferdesportlichen Veranstaltungen ohne Genehmigung zu beteiligen (sog „Disziplinarvergehen" gem § 2012 Abs 2 Z 12 ÖTO Rechtsordnung). Verwirklicht ein Reitsportler den Tatbestand einer „unberechtigten Teilnahme" (§ 2013 Abs 1 Z 2 ÖTO Rechtsordnung), dann kann/könnte er vom OEPS mit einer Geldbuße von € 70,- bis € 1000,- belegt werden (5. Nenn- und Startgelder ÖTO Gebührenordnung).

1086 Die Ausnutzung einer Machtposition gehört – mittelbar – zum Tatbestand des § 1a UWG, so *Gamerith*, Wettbewerbsrecht I[7] 21; Sa *Duursma/Duursma-Kepplinger*, UWG § 1a Rz 21 f, denen zufolge der Begriff der „Machtposition" im Hinblick auf die Funktion der „unzulässigen Beeinflussung" als Auffangtatbestand weit zu verstehen sein wird. Und „Druckausübung" setzt laut Autoren voraus, dass der Verbraucher den Eindruck gewinnt, es werde von ihm ein bestimmtes Verhalten erwartet (was zB bei bloß einem Rat oder einer Empfehlung an den Verbraucher nicht verwirklicht wird). S ebenfalls *Heidinger* in Wiebe/Kodek, Kommentar § 1 Rz 49. Im gegebenen Fall gewinnt der Reitsportler nicht nur den Eindruck, es werde von ihm ein bestimmtes Verhalten erwartet, sondern vielmehr die Gewissheit, ein ganz bestimmtes Verhalten (und bestimmte Leistungen – zB Gebühren) unbedingt zu schulden, denn im Fall der Nichtentsprechung drohen Strafen samt prangerartiger Veröffentlichung.

Fähigkeit des Verbrauchers, eine informierte Entscheidung zu treffen, wesentlich eingeschränkt wird." Ein weiteres Spezifikum des OEPS ist, dass er seinem Agieren gegenüber den Reitsportlern „Autoritäten vorspannt"[1087]; den Verbrauchern als Marktteilnehmern wird vermittelt, der Sportdachverband handele ja schließlich im Auftrag/in Übereinstimmung zB mit der Fédération Equestre Internationale, einem Zusammenschluss des Reitsports auf internationaler Ebene.[1088] Der OEPS maßt sich offenbar eine „Mit- bzw Nebenvollziehung" des Strafgesetzbuches an, indem er gem 2.15 ÖTO Rechtsordnung dekretiert, dass „ein Disziplinarvergehen begeht, wer sich im Rahmen einer pferdesportlichen Veranstaltung einer gerichtlich strafbaren Handlung schuldig macht." Für den unbedarften Turnierteilnehmer kann dadurch schon der Eindruck entstehen, dass der Sportdachverband gleich wie bzw mit dem Verband Staat für die Einhaltung von „Recht und Ordnung" sorgt, dass also diesbezüglich zwei ebenbürtige Autoritäten tätig sind. Der OEPS baut sein gesamtes „Verbandsjustizsystem", also insbesondere die ÖTO Rechtsordnung, offenbar auf dem Wirken von, von ihm allein abhängigen „Autoritäten", nämlich den diversen „Straffunktionären" wie zB dem Disziplinaranwalt LFV und Disziplinaranwalt OEPS, auf.[1089] Letzten Endes sorgen derartige Funktionäre wohl auch dafür, dass die Reitsportler und Wettkampfveranstalter als Vertragspartner des OEPS diesem mehr Leistungen, insbesondere in Form von Geldstrafen, zukommen bzw -fließen lassen. Dem gesamten Geldstrafensystem des OEPS kommt neben der Macht- bzw Autoritätsdemonstration eben auch eine Verbandsfinanzierungsfunktion zu. Kurz: Der OEPS lässt sich seine Autorität anscheinend von seinen Vertragspartnern bezahlen.

Das normative und faktische Gebaren des OEPS gegenüber Reitsportlern (aber auch Wettkampfveranstaltern und Funktionären) weicht jedoch von dem gemäß Rechtsordnung Zulässigen unbestreitbar ab, denn die vorliegende Herrschaftsausübung[1090] der juristischen Person Dachverband bzw der Vereinsdominatoren gegenüber natürlichen Personen als deren Untertanen findet weder im allgemeinen Zivilrecht, noch in einem der Sonderprivatrechte, und schon gar nicht im Konsumentenschutzgesetz Deckung. Das im verbandlichen Pferdesport (vor allem im Wettkampf) gegebene zweite Grundverhältnis (natürliche Person/Dachverband) kann als

---

1087 S dazu *Gamerith*, Wettbewerbsrecht I[7] 23; sowie *Duursma/Duursma-Kepplinger*, UWG § 1a Rz 23.

1088 *Zappl*, Praxishandbuch 7; sa 1. OEPS-Satzungen: Der Österreichische Pferdesportverband ist der von der Fédération Equestre Internationale anerkannte Fachverband für Reiten und Fahren. Des Weiteren ist gem 2.1. OEPS-Satzungen ein Zweck des OEPS die Förderung des Reit- und Fahrsportes, soweit er nach den Grundsätzen der Fédération Equestre Internationale ausgeübt wird. Vgl darüber hinaus zahlreiche Bestimmungen der ÖTO, welche auf Vorgaben/ Bestimmungen der Fédération Equestre Internationale verweisen.

1089 Vgl zum Einsatz von Vertrauens- oder Autoritätspersonen sowie der Druckausübung aufgrund der Ausnutzung einer Machtposition *Burgstaller* in Wiebe/ Kodek, Kommentar § 1a Rz 131 f.

1090 *Triffterer*, ZfRV 1991, 184, zufolge erleichtert ein besonderes Machtverhältnis die Ausübung von Zwang gegen (andere) Personen idR erheblich, wie die vielfältigen (legalen und illegalen) Zwangsmaßnahmen im Rahmen der besonderen Gewaltverhältnisse, zB beim Militär oder in der Strafhaft, belegen.

Modifikation des besonderen Gewaltverhältnisses[1091], als Rechtsfigur in der zweiten Hälfte des neunzehnten Jahrhunderts in Deutschland entwickelt, gesehen werden.[1092] In diesem Sinn werden die folgenden Statements anlässlich der Tagung der Österreichischen Juristenkommission[1093] im Jahr 2006 – Selbstbestimmung und Abhängigkeit. Rechtsschutz in „besonderen Rechtsverhältnissen" – verstanden werden können: *Hauer* zufolge „ist (Anm: heutzutage) bei verfassungskonformer Ausgestaltung das als ‚besonderes Gewaltverhältnis'[1094] bezeichnete Staat-Bürger-Verhältnis bloß noch ein intensives Sonderrechtsverhältnis."[1095] *Hiebaum* weist im Kontext zu *Hauer* auf den „schillernden Begriff der Heteronomie als Negation von Autonomie" hin, und thematisiert „mehr oder weniger formalisierte Autoritäts- und Abhängigkeitsverhältnisse", gerade auch zwischen Personen und Organisationen; er nennt als „relativ abgegrenzte Milieus der Disziplinierung und Kontrolle vor allem Haft-, Pflege- und ähnliche Betreuungsverhältnisse[1096], aber auch Ausbildungs- und Arbeitsbeziehungen." Schließlich empfiehlt er, sich besonders dem Problem der „Privatisierung von Heteronomie" zu widmen, womit freilich die Drittwirkung von Grundrechten[1097] verbunden ist.[1098] Der fremde

---

1091 S dazu *M. Müller*, Das besondere Rechtsverhältnis. Ein altes Rechtsinstitut neu gedacht (2003) passim, *Wenninger*, Geschichte der Lehre vom besonderen Gewaltverhältnis (1982) passim.

1092 S insbesondere *Thomasser*, Gewaltverhältnis 184 ff.

1093 S *Österreichische Juristenkommission* (Hrsg), Selbstbestimmung und Abhängigkeit. Rechtsschutz in „besonderen Rechtsverhältnissen" (2006) passim.

1094 Für die gegenständliche Untersuchung des Verhältnisses zwischen dem einerseits Gewalt innehabenden und ausübenden Verband und der andererseits unterworfenen natürlichen Person bietet die beinahe sechzig Jahre alte, kritische Kurzstellungnahme *Ermacoras*, Das besondere Gewaltverhältnis, DÖV 1956, 530, grundlegende und erhellende Anknüfungen: „Der status des ‚besonderen Gewaltverhältnisses' tritt derart in Erscheinung, dass Individuen einer Autorität ausgesetzt sind, die sich legitimiert gibt, die Rechtsstellung bestimmter Einzelner ausschließlich so zu regeln, dass für die Individuen zusätzlich zu den allgemein gültigen Rechtsregeln Sonderregeln treten. Ist der Einzelne in ein ‚besonderes Gewaltverhältnis' getreten, so beginnt für ihn auch eine besondere rechtliche Abhängigkeit. Ein ‚besonderes Gewaltverhältnis' hat aber nicht nur eine dem Individuum zugewandte, sondern allzu oft eine dem klassischen Staatsaufbau abgewandte Seite, die tiefgehende Probleme aufwirft."

1095 *Hauer*, Gab oder gibt es besondere Gewaltverhältnisse? in Österreichische Juristenkommission (Hrsg), Selbstbestimmung und Abhängigkeit. Rechtsschutz in „besonderen Rechtsverhältnissen" (2006) 47. *Berka*, Diskussionsbeitrag in Österreichische Juristenkommission, Selbstbestimmung 53, empfiehlt unter Bezugnahme auf *Hauer*, nicht mehr von besonderen Gewaltverhältnissen zu sprechen.

1096 S zum absoluten Charakter der Menschenwürde (auch) in Unterbringungsverhältnissen *Vašek*, Der normative Gehalt der Menschenwürdeklauseln in UbG und HeimAufG, RdM 2009, 110: Auch auf Unterbringungs- und Heimaufenthaltsverhältnisse und diese regelnde Gesetze ist das Legalitätsprinzip anzuwenden und (älteren) Vorstellungen eines „besonderen Gewaltverhältnisses" oder einer „gesetzesfreien Anstaltsgewalt" wird eine Absage erteilt.

1097 S dazu allerdings *Schilcher*, Gedanken zum Ausbau des Grundrechtsschutzes in Österreichische Juristenkommission (Hrsg), Aktuelle Fragen des Grundrechtsschutzes (2005) 174: Trotz anders lautender Behauptungen, wo-

Wille, so *Holzinger*, der zu einer dem „besonderen Gewaltverhältnis" entsprechenden intensiven Unterwerfung führt, muss gar kein staatlicher bzw von staatlichen Organen gebildeter sein, als Beispiel sei ein Pflegeheim genannt. Der Gesetzgeber ist gefordert, rechtliche Vorkehrungen zu treffen, um (derartige) Phänomene besonderer Abhängigkeit und Fremdbestimmung so in den Griff zu bekommen, dass „wohlgeordnete" Ergebnisse herauskommen.[1099] Unter neuen (Rahmen)Bedingungen gibt es *Bisanz* zufolge sehr wohl solche besonderen Gewaltverhältnisse;[1100] *Schulev-Steindl* merkt an, dass neue Arten von Gewaltverhältnissen, wie zB izm Privatisierungen, entstehen.[1101]

Das Regime, das der OEPS errichtet hat, ist geradezu paradigmatisch für ein verbandliches Gewaltverhältnis: Der Sportdachverband verpflichtet seine Vertragspartner, insbesondere die Wettkampfveranstalter und die Reitsportler, sich seiner verbandlichen Normenordnung zu unterwerfen, mit deren Hilfe er ein nahezu unbeschränktes Gestaltungsrecht ausübt, anstatt im zulässigen (dispositiven[1102]) Schuldrechtsbereich seine Geschäfte abzuwickeln. Inhaltlich werden also die diversen Ordnungen des OEPS als ein aufeinander abgestimmtes System von Knebelungsbestimmungen[1103] zu beurteilen sein, welche in die verschiedenen Verträge (mit Mitgliedern und Nichtmitgliedern), zB betreffend die Wettkampfdurchführung und die -teilnahme, Eingang finden. Verbandsunterworfenheit und -untertanenschaft tritt an die Stelle von Vertragsfreiheit. Die juristische Person Sportdachverband hat sich selbst zum staatsähnlichen, heteronomen „Privatgesetzgeber", „Privatrichter", „Privatstrafvollziehenden" und „Privatsteuerfordernden" erhöht. Insbesondere Disziplinarmaßnahmen wie Strafen manifestieren Subordinationsverhältnisse zwischen Verband und Verbandsuntertanen und halten diese Ordnung sui generis

---

nach es in Österreich angeblich nur eine mittelbare Drittwirkung der Grundrechte im Bereich des Privatrechts gibt, wägt der OGH immer häufiger verschiedene Grundrechte gegeneinander ab.

1098 *Hiebaum*, Zur Legitimität von Heteronomie in Österreichische Juristenkommission, Selbstbestimmung 20 f, 36.

1099 *Holzinger*, Diskussionsbeitrag in Österreichische Juristenkommission, Selbstbestimmung 59.

1100 *Bisanz*, Diskussionsbeitrag, in Österreichische Juristenkommission, Selbstbestimmung 62.

1101 *Schulev-Steindl*, Diskussionsbeitrag in Österreichische Juristenkommission, Selbstbestimmung 65; ebenso auch *Hoffmann*, Einleitung zur Arbeitssitzung in Österreichische Juristenkommission, Selbstbestimmung 115.

1102 S dazu *Kolmasch* in Schwimann, § 879 Rz 21: Ob in (Nebenbestimmungen in) Allgemeinen Geschäftsbedingungen eine gröbliche Benachteiligung vorliegt, hängt im Sinn eines beweglichen Systems einerseits vom Ausmaß der objektiven Äquivalenzstörung und andererseits vom Grad der „verdünnten Willensfreiheit" des benachteiligten Vertragspartners ab; hierbei ist eine umfassende Interessenabwägung vorzunehmen, wobei die Verhältnisse im Zeitpunkt des Vertragsabschlusses maßgeblich sind. Gröblich benachteiligend ist vor allem eine sachlich nicht gerechtfertigte Abweichung vom dispositiven Recht, das die Richtschnur für einen ausgewogenen Interessenausgleich bildet; dem gleich zu halten ist ein auffallendes Missverhältnis zwischen der dem einen Vertragspartner zugedachten Rechtsposition zur vergleichbaren Rechtsposition des anderen Teils.

1103 S einmal mehr *Serozan*, JBl 1983, 561.

stabil. Der Staat qua Vereinsbehörde hat sich, anstatt den Schwächeren Schutz zu gewähren, aus diesen Verhältnissen weitgehend verabschiedet und lässt diesen intermediären Gewalthaber gewähren.

4. Der OEPS und die Wettkampfrichter (die „Mentalisten") sowie sonstige Funktionäre

Nach den Reitsportlern und den Wettkampfveranstaltern folgt nunmehr die Befassung mit einer weiteren Untertanengruppe, nämlich der „Turnierfunktionäre" im OEPS-System. Sind die Reitsportler, obzwar Konsumenten, – aus Sportdachverbandssicht – zumeist in der Rolle der zahlenden, Normen befolgenden und allenfalls zu bestrafenden Unterworfenen anzutreffen, und kommt bei den Wettkampfveranstaltern zu ebendiesen Merkmalen noch dasjenige, arbeitender (Mit)Unternehmer für den Oberturnierveranstalter von Turnieren zu sein, hinzu, so sind die „Turnierfunktionäre" – als zugleich Untertanen und „Wächter" – von besonderer Wichtigkeit für den OEPS, da diese das „Funktionieren" des österreichweit tätigen Unternehmens „Wettkampfveranstaltungen" gem dachverbandlichen Interessen und Vorgaben gewährleisten sollen. Folgende „Turnierfunktionäre" führt der OEPS in der ÖTO Gebührenordnung an: (Wettkampf)Richter, Parcours- und Geländebauer, Vorsitzende des Schiedsgerichts oder des Strafausschusses, Senatsmitglieder, Disziplinaranwälte, Sachverständige, Turnierbeauftragter, Turniertierärzte, Assistenten (mit Qualifikation) des Parcours bzw Geländebauers gem ÖTO, Referee- und Hindernisrichter/Streckenposten/ Zeitnehmer bei Fahrturnieren.[1104] Diese „Ordnungs-, Überwachungs- und Straforgane" hat – wohlgemerkt – der jeweilige Turnierveranstalter zu bezahlen, mittelbar tragen also die Reitsportler die Kosten.

In Verbindung mit den „Kosten" bzw konkreter den Leistungen und Gegenleistungen, welche im Rahmen einer Turnierveranstaltung anfallen (bzw damit verbunden sind, wie zB Lizenzen, welche gegen Entgelt beim OEPS erworben werden müssen, um überhaupt an Wettkämpfen teilnehmen zu kön-

---

1104 Faktisch „arbeiten" noch weitaus mehr Funktionäre als bloß die „Kerngruppe" der Turnierfunktionäre im „OEPS-System" für den Sportdachverband. Anzuführen sind vor allem diejenigen gem OEPS-Satzungen (vielfach sog „Schlüsselfunktionäre", s dazu II.1.2.), aber auch zB Funktionäre von LFV, welche funktionell für den Sportdachverband tätig werden.
Hierarchisch kann bei den für den OEPS – grundsätzlich unter Strafandrohung gem ÖTO Rechtsordnung – „wirkenden" Funktionären vereinfacht differenziert werden zwischen einerseits den „niederen" Funktionärschargen, welche mit der Wahrnehmung der gewöhnlichen Aufgaben der „Anordnung, Genehmigung, Kontrolle und Strafe" beauftragt sind und die insofern gegenüber den Reitsportlern einen „hervorgehobenen" Untertanenstatus haben; andererseits finden sich am oberen Ende der Skala die Funktionsträger gem OEPS-Satzungen, welche insbesondere im OEPS-Leitungsorgan und in diversen Ausschüssen tätig sind oder als beauftragte und bevollmächtigte Schlüsselfunktionäre besondere Aufgaben für den Sportdachverband wahrnehmen; eine ihrer Hauptaufgaben ist die Überwachung und allenfalls Bestrafung von Funktionären der unteren Ränge in Hinblick auf die Befolgung der Verbandsnormen und -interessen. Die das verbandliche „Spitzenestablishment" bildende Personengruppe macht die Gruppe der Vereinsdominatoren aus, den oligarchischen Apparat.

nen, s dazu zB bei V.3.1.1.) ist ein weiterer Aspekt der Funktionärstätigkeit die sog „Ehrenamtlichkeit".[1105] Eine einheitliche (Legal)Definition für Ehrenamtlichkeit[1106] gibt es trotz des jüngst in Geltung getretenen Freiwilligengesetzes[1107] (FreiwG) explizit nicht[1108], nichts desto trotz knüpfen an diese vor allem im Vereinsbereich auftretende Tätigkeitsform zahlreiche arbeits-, steuer-, sozialversicherungs- und haftungsrechtliche Konsequenzen.[1109] Wenn zB

1105 S dazu grundsätzlich die Studie von *Stanzer*, Das Ehrenamt im Sportverein (2003) passim.

1106 Vgl dazu *Hildebrandt*, Staat 105: „Nicht ohne Grund rückt das ehrenamtliche Engagement von Individuen in den Mittelpunkt des Interesses, wenn es darum geht, zivilgesellschaftliche Aktivitäten zu erklären." Vereine/Verbände mit institutionalisierten verbandlichen Gewaltverhältnissen, gleichgültig, ob mit oder ohne ehrenamtlich Tätigen, werden nicht dem Kreis der zivilgesellschaftlichen Akteure zuzurechnen sein, sa *Thomasser*, Tendency 193 f, sowie VI.1.

1107 BGBl I 2012/17; im Gesetz selbst kommt der Begriff „Ehrenamt" nicht vor, allerdings werden in den Materialen, s RV 1634 BlgNR 24. GP I, 3, „ehrenamtlich" und „freiwillig" synonym gebraucht. Gem § 2 Abs 2 FreiwG liegt freiwilliges Engagement vor, wenn natürliche Personen 1. freiwillig Leistungen für andere, 2. in einem organisatorischen Rahmen, 3. unentgeltlich, 4. mit dem Zweck der Förderung der Allgemeinheit oder aus vorwiegend sozialen Motiven und 5. ohne dass dies in Erwerbsabsicht, aufgrund eines Arbeitsverhältnisses oder im Rahmen einer Berufsausbildung, erfolgt, erbringen. Als freiwilliges Engagement gelten auch Maßnahmen zur persönlichen und fachlichen Aus- und Fortbildung, die für die Freiwilligenorganisation und Umsetzung der freiwilligen Tätigkeit erforderlich sind. Weiters gilt als freiwilliges Engagement auch die Teilnahme am europäischen Freiwilligendienst im Rahmen des Beschlusses Nr 1719/2006/EG. Der Terminus „Ehrenamt" wiederum ist in zahlreichen Gesetzen explizit in Verwendung, zB in § 22 Abs 3 Arbeiterkammergesetz (öffentliches Ehrenamt) oder in § 115 Abs 1 ArbVG (Ehrenamt).

1108 Vgl zur Abgrenzung von Freiwilligenarbeit zu bezahlter Arbeit *More-Hollerweger/ Sprajcer/Eder*, Einführung – Definitionen und Abgrenzung von Freiwilligenarbeit in Bundesministerium für Arbeit, Soziales und Konsumentenschutz (Hrsg), 1. Bericht zum freiwilligen Engagement in Österreich (2009) 7; sowie *Eder*, Freiwilligenarbeit unter arbeitsrechtlichen Gesichtspunkten in Bundesministerium für Arbeit, Soziales und Konsumentenschutz (Hrsg), 1. Bericht zum freiwilligen Engagement in Österreich (2009) 14: „Die Freiwilligenarbeit weist häufig – zum Teil sogar deutliche – Merkmale auf, die als fremdbestimmte, persönliche Abhängigkeit gedeutet werden könnten. So kommt es auch bei der Freiwilligenarbeit zur Entgegennahme von Weisungen, zur Einhaltung einheitlicher örtlicher und zeitlicher Bindungen (zB Dienst- oder Einsatzpläne) und damit zu einer gewissen in der Praxis gar nicht vermeidbaren Eingliederung in eine Organisation." Und: „Würde man die formale Prüfung der persönlichen Abhängigkeit, wie sie für die Abgrenzung eines Arbeitsverhältnisses zum freien Dienstverhältnis durchaus geeignet ist, auch für den Bereich der Freiwilligenarbeit unreflektiert übernehmen, käme man zum in vielen Fällen durchwegs unerwünschten Ergebnis, dass eigentlich Arbeitsverhältnisse vorlägen und damit das Arbeitsrecht in seiner Gesamtheit anwendbar wäre. Es wird schnell klar, dass das für die herkömmliche Abgrenzung von Arbeitsverhältnissen entwickelte Prüfungsschema für die Abgrenzung zur Freiwilligenarbeit nicht oder jedenfalls nicht gänzlich geeignet ist." Die Autorin empfiehlt in weiterer Folge eine Kriterienabwägung. S aber jüngst *Kossak*, Haftung[2] 6 ff, 94 f, welcher eine Definition und Abgrenzung des Begriffs des Ehrenamtes unternimmt – welche insbesondere haftungsrechtlich, s VerGNov 2011 BGBl I 2011/137, relevant ist –, unter Bezugnahme auf § 24 VerG, § 1300 ABGB und § 31a BGB.

1109 S zB *Kossak*, Handbuch 12 ff: Grundsätzlich wird diese vorliegen, wenn für

Freudhofmeier meint, dass Funktionäre und Ehrenamtliche im Allgemeinen als persönlich Unabhängige fungieren, weswegen ein Dienstverhältnis idR ausscheiden wird,[1110] so ist dem der von *Höhne/Jöchl/Lummerstorfer* wieder-gebebene Merkmalskatalog für das Vorliegen eines Dienstvertrages, fußend auf Rsp und Lehre, entgegenzuhalten: „Arbeitsvertragstypisch sind Weisun-gen über die Art und Weise der Durchführung von Arbeiten.

Einzelne Merkma-le persönlicher Abhängigkeit sind neben der Weisungsgebundenheit die Pflicht zur persönlichen Dienstleistung, die Kontrollunterworfenheit," des weite-ren ist relevant, „ob die Tätigkeit einen Haupterwerbszweig des Dienst-nehmers darstellt, die Zulässigkeit der Übernahme anderer Tätigkeiten, die Eingliederung des Dienstnehmers in die Unternehmens- und Betriebs-organisation, Eingliederung in eine Disziplinarordnung, auch eine sogenannte ,stille Autorität des Dienstgebers', die Verteilung des unternehmerischen Risikos, die Beantwortung der Frage, wer den Letztnutzen aus der Tätigkeit zieht, sohin auf wessen Rechnung die Dienstleistung erbracht wird;" schließlich müssen nicht alle Elemente vorliegen, ein Überwiegen in die eine oder andere Richtung genügt.[1111]

In diesem Kontext und mit dem Focus auf die (Turnier)Funktionäre sei-en ein weiteres Mal die „vertragliche Verhältnisse" der Akteure des öster-reichweiten Unternehmes „pferdesportliche Wettkampfveranstaltungen" in den Blick genommen: Die Wettkampfdurchführungsverträge kommen zwischen dem OEPS als Oberturnierveranstalter, dem (risikotragungsver-pflichteten) Wettkampfveranstalter, dem Wettkampfrichter und den sonsti-gen Turnierfunktionären zustande. Die zu erbringenden Leistungen und die Gegenleistungen sind (hauptsächlich) in der ÖTO ausführlich geregelt. „Partner" der Wettkampfteilnahmeverträge sind wiederum der OEPS, die Wettkampfveranstalter und die Reitsportler. Grundsätzlich argumentierbar ist, dass auch in diesem zweiten Vertragsverhältnis die Wettkampfrichter als weitere Vertragsparteien anzusprechen sind, da sie doch die „sportli-che Leistung" der Reitsportler „bewerten" und insofern auch diesen ge-

---

eine solche Tätigkeit in Vereinen außer Auslagenersatz (bzw Aufwandsent-schädigung) keine Bezahlung stattfindet; sa *Höhne/Jöchl/Lummerstorfer*, Recht[3] 434 ff; *Lansky/Matznetter/Pätzold/Steinwandtner/Thunshirn*, Rech-nungslegung Rz 785; *Freudhofmeier*, Begünstigte Einkünfte von Vereinsfunk-tionären und sonstigen Ehrenamtlichen in Möstl/Stark, Der Vereinsexperte (2008) 57 ff; *Resch*, Die beitragsrechtliche Erfassung des Profisportlers in Reissner (Hrsg), Sport als Arbeit (2008) 164; s jüngst *Krejci*, GES 2011, 372 ff, 378 ff, zur Unterscheidung zwischen „ehrenamtlichen Organwaltern" und „einfachen Vereinsmitgliedern" als ehrenamtlich Tätige insbesondere in haf-tungsrechtlicher Sicht; sowie *Kossak*, Haftung[2] 123, sowie passim, insbeson-dere auch zu den haftungsrechtlichen Bestimmungen gem FreiwG.

1110 *Freudhofmeier*, Einkünfte 57.

1111 *Höhne/Jöchl/Lummerstorfer*, Recht[3] 220 f; s grundlegend *Löschnigg*, Arbeits-recht[11] (2011) 4/004 ff, 4/008, zur persönlichen Abhängigkeit als wesentlichem Merkmal eines Arbeitsverhältnisses, welche die organisatorische Unterordnung des Arbeitnehmers zugunsten des Gesamtwohls des Unternehmens beschreibt, sowie zur wirtschaftlichen Abhängigkeit, welche die wirtschaftlichen und sozialen Machtverhältnisse im Unternehmen zum Ausdruck bringt; beide führen in Kombi-nation mit einer persönlichen Arbeitspflicht zu einer Form von Sub-ordinationsverhältnis. S jüngst zum Dienstverhältnis *Kossak*, Haftung[2] 4 ff.

genüber eine Leistung erbringen.[1112] Ein Wettkampfrichter nun, der – in der wettkampftypischen Jahreszeit – zB sämtliche Wochenenden eines Monats, jeweils freitags bis sonntags, für den OEPS tätig ist (allenfalls auch noch als mit vielfachen Pflichten bedachter Turnierbeauftragter für den Sportdachverband, s oben V.2.1.), wird mit guten Gründen nicht mehr als bloß „Ehrenamtlicher" und damit im Allgemeinen als persönlich Unabhängiger fungieren. Eher mehr denn weniger aus dem Merkmalskatalog für das Vorliegen eines Dienstvertrages wird auf den Wertungsrichter zutreffen. Vor allem der umfassende disziplinäre Zugriff und die gar nicht „stille Autoriät" des OEPS wirken auf diesen zentralen Turnierfunktionär. Als mit dem gegenwärtigen gesellschaftlichen Selbstverständnis wohl nicht in Einklang bringbar, erweist sich das manifeste „Einwirken-wollen" des OEPS sogar auf die Psyche der Wettkampfrichter, denn diese werden – eigentlich unglaublich – vom Sportdachverband „mental in die Pflicht genommen". So schreibt der OEPS im sog „Richterregulativ"[1113] folgendes „Leitbild" für Turnierrichter vor: „Zum Turnierrichter ist befähigt, wer nach entsprechender Erfahrung im Pferdesport bzw Zuchtwesen durch vorgegebene Ausbildung und praktische Anwendung das Können besitzt, im beobachtenden und beurteilenden Richtverfahren objektive Entscheidungen herbeizuführen, korrektes Benehmen und Auftreten gegenüber Veranstaltern, Funktionären, Reitern, Eltern, Trainern, Publikum usw zu zeigen, *die Bestimmungen und Regelwerke des BFV mental anzuerkennen*[1114]

1112 Davon ausgehend, dass der OEPS in der ÖTO anordnet, dass die Turnierfunktionäre vom Wettkampfveranstalter zu bezahlen sind, und dieser das Turnier wiederum (vorrangig) durch die ÖTO-definierten Gebühren der Reitsportler finanziert, ergibt sich also eine zumindest indirekte Bezahlung der Wettkampfrichter durch die Reitsportler. In der gegenständlichen Darstellung wird auf diese Umstände jedoch nicht weiter eingegangen; s beispielsweise *Verschraegen*, ABGB-ON 0.01 § 1056 Rz 10: „Der Dritte, der zur Preisfestsetzung bestimmt wird, handelt als private Schiedsperson (Schiedsgutachter) mit der Gestaltungsbefugnis, ein noch unvollständiges Rechtsgeschäft zu ergänzen, und unterliegt demnach der Sachverständigenhaftung nach § 1299 ABGB."
Ebensowenig wird die Frage der Haftung von Turnierfunktionären gegenüber Reitsportlern behandelt, vgl dazu nebst anderen Schummer *Schummer*, Die zivilrechtliche Haftung des Sportfunktionärs in Hinteregger (Hrsg), Der Sportverein (2009) 104 ff. Desgleichen wird die Haftungsproblematik hinsichtlich der Organe des OEPS, nämlich dem Präsidium und dem Direktorium auf der einen Seite und der Generalversammlung auf der anderen Seite, nicht weiter thematisiert; da jedoch die beiden erstangeführten Organe im Hierarchiegefüge des Sportdachverbandes eindeutig die wesentlichen Entscheidungsbefugnisse und die entsprechende Gestaltungsmacht innehaben, s dazu *Michael Leitner*, GeS 2009, 295 ff, werden auch diese überwiegendst für die Rechtmäßigkeit der Entscheidungsabläufe sowie für Beschlussinhalte einzustehen haben.
1113 Richterregulativ. Stand 10.10.2006: „Der Bundesfachverband für Reiten und Fahren in Österreich erlässt das vom Präsidium in der Sitzung am 09. Oktober 2006 beschlossenen Richterregulativ. Dieses Regulativ tritt mit 10. Oktober 2006 in Kraft." (abrufbar unter <oeps.at>) Angemerkt sei einmal mehr, dass der Sportdachverband seit 2011 „Österreichischer Pferdesportverband", kurz OEPS, heißt, zuvor lautete sein Name „Bundesfachverband für Reiten und Fahren in Österreich", kurz BFV.
1114 In Hinblick auf das „Recht" führt *Koller*, Tugenden 174, zutreffend aus, dass

und als Autorität durchzusetzen, mit profundem Fachwissen und persönlicher Konzentration für rasche, der Momentansituation angepasste Entscheidungen zu sorgen und allenfalls auf Fehlentscheidungen zu reagieren, sich durch Fortbildung und oftmalige praktische Anwendung auf dem aktuellen Stand des Turnierwesens zu halten und die Begabung hat, durch kooperative und harmonische Teamarbeit zu richtigen Entscheidungen zu kommen."[1115] Da Wertungsrichter[1116] sohin die Verbandsnormen „mental anzuerkennen" haben, drängt es sich auf, sie als „Mentalisten", somit eine zu ganz besonderer „Hingabe" bzw speziellem „Glauben" an den OEPS verpflichtete Verbandsuntertanengruppe, anzusprechen.[1117] Bemerkenswert erscheint ebenfalls, dass diese „verbandlichen Dienstleister" offenbar im Voraus (also am Beginn ihrer Wettkampfrichtertätigkeit) jeglicher Weiterentwicklung, zB Verschärfung oder Komplizierung, der ÖTO ihre mentale Zustimmung zu geben haben, um dem Leitbild zu entsprechen und um wohl zu „richtigen Entscheidungen" im Interesse des OEPS zu gelangen; bzw müssen sich diese speziellen Funktionäre mit jeder Änderung der ÖTO entsprechend „mental nachjustieren". Ausdrücklich schreibt der OEPS in § 302 Abs 2 Richterregulativ vor, dass Bewerber für die Ausbildung zum Richter „ein Alter zwischen 25 (Voltigieren 21) und 55 Jahren aufweisen müssen, unbescholten sein und sich aufgrund ihrer physischen Verfassung, ihrer Persönlichkeit und Fachbildung als Richter eignen (Siehe Leitbild im Anhang)." Für besondere Aufgaben benötigt der OEPS offenbar besondere mentale Persönlichkeiten. Sollten die Wertungsrichter nicht den Vorstellungen/Anforderungen/Interessen des OEPS entsprechen, dann kann es ua gem § 310 Richterregulativ zu „Besonderen Maßnahmen" – also Sanktionierungen – gegen sie kommen: „1. Der Fachgruppenleiter ist ermächtigt, Richtern bei leichten Unregelmäßigkeiten in der Ausübung ihrer Funktion eine Ermahnung auszusprechen. 2. Bei Wegfallen der Voraussetzungen, die zur Ernennung des Rich-

---

dieses „kein legitimes Mittel ist, um Gesinnungen, Einstellungen und Tugenden zu erzwingen: weil es dann nämlich unvermeidlich zu einem Instrument des Terrors wird."

1115 Richterregulativ (2006) 11.

1116 Gerade die Wettkampfrichter mit ihren vielfältigen Kontroll- und Strafaufgaben gem ÖTO im Interesse des OEPS sind die wohl wichtigsten Basisfunktionäre für das sportdachverbandliche Unternehmen der österreichweiten „Wettkampfveranstaltungen". Wiewohl in § 49 Abs 2 ÖTO Allgemeine Bestimmungen (Aufgaben der Richter) normiert ist, dass „die Richter dem Veranstalter für die regelgerechte Durchführung eines Wettbewerbes verantwortlich sind", und daraus eigentlich geschlossen werden könnte, dass gerade das Vertragsverhältnis zwischen Veranstalter und Wertungsrichter im Mittelpunkt stünde, legt der OEPS– wohl um die eigentliche „Verantwortlichkeit" klar zu machen – schon in § 49 Abs 1 ÖTO Allgemeine Bestimmungen fest, dass „die Richter an die Ausschreibung und an die ÖTO gebunden sind."

1117 Mit *Prisching,* Soziologie³ (1995) 123, wird hier ein negativer Konformitätsbegriff zutreffen, „der an Nachahmung, Anpassung, Uniformierung, Fremdsteuerung und Abhängigkeit denken lässt;" von den Wettkampfrichtern wird nicht „äußere Konformität" sondern sogar „innere Konformität" verlangt, welche so *Prisching,* „auch das Innenleben des Individuums erfasst und die innerliche Akzeptanz der Normen einschließt."

ters erforderlich waren, kann der Richterausschuss einen begründeten Antrag auf Einschränkung der Richterbefugnis oder die Streichung aus der Richterliste beim Strafausschuss des BFV (I. Instanz) stellen." Und Wettkampfrichtern, welche nicht den Interessen des OEPS gemäß (zu)arbeiten, kann von diesem unter Heranziehung so „konkreter Disziplinarvergehenstatbestände" wie Verstöße „gegen die Grundsätze sportlichfairer Haltung, gegen das Wohl des Pferdes, gegen sonstige Bestimmungen der ÖTO oder das Ansehen des Pferdesports" (§ 2012 ÖTO Rechtsordnung) alles Mögliche vorgeworfen werden; „Ordnungsmaßnahmen" können folgen, ein „Straf- bzw Disziplinarverfahren" eingeleitet werden.[1118]

Fordert der OEPS zB Gebühren (etwa infolge von „Verbandsstrafen" gegenüber Nichtmitgliedern) von Reitsportlern, dann verfolgt er sein Interesse nicht etwa im Wege der ordentlichen Gerichtsbarkeit, nein, denn dafür hat er als „Selbstverwaltungskörper" ja schließlich seine dem Justiz- und Verwaltungsstrafrecht nachgebildeten, „obrigkeitlichen" Strafbestimmungen und -verfahren. Und vor allem Funktionäre, die er entsprechend „einsetzen" kann. Vor allem Turnierfunktionäre[1119], unter diesen insbesondere Wettkampfrichter werden angehalten – bzw unter Strafandrohung unter Druck gesetzt –, auf Reitsportler „einzuwirken", damit deren Geld an den Sportdachverband fließt. Die Wettkampfrichter (ebenso wie die Wettkampfveranstalter) müssen die Reitsportler so lange an der Wettkampfausübung hindern, also die ÖTO „vollziehen", bis diese der Zahlungsaufforderung des OEPS nachgekommen sind. Zahlte ein Reitsportler die sportdachverbandlich geforderten Gelder dennoch nicht, so würde der OEPS gegen ihn weitere „Geldstrafen verhängen" und diesem die Sportausübung bei Wettkämpfen (weiter) verunmöglichen. Turnierfunktionäre und/oder Wettkampfveranstalter, die dem „Auftrag" der Druckausübung auf Reitsportler nicht nachkommen, werden vom OEPS ebenfalls sanktioniert[1120], zB mit Geldstrafen und/oder Funktions-

---

1118 Offenbar soll durch diese, die „richtige Gesinnung" stärkenden Bestimmungen des OEPS verhindert werden, dass sich im „Wettkampfrichterkorps" falsche Haltungen und daraus womöglich folgend, „verbandsschädliche Handlungen" entwickeln. Mit *Zippelius*, Ausschluss 16, wird eine sehr gravierende Sanktion gegen Wettkampfrichter, wie zB das Verbot der Ausübung ihrer Tätigkeit, aus Verbandssicht wohl als „‚sanitäre' Funktion" zu sehen sein, welche „‚schädliche' Ideen von der Gemeinschaft fernhalten" soll. „Verbandlichsgemeinschaftlich" gesollt/gewollt ist anscheinend der die Verbandsregeln unbedingt vollziehende Wettkampfrichter.

1119 Diese bereitwilligen „Dachverbandsdiener", die ein paar Verbandsnormen besser kennen als andere Verbandsuntertanen, weisen diese Normunterworfenen dann auf die Pflicht zu deren „Befolgung" hin bzw drängen sie dazu, ansonsten bewirken/verhängen sie Strafen im Namen/Auftrag des OEPS; im Rücken haben diese „Zu- und Entgegenarbeiter" den „großen Dachverband", welcher ihnen „Macht" und als „Wächter" auch ein „gewisses Sozialprestige" verschafft. Dass der Sportdachverband nur bzw gerade aufgrund ihrer doch wohl „unterwürfigen Hilfe" funktioniert, seine Macht entfalten kann, wird ihnen zumindest mitbewusst sein, der Stolz jedoch, als „Normwahrer" tätig sein zu können, lässt sie vermutlich ein Reflektieren über das, was sie da eigentlich tun, verdrängen.

1120 IZm dem normativen Verbandsimperativ – als einem von mehreren derartigen –, dass Wettkampfveranstalter mit sog „gesperrten" Reitsportlern keine Wettkampfteilnahmeverträge schließen dürfen, ist auf das Verhältnis zwischen § 879 ABGB und die Unlauterkeit gem UWG zu verweisen. *Heidinger* in Wiebe/

verboten.[1121] Der Funktionärskörper hat also auch „mental zu gehorchen".

In diesem (zugleich auffordernden und drohenden) Sinn kann vermutlich der in der Dachverbandszeitschrift pferderevue 2006 abgedruckte Satz verstanden werden: „Funktionär kommt von Funktionieren, Funktionäre und Reglements schaffen die Rahmenbedingungen."[1122] Aus rechtlicher Sicht kann daher festgehalten werden, dass sich demnach Turnierfunktionäre bei entsprechendem „individuellen Einsatz" für den Sportdachverband „auf eine gewisse Zeit zur Dienstleistung verpflichten" werden.[1123] Als spezielle Funktionsuntertanen, zugleich jedoch nicht Verbandsmitglieder, sind sie durch eine geradezu obrigkeitliche Fremdunterworfenheit und -steuerung gekennzeichnet. Einen privatautonomen Freiraum, das Vertragsverhältnis zum OEPS oder zu den Wettkampfveranstaltern und Reitsportlern zu gestalten, haben sie verbandsnormenbedingt grundsätzlich nicht,[1124] diesfalls droht Verbandsstrafe.

Kodek, Kommentar § 1 Rz 197 f, führt zutreffend aus, dass § 879 ABGB Missbräuchen der Privatautonomie im Rahmen einer konkreten Rechtsgestaltung unter Vertragsparteien Grenzen setzt, die Generalklausel gem § 1 UWG jedoch auf die Bewahrung der Lauterkeit des Wettbewerbs abzielt. Sohin wendet sich das UWG nur gegen die Unlauterkeit der Wettbewerbshandlung, nicht jedoch gegen die Wirksamkeit von Verträgen. Allerdings, und hier ist die Anknüpfung an Verbandsnormen des OEPS gegeben, ist davon auszugehen, so *Heidinger*, dass Verträge, die zur wiederholten Begehung wettbewerbswidriger Handlungen verpflichten, gem § 879 ABGB nichtig sind. Wenn nämlich ein Rechtsgeschäft die planmäßige Verletzung lauterkeitsrechtlicher Vorschriften zum Inhalt hat, so ist dies nicht mit den grundlegenden Werten der Rechtsordnung vereinbar.

1121 Ob die Tätigkeit all derer, welche als sog „Ehrenamtliche" für den Sportdachverband „handeln", diesen im wortwörtlichen Sinn auch zur Ehre gereichen kann, muss umstritten bleiben. Neben der grundsätzlichen – hier nicht weiter diskutierten – sozialethischen Dimension derartiger Sportdachverbandsnormen und dem daraus erwachsenden „Handeln" ist im rechtlichen Kontext insbesondere auf § 16 ABGB mit seinen Freiheits- und Würdeverbürgungen zu verweisen, s dazu insbesondere *F. Bydlinski*, Fundamentale Rechtsgrundsätze (1988) 176 ff; sowie *F. Bydlinski*, „Person" 341.

1122 S *F. Schuster*, Bergauf & bremsen?! pferderevue 2006/3, 7. Die Funktionäre werden allerdings auch zu „Höchstleistungen" im Interesse des Sportdachverbandes – vorgeschoben werden andere – „motiviert", s zB *F. Schuster*, Ethische Grundsätze des Pferdefreundes, pferderevue 2009/2, 43: „Der/die FunktionärIn im Pferdesport muss sich seiner/ihrer Vorbildfunktion und besonderen Verantwortung für den Sport- und Freizeitpartner Pferd bewusst sein. Er/sie ist nicht nur für den ordnungsgemäßen Betrieb eines Reitstalles, Verbandes, Turnieres öa zuständig, sondern hat zugleich als AnsprechpartnerIn für Politik, Landwirtschaft und Wirtschaft die Interessen der PferdesportlerInnen und ZüchterInnen wahrzunehmen und zu vertreten."

1123 *Pfeil* in Schwimann (Hrsg), ABGB – Taschenkommentar (2010) § 1151 Rz 1 ff.

1124 In Hinblick auf die/eine privatautonome Gestaltung muss daher von „sehr schwachen" subjektiven Rechten oder sogar Nichtrechten der Verbandsuntertanen gesprochen werden, vgl dazu die Maßstäbe von *Schilcher*, Starke Rechte 353 ff, zu starken und schwachen subjektiven Rechten.

VI. Abschließende Betrachtung samt Ausblick

Nach der Darlegung der diversen, konkreten „Betroffenheiten" natürlicher Personen wie Wettkampfveranstalter, Reitsportler, Wertungsrichter sowie sonstiger Funktionäre infolge des Normierens und Handeln des gegenständlichen Sportdachverbandes, folgt nun eine Zusammenschau samt Ausblick.

Gleich an dieser Stelle sei festgehalten, dass eine „Lösung" für die aufgezeigten, vielfältigen und problematischen Umstände aufgrund des Wirkens des OEPS etwa im Sinne eines Gesetzesänderungsvorschlages nicht geboten werden wird. Die österreichische Gesetzeslage ist (grundsätzlich) gegeben, um „verbandliche Gewaltverhältnisse" in die Schranken der Rechtsstaatlichkeit zu weisen bzw zu beenden.[1125] Notwendig sind zuerst (wie so oft) das „Erkennen-Wollen" und dann die tatsächliche Absicht zum entsprechenden Handeln. Dies muss vorrangig beim „Staat", konkret bei der „Vollziehung", geschehen. Sollte dies der Fall sein, dann gäbe es klarerweise „gewaltige verbandliche Interventionsstürme"; ganz „besondere" Besonderheiten und Machtdemonstrationen „des" Sports würden zu Tage treten. Sollte jedoch in Hinkunft einem „Verbandsgewalthandeln" wie dem dargestellten nicht entgegengetreten werden, und in den für Österreich so typischen Formen des „Wegschauens", „Kleinredens" und vor allem „Verdrängens" verharrt werden[1126], dann wird/würde „der Prozess" der normativen Entrechtung und der „Verbandsuntertanenkujonierung" mit an Sicherheit gehender Wahrscheinlichkeit weitergehen.

Die Zusammenschau beginnt mit einer gerafften Auseinandersetzung darüber, wie sehr verbandliches Gewalthandeln nicht nur dem Maßstab des geltenden (ö) Rechts, sondern auch dem „Konzept" der Zivilgesellschaft widerspricht; danach folgt eine fokussierte Charakterisierung des verbandlichen Gewaltverhältnisses des OEPS samt Wiederholung der wesentlichsten Folgen für die Verbandsuntertanen; im Kapitel vor dem schließenden Ausblick sei abermals hervorgehoben, dass es (vorrangig)

1125 Vgl dazu grundsätzlich *Pernthaler/Walzel v. Wiesentreu*, ZÖR 2010, 502: „Heute ist europäischer Verfassungsstandard, dass ‚Rechtsstaatlichkeit' – ebenso wie rule of law – heißt, dass alle staatlichen Maßnahmen einer lückenlosen Rechtskontrolle zugänglich sein sollen, wobei Verfahrens und Rechtsschutzgarantien gesichert sein müssen." Wie ist idZ dann einordbar, dass der Schutz (der Rechte Dritter), der gem Art 11 Abs 2 EMRK von der Vereinsbehörde zu gewährleisten wäre, gerade dieser insofern insbesondere verwehrt wird, als sie nur die Statuten, nicht jedoch die sonstigen Vereinsregeln in Prüfung nehmen darf? Und wie ist die erkennbare Tendenz, dass durch die Vereinigungsfreiheit geschützte, „private Maßnahmen" in autonomen Sportverbandsinnenräumen der Kontrolle durch den Staat bzw dessen Gerichtshöfe entzogen werden sollen, mit europäischen Verfassungsstandards vereinbar?

1126 Warum sind für einen Sportdachverband (gerade in Österreich) obrigkeitliche Merkmale und entsprechendes Gehabe so interessant? Nun, weil das Pendant dazu die dargebrachte und ausbaubare Untertanenmentalität ist, s dazu *Brix*, Österreich auf der Suche nach der Zivilgesellschaft in GLOBArt (Hrsg), Zivilgesellschaft – Die Herausforderung (2006) 26.

der Staat ist, der (gegenwärtig) seine Pflichten zur Vermeidung von verbandlichen Gewaltverhältnissen vernachlässigt und dadurch „(mit)hilft", Verbandsuntertanen zu kreieren.

1. Sind gewaltausübende Verbände Teile der Zivilgesellschaft?

Wie gezeigt, geht es beim gegenständlichen Thema grundsätzlich um drei „Ideal-Akteure": den Staat (Österreich), den Sportdachverband (OEPS) und die natürliche Person, die zugleich Staatsbürger[1127] und Vereinsmitglied ist.[1128] Infolge der spezifischen Betrachtung der österreichischen Rechtsordnung und der verbandlichen Normenordnung des untersuchungsgegenständlichen Sportdachverbandes scheint für zB eine bildliche Darstellung nicht ein „Dreieck" der Akteure in einer Ebene angebracht, sondern eine lineare „In-Verhältnis-Setzung"; der Sportdachverband schiebt sich – eben: intermediär – zwischen den Staat und die natürliche Person. Eine Raum-, also dreidimensionale Darstellung würde den Gegebenheiten der Über- bzw Unterordnung noch besser gerecht werden: Vom Staat abwärts trifft der Betrachter auf eine (in beide Richtungen) schwer durchdringbare, kugelförmige Membran, welche den „Hoheitsraum" des Sportdachverbandes umschließt. Diese „Hülle" kann als die Wirkung/Instrumentalisierung des Grundrechts der Vereinigungsfreiheit angesprochen werden, die zugleich der „Schutzbrief" oder das „Privilegium"[1129]

1127 S zum historischen Verständnis von „Staatsbürgerschaft" zB *Schöpflin*, Civil Society, Ethnizität und der Staat: eine dreiseitige Beziehung in Brix (Hrsg), Civil Society in Österreich (1998) 49, 54: diese ist „das Bündel juridischer, politischer, sozialer, kultureller und ökonomischer Rechte und Pflichten, welches das Verhältnis zwischen den Regierenden und den Regierten regelt – das Ergebnis der rationalisierenden Aktivität des aufkommenden modernen Staates, so wie er sich seit dem 17. Jahrhundert entwickelt hat." Vgl auch *Riedels*, Bürger, Staatsbürger, Bürgertum in Brunner/Conze/Koselleck (Hrsg), Geschichtliche Grundbegriffe I (2004) 679, Ausführungen zu *Bodin*: „Bei Bodin zeichnete sich die Tendenz des modernen Staates ab, den für die alte bürgerliche (in moderner Begriffssprache: feudale) Gesellschaft charakteristischen Unterschied zwischen unmittelbaren (= Bürger) und mittelbaren ‚Untertanen' (= Inwohner, Beisassen, Hörige, Knechte, Lohnarbeiter usf) aufzuheben. Indem der Begriff des Bürgers durch den des Untertanen definiert bzw die Unterwerfung unter die höchste Gewalt zu seinem Merkmal wurde, setzte die neuzeitliche Souveränitätstheorie die bürgerlich-herrschaftlich durchformte Gesellschaft zu einem einheitlichen Untertanenverband herab." Selbstredend knüpfen „autonomie- und damit souveränitätsorientierte" Verbände bei der Ausgestaltung von Gewaltverhältnissen an verschiedenste frühere Vorbilder an.

1128 Im Vordergrund der gegenständlichen Arbeit ist das zweite Grundverhältnis gestanden, also die natürliche Person (allfällige Sonderfragen, welche sich aus Vereinsmitgliedern mit nichtösterreichischer Staatsbürgerschaft ergeben können, werden hier nicht behandelt), welche Mitglied bei einem Verein ist; und dieser Verein ist über eine Vereinskette mit einem Dachverband verbunden. Mutatis mutandis gelten die rechtlichen und faktischen Kritiken zum zweiten auch für das erste Grundverhältnis, also das Verhältnis Vereinsmitglied/Verein.

1129 S insbesondere § 13 ABGB: „Die einzelnen Personen oder auch ganzen Körpern

(je nach Sichtweise) der wenigen, tonangebenden Vereinsdominatoren (Organwalter und Schlüsselfunktionäre) ist, um den (Dachverbands)Innenraum möglichst autonom sowohl gegenüber dem Staat als auch gegenüber den „umfassten" natürlichen Personen auszubauen. Darin herrscht die sog „Besonderheit des Sports"[1130]. Den natürlichen Personen, insbesondere den Sportlern, kommt in diesem, durch selbstgesetzte Normen definierten, Sonderbereich die Rolle der (Verbands)Untertanen zu. Aktiven Schutz von außen, vom Staat[1131], können die Unterworfenen so gut wie nicht erwarten, ja, es ist für sie sogar schwierig, sich durch die „Schicht der Vereinigungsfreiheit" um Unterstützung an den Staat (zB die Vereinsbehörde) zu wenden, denn mit ihnen wird (schon bzw zuvor) innerverbandlich „verfahren" (§§ 7 u 8 VerG).[1132] Die Untertanen im Verbandsbereich machen zwar in einer gewissen Weise das „Verbandsvolk" (demos) aus, da jedoch die Umstände aber gerade nicht zu einer „Volksherrschaft", sondern zu der weniger (Oligarchie) geführt haben, werden die ersteren eher als „plebs" zu bezeichnen sein; dies, die Kreation von Untertanen gerade im Bereich der sog „Zivilgesellschaft"[1133], ist Gesellschaft und Gesetzgeber in Österreich nicht präsent bzw, wenn doch, scheint es offenbar nicht zu stören.

Obwohl der Begriff der Zivilgesellschaft vorrangig in soziologischen (politologischen etc) Kontexten erfasst, analysiert und beschrieben wird, erscheint ein – in der gegenständlichen Darstellung nur allzu knapper –

---

verliehenen Privilegien und Befreiungen sind, sofern hierüber die politischen Verordnungen keine besonderen Bestimmungen enthalten, gleich den übrigen Rechten zu beurteilen." Zufolge *W. Egger* in Schwimann (Hrsg), ABGB – Taschenkommentar (2010) § 13, ist diese Rechtsnorm ohne Bedeutung. Umfang und Ausmaße des normativen und faktischen Wirkens zB eines Sportdachverbandes werden daher nicht als Ergebnis eines „aktiven Staatshandelns", also zB einer „Verleihung", gesehen werden können, sondern die Konsequenz einer Anmaßung sein. Inwieweit bzw ab wann eine „staatliche Duldung" von Verbandshandeln eine „Privilegierung" desselben bewirkt, wird in dieser Darstellung nicht weiter untersucht.

1130 S IV.3.3.1.2. sowie den Sonderexkurs und den 3. (rechts)soziologischen Exkurs.

1131 Der österreichische Staat könnte ua auf Basis der EMRK qua Vereinsbehörde gem § 29 Abs 1 VerG zum „Schutz der Rechte und Freiheiten anderer" tätig werden, wenn er denn wollte.

1132 Und zwar, um die staatliche Gerichtsbarkeit zu entlasten, sa *Höhne/Jöchl/ Lummerstorfer*, Recht[3] FN 1629.

1133 S zB *Heins*, Das Andere der Zivilgesellschaft. Zur Archäologie eines Begriffs (2002) 43, der sich auf den zivilgesellschaftlichen Diskurs vom Ende des Staates bezieht bzw „seine friedliche Transformation hin zu einem international vernetzten, standortsensiblen Wettbewerbsstaat mit zivilgesellschaftlicher Komponente." Nicht jedoch meint der Autor den anderen Staatszerfall, wie er zB in Teilen Afrikas und Zentralamerikas passiert; dort nämlich schaffen sich rivalisierende Clans und marodierende Privatarmeen – Anm: also Akteure, die sich staatliche Gewalt angeeignet haben – „ihre Gesetze selber." IdZ spricht *Heins* von der „Unersetzbarkeit des Staates und zwischenstaatlicher Bündnisse für die Erlangung bestimmter Kollektivgüter wie die Eindämmung externer und interner Gewalt." Auch für Österreich wird es ein wesentliches „Kollektivgut" darstellen, dass Gesetzgebung, Steuerforderung, Gerichtsbarkeit und Strafvollzug qua Gewaltmonopol beim Staat verortet sind, nicht aber, auch nicht teilweise (modifiziert etc) bei Privaten.

Versuch, Übereinstimmungen mit dem Rechtsinstitut[1134] des gesellschaftlichen Zusammenschlusses in Form eines Vereins/Verbandes[1135] (gem ö Rechtsordnung) zu identifizieren, als lohnenswert. Aus „sportideologischer Sicht"[1136] bietet es sich an, den Sport als solchen und vor allem die Wettkampfausübung in Vereinen/Verbänden möglichst positiv zu „branden" und dann noch in die hauptsächlich affirmativ beschriebene Zivilgesellschaft „einzugemeinden". Im Folgenden werden daher eine Grobskizze der Zivilgesellschaft in Beziehung zum (Sport)Vereinswesen entworfen und dann Positionen der EU zur civil society sowie schließlich österreichische Annäherungen an die Bürgergesellschaft wiedergegeben und kommentiert.

1.1. Vom (Sport)Verein zur Zivilgesellschaft

Aus der mittlerweile – beinahe – unüberschaubar gewordenen Literatur zur Zivilgesellschaft[1137] (civil society oder synomym Bürgergesellschaft) sei der grundlegende, umfangreiche Experten-Bericht der Enquete-Kommission „‚Zukunft des Bürgerschaftlichen Engagements'. Bürgerschaftliches Engagement: auf dem Weg in eine zukunftsfähige Bürgergesellschaft" aus dem Jahr 2002, vom *Deutschen Bundestag* verantwortet, herausgehoben.[1138] Folgende Positionen daraus sind für das hier interessierende Thema des quasietatistisch agierenden „zivilgesellschaftlichen Akteurs" Sportdachverband – in all seiner Widersprüchlichkeit – hervorzuheben: Abgestellt wird auf das gemeinwohl-orientierte bürgerschaftliche Engagement, welches von der Enquete-Kommission geradezu als Kernbestandteil einer Bürgergesellschaft gesehen wird und ihr zufolge bürgergesellschaftliche Organisationen ebenso wie staatliche Institutionen betrifft. Empfohlen wird die Weiterentwicklung von staatlichen Institutionen und zivilgesellschaftlichen Organisationen, sodass bürgerschaftliches Engagement gefördert wird.[1139] Wenn es in/bei Sportdach-

---

1134 S *Koziol/Welser*, Grundriss I[13] 50; sowie *F. Bydlinski*, Rechtsgrundsätze 320.

1135 S *F. Bydlinski*, System, 469 ff.

1136 S insbesondere den 3. (rechts)soziologischen Exkurs.

1137 Vgl zB *Keupp*, Visionen der Zivilgesellschaft: Der aufmüpfige Citoyen oder eine Mittelschichtveranstaltung in Pilch-Ortega/Felbinger/Mikula/R. Egger (Hrsg), Macht – Eigensinn – Engagement (2010) 25, der einen vielstimmigen Chor in der Diskursarena Zivilgesellschaft ausmacht, und diese unter anderem als dritte Kraft neben Staat und Markt sieht.

1138 S einleitend zu diesem Kommissionsbericht die grundsätzlich wohl zutreffende Positionierung von *Bürsch*, Vorwort: Für eine starke Bürgergesellschaft in Deutscher Bundestag (Hrsg), Bericht der Enquete-Kommission „Zukunft des Bürgerschaftlichen Engagements". Bürgerschaftliches Engagement: auf dem Weg in eine zukunftsfähige Bürgergesellschaft (2002) 3: „Die Bürgergesellschaft, jenes Netzwerk von selbstorganisierten, freiwilligen Assoziationen – Vereine und Verbände, NGOs, Bürgerinitiativen und Selbsthilfegruppen, Stiftungen und Freiwilligendienste, aber auch politische Parteien und Gewerkschaften usw – bildet ein Tätigkeitsfeld eigener Art zwischen Staat, Wirtschaft und Familie."

1139 So *Deutscher Bundestag* (Hrsg), Bericht der Enquete-Kommission „Zukunft des Bürgerschaftlichen Engagements". Bürgerschaftliches Engagement: auf dem Weg in eine zukunftsfähige Bürgergesellschaft (2002) 7.

verbänden (auch bzw mitunter) darum geht, in ihrem „Machtbereich" aus Staatsbürgern Verbandsuntertanen zu formen, so fordert die Experten-Kommission, dass der Bürgerstatus einen Vorrang vor allen anderen aktuellen und möglichen Zugehörigkeiten hat. Dabei reicht ihr zufolge jedoch die Wahrnehmung der liberalen Grundrechte allein nicht aus, sondern ist mit dem Begriff des bürgerschaftlichen Engagements der Begriff der Bürgerin und des Bürgers verbunden. Für die Bundestags-Kommission orientiert sich bürgerschaftliches Engagement daher auch am Begriff der Bürgergesellschaft bzw Zivilgesellschaft. Die Enquete-Kommission definiert weiters, dass die Bürgergesellschaft das Leitbild des bürgerschaftlichen Engagements ist; der Terminus Bürgergesellschaft beschreibt sohin ein Gemeinwesen, in dem die Bürgerinnen und Bürger auf der Basis gesicherter Grundrechte und im Rahmen einer politisch verfassten Demokratie durch das Engagement in selbstorganisierten Vereinigungen und durch die Nutzung von Beteiligungsmöglichkeiten die Geschicke des Gemeinwesens wesentlich prägen können.[1140] Bürgergesellschaft ist demzufolge zugleich Zustandsbeschreibung und Programm.[1141] Daraus ist grundsätzlich – also auch für den Sportverbandsbereich – die Grundrechtsgebundenheit und damit insbesondere die Verbindlichkeit der EMRK für zivilgesellschaftliche Akteure (nicht nur in Deutschland) abzuleiten, gerade dann, wenn diese das Gemeinwesen, den Staat, und die Individuen, die Staatsbürger, zu prägen versuchen. In ihrem weiteren Befund gelangt die Kommission des deutschen Vertretungskörpers zum Autonomiethema und meint, dass das bürgerschaftliche Engagement in der Bundesrepublik Deutschland einen zentralen Eckpfeiler in einer Vision bildet, in der die demokratischen und sozialen Strukturen durch die aktiv handelnden, an den gemeinschaftlichen Aufgaben teilnehmenden Bürgerinnen und Bürger mit Leben erfüllt, verändert und auf zukünftige gesellschaftliche Bedürfnisse zugeschnitten werden. Bürgergesellschaft beschreibt demnach eine gesellschaftliche Lebensform, in ihrer sowohl den bürgerschaftlich Engagierten als auch ihren vielfältigen Formen und Vereinigungen mehr Raum für Selbstbestimmung und Selbstorganisation überlassen wird.[1142] Zu-

---

1140 Wenn *Zimmer*, Vereine 64, 71 f, den Verein zwar als Zusammenschluss von Freien und Gleichen und gleichsam als Prototyp des kollektiven Akteurs bzw der intermediären Instanz sieht, dann bleiben im Lebenssachverhalt (Berufs)Sport die faktisch und normativ gegebenen Verhältnisse, die zu einer quasistaatlichen Herrschaft weniger über gleich unfreie Untertanen führen, ausgeblendet. Dem Grunde nach bestätigt die Autorin freilich die (Tendenz der) Oligarchisierung von Vereinen und dass in der Regel doch die eher kleine „Elite" des jeweiligen Führungspersonals herrscht.

1141 *Deutscher Bundestag*, Bericht 24.

1142 Vgl dazu die selbstbewusste und idealistische Position von *Keupp*, Visionen 27: „Für mich ist Bürgerengagement ein gesellschaftliches Handlungsfeld, das sich gezielt als unabhängig von dem Kreislauf der Geldströme des globalisierten Kapitalismus versteht, das sich den Kriterien der Verbetriebswirtschaftlichung und Monetarisierung entzieht." Für den Autor steht der „citoyen" im Mittelpunkt. „Diese selbstbewussten BürgerInnen, die sich einmischen, unbequem sein können, die Macht kontrollieren, sich für Bürgerrechte engagieren und den staatlichen Instanzen nicht als Untertan gegenüberstehen, die sich die Wahrung und Weiterentwicklung demokratischer Lebensformen zu ihrem Anliegen gemacht haben, galt es erst zu entdecken." Dieser Haltung gegen (jegliche) „Veruntertanung" gebührt Applaus.

treffend erkennen die Kommissionsmitglieder, dass gesellschaftstheoretische und gesellschaftspolitische Diskurse dem Begriff des bürgerschaftlichen Engagements einen besonderen normativen Gehalt geben und ihn mit anderen Begriffen verbinden, ohne die dieser Gehalt nur unzureichend verstanden werden kann: Bürger, Bürgergesellschaft, Öffentlichkeit, Gemeinsinn, Verantwortung, soziale/ökonomische und ökologische Gerechtigkeit, Demokratie, Selbstverantwortung, Selbstermächtigung und Selbstorganisation. In Verbindung damit führt die Enquete-Kommission zum Verhältnis zwischen Staat und Bürgergesellschaft aus, dass diese die Vision einer politischen Gemeinschaft ist, in der nicht allein oder vorrangig der Staat und seine Institutionen für die Zukunft der politischen Gemeinschaft Verantwortung tragen. Bürgergesellschaft heißt demnach, sich von der Vorstellung der Allzuständigkeit des Staates zu verabschieden, zuzulassen und zu fordern, dass Bürgerinnen und Bürger in größerem Maße für die Geschicke des Gemeinwesens Sorge tragen. Bürgergesellschaft ist laut der Fachleute-Kommission eine Gesellschaft selbstbewusster und selbstverantwortlicher Bürger, eine Gesellschaft der Selbstermächtigung und Selbstorganisation.[1143] Daraus folgt wohl, dass Sportdachverbände, welche in Bezug auf Nichtmitglieder (welche Staatsbürger sind) demnach „neue" alte Untertanenstatus kreieren, indem sie entsprechende Staatsmodelle zB des 19. und/oder 20. Jahrhunderts mit dem Anspruch gesellschaftlicher Allzuständigkeit imitieren, daher gerade nicht dem Bereich der Bürgergesellschaft zugezählt werden können. IdZ interessant ist das Verständnis der Bundestags-Kommission zu gesellschaftlichen Erscheinungen, welche sie als „unzivile Formen der Bürgergesellschaft" (bzw des Engagements) bezeichnen, wie zB Despotismus/Totalitarismus, Korruption, ethnozentrischer Nationalismus und Barbarei, aber auch politisch und religiös motivierter Fundamentalismus, Gewaltbereitschaft, Intoleranz und viele Formen der sozialen und politischen Ausgrenzung. Diesen unzivilen Formen ist gemeinsam, dass sie die Möglichkeiten der Bürgergesellschaft missbrauchen[1144] und ihre Prinzipien bekämpfen. Die Experten sprechen in ihrem Bericht richtigerweise davon, dass der Begriff der Bürgergesellschaft nicht nur auf die Vielfalt der Engagementformen hinweist, die ein Gemeinwesen erst lebendig werden lassen; diesem Terminus wohnt zugleich ein normativer Anspruch inne, mit dem unzivile Formen des Engagements kenntlich gemacht

---

1143 S *Deutscher Bundestag*, Bericht 33 f, 40. Wenn jedoch Sportdachverbände die (beiden) zivilgesellschaftlichen Merkmale der Selbstorganisation und Selbstermächtigung fortlaufend betonen und für sich in Anspruch nehmen, dann verstehen sie darunter oftmals, dass sich ihre Führungsgremien und -funktionäre gegenüber Staat und Nichtmitgliedern autonomisieren und innerverbandlich als Privatgesetzgeber, -richter, -strafvollziehende sowie -steuerfordernde auftreten (können); die Enquete-Kommission allerdings versteht diese beiden Merkmale jedenfalls in Verbindung mit dem weiteren der Bürgerrechte, denn erst in dieser Kombination sind die Fundamente einer Teilhabe und Mitgestaltung der Bürgerinnen und Bürger an Entscheidungsprozessen gegeben.

1144 Für manche transnationale „Sportverbandsunternehmen" kann mit *Merkel*, Volksabstimmungen: Illusion und Realität, APuZ 2011/44 - 45, 52, festgehalten werden: „Die Verfügbarkeit von Macht und Geld entscheidet über den Einfluss auf politische Entscheidungen. Sie gewährt mächtigen Interessenverbänden und multinationalen Unternehmen einen asymmetrisch privilegierten Einfluss."

werden können. Zu diesem Themenbereich formuliert die Bundestags-Kommission schließlich zutreffend, dass unzivile Formen des Engagements gegen die Prinzipien der Öffentlichkeit, der Transparenz, der Achtung der Menschenwürde, der Toleranz, der Meinungsfreiheit, der Gleichheit, der Solidarität und der Gewaltlosigkeit verstoßen. Denn diese und andere Prinzipien – Rechtsstaatlichkeit, Verfassung, Demokratie, Sozialstaat – kennzeichnen seit mehr als zwei Jahrhunderten die politische Ordnung der westlichen Demokratien; und darauf beruht auch die Bürgergesellschaft.[1145] Diese grundlegende Annäherung an die Zivilgesellschaft und vor allem auch an deren Negation („unzivile Form") deckt sich mit der rechtsgrundsätzlichen Ablehnung von Vereinen/Verbänden, welche sich „Privatgesetzgebung", „Privatgerichtsbarkeit", „Privatstrafvollzug" sowie „Privatsteuerforderung" anmaßen.

Weiteren Im seien die Kommissionsmeinungen zu den beiden Themen Sport im Grundsätzlichen und Verein (bzw Verband) punktuell wieder gegeben. Der Sport stellt ihr zufolge eine Ausdrucksform der Bürgergesellschaft dar; in diesem gesellschaftlichen Handlungsfeld wird bürgerschaftliches Engagement praktiziert. Und in geradezu euphorischer Form – ausgezeichnet als Vorlage für jedes Verbandsmarketing geeignet – geht es weiter mit der Be- und Zuschreibung, was alles denn „den Sport" mit der Zivilgesellschaft verbindet: „Die Anerkennung gemeinsamer Regeln und des Fair-Play-Gedankens bilden die Grundlage sportlicher Aktivitäten, mit deren Hilfe soziales Verhalten eingeübt und soziale Kompetenzen erworben werden, die in anderen Zusammenhängen bei der Lösung gemeinwohlorientierter Aufgaben von Bedeutung sind. (…) Die Sportvereine sind ein wichtiges Feld, in dem Jugendliche vielfältige Erfahrungen machen können, die für ihre Entwicklung und das Erlernen von bürgerschaftlichem Engagement wichtig sind: Selbsterfahrungen im sportlichen Bereich, Kompetenzerleben, emotionale Anerkennung und soziale Unterstützung. (…) In den letzten Jahren sind die Vereine als Potenziale der Bürgergesellschaft wieder entdeckt worden. Sie gelten als ‚Schule der Demokratie' und zivilgesellschaftlicher Tugenden. Die Vereine gehören zu den zivilgesellschaftlichen Formen, in denen sich soziales Kapital bilden und vermehren kann. (…) Vereine sind vielmehr Orte der lebendigen Demokratie sowie der Einübung bürgerschaftlicher Tugenden. Vereine bündeln bürgerschaftliches Engagement und leisten Jugendarbeit."[1146] Gewalthandelnde Verbände jedoch, die von oligarchischen Funktionärsklüngeln beherrscht werden und von Nichtmitgliedern untertäniges Verhalten verlangen, lassen die vorangestellte Idealbeschreibung des Sports als Teil der civil society zur Farce werden. Ein gewisses Maß an Kritik formuliert die Enquete-Kommission gegenüber Verbänden, wenn sie konstatiert, dass „es auf Grund unterschiedlicher Rollen, Ressourcen und Strukturen auf der organisatorischen Ebene zur Ausbildung bürokratischer Muster kommt, die der innerverbandlichen Demokratie nicht förderlich sind." Allerdings, so die Fachleute, „wird mit der zivilgesellschaftlichen Perspektive die sozialintegrative Funktion der Verbände und die bottom-up-Perspektive – Transparenz, Durchlässigkeit, Partizipation – betont." Und weiter: „Gesellschaftliche As-

---

1145 *Deutscher Bundestag*, Bericht 35.
1146 *Deutscher Bundestag*, Bericht 75, 77, 111, 113.

soziationen können jedoch nur dann zu Orten bürgerschaftlichen Handelns werden, wenn in ihnen zivilgesellschaftliche Formen des Umgangs und Zusammenlebens Geltung haben und praktisch zum Tragen kommen. Von Belang ist dafür die innere Qualität der Vereinigung, nach welchen Prinzipien verfahren wird, welche Erfahrungen Bürgerinnen und Bürger mit ihrer Engagementbereitschaft im Verein oder Projekt machen und welches Vertrauen sie dabei in die Gestaltbarkeit ihres Gemeinwesens gewinnen. Für Vereine und Verbände ist es wichtig, bei ihren Modernisierungsstrategien die zivilgesellschaftlichen Prinzipien – Verständigung, Transparenz, Öffentlichkeit, Partizipation und Kooperation – zu beachten."[1147] Schließlich sei noch etwas ausführlicher wieder gegeben, welche Rolle das vom Deutschen Bundestag eingesetzte Gremium dem „Recht" iZm der Zivilgesellschaft zuordnet: „Rechtsstaat und Demokratie bilden die Eckpfeiler der Bürgergesellschaft. Freiheit, Chancengleichheit, Solidarität, Gerechtigkeit und Subsidiarität sind elementare Werte und notwendige Voraussetzungen für bürgergeschaftliches Engagement, die von der Rechtsordnung garantiert werden. (...) Bürgerschaftliches Engagement und Bürgerbeteiligung sind Kernstücke der Beziehung von Staat, Gesellschaft, Wirtschaft und Familie. Die Staatsgewalt ist durch das Recht gebunden, geprägt und begrenzt. Freiheitsrechte und Rechtssicherheit sind daher ein Fundament bürgerschaftlichen Engagements. Recht kann jedoch auch ein Hindernis für die Bürgergesellschaft sein, wenn es in seinen Wirkungen bürgerschaftliches Engagement erschwert oder mit so hohen Auflagen versieht, dass Engagierte eher abgeschreckt werden. Umgekehrt kann das Recht über die grundrechtlichen und rechtsstaatlichen Garantien hinaus durch gesetzliche Regelungen oder deren Auslegung der Ermöglichung selbst organisierter Formen der Bürgergesellschaft dienen. (...) Das Leitbild der Bürgergesellschaft ist mit der Idee der demokratischen Selbstgesetzgebung verbunden. Das bedeutet, dass die Bürgerinnen und Bürger nach Möglichkeit über die Teilnahme an Wahlen hinaus in direktdemokratischen Verfahren Einfluss auf politische Entscheidungen nehmen sollen. Diese Selbstgesetzgebung – der Kern des Demokratieprinzips – muss in der Bürgergesellschaft in der Rechtsetzung wirksam und sichtbar bleiben. (...) Vielmehr geht es um ein Recht, das eine möglichst weitgehende Selbstregulierung der Bürgergesellschaft ermöglicht. (...) Das Recht muss für Schutz sorgen, wenn Rechtsgüter von Individuen und der Gemeinschaft durch eine Verantwortungs- und Aufgabenteilung verletzt werden. (...) Schließlich hat das Recht eine Grenzziehungsfunktion. Wenn zivilgesellschaftliche Gruppen staatliche Aufgaben übernehmen, bedarf dies der Festlegung von Befugnissen, Mindeststandards und Aufsichts- und Kontrollkapazitäten. (...) Rechtsetzung und Rechtsanwendung stehen damit vor der Aufgabe, einen interessengerechten Ausgleich zwischen verbindlicher staatlicher Regelung einerseits und der Autonomie bürgerschaftlichen Engagements andererseits zu finden. Eine Leitlinie dieser Abwägung ist das Subsidiaritätsprinzip: Staatliche Gesetzgebung ist nur dann sinnvoll und notwendig, wenn das Ziel nicht ebenso gut durch eigenständige Regelungen der Institutionen des bürgerschaftlichen Engagements erreicht werden kann. (...) Fasst man diese grundsätzlichen Überlegungen zum Verhältnis von Recht,

---

1147 *Deutscher Bundestag, Bericht* 114 f.

Bürgergesellschaft und Staat etwas konkreter, so kann das Recht bei der Förderung bürgerschaftlichen Engagements fünf Funktionen erfüllen: Schutz, Nachteilsausgleich, Anreiz, Förderung und Ermöglichung."[1148] Wie kann diese „Idealzeichnung" in die „sportliche" Realität übertragen werden?

„Der Sport" wird zu einem Teil der (bzw zu einer ganz speziellen) Wirtschaft und nützt dafür (in Österreich) den Rahmen des VerG, insbesondere das Grundrecht auf Vereinigungsfreiheit. Staatsartig bzw -gleich, als Staat im Staat, positionieren sich Sportverbände zwischen Staat und Staatsbürger. Die positive „Aufladung" des Begriffes Bürgergesellschaft und des damit verbundenen Postulats von deren möglichst weitgehender Selbstregulierung passen bestens ins Konzept der Autonomie gegenüber dem Staat und dem „obrigkeitlichen Schalten und Walten-Können" gegenüber den Verbandsuntertanen. Liegen verbandliche Gewaltverhältnisse vor, dann haben zwar „zivilgesellschaftliche Gruppen staatliche Aufgaben übernommen", aber nicht, weil sie ihnen vom Staat anvertraut werden, sondern weil sie sich staatliche Autorität bzw Macht anmaßen. Zivilgesellschaft wird so zum probaten Deckmantel für staatsartige Machtausübung Privater.

Wie lautet nun gewissermaßen der Kernsatz zur zivilgesellschaftlichen Rolle des Sports aus Sicht der Bundestagskommission? Folgendermaßen: „Der Sport nimmt durch seine Vereine und das millionenfache ehrenamtliche Engagement seiner Mitglieder wichtige gesellschaftliche Aufgaben wahr, die unserem Verständnis von Engagement mündiger Bürgerinnen und Bürger in einem freien demokratischen Gemeinwesen entsprechen. Der Staat könnte diese Aufgaben nicht leisten, er sollte sie auch nicht leisten. Der Staat soll den Sport dort subsidiär unterstützen, wo die Vereine aus eigener Kraft ihre Aufgaben nicht erfüllen können. Die Autonomie des Sports sichert das freiwillige, uneigennützige, unentgeltliche und eigenverantwortliche Engagement von Bürgerinnen und Bürgern (…)" – und dann folgt eine Aufzählung von diversen „Wirkungsbereichen", wie zB dem der präventiven Gesundheitsfürsorge; zuletzt wird die Autonomie des Sports zum Garant des Bürgerengagements zur „Förderung von Gemeinschaft, Geselligkeit und Kommunikation" stilisiert.[1149] Für Vereine, welche selbst nicht Mitglieder von Verbänden sind, und einige Verbände bzw Dachverbände mag ein derartiges „Wunschbild" gemeinschaftlichen Engagements eine gewisse – rechtlich begrenzte – Autonomie rechtfertigen, für Verbände jedoch, welche faktisch und normativ eine Subgesellschaft von Herren (Vereinsdominatoren) und Knechten (Verbandsuntertanen) ausformen, sicherlich nicht. Gleichwohl werden gerade solche Verbände Optimaldarstellungen zur Zivilgesellschaft als Freibrief für ihr „Wirken" verstehen, laufend wiederholen und (auch durch eigene PR-Aktivitäten oder zuschreibende sonstige Experten) weiter entwickeln. Werden derartige gewalthandelnde Verbände mit *Hildebrandt* als hegemoniale Formationen in ihrer Interaktion mit dem Staat betrachtet, so ist diesem Autor zuzustimmen: „In einem Ganzen, dessen Struktur unter kontinuierlichen Untergrabungsbemühungen widerstreitender diskursiver Formationen von den zur Hegemonie strebenden Formationen allmählich als Ensemble

---

1148 *Deutscher Bundestag*, Bericht 281 ff.
1149 *Deutscher Bundestag*, Bericht 343.

relativ stabiler sozialer Formen hervorgebracht und ausdifferenziert wird, unterliegt der Staat ebenfalls dem umfassenden, in seiner Zielrichtung nur unzulänglich prognostizierbaren Transformationsprozess. Würde der Staat aber über die Qualität als komplexe diskursive Formationen nichts anderes darstellen als alle anderen epochal gebundenen diskursiven und hegemonialen Formationen, müsste er sich gefallen lassen, dass er von ihnen wie ihresgleichen behandelt wird."[1150] „Der Sport" samt den von „ihm" propagierten und fortwährend als anerkennungsnotwendig behaupteten „Besonderheiten"[1151], wenn sich dahinter staatsgewaltartig agierende Sportdachverbände verbergen, ist in die Schranken des „Überverbandes" Staat und dessen Recht zu weisen, ja, der vielleicht schwache Staat[1152] muss gegen derartige hegemoniale Formationen konsequent auftreten. „Ist der Staat", so *Hildebrandt*, „bereits so schwach geworden, dass er seine Dienste hegemonialen Formationen sogar unfreiwillig zur Verfügung stellen muss, beschränkt er den Einsatz seiner Instrumente nur noch auf den Ausbau und die Erhaltung des Terrains der maßgebenden Formationen sowie der von ihnen formulierten Gemeinwohl-belange." Der Autor folgert: „Auf den Staat kommt zunehmend die Aufgabe zu, durch Zwangsmaßnahmen die unterlegenen hegemonialen Formationen und die mit ihnen korrespondierenden diskursiven Formationen den Ansprüchen der dominierenden zu unterwerfen. Der freiwilligen oder erzwungenen Schwäche des Staates geht also der fortschreitende Zerfallsprozess der Gesellschaft bereits voraus. Die Gesellschaft zerbricht schließlich an ihren eigenen Widersprüchen und reißt den Staat mit in den Abgrund."[1153] In Bezug auf die österreichische Rechtsordnung bleibt daher zu entscheiden, ob verbandsgewalthandelnde Aktivitäten unter Ausnützung der Rechtsform des Vereins (weiterhin) zulässig sind.

Zusammengefasst kann daher werden, dass dieses – auszugsweise – wieder gegebene deutsche „Konzept" der Zivilgesellschaft grosso modo den Maßstäben und Inhalten des VerG sowie der sonstigen österreichischen

---

1150 *Hildebrandt*, Staat 91 ff.

1151 S insbesondere IV.3.3.1.2. sowie den Sonderexkurs und den 3. (rechts)-soziologischen Exkurs.

1152 Vgl zB *von Trotha*, Jenseits des Staates 25, 26 ff, 33, der in den Raum stellt, „dass der Staat als politische Herrschaftsform seinen Zenit überschritten hat"; in der absehbaren Zukunft sei daher mit nichtstaatlichen Formen politischer Herrschaft umzugehen, die nicht auf dem Grundsatz des staatlichen Gewaltmonopols beruhen. Der Autor sieht dieses Merkmal in Verbindung mit weiteren „wie Zentralität, Territorialität, Dominanz des Rechts und direkter Herrschaftsausübung mittels eines bürokratischen Verwaltungsapparates." Ausdrücklich hält zB *von Trotha* jedoch fest, dass „der moderne demokratische Rechtsstaat eine besonders gelungene Ordnung ist, um all die Freiheiten und sozialen Sicherheiten zu gewährleisten, die wir im Westen als Errungenschaften betrachten." Jedenfalls kann und muss das Handeln von Akteuren in Gewaltverhältnissen als womögliches Versuchslabor für gesellschaftliche Entwicklungen in Richtung Autoritarismus, Antidemokratismus und sogar Totalitarismus genauestens beobachtet werden. Korporativ-quasietatistische Kolonisierungen von Lebenswelten innerhalb von Staaten sollten möglichst vermieden bzw, sofern vorhanden, zurückgedrängt werden.

1153 *Hildebrandt*, Staat 180 ff, 186.

Rechtsordnung nicht widerspricht. Kippt ein Verbandshandeln jedoch in „Privatgesetzgebung", „Privatgerichtsbarkeit", „Privatstrafvollzug" sowie „Privatsteuerforderung", dann wird die Behauptung, dies wäre (noch) eine Ausdrucksform der Zivilgesellschaft, zum bloßen Deckmantel.

1.2. Positionen der EU zur Zivilgesellschaft iVm Sport

Die EU fördert die Zivilgesellschaft (als soziale Bewegung bzw Ausdrucksform) umfänglich.[1154] Beispielsweise sei auf den Beschluss des europäischen Parlaments und des Rates aus 2006 über das Programm „Europa für Bürgerinnen und Bürger" zur Förderung einer aktiven europäischen Bürgerschaft (2007-2013) verwiesen.[1155] Als Begründung wird (ua) angeführt, dass die Förderung einer aktiven Bürgerschaft ein zentrales Element im verstärkten Kampf gegen Rassismus, Fremdenfeindlichkeit und Intoleranz und ebenso bei der Förderung des Zusammenhalts und der Entwicklung der Demokratie darstellt.[1156] Ist eine demokratische Verfasstheit der Gesellschaft in möglichst allen Sphären – im Bereich des Staates sowieso, jedoch ebenfalls in „autonomen" Verbandsbereichen – anzustreben, so sind hinsichtlich des folgenden (Erwägungs)Grundes, nämlich der/einer „erzieherischen" Funktion des Sports, Bedenken anzumelden: „In der vom Europäischen Rat auf seiner Tagung vom 7. bis 9. Dezember 2000 in Nizza angenommenen Erklärung zum Sport wurde hervorgehoben, dass ‚die Gemeinschaft, auch wenn sie in diesem Bereich keine unmittelbare Zuständigkeit besitzt, bei ihren Tätigkeiten im Rahmen des Vertrags die sozialen, erzieherischen[1157] und kulturellen

---

1154 S grundsätzlich das Programm „Aktive Zivilgesellschaft in Europa (EACEA)" <eacea.ec.europa.eu/citizenship/programme/action2_de.php> (25.01.2012); sowie im Zusammenhang mit dem Sport konkret *Kommission*, Weißbuch 5, 46, 96, 159.

1155 Be (EP/ER) 1904/2006/EG, ABl 2008 L 350/58.

1156 ErwGr 5 Be (EP/ER) 1904/2006/EG.

1157 S zum Thema „Erziehen" iVm europäischer „Sportpolitik" bereits oben Sonderexkurs: Aspekte der Befassung mit Sport auf EU-Ebene und IV.3.3.2.3. Einmal mehr sei auf *Hildebrandt*, Staat 74 ff, 82 f, eingegangen, der in seiner ausführlichen Darstellung zum Verhältnis zwischen Zivilgesellschaft und Staat auch auf sog „hegemoniale Formationen" (worunter gerade auch inter/ nationale Sportverbände verstanden werden können) eingeht; mit dem Autor kann daher auf Staatsbürger, die verbandsgewaltlich, vom Staat alleine gelassen/ausgeliefert zu Untertanen degradiert werden, folgender Textauszug übertragen werden: „Fortgesetztes Erleben von Unterlegenheit erzeugt einen Überschuss an unterwürfigem abhängigem Bewusstsein. (…) Sicher ist, dass es in jeder Gesellschaft eine große Anzahl von Individuen gibt, die noch nie Gelegenheit hatten, Selbstvertrauen zu entwickeln oder sich gar auf der Ebene der Diskursivität zu betätigen. (…) Es ist daran zu erinnern, dass Hegemonisierte nicht als solche geboren wurden, sondern erst im Kampf mit der sich schließlich als hegemonial erweisenden diskursiven Formel dazu geworden sind und im Verlauf eines schmerzhaften, mit Niederlagen gespickten Prozesses jeglichen Anspruch auf Teilnahme an der Herrschaftsarbeit aufgegeben haben. (…) Die Furcht stellt ein konstitutives Moment der Herausbildung von abhängigem Bewusstsein dar. Sie reicht bis zu seinen Wurzeln, beginnt mit der totalen Verunsicherung des sich unterlegen Fühlenden, dem Zerfließen seiner bis dahin als sicher geglaubten Fundamente. Hörigkeit, guter Glaube, Selbst-

Funktionen berücksichtigen muss, die für den Sport so besonders charakteristisch sind'.“[1158] Bedenken erscheinen deshalb mehr als geboten, da ein vorschnelles und unreflektiertes Erziehungsmandat für Sportverbände, welche normativ und faktisch Untertanenverhältnisse schaffen, weder mit den einzelnen nationalstaatlichen Wertgefügen noch mit dem der EU in Einklang stehen wird. Schließlich sei noch ein weiterer Grund für das europäische Förderprogramm zivilgesellschaftlicher Organisationen zitiert: „Organisationen der Zivilgesellschaft auf europäischer, nationaler, regionaler und lokaler Ebene sind wichtige Elemente für eine aktive Beteiligung der Bürger an der Gesellschaft und helfen, alle Seiten des öffentlichen Lebens zu stärken. Sie spielen außerdem eine Mittlerrolle zwischen Europa und seinen Bürgern. Daher sollte ihre transnationale Zusammenarbeit gefördert und ermutigt werden.“[1159] Für die Mehrzahl der zivilgesellschaftlichen Organisationen wird diese optimistische Zuschreibung und zugleich Beauftragung passend sein. Die Programmziele gem Art 2 leg cit, wie zB die Interaktion zwischen den Bürgern sowie Organisationen der Zivilgesellschaft aus allen Teilnehmerländern zu fördern, werden durch Aktionen gem Art 3 leg cit wie „Aktive Zivilgesellschaft in Europa“ verfolgt, welche eine „Strukturförderung für Forschungseinrichtungen, die sich mit europäischen öffentlichen Politiken beschäftigen (Think-Tanks)“, eine weitere „Strukturförderung für Organisationen der Zivilgesellschaft auf europäischer Ebene“ und der „Unterstützung für Initiativen von Organisationen der Zivilgesellschaft“ umfasst. Gem Anhang leg cit gehören zu den Organisationen der Zivilgesellschaft nach Art 6 leg cit unter anderem Gewerkschaften, Bildungseinrichtungen und Organisationen im Bereich der Freiwilligentätigkeit und des Amateursports[1160].[1161] Wird im Programm

---

täuschung, freiwillige Anpassung, Erdulden, Verschweigen und Mimikry werden zu oft anzutreffenden Verhaltensweisen von Individuen mit abhängigem Bewusstsein.“

1158 ErwGr 15 Be (EP/ER) 1904/2006/EG.

1159 ErwGr 12 Be (EP/ER) 1904/2006/EG.

1160 S zB auch die Definition zu „Organisationen der Zivilgesellschaft (CSOs)“ der Generaldirektion *Kommunikation*, Programm „Europa für Bürgerinnen und Bürger“ 2007 – 2013, Programmleitfaden, ab März 20011 gültige Fassung, Anhang, 69 <ec.europa.eu/citizenship/index_de.htm> (25.01.2012): „Die CSOs umfassen unter anderem Gewerkschaften, Bildungseinrichtungen und Organisationen aus dem Bereich der Freiwilligentätigkeit und des Amateursports (zB NRO, Dachverbände, Netzwerke, Vereine und Verbände, Think-Tanks, Universitäten und religiöse Organisationen).“

1161 S Anhang Be (EP/ER) 1904/2006/EG, und dortselbst ist insbesondere unter „Strukturförderung für Organisationen der Zivilgesellschaft auf europäischer Ebene“ angeführt: „Organisationen der Zivilgesellschaft sind ein wichtiger Teil der staatsbürgerlichen, pädagogischen, kulturellen und politischen Maßnahmen für die Beteiligung an der Gesellschaft. Es muss sie geben und sie müssen in der Lage sein, auf europäischer Ebene tätig zu werden und zusammenzuarbeiten. Außerdem sollte es ihnen möglich sein, sich im Wege der Anhörung an der Politikgestaltung zu beteiligen. Mit Hilfe dieser Maßnahme verfügen sie über die nötige Kapazität und Stabilität, um für ihre Mitglieder und für die Zivilgesellschaft auf europäischer Ebene in sektorübergreifender und horizontaler Hinsicht die Rolle transnationaler Katalysatoren zu übernehmen, wodurch sie einen Beitrag zur Erreichung der Ziele des Programms leisten. Ein wichtiger Aspekt ist dabei die Stärkung transeuropäischer Netzwerke und europäischer Verbände. Zuschüsse können für ein mehrjähriges Arbeitsprogramm mit einer

„Europa für Bürgerinnen und Bürger" demnach offenbar noch zwischen Verbänden bzw verbandlichem Wirken für Berufssport und für Amateursport unterschieden, und wird (lediglich) die zweitere Gruppe der prestigeträchtigen und förderwürdigen Zivilgesellschaft zugezählt, so geht die Entwicklung – mit an Sicherheit grenzender Wahrscheinlichkeit massiv lobbyiert – in die Richtung, diese Differenzierung aufzugeben und jeglichen „Sport" als Teil der civil society darzustellen.

Genau dies, also „den Sport" unter „die Zivilgesellschaft" zu subsumieren, zeichnet sich ab. Vor allem (Sport)Verbände mit Gewaltverhältnissen werden Interesse daran haben, dies als – gewissermaßen – „Generalabsolution" für „möglichst sämtliche ihrer Tätigkeiten" interpretieren zu können. IdZ sei zB auf die Schlussfolgerungen des Rates zur Bedeutung der Freiwilligentätigkeit im Sport für die Förderung der aktiven Bürgerschaft aus 2011[1162] hingewiesen. Ganz wesentlich ist die Feststellung des Rates, dass „die Freiwilligentätigkeit zur Gewährleistung der Rechtsstaatlichkeit und der uneingeschränkten Wahrung der Integrität des Einzelnen den geltenden Rechtsvorschriften unterliegen und die universellen und grundlegenden Rechte und Freiheiten in jeder Hinsicht wahren muss."[1163] Auch daraus wird abzuleiten sein, dass zB „freiwillig" tätige Funktionäre nicht Verbandsnormen „vollziehen" dürfen werden, welche in Form eines Gewaltverhältnisses in Grundrechte und/ oder die Privatautonomie von Sportlern und/oder Wettkampfveranstaltern eingreifen. In weiterer Folge trifft der Rat allerdings folgende Erwägungen, welche in Bezug auf „den Sport" geradezu als „Wahr-Schön-Gutheit" gelesen werden können: „Sport ist die größte Bewegung der Zivilgesellschaft in der EU. Gemeinnützige Tätigkeiten und auf Freiwilligentätigkeit beruhende Strukturen sind eine Grundvoraussetzung für das Sportangebot in den meisten Mitgliedstaaten. (…) Die Freiwilligentätigkeit im Sport zählt zu den attraktivsten und populärsten Formen des sozialen Engagements in Europa. (…) Die Freiwilligentätigkeit im Sport trägt zu einem aktiven Bürgertum und zur Eingliederung von Bürgern mit unterschiedlichem Hintergrund bei, indem sie das Verständnis und den Respekt füreinander mit Hilfe der Universalsprache

---

Palette von Themen oder Aktivitäten gewährt werden." Dem ist zuzustimmen, solange sich zivilgesellschaftliche Akteure, insbesondere Verbände, nicht in Richtung „Staat im Staat" entwickeln.

1162 Schlussf (Rat) 2011/C 372/06 (Bedeutung der Freiwilligentätigkeit im Sport für die Förderung der aktiven Bürgerschaft), Abl 2011 C 372/24; s darin va die sehr weite, vom Rat anerkannte Definition von „Freiwilligentätigkeit", demzufolge „sich dieser Ausdruck, unter gebührender Berücksichtigung der Besonderheiten der Situation in jedem Mitgliedstaat und aller Formen der Freiwilligentätigkeit, auf jede Art der freiwilligen Tätigkeit bezieht, ob formell, nichtformell oder informell, die aus freiem Willen, eigener Wahl und eigenem Antrieb von einer Person ausgeübt wird und nicht auf finanziellen Gewinn ausgerichtet ist. Sie kommt dem Freiwilligen selbst, den lokalen Gemeinschaften und der Gesellschaft als Ganzem zugute. Sie ermöglicht es sowohl dem Einzelnen als auch Vereinigungen, sich für menschliche, soziale, generationenübergreifende oder umweltpolitische Bedürfnisse und Belange einzusetzen, und wird oft zur Unterstützung einer nicht gewinnorientierten Organisation oder Bürgerinitiative ausgeführt." Sa den Sonderexkurs (Aspekte der Befassung mit Sport auf EU-Ebene) zum Thema Freiwilligkeit.
1163 Schlussf (Rat) 2011/C 372/06, Abl 2011 C 372/25.

des Sports verbessert und zur Umsetzung der Grundwerte und Prinzipien der Europäischen Union – Solidarität, nachhaltige Entwicklung, Menschenwürde, Gleichheit und Subsidiarität – beiträgt und mithin auch die europäische Identität fördert. (...) Die Ausübung ehrenamtlicher Tätigkeiten im Sport verhilft den Bürgern zu neuen Fertigkeiten und trägt damit unter anderem positiv zu ihrer Beschäftigungsfähigkeit bei und stärkt ihr Gefühl der Zugehörigkeit zur Gesellschaft; sie kann damit zum Katalysator für sozialen Wandel werden. Die Freiwilligentätigkeit im Sport kann durch den Aufbau eines sozialen Netzes, das auf Vertrauen und Zusammenarbeit gründet, zum Wachstum und zur Stärkung des Sozialkapitals beitragen. (...) Die Freiwilligentätigkeit im Sport begünstigt eine positive soziale Einstellung, die auf durch den Sport entwickelten Werten beruht, wie beispielsweise (...) Toleranz und Respekt für andere."[1164] Diese euphorisch anmutenden Zuschreibungen mögen für (Teil)Bereiche des Sports passend sein, sicher jedoch nicht für Sportverbände, welche mit Mitgliedern bzw Nichtmitgliedern in Formen von verbandlichen Gewaltverhältnissen verfahren. Derartige (Sport)-Verbände, sind sie entweder nur für Berufssportler oder nur für Amateure oder aber für Personen beider Gruppen „zuständig und tätig", können keinesfalls als Akteure der Zivilgesellschaft angesprochen werden; würde dies dennoch unternommen werden, dann wäre dieser Terminus der Beliebigkeit überantwortet bzw würde Leerformelcharakter erhalten.

Politisch und administrativ Verantwortliche der EU werden also den Begriff der Zivilgesellschaft als Grundlage für weitere Politiken, Agenden, Programme etc neu bzw präziser fassen (lassen) müssen, um die derzeit gegebene, mit den ethischen und rechtlichen Wertprämissen wohl nicht vereinbare Deckmantelsituation für „unzivile Akteure" zu beenden. IdZ wird den derzeitigen Tendenzen, kleinkollektiven Autonomien aufgrund von zB „der/einer Besonderheit des Sports" Transformationen in „Privatgesetzgebung", „Privatgerichtsbarkeit", „Privatstrafvollzug" sowie „Privatsteuerforderung" zu gestatten/ermöglichen, eine Absage zu erteilen sein. Unter anderem bietet sich dafür die vom Rat errichtete Agentur der Europäischen Union für Grundrechte an, deren Grundlage die Tatsache ist, dass die Europäische Union auf den Grundsätzen der Freiheit, der Demokratie, der Achtung der Menschenrechte und Grundfreiheiten sowie der Rechtsstaatlichkeit beruht (ErwG 1); des weiteren müssen die Gemeinschaft und ihre Mitgliedstaaten bei der Durchführung des Gemeinschaftsrechts die Grundrechte wahren (ErwG 3). Der Rat hat überdies erwogen, dass eine bessere Kenntnis der Grundrechtsproblematik in der Union und eine breitere Sensibilisierung der Öffentlichkeit für diese Problematik dazu beitragen, die uneingeschränkte Achtung der Grundrechte zu gewährleisten. Daher trägt es zur Erreichung dieses Ziels bei, wenn eine Gemeinschaftsagentur errichtet wird, die damit betraut ist, Informationen und Daten über Grundrechtsangelegenheiten bereitzustellen. Außerdem gehört die Schaffung effizienter Institutionen für den Schutz und die Förderung der Menschenrechte zu den gemeinsamen Zielen der Gesellschaften weltweit und in Europa (ErwG 4). Die zu errichtende Agentur der Europäischen Union für Grundrechte soll den einschlägigen Organen und Einrichtungen der Gemeinschaft und deren Mitgliedstaaten bei der Durch-

---

1164 Schlussf (Rat) 2011/C 372/06, Abl 2011 C 372/25.

führung des Gemeinschaftsrechts in Grundrechtsfragen zur Seite stehen und ihnen Informationen und Fachkenntnisse bereitstellen, um ihnen die uneingeschränkte Achtung der Grundrechte zu erleichtern, wenn sie in ihrem jeweiligen Zuständigkeitsbereich Maßnahmen einleiten oder Aktionen festlegen (ErwG 7). Indem die Grundrechtsagentur eng mit der Zivilgesellschaft zusammenarbeitet (sog Plattform für Grundrechte; Art 10 leg cit) und eine Kommunikationsstrategie zu entwickeln hat, um die Öffentlichkeit für Grundrechtsfragen zu sensibilisieren und aktiv über die eigene Tätigkeit zu informieren (Art 4 leg cit),[1165] kann sie als eine geradezu ideale Institution angesehen werden, um Verbandsgewalthandeln als „unzivil" zu identifizieren. Logischerweise werden rechtliche, förderungspolitische und gesamtgesellschaftliche Maßnahmen sowohl auf der Ebene der Mitgliedsstaaten als auch der EU Konsequenzen folgen (müssen).

1.3. Österreichische Annäherungen an die Zivilgesellschaft und weiter zur „servant society"

Grundsätzlich wird auch im österreichischen Schrifttum ein weiter Begriff[1166] der Bürgergesellschaft gebraucht.[1167] Als wohl wesentliche Rechtsform, in deren Rahmen zivilgesellschaftliches (vielfach sog „ehrenamtliches"[1168])

1165 VO (EG) 168/2007 (Errichtung einer Agentur der Europäischen Union für Grundrechte), Abl 2007 L 53/1.

1166 Vgl etwa *Öhlinger*, Die Verankerung des Österreichischen Gemeindebundes in der Bundesverfassung, RFG 2009, 89, der für die gesellschaftliche Selbstverwaltung neben der „staatsorientierten" Grundkonzeption eine zweite – heute weitgehend vergessene – historische Wurzel ausmacht, die auf eine gesellschaftliche Selbstorganisation auf lokaler Ebene im Großbritannien des 18. Jhdts zurückgeht und die im 19. Jhdt zum Vorbild auch der Verfassungsbewegungen kontinentaler Staaten wie Österreich wurde. Diese Selbstverwaltung ist dem Autor zufolge keine vom Staat geschaffene Einrichtung, sondern beruht auf einer Initiative privater Rechtssubjekte und hat in den letzten Jahrzehnten unter dem Titel „Zivilgesellschaft" eine weit über den territorialen Bereich hinausreichende Renaissance erfahren. Obwohl, so *Öhlinger*, daher heute Zivilgesellschaft primär mit NGO assoziiert wird, sind auch Gemeindebund und Städtebund zivilrechtliche Organisationen.

1167 Vgl etwa *Brix*, Vorwort in Brix (Hrsg), Civil Society in Österreich (1998) 12, 15: „Eine Zivilgesellschaft westlichen Typs (kann) als eine weltweit erstrebenswerte Norm gesehen werden. (…) Als ihre Merkmale gelten Autonomie, ein Netzwerk freiwilliger Vereinigungen, Pluralismus, Legalität, Öffentlichkeit und die Vermittlungs- und Informationsfunktion zwischen Gesellschaft und politischer Macht. (…) Die Zivilgesellschaft umfasst alle Institutionen und sozialen Beziehungen, die nicht direkt in die private Sphäre der Familie oder in den Bereich des Staates fallen. (…) Insgesamt ist die Zivilgesellschaft ein Sammelbegriff für alle Formen sozialen Agierens von einzelnen oder Gruppen, deren Handeln sich nicht vom Staat ableiten lässt und in denen Gemeinschaft nicht mit den Mitteln staatlicher Autorität auftritt. Dieses soziale Agieren ist der Kern jeder demokratischen Gemeinschaft."

1168 S zB *More-Holleweger/Sprajcer/Eder*, Einführung 4: „Bei den Begriffen ‚bürgerschaftliches' bzw ‚zivilgesellschaftliches Engagement' geht es jeweils um die Rolle der BürgerInnen, die sich ‚im Rahmen der politischen Demokratie selbst organisieren und auf die Geschicke des Gemeinwesens einwirken können'. Die Begriffe werden weitgehend synonym verwendet, Unterschiede mitunter dahingehend

Handeln[1169] geschieht, kann der Verein gem VerG identifiziert werden.[1170] *Berka* zB führt neben den Massenmedien als weitere Instanzen einer kritischen Öffentlichkeit die Institutionen der Bürgergesellschaft an, welche insgesamt eine Demokratie umso lebensfähiger machen, je vielfältiger die Akteure sind, die sich um die öffentlichen Angelegenheiten kümmern. Explizit nennt der Autor Vereine, Bürgerinitiativen, Nachbarschaftsgruppen, Schüleroder Studentenvereinigungen, die Kirchen, Künstler, aber auch einzelne Menschen, die sich engagieren, als wichtige Elemente einer solchen „civil society", die auch ein Gegengewicht zu den etablierten Institutionen des politischen Systems bildet.[1171] Des Weiteren sei auf *Berkas* (rechts)historische Einordnung der Zivilgesellschaft in Form einer knappen Gegenüberstellung eingegangen: Der Autor erachtet die Unterscheidung von Gesellschaft und Staat als wichtig, jedoch bedeutet sie ihm zufolge nicht, dass der Staat der „ganz andere" ist und der Gesellschaft fremd gegenübertritt. Laut *Berka* konnte man dies vielleicht noch in der Monarchie annehmen, in der die Staatsgewalt, verkörpert durch den Monarchen und seine Bürokratie, der bürgerlichen Gesellschaft der „Untertanen" herrschaftlich übergeordnet war. Und: „Der Staat der Demokratie ist dagegen nichts anderes als die verfasste Gesellschaft, die sich rechtlich organisiert, um unerlässliche Aufgaben der politischen Gemeinschaft zu besorgen. In diesem Sinn kann der demokratische Verfassungsstaat als die rechtliche Rahmenordnung der ‚civil society' angesehen werden."[1172] In der gegenständlichen Darstellung geht es jedoch gerade um Akteure der Zivilgesellschaft, die staatsgleich bzw -artig auftreten, und wird das Verhältnis zwischen Staat und Sportverband beleuchtet samt der (un)mittelbaren Folgen für die natürliche Person (den Sportler, Wettkampfveranstalter etc), die aufgrund des intermediären Wirkens – grundrechtlich durch die Vereinsautonomie geschützt – vom

---

gemacht, dass Zivilgesellschaft besonders das basisnahe, politische Engagement ‚von unten' verdeutlicht, das auch eine kritische Haltung gegenüber dem Staat und dem Markt einnehmen kann. Der Begriff ‚bürgerschaftliches Engagement' betont hingegen die Übernahme verschiedener Aufgaben im Rahmen des Gemeinwesens."

1169 Offenbar ganz im Sinne (auch) von Sportdachverbänden ist in dem am 01.06.2012 in Kraft getretenen FreiwG undifferenzierend der Konnex hergestellt bzw eine Gleichsetzung vorgenommen worden zwischen „Zivilgesellschaft", „Freiwilligenorganisationen" und „Sport"; in § 29 FreiwG ist von „Freiwilligentätigkeiten der Zivilgesellschaft" die Rede, in § 30 Z 2 FreiwG werden Zivilgesellschaft und Freiwilligenorganisationen synonym verwendet und in § 31 Z 3 FreiwG wird als ein wesentlicher Bereich der Freiwilligentätigkeiten der Sport angeführt. Dass eine Organisation (bzw ein Unternehmen) in der Rechtsform eines Vereins etwas mit Sport zu tun hat, bedeutet jedoch längst nicht, dass ein zivilgesellschaftlicher Akteur vorliegt.

1170 Vgl zB *Zapotoczky*, Vereine als Spiegelbilder der (Zivil)-Gesellschaft? in Brix/ Richter (Hrsg), Organisierte Privatinteressen (2000) 176: „Die Vereine stellen also in gewisser Weise ein Spiegelbild der Gesellschaft dar, können demokratische Elemente weiter lebendig erhalten, auch wenn dies in der politischen Gesellschaftsgestaltung schwieriger geworden ist. (…) Gleichzeitig sind Vereine und ihre Unabhängigkeit, die durch ehrenamtliche Tätigkeiten der Vereinsmitglieder und ihrer Funktionäre garantiert werden, die entscheidenden Träger der Zivilgesellschaft."

1171 So *Berka*, Verfassungsrecht[4] Rz 858.

1172 *Berka*, Verfassungsrecht[4] Rz 24.

Staatsbürger zum Verbandsuntertan degradiert wird. Der demokratische Verfassungsstaat als rechtliche Rahmenordnung der civil society lässt offenbar Wiedergänger alter Rechts- und Herrschaftsformen zu. Wenn es um „österreichische Zugänge" zur Zivilgesellschaft geht, dann gilt es vor allem die Forschungs- und Herausgeberaktivitäten zu Geschichte und Gegenwart von *Brix* – hier auszugsweise, schwerpunktartig – wiederzugeben. 1998 bereits hat *Brix* konstatiert, dass Österreich immer noch keine Bürgergesellschaft ist, die/eine Untertanenmentalität sei nach wie vor weit verbreitet. Jedenfalls in Hinblick auf die Sportverbandswirklichkeit hat diese Beurteilung auch heute noch Bestand. *Brix* zufolge ist das vorherrschende Muster der österreichischen Gesellschaft der Patronageverband, der Sicherheit bietet und Abhängigkeit verlangt. Sportler und Wettkampfveranstalter delegieren ihre Privatautonomie, Persönlichkeitsund Grundrechte an den Verband der Vereinigungsfreiheit; dieser verlangt fortwährend Untertänigkeit (samt privatsteuerartigen Abgaben) und schafft Normen, immer mehr und komplexere. *Brix* luzid: „Wer könnte in Österreich bereit sein, für den Ausbau der Zivilgesellschaft einzutreten? Gibt es nicht ein alles erstickendes Geflecht von Abhängigkeiten und Rücksichtnahmen, das den Aufbau einer Gesellschaft autonomer selbständiger Staatsbürger fürchtet. ... Im Vergleich mit Westeuropa sind zentrale Bereiche einer zivilen Gesellschaft in Österreich schwach ausgeprägt: Die Moderne setzt das Individuum in Umsetzung der Ziele der Aufklärung frei. In Österreich ist diese Umsetzung nicht nur unvollständig geblieben, sondern auch die Diskussion darüber ist kein wesentlicher Bestandteil der politischen Kultur Österreichs.[1173] (...) Die gesellschaftlichen Einstellungen gegenüber Autorität sind bis heute weniger rational als in westlichen Demokratien."[1174] Dass Vereinsdominatoren über „Verbandsuntertanen" gewissermaßen „verfügen" (können), hat in Österreich anscheinend ebenfalls Tradition.[1175] Diesbezüglich stellt *Hye* bei/in Massenvereinen der späten k. u. k. Monarchie mitunter folgende Erscheinung fest: „Tendenziell kann sogar behauptet werden, dass

---

1173 Für spezifische Zusammenhänge ist *Berka*, Verfassungsrecht[4] Rz 226, jedoch „vorsichtig" optimistisch, indem er meint, eine gewisse Emanzipation der „civil society" trägt dazu bei, dass die umfassende parteipolitische Durchdringung der Gesellschaft kritisch hinterfragt wird.
1174 *Brix*, Verspätungen und Sonderformen der österreichischen Zivilgesellschaft in Brix (Hrsg), Civil Society in Österreich (1998) 121 f, 124 f, 127. Vgl auch *Brix*, Vorwort Civil Society 16: „Österreich ist sicherlich im europäischen Vergleich eine ‚verspätete' Zivilgesellschaft. Die josephinische Tradition hoher staatlicher Regulierung, die gesellschaftliche Dominanz politischer Parteien und der Korporatismus haben viel Stabilität, aber wenig Bürgergesellschaft gebracht." IdS kann daher im Fall von (österreichischen) „Sportgemeinschaften", die verbandliche Gewaltverhältnisse praktizieren, auch von „Rückfallgesellschaften" gesprochen werden.
1175 Vgl idS auch die Einschätzung *Prischings*, Im Lande der Ambivalenzen in Kriechbaumer (Hrsg), Österreichische Nationalgeschichte nach 1945. Der Spiegel der Erinnerung: Die Sicht von innen I (1998) 653: „In Österreich gibt es keine traditionell gewachsene ‚bürgerliche Gesellschaft', keine ‚civil society', die ein aktives Bürgerleben aufweist und lebendige ‚communities' zeugt. Es ist kein Land mit selbstbewussten Bürgern, die auf ihre Rechte pochen und den Staat herausfordern. Es ist kein Land des zivilen Ungehorsams und der widersetzlichen Bürger."

die Mitglieder zunehmend zur Disposition ihrer Vorstände standen."[1176] *Nautz* wiederum meint (aus historischer Sicht) – die Themen „Rechtsetzungsmonopol" und „Wirkmächtigkeit des Staates" behandelnd –, dass „seit den siebziger Jahren des zwanzigsten Jahrhunderts das säkulare Wachstum der Staatsgewalt zu einem Ende zu kommen scheint. (…) Die Ressourcen des Staates schrumpfen. Immer neue Gruppen von Bürgern, ‚Untertanen', beginnen, der Staatsgewalt ihre Loyalität zu entziehen."[1177] Im (österreichischen) Sportverbandsbereich jedoch wird offenbar auf alte, eingeprägte „Untertanenmentalitäten" zurückgegriffen, der rechtsstaatliche, Gewalten teilende, demokratische und nicht zuletzt Gewalt monopolisierende „Staat" wird also durch „intermediäre (Quasi)Staatlichkeit" sui generis ersetzt. IdZ ist die folgende Forderung *Hyes*, die auf einen wichtigen Aspekt von Civil Society abzielt, nämlich „das Verhältnis des sich selbst beschränkenden ‚starken' Rechtsstaates zu den nicht öffentlich-rechtlichen Interessenorganisationen von Bürgern", uneingeschränkt zu unterstützen: „Formelle Zwischengewalten, die sich in das unmittelbare konstitutionelle Verhältnis zwischen Bürger und Legislative mengen wollen, sollen jedenfalls hintangehalten, gewissermaßen also eine ‚Reetablierung' ständischer Verhältnisse erschwert und dem Individuum ein möglichst großer Freiraum bei der Organisation seines Alltags eingeräumt werden."[1178] Ein gewisser Mangel an „Bürgersinn" in Österreich geht einher mit dem Fehlen von Zivilcourage und einer überschießenden Gehorsamsbereitschaft,[1179] was intermediär genutzt wird.[1180] Der so disponierte „Staatsbürger" wird zwar vom Staat grundsätzlich als solcher geachtet/behandelt, aber eben nicht vom Sportverband.

Wird nun die „Staatsbürgerschaft" als wesentliche Voraussetzung für die/eine Zivilgesellschaft gesehen – und es gibt gute Gründe dies zu tun –[1181],

---

1176 *Hye*, Vereinswesen 42.

1177 *Nautz*, Entwicklung 32 f.

1178 *Hye*, Vereinswesen 33.

1179 S dazu zB *Stock*, Ziviler Ungehorsam in Österreich – eine Einbegleitung in Stock (Hrsg), Ziviler Ungehorsam in Österreich (1986) 20, 27: „Der demokratische Rechtsstaat basiert darauf, dass diese Gesetze, soweit sie ordnungsgemäß zustande gekommen sind und gehörig kundgemacht wurden, bis zu ihrer allfälligen Aufhebung von jedermann einzuhalten sind (Gesetzesgehorsam). (…) Dies insbesondere angesichts der Überlegung, daß sich die Geschichte dieses Österreich (wie die kontinentaleuropäische Geschichte überhaupt) eher durch ein Zuviel als durch ein Zuwenig an Gehorsam ausgezeichnet hat." Vgl auch *Rabinovici*, Gehorsam 181 f, der – eigentlich exakt zum Thema „Sportverband und Verbandsuntertan" passend – frägt, ob der Mangel an Freisinn und Zivilcourage etwa eine sportliche Disziplin ist, die sich für olympische Sommerspiele eignet?

1180 S *Stöckler*, Ziviler Ungehorsam und illegaler Kampf – historische Überlegungen in Stock (Hrsg), Ziviler Ungehorsam in Österreich (1986) 62: „Die Aneignung normativer Zwangsgewalt durch einen Verband kann im Sinne einer diesen beherrschenden Gruppe auch dazu dienen, vorhandene Unterwerfungs- und Ausbeutungsverhältnisse zu festigen und neue zu errichten."

1181 Vgl dazu *Hanisch*, Auf der Suche nach der Staatsbürgergesellschaft. Österreichische Geschichte im 20. Jahrundert in Brix (Hrsg), Civil Society in Österreich (1998) 131, der anregt, das demokratische Potential aufzuspüren und den Spuren einer möglichen Staatsbürgergesellschaft zu folgen; dem Autor zufolge ist die Frage zu stellen, wo es Ansätze für die Zivilgesellschaft gab? Und er

so wirkt ihre Unterminierung[1182] durch intermediäre Kräfte auf den Staat bzw die Gesellschaft zurück. *Schöpflin*, stellt zutreffend fest: „Civil Society drückt sich in den Regeln der Staatsbürgerschaft aus, seien sie formal oder informell. In diesem Bereich finden sich jene Prozeduren, Mechanismen und Vorkehrungen, durch die Macht transparent und kalkulierbar wird."[1183] Eine auch nur partiell ausgehöhlte „Staatsbürgerschaft" – wie es durch die Verbandsuntertanenschaft geschieht – wirkt einerseits zurück auf dieses grundlegende Institut und führt andererseits auch das Konzept der civil society ad absurdum. Denn Staatsbürger, die an Unterwerfung, Gängelung durch eine und Ausgeliefertsein gegenüber einer Verbandsobrigkeit gewöhnt[1184] sind, können neben dem Lebenssachverhalt Sport auch in anderen, zB politischen, Zusammenhängen leichter in Richtung autoritäre, allenfalls totalitäre Gesellschaftskonzeptionen gelenkt, geführt werden. Herrschafts- und Befehlskonzeptionen obrigkeitlicher Art und Weise, wie sie in verbandlichen Gewaltverhältnissen gepflogen werden, sind auf andere Gesellschaftsfelder übertragbar. Und um die notwendige Verbindung zwischen der (Rechts)Stellung als Staatsbürger und dem Agieren (Können) in einer Zivilgesellschaft (und zwar als Citoyen, nicht aber als Untertan) einmal mehr zu zeigen, sei schließlich auf eine weitere Annäherung an dieselbe verwiesen, auf die von *Altermatt*. Ihm zufolge „wird die Zivilgesellschaft durch das Gewebe von freien zwischenmenschlichen Vereinigungen und durch die staatsbürgerliche Gesinnung zusammengehalten. (…) Zivilen Gemeinsinn können die Bürger eines demokratischen Staates am besten als Mitglieder von freien Vereinigungen einüben, wo sie öffentliche Debatten führen und republikanische Tugenden erlernen. Ohne freiwillige Assoziationen ist es schwierig, ein demokratisches Gemeinwesen

---

empfiehlt die Vereinskultur zu analysieren, das Zentrum der frühen Bürgergesellschaft. Als weitere Forschungsfrage drängt sich auf, inwieweit einerseits die politische und rechtliche „Befreiung" der (ehemaligen) Untertanen von „Obrigkeiten" (wie zB des 19. Jahrhunderts) einigermaßen gelungen ist, wie andererseits jedoch die „Bürger" unter sich, wie zB in Vereinen und hier wieder vor allem in Sportverbänden, in alte stati zurückfallen, wenn Oligarchien (vereins)freie Bahn haben?

1182 Die Zivilgesellschaft „umzufunktionieren" bzw allenfalls zu „missbrauchen" destabilisiert die rechtsstaatlich verfasste Gemeinschaft. S idS wohl *Berka*, Verfassungsrecht⁴ Rz 151: „Die Republik ist als ‚res publica' ein Staat, der Sache aller Bürger und dem Gemeinwohl verpflichtet ist. Dies macht deutlich, dass es letztlich die Bürgergesellschaft (‚civil society') ist, welche die Grundlagen einer demokratischen Republik bildet."

1183 *Schöpflin*, Civil Society 54.

1184 S einmal mehr zur Bedeutung der Gewohnheit iZm Herrschaft *Geiger*, Vorstudien 361; sowie *de La Boétie*, Knechtschaft, 55, 63, zur großen erzieherischen Macht der Gewohnheit, die auf Menschen ausübt; ihm zufolge ist sie eine wesentliche Ursache für die freiwillige Knechtschaft. Wird zB von Verbandsjuristen und/oder Vereinsdominatoren den Sportlern und Wettkampfveranstaltern immer wieder die Einhaltung der Verbandsnormen und -entscheidungen mit dem üblichen Repertoire (sie hätten sich ohne Wenn und Aber unterworfen, Ordnung muss sein, der internationale Sportverband verlangt dies usw usf) eingeredet, wird dies zum „Selbstläufer" der fortwährenden heteronomen Bestimmung. Lemmingartige Fügung wird gefordert und oftmals geboten. Vgl zum Stichwort „Verbandsjuristen" auch *Jakob*, Gewalt 324 ff, die Kurzkapitel „Der juristische Beruf" und „Der Zwanghafte und der Konformist".

überhaupt aufzubauen. (…) Nur der demokratisch verfasste Staat kann die zivile Gesellschaft garantieren. (…) Zum Aufbau einer Zivilgesellschaft braucht es erstens die Existenz autonomer und nicht zentral geleiteter Organisationen und Institutionen. Doch liegen die entscheidenden Punkte in den Bürgerrechten und in der staatsbürgerlichen Geisteshaltung." Dieses Ensemble bezeichnet *Altermatt* als „Zivilität".[1185] Also widerspricht es diametral dem Konzept der Zivilgesellschaft mit Kernelementen wie „mehr oder weniger ohne Staat; die eigenen Anliegen autonom und selbstbewusst regelnd; nicht obrigkeitlich, sondern demokratisch", wenn unter diesem „Deckmantel" Verbandsgewalthandeln gegenüber Untertanen praktiziert wird. Derartiges ist alles andere, denn Zivilgesellschaft.

Wenn nun, am Ende dieses allzu knappen (rechts)soziologischen „Ausflugs" wieder zum Ausgangsthema dieses Kapitels zurückgekehrt werden soll, ob bzw, falls ja, wie Vereine/Verbände, die wie dargestellt „Gewalthandeln", insbesondere unter die Rechtsform des VerG subsumiert und damit verbunden in den Kreis der zivilgesellschaftlichen Akteure eingereiht werden können, so ist Folgendes festzuhalten: Zur Zivilgesellschaft zu gehören, ist (wohl für jeden Verein/Verband) erstrebenswert. Mitunter wird allerdings das Zivilgesellschaftliche (bloß) als Etikett bzw als Fassade angestrebt. Der allzu schöne und (daher) begehrte Status bzw Schein der Zivilgesellschaft wird auch in Hinblick auf die österreichische Rechtsordnung verbandlich gewollt werden. Ist doch (schon) in § 26 S 3 u 4 ABGB normiert, dass „unerlaubte Gesellschaften als solche keine Rechte, weder gegen die Mitglieder, noch gegen andere haben, und sie unfähig sind, Rechte zu erwerben; unerlaubte Gesellschaften aber diejenigen sind, welche durch die politischen Gesetze insbesondere verboten werden, oder offenbar der Sicherheit, öffentlichen Ordnung oder den guten Sitten widerstreiten." Zivilgesellschaftliches Engagement wird daher, wenn es in einer Gesellschaftsrechtsform – wie hier in Rede stehend in Vereinsform – praktiziert wird, nicht Unerlaubtes zum Inhalt haben dürfen. *Schauer* zB allerdings ist der Meinung, dass die Bestimmungen über die unerlaubten Gesellschaften aus heutiger Sicht weitgehend überholt sind. Zutreffend hält er fest, indem § 26 S 3 u 4 ABGB anordnen, dass unerlaubte Gesellschaften weder gegen andere noch gegen ihre Mitglieder Rechte erwerben könnten, statuiert das Gesetz die Nichtigkeit solcher Gesellschaften. Der Autor versteht die Bestimmung vor dem Hintergrund des (zur Entstehungszeit des ABGB) geltenden Oktroi- und Konzessionssystems, durch das der Staat eine strenge Zulassungskontrolle über die neu gegründeten Gesellschaften ausübte. *Schauer* führt in Folge zwei Gründe für seine Beurteilung von § 26 S 3 u 4 ABGB an: Da erstens das Konzessionssystem für die Entstehung einer Gesellschaft heute durch das Normativsystem verdrängt ist, genügt es demnach für die Entstehung der juristischen Person, dass die gesetzlichen Voraussetzungen erfüllt sind. Diese werden durch ein staatliches Organ (Gericht, Verwaltungsbehörde) überprüft und dann, bei deren Gegebensein, wird die juristische Person in ein Register eingetragen (Firmenbuch, Vereinsregister). Sind alle Vorausset-

---

1185 *Altermatt*, Zivilgesellschaft und Staatsbürgerschaft: Citoyen und Bourgeois in Brix (Hrsg), Civil Society in Österreich (1998) 100.

zungen erfüllt, so besteht ein Rechtsanspruch auf Zulassung der juristischen Person. Zweitens führen laut *Schauer* selbst Gründungsmängel der juristischen Person in der Regel nicht zur Nichtigkeit im zivilrechtlichen Sinn. Der Autor rekurriert auf § 216 AktG, wonach die „Nichtigkeit der Gesellschaft" lediglich zur Abwicklung (§ 218 AktG) führt, weshalb von einer wirksamen Entstehung auszugehen ist, und verweist darauf, dass bei der GmbH und den eingetragenen Personengesellschaften ausdrückliche Bestimmungen fehlen. Weiters folgert *Schauer*, dass auch hier aufgrund der Lehre von der fehlerhaften Gesellschaft[1186] anzunehmen ist, dass die Gesellschaft, welche trotz ihres Gründungsmangels registriert wurde, als wirksam entstanden zu betrachten ist. Der Gründungsmangel kann – je nach seinem Gewicht und der Art der Gesellschaft – einen wichtigen Grund für die Auflösung der Gesellschaft und für ihre Abwicklung darstellen. Hat *Schauer* bis zu dieser Stelle vorrangig mit möglichen Gründungs- bzw Entstehungsmängeln, welche allenfalls zu einer Auflösung führen können, argumentiert, so nennt er nun als Grund für die Lehre von der fehlerhaften Gesellschaft den Verkehrs- und Bestandsschutz; genau damit soll, so *Schauer*, zum Ausdruck gebracht werden, dass eine tatsächlich wirksam gewordene Verbandsorganisation nicht rückwirkend beseitigt werden kann. Der Autor führt zutreffend an, dass die Grenzen der Lehre von der fehlerhaften Gesellschaft vor allem beim Schutz des Geschäftsunfähigen und beim Vorhandensein überragender öffentlicher Interessen liegen.[1187] Beide Argumente *Schauers* jedoch können im Fall von zB Sportverbänden, welche – wohl noch nicht in ihrer Entstehungsphase – ein System in Richtung „Privatgesetzgebung", „Privatgerichtsbarkeit", „Privatstrafvollzug" sowie „Privatsteuerforderung" aktuell und fortlaufend etablieren, gerade nicht ein „Überholtsein" der Bestimmungen § 26 S 3 u 4 ABGB begründen. § 26 S 3 u 4 ABGB sind gerade auf ein derartiges Maß an „Fehlerhaftigkeit" und (damit) „Unerlaubtheit" anzuwenden, und zwar sowohl aus zivil- als auch aus öffentlichrechtlicher Sicht; andernfalls würden/müssten § 26 S 3 u 4 ABGB vollständig zu „totem Recht" interpretiert werden. Dementsprechend ist einmal mehr auf die – zwar aus 1967 stammende, jedoch nach wie vor überzeugende – Darstellung von *Ostheim* zur Auslegung von § 26 ABGB zu verweisen: „Grundsätzlich ist jedenfalls daran festzuhalten, dass für die Entscheidung über die Erlaubtheit oder Unerlaubtheit eines Vereines, der seinem Zweck und seiner Einrichtung nach dem VerG unterfällt, die selbständigen Unerlaubtheitsgründe des § 26 ABGB und die materiellen Merkmale des § 6 VerG 1951, allenfalls auch das Vorliegen der Auflösungsgründe des § 24 VerG 1951, maßgebend sein müssen."[1188] Wie bereits ausführlichst dargelegt bietet auch das VerG ausreichende Grundlage(n), vor allem für die Vereinsbehörde, gegen verbandliches Gewalthandeln vorzugehen.[1189] Betrachtet/Beurteilt allerdings die (diesbe-

---

1186 Vgl *Krejci/S. Bydlinski/Weber-Schallauer*, Vereinsgesetz² § 1 Rz 67.

1187 *Schauer* in Kletečka/Schauer, § 26 Rz 29 ff.

1188 *Ostheim*, Rechtsfähigkeit 263.

1189 Vgl statt vieler *Girtler*, Rechtssoziologische und kriminalpolitische Überlegungen zum Thema „Korruption" in Brünner (Hrsg), Korruption und Kontrolle (1981) 512 f, wonach für die rechtssoziologische Untersuchung vor allem die

züglich ohnmächtig gemachte/gehaltene) Vereinsbehörde, wie sie es rechtsprechungsbedingt zu tun hat, allein die Satzung zB eines normativ und faktisch gewalthandelnden Sportdachverbandes, dann gilt für diesen (zu unrecht) wie für andere bürgerschaftliche Organisationen (wohl meistens zu recht): Ecce civil society! Werden jedoch darüber hinaus die sonstigen Vereinsregeln der sportverbandlichen Normenordnung in Augenschein genommen, dann schwindet in solchen Fällen zumeist die Men-Menschenrechtskonformität, wie sie in § 29 VerG normiert ist, ebenso wie die Erlaubtheit gem § 26 ABGB. Dann ist vielmehr die Transformation der „civil" in die „servant society" zu konstatieren.[1190] Mutatis mutandis wird dies auch für andere (europäische) Rechtsordnungen gelten.

2. Die verbandliche Gewaltausübung – das Normieren und Handeln des OEPS

Das verbandliche Gewaltverhältnis des OEPS kann folgendermaßen auf den Punkt gebracht werden: Für den Lebenssachverhalt der Ausübung einer spezifischen Sportdisziplin, und hierbei wiederum vor allem das Bestreiten von Wettkämpfen – was typischerweise mit wirtschaftlichem Erfolg, mit Medienaufmerksamkeit und Formen des Machtgewinns und des Praktizierens von gesellschaftlichem Einfluss verbunden ist –, hat sich eine zwar auf Verträgen basierende, aber die Gesellschaftsform „Verein" und idZ das rechtliche Verhältnis der „Mitgliedschaft" vollkommen überspannende „Wirkmacht" (Vereinsdominatoren) in der österreichischen Gesellschaft bzw in der österreichischen Rechtsordnung eingerichtet. Das „Normenreich" des OEPS und das darauf aufgebaute verbandliche Gewaltverhältnis sei im Folgenden zusammengefasst dargestellt.

2.1. Das verbandliche Gewaltverhältnis von „oben"

Ein Resümee zeigt also das Bild eines Sportdachverbandes, dessen Rechtsgrundlage vorrangig das VerG ist, der jedoch gegenüber Nichtmitgliedern eine quasietatistische Macht mit den Merkmalen einer „Privatgesetzgebung, -steuerforderung, -gerichtsbarkeit und -strafvollzug" ausübt. Das sportdachverbandlich normativ und faktisch Geschaffene ist weder partiell noch in toto mit den Rechtsnormen des VerG, des allgemeinen Zivilrechts, des Sonderprivatrechts des Konsumentenschutzrechts sowie der Grundrechtsordnung in Einklang bringbar. Indem der OEPS sich insbesondere anmaßt,

---

„tatsächliche" Geltung der Rechtsnorm von Interesse ist, konkret(er) ob eine bestimmte Rechtsnorm in der sozialen Wirklichkeit überhaupt angewendet und wie sie von den verschiedenen Personenkreisen interpretiert wird.

1190 Dieser Entwicklung liegt – nicht nur in Österreich – zugrunde, dass „der Sport" mit bemerkenswertem Nachdruck und unter konsequenter Ausblendung wesentlicher, systemimmanenter Erscheinungen als eine Gruppierung/Form etc „der Zivilgesellschaft" gedeutet, stilisiert und propagiert und als „das transnationales Recht" konstruiert wird. Eine derartige „Zivilgesellschaft" jedoch schafft(e) die „Überwindung" des Staatsbürgers zurück zum Untertanen.

- pferdesportliche Veranstaltungen jeder Art in Österreich zu „fördern", zu „genehmigen" und zu „kontrollieren",
- die einschlägigen Sportregeln und Durchführungsbestimmungen für Österreich zu erlassen,
- durch sein Vereinsorgan Präsidium („Herrschaft" der [ca] 14[1191]), die Beschlussfassung in allen wesentlichen Fragen der österreichischen Reiterei bzw in sämtlichen Fragen, welche von gesamtösterreichischer Bedeutung sind, insbesondere der ÖTO, ohne Mitbestimmung durch irgend eine Mitgliederversammlung vorzunehmen,
- seine Mitglieder, die LFV, dazu verpflichtet, Vorsorge dafür zu treffen, dass österreichische Turnierteilnehmer an Turnieren in Österreich Mitglieder eines einem Landesfachverband „angeschlossenen" Vereins sind,
- das Mittel der „disziplinarischen Verfolgung" (§ 28 Abs 5 ÖTO Allgemeine Bestimmungen) gegenüber Nichtmitgliedern zur Durchsetzung seiner privaten Interessen einzusetzen,
- zB jegliche Personen, welche pferdesportliche Veranstaltungen ohne Genehmigung veranstalten oder sich daran beteiligen, zu bestrafen,
- um dadurch den gesamten „Reit- und Fahrsport" in Österreich, vor allem den Markt pferdesportlicher Veranstaltungen, zu regeln, „erlässt" der OEPS als privater österreichischer Verein an die Allgemeinheit gerichtete, strafbewehrte Ver- und Gebote ohne gesetzliche Ermächtigung,[1192] so, als ob er der/ein Träger von Hoheitsrechten wäre.[1193] Indem dieser Sportdachverband, dominiert durch ein oligarchisches Funktionärssystem (von Vereinsdominatoren)[1194], daher im Lebens-

---

1191 *Keinert*, Mitgliederversammlung 19, spricht schon in Hinblick auf die üblichen Musterstatuten und den darin gegebenen Kompetenzschwerpunkt beim Vorstand anstatt bei der Mitgliederversammlung – dies allerdings bereits bei einem ersten Grundverhältnis „Vereinsmitglied/Verein" – von der Entwicklung in Richtung „Führerverein", welcher anstelle von demokratischer Mitgliedermitbestimmung „Vereinskaiser" zur Folge hat; wie dargestellt sind derartige Erscheinungen beim zweiten Grundverhältnis „natürliche Person/Dachverband" (Stichwort: „scheindemokratisches Repräsentativsystem") noch viel ausgeprägter.

1192 S dazu zB *C. F. Schneider*, ecolex 2000, 852: „Nach der hL ist die Ermächtigung zur einseitigen Rechtssetzung zwischen Privaten im Hinblick auf die relative Geschlossenheit des Rechtsquellenkataloges sowie des Systems der Normenkontrolle nach dem B-VG abseits versteinerter Bereiche wie zB dem Familienrecht jedoch verfassungswidrig. Der VfGH nimmt an, dass die gesetzliche Ermächtigung zur Erlassung von an die Allgemeinheit gerichteten Verboten und Geboten unter gleichzeitigem Ausschluss ihrer Qualität als förmliche Verordnung gegen Art 139 B-VG verstößt."

1193 Vgl dazu *Raschauer*, ÖZW 1977, 1, 3: Das Hoheitsrecht ist begrifflich das „Sonderrecht des Staates". Für den Träger des Hoheitsrechts charakteristisch ist die einseitige Durchsetzung seines Willens.

1194 *Trappe*, Machtgruppen 18 f, hat 1988 festgehalten, dass „gegenüber den vergangenen Epochen des Rechtsstaates das Zwischenfeld zwischen Individuum und Staat zunehmend undurchsichtig" und „Machtbarrieren durch Recht (…) nur unzureichend entwickelt" sind. Weiters: „In diesen Problembereich zielt das in der Bundesrepublik seit langem diskutierte aber nicht realisierte Verbändegesetz, Rechtmäßigkeit resultiert im Kleinraum nur im Wege der Analogie. Soziale Kontrolle orientiert sich am Recht, ohne ihm zwingend

sachverhalt dieses (Wettkampf)Sports die Ver- und/oder Gebote durch „Verbandsgerichte" in „Verbandsverfahren" judizieren und die daraus resultierenden Strafen innerverbandlich „vollziehen" lässt sowie für die Verbandsfinanzierung ein „Gebühren-/Steuersystem" eingerichtet hat, „hält" sich daher ein Selbstverwaltungskörper gem VerG Nichtmitglieder ähnlich wie Untertanen in einem verbandlichen Gewaltverhältnis.

2.2. Das verbandliche Gewaltverhältnis von „unten"

Wenn im Vorkapitel all das, was ein „verbandliches Gewaltverhältnis" im Kern ausmacht, primär mit Blick auf den Sportdachverband eben als „Privatgesetzgeber, -steuerfordernder, -richter und -strafvollziehender" bzw aus dessen Sicht zusammenfassend auf den Punkt gebracht worden ist, so soll nun ein Perspektivenwechsel vorgenommen werden. Nämlich hin zum Individuum, das „zwei Verbänden" gegenüber steht, dem Sportdachverband und dem Staat: Die natürliche Person sieht dann, wenn sie im Verhältnis zum Sportdachverband als Verbandsuntertan in einem verbandlichen Gewaltverhältnis verfangen ist, ihren – dem Grunde nach vorrangigen – Status der Staatsbürgerschaft in den Hintergrund (ge)treten. Insbesondere da der Staat den Verbandsapparat womöglich/anscheinend/offenbar erstaunlich „kontrollfrei" agieren lässt, fordert und erhält dieser – Disziplin einmahnend und Strafe androhend – untertänige Unterwerfung der natürlichen Personen. Für den (Reit)Sportler im Lebenssachverhalt Wettkampfsport steht die verbandliche Normenordnung, nicht aber die staatliche Rechtsordnung, an erster Stelle. Unbestritten ist (allerdings), dass zB ein tatbildliches Handeln gem § 75 StGB (Mord) – auch im Rahmen der/einer (Wettkampf)Sportausübung – von ordentlichen (Straf)Gerichten entschieden wird; oftmals knüpfen Sportdachverbände an die Verwirklichung von Justizstraftatbeständen überdies innerverbandlich weitere Folgen/Sanktionen.[1195] Für die Regeladressaten, zwar primär Staatsbürger, aber längst zu Verbandsuntertanen „privatnormiert", soll eine Gemengelage an Eindrücken/Botschaften erzeugt werden, wie zB der Wesensgleichheit zwischen staatlichem und privatem Normsetzer, der Beleihung des Verbandes und der des „Nachvollzugs" von Rechtsnormen im Privaten.

In der Darstellung aus 2007 „Das verbandliche Gewaltverhältnis. Eine Annäherung"[1196] ist ua ein Problemaufriss und ein konkretisierendes Her-

---

und ausschließlich unterworfen zu sein. Dabei würde es schon genügen, beispielsweise beim Verbändegesetz, Verbandshandeln den Grundprinzipien der Verfassung, analog, anzupassen (innerverbandliche Demokratie: Persönlichkeitsschutz; Verbandsziel ohne Drittwirkung etc). Von daher die Vermutung auf fortgesetzt möglichen Bruch rechtsstaatlicher Prinzipien, sogar durch Instanzen des Rechtsstaates!"

1195 S zB § 2012 Abs 2.15 sowie Abs 5 ÖTO Rechtsordnung: „Ein Disziplinarvergehen begeht insbesondere, wer sich im Rahmen einer pferdesportlichen Veranstaltung einer gerichtlich strafbaren Handlung schuldig macht." Und: „Ist ein gerichtliches Strafverfahren gegen einen Beschuldigten anhängig, kann das zuständige Schiedsgericht bzw. der Strafausschuss des OEPS das Verfahren bis zur rechtskräftigen Beendigung des Strafverfahrens unterbrechen."

1196 *Thomasser*, Gewaltverhältnis 176 ff.

angehen an derartige spezifische Erscheinungen des Gesellschaftsrechts (konkret der Rechtsform Verein) bzw der Gesellschaft unternommen worden. Die gegenständliche Arbeit setzt sich vertieft und vertiefend mit diesen faktisch und normativ bedeutsamen Entwicklungen auseinander.

Geboten wird (bzw wurde oben) eine umfassende „Empirie" zu den Verbandsnormen und dem dadurch geschaffenen „Privatsystem"; die Beurteilung/Bewertung des Geschaffenen ist eine vorwiegend dogmatische sowie rechts- und gesellschaftstheoretische. Wie es sich für eine Zusammenfassung gehört, werden unmittelbar nachfolgend beileibe nicht alle thematisierten, und schon gar nicht sämtliche Verbandsnormen, die in Summe und im Zusammenwirken das verbandliche Gewaltverhältnis des OEPS ausmachen, teilweise mit Kommentaren knapp wieder gegeben.

Welchen normativen Vorgaben und welchem Handeln des OEPS stehen also (Reit)Sportler, Wettkampfveranstalter, Wettkampfrichter und sonstige Funktionäre gegenüber bzw zum welchem Verhalten werden sie als Verbandsuntertanen verpflichtet?

Allgemeines zur Stellung der Verbandsuntertanen[1197]

Das Regime, das der OEPS errichtet hat, ist geradezu paradigmatisch für ein verbandliches Gewaltverhältnis: Der Sportdachverband verpflichtet seine Vertragspartner, insbesondere die Wettkampfveranstalter und die Reitsportler, sich seiner verbandlichen Normenordnung zu unterwerfen, mit deren Hilfe er ein nahezu unbeschränktes Gestaltungsrecht ausübt, anstatt im zulässigen (dispositiven) Schuldrechtsbereich seine Geschäfte abzuwickeln. Inhaltlich werden also die diversen Ordnungen des OEPS als ein aufeinander abgestimmtes System von teilweise Knebelungsbestimmungen zu beurteilen sein, welche in die verschiedenen Verträge (mit Mitgliedern und Nichtmitgliedern), zB betreffend die Wettkampfdurchführung und die -teilnahme, Eingang finden. Verbandsunterworfenheit und -untertanenschaft tritt an die Stelle von Vertragsfreiheit.

Das wichtigste „Unterwerfungsinstrument" des OEPS gegenüber den Verbandsuntertanen ist dessen zentrale Verbandsnorm, die ÖTO, welche zahlreiche (grundsätzliche), komplexe Sportausübungs-, Wettkampf- und Sportadministrationsregeln enthält.

Ausdrücklich erklärt der OEPS, dass die Verbandsuntertanen der Jurisdiktion der ÖTO und ergänzender Bestimmungen des OEPS unterliegen; „Disziplinarvergehen" können durch dachverbandliche Ordnungsmaßnahmen geahndet werden, egal ob sie im In- oder Ausland begangen werden (§ 2012 Abs 1 ÖTO Rechtsordnung).

Der OEPS geht in verbandlicher Selbstherrlichkeit jedoch noch weiter: Nicht nur die Verbandsuntertanen, sondern auch sonstige Besucher von Wettkämpfen (pferde-sportlichen Veranstaltungen) werden vom OEPS unter die „Rechtsordnung" der „Österreichischen Turnierordnung 2011" gestellt. Dh, der Sportdachverband will seine „normative und faktische Wirkmacht" auch auf weitere Nichtmitglieder ausweiten.

1197 S insbesondere III., III.2.1., IV.1., IV.3.2.1., IV.3.2.3., V.2.1., V.2., V.3.2.

Die Verbandsuntertanen sind nicht nur mit den „Verbandsorganen" gem den OEPS-Satzungen konfrontiert, sondern mit weiteren, welche (im Widerspruch zum VerG) durch die ÖTO (welche eine sonstige Vereinsregel ist) geschaffen worden sind, wie zB die „Organe der Rechtsordnung". Dies, obwohl in § 3 Abs 2 Z 7 VerG eindeutig geregelt ist, dass „die Organe des Vereins und ihre Aufgaben" jedenfalls in den Vereinsstatuten (OEPS-Satzungen) enthalten sein müssen. Des Weiteren müsste der OEPS gem § 3 Abs 2 Z 9 VerG in seinen Statuten jedenfalls „die Erfordernisse für gültige Beschlussfassungen durch die Vereinsorgane", also (auch) die „Organe der Rechtsordnung", regeln, was er gesetzwidrigerweise jedoch nicht getan hat.

Ein Teil der ÖTO wird „staatsgemäß" dementsprechend sogar „Rechtsordnung" genannt; deren Terminologie (zB „Disziplinarvergehen", „Geldbuße", „Vergehen", „strafbare Handlung", „Strafnachsicht", „Einspruch", „Rechtsmittel", „mündliche Verhandlung", „dringender Tatverdacht", „verbandsintern rechtskräftige Ordnungsmaßnahmen", „Berufung" und „Gnadenrecht") sowie insgesamt deren Inhalt sind insbesondere dem (materiellen und prozessualen) Verwaltungs-, Zivil- und Strafrecht des Staates verbandsgenehm nachgebildet.

Der Sportdachverband ahmt insbesondere mit seinen „Gebühren" und „Geldbußen" laut ÖTO gegenüber den Verbandsuntertanen den steuerfordernden und Geldstrafen verhängenden Staat nach, und greift damit in deren Eigentum ein.

Die ÖTO dient zur Disziplinierung der Verbandsuntertanen, aber auch um Gelder für den Verband zu lukrieren; im Namen des Sportdachverbandes werden von diversen ÖTO-Gremien, zumeist besetzt von verlässlichen Schlüsselfunktionären („Richter in eigener Sache"), „Entscheidungen" im Stil von „Urteilen" (die ua „Geldstrafen" zum Inhalt haben) gefällt und in der Verbandzeitschrift „pferderevue" veröffentlicht, welche an Kiosken öffentlich erworben werden kann, also dementsprechend auch Prangerwirkung enftfaltet hat.

Mit der ÖTO hat sich der OEPS ein nahezu unbeschränktes Gestaltungsrecht gegenüber Reitsportlern, Wettkampfveranstaltern, Wettkampfrichtern und Funktionären zu sichern versucht. Vor allem die Wettkampfveranstalter, aber auch die anderen Vertragspartner des OEPS in Bezug auf Wettkämpfe sind einer nahezu totalen Fremdbestimmung qua ÖTO ausgesetzt, deren Privatautonomie ist auf ein nullum reduziert.

Der OEPS suggeriert den Verbandsuntertanen, dass sie aufgrund eines „Vereins-/Verbandsverhältnisses", konkret einer mittelbaren Mitgliedschaft (welche vereinsgesetzlich nicht vorgesehen ist) bzw einer Verbandsan- oder -zugehörigkeit, sämtliche Verbandsnormen zu befolgen hätten, da eine Art „Verbandsrecht" vorläge. Dass das Rechtsverhältnis zwischen Sportdachverband und Wettkampfveranstalter sowie Reitsportler in Bezug auf Wettkämpfe jedoch allgemeinem Zivilrecht bzw den Sonderprivatrechten „Unternehmensrecht" und/oder „Konsumentenschutzrecht" unterliegt (Wettkampfdurchführungs- und -teilnahmeverträge), versucht der Sportdachverband jedoch möglichst im Hintergrund zu halten.

Die Wettkampfveranstalter als Verbandsuntertanen[1198]

Der OEPS beansprucht insbesondere mit der ÖTO, welche sowohl im Verhältnis zu Wettkampfveranstaltern als auch zu Reitsportlern rechtlich als Allgemeine Geschäftsbedingungen zu qualifizieren sind, den gesamten „Markt" von „pferdesportlichen Veranstaltungen im Österreichischen Bundesgebiet" mit anscheinend monopolistischer Intention zu regeln (§ 1 Abs 2 ÖTO Allgemeine Bestimmungen) und zugleich unter Ausschluss von nahezu jeglicher Privatautonomie der sonstigen Marktteilnehmer. Nichts desto trotz besteht zwischen dem OEPS und jedem Turnierveranstalter ein Wettbewerbsverhältnis – ob es sich nun um OEPS-Turniere oder um OEPS-freie Wettbewerbe handelt – mit Lauterkeitsrechtsrelevanz (insbesondere KartG und UWG).

Die Beeinflussung der Verhältnisse am österreichischen Markt der Wettkampfveranstaltungen durch den OEPS kann wohl nur als „total intensiv" bzw schlichtweg „uneingeschränkt dominierend" bezeichnet werden. Die „Geschäftspolitik" des OEPS, österreichweit für sämtliche Reitsportler und Wettkampfveranstalter strafbewehrte Verbote zu erlassen, andere, nicht dem OEPS-Regime unterliegende, Wettkämpfe zu veranstalten und/oder daran teilzunehmen verbietet, kann als geradezu „aggressiv" bezeichnet werden. Handeln Wettkampfveranstalter und/oder Reitsportler seinem „Unternehmenskonzept" zuwider, dann setzt der Sportdachverband sein Droh- und Maßnahmenpotential ein, welches von Strafen, über persönliche Unwertzuschreibungen in „verbandsoffiziellen" Mitteilungen (am Kiosk erhältlich) bis zu Marktteilnahme- bzw Unternehmensausübungsverboten gegen nicht gefügige Wettkampfveranstalter reicht. Somit wirken die verbandliche Normenordnung und das faktische Handeln des OEPS als Beschränkung des Wettbewerbs auf dem Markt der Turnierveranstaltungen. Das Ergebnis ist eine Unternehmenskonzentration unter einem Sportdachverband.

Die Wettkampfveranstalter (als Verbandsuntertanen) sind gezwungenermaßen in das Organisations- und Vertriebssystem des OEPS als „Oberturnierveranstalter" – nahezu ohne eigene Dispositionsfreiheit – eingebunden. Dieser fungiert als Österreich weiter (Haupt)Betreiber des Unternehmens „Turnierveranstaltungen", in dessen Namen bzw unter dessen laufender Aufsicht und bestimmender Einwirkung werden entsprechende unternehmensbezogene Geschäfte abgeschlossen.

Der OEPS „zwingt" seine „Vertragspartner", die Turnierveranstalter (als Verbandsuntertanen), jegliche „Unternehmung", sohin jede pferdesportliche Veranstaltung, ausschließlich und punktgenau gem ÖTO durchzuführen; andernfalls maßt sich der übermächtige, einseitig diktierende Sportdachverband die Verhängung von Strafen gegenüber den ausgelieferten „Kontrahierenden" an.

Vor allem iZm Turnieren ordnet der OEPS an, genehmigt, kontrolliert, straft gegebenenfalls und lukriert vor allem zahlreiche Gebühren von seinen „Vertragspartnern", die er jedoch im Status von Verbandsuntertanen hält; der Sportdachverband weigert sich allerdings gemäß seiner Normenordnung, Risiko bzw Haftung von Turnierveranstaltungen zumindest mit zu

---

1198 S insbesondere IV.3.3.2.2., V.2., V.2.1., V.2.2.

tragen. Vielmehr schließt er jegliche finanzielle oder rechtliche Verantwortung hinsichtlich der Veranstaltung von Turnieren dezidiert aus, s § 5 Abs 5 ÖTO Allgemeine Bestimmungen.

Die Wettkampfveranstalter haben dafür, dass sie Turniere exakt nach den Vorgaben/Bedingungen des OEPS durchführen und das gesamte finanzielle und rechtliche Risiko tragen müssen, zahlreiche Gebühren gem ÖTO Gebührenordnung an den Sportdachverband abzuliefern.

Überdies werden Wettkampfveranstalter vom OEPS mithilfe von „Geldstrafen" regelrecht „erzogen", die Verbandsbestimmungen einzuhalten. Bei nicht fristgerechter Vorlage der Ausschreibung beim OEPS sind € 100,- fällig, eine nicht korrekt vorgelegte Ausschreibung (gem ÖTO) kostet beim ersten Mal € 50,- usw usf.

Die Wettkampfveranstalter haben auch „Sonderaufträge" des Sportdachverbandes zu erfüllen: Der OEPS versteht seinen eigenen Satzungszweck/-auftrag der „Förderung" offenbar dahingehend, dass die Reitsportler pro Turnierstart einen Sportförderbeitrag in der Höhe von € 1,- an den OEPS zu entrichten haben. Die Verbandsuntertanen Reitsportler als eigentlich zu Fördernde werden solcherart (einmal mehr) zu Förderern des Sportdachverbandes. Herrschaftstechnisch geschickt werden auch in diesem Fall die Verbandsuntertanen gegeneinander ausgespielt, denn „eintreiben" muss den Sportförderbeitrag der Turnierveranstalter.

Der Wettkampfveranstalter hat für die Abwicklung eines Turniers auf seine Kosten eine sog Meldestelle einzurichten, welche jedoch insbesondere Überwachungs- und Zuarbeiten für den OEPS erledigen muss; insbesondere hat diese Einrichtung als „Inkassostelle" für Geldforderungen des Sportdachverbandes zu agieren. ZB ist eine ihrer Aufgaben, gegenüber Reitsportlern, welche dachverbandlich gemaßregelt und zumeist mit Geldstrafen belegt sind (der OEPS führt eine sog „Sperrliste"), die Begleichung der Dachverbandsforderungen durchzusetzen; andernfalls sind die Reitsportler an der Wettkampfteilnahme zu hindern.

Der OEPS bringt es sogar zuwege, die Turnierveranstalter (und letztlich auch die Reitsportler) mithilfe der ÖTO zu verpflichten, dass sie als Verbandsuntertanen ihre eigene Kontrolle/Überwachung durch vom Sportdachverband eingesetzte und beauftragte „Turnierfunktionäre" auch noch selbst bezahlen müssen; und nicht nur das, uU gehen diese Funktionäre aufgrund ihrer „Straf- und Disziplinierungsbefugnisse und -aufträge" sogar während stattfindender Wettkämpfe gegen Veranstalter oder Reitsportler mit Sanktionen vor.

Der OEPS verleiht vom Wettkampfveranstalter zu bezahlenden (Turnier)Funktionären zB gem § 30 Abs 5 ÖTO Allgemeine Bestimmungen sogar ein – mit privatrechtlichen Kategorien nicht mehr erfassbares – „Wegweiserecht" gegenüber jeder Person, die gegen die allgemeinen Anordnungen oder die Bestimmungen der ÖTO verstößt oder auf andere Weise den „geregelten Ablauf" der Veranstaltung stört. Eine ausreichende rechtliche Grundlage für ein derartiges „verbandshoheitliches Handeln" kann nicht erkannt werden, eine verbandliche „Selbstbeleihung bzw -ermächtigung" hierfür ist nicht zulässig.

Würden nun die Rahmenbedingungen im verbandlichen Pferdesport so verstanden werden wollen, dass die Turnierveranstalter ja letztlich doch den Gebühren- bzw Preiskatalog des OEPS kennten, und daher eigentlich keine (nachträgliche) Preisbestimmung (im engen Sinn gem § 1056 ABGB) vorliegen könne, so ist dagegen einzuwenden, dass sowohl der OEPS als auch dessen viele „Zuarbeiter und Beauftragte" (die LFV sowie die verschiedensten Funktionäre) jegliche „Turnierunternehmung" für Wettkampfveranstalter (und auch Reitsportler) jederzeit vor allem durch Strafgebühren (ua zum Zwecke der Disziplinierung) verteuern und damit endbestimmen können.

Der Turnierveranstalter (ebenso wie der wettkampfteilnehmende Reitsportler) hat also in Bezug auf den Lebenssachverhalt „verbandlicher Pferdesport" die Freiheit zur weit(est)gehenden Selbstaufgabe seiner (persönlichen und ökonomischen) Freiheit „genutzt". Der OEPS hat sich umfassend und tiefgreifend die Verfügungsmacht über fremdes Vermögen und fremdes Interesse verschafft, sodass die Wettkampfdurchführungsverträge zwischen Sportdachverband und Turnierveranstalter (ebenso wie die Wettkampfteilnahmeverträge hauptsächlich zwischen Sportdachverband und Reitsportler) nicht nur einzelne dachverbandliche Gestaltungsrechte enthalten, sondern als solche als eine nahezu lückenlose Ansammlung von selbigen zu beurteilen sind.

Ein Turnierveranstalter, der einmal im OEPS-System „eingegliedert" ist, kann über seine Reitanlage, vielfach seinen eigenen Grund und Boden, nicht mehr frei verfügen, da ein OEPS-freies Turnier unter Strafandrohung (Geldstrafen für nicht genehmigte Turniere) steht. Sollte ein Turnierveranstalter aus der „Ordnung" des OEPS aussteigen wollen, so unterliegen seine potentiellen Vertragspartner (die Reitsportler) einem „Kontrahierungsverbot" aufgrund von Strafdrohungen durch den Sportdachverband, denn Reitsportlern drohen Geldstrafen für die Beteiligung an nicht genehmigten pferdesportlichen Veranstaltungen. Turnierveranstalter sind also durch den OEPS in ihrer Erwerbsfreiheit massiv beschränkt, ebenso wie dieser laufend ihr Eigentum eingreift.

Die Reitsportler als Verbandsuntertanen[1199]

In diesem Verbandssystem ist der Reitsportler zum Objekt von Anordnung, Genehmigung, Kontrolle und Strafe geworden. Er dient als permanenter Proband dafür, was noch möglich und zumutbar ist, welche Unterwerfungsintensität, -tiefe und damit -totalität erreicht werden kann; das sportdachverbandliche Normieren und Handeln erfolgt Schritt für Schritt, auf die Gewöhnung der Unterworfenen setzend.

Von Beginn der Mitgliedschaft in einem Reitverein an soll den Reitsportlern anscheinend eine besondere Nahebeziehung zum OEPS, „eine Art Mitgliedschaft" bei demselben, suggeriert werden. Auf Basis dieser „Stamm-Mitgliedschaft" müssen dann Reitsportler, welche an Wettkämpfen teilnehmen wollen, gebührenpflichtig beim OEPS sog „Lizenzen" und „Startkarten" beantragen (§ 14 ff ÖTO Allgemeine Bestimmungen). Diese und andere Gebühren führen dazu, dass die Verbandsuntertanen ihre Fremdbestimmung auch noch eigenfinanzieren.

1199 S insbesondere IV.1., IV.3.3.2.3., V.3., V.3.1.1.

Das Konstrukt der „mittelbaren Mitgliedschaft" und damit verbunden (bzw dieses verstärkend) das der „Mitglieds(chafts)kette" wird vom OEPS fortwährend in den Raum gestellt, um eine „Zugehörigkeit" bzw ein „Angeschlossensein" als „Quasimitglied" zu vermitteln. Dies wird den (Jung)Reitsportlern vom Sportdachverband sogar in eigenen „Lehrbüchern" qua „Erziehung" „eingeprägt". Ziel ist offenbar, dass aufgrund einer derartigen (vereinsgesetzlich nicht begründbaren) „Quasimitgliedschaft" Nichtmitglieder die Entscheidungen von Organen des Sportdachverbandes so zu befolgen hätten, als wären sie Mitglieder desselben.

Reitsportler, von welchen der OEPS Gelder, zB sog Nachnenngebühren, fordert, werden nicht nur direkt von diesem unter Druck gesetzt, zu zahlen. Nein, andere Verbandsuntertanen wie Wettkampferanstalter und/oder Turnierfunktionäre müssen bei sonstiger Strafe auf die Reitsportler „einwirken" (zB indem die Wettkampfteilnahme zu verhindern ist). Der OEPS versucht so, seine Interessen unter Abstützung auf seine Verfahrensordnung und seine (Verfahrens)Funktionäre, im Verbandsinnenraum endzuregeln, um damit den Weg zu den ordentlichen Gerichten möglichst beschwerlich zu gestalten; für den Fall, dass dieser von Verbandsuntertanen dennoch beschritten wird, sind im Verbands(vor)verfahren die Weichen (Dilatorik, Richter in eigener Sache etc) schon entsprechend gestellt worden.

Reitsportler können vom OEPS im Namen der Disziplin verfolgt werden, s dazu ausdrücklich § 28 Abs 5 ÖTO Allgemeine Bestimmungen. „Verfolgen" lässt der OEPS freilich durch (Turnier)Funktionäre, welche, wenn sie derartige Aufträge nicht ausführen, selbst Verbandsstrafen ausgesetzt sind.

Die Verbandsuntertanen und „Verfahren" des OEPS[1200]

Der OEPS baut sein gesamtes „Verbandsjustizsystem", also insbesondere die ÖTO Rechtsordnung, offenbar auf dem Wirken von, von ihm allein abhängigen, „Autoritäten", nämlich den diversen „Straffunktionären" wie zB dem Disziplinaranwalt LFV und Disziplinaranwalt OEPS, auf. Dass die „Schieds-" bzw tatsächlich heteronomen „Bestrafungsverfahren" des OEPS (ohnehin) nicht mit § 8 VerG (Unbefangenheit der Mitglieder der Schlichtungseinrichtung; beiderseitiges Gehör) in Einklang stehen (werden), zeigen insbesondere die Bestimmungen § 2018 ff ÖTO Rechtsordnung – übertitelt mit „Verfahren vor den Schiedsgerichten und dem Strafausschuss des OEPS".

Letzten Endes sorgen die (Strafverfahrens)Funktionäre wohl auch dafür, dass die Reitsportler und Wettkampfveranstalter als Vertragspartner des OEPS diesem zusätzlich zu den Turniergebühren (noch) mehr Leistungen, insbesondere in Form von Geldstrafen, zukommen bzw -fließen lassen. Dem gesamten (Geld)Strafensystem des OEPS kommt neben der Macht- bzw Autoritätsdemonstration eben auch eine Verbandsfinanzierungsfunktion zu. Der OEPS lässt sich „seine Autorität" anscheinend von seinen Vertragspartnern bezahlen.

1200 S insbesondere V.3.1.2.

Der vom OEPS in seinen Satzungen normierte „Ausschluss des Rechtsweges" stellt einen Verstoß gegen § 8 Abs 1 S 2 und 3 VerG dar. Des Weiteren entsprechen Satzungsbestimmungen des OEPS nicht § 8 Abs 2 S 1 VerG: „Die Statuten haben die Zusammensetzung und die Art der Bestellung der Mitglieder der Schlichtungseinrichtung unter Bedachtnahme auf deren Unbefangenheit zu regeln." Weder die Zusammensetzung, noch die Art der Bestellung der Mitglieder hat der OEPS in seinen Satzungen geregelt.

Der Sportdachverband normiert in seinen Satzungen, dass „das Schiedsgericht des OEPS" keines gem § 577 ff ZPO ist; dieses „Schiedsgericht" sowie die weiteren „Organe der Rechtsordnung" (in der ÖTO) entsprechen weiters nicht dem VerG, denn als Organe des OEPS müssten sie samt ihren Aufgaben in dessen Satzungen angeführt sein; rechtlich wird es sich hierbei um „Nichtorgane" handeln; insbesondere sind sie keine „Schlichtungseinrichtungen" gem § 8 VerG; gerade die „Organe der Rechtsordnung" mit dem Wortbestandteil „Schieds" können daher auch nicht VerG-zulässig in ein „Vereins-/Verbandsverhältnis" zwischen OEPS und seine Nichtmitglieder, Reitsportler, Wettkampfveranstalter etc, „umgedeutet" werden. Überdies haben die Nichtvereinsmitglieder gegenüber dem OEPS in Hinblick auf „das Schiedsgericht des OEPS" sowie „das Schiedsgericht (des) LFV" (§ 2005 ÖTO Rechtsordnung) so gut wie keine (wirksamen) Rechte auf Nominierung der „Schiedsrichter" bzw „Schlichter". Es liegt nahe, dass vom OEPS mit Bedacht ausgewählte Personen (Vereinsdominatoren) in derartige „Schiedsgremien" des OEPS entsandt werden und dort vorrangig im Interesse des OEPS „agieren". Die Kosten dieser „Schiedskörper", welche wohl weder Schlichtungseinrichtungen gem VerG, noch Schiedsgerichte gem § 577 ff ZPO sind, sondern anscheinend eine Art „Privatjustiz" – heteronom eingerichtet ua zur Geldstrafenverhängung und Disziplinierung – darstellen, tragen direkt bzw indirekt die Reitsportler, s § 2032 ÖTO Rechtsordnung.

Die/eine öffentliche „Zurschaustellung" von „straffälligen" Nichtmitgliedern (Reitsportler) mithilfe des dachverbandlichen Straf(verfahrens)systems wird zB durch folgende Bestimmungen erzielt: „Ordnungsmaßnahmen sind unmittelbar nach Wahrnehmung eines Fehlverhaltens zu verhängen und sofort durch Anschlag und/oder Lautsprecher bekannt zu machen" (§ 2016 Abs 4 ÖTO Rechtsordnung, Befugnisse des Turnierbeauftragten und der Richter). Eine derartige „Bestrafungsmacht", die sich sofort, ohne Reaktionsmöglichkeit für das „Sanktionsopfer" zeigt, ist ungemein wirksam.

Weiteres zur „Bestrafung" von Reitsportlern und das nachfolgende „an den Pranger bringen": Laufend werden Strafen in den „Offiziellen Mitteilungen" des OEPS in der Zeitschrift „pferderevue. Das österreichische Pferdemagazin" (im Zeitschriftenhandel erhältlich und damit über eine „Verbandsöffentlichkeit" in Richtung „Weltöffentlichkeit" hinausgehend) publiziert. Solcherart werden Reitsportler nach ihrem verbandlichen „Outing" als „Täter" (§ 2015 ÖTO Rechtsordnung) oder gar als „Rückfallstäter", bei denen überdies die „Wohltat" eines OEPS-präsidentiellen „Gnadenerweises" ausgeschlossen ist (§ 2033 ÖTO Rechtsordnung, Gnadenrecht), nach einem entsprechenden „verbandsinternen Verfahren" für ein allfälliges Verfahren vor den ordentlichen Gerichten wohl „verbandsgünstig hergerichtet" sein.

Das offenbar staatsähnliche Selbstverständnis des OEPS manifestiert sich auch in § 2025 ÖTO Rechtsordnung, Ordnungsliste: „Der OEPS führt eine Ordnungsliste, in die verbandsintern rechtskräftige Ordnungsmaßnahmen einzutragen sind" usw usf.

Die ÖTO Rechtsordnung und das entsprechende verbandliche Handeln orientieren sich offenbar an zivil-, steuer-, verwaltungsstraf- und justizstrafrechtlichen Regelungen des Staates. Auf der Basis der ÖTO Rechtsordnung können geradezu „kafkaeske Verfahren" isv „Undurchschaubarkeit, Ausgeliefertsein und Dilatorik" abgehalten werden, kurz all das, was mit einem anderen, als dem/einem rechtsstaatlichen Procedere assoziiert werden kann.

All die generalklauselartigen, „unbestimmten Tatbestände" – wie „Verstöße" gegen die Grundsätze „sportlich-fairer Haltung", gegen das „Wohl des Pferdes" sowie gegen „sonstige Bestimmungen der ÖTO" (vom „Quasistaat" Sportverband ahndbar, egal, ob sie im In- oder Ausland begangen werden) oder „Disziplinarvergehen" wie die „Schädigung des Ansehens des Pferdesports" oder „unreiterliches Benehmen" (§ 2012 Abs 1 und 2 ÖTO Rechtsordnung) – können willkürlich vom Sportdachverband bzw dessen Funktionären „festgestellt" werden und für die „Untertänigen" Ordnungsmaßnahmen nach sich ziehen, welche zusätzlich zu den Wettkampfteilnahmekosten weitere Kosten, zB Strafgebühren, oder Bloßstellungen in Form von Unwertzuschreibungen durch „Veröffentlichung in den offiziellen Mitteilungen des OEPS" (§ 2022 Abs 4 ÖTO Rechtsordnung) – also Ausstellung am „Verbandspranger" – mit sich bringen. Hier wird also vom Turnierveranstaltungsunternehmer OEPS gerade nicht rechtskonforme Transparenz für den Durchschnittskunden „Reitsportler" geschaffen, sondern wird diesem mit der Verbandsuntertanenschaft ein unzutreffendes und insbesondere vom KSchG „ablenkendes Bild" geboten, anscheinend mit dem Ziel, ihn von der Durchsetzung seiner Konsumentenrechte abzuhalten.

Vor allem Reitsportler (als Konsumenten) werden gegenüber dem OEPS (als Unternehmer) auch unter den Schutzbereich des UWG fallen. ZB normiert § 1a Abs 2 UWG: „Bei der Feststellung, ob eine aggressive Geschäftspraktik vorliegt, ist auch auf belastende oder unverhältnismäßige Hindernisse nichtvertraglicher Art abzustellen, mit denen der Unternehmer den Verbraucher an der Ausübung seiner vertraglichen Rechte – insbesondere am Recht, den Vertrag zu kündigen oder zu einem anderen Produkt oder einem anderen Unternehmen zu wechseln – zu hindern versucht." Da sich der OEPS eine spezielle Machtposition (mit den Merkmalen: „Privatgesetzgebung", „Privatgerichtsbarkeit", „Privatstrafvollzug" und „Privatsteuerforderung") gegenüber seinen Nichtmitgliedern wie den Reitsportlern (als verbandlich Gewaltunterworfenen) geschaffen hat, ist für die Interpration von § 1a UWG jedenfalls die Legaldefinition gem § 1 Abs 4 Z 6 UWG heranzuziehen: eine „unzulässige Beeinflussung eines Verbrauchers" bedeutet „die Ausnutzung einer Machtposition gegenüber dem Verbraucher zur Ausübung von Druck – auch ohne die Anwendung oder Androhung von körperlicher Gewalt –, wodurch die Fähigkeit des Verbrauchers, eine informierte Entscheidung zu treffen, wesentlich eingeschränkt wird." Der OEPS „spannt" offenbar seinem Agieren gegenüber den Reitsportlern auch „Autoritäten vor"; den Verbrauchern als Marktteilnehmern wird vermittelt, der Sportdachverband handele ja schließlich im Auftrag/in Übereinstimmung zB mit der Fédération Equestre Internationale, einem Zusammenschluss des Reitsports auf internationaler Ebene.

Die (Turnier)Funktionäre, insbesondere Wettkampfrichter, als Verbandsuntertanen:[1201] Der OEPS setzt bestimmte Verbandsuntertanen mitunter als „Ordnungs-, Überwachungs- und Straforgane" ein, und zwar insbesonder folgende „Turnierfunktionäre": (Wettkampf)Richter, Parcours- und Geländebauer, Vorsitzende des Schiedsgerichts oder des Strafausschusses, Senatsmitglieder, Disziplinaranwälte, Sachverständige, Turnierbeauftragter, Turniertierärzte, Assistenten (mit Qualifikation) des Parcours bzw Geländebauers gem ÖTO, Referee- und Hindernisrichter/Streckenposten/Zeitnehmer bei Fahrturnieren. Diese sind vom jeweiligen Turnierveranstalter zu bezahlen, mittelbar tragen also die Reitsportler die Kosten.

Unglaublicherweise werden die Wettkampfrichter als Verbandsuntertanen vom OEPS sogar „mental in die Pflicht genommen". So schreibt der OEPS im sog „Richterregulativ" folgendes „Leitbild" für Turnierrichter vor: „Zum Turnierrichter ist befähigt, wer nach entsprechender Erfahrung im Pferdesport bzw Zuchtwesen durch vorgegebene Ausbildung und praktische Anwendung das Können besitzt, im beobachtenden und beurteilenden Richtverfahren objektive Entscheidungen herbeizuführen, korrektes Benehmen und Auftreten gegenüber Veranstaltern, Funktionären, Reitern, Eltern, Trainern, Publikum usw zu zeigen, *die Bestimmungen und Regelwerke des BFV mental anzuerkennen und als Autorität durchzusetzen*, mit profundem Fachwissen und persönlicher Konzentration für rasche, der Momentansituation angepasste Entscheidungen zu sorgen und allenfalls auf Fehlentscheidungen zu reagieren, sich durch Fortbildung und oftmalige praktische Anwendung auf dem aktuellen Stand des Turnierwesens zu halten und die Begabung hat, durch kooperative und harmonische Teamarbeit zu richtigen Entscheidungen zu kommen." Die Wertungsrichter werden daher als „Mentalisten" anzusprechen sein, also eine zu ganz besonderer „Hingabe" bzw speziellem „Glauben" an den OEPS verpflichtete Verbandsuntertanengruppe. Diese „Dienstleister" des Sportdachverbandswillens haben offenbar im Voraus (also am Beginn ihrer Wettkampfrichtertätigkeit) jeglicher Weiterentwicklung, zB Verschärfung oder Komplizierung, der ÖTO ihre mentale Zustimmung zu geben; uU müssen sie sich bei jeder Änderung der ÖTO entsprechend „mental nachjustieren". Der Funktionärskörper hat also auch „mental zu gehorchen". In diesem (zugleich auffordernden und drohenden) Sinn kann vermutlich der in der Dachverbandszeitschrift pferderevue 2006 abgedruckte Satz verstanden werden: „Funktionär kommt von Funktionieren, Funktionäre und Reglements schaffen die Rahmenbedingungen."

1201 S insbesondere IV.3.3.2.1., V.4.

3. Die staatliche Schutzvernachlässigung ermöglicht verbandliche Gewaltverhältnisse

All diesen (beschriebenen und kommentierten) Entwicklungen und den sich daraus ergebenden Zuständen liegt ein Normierungstransfer zwischen den „Ideal-Akteuren", dem Staat, dem Sportdachverband und den natürlichen Personen, zugrunde. Jede (heteronome) Kollektivierung verringert gewöhnlich die Möglichkeit des Individuums (bzw von Individuen), eigene Normen aufzustellen und sich entsprechend zu verhalten. Die Abtretungen von Rechten durch natürliche Personen an das Großkollektiv Staat haben ua zur Folge, dass dieser mit dem Monopol der Gewalt auch dasjenige der heteronomen Normierung erhält.[1202] Da dies üblicherweise im Rahmen des Rechtsstaats erfolgt, ist dadurch auch die privatautonome Stellung des Individuums, bzw der natürlichen und/oder juristischen Person grundsätzlich garantiert. Manche Kollektive, die sich in (der Rechts)Form von Verbänden zwischen Staat und Individuum (Staatsbürger) mengen, versuchen mitunter in beide Richtungen Normierungsgewalt zu usurpieren; einerseits wird die staatliche Heteronomie kopiert und/oder deren Ausübung angemaßt und andererseits wird die (rechtsstaatlich gesicherte) Privatautonomie des Individuums beschränkt bzw mitunter ausgehöhlt. Mit *Trappe* kann „eine Verschiebung ,autonomen' gesellschaftlichen Handelns von der Privatautonomie mündiger Bürger zur Autonomie von Eliten" festgestellt werden. *Trappe* weiter: „Die freiwillige Abgabe von Privatautonomie an Delegationsstufen ist jedenfalls mit der überschaubaren demokratischen Einheit und so wie diese objektiv zurückgegangen. Privatautonomie verliert unwillentlich an Spielraum."[1203] Das „Produkt" des elitär-kollektiven Zugriffs (der Vereinsdominatoren) auf staatliche Hetero- und individuelle Privatautonomie ist der Verbandsuntertan im „Hoheitsgebiet" des Sportdachverbandes. Dies gelingt durch die Kombination einerseits des im VerG keine Deckung findenden Konstrukts der „mittelbaren Mitgliedschaft" mit andererseits sportdachverbandlich erzwungenen Verträgen, welche die natürlichen Personen von wesentlichen rechtsstaatlichen Standards, die typischerweise mit der Staatsbürgerschaft verbunden sind (zumindest dem Staat gegenüber),

---

1202 Vgl a *Pernthaler/Walzel v. Wiesentreu*, ZÖR 2010, 500: „In der Demokratie beruht die Volkssouveränität auf der Denkform des Gesellschaftsvertrages der Bürger, und zwar nicht in der Form des monarchischen Herrschaftsvertrages, sondern in der durch die Aufklärung geprägten freiheitssichernden Vorbehaltsfassung." Und: „Eine Konsequenz der Denkform ,Gesellschaftsvertrag' ist auch die – vor allem in der angelsächsischen Demokratie sehr lebendige – Modellvorstellung der staatsunabhängigen bürgerlichen Gesellschaft, die auch durch die Grundrechtsordnung verfassungsrechtlich abgesichert ist." S überdies zum „Gesellschaftsvertrag" (gerade auch als „Entäußerungsvertrag") statt vieler *Kersting*, Jean-Jaques Rousseaus „Gesellschaftsvertrag" (2002) 45 ff, 206: „Freiheit kann nicht die Freiheit zur Selbstabschaffung umfassen und die Rechtsform des Vertrages nicht zur rechtlichen Erzeugung absoluter Rechtlosigkeit dienen; ein Selbstversklavungsvertrag ist ein rechtliches Unding."

1203 *Trappe*, Machtgruppen 10, 28 f.

abschneiden. Dies führt nochmals – abschließend – zu einer kurzen Betrachtung der Rolle des Staates in Bezug auf dachverbandliches „Selbst-
ermächtigungs- bzw Fremdentmächtigungsgebaren".[1204]

3.1. Staatliche Handlungspflichten bei bestimmten gesellschaftlichen Entwicklungen

Auf all die Fragen, wie „Was soll der Staat leisten?", „Was darf er (nicht)?",
„Brauchen wir den Staat/die Staaten (noch)?" usw usf, gibt es – aus/in den
verschiedensten Wissenschaftsdisziplinen, politischen Programmen etc –
zahlreiche Antworten, seit jeher.[1205] Beim gegenständlichen Thema geht
es darum, welche Haltung/Rolle etc der österreichische Staat ein-
nimmt/einnehmen soll, wenn Sportdachverbände staatsgleich zu agieren
versuchen, und aus natürlichen Personen, die nicht einmal ihre Mitglieder
sind, Verbandsuntertanen formen, die dem Verband gegenüber eine normativ und faktisch schlechtere Stellung haben, als Staatsbürger dem Staat
gegenüber.[1206]
  Annäherungen an die Konstellation „Staat – Verband(selite) – Nichtmit-
glieder/Verbandsuntertanen" gibt es sonder Zahl; weil für die gegenständlichen Umstände passend, sei daher aus der unüberschaubaren Zahl der
mit diesen und ähnlichen Themen befassten Autoren *Durkheim* nachfolgend auszugsweise zitiert.[1207] In seiner „Physik der Sitten und des Rechts"
vertritt er die These, dass „der Staat nicht dazu geschaffen wurde, und
nicht bloß die Aufgabe hat, dafür zu sorgen, dass das Individuum nicht in
der Ausübung seiner natürlichen Rechte behindert wird; vielmehr bringt
der Staat erst diese Rechte hervor, organisiert und verwirklicht sie."[1208]
Einer derartigen, die „Evolution blockierenden, etatistischen Position" kann

---

1204 „Der Sport" (im sportideologischen Sinn), so kann mit *Girtler*, Überlegungen
     514 f, gesagt werden, beeinträchtigt die Wirksamkeit gesetzlicher
     (Schutz)Normen durch die Schaffung von (allerdings gar nicht „informellen",
     wie er anführt) selbstbewussten, quasietatistischen Gruppennormen. Girtlers
     möglichem Beispiel, dass eine Adressatengruppe spontan Gegennormen
     entwickelt, deren Verbindlichkeit stärker ist als die vom Gesetzgeber erlasse-
     nen Vorschriften, ist beizupflichten. Die Gegennormen „des Sports" allerdings
     werden kontinuierlich und nachhaltig vorangetrieben.
1205 Vgl zB *Dobner*, Bald Phoenix – bald Asche. Ambivalenzen des Staates
     (2010) 73 ff, welche für einen kritischen Etatismus plädiert.
1206 Vgl *Koller*, Tugenden 182 f: „Jede Rechtsordnung steht und fällt mit der
     Rechtsgesinnung ihrer obersten und hohen Amtsträger, also der regierenden
     Politiker, der hohen Richter und der leitenden Beamten, weil es gar nicht
     möglich ist, diese Amtsträger, die ja an der Spitze der rechtlichen Hierarchie
     stehen allein durch Zwangsdrohungen zu einem rechtmäßigen Verhalten an-
     zuhalten." Und weiter: „Jede Rechtsordnung braucht, um ihre Funktionen er-
     füllen zu können, eine Herrschaftsorganisation, die in entwickelten Gesell-
     schaften die Form des Staates mit seinem Gewaltmonopol annimmt."
1207 Vgl statt vieler krit gegenüber *Durkheim* (sowie ebenfalls gegenüber *Ehrlich*
     und *Geiger*) *Robles*, Das Recht als Kristallisierung des sozialen Lebens in
     Becker/Hilty/Stöckli/Würtenberger (Hrsg), FS Rehbinder (2002) 599, 601 f.
1208 S *Durkheim*, Physik der Sitten und des Rechts (1991) 89.

freilich zB die rechtsphilosophisch, -theoretisch und/oder -dogmatisch grundierte Erkenntnis entgegen gehalten werden, „wonach das auf globaler Ebene entstehende Bedürfnis nach Recht und Ordnung durch private Ordnungsleistungen und gesellschaftliche Selbstorganisation befriedigt werden"[1209] soll. Wohin bzw wozu die „Leistungen privater Normsetzer" führen können, demonstriert das Beispiel des untersuchten Sportdachverbandes. Wie sehr ein „aktiver Staat" zum Schutz seiner Staatsbürger notwendig ist bzw wäre, kann ebenfalls *Durkheims* Worten entnommen werden: „Jede Gruppe, die eine Zwangsherrschaft über ihre Mitglieder ausübt, strebt danach, sie nach ihrem Bilde zu formen, ihnen ihre Art zu denken und zu handeln aufzuzwingen und jegliche Abweichung zu verhindern. Jede Gesellschaft ist despotisch, soweit nicht etwas von außen hinzutritt[1210], das ihren Despotismus in Grenzen hält."[1211] Wenn der Staat, und damit die Gesellschaft, jedoch beiseite tritt, und Verbandsoligarchien[1212] –

1209 So zB *Callies*, Systemtheorie 66 f. Dazu sei einmal mehr angemerkt: Der moderne Rechtsstaat schafft gewöhnlich keine Untertanen, lässt jedoch offenbar diesen Status in „autonomen Räumen" wieder (neumodern) begründen: Der Sportdachverband „verankert" sich als „intermediäre Obrigkeit" in der (rechtlichen) Beziehung zwischen Staatsbürger und Staat, eignet sich (teilweise) dessen Heteronomie an und entäußert jenen (möglichst total) seiner Privatautonomie. Für den Lebenssachverhalt Sport wird der Sportdachverband nicht bloß zur „Zwischenobrigkeit", sondern zur maßgeblichen Obrigkeit, gekennzeichnet durch besondere Über- und Unterordnungsmerkmale, die durch das rechtsstaatliche, Gewalten teilende, demokratische und Gewalt monopolisierende Staatsmodell allmählich/gerade überwunden worden sind. Zugleich wird „das Alte", also bestimmte Obrigkeitsverhältnisse und -beziehungen, als „das ganz Neue", als sog Privatregimes, (wieder)entdeckt, wie es zB in Argumentationslinien des sog „Transnationalen Rechts" geschieht.

1210 S maW dazu *Broch*, Gedanken zur Politik (1970) 175: „Jede Institution wünscht (gleich dem Individuum) völlige Ungebundenheit in ihrem Handeln, wünscht uneingeschränkte Machtentfaltung sowohl gegenüber ihren Angehörigen als auch – und gerade daran zeigt sich ihr anarchischer Charakter – gegenüber sämtlichen Neben-Institutionen, obwohl sie diese (nicht anders wie der Mensch den Nebenmenschen) vielfach zur eigenen Existenzhaltung braucht, und obwohl sie daher mit ihnen Assoziierungen höherer Ordnung, also ‚Kombinations-Institutionen' (von denen der Staat eine ist), einzugehen genötigt ist."

1211 *Durkheim*, Physik 98 f.

1212 Vgl dazu zB krit *J. W. Pichler*, Rechtsakzeptanz und Handlungsorientierung. Eine Einbegleitung in J. W. Pichler (Hrsg), Rechtsakzeptanz und Handlungsorientierung (1998) 27, gegenüber rechtsskeptizistischen Haltungen, welche seiner Meinung nach auf Folgendes hinauslaufen könn(t)en: „Rechtstreue und Rechtsakzeptanz im weiteren wären dann gar bedenklich. Überzogen unterlegt lässt sich dies auch so sehen: Recht wäre aus skeptizistischer Sicht wegen seiner hohen gesellschaftlichen Verbrämung bloß als ein als sozialbekömmlich einzustufender Tranquilizer zu sehen, der stumpfe Mehrheiten dazu bringen solle, die Interessen von manipulierenden Minderheiten durch mehrheitliche Duldung oder auch nur Unterlassung von Widerstand ‚demokratisch' zu legitimieren." Wird allerdings „Recht" (und damit dessen Verständnis iS eines „etatistischen Rechtsnormbegriffs") durch „Verbandsnorm" ersetzt – obwohl bzw weil gerade der „organisierte Sport" nichts mehr

gleichsam in sozialen Großexperimenten – schalten und walten lässt, dann folgt eine private Normenflut[1213] gleich der staatlichen, also Privatherrschaft qua Normenbeschäftigung.[1214] Ist der einzelne erst einmal von dieser „Gemeinschaft" in dieser Weise erzogen worden[1215], dann „will er von sich aus, was sie will, und akzeptiert mühelos die Unterwerfung,[1216] die sie von ihm verlangt."[1217] *Durkheim* zufolge wird der Staat nicht zulassen dürfen, „dass die Sekundärgruppen den Einzelnen einengen und sich seiner bemächtigen; es muss verhindert werden, dass diese Gruppen sich zu Herren über ihre Mitglieder aufschwingen und sie nach ihren Vorstellungen formen."[1218] Staatliches Handeln ist gefordert, so zB richtigerweise *Zöpel*: „Überall dort, wo gesellschaftliche Akteure oder Handlungssysteme grenzüberschreitende externe Effekte erzeugen, wo Drittwirkungen zu Lasten anderer entstehen, sind Schrankensetzungen durch Recht erforderlich." Und *Zöpel*s conclusio: „Nur der Staat kann Schranken setzen. Er ist die Institution, die in Ausfluss seines Gewaltmonopols[1219] gesamtgesellschaftlich unverträglichen Drittwirkungen gesellschaftlicher Akteure mit Hilfe des Rechts Grenzen setzen kann und muss. Das staatliche Gewaltmonopol bedeutet die Durchsetzung gesellschaftlicher Interessen gegen die Beschneidung von Zukunftsmöglichkeiten."[1220] Gefordert ist also

---

anstrebt als staatsgleich bzw ähnlich „Recht" zu setzen –, dann können Parallelen zum „System" der „Spitzen" der „Verbandspyramiden" gesehen werden, die ihre Untertanen zur Normunterwerfung erziehen; deren – mitunter sklavische – „Normtreue" jedoch sollte notwendigerweise dringend hinterfragt werden.

1213 Zur Gesetzesflut s zB *Adamovich/Funk/Holzinger/Frank*, Staatsrecht I² Rz 14.008.

1214 S *Thomasser*, Homo occupatus 933 ff.

1215 In den 1990er Jahren meinte *Lucke*, Normenerosion als Akzeptanzproblem. Der Abschied vom „homo legalis"? in J. W. Pichler (Hrsg), Rechtsakzeptanz und Handlungsorientierung (1998) 58 f, dass „immer mehr Bürgerinnen und Bürger dem alten Legitimitätsglauben eine neue, säkularisierte Rationalität des Vergleichens und situationalen Abwägens gegenüberstellen," und dass „sich die Rechtssubjekte und Normadressaten so verhalten, dass sie mit dem ‚homo sociologicus' (*Dahrendorf*) und deutscher Untertanenmentalität nicht mehr allzu viel gemein haben. An die Stelle von rechtsunterworfenen juristischen Laien oder bloßen Befehlsempfängern ist der nicht nur technik- und wissenschaftskompetent oder politikerfahren, sondern auch im Umgang mit (Gesetzes)Normen und obrigkeitsstaatlichen Maßnahmen souverän gewordene Staatsbürger getreten." Für das Biotop des „organisierten Sports" gilt demgegenüber (heutzutage) wohl, dass dessen „Souveräne" dabei sind, ihre Untertanen zu schaffen; die (Rechts)Beziehung in der Form der Staatsbürgerschaft soll in derartig „autonomen" (Be)Reichen systemlogisch bestenfalls zweitrangig sein.

1216 Zur Steigerungslogik der Macht, immer mehr Unterwerfung zu verlangen, s zB de La *Boétie*, Knechtschaft, 41.

1217 *Durkheim*, Physik 90.

1218 *Durkheim*, Physik 92.

1219 S zB *Vosgerau*, Zur Kollision von Grundrechtsfunktionen, AöR 2008, 347 f: die Grundrechte enthalten eine objektive Schutzpflichtendimension, sowie: die/eine Schutzpflicht vor den Übergriffen Privater folgt schon aus dem Gewaltmonopol.

1220 *Zöpel*, Der Staat der Zukunft – Zum Stand der Diskussion in Hesse/Zöpel (Hrsg), Der Staat der Zukunft (1990)189 f.

die/eine rechtsstaatliche Einhegung von gesamtgesellschaftlich (hoffentlich) nicht erwünschten und rechtsstaatlich bedenklichen Umsetzungen von Kleingruppeninteressen, konkret von „unverträglichen Drittwirkungen gesellschaftlicher Akteure." Denn ein derartiges intermediäres Gebaren, bei „Planmäßigkeit" wird von einem „intermediären Programm"[1221] zu sprechen sein, also der Schaffung von Untertanen in bestimmten Lebenssachverhalten samt entsprechender Mentalität, ist mit einer Ausstrahlungswirkung in die gesamte Gesellschaft verbunden. Verbands(eliten)allmacht,[1222] intermediärer Kollektivismus samt Gewaltanmaßung, Privatregimes[1223] etc gilt es im Sinn des rechtsstaatlichen, Gewalten teilenden, demokratischen und Gewalt monopolisierenden Staatsmodells zu vermeiden.

3.2. Aus der Grundrechtsordnung ableitbare Schutzpflichten sowie aus dem allgemeinen Gebot des Schwächerenschutzes ableitbare Handlungspflichten

Spätestens dann, wenn also ein Sportdachverband normativ und handelnd zu einem „Staat im Staat" wird und Nichtmitglieder insofern in eine Verbandsuntertanenschaft führt, wodurch grundlegende Standards (insbesondere [subjektive] Rechte[1224]), welche einer natürlichen Person als

---

1221 Wenn *Pernthaler/Walzel v. Wiesentreu*, ZÖR 2010, 506, treffend ausführen, dass „der moderne Staat und seine Verwaltung aus der Überwindung älterer genossenschaftlicher Rechtsformen, insbesondere der ständischen und territorialen Autonomien, hervorgegangen sind," dann ist eben dieser moderne Staat erneut gefordert, die (alt)neuen Autonomien samt verbandlicher Gewaltausübung in die rechtsstaatlichen Schranken zu weisen.

1222 *Prisching*, Die Freiheit der sozialwissenschaftlichen Zeitdiagnosen in Schmidinger/Sedmak (Hrsg), Der Mensch – ein freies Wesen? Autonomie – Personalität – Verantwortung (2005) 229, schreibt zur „kommunitären Freiheit", dass „sich in der öffentlichen Diskussion die Rede von den Gemeinschaften allerdings meist in engem Zusammenhang mit der Staatskritik findet: im Kontext einer Attacke gegen steigende Staatsausgaben und gegen zunehmende Verschuldung. Gemeinschaften dienen in dieser ‚Rückverlagerungsperspektive' als Staatssurrogate: gegen die Bürde des alles regulierenden Staates. Die Entmündigung des Bürgers soll durch die Rückverweisung von Verantwortlichkeiten an die Gemeinschaften wieder aufgehoben werden. (...) Der Staat entmündigt, die Gemeinschaften ermächtigen." Derartige Positionen und Diskussionen lenken freilich davon ab, dass sich längst Gewalt handelnde (Sport)Verbände ein „totales Regulieren" in ihrem Bereich angemaßt haben. Pointiert und exakt auf den Punkt gebracht formuliert *Prisching*: „Aber Gemeinschaften sind ihrem Wesen nach keine kleinen Demokratien, keine kleinen Rechtsstaaten, keine Verfassungsstaaten mit Menschenrechtsschutz."

1223 S oben 2. (rechts)soziologischer Exkurs, 1.

1224 S zB *Coing*, Geschichte 47: „Das Hervortreten des Gedankens des subjektiven Rechts ist jedoch zugleich Ausdruck einer Sozialphilosophie der Freiheit, die in der Autonomie des einzelnen und in ihrem Schutz das wesentliche Ziel der Sozialordnung erblickt."

Staatsbürger zukommen, beseitigt bzw ausgehöhlt werden, sind gegenüber dem Staat Schutz- und Handlungspflichten einzumahnen.[1225] Denn dieser kann/darf nicht beiseite stehen, eine „Wegschau-Vollziehung" betreiben, „vereinigungsfreiheitsbegründet" (leider) tatenlos bleiben und/oder sogar (uU lobbyierungsbedingt) Gesetze schaffend (bzw novellierend) Verbandsinteressen Vorschub leisten. Passiert(e) dies dennoch, dann erodiert der Gewalten geteilte, demokratische und Gewalt monopolisierende Rechtsstaat[1226] von innen. Der Staat stünde folglich anstatt für grundrechtiche Gewährleistung für intermediäres Gewährenlassen. Unbestreitbar ist, dass in nahezu jeglichem gesellschaftlichen Bereich einem staatlicherseits zu verantwortendem Schutzdefizit ein zu nützender und letztlich genützter Raum für einen Gewaltüberschuß gegenübersteht.

Geradezu als „Programm" – in rechtlicher bzw (gesamt)gesellschaftlicher Hinsicht – können die Ausführungen von *Steiner* gelesen und verstanden werden: „Drei Essentialia sind es, für die der Sport den verfassungsrechtlichen und gemeinschaftsrechtlichen Schutz beansprucht, die Herzkammer seiner Autonomie sozusagen: Er will die Fähigkeit gesichert sehen, durch seine Satzungen und Ordnungen selbstbestimmt zu regeln, was er für zweckmäßig und notwendig hält, um den Besonderheiten des sportlichen Wettbewerbs Rechnung zu tragen, also die Gewährleistung von Chancengleichheit, Spannung und wirtschaftlicher Stabilität. Der Sport beansprucht die Entscheidung über die Mittel, wie er die Integrität des Wettbewerbs gegenüber sportwidrigen Einflüssen von dritter Seite abwehren kann. Schließlich will der Sport die Freiheit haben, seine Sonderethik und insbesondere den Grundsatz der Fairness und des sportlichen Verhaltens als Regel zu formulieren und als Regel durchzusetzen."[1227] Sportmächtige Interessen zielen also auf weitestgehende Autonomie und verlangen dafür „Schutz", sowohl gegenüber nicht nur dem Staat, als auch gegenüber natürlichen Personen. Vorrangig der Staat wird zu entscheiden haben, wer schutzbedürftiger ist, Dachverbände, gesteuert von Vereinsdominatoren, oder einzelne Menschen.[1228]

1225 Vgl zB ZB *Sieber*, Rechtstheorie 2010, 174, der iZm der „Entstaatlichung des Rechts" treffend den „Verlust der schützenden Staatlichkeit" konstatiert.

1226 S zum Bereich des Strafrechts sowie grundsätzlich zutreffend *Schmoller*, Verletzung oder Tötung des Gegners im Kampf- und Wettkampfsport: (k)ein Fall des Strafrechts? in Urnik (Hrsg), Sport und Gesundheit in Wirtschaft und Gesellschaft (2007) 194: „Versteht man den Begriff ‚Sport' – mE sachgerecht – in dem dargestellten weiten und offenen Sinn, so erscheint die Forderung, das Strafrecht müsse sich aus jedem Bereich des Sports heraushalten, überzogen. Einen solchen vergleichsweise weiten ‚strafrechtsfreien Bereich' kann es in einem Rechtsstaat nicht geben. Da sich auch ein Sportler nicht außerhalb der Gesetze bewegen kann, findet sich kein überzeugendes Argument, Sportausübung oder auch bestimmte Fälle der Sportausübung generell aus dem Strafrechtsbereich auszuklammern. Selbst der Spitzensport und höchstrangige sportliche Ereignisse sind vielmehr den allgemeinen Gesetzen und deshalb auch den Strafgesetzen unterworfen."

1227 *Steiner*, CaS 2009, 21.

1228 Neben „Förderungen" wird das „Steuerungsinstrument" des Staates das Recht sein; vgl dazu *Geiger*, Entwurf der Umrisse und Fragestellungen einer

Mit *Berka* zB können (nicht nur) vom österreichischen Staat Aktivitäten eingemahnt werden, die Gewährleistung der Grundrechte – vor allem natürlicher Personen wie Sportler und Wettkampfveranstalter – sicherzustellen. Dem Autor zufolge können in den umfassend formulierten Grundrechtsgarantien, welche zB die Freiheitlichkeit von Zuständen wie der persönlichen Freiheit verheißen, auch positive Gewährleistungspflichten[1229] angelegt sein, welche den Staat zu einem bestimmten Handeln verpflichten. Als wichtigste grundrechtliche Gewährleistungspflichten führt er erstens die Schutzpflichten, zweitens die Einrichtungsgarantien und drittens die Organisations- und Verfahrensgarantien an. Die Schutzpflichten erlegen dem Staat auf, die gewährleisteten Freiheiten vor Eingriffen von dritter (nichtstaatlicher) Seite zu schützen. Hinsichtlich bestimmter „Einrichtungen" (oder auch „Institute") wie zB das Eigentum, grundrechtlich geschützt durch Art 5 StGG, ist der Staat verpflichtet, ihre Aufrechterhaltung zu garantieren. Die Grundrechtssicherung durch Organisation und Verfahren schließlich verpflichtet den Staat dazu, dass der Einzelne seine grundrechtlich gewährleisteten Rechtspositionen in rechtlich geordneten Verfahren durchsetzen kann.[1230] Obwohl Sportdachverbände offenbar „Staatsebenbürtigkeit" anstreben, sind die sog zweiten Grundverhältnisse zwischen ihnen (als juristische Personen) und natürlichen Personen privater Natur. *Berka* (als einem von vielen) folgend ist von einer mittelbaren Drittwirkung der Grundrechte zwischen Privaten[1231] auszugehen[1232], dass also die Wirkung der Grundrechte durch das verfassungskonforme und verfassungskonform auszulegende Zivilrecht vermittelt wird. Insbesondere führt *Berka* zu vertraglich begründeten Rechtsverhältnissen, bei denen der Gesichtspunkt der (nach Lehre und Rsp ebenfalls grundrechtlich abgesicherten) Privatautonomie mit zu beachten ist, aus: „Die freiwillige Zustimmung zu einer Einschränkung der eigenen Freiheit ist daher idR hinzunehmen und auch dann bindend, wenn solche Bindungen irgendwann einem beschwerlich werden. Grundrechtlich betrachtet handelt es sich dabei um Akte des Grundrechtsverzichts, die der Staat zu respektieren hat. Akte einseitiger Rechtsgestaltung (wie zB eine Kündigung) können freilich auch im Rahmen von Vertragsverhältnissen aus Grundrechtsgründen sittenwidrig sein (zB die nach § 879 ABGB sittenwidrige Motivkündigung). Eine Korrektur der privatautonom getroffenen Rechtsgestaltung unter dem Aspekt betroffener Grundrechte ist daher auf eine besondere Rechtfertigung angewiesen." Im Weiteren verweist *Berka* ausdrücklich auf den Einsatz einer Machtstellung, welche zu einer Drittwirkung führen kann, sowie, dass es einem „Monopolisten" (darunter werden zB monopolistisch organisierte Sportverbände fallen), verwehrt ist, seine faktische

---

Soziologie des Rechts in Geiger, Arbeiten zur Soziologie (1962) 361: Geltendes Recht ist aber stets regelhafte Begrenzung tatsächlicher Machtsituation.

1229 Vgl zu den Grundrechten als instiutionellen Garantien des Zivilrechts und zu den Gewährleistungspflichten *Pernthaler/Walzel v. Wiesentreu*, ZÖR 2010, 503 f.

1230 So *Berka*, Verfassungsrecht[4] Rz 1221 ff; sa Heissl, Einführung 45 ff; *L. K. Adamovich/Funk/Holzinger*, Staatsrecht III Rz 41.079; *Kucsko-Stadelmayer*, Grundrechte Rz 55 ff; *Grabenwarter/Pabel*, Menschenrechtskonvention[5] § 23 Rz 99.

1231 Sa krit *Mätzler*, Organisationsstrukturen 163 ff.

1232 Sa V.3.2.

Übermacht unsachlich auszuüben.[1233] Sportdachverbandlich wird auf die natürlichen Personen zugegriffen und eingewirkt, sowohl unter Zuhilfenahme des Konstrukts der „mittelbaren Mitgliedschaft", welche eine vereinsgesetzlich ebenso wenig gegebene „Verbandsangehörigkeit oder -zugehörigkeit"[1234] begründen soll, als auch durch die verpflichtende Unterwerfung unter Verbandsnormen im Rahmen von nicht verhandelbaren Wettkampfteilnahmeverträgen. Bei diesen privatrechtlichen Verhältnissen handelt es sich keineswegs bloß um vernachlässigbare „freiwillige Zustimmungen zu einer Einschränkung der eigenen Freiheit", oder gar um zulässige „Akte des Grundrechtsverzichts", sondern um regelrechte „Entkernungen" von zB § 16 ABGB oder Art 6 EMRK und um „idealtatbildliche Mustersachverhalte" in Bezug auf § 879 ABGB und auch § 26 ABGB[1235].

Der Staat kommt demnach, indem er Verbände gegenüber natürlichen Personen, also seinen Staatsbürgern, in Gewaltverhältnissen sui generis gewähren lässt, sohin gerade nicht seinen grundrechtlichen Schutzpflichten nach[1236], sondern nimmt in Kauf, dass die wie eine übergroße Standarte eingesetzte „Vereinigungsfreiheit" die innerverbandlichen Um- und Zustände verdeckt bzw verhüllt, ja diese für ihn nicht einmal verwaltungsbehördlich feststellbar sein lässt. Die Vereinsbehörde darf eine allfällige Gesetzwidrigkeit (des Vereins bzw seiner Tätigkeit) nämlich, wie mehrfach ausgeführt, gem ständiger Rsp des VfGH nur aus dem der Vereinsbehörde vorgelegten Statut schließen. Die neben den Statuten die verbandliche Normenordnung ausmachenden sonstigen Vereinsregeln wird die Vereinsbehörde daher nicht zur Kenntnis/Prüfung erhalten bzw darf sie sie, gem Rsp und teilweise Schrifttum, so gut wie nicht bewerten (sog „Wegschau-Vollziehung"). Die Statuten werden folglich insbesondere frei von Grundrechtseingriffen gestaltet und andere bedenkliche oder gar (zivil)rechtswidrige Vereinsbestimmungen werden entsprechend in die sonstigen Vereinsregeln „verschoben" und solcherart der behördlichen Prüfung entzogen. Dies – also die so interpretierte Vereinigungsfreiheit und die daraus abgeleitete Vereinsautonomie – hat zur Folge, dass es der Vereinsbehörde geradezu verunmöglicht wird, dem in Art 11 Abs 2 EMRK normierten und in § 29 Abs 1 VerG ausdrücklich angeführten Gebot nachzukommen, insbesondere die Rechte und Freiheiten anderer (zB der Vereinsmitglieder oder aber von Nichtmitgliedern) zu schützen.[1237] Wird

---

1233 *Berka*, Verfassungsrecht[4] Rz 1263 ff, 1269 f, 1275.

1234 Wiederum sei iZm „Verbandsangehörigkeit oder -zugehörigkeit" auf wandelbare Stati der „Hörigkeit" verwiesen, sowie auf den Umstand, dass bereits 1867 in Österreich Art 7 StGG über die Aufhebung aller Hörigkeits- und Untertänigkeitsverhältnisse in Geltung gesetzt worden ist.

1235 Abermals sei auf *Ostheim*, Rechtsfähigkeit 134 f, 259, 263, verwiesen, der für die Entscheidung über die Erlaubt- oder eben Unerlaubtheit eines Vereins neben vereinsgesetzlichen Bestimmungen die selbständigen Unerlaubtheitsgründe des § 26 ABGB nennt.

1236 Vgl *Korinek/Holoubek*, Grundlagen 131: „Der Gesetzgeber hat Regelungen zu treffen, die sicherstellen, dass auch von Privaten keine unzulässigen Eingriffe in Grundrechtspositionen anderer erfolgen bzw genauer, dass dem einzelnen rechtliche Mittel in die Hand gegeben sind, derartige Eingriffe abzuwehren."

1237 S dazu insbesondere IV.1., IV.2.2.6., IV.3.1., IV.3.2.1., IV.3.2.2.1., IV.3.3.1.2.

§ 29 Abs 1 VerG solcherart zu weitgehend „totem Recht" vollzogen, dann besteht keine Gefahr für Sportdachverbände, und die „Vereinigungsfrei-heit" kann als ein so gut wie undurchdringbarer Schutzwall für „innerver-bandliche Autonomien" beste Dienste leisten; dachverbandliche Gewalt-herrlichkeit kann sich entfalten.

All die (quasietatistische) Machtausübung, die der Staat bei/in Sport-dachverbänden zulässt, schmälert sein Gewaltmonopol.[1238] Der Bruch desselben ist allerdings kein so späktakulärer, offensichtlicher wie zB bei einem Banküberfall oder einer Privatgefangen-nahme, sondern erfolgt in normativer Anlehnung an die Rechtsordnung; imitierend und zugleich symbiotisch werden „Verbandsverfahren" eingeführt, in denen halt irgend so etwas wie „rechtliches Gehör", wenn schon nicht gewährleistet, dann wohl „beachtet" werden wird. Zentrale Fragen drängen sich (stets) auf, wie: Wer zahlt denn die „Verbandsrichter" („Ethikkommissionsmitglieder" etc), in wessen Interesse handeln diese – „in (verbands)eigener Sache"? Auch wenn staatliche Funktionsträger in derartige „Verbandsgremien" und „-abläufe" gewissermaßen „importiert" werden – zur Erhöhung der Legi-timation: schließlich machte jemand mit, der im Hauptberuf beamteter „Diener" des Staates, zB Richter oder Verwaltungsbehördenleiter, ist –, bleibt der Gewaltinhaber ein privater „Dachverband". Offenbar in einer Form von Einvernehmen wird, zwar gelegentlich augenzwinkernd, aber letztlich konsequent so getan, als ob die EMRK für ihr garantiertes Funktionieren und damit ihre Zweckerfüllung einen Gewalt monopolisierenden Rechts-staat (mit Unvereinbarkeits-, Antikorruptions- usw usf -bestimmungen) doch nicht benötigen würde. Der „Besonderheit des Sports" geschuldete Verfahren, noch dazu wenn es um „rein sportliche" Angelegenheiten wie Geldstrafen, Sportausübungsverbote, also Eingriffe in Persönlichkeits- und Eigentumsrechte, geht, könnten ja doch besser, vor allem effizienter „pri-vat", dh innerverbandlich, unter möglichster Ausschaltung des Staates „abgehandelt" werden.[1239] Wenn der Sportdachverband eine bestimmte (rechtliche) Machtposition nicht ausdrücklich als „Privileg" (§ 13 ABGB[1240]) vom Staat verliehen bekommt, dann wird er sich diese Kompetenzen zu nehmen, zu schaffen versuchen, sowohl faktisch als auch normativ, ob dies nun im Wege der „Selbstermächtigung" oder der „Anmaßung" erfolgt. In Österreich, wie nicht untypisch, wird ein Mittelweg beschritten: der Staat, insbesondere der Gesetzgeber, wird (per Lobbying, Medieneinsatz etc) dazu gebracht[1241], dass Sportdachverbänden „gegeben" wird, als

---

1238 S dazu insbesondere IV.2.1., IV.2.2.7., 1. (rechts)soziologischer Exkurs, IV.3.2.1., IV.3.3.1.2.

1239 Obwohl gerade in Deutschland eine schreibmächtige Gruppe „Verbands- und Sportrecht" regelrecht bewirbt – s dazu fokussiert zB den Aufsatz „Quo vadis Sportrecht?" von *Steiner*, CaS 2009, 14 –, ist diesen „Meinungsbildnern" dem Grunde nach dennoch klar: „Greife ein sportliches Regelwerk oder die darauf beruhende Entscheidung des Sportverbandes in Rechte oder Rechtsrechtsposi-tionen der Sportler ein, müsse der Staat nach rechtsstaatlichen Grundsätzen Rechtsschutz gewähren, selbst wenn es dem Eingreifenden nicht um wirt-schaftliche Belange gehe", so *Heermann*, „status sportivus" und „status extra-sportivus" – eine Standortbestimmung, CaS 2009, 94.

1240 S zu § 13 ABGB und dessen Bedeutung für das ABGB *Schilcher*, Zeiller 298.

1241 „Der Sport" und „die Besonderheit des Sports" werden vor allem den Funkti-

Beispiele seien insbesondere §§ 7 u 8 VerG[1242], Schiedsrechtsbestimmungen sowie in toto das Anti-Doping-Bundesgesetz anzuführen. Als Fazit kann daher festgehalten werden, dass die Vereinigunsfreiheit also als ausreichende Grundlage für das/ein „Recht" (anscheinend im Sinn der „legitimen ureigenen sportlichen Interessen") dienen soll, sodass Wenige (die Vereinsdominatoren) mit Vielen (den Sportlern) anders umgehen können, als es zB die österreichische Rechtsordnung in den schutzgewährungsbedürftigen Lebenssachverhalten wie unselbstständiger Erwerbsarbeit oder den Abschluss von Verträgen zu Konsumzwecken zulässt.

Dies leitet – zusammenfassend nochmals – über zum allgemeinen Gebot des Schutzes des Schwächeren[1243], insbesondere des unterlegenen Vertragspartners, durch arbeitsrechtliche[1244], mietrechtliche und Konsumenten[1245]

onsgruppen der Gesetzgebung und Vollziehung gegenüber entsprechend „bewusst" gemacht, welche zwar heutzutage nicht mehr sozial homogen, aber dennoch abgrenzbar sind. Ist vor allem „die Besonderheit des Sports" erst einmal ausreichend normativ-prinzipiell aufgeladen (Selbstverwaltung, Notwendigkeit der eigenen Streitschlichtung etc) und publiziert, dann sind die Bemühungen „des Sports" erfolgreich gewesen und werden zum Selbstläufer. Vgl dazu zB *Schilcher*, Prinzipien und Regeln als Elemente einer Theorie des gebundenen Ermessens in Schilcher/Koller/Funk (Hrsg), Regeln, Prinzipien und Elemente im System des Rechts (2000) 165 FN 45, welcher darauf hinweist, dass die Verfasser des Code Napoleon und des ABGB aufgrund „der ähnlichen Schulung, Erziehung und sozialen Stellung der Kreise der gesetzgebenden und der vollziehenden Klasse sich darauf verlassen konnten, dass der andere unter der ‚Natur der Sache' oder dem ‚Wesen' eines Begriffes ungefähr dasselbe versteht wie man selber."

1242 S insbesondere IV.3.2.1., IV.3.2.2. Das „Sonderverfahrensrecht" für sog „Vereinsstreitigkeiten" gem §§ 7 u 8 VerG hat zur Folge, dass „über zivilrechtliche Ansprüche und Verpflichtungen" von Vereinsmitgliedern/Nichtverbandsmitgliedern „oder über die Stichhaltigkeit der gegen sie erhobenen ‚verbandsstrafrechtlichen' Anklage" mit Verbandsvertrauenspersonen (vielfach Schlüsselfunktionären) besetzte Verbandsgremien „in eigener Sache richtend" zuerst entscheiden bzw „urteilen" dürfen/sollen. Das erwartbare, oftmalige Ergebnis besteht darin, dass diejenigen, mit denen solcherart „verfahren" worden ist, aufgrund der gepflogenen Dilatorik, der gruppenausgrenzenden Viktimisierung und schließlich der gesamten persönlichen und finanziellen Belastung den wenig aussichtsreich erscheinenden Gang zur Gerichtsbarkeit gem § 1 JN unterlassen werden. Der Staat wurde „draußen gehalten", das innerverbandliche System hat sich durchgesetzt, wodurch die „berechtigten, natürlichen Interessen des Sports in seiner Besonderheit" gewahrt worden sind.

1243 S insbesondere *Weitnauer*, Der Schutz des Schwächeren im Zivilrecht (1975) passim.

1244 Sa *Oberhofer*, Die Risikohaftung wegen Tätigkeit in fremdem Interesse als allgemeines Haftungsprinzip, JBl 1995, 217, demzufolge das soziale Schutzprinzip zugunsten von Arbeitnehmern und sonstigen wirtschaftlich Unselbstständigen, welchen nicht zugemutet wird, im Rahmen ihrer Vertragsbeziehungen wirksame Vorsorge gegen berufliche Haftpflichtrisiken zu treffen (arbeitnehmerähnliche Personen), eingreift; dessen haftungsrechtliche Seite weist dem Unternehmer die Aufgabe zu, „seine Leute" (in angemessenem Umfang) von Berufshaftpflichtrisiken freizuhalten.

1245 Zum vertraglichen „Schwächerenschutz", insbesondere des Verbrauches s zB *Kalss/Lurger*, Zu einer Systematik der Rücktrittsrechte insbesondere im Verbraucherrecht, JBl 1998, 165.

schützende[1246] gesetzliche Bestimmungen in Bezug auf die jeweiligen Lebenssachverhalte.[1247] Angeführt sei nochmals *F. Bydlinski*, welcher von der Wahrnehmung des gesellschaftlichen Auftrages zum Schutz Schwächerer spricht.[1248] Ebenso macht *Serozan* bei Individualverträgen als Sittenwidrigkeitselemente vor allem die übermäßige wirtschaftliche Freiheitsbeschränkung und die grobe Benachteiligung des schwächeren Vertragspartners aus; dem unterstützungsbedürftigen Teilnehmer am Rechtsgeschäftsverkehr werden übermäßig bindende, sog Knebelungsverträge, aufgezwungen. Diese stellen dabei ebenso einen Verstoß gegen die guten Sitten dar wie die selbstsüchtige und rücksichtslose Ausnutzung von wirtschaftlicher oder intellektueller Vormachtstellung, welche der Autor sogar als ausgesprochenen Rechtsmissbrauch qualifiziert.[1249] Das/Ein Arbeitsverhältnis ist geradezu prototypisch für das Vorliegen eines Machtverhältnisses verbunden mit der Gefahr der Willkürausübung durch den Stärkeren, hier den Arbeitgeber. *Binder* zB hat idZ ein allgemeines soziales Schutzprinzip genannt, welches sich im Arbeitsrecht auf Schritt und Tritt nachweisen lässt; dieses Prinzip soll den Schwächeren, den Arbeitnehmer[1250], schützen, und der (möglichen) Arbeitgeberwillkür – in viel stärkerem Maße – Einhalt gebieten.[1251] Die spezifischen Merkmale der Erwerbsarbeit finden im Verhältnis zwischen Sportdachverband und Verbandsuntertan ihre Entsprechung[1252], insbesondere aufgrund des Unter-

---

1246 So OGH 13.06.2006, 10 Ob 125/05p = SZ 2006/87: Nach § 879 Abs 3 ABGB ist eine in Allgemeinen Geschäftsbedingungen (AGB) oder Vertragsformblättern – wie sie hier unzweifelhaft vorliegen – enthaltene Vertragsbestimmung, die nicht eine der beiderseitigen Hauptleistungen festlegt, jedenfalls nichtig, wenn sie unter Berücksichtigung aller Umstände des Falles einen Teil gröblich benachteiligt. Diese durch das KSchG eingeführte Bestimmung dient nach dem Willen des Gesetzgebers der Verhinderung unfairer Vertragsbestimmungen und sollte idR schwächere Vertragspartner gegen einen Missbrauch der Privatautonomie durch einen typischerweise überlegenen Vertragspartner schützen.

1247 Verbraucher-, Bestand- und Arbeitsverträge werden als sog „Schwächerenschutz-Verträge" bezeichnet, so *Horn/Posch*, Kritische Anmerkungen zum Entwurf des BMJ über die Neuordnung des österreichischen internationalen Schuldvertragsrechts, ZfRV 1998, 45.

1248 *F. Bydlinski*, System, 541, 548 ff, 708 ff, nennt beispielsweise ausdrücklich das „arbeitsrechtliche Schutzprinzip". S dazu a *F. M. Adamovic*, Das Bewegliche System in der Rechtsprechung, JBl 2002, 693.

1249 *Serozan*, JBl 1983, 561; s dazu V.2.1.

1250 Für Arbeitnehmer wird, so zB *Schneller*, Rechtsfragen der betrieblichen Aus- und Weiterbildung, RdA 2011, 411, ein „Schutzkanon" auszumachen sein, bestehend insbesondere aus dem arbeitsrechtlichen Gleichbehandlungsgrundsatz, den Persönlichkeitsrechten des Arbeitnehmers, der Fürsorgepflicht, der Gute-Sitten-Klausel des ABGB, dem vertragsrechtlichen Prinzip von „Treu und Glauben" sowie dem allgemeinen arbeitsrechtlichen Schutzprinzip.

1251 *Binder*, Der arbeitsrechtliche Gleichbehandlungsgrundsatz, RdA 1983, 156.

1252 Der Schwächerenschutz, wie er sich in Verbraucher-, Bestand- und Arbeitsvertragsverhältnissen verorten lässt, ist intrasystematisch notwendigerweise ausweitbar, so *Risak*, Kollektive Rechtssetzung auch für Nicht-Arbeitnehmer? ZAS 2002, 165: „Es liegt daher nahe, gewisse Ausprägungen des im traditionellen Arbeitsrecht verwirklichten Schutzprinzips, das auf der wirtschaftlichen

worfen- und Ausgeliefertseins[1253] in einem verbandlichen Gewaltverhältnis.[1254] Den Staat (als Ingerent) wird demnach die Handlungspflicht treffen, im Sinne des Schwächerenschutzes Rechtsnormen zu setzen und für eine entsprechende Vollziehung[1255] zu sorgen.

Jedoch gerade konträr zum Gebot des Schwächerenschutzes und zu den daraus ableitbaren Handlungspflichten des Staates ist die gesellschaft(srecht)liche Tendenz festzustellen, dass nämlich das VerG als „Sprungbrett" oder „Ausgangsbasis" für die private Entwicklung eines „Sonderprivatrechts eigentümlicher Prägung" dienen soll, mit den Schlagworten: Verbandsrecht, -strafsystem, -justiz, -vollziehung, -steuerforderung und somit in der Gesamtheit ein „verbandliches Gewaltverhältnis" ausmachend.[1256] Der Staatsbürger mutiert unter diesen Umständen zum unge-

---

Unterlegenheit gründet, auf alle wirtschaftlich schwachen persönlich Arbeitenden auszudehnen." Jedenfalls wird er auch darüber hinaus, also zB in Fällen von verbandlichen Gewaltverhältnissen zur Anwendung gelangen (unmittelbar ohnehin in Spezialkonstellation zwischen dem Sportdachverband als Wettkampfveranstaltungsunternehmer und dem Sportler als Konsument).

1253 S zu den europaweiten Regelungen der allgemeinen Geschäftsbedingungen zB *Rösler*, 30 Jahre Verbraucherpolitik in Europa. Rechtsvergleichende, programmatische und institutionelle Faktoren, ZfRV 2005/21: Hierbei wird vorwiegend privatrechtlich durch Inhaltskontrolle von AGB und Transparenzvorschriften die Vertragsautonomie, dh die Freiheit inhaltlicher Vertragsgestaltung, eingeschränkt; diese Methode zum sozialen Ausgleich der Spannungen zwischen Vertragsfreiheit und Vertragsgerechtigkeit stellt eine mittlerweile schon klassisch zu nennende Methode des Konsumenten- oder Schwächerenschutzes dar.

1254 Berufssportler werden daher schon jetzt durch die arbeitsrechtliche Grundsituation (freilich „gemildert" ua durch das „arbeitsrechtliche Schutzprinzip"), das Gegebensein eines verbandlichen Gewaltverhältnisses, ebenso wie von – im Verbandsinteresse – disziplinierenden Anti-Doping-Bestimmungen in eine Mehrfachzange genommen; ein entsprechend gestaltetes (durch Lobbyismus „wohlaufbereitetes und dann durchgetragenes") Berufssportgesetz würde Profisportler wohl von den letzten noch verbleibenden Freiheitsgraden bzw von Selbstbestimmungsresiduen „befreien".

1255 So zB OGH 25.02.1999, 6 Ob 320/98x = SZ 72/38: Die besondere Inhaltskontrolle von AGB und Vertragsformblättern, die den anderen Teil gröblich benachteiligen, schützt den idR schwächeren Teil gegen einen Missbrauch der Privatautonomie durch einen typischerweise überlegenen Vertragspartner. Sa *Binder*, RdA 1983, 156: „Der Schutzcharakter äußert sich dabei aber nicht nur in gesetzlich ausgeformten Instituten. Vielmehr hat die Rechtsprechung in einigen Fällen eine Art Vorreiterrolle übernommen und eigenständig Maßnahmen bzw Einrichtungen entwickelt, die dem besonderen Schutzinteresse des Arbeitnehmers Rechnung tragen."

1256 IZm Bürgerwehren in Vereinsform und hierbei allfällige „Befehls- und Zwangsermächtigungen" in den Focus nehmend, führt *Kneihs*, Privater Befehl 391 ff, aus: „Wo allerdings in Rechte anderer eingegriffen wird, wo etwa mit Befehl und Zwang gegen andere Private vorgegangen werden soll, dort bedarf es für die ‚Gesetzmäßigkeit' einer positiven Grundlage in der Rechtsordnung – Keinesfalls kann die Vereinsfreiheit das rechtsstaatliche Verteilungsprinzip in sein Gegenteil verkehren und den Verein von den Bindungen freistellen, die im Interesse der gleichen Freiheit aller jedem Einzelnen auferlegt sind. Auch die Privatautonomie verschafft Maßnahmen des Befehls und

schützten Verbandsuntertan, der solcherart der, durch die Vereinigungsfreiheit geschützten, Oligarchie der Vereinsdominatoren und deren Interessen ausgeliefert ist.[1257]

4. Ausblick: Vom Gesetzesgehorsam zur Normenhörigkeit und weiter zur Selbstbefreiung?

Wenn am Beginn der Darstellung die themenbezogene Frage gestellt worden ist, wie Menschen mit Menschen umgehen, so ist dies in den vorangegangenen Kapiteln für den Lebenssachverhalt einer bestimmten Sportart und für die Bewegung der/einer Sportideologie vor allem normativ (aber auch in Hinblick auf die faktische Umsetzung) gezeigt worden; ebenso, wie sehr (vermeintliche/„angerufene") „Besonderheiten" des Sports zu eigentümlichen „Absonderlichkeiten" eines privaten Staatlichkeitsnachahmens mutieren (können). Die nunmehr letzte, flüchtige Betrachtung gilt einer Modifikation der Anfangsfrage, nämlich: Warum lassen Menschen mit sich solcherart umgehen? Und der abschließenden Folgefrage: Soll/Muss das so sein?

Dass „Verbandsuntertanen" (in Österreich) bei einer wie der gezeigten „sportlichen Staat-im-Staat-Konstruktion"[1258] insofern „mitmachen", als sie

---

1257 Zwangs nur insoweit Deckung, als die freiwillige Koordination der Rechtssubjekte in Rede steht. Darüber hinausgehende einseitige Eingriffsrechte müssen – wie bei Anstaltsordnungen oder den Hausordnungen in einem Wohnungseigentumshaus – durch Gesetz eingeräumt sein. Wo die Verfassung für eine bestimmte Tätigkeit eine positive Rechtsgrundlage verlangt, da kann auch im Rahmen der Vereinsfreiheit nicht auf sie verzichtet werden." ISd weiteren Ausführungen des Autors, wonach der Verein bzw seine Mitglieder eine gesetzliche Grundlage für die Inanspruchnahme von Befehls- oder Zwangsmitteln gegenüber anderen Privaten benötigen, ist festzuhalten, dass Sportdachverbände für ihr, durch Zwangsausübung gekennzeichnetes Vorgehen gegenüber Nichtmitgliedern auf Basis des eigengeschaffenen verbandlichen Gewaltverhältnisses keine gesetzliche Grundlage ins Treffen werden führen können. Die Behauptung der „Besonderheit des Sports" ist zu wenig.

1257 Intermediären Gebilden/Kräften wird daher daran gelegen sein, die „Schutzwirkung" des Rechtsstaates zu verringen bzw allenfalls auszuhöhlen, sei es auch, dass dazu der Weg beschritten wird, (zuvor bzw zugleich) den Staat als solchen möglichst in Frage zu stellen; der theoretisch-begrifflichen Auflösung folgt die faktisch-wirkende Ausschaltung mit dem Ergebnis der Unfähigkeit zur „Schutzgewährung". Vgl etwa *L. Reisinger*, Der Staatsbegriff Kelsens und Luhmanns Theorie sozialer Systeme in Krawietz/Topitsch/Koller (Hrsg), Ideologiekritik und Demokratietheorie bei Hans Kelsen (1982) 486 ff, zur Auflösung des Staatsbegriffs in Luhmanns Theorie sozialer Systeme.

1258 Anknüpfend an *de Tocqueville*, Über die Demokratie in Amerika (1976) 812 ff, und seine Fragestellung, „welche Art von Despotismus die demokratischen Nationen zu fürchten haben", so können die von ihm aufgezeigten, folgenden Merkmale durchaus nicht nur bei/in Staaten erkannt, sondern auch bei/in staatsartig gerierenden Verbänden ausgemacht werden. *De Tocqueville* meint, im Falle, es „käme in den demokratischen Nationen unserer Tage zum Errichten des Despotismus, so besäße er andere Merkmale; er wäre ausge-

die mit mehr oder weniger (Nach)Druck geforderte Unterwerfung „leisten", ist ihnen freilich zu einem guten Teil selbst zuzuschreiben: mangelhafte Zivilcourage, strukturelle Ohnmachtshingabe, aktuelle Gewöhnung sowie Funktionärsstolz, der Macht zu dienen und die eigene Unterwerfung durch die der anderen zu kompensieren etc. Allerdings ist das diese Unterordnung begünstigende Gesamtmilieu (durch den Staat bzw Ausprägungen einer negativen Rechtskultur[1259]) bereits seit langem geschaffen. Genutzt wird es – gesagt kann werden: „naturgemäß" – von den Sport- als Normverbänden. Die alte Handlungsanleitung „Es steht geschrieben (Anm: das Sollen/Müssen) und ist daher zu befolgen." macht sich wohl jede Organisation bzw Gesellschaftsgruppe mit einem bestimmten Ausdifferenzierungsgrad zunutze. Verbandsnormen samt -sanktionen[1260] verbunden mit

---

dehnter und milder, und die Entwürdigung der Menschen vollzöge er, ohne sie zu quälen;" es handelte sich um „eine gewaltige, bevormundende Macht, die allein dafür sorgt, ihre Genüsse zu sichern und ihr Schicksal zu überwachen;" diese Macht „sucht, sie (Anm: die Menschen) unwiderruflich im Zustand der Kindheit festzuhalten." Diesbezüglich ist auf das/ein Verbandsmarketing mit allen möglichen Ablenkungs- und Spektakeleffekten zu verweisen. Die Machtausübung führt dazu, dass der „Gebrauch des freien Willens mit jedem Tag wertloser und seltener" wird. Die Kernaussagen *de Tocquevilles* sind wohl folgende: „er (Anm: der Souverän) bedeckt ihre (Anm: der Gesellschaft) Oberfläche mit einem Netz verwickelter, äußerst genauer und einheitlicher kleiner Vorschriften, die die ursprünglichen Geister und kräftigsten Seelen nicht zu durchbrechen vermögen, um sich über die Menge hinaus zu schwingen; … und schließlich bringt er jedes Volk soweit herunter, dass es nur noch eine Herde ängstlicher und arbeitsamer Tiere bildet, deren Hirte die Regierung ist." *De Tocqueville* schließt sein Bild damit, dass „diese Art von geregelter, milder und friedsamer Knechtschaft sich mit einigen der äußeren Formen der Freiheit meist besser, als man denkt, verbinden ließe, und dass es ihr sogar nicht unmöglich wäre, sich geradezu im Schatten der Volkssouveränität einzunisten."

1259 Vgl dazu zB *Lippold*, Recht 75 f, welcher von einem hierarchischen Verhältnis zwischen dem „rechtsfreien Gesetzgeber" und dem „rechtsgebundenen Untertan" (auf Basis der Vorstellung der Unverrückbarkeit des Rechts in Verbindung mit der Vorstellung der Autorität des Rechts) spricht. Dem stellt der Autor die Rechtskonzeption der Vereinigung von Gesetzgeber und Rechtsuntworfenen in einer Person gegenüber, welche er als Grundlage für alle Arten von Vertragstheorien des Rechts sieht. Und *Lippold* weiter: „Sie versuchen dem Rechtsunterworfenen das Recht nicht als Fremdes, also Heteronomes, sondern als Ausdruck eigenen Wollens, als autonom Gewolltes, darzustellen. (…) Das Dilemma jeder Rechtstheorie, die den Unterschied zwischen Rechtsunterworfenem und Gesetzgeber verwischen will, besteht darin, das Recht als autonome Setzung zu behaupten und zugleich als heteronome Setzung zu bewahren." Beim Untersuchungsgegenstand, einem Sportdachverband, zeigt sich insofern eine Gemengelage: Ist im Sport ein zweites Grundverhältnis gegeben, nämlich: eine natürliche Person tritt einem Verein bei, welcher dann durch eine Vereinskette (also über einen Verband) mit einem Dachverband „verbunden" ist, so steht am Beginn zwar ein Vertrag zwischen natürlicher und juristischer Person, in weiterer Folge jedoch wird die natürliche Person durch heteronome Normen der weitgehend ungebundenen Vereinsdominatoren (des Dachverbandes) determiniert.

1260 S zB *Geiger*, Befreiung aus dem Ideologischen in Geiger, Arbeiten zur Soziologie (1962) 456: „Wer die Welt modelt, der macht die Gedanken der Menschen. Zwingt ihnen ein anderes Sein auf – und sie werden ihm verbunden danken."

Erziehungsdruck zur Unterwerfung bewirken typisches Massenverhalten.
Hattenhauer ist uneingeschränkt zu folgen, wenn er klarstellt, dass „in einer Kultur, deren wichtigste Rechtsquelle das Gesetz ist, Rechtsakzeptanz sich in Gesetzesgehorsam verwirklicht."[1261] Wiewohl in der Sphäre des Rechts (wie hier verstanden: des rechtsstaatlichen, Gewalten teilenden, demokratischen und Gewalt monopolisierenden Staates) ein grundsätzlicher[1262] Gehorsam[1263] der Rechtsnormunterworfenen für das „Funktionieren" der Gesellschaft notwendig ist, so wird eine Unterwerfung unter ein verbandliches Gewaltverhältnis eine „Normenhörigkeit" bereits – zumindest in Grundzügen – als notwendig voraussetzen und intensiviert zur Folge haben. Beispielsweise ist *Eisenmann* zu folgen, demzufolge es „natürlich Menschen gibt, die (...) eine gewisse ‚Normenhörigkeit' besitzen. Gemeint sind damit jene, die sich unbesehen jeder Normierung beugen, einer Einstellung entsprechend, die besagt, man könne ja doch nichts machen."[1264] Im Besonderen für Österreich können *Brix'* Aussagen geteilt werden, demzufolge in diesem Land „Gerechtigkeit und Demokratie scheinbar nur der Staat herstellen kann;" die ebenfalls vorhandene „hohe Staatsgläubigkeit"[1265] (in Österreich) nutzen Sportdachverbände, wenn bzw indem sie staatsartig auftreten.[1266] Als Profiteure der Gesetzestreue

---

Sicherer als Hirn und Feder des Gelehrten lenken Gummiknüppel und Henkersakt die Geister." Geldstrafen, Sportausübungsverbote und an den Pranger stellen, nicht aber peinliche Strafen (die Körperzu- und -eingriffe im Zuge des „Anti-Doping-Kampfes" werden nicht darunter fallen), sind für Sportverbände Zweck erreichende Sanktionen.

1261 *Hattenhauer*, Rechtsakzeptanz – Gesetzesgehorsam – Homogenität in J. W. Pichler (Hrsg), Rechtsakzeptanz und Handlungsorientierung (1998) 91. Umfassender formuliert dies *Ryffel*, Rechtssoziologie 281: „So unerlässlich die Kommunikation als erste Grundbedingung der Rechtsverwirklichung ist, viel wichtiger sind die Akzeptation, das Rechtsbewusstsein und das Rechtsethos, sowie die Motivation, die solche Akzeptation ermöglicht."

1262 S dazu etwa (vor allem auch in ihrer Begrenzungsfunktion) die *Radbruchsche* Formel bei *Koller*, Theorie 28 f.

1263 S etwa bei *Remele*, Ziviler Ungehorsam (1992) 54, den staatsbürgerlichen Gehorsam als Variante des Gehorsams gegenüber Autoritäten.

1264 *Eisenmann*, Werte und Normen in der Sozialen Arbeit (2006) 191; vgl dazu *J. Bauer*, Telesupervision. Marginalien zur medialen Welt, ZkT 1996/3, 101, der von der „Normenhörigkeit des autoritätsgebundenen Charakters" spricht. *Gehlen*, Die gewaltlose Lenkung in Gehlen, Gesamtausgabe. Einblicke VII (1978) 296 f, meint: „Statt Gehorsam las ich das Wort ‚Befehlshörigkeit'". Der zum Gehorsam gegenüber den strafbewehrten Verbandsnormen verpflichtete Untertan (Sportler oder Wettkampfrichter) kann regelrecht Befehlshörigkeit entwickeln. Die Verbandsnorm wird zum Imperativ.

1265 *Brix*, Vorwort Organisierte Privatinteressen, 12.

1266 „Mildernd" wirkt in gewisser Weise der „österreichische Schlendrian"; s dazu *Rabinovici*, Gehorsam 182: „Die Taktik der Verschleppung und der Nachlässigkeit ist die Notwehr der Leibeigenen und der Untergebenen, also jener, die nicht protestieren oder rebellieren können, weil sie Befehle und Weisungen befolgen müssen." In diese Kategorie fallen auch „Verstöße" gegen Verbandsnormen, wenn also zB Wettkampfveranstalter weniger Sportler auf Starterlisten nach Wien „gemeldet" haben, um solcherart „das System" etwas zu umgehen bzw Gelder nicht abliefern zu müssen. Machttechnisch ist es durchaus sinnvoll, dass derartige

kleiden sie die eigenen Machtansprüche staats- und damit rechtsnormartig[1267] ein. (Gerade auch) Hörigkeit gegenüber derartigen privaten Normen kennzeichnet Verbandsuntertanen.[1268]

Der Einzelne (die natürliche Person) kann dennoch einiges tun gegen die Vereinnahmung, gegen die „Veruntertanung"[1269], wie zB:

* Sich gegen die Zumutungen im Sportbereich verwehren, (Tendenzen wie) „Privatgesetzgebung", „Privatgerichtsbarkeit", „Privatstrafvollzug" und „Privatsteuerforderung" zB die rote Karte oder sonst etwas als Ausdruck des Missfallens zu zeigen und schließlich weder mitzumachen, noch sich zu unterwerfen, ist/wäre notwendig. Für Sportler, Wettkampfveranstalter und Funktionäre geht es darum, sich aus der selbst(mit)verschuldeten Entrechtung zu befreien.

* „Passiven Widerstand" üben zB durch sich Entziehen, weist zumindest in die richtige Richtung, viel wirksamer jedoch ist es, die „hard core-Verbandsmachtbefürworter" nicht mehr zu wählen, in Vereinen, Verbänden und Dachverbänden.

* Als Sportler und damit (in der überwiegenden Zahl der Fälle) als Konsument gegenüber Sportverbänden deren Zahlungsaufforderungen nicht botmäßig nachzukommen, sondern anwaltlich prüfen bzw vom Gebührenvorschreiber im Gerichtswege einklagen zu lassen, um solcherart aus dem Macht- und „Verfahrensbereich" der die Vereinigungsfreiheit nutzenden Vereinsdominatoren zu entkommen.

„Schlupflöcher" offen gehalten werden, da sich Wettkampfveranstalter durch regelwidriges Verhalten, welches ja jederzeit von pflichteifrigen Funktionären aufgedeckt werden kann, erstens dauerhaft in eine „Schuldsituation" gegenüber dem Verband begeben, und zweitens dem Grunde nach in Akzeptanz, Gewöhnung und nachhaltige Unterwerfung gegenüber dem Verbandsnormensystem einfügen.

1267 „Der demokratische Verfassungsstaat", so *Berka*, Verfassungsrecht[4] Rz 221, hat eine „grundsätzliche Verantwortung für das gesellschaftliche Gemeinwohl." Die folgenden zentralen Staatsaufgaben – die daher auch verfassungsrechtlich vorausgesetzt sind – muss der Staat gewährleisten, wenn er sich nicht selbst aufgeben möchte: „Die Wahrung des Rechtsfriedens und der Gerechtigkeit, die Sicherung des sozialen Ausgleichs und die Abwehr von Gefahren für die innere und äußere Sicherheit."

1268 Vgl *Sofsky*, Traktat 19: „Viele Menschen wollen das, was sie ertragen müssen, auch gutheißen können. Sie wollen Loyalität empfinden und an die Autorität glauben, der sie unterworfen sind. Dafür aber ist es zweckmäßig, sie hin und wieder, wenn das Risiko gering ist, an das zu erinnern, was sie zu ertragen und zu fürchten haben."

1269 All die verbandlichen Verfahren, insbesondere die Prägungen und Erziehungstechniken, die Staatsbürger zu Verbandsuntertanen umformen, werden *Usteri*, Individuation und Recht in Becker/Hilty/Stöckli/Würtenberger (Hrsg), FS Rehbinder (2002) 605 f, folgend wohl zu einer „‚devianten' Individuation" führen (können). Dem Autor zufolge wird „unter Individuation in der Sprache des gebildeten Laien der seelische Reifungs- und Entfaltungsprozess jedes einzelnen Menschen verstanden. Es handelt sich um einen natürlichen, autonomen und spontanen Ablauf innerhalb der Psyche, der mehr oder weniger parallel zum Wachstums- und Alterungsprozess des Körpers verläuft." *Usteri* nennt diesen Prozess die „‚normale' Individuation"; die Abweichung davon in Form von besonderen Störungen hindert, hemmt oder verbiegt die seelische Reifung und Entfaltung.

- Sich ganz klar vor Augen halten, dass den allermeisten, vor allem den jungen Vereinsbeitretenden, von Verbandsseite die Möglichkeit der „Olympiateilnahme" in Aussicht gestellt wird, jedenfalls jedoch die Teilnahme an Wettkämpfen im Ausland; und deswegen, und weil das Sportsystem einheitlich – über die Staatsgrenzen hin – gestaltet ist, müssten auch alle „Verbandsnormen" unbedingt befolgt werden. Viele derartiger Argumente werden bemüht, um den Sportlern mantraartig einzureden, dass sie sich all den Funktionären und Trainern, die längst schon durch das Sportsystem gebogen und verformt worden sind, immer wieder aufs Neue zu unterwerfen haben.

Wenn *Steiner* vom „Selbstverständnis des Sports", von dessen „Sonderethik" bzw der „spezifischen Sportethik" schreibt,[1270] dann wird er wohl nicht befürwortend verbandliche Gewaltverhältnisse im Sport meinen. Wenn jedoch Sportverbände, die sich staatliche Autorität anmaßen und in ihrem Bereich Staatsbürger zu Verbandsuntertanen degradieren, als Ergebnis einer Devianz in Gesinnung und Verhalten vom Zulässigen in einem rechtsstaatlichen, Gewalten teilenden, demokratischen und Gewalt monopolisierenden Staat beurteilt werden, dann sollte es für die natürliche Person selbstverständlich sein, sich an die (Höchst)Gerichte, die Vereinsbehörde, die Politik und die Medien zu wenden, um Schutz einzufordern. Der Sportler sollte nicht dankbar eine Lizenz (iSv Erlaubnis) eines Sportverbandes annehmen, zum Zwecke der Unterordnung und als verbandliche Finanzierungsgrundlage, sondern er sollte sich selbst eine Lizenz (iSv Freiheit, Ungebundenheit) ausstellen, und eine Resilienz gegenüber dem Zwang sportnormenverliebter Verbandsfunktionäre entwickeln. Organisieren von und Teilnahmen an verbandsfreien Sportveranstaltungen und Wettkämpfen können auch einer (deswegen) mit Strafen drohenden Verbandsmacht recht rasch die gebotenen Grenzen aufzeigen. Wird verbandsseitig (Straf)Druck aufgebaut gegenüber Wettkampfveranstalter, Sportler und Wettkampfrichter, dann wäre es angebracht, nicht aufgrund der nur allzu „österreichischen Furcht" vor einem entschiedenen „Nein" gegen Ungehöriges (selbst wenn/weil es viele dennoch erdulden – das sog „Lemmingargument") in ein so typisches „kompromisslerisches Unterwerfen" zu verfallen, sondern Stand zu halten. Gerade auch Wettkampfrichter, denen verbandsseitig anbefohlen wird, die Verbandsnormen „mental" anzuerkennen, könn(t)en sich gegen eine derartige Indoktrinierung wehren, zB mit dem Argument, sie wollen sportliche Leistungen bewerten, aber nicht verbandsadministrative Aufgaben übernehmen, Strafen gegen freie Menschen exekutieren oder von diesen Gelder für einen Sportverband eintreiben.

Zuletzt: Schafsartiger[1271] An- und Einpassung wird mit genau einer entsprechenden Haltung begegnet. Das andere (Verhalten), das Gegen-

---

1270 *Steiner*, CaS 2009, 21.
1271 Vgl zB wie *Wohlmeyer*, Globales Schafe scheren (2006) 15, erläutert wie es zum Buchtitel kam: „Die nachfolgenden Situationsbeschreibungen und Analysen zeigen ein scheinbar machtloses Ausgeliefert-Sein an menschen- und naturzerstörende Entwicklungen. Wir werden von den Akteuren des Hauptstromes geschoren wie wehrlose Schafe und benehmen uns auch wie sol-

teil, kann mit Selbstbewusstsein, -denken, Zivilcourage[1272] und Privatautonomie be- und umschrieben werden. Und genau dies ist verbandlichem Gewalthandeln und der Sportideologie entgegenzusetzen.

che. Schafe haben bekanntlich zwei hervorstechende Eigenschaften: a) Sie schauen sich um und dann folgen sie dem Leittier bzw der Herde. b) Überwältigt, stellen sie im Unterschied zu anderen Tieren jede Gegenwehr ein und dulden still, was mit ihnen geschieht." S ebenso, *Hirschmugl*, Von Schafen und Wölfen, Die Presse, Beilage: Aufbrüche, 02.11.2010, 2, hauptsächlich zu den Themen Selbständigkeit und Unternehmertum: „Im richtigen Leben, jenseits von Fragebögen, macht sich die ‚Ich bin ein braves Schäfchen'-Haltung durchaus schon in den Unternehmen bemerkbar."

1272 Vgl treffend *Koller*, Tugenden 183: Es „braucht Bürger, die sich nicht immer nur von ihrem Selbstinteresse, sondern wenigstens zum Teil auch von moralischen Gefühlen – nämlich von Tugenden wie Gerechtigkeitsempfinden, Gemeinsinn und Zivilcourage – leiten lassen.

Literaturverzeichnis

Aburumieh/Koller/Pöltner, Formvorschriften für Schiedsvereinbarungen, ÖJZ 2006, 439

Acham (Hrsg), Rechts-, Sozial- und Wirtschaftswissenschaften aus Graz (2011)

Acham, Sprachkritik – Weltanschauungsanalyse – intellektuelle Selbstbesinnung. Eine Würdigung des Werks von Ernst Topitsch in Topitsch, Überprüfbarkeit und Beliebigkeit (2005) 11

F. M. Adamovic, Das Bewegliche System in der Rechtsprechung, JBl 2002, 693

L. K. Adamovich/Funk/Holzinger, Österreichisches Staatsrecht III (2003)

L. K. Adamovich/Funk/Holzinger/Frank, Österreichisches Staatsrecht I[2] (2011)

L. K. Adamovich/Funk/Holzinger/Frank, Österreichisches Staatsrecht IV (2009)

Aicher in Rummel (Hrsg), Kommentar zum Allgemeinen bürgerlichen Gesetzbuch[3] § 26 und § 1056 [2000] (rdb)

Aicher/Holoubek (Hrsg), Der Schutz von Verbraucherinteressen (2000)

Aicher/Koppensteiner (Hrsg), Festschrift Ostheim (1990)

Aichlreiter, Österreichisches Verordnungsrecht I (1988)

Akude/Daun/Egner, Legitimität und Funktionsweise politischer Herrschaft im synchronen und diachronen Vergleich in Akude/Daun/Egner/Lambach (Hrsg), Politische Herrschaft jenseits des Staates (2011) 9

Akude/Daun/Egner/Lambach (Hrsg), Politische Herrschaft jenseits des Staates (2011)

Akyürek/Baumgartner/Jahnel/Lienbacher/Stolzlechner, FS Schäffer (2006)

Albert, Traktat über kritische Vernunft[5] (1991)

von Alemann/Heinze (Hrsg), Verbände und Staat. Vom Pluralismus zum Korporatismus. Analysen, Positionen, Dokumente[2] (1981)

Allmendinger (Hrsg), Entstaatlichung und soziale Sicherheit (2003)

Altermatt, Zivilgesellschaft und Staatsbürgerschaft: Citoyen und Bourgeois in Brix (Hrsg), Civil Society in Österreich (1998) 97

Althusser, Ideologie und Ideologische Staatsapparate. Aufsätze zur marxistischen Theorie. Positionen (1977)

Apathy in Koziol/Bydlinski/Bollenberger, Kommentar zum ABGB[3] (2010) § 1056 ABGB

Apathy/Riedler in Schwimann (Hrsg), Praxiskommentar zum ABGB I[3] (2005) § 879

Appl, Softwarevertrag - Vereinbarung der vorzeitigen Auflösung im Konkursfall des Lizenznehmers – Sittenwidrigkeit, MR 2010, 211

Aristoteles, Politik I (1991)

von Arnim, Gemeinwohl und Gruppeninteressen. Die Durchsetzungsschwäche allgemeiner Interessen in der pluralistischen Demokratie (1977)

Bachmann/Baumgartner/Feik/Giese/Jahnel/Lienbacher (Hrsg), Besonderes Verwaltungsrecht[8] (2010)

Baldauf/Renner/Wakounig, Die Besteuerung der Vereine[10] (2012)

Ballerstedt/Mann/Jakobs/Knobbe-Keuk/Picker/Wilhelm (Hrsg), FS Flume I (1978)

Graf Ballestrem/Ottmann (Hrsg), Politische Philosophie des 20. Jahrhunderts (1990)

Baltl, Österreichische Rechtsgeschichte[3] (1977)

Barfuß, „Sport und Recht" – Ausgewählte Themen, ÖJZ 2009, 237

Baruzzi, Rechtsphilosophie der Gegenwart (2006)

Batz (Hrsg), Schwerpunkt: Ernst Topitsch (2004)

J. Bauer, Telesupervision. Marginalien zur medialen Welt, ZkT 1996/3, 81

E. J. Bauer (Hrsg), Freiheit in philosophischer, neurowissenschaftlicher und psychotherapeutischer Perspektive (2007)

Baumgartner, Institutsgarantien und institutionelle Garantien in Merten/Papier (Hrsg), Handbuch der Grundrechte VII/1 (2009) 103

Becker/Hilty/Stöckli/Würtenberger (Hrsg), FS Rehbinder (2002)

Beer/Marko-Stöckl/Raffler/F. Schneider (Hrsg), FS Ableitinger (2003)

Bemmer/Holzinger/Vogl/Wenda (Hrsg), Rechtsschutz gestern – heute – morgen. Festgabe Machacek und Matscher (2008)

Benda, Der Verrat der Intellektuellen (1978)

Bender/Wiesendahl, „Ehernes Gesetz der Oligarchie": Ist Demokratie möglich? APuZ 2011/44-45, 19

Behr, Sportveranstaltungen als Geldmaschinen, CaS 2008, 205

Berger, Auswirkungen der Europäischen Menschenrechtskonvention auf das österreichische Zivilrecht, JBl 1985, 142

Berghold, Skipistenunfälle: Müssen sich auch Kinder an die FIS-Regeln halten? ZVR 2005, 179

Berka, Verfassungsrecht[4] (2012)

Berka, Diskussionsbeitrag in Österreichische Juristenkommission (Hrsg), Selbstbestimmung und Abhängigkeit. Rechtsschutz in „besonderen Rechtsverhältnissen" (2006) 52

Berka, Lehrbuch Grundrechte (2000)

Berka, Die Grundrechte. Grundfreiheiten und Menschenrechte in Österreich[1] (1999)

Berka/Eilmansberger, Das Buchpreisbindungsgesetz auf dem Prüfstand des Verfassungsrechts und Gemeinschaftsrechts, wbl 2007, 205

Bernat/Böhler/Weilinger (Hrsg), FS Krejci I (2001)

Bernsdorff in J. Meyer (Hrsg), Charta der Grundrechte der Europäischen Union[3] (2011) Art 12

von Beyme, Die liberale Konzeption von Gesellschaft und Staat in Brix/Kampits (Hrsg), Zivilgesellschaft zwischen Liberalismus und Kommunitarismus (2003) 15

Bierbricher, Macht und Recht: Foucault in Buckel/Christensen/Fischer-Lescano (Hrsg), Neue Theorien des Rechts[2] (2009) 135

Binder, Der arbeitsrechtliche Gleichbehandlungsgrundsatz, RdA 1983, 156

Bisanz, Diskussionsbeitrag in Österreichische Juristenkommission (Hrsg), Selbstbestimmung und Abhängigkeit. Rechtsschutz in „besonderen Rechtsverhältnissen" (2006) 62

Blankenburg, Rechtskultur in Becker/Hilty/Stöckli/Würtenberger (Hrsg), FS Rehbinder (2002) 425

Bock, Die Eigendynamik der Verrechtlichung in der modernen Gesellschaft in Lampe (Hrsg), Zur Entwicklung von Rechtsbewußtsein (1997) 403

Bohannan, Ostrazismus und das Problem, etwas aus einem System herauszuwerfen in Gruter/Rehbinder (Hrsg), Ablehnung – Meidung – Ausschluss. Multidisziplinäre Untersuchungen über die Kehrseite der Vergemeinschaftung (1986) 149

Bollenberger in Koziol/Bydlinski/Bollenberger, Kommentar zum ABGB[3] (2010) § 879

Brändle/Rein, Das österreichische Vereinsrecht[4] (2011)

Brändle/Schnetzer, Das österreichische Vereinsrecht[3] (2002)

Brand, Gegen und im globalen Konstitutionalismus. Emanzipatorische Politiken im globalen Kapitalismus, juridikum 2010, 90

Brandstetter/Grünzweig, Anti-Doping-Recht (2010)

Bric, Vereinsfreiheit (1998)

Brindelmayer/Markovics, Vereins- und Versammlungsrecht (1951)

Brix, Österreich auf der Suche nach der Zivilgesellschaft in GLOBArt (Hrsg), Zivilgesellschaft – Die Herausforderung (2006) 24

Brix, Vorwort in Brix/Richter (Hrsg), Organisierte Privatinteressen (2000) 11

Brix (Hrsg), Civil Society in Österreich (1998)

Brix, Verspätungen und Sonderformen der österreichischen Zivilgesellschaft in Brix (Hrsg), Civil Society in Österreich (1998) 121

Brix, Vorwort in Brix (Hrsg), Civil Society in Österreich (1998) 11

Brix/Kampits (Hrsg), Zivilgesellschaft zwischen Liberalismus und Kommunitarismus (2003)

Brix/Richter (Hrsg), Organisierte Privatinteressen (2000)

Broch, Gedanken zur Politik (1970)

Brockhaus, Enzyklopädie XI (1970)

Brost, Die „Besonderheit des Sports" im neuen Artikel 165 des Lissabonner Vertrages, SpuRt 2010, 178

Brugger/Neumann/Kirste (Hrsg), Rechtsphilosophie im 21. Jahrhundert (2008)

Brunkhorst, Die globale Rechtsrevolution. Von der Evolution der Verfassungs-revolution zur Revolution der Verfassungsrevolution? in Christensen/Pieroth (Hrsg), Rechtstheorie in rechtspraktischer Absicht (2008) 9

Brunner/Conze/Koselleck (Hrsg), Geschichtliche Grundbegriffe I (2004)

Brunner/Conze/Koselleck (Hrsg), Geschichtliche Grundbegriffe III (2004)

Brünner, „Sekten" im Schussfeld von Staat und Gesellschaft (2004)

Brünner, Christengemeinschaft und Zeugen Jehovas – Religionsgemeinschaften zweiter Klasse! in Funk/Holzinger/Klecatsky/Korinek/Mantl/Pernthaler (Hrsg), FS Adamovich (2002) 61

Brünner (Hrsg), Korruption und Kontrolle (1981)

Brünner/Hauser/Hitzler/Kurz/Pöllinger/Reininghaus/Thomasser/Tichy/Wilhelmer (Hrsg), FS Prisching II (2010)

Brünner/Proske/Schilcher, Ein Ordnungsrechtsgesetz für Studenten. Zugleich ein Beitrag zur Theorie der Rechtssetzung (1970)

Buckel/Christensen/Fischer-Lescano (Hrsg), Neue Theorien des Rechts[2] (2009)

Buckel/Fischer-Lescano, Hegemonie im globalen Recht – Zur Aktualität der Gramscianischen Rechtstheorie in Buckel/Fischer-Lescano (Hrsg), Hegemonie gepanzert mit Zwang. Zivilgesellschaft und Politik im Staatsverständnis Antonio Gramscis (2007) 85

Buckel/Fischer-Lescano (Hrsg), Hegemonie gepanzert mit Zwang. Zivilgesellschaft und Politik im Staatsverständnis Antonio Gramscis (2007)

Bundesfachverband für Reiten und Fahren in Österreich, Pferdesport. Fena Lehrbuch[8] (2006)

Bundesfachverband für Reiten und Fahren in Österreich, Richterregulativ (2006)

Bundeskanzleramt, 20. Sportbericht. 2005 – 2006

Bundesministerium für Arbeit, Soziales und Konsumentenschutz (Hrsg), 1. Bericht zum freiwilligen Engagement in Österreich (2009)

Burgstaller in Wiebe/Kodek (Hrsg), Kommentar zum UWG (2009) § 1a

Bußjäger, Schutz des Eigentums in Heissl (Hrsg), Handbuch Menschenrechte (2009) 382

Bußjäger, Der Rückzug des Rechts aus dem Gesetzesstaat (1996)

Bürge, Preisbestimmung durch einen Vertragspartner und die Tagespreisklausel, JBl 1989, 687

Bürsch, Vorwort: Für eine starke Bürgergesellschaft in Deutscher Bundestag (Hrsg), Bericht der Enquete-Kommission „Zukunft des Bürgerschaftlichen Engagements". Bürgerschaftliches Engagement: auf dem Weg in eine zukunftsfähige Bürgergesellschaft (2002) 2

F. Bydlinski, Die „Person" in der Sicht der Jurisprudenz in Kanzian/Quitterer/ Rungaldier (Hrsg), Personen. Ein interdisziplinärer Dialog (2003) 332

F. Bydlinski in Rummel (Hrsg), Kommentar zum Allgemeinen bürgerlichen Gesetzbuch[3] §§ 1 und 6 [2000] (rdb)

F. Bydlinski, System und Prinzipien des Privatrechts (1996)

F. Bydlinski, Kriterien und Sinn der Unterscheidung von Privatrecht und öffentlichem Recht, AcP 1994, 319

F. Bydlinski, Themenschwerpunkte der Rechtsphilosophie bzw Rechtstheorie, Teil I, JBl 1994, 36

F. Bydlinski, Themenschwerpunkte der Rechtsphilosophie bzw Rechtstheorie, Teil II, JBl 1994, 433

F. Bydlinski, Fundamentale Rechtsgrundsätze (1988)

F. Bydlinski, Die Baukostenabrechnung als Bestimmung der Leistung, JBl 1975, 245

F. Bydlinski, Zur Einordnung der allgemeinen Geschäftsbedingungen im Vertragsrecht in Loebenstein/J. Mayer/Frotz/P. Doralt (Hrsg), FS Kastner (1972) 45

F. Bydlinski, Privatautonomie und objektive Grundlagen des verpflichtenden Rechtsgeschäfts (1967)

F. Bydlinski/Krejci/Schilcher/Steininger (Hrsg), Das bewegliche System im geltenden und künftigen Recht (1986)

P. Bydlinski, Thesen zur praktischen Handhabung des „Transparenzgebots" (§ 6 Abs 3 KSchG), JBl 2011, 141

P. Bydlinski, Die Auslegung und Anwendung von Ö-Normen, insbesondere in Bezug auf Schlussrechnung und Schlusszahlung, wbl 2008, 215

P. Bydlinski, Die Übertragung von Gestaltungsrechten (1986)

Caemmerer/Friesenhahn/Lange (Hrsg), 100 Jahre deutsches Rechtsleben I (1960)

Callies, Systemtheorie: Luhmann/Teubner in Buckel/Christensen/Fischer-Lescano (Hrsg), Neue Theorien des Rechts[2] (2009) 53

Callies/Fischer-Lescano/Wielsch/Zumbansen (Hrsg) FS Teubner (2009)

Christ, Vereinswechsel im Amateurfußball, ÖJZ 2005, 370

Christensen/Fischer-Lescano, Das Ganze des Rechts. Vom hierarchischen zum reflexiven Verständnis deutscher und europäischer Grundrechte (2007)

Christensen/Pieroth (Hrsg), Rechtstheorie in rechtspraktischer Absicht (2008)

Coing, Zur Geschichte des Begriffs „subjektives Recht" in Stepanians (Hrsg), Individuelle Rechte (2007) 33

Coing, Das Privatrecht und die Probleme der Ordnung des Verbandswesens in Ballerstedt/Mann/Jakobs/Knobbe-Keuk/Picker/Wilhelm (Hrsg), FS Flume I (1978) 429

Dehn in Krejci, Unternehmensgesetzbuch, ABGB, Kommentar (2007) § 1 UGB

Dehn, Der Unternehmer nach den §§ 1 ff UGB, ÖJZ 2006, 44

Deutscher Bundestag (Hrsg), Bericht der Enquete-Kommission „Zukunft des Bürgerschaftlichen Engagements". Bürgerschaftliches Engagement: auf dem Weg in eine zukunftsfähige Bürgergesellschaft (2002)

Dieckmann, Sprache in der Politik[2] (1975)

Dickertmann/König/Wittkämper (Hrsg), Bürokratieüberwälzung. Stand, Ursachen, Folgen und Abbau (1982)

Dilcher, Otto von Gierke in Stolleis (Hrsg), Juristen. Ein biographisches Lexikon (1995) 323

Dimmel, (Post)Neoliberale Rechtsordnung, juridikum 2011, 43

Dobner, Bald Phoenix – bald Asche. Ambivalenzen des Staates (2010)

Duden, Fremdwörterbuch V[7] (2001)

Durkheim, Physik der Sitten und des Rechts (1991)

Duursma/Duursma-Kepplinger, UWG Ergänzungsband (2009)

Eberhard, Nichtterritoriale Selbstverwaltung. Verfassungs- und Verwaltungsreform 2008, JRP 2008, 91

Eberhard, Altes und Neues zur „Geschlossenheit des Rechtsquellensystems", ÖJZ 2007, 679

Eberhard/Konrath/Trattnigg/Zleptnig, Governance – zur theoretischen und praktischen Verortung des Konzepts in Österreich, JRP 2006, 35

Ebert (Hrsg), FS Kohlegger (2001)

Eccher in Fenyves/Kerschner/Vonkilch (Hrsg), Klang[3]. KSchG (2006) § 6 Abs 1 Z 5 KSchG

Eder, Freiwilligenarbeit unter arbeitsrechtlichen Gesichtspunkten in Bundesministerium für Arbeit, Soziales und Konsumentenschutz (Hrsg), 1. Bericht zum freiwilligen Engagement in Österreich (2009) 13

R. Egger, Vorwort in Pilch-Ortega/Felbinger/Mikula/R. Egger (Hrsg), Macht – Eigensinn – Engagement (2010) 7

W. Egger in Schwimann (Hrsg), ABGB – Taschenkommentar (2010) § 16 Rz 1

Eichenberger, Zur Lage der Rechtssetzung in Trappe (Hrsg), Politische und gesellschaftliche intermediäre Gewalten im sozialen Rechtsstaat (1990) 7

Eichenberger, Zur Lage der Rechtssetzung in Eichenberger/Buser/Métraux/Trappe (Hrsg), Grundfragen der Rechtssetzung (1978) 3

Eichenberger/Buser/Métraux/Trappe (Hrsg), Grundfragen der Rechtssetzung (1978)

Eisenmann, Werte und Normen in der Sozialen Arbeit (2006)

Eisermann (Hrsg), FS Vierkandt (1949) 148

Eitner/Getzinger/Hauser/Muchitsch (Hrsg), FS Schachner-Blazizek (2002)

Elhenický, Vereinsrecht. Kurzkommentar (2011)

Ermacora, Grundriss einer Allgemeinen Staatslehre (1979)

Ermacora, Handbuch der Grundfreiheiten und der Menschenrechte (1963)

Ermacora, Das besondere Gewaltverhältnis, DÖV 1956, 529

Fenyves, Das Verhältnis von Auslegung, Geltungskontrolle und Inhaltskontrolle von AVB als methodisches und praktisches Problem in Koziol/Rummel (Hrsg), FS Bydlinski (2002) 121

Fenyves/Kerschner/Vonkilch (Hrsg), Klang[3]. KSchG (2006)

Fessler/Keller, Vereins- und Versammlungsrecht. Kommentar[2] (2009)

Firlei, Versetzung eines Profifußballers zu den Amateuren, RdA 2003, 183

Fischer (Hrsg), Freiheit oder Gerechtigkeit (1995)

Fischer-Lescano, Kritische Systemtheorie Frankfurter Schule in Callies/Fischer-Lescano/Wielsch/Zumbansen (Hrsg), FS Teubner (2009) 49

Fischer-Lescano, Die Emergenz der Globalverfassung, ZaöRV 2003, 717

Fischer-Lescano/Teubner, Regime-Kollisionen. Zur Fragmentierung des globalen Rechts (2006)

Flick, Die meritorische Berechtigung des Sachverständigen aus dem Bereich Sport im schiedsgerichtlichen Verfahren, CaS 2011, 294

Forgó/Somek, Nachpositivistisches Rechtsdenken in Buckel/Christensen/Fischer-Lescano (Hrsg), Neue Theorien des Rechts[2] (2009) 254

Frankenberg, Staatstechnik. Perspektiven auf Rechtsstaat und Ausnahmezustand (2010)

Freudhofmeier, Begünstigte Einkünfte von Vereinsfunktionären und sonstigen Ehrenamtlichen in Möstl/Stark, Der Vereinsexperte (2008) 53

Freund, Das in Österreich geltende Vereins- und Versammlungs-Gesetz[2] (1894)

Frevert/Haupt (Hrsg), Der Mensch des 20. Jahrhunderts (2004)

Friedrich, Ausgewählte Rechtsfragen des kollektiven Arbeitsrechts im Berufssport in Reissner (Hrsg), Sport als Arbeit (2008) 43

Fritzweiler/Pfister/Summerer, Praxishandbuch Sportrecht[2] (2007)

Fritzweiler/Pfister/Summerer, Praxishandbuch Sportrecht (1998)

Funk, Anm zu VfSlg 14.473, ÖZW 1997, 60

Funk, Kontrolle und Aufsicht über wirtschaftlich tätige Vereine in Korinek/Krejci, Der Verein als Unternehmer (1988) 373

Funk/Holzinger/Klecatsky/Korinek/Mantl/Pernthaler (Hrsg), FS Adamovich (2002)

Gamerith, Wettbewerbsrecht I UWG[7] (2011)

Gärtner, Diskussionsbeitrag zu „Die verfassungsrechtlichen Schranken der Selbstverwaltung in Österreich" in Österreichischer Juristentag (Hrsg), Verhandlungen des dritten österreichischen Juristentages II (1967) 84

Gehlen, Gesamtausgabe. Einblicke VII (1978)

Gehlen, Die gewaltlose Lenkung in Gehlen, Gesamtausgabe. Einblicke VII (1978) 296

Gehlen, Zwangsläufigkeit oder Gestaltung in Gehlen, Gesamtausgabe. Einblicke VII (1978) 223

Geiger, Ideologie und Wahrheit (1968)

Geiger, Vorstudien zu einer Soziologie des Rechts (1964)

Geiger, Arbeiten zur Soziologie (1962)

Geiger, Befreiung aus dem Ideologischen in Geiger, Arbeiten zur Soziologie (1962) 431

Geiger, Entwurf der Umrisse und Fragestellungen einer Soziologie des Rechts in Geiger, Arbeiten zur Soziologie (1962) 357

Geiger, Kritische Bemerkungen zum Begriffe der Ideologie in Eisermann (Hrsg), FS Vierkandt (1949) 141

Generaldirektion Kommunikation, Programm „Europa für Bürgerinnen und Bürger" 2007 – 2013, Programmleitfaden, ab März 20011 gültige Fassung <ec.europa.eu/citizenship/index_de.htm> (25.01.2012)

Gephart, Recht als Kultur. Zur kultursoziologischen Analyse des Rechts (2006)

(von) Gierke, Das Wesen der menschlichen Verbände (1902)

Giese, Sicherheitspolizeirecht in Bachmann/Baumgartner/Feik/Giese/Jahnel/Lienbacher (Hrsg), Besonderes Verwaltungsrecht[8] (2010) 1

Giese, Vereinsrecht in Bachmann/Baumgartner/Feik/Giese/Jahnel/Lienbacher (Hrsg), Besonderes Verwaltungsrecht[8] (2010) 43

Girtler, Rechtssoziologische und kriminalpolitische Überlegungen zum Thema „Korruption" in Brünner (Hrsg), Korruption und Kontrolle (1981) 509

Gladt, Zur Marktbeherrschung im österreichischen Lebensmitteleinzelhandel, wbl 2009, 157

Glaser/Pirko, Missbrauch einer marktbeherrschenden Stellung aus strafrechtlicher Sicht, ÖZK 2010, 20 und 59

GLOBArt (Hrsg), Zivilgesellschaft – Die Herausforderung (2006)

Gosepath/Lohmann (Hrsg), Philosophie der Menschenrechte (1998)

Görres-Gesellschaft (Hrsg), Staatslexikon IV[7] (1988)

Grabenwarter/Holoubek, Verfassungsrecht. Allgemeines Verwaltungsrecht (2009)

Grabenwarter/Pabel, Europäische Menschenrechtskonvention[5] (2012)

Graf in Kletečka/Schauer (Hrsg), ABGB-ON 1.00 § 879 [2010] (rdb)

Grill/Martin, Im Revier des Schakals, Die Zeit, 22.07.2004, Dossier, 9

Griller, Der Schutz der Grundrechte vor Verletzungen durch Private (Teil I), JBl 1992, 205

Griller, Drittwirkung und Fiskalgeltung von Grundrechten, ZfV 1983, 1, 109

Griller/Rill, Rechtstheorie. Rechtsbegriff – Dynamik – Auslegung (2011)

Griss, Die Grundrechte in der zivilrechtlichen Rechtsprechung in Österreichische Juristenkommission (Hrsg), Aktuelle Fragen des Grundrechtsschutzes (2005) 54

Grote/Härtel/Hain/Schmidt/Schmitz/Schuppert/Winterhoff (Hrsg), FS Starck (2007)

Grundei, Vereine, Verbände, Konkurse. Das Spannungsverhältnis zwischen (internationalem) Sportverbandsrecht und staatlichem Recht, ecolex 2007, 400

Grundei/Karollus (Hrsg), Berufssportrecht I (2008)

Grundei/Karollus (Hrsg), Berufssportrecht II (2008)

Grundei/Karollus (Hrsg), Berufssportrecht III (2010)

Grundei/Karollus (Hrsg), Berufssportrecht IV (2011)

Grundei/Schefer, Außergerichtliche Streitbeilegung im Fußball in Nunner-Krautgasser/Reissner (Hrsg), Schlichtung und Schiedsgerichtsbarkeit im Sport (2011) 53

Gruter/Rehbinder (Hrsg), FS Usteri (2002)

Gruter/Rehbinder (Hrsg), Ablehnung – Meidung – Ausschluss. Multidisziplinäre Untersuchungen über die Kehrseite der Vergemeinschaftung (1986)

Gschöpf, Haftung bei Verstoss gegen Sportregeln (2000)

Günther, Herrschaft III in Brunner/Conze/Koselleck, Geschichtliche Grundbegriffe III (2004) 39

Haas/Steinhauer (Hrsg), Festgabe Rivinius (2006)

Hagen/Essletzbichler, ÖNORMEN im Leistungsvertrag (Teil II), ZVB 2006/67

Häberle, Europäische Rechtskultur (1997)

Hammer/Somek/Stelzer/Weichselbaum (Hrsg), FS Öhlinger (2004)

Handig, Zahlreiche unzulässige „per se"-Verbote im Gefolge der RL-UGP. Die weitreichenden Auswirkungen der RL-UGP, ÖBl 2011, 196

Hanisch, Auf der Suche nach der Staatsbürgergesellschaft. Österreichische Geschichte im 20. Jahrhundert in Brix (Hrsg), Civil Society in Österreich (1998) 129

Hanschmann, Theorie transnationaler Rechtsprozesse in *Buckel/Christensen/Fischer-Lescano* (Hrsg), Neue Theorien des Rechts[2] (2009) 375

Hart, Der Begriff des Rechts (1973)

Haschke/Kadlec, Gelb/Rote Karte für den GAK – Ein Fall für den (Schieds)Richter? in Grundei/Karollus (Hrsg), Berufssportrecht I (2008) 63

Hattenhauer, Rechtsakzeptanz – Gesetzesgehorsam – Homogenität in J. W. Pichler (Hrsg), Rechtsakzeptanz und Handlungsorientierung (1998) 91

Hattenhauer, Europäische Rechtsgeschichte[2] (1994)

Hauer, Gab oder gibt es besondere Gewaltverhältnisse? in Österreichische Juristenkommission (Hrsg), Selbstbestimmung und Abhängigkeit. Rechtsschutz in „besonderen Rechtsverhältnissen" (2006) 38

Haunschmidt (Hrsg), Sport und Recht in Österreich. Für Sportler, Vereine, Verbände und Sponsoren (2005)

Heermann, „status sportivus" und „status extra-sportivus" – eine Standortbestimmung, CaS 2009, 90

Heermann, Verbandsautonomie versus Kartellrecht, causa sport 2006, 345

Hefner, Vier Lektionen über die Idee der Civil Society in Brix (Hrsg), Civil Society in Österreich (1998) 19

Heidinger in Wiebe/Kodek (Hrsg), Kommentar zum UWG (2009) § 1

Heidinger, Zivilrechtliche Grenzen der Beschränkung des Dispositionsrechts des Einzelhändlers, wbl 2002, 106

Heins, Das Andere der Zivilgesellschaft. Zur Archäologie eines Begriffs (2002)

Heissl, Einführung – Grundlagen in Heissl (Hrsg), Handbuch Menschenrechte (2009) 43

Heissl (Hrsg), Handbuch Menschenrechte (2009)

Heitmeyer/Schröttle (Hrsg), Gewalt. Beschreibungen, Analysen, Prävention (2006)

H. Heller, Staatslehre[6] (1983)

K. Heller, Zum Begriff der Kernaufgaben des Staates in Akyürek/Baumgartner/Jahnel/Lienbacher/Stolzlechner, FS Schäffer (2006) 241

Helmreich, Recht auf Widerstand? Zur Reichweite und Rechtsnatur des Widerstandsrechts (§ 269 Abs 4 StGB), ÖJZ 2006/3

Hengerer/Ullmann, Das Gewaltschutzgesetz in Österreich, SIAK-Journal 2005 H 3, 12

Herdegen, Grundrechte der Europäischen Union in Isensee/Kirchhof (Hrsg), Handbuch des Staatsrechts X[3] (2012) 195

Herzfelder, Gewalt und Recht. Eine Untersuchung über den Begriff des Gewaltverhältnisses (1890)

Hesse/Zöpel (Hrsg), Der Staat der Zukunft (1990)

Hiebaum, Zur Legitimität von Heteronomie in Österreichische Juristenkommission (Hrsg), Selbstbestimmung und Abhängigkeit. Rechtsschutz in „besonderen Rechtsverhältnissen" (2006) 19

Hildebrandt, Staat und Zivilgesellschaft (2011)

Hilgendorf, Zur Lage der juristischen Grundlagenforschung in Deutschland heute in Brugger/Neumann/Kirste (Hrsg), Rechtsphilosophie im 21. Jahrhundert (2008) 111

Hillmann, Wörterbuch der Soziologie[5] (2007)

Hinteregger (Hrsg), Der Sportverein (2009)

Hinteregger, Die Bedeutung der Grundrechte für das Privatrecht, ÖJZ 1999, 741

Hirschmugl, Von Schafen und Wölfen, Die Presse, Beilage: Aufbrüche, 02.11.2010, 2

Hoerster, Was ist Recht? (2006)

Hoffmann, Einleitung zur Arbeitssitzung in Österreichische Juristenkommission (Hrsg), Selbstbestimmung und Abhängigkeit. Rechtsschutz in „besonderen Rechtsverhältnissen" (2006) 115

Hochmayr/Schmoller, Die Definition der Gewalt im Strafrecht, ÖJZ 2003/36

Höhne, Autoritätsanmaßung durch Vereine – zu Recht entrümpelt? RdW 2008, 195

Höhne/Jöchl/Lummerstorfer, Das Recht der Vereine[3] (2009)

Höhne/Jöchl/Lummerstorfer, Das Recht der Vereine (1997)

Hönn, Zur Problematik der Privatautonomie, Jura 1984, 57

Hohfeld, Einige Grundbegriffe des Rechts, wie sie in rechtlichen Überlegungen Anwendung finden in Stepanians (Hrsg), Individuelle Rechte (2007) 51

Holoubek, Verfassungs- und verwaltungsrechtliche Konsequenzen der Ausgliederung, Privatisierung und Beleihung, ÖZW 2000, 33

Holoubek, Grundrechtliche Gewährleistungspflichten (1997)

Holzer, Konfliktbereinigung im Sport im Spannungsfeld zwischen Autonomie und staatlicher Gerichtsbarkeit in Nunner-Krautgasser/Reissner (Hrsg), Schlichtung und Schiedsgerichtsbarkeit im Sport (2011)

Holzer/Reissner, Einführung in das österreichische Sportrecht[2] (2008)

Holzinger, Diskussionsbeitrag in Österreichische Juristenkommission (Hrsg), Selbstbestimmung und Abhängigkeit. Rechtsschutz in „besonderen Rechtsverhältnissen" (2006) 58

Horn/Posch, Kritische Anmerkungen zum Entwurf des BMJ über die Neuordnung des österreichischen internationalen Schuldvertragsrechts, ZfRV 1998, 45

von Humboldt, Ideen zu einem Versuch, die Grenzen der Wirksamkeit des Staates zu bestimmen (oJ)

Hye, Zum Vereinswesen in der Habsburgermonarchie in Brix/Richter (Hrsg), Organisierte Privatinteressen (2000) 33

Ipsen, Private Normenordnungen als Transnationales Recht? (2009)

Isensee/Kirchhof (Hrsg), Handbuch des Staatsrechts X[3] (2012)

Jabloner, Der Rechtsbegriff bei Hans Kelsen in Griller/Rill, Rechtstheorie. Rechtsbegriff – Dynamik – Auslegung (2011) 21

Jakob, Die alltägliche Gewalt und die Hilflosigkeit der Juristen in Gruter/Rehbinder (Hrsg), FS Usteri (2002) 323

Jaufer, Recht im Sport (2011)

Jaufer, Berufssport und Europarecht – von den Anfängen bis in die Gegenwart in Reissner (Hrsg), Sport als Arbeit (2008) 63

Jelinek, Sportgerichtsbarkeit. Autonomie der Verbände und staatlicher Rechtsschutz in Hinteregger (Hrsg), Der Sportverein (2009) 89

Jellinek, Allgemeine Staatslehre[3] (1922)

Jöchl, Aufnahme und Ausschluss von Vereinsmitgliedern in Möstl/Stark, Der Vereinsexperte (2008) 109

Kaak, Die Gutsherrschaft. Theoriegeschichtliche Untersuchungen zum Agrarwesen im ostelbischen Raum (1991)

Kadlec, Ausgewählte Fragen zur Verbandsstrafgewalt – am Beispiel des Fussballsports in Grundei/Karollus (Hrsg), Berufssportrecht II (2008) 67

Kamenka/Summers/Twining (Hrsg), Soziologische Jurisprudenz und realistische Theorien des Rechts (1986)

Kirchhof, Das Gesetz der Hydra (2007)

Kalb/Potz/Schinkele, Religionsrecht (2003)

Kalss in Kalss/Nowotny/Schauer, Österreichisches Gesellschaftsrecht (2008) Rz 1/2, Rz 6/30, 6/72

Kalss/Lurger, Zu einer Systematik der Rücktrittsrechte insbesondere im Verbraucherrecht, JBl 1998, 165

Kalss/Nowotny/Schauer, Österreichisches Gesellschaftsrecht (2008)

Kanzian/Quitterer/Rungaldier (Hrsg), Personen. Ein interdisziplinärer Dialog (2003)

Kaltenegger/Schöllnast, Pistenregeln – Ein Überblick, ZVR 2007, 47

Karollus, Auswirkungen des neuen Unternehmensgesetzbuchs auf (Berufs-)Sportvereine in Grundei/Karollus (Hrsg), Berufssportrecht I (2008) 1

Kastner/Doralt/Nowotny, Grundriß des österreichischen Gesellschaftsrechts[5] (1990)

Keller, Vereine und unlauterer Wettbewerb in Bernat/Böhler/Weilinger (Hrsg), FS Krejci I (2001) 197

Kelsen, Reine Rechtslehre (1992)

Kelsen, Aussprache über die vorhergehenden Berichte in VVDStRL, Die Gleichheit vor dem Gesetz im Sinne des Art 109 der Reichsverfassung (1927) 53

Keinert, Minderheitsrecht auf Einberufung der Mitgliederversammlung des Vereins, RdW 2012, 76

Keinert, Mitgliederversammlung des Vereins (2012)

Keinert, Delegiertenversammlung des Vereins, ecolex 2011, 1019

Keinert, Funktion und Kompetenzen der Mitgliederversammlung des Vereins, wbl 2011, 637

Keinert, Nichtigkeit und Anfechtbarkeit von Vereinsbeschlüssen, JBl 2011, 617

Keinert, Zwingende Einberufungserfordernisse bei der Mitgliederversammlung des Vereins, GesRZ 2011, 297

Keinert, Rechtliches Gehör beim Ausschluss aus Verein und Genossenschaft, GesRZ 2004, 155

Kersting (Hrsg), Klugheit (2005)

Kersting, Jean-Jaques Rousseaus „Gesellschaftsvertrag" (2002)

Kersting (Hrsg), Politische Philosophie des Sozialstaats (2000)

Kersting (Hrsg), Gerechtigkeit als Tausch (1997)

Keupp, Visionen der Zivilgesellschaft: Der aufmüpfige Citoyen oder eine Mittelschichtveranstaltung in Pilch-Ortega/Felbinger/Mikula/R. Egger (Hrsg), Macht – Eigensinn – Engagement (2010) 17

Kirchhof, Die Steuer ist ein Preis der Freiheit in Frankfurter Allgemeine Zeitung, 07.11.2009, 33

Klang (Hrsg), ABGB II/2 (1934)

Klang (Hrsg), Kommentar zum ABGB I/1 (1933)

Kletečka/Schauer (Hrsg), ABGB-ON. Kommentar zum Allgemeinen bürgerlichen Gesetzbuch 0.01 (2010)

Kluge, Etymologisches Wörterbuch der deutschen Sprache[24] (2002)

Kneihs, Betriebliches Disziplinarrecht und Verfassung, RdA 2005, 136

Kneihs, Privater Befehl und Zwang (2004)

Kocholl, Doping und Selbstmedikation – Lauteres und Unlauteres im Bergsport, CaS 2011, 348

Kocholl, Geistiges Eigentum am Wesensmerkmal des Sports – seinen Regeln, CaS 2008, 150

Kodek, 200 Jahre Allgemeines Bürgerliches Gesetzbuch – das ABGB im Wandel der Zeit, ÖJZ 2011, 490

Kodek in Kletečka/Schauer (Hrsg), ABGB-ON § 1297 [2010] (rdb)

Koenig/Pfromm, Zur Einschränkung der EG-vergaberechtlichen Ausschreibungspflicht durch die Tarifautonomie, ZVB 2007, 101

König, Anm zu OGH 21. 5. 2007, 8 Ob A 68/06t, JBl 2007, 804

König/Broll, Ist die gesetzliche Regelung der Doping-Disziplinarverfahren verfassungswidrig? ÖJZ 2012, 20

König/Broll, Zum Rechtsschutz bei fehlerhafter Durchführung oder Wertung von Sportwettbewerben, SpuRt 2010, 134

Koller, Zum politischen Gehalt soziologischer Theorien in Brünner/Hauser/Hitzler/ Kurz/Pöllinger/Reininghaus/Thomasser/Tichy/Wilhelmer (Hrsg), FS Prisching II (2010) 769

Koller, Der Begriff des Rechts und seine Konzeptionen in Brugger/Neumann/Kirste (Hrsg), Rechtsphilosophie im 21. Jahrhundert (2008) 157

Koller, Die Struktur von Rechten in Stepanians (Hrsg), Individuelle Rechte (2007) 86

Koller, Klugheit, Moral und menschliches Handeln unter Unrechtsverhältnissen in Kersting (Hrsg), Klugheit (2005) 269

Koller, Die Tugenden, die Moral und das Recht in Prisching (Hrsg), Postmoderne Tugenden? (2001) 163

Koller, Soziale Gerechtigkeit, Wirtschaftsordnung und Sozialstaat in Kersting (Hrsg), Politische Philosophie des Sozialstaats (2000) 120

Koller, Der Geltungsbereich der Menschenrechte in Gosepath/Lohmann (Hrsg), Philosophie der Menschenrechte (1998) 96

Koller, Otfried Höffes Begründung der Menschenrechte und des Staates in Kersting (Hrsg), Gerechtigkeit als Tausch (1997) 284

Koller, Die Begründung von Rechten in Koller/Varga/Weinberger (Hrsg), Theoretische Grundlagen der Rechtspolitik (1992) 74

Koller, Theorie des Rechts (1992)

Koller, Die neuen Vertragstheorien in Graf Ballestrem/Ottmann (Hrsg), Politische Philosophie des 20. Jahrhunderts (1990) 281

Koller, Recht – Moral – Gerechtigkeit, JBl 1984, 286

Koller, Zu einigen Problemen der Rechtfertigung der Demokratie in Krawietz/Topitsch/Koller (Hrsg), Ideologiekritik und Demokratietheorie bei Hans Kelsen (1982) 319

Koller/Varga/Weinberger (Hrsg), Theoretische Grundlagen der Rechtspolitik (1992)

Kolmasch in Schwimann (Hrsg), ABGB – Taschenkommentar (2010) § 864a

Kolmasch in Schwimann (Hrsg), ABGB – Taschenkommentar (2010) § 870

Kolmasch in Schwimann (Hrsg), ABGB – Taschenkommentar (2010) § 879

Kommission, Arbeitsunterlage der Kommissionsdienststellen. Zusammenfassung der Folgenabschätzung. Begleitunterlage zur Mitteilung der Kommission vom 18.01.2011, SEK (2011) 68 endg.

Kommission, Mitteilung an das europäische Parlament, den Rat, den europäischen Wirtschafts- und Sozialausschuss und den Ausschuss der Regionen, Entwicklung der europäischen Dimension des Sports, KOM (2011) 12 endg.

Kommission, Weißbuch Sport KOM (2007) 391 endg.

Koppensteiner, Gesellschafts- und Kartellrecht, wbl 2011, 285

Koppensteiner, Kontrahierungszwang und Geschäftsverweigerung, ÖBl 2007, 100

Korinek, Wirtschaftliche Freiheiten in Merten/Papier (Hrsg), Handbuch der Grundrechte VII/1 (2009) 411

Korinek, Zum Erfordernis einer demokratischen Legitimation des Normenschaffens, ÖZW 2009, 40

Korinek, Staatsrechtliche Bedingungen und Grenzen der Ausgliederung und Beleihung, ÖZW 2000, 46

Korinek/Holoubek, Grundlagen staatlicher Privatwirtschaftsverwaltung (1993)

Korinek/Krejci, Der Verein als Unternehmer (1988)

Kossak, Die neue Haftung der Vereinsfunktionäre[2] (2012)

Kossak, Handbuch für Vereinsfunktionäre (2009)

Kossak, Vereinsrechtliche Haftungen im Spiegel des österreichischen Vereinswesens (2006)

Koubek/Möstl/Pöllinger/Prisching/Reininghaus (Hrsg), FS Schachner-Blazizek (2007)

Koziol, Auslegung und Beurteilung der Sittenwidrigkeit von AGB-Klauseln im Verbandsprozess, RdW 2011, 67

Koziol/Bydlinski/Bollenberger, Kommentar zum ABGB[3] (2010)

Koziol/Rummel (Hrsg), FS Bydlinski (2002)

Koziol/Welser, Grundriss des bürgerlichen Rechts I[13] (2006)

Koziol/Welser, Grundriss des bürgerlichen Rechts II[13] (2007)

Kraus/Schmoll, Täterarbeit als Beitrag zum Opferschutz. Trainingsprogramm zur Beendigung von gewalttätigem Verhalten in Paarbeziehungen, ifamZ 2009, 238

Krawietz, Reinheit der Rechtslehre als Ideologie? in Krawietz/Topitsch/Koller (Hrsg), Ideologiekritik und Demokratietheorie bei Hans Kelsen (1982) 345

Krawietz/Topitsch/Koller (Hrsg), Ideologiekritik und Demokratietheorie bei Hans Kelsen (1982)

Krejci, Zum Entwurf einer Vereinsgesetznovelle 2011 über die Haftungsbefreiung ehrenamtlicher Organwalter, GES 2011, 372

Krejci, Zur Schiedsrichterhaftung, ÖJZ 2007, 87

Krejci, Das Transparenzgebot im Verbraucherrecht, VR 2007, 25

Krejci (Hrsg), Unternehmensgesetzbuch, ABGB, Kommentar (2007)

Krejci, Zur „Normenbindung" gemäß § 97 Abs 2 und § 99 Abs 2 BVergG 2006, ÖZW 2006, 2

Krejci, Gesellschaftsrecht I (2005)

Krejci, Zum Mitglieder- und Gläubigerschutz nach dem VerG 2002, JBl 2003, 713

Krejci, Österreichs ungesatztes Vereinsprivatrecht in Ebert (Hrsg), FS Kohlegger (2001) 301

Krejci in Rummel (Hrsg), Kommentar zum Allgemeinen bürgerlichen Gesetzbuch[3] § 879 [2000] (rdb)

Krejci, „Kleine" Reform für „große" Vereine? ÖJZ 1999, 361

Krejci, Zehn Jahre Konsumentenschutzgesetz in Aicher/Koppensteiner (Hrsg), Festschrift Ostheim (1990) 161

Krejci, Grenzen einseitiger Entgeltbestimmung durch den Arbeitgeber, ZAS 1983, 203

Krejci, Über „gröblich benachteiligende" Nebenbestimmungen in Allgemeinen Geschäftsbedingungen und Vertragsformblättern (§ 879 Abs 3 ABGB), JBl 1981, 169, 245

Krejci/S. Bydlinski/Weber-Schallauer, Vereinsgesetz 2002, Kommentar[2] (2009)

Kriechbaumer (Hrsg), Österreichische Nationalgeschichte nach 1945. Der Spiegel der Erinnerung: Die Sicht von innen I (1998)

Krysmanski, Hirten & Wölfe. Wie Geld- und Machteliten sich die Welt aneignen[2] (2009)

Kucsko-Stadelmayer, Allgemeine Strukturen der Grundrechte in Merten/Papier (Hrsg), Handbuch der Grundrechte VII/1 (2009) 49

Kucsko-Stadelmayer, Rechtsnormbegriff und Arten der Rechtsnormen in Walter (Hrsg), Schwerpunkte der Reinen Rechtslehre (1992) 21

Kuras, Gedanken zum Ausbau des Grundrechtsschutzes in Österreichische Juristenkommission (Hrsg), Aktuelle Fragen des Grundrechtsschutzes (2005) 179

Kühne, Rechtspsychologische Aspekte von Gewalt in Gruter/Rehbinder (Hrsg), FS Usteri (2002) 13

de La Boétie, Von der freiwilligen Knechtschaft (1980)

Lachmair, Der Verein als Unternehmensform (2003)

Lachmayer, Ausgliederungen und Beleihungen im Spannungsfeld der Verfassung, JBl 2007, 750

Lampe (Hrsg), Zur Entwicklung von Rechtsbewußtsein (1997)

Lansky/Matznetter/Pätzold/Steinwandtner/Thunshirn, Rechnungslegung der Vereine[3] (2011)

Lehne, Grundrechte achten und schützen? Liberales Grundrechtsverständnis 1849, JBl 1985, 133, 216

Lehner, Die Urform des Non-Profits - Plädoyer für eine Wiederbelebung der Gegenseitigkeit, juridikum 2007, 185

Lenk (Hrsg), Ideologie[9] (1984)

Leisner, Die Demokratische Anarchie. Verlust der Ordnung als Staatsprinzip? (1982)

Leisner, Der Gleichheitsstaat (1980)

A. Leitner, Die Organisation des Sports in Haunschmidt (Hrsg), Sport und Recht in Österreich. Für Sportler, Vereine, Verbände und Sponsoren (2005) 1

Max Leitner, Was genau sind eigentlich Allgemeine Geschäftsbedingungen und Vertragsformblätter? immolex 2012, 242

Max Leitner, Transparenzgebot, Privatautonomie und Auslegung, JBl 2011, 428

Michael Leitner, Zur Haftung des Vereinsvorstands bei fehlerhaften Weisungen im VerG 2002, GeS 2009, 291

Lenzhofer, Vereinsfreiheit und Freiheit der politischen Parteien in Heissl (Hrsg), Handbuch Menschenrechte (2009) 321

Leupold, Schadenersatzansprüche der Marktgegenseite nach UWG, ÖBl 2010, 164

Liebsch, Subtile Gewalt. Spielräume sprachlicher Verletzbarkeit (2007)

Liehr/Stöberl, Der Verein[3] (1996)

Lippold, Recht und Ordnung (2000)

Loebenstein/J. Mayer/Frotz/P. Doralt (Hrsg), FS Kastner (1972)

Löschnigg, Arbeitsrecht[11] (2011)

Lucke, Normenerosion als Akzeptanzproblem. Der Abschied vom „homo legalis"? in J. W. Pichler (Hrsg), Rechtsakzeptanz und Handlungsorientierung (1998) 47

Luf, Zivilgesellschaft und staatliches Rechtsmonopol in Nautz/Brix/Luf (Hrsg), Das Rechtssystem zwischen Staat und Zivilgesellschaft (2001) 55

Lüke/Jauernig (Hrsg), FS Schiedermair (1976)

Mader, Neuere Judikatur zum Rechtsmissbrauch Salzburg, JBl 1998, 677

Majcen, Nominierungsanspruch zur Teilnahme an der Europameisterschaft, ZVR 2004/89

Maleczky, Zur Strafbarkeit der „G'sundn Watschn", ÖJZ 1993, 625

Mankowski, Rechtskultur. Eine rechtsvergleichend-anekdotische Annäherung an einen schwierigen und vielgesichtigen Begriff, JZ 2009, 321

Mann, Macht und Ohnmacht der Verbände (1994)

H. Mayer, Hoheitliche Tätigkeiten der Ziviltechniker im Lichte des Gemeinschaftsrechts, ecolex 2008, 96

H. Mayer (Hrsg), Fachwörterbuch zum öffentlichen Recht (2003)

H. Mayer (Hrsg), Staat und „Sekten" – staatliche Information und Rechtsschutz (2001)

O. Mayer, Deutsches Verwaltungsrecht I^2 (1914)

Mayer-Maly, Rechtsphilosophie (2001)

Mayer-Maly, Die Grenzen des Rechts, JBl 2000, 341

Mayer-Maly, Recht in Görres-Gesellschaft (Hrsg), Staatslexikon IV^7 (1988)

Mayer-Maly, Anmerkungen zu einer Theorie der wirklichen Jurisprudenz, JBl 1984, 1

Mayer-Maly, Einführung in die Allgemeinen Lehren des österreichischen Privatrechts (1984)

Mayer-Maly, Ermessen im Privatrecht in Schäffer (Hrsg), FS Melichar (1983) 441

C. Mayr, Organisationsrechtliche Fragen einer einzigen nationalen Akkreditierungsstelle, Jahrbuch Öffentliches Recht 2010, 93

P. G. Mayr, Entscheidungsbesprechung, SpuRt 2010, 63

P. G. Mayr, Vereinsstreitigkeiten zwischen Schlichtungseinrichtung, Gericht und Schiedsgericht, ÖJZ 2009, 539

P. G. Mayr, Schiedsklauseln in Vereinsstatuten, RdW 2007, 331

M. Mayr, Streiten, schlichten, entscheiden – Grundmodelle der Streiterledigung im Sport in Nunner-Krautgasser/Reissner (Hrsg), Schlichtung und Schiedsgerichtsbarkeit im Sport (2011) 11

Mayrhofer, Überlegungen zum Recht der allgemeinen Geschäftsbedingungen (Teil I), JBl 1993, 94

Mayrhofer, Überlegungen zum Recht der allgemeinen Geschäftsbedingungen (Teil II), JBl 1993, 174

Mayrhofer/Nemeth in Fenyves/Kerschner/Vonkilch (Hrsg), Klang^3. KSchG (2006) § 1 KSchG

Mätzler, Die internationalen Organisationsstrukturen im Spitzensport und die Regelwerke der Sportverbände (2009)

Mergel, Der Funktionär in Frevert/Haupt (Hrsg), Der Mensch des 20. Jahrhunderts (2004) 278

Merkel, Volksabstimmungen: Illusion und Realität, APuZ 2011/44–45, 47

Merli, Die allgemeine Handlungsfreiheit, JBl 1994, 233

Merli/Struger, Der Sportverein als Unternehmer in Reissner (Hrsg), Sport als Arbeit (2008) 41

Merten/Papier (Hrsg), Handbuch der Grundrechte VII/1 (2009)

J. Meyer (Hrsg), Charta der Grundrechte der Europäischen Union^3 (2011)

Michels, Zur Soziologie des Parteiwesens in der modernen Demokratie^4 (1989)

Michitsch, Die FIS-Pistenregeln im Vergleich zur StVO, ZVR 2007, 40

Mischler/Ulbrich (Hrsg), Österreichisches Staatswörterbuch I^2 (1905)

von Mohl, Die Polizei-Wissenschaft nach den Grundsätzen des Rechtsstaates II[4] (1866)

Monheim, Die Freiwilligkeit von Schiedsabreden im Sport und das Rechtsstaatsprinzip, SpuRt 2008, 8

More-Hollerweger/Sprajcer/Eder, Einführung – Definitionen und Abgrenzung von Freiwilligenarbeit in Bundesministerium für Arbeit, Soziales und Konsumentenschutz (Hrsg), 1. Bericht zum freiwilligen Engagement in Österreich (2009) 1

Mottl, Doping im Spitzensport als schwerer Betrug, CaS 2010, 159

Möstl/Stark, Der Vereinsexperte (2008)

C. Müller, Das staatliche Gewaltmonopol (2007)

M. Müller, Das besondere Rechtsverhältnis. Ein altes Rechtsinstitut neu gedacht (2003)

Muresan, Die neue Zuständigkeit der Europäischen Union im Bereich des Sports, CaS 2010, 99

Muresan, Potenzieller Missbrauch einer marktbeherrschenden Stellung durch Sportverbände, CaS 2008 264

Muresan, Das „Weissbuch Sport" der Kommission der Europäischen Gemeinschaften, CaS 2007, 281

Nautz, Die Entwicklung des staatlichen Rechtsetzungsmonopols in Europa in Nautz/Brix/Luf (Hrsg), Das Rechtssystem zwischen Staat und Zivilgesellschaft (2001) 21

Nautz/Brix (Hrsg), Taxes, Civil Society and the State. Steuern, Zivilgesellschaft und Staat (2006)

Nautz/Brix/Luf (Hrsg), Das Rechtssystem zwischen Staat und Zivilgesellschaft (2001)

Nerb, Verbände als korporative „Realpersönlichkeiten" im Staat: Otto von Gierke in Sebaldt/Straßner (Hrsg), Klassiker der Verbändeforschung (2006) 259

netzwerk recherche, „In der Lobby brennt noch Licht". Lobbyismus als Schatten-Management in Politik und Medien (2008)

Nicklisch, Gesetzliche Anerkennung und Kontrolle von Verbandsmacht – Zur rechtspolitischen Diskussion um ein Verbandsgesetz in Lüke/Jauernig (Hrsg), FS Schiedermair (1976) 459

Niederberger, Der Verein als Geschäftspartner seiner Mitglieder (1999)

Noll, Der Begriff „Sekte" im Gesetz über die Einrichtung einer Bundesstelle für Sektenfragen in H. Mayer (Hrsg), Staat und „Sekten" – staatliche Information und Rechtsschutz (2001) 37

Nunner-Krautgasser/Reissner (Hrsg), Schlichtung und Schiedsgerichtsbarkeit im Sport (2011)

Nunner-Krautgasser, Insolvenzrecht bricht Verbandsrecht – stimmt das? in Grundei/Karollus (Hrsg), Berufssportrecht II (2008) 89

Oberhofer, Die Risikohaftung wegen Tätigkeit in fremdem Interesse als allgemeines Haftungsprinzip, JBl 1995, 217

Offe, Korporatismus als System nichtstaatlicher Makrosteuerung? Notizen über seine Voraussetzungen und demokratischen Gehalte in Puhle (Hrsg), Kapitalismus, Korporatismus, Keynesianismus (1984) 234

Öhlinger, Die Verankerung des Österreichischen Gemeindebundes in der Bundesverfassung, RFG 2009, 88

Öhlinger, Verfassungsrecht[8] (2009)

Öhlinger, Die Verankerung von Selbstverwaltung und Sozialpartnerschaft in der Bundesverfassung, JRP 2008, 186

Öhlinger, Die Grundrechte in Österreich, EuGRZ 1982, 216

Öhlinger, Verfassungsrechtliche Bemerkungen zu den Gesamtverträgen im Urheberrecht, ÖBl 1976, 89

Ohly, „Volenti non fit iniuria" – die Einwilligung im Privatrecht (2002)

Österreichische Juristenkommission (Hrsg), Selbstbestimmung und Abhängigkeit. Rechtsschutz in „besonderen Rechtsverhältnissen" (2006)

Österreichische Juristenkommission (Hrsg), Aktuelle Fragen des Grundrechtsschutzes (2005)

Österreichischer Juristentag (Hrsg), Verhandlungen des fünften österreichischen Juristentages I 1/B (1973)

Österreichischer Juristentag (Hrsg), Verhandlungen des dritten österreichischen Juristentages I (1967)

Österreichischer Juristentag (Hrsg), Verhandlungen des dritten österreichischen Juristentages II (1967)

Osterkamp, Kritische Psychologie als Wissenschaft der Ent-Unterwerfung, Journal für Psychologie 2003, 176

Osterwalder/Kaiser, Vom Rechtsstaat zum Richtersport? – Fragen zum vorsorglichen Rechtsschutz in der Sportschiedsgerichtsbarkeit der Schweiz, SpuRt 2011, 230

Ostheim, Zur Rechtsfähigkeit von Verbänden im österreichischen bürgerlichen Recht (1967)

Pabel, Verfassungsrechtliche Grenzen der Ausgliederung, JRP 2005, 221

Panagl, Wortbildungstypen und politische Semantik in Panagl/Stürmer (Hrsg), Politische Konzepte und verbale Strategien (2002) 49

Panagl (Hrsg), Fahnenwörter der Politik (1998)

Panagl, „Fahnenwörter", Leitvokabeln, Kampfbegriffe: Versuch einer terminologischen Klärung in Panagl (Hrsg), Fahnenwörter der Politik (1998) 13

Panagl/Stürmer (Hrsg), Politische Konzepte und verbale Strategien (2002)

Perner in Welser (Hrsg) Fachwörterbuch zum bürgerlichen Recht (2005) 69

Pernthaler, Braucht ein positivrechtlicher Grundrechtskatalog das Rechtsprinzip der Menschenwürde? in Akyürek/Baumgartner/Jahnel/Lienbacher/Stolzlechner, FS Schäffer (2006) 613

Pernthaler, Ungeschriebene Grundrechte und Grundrechtsprinzipien in der österreichischen Rechtsordnung in Hammer/Somek/Stelzer/Weichselbaum (Hrsg), Demokratie und sozialer Rechtsstaat in Europa, FS Öhlinger (2004) 450

Pernthaler, Allgemeine Staatslehre und Verfassungslehre[2] (1996)

Pernthaler, Die arbeitsrechtlichen Rechtsetzungsbefugnisse im Lichte des Verfassungsrechts in in W. Schwarz/Spielbüchler/Martinek/Grillberger/Jabornegg (Hrsg), FS Strasser (1983) 3

Pernthaler, Die verfassungsrechtlichen Schranken der Selbstverwaltung in Österreich in Österreichischer Juristentag (Hrsg), Verhandlungen des dritten österreichischen Juristentages I (1967)

Pernthaler, Das Problem der verfassungsrechtlichen Einordnung (Legitimation) des Kollektivvertrages, ZAS 1966, 33

Pernthaler/Walzel v. Wiesentreu, Privatrechtliche Gestaltungselemente des öffentlichen Rechts, ZÖR 2010, 491

Peschl, Schiedsgerichtsverfahren versus Zivilgerichtsverfahren – Gerichtsbarkeit im Verein in Möstl/Stark, Der Vereinsexperte (2008) 109

Pfeil in Schwimann (Hrsg), ABGB – Taschenkommentar (2010) § 1151

J. Pichler, Der FIS-Regelkatalog und der österreichische Pistenordnungsentwurf (POE) – Rechtsvorrang auf Skipisten? ZVR 2006, 94

J. Pichler, Die FIS-Regeln für Skifahrer. Teilweise geändert, teilweise schon Gewohnheitsrecht, ZVR 1991, 353

J. Pichler/Holzer, Handbuch des österreichischen Skirechts (1987)

J. W. Pichler (Hrsg), Rechtsakzeptanz und Handlungsorientierung (1998)

J. W. Pichler, Rechtsakzeptanz und Handlungsorientierung. Eine Einbegleitung in J. W. Pichler (Hrsg), Rechtsakzeptanz und Handlungsorientierung (1998) 22

Pilch-Ortega/Felbinger/Mikula/R. Egger (Hrsg), Macht – Eigensinn – Engagement (2010)

Piskernigg, Zur Lage des staatlichen Gewaltmonopols, JBl 2010, 137

Pisko in Klang (Hrsg), ABGB I/1 (1933) § 1

Pisko in Klang (Hrsg), ABGB I/1 (1933) §§ 2 bis 13 Vorbem

Pisko in Klang (Hrsg), ABGB I/1 (1933) § 10 Vorbem

Popitz, Die normative Konstruktion von Gesellschaft (1980)

Popper, Frühe Schriften (2006)

Porsche-Ludwig, Die Abgrenzung der sozialen Normen von den Rechtsnormen und ihre Relevanz für das Verhältnis von Recht(swissenschaft) und Politik(wissenschaft) (2007)

Potacs, Recht auf Zusammenschluss in Merten/Papier (Hrsg), Handbuch der Grundrechte VII/1 (2009) 437

Potz, Geleitwort in Brünner, „Sekten" im Schussfeld von Staat und Gesellschaft (2004) 19

Potz, Anmerkung zu VfGH 11. 12. 2001, B 1510/00, öarr 2002, 326

Potzmann, Doping, RZ 2008, 202

Prisching, Freiheiten in der postmodernen Welt in E. J. Bauer (Hrsg), Freiheit in philosophischer, neurowissenschaftlicher und psychotherapeutischer Perspektive (2007) 215

Prisching, Die Freiheit der sozialwissenschaftlichen Zeitdiagnosen in Schmidinger/Sedmak (Hrsg), Der Mensch – ein freies Wesen? Autonomie – Personalität – Verantwortung (2005) 209

Prisching, Untertanenmentalität: Bemerkungen zur österreichischen Identität und ihren zeitgeschichtlichen Arabesken in Beer/Marko-Stöckl/Raffler/ F. Schneider (Hrsg), FS Ableitinger (2003) 180

Prisching (Hrsg), Postmoderne Tugenden? (2001)

Prisching, Im Lande der Ambivalenzen in Kriechbaumer (Hrsg), Österreichische Nationalgeschichte nach 1945. Der Spiegel der Erinnerung: Die Sicht von innen I (1998) 639

Prisching, Soziologie[3] (1995)

Puhle (Hrsg), Kapitalismus, Korporatismus, Keynesianismus (1984)

Pürgy, Eigener und übertragener Wirkungsbereich der nicht territorialen Selbstverwaltung, JRP 2006, 298

Rabinovici, Gehorsam und Ungehorsam in Österreich in Brix (Hrsg), Civil Society in Österreich (1998) 181

Raiser, Das Recht der AGB (1961)

Raiser, Vertragsfunktion und Vertragsfreiheit in Caemmerer/Friesenhahn/Lange (Hrsg), 100 Jahre deutsches Rechtsleben I (1960) 101

Raschauer (Hrsg), Grundriss des österreichischen Wirtschaftsrechts[3] (2010)

Raschauer, Wirtschaftsverfassungsrecht und Gemeinschaftsrecht in Raschauer (Hrsg), Grundriss des österreichischen Wirtschaftsrechts[3] (2010) Rz 1

Raschauer, Allgemeines Verwaltungsrecht[2] (2003)

Raschauer, Wirtschaftliche Vereinigungsfreiheit, ÖZW 1992, 11

Raschauer, Grenzen der Wahlfreiheit zwischen den Handlungsformen der Verwaltung im Wirtschaftsrecht, ÖZW 1977, 1

Ratka, Anfechtbarer Gesellschafterbeschluss in Straube (Hrsg), Fachwörterbuch zum Handels- und Gesellschaftsrecht (2005) 15

Rau, Lehrbuch der politischen Ökonomie II[5] (1862)

Rauscher/Scherhak/Hinterleitner, Vereine[5] (2012)

Rebernig, Lizenzierungsverfahren versus Insolvenzverfahren im österreichischen Profifußball, ecolex 2007, 404

Rechberger/Frauenberger, Der Verein als „Richter", ecolex 1994, 5

Rechberger/Simotta, Zivilprozeßrecht[8] (2010)

Reichert, Vereins- und Verbandsrecht[12] (2010)

Reiner, Schiedsverfahren und Gesellschaftsrecht, GesRZ 2007, 151

J. Reisinger, Musterarbeitsvertrag für FußballspielerInnen der Österreichischen Fußball-Bundesliga, RdA 2011, 112

J. Reisinger, Positives und Mängel im Kollektivvertrag der Österreichischen Fussball-Bundesliga, CaS 2011, 168

J. Reisinger, Sportrecht (2011)

L. Reisinger, Der Staatsbegriff Kelsens und Luhmanns Theorie sozialer Systeme in Krawietz/Topitsch/Koller (Hrsg), Ideologiekritik und Demokratietheorie bei Hans Kelsen (1982) 483

Reissner, Hobbysportler, Arbeitnehmer oder freier Dienstnehmer – Rechtsbeziehungen mit Sportlern aus arbeitsrechtlicher Sicht in Reissner (Hrsg), Sport als Arbeit (2008) 1

Reissner (Hrsg), Sport als Arbeit (2008)

Remele, Ziviler Ungehorsam (1992)

Resch, Die beitragsrechtliche Erfassung des Profisportlers in Reissner (Hrsg), Sport als Arbeit (2008) 153

Riedel, Bürger, Staatsbürger, Bürgertum in Brunner/Conze/Koselleck, Geschichtliche Grundbegriffe I (2004) 672

Rieger, Grundherrschaft in Mischler/Ulbrich (Hrsg), Österreichisches Staatswörterbuch I[2] (1905) 34

Riemer, Dopingkontrollen beim Training und im Privatleben von Sportlern, CaS 2008, 126

Rill, Grundlegende Fragen bei der Entwicklung eines Rechtsbegriffs in Griller/Rill, Rechtstheorie. Rechtsbegriff – Dynamik – Auslegung (2011) 1

Rill, Wie können wirtschaftliche und soziale Selbstverwaltung sowie die Sozialpartnerschaft in der Bundesverfassung verankert werden, JRP 2005, 107 ff

Rill, Allgemeines Verwaltungsrecht (1979)

Ringhofer, Referat zu „Die verfassungsrechtlichen Schranken der Selbstverwaltung in Österreich" in Österreichischer Juristentag (Hrsg), Verhandlungen des dritten österreichischen Juristentages II (1967) 28

Risak, Transparenzgebot auch im Arbeitsvertragsrecht? ecolex 2006, 880

Risak, Kollektive Rechtssetzung auch für Nicht-Arbeitnehmer?, ZAS 2002, 165

Robles, Das Recht als Kristallisierung des sozialen Lebens in Becker/Hilty/Stöckli/ Würtenberger (Hrsg), FS Rehbinder (2002) 593

Rösler, 30 Jahre Verbraucherpolitik in Europa. Rechtsvergleichende, programmatische und institutionelle Faktoren, ZfRV 2005/21

Röttgers, Freiheiten und Mächte in Fischer (Hrsg), Freiheit oder Gerechtigkeit (1995) 88

Rummel (Hrsg), Kommentar zum Allgemeinen bürgerlichen Gesetzbuch[3] [2000] (rdb)

Rummel, Privates Vereinsrecht im Konflikt zwischen Autonomie und rechtlicher Kontrolle in W. Schwarz/Spielbüchler/Martinek/Grillberger/Jabornegg (Hrsg), FS Strasser (1983) 813

Rüffler, Schadenersatzansprüche von Verbrauchern und der unternehmerischen Marktgegenseite nach UWG, wbl 2011, 531

Rutschky (Hrsg), Schwarze Pädagogik. Quellen zur Naturgeschichte der bürgerlichen Erziehung[8] (2001)

Ryffel, Rechtssoziologie (1974)

K. Salamun, Zur Aktualität von Ernst Topitschs idologiekritischen Forschungen in Batz (Hrsg), Schwerpunkt: Ernst Topitsch (2004) 73

K. Salamun, Ideologie und Aufklärung (1988)

Saria, Aktuelle Rechtsprechung zum Vereinsrecht in Grundei/Karollus (Hrsg), Berufssportrecht IV (2011) 61

Saria, Zur Gleichsetzung der Technikklauseln mit ÖNORMEN, bbl 2009, 172

Sautner, Die Gewalt bei der Nötigung (2002)

Schaar, Streitbeilegung und Doping in Nunner-Krautgasser/Reissner (Hrsg), Schlichtung und Schiedsgerichtsbarkeit im Sport (2011) 83

Schauer in Kletečka/Schauer (Hrsg), ABGB-ON 0.01 § 1 [2010] (rdb)

Schauer in Kletečka/Schauer (Hrsg), ABGB-ON 1.00 § 16 [2010] (rdb)

Schauer in Kletečka/Schauer (Hrsg), ABGB-ON 1.00 § 26 [2010] (rdb)

Schäffer, Grundrechtliche Organisations- und Verfahrensgarantien in Merten/Papier (Hrsg), Handbuch der Grundrechte VII/1 (2009) 525

Schäffer (Hrsg), Theorie der Rechtsetzung (1988)

Schäffer, Über Möglichkeit, Notwendigkeit und Aufgaben einer Theorie der Rechtsetzung in Schäffer (Hrsg), Theorie der Rechtsetzung (1988) 11

Schäffer (Hrsg), FS Melichar (1983)

Schäffer, Rechtsquellen und Rechtsanwendung in Österreichischer Juristentag (Hrsg), Verhandlungen des fünften österreichischen Juristentages I 1/B (1973)

Schauer in Kalss/Nowotny/Schauer, Österreichisches Gesellschaftsrecht (2008) Rz 1/66

Scheiber, Neue Wege beim Schutz von Kindern vor Gewalt. Aktuelle justizpolitische Überlegungen, iFamZ 2008, 108

Scherhak/Szirba, Das österreichische Vereinsrecht (1999)

Schilcher, Franz Anton von Zeiller als Gesetzgeber und Begründer einer bürgerlichen Rechtskultur in Acham (Hrsg), Rechts-, Sozial- und Wirtschaftswissenschaften aus Graz (2011) 300

Schilcher, Gedanken zum Ausbau des Grundrechtsschutzes in Österreichische Juristenkommission (Hrsg), Aktuelle Fragen des Grundrechtsschutzes (2005) 169

Schilcher, Geschäftsgrundlage und Anpassungsklauseln im Zivilrecht, VR 1999, 32

Schilcher, Starke und schwache Rechte. Überlegungen zu einer Theorie der subjektiven Rechte in Koziol/Rummel (Hrsg), FS F. Bydlinski (2002) 353

Schilcher, Das Transparenzgebot im Vertragsrecht in Aicher/Holoubek (Hrsg), Der Schutz von Verbraucherinteressen (2000) 99

Schilcher, Prinzipien und Regeln als Elemente einer Theorie des gebundenen Ermessens in Schilcher/Koller/Funk (Hrsg), Regeln, Prinzipien und Elemente im System des Rechts (2000) 153

Schilcher, Pentalog zur Verbesserung der Rechtsakzeptanz in J. W. Pichler (Hrsg), Rechtsakzeptanz und Handlungsorientierung (1998) 293

Schilcher, Gesetzgebungstheorie und Privatrecht in G. Winkler/Schilcher (Hrsg), Gesetzgebung (1981) 35

Schilcher/Koller/Funk (Hrsg), Regeln, Prinzipien und Elemente im System des Rechts (2000)

Scherrer, Amateure und Profis im Sport(Recht), CaS 2009, 95

Scheuerle, Das Wesen des Wesens, AcP 1963, 429

Schleiter, Globalisierung im Sport (2009)

Schlesinger in Klang (Hrsg), ABGB II/2 (1934)

Schlosser/Hartl/Schlosser, Die allgemein anerkannten Regeln der Technik und ihr Einfluss auf das (Bau-)Werkvertragsrecht, ÖJZ 2009, 58

Schmaranzer, Über die Gesetzeskraft von (Marginal-)Rubriken - unter besonderer Berücksichtung der ABGB-Rubriken, JBl 2004, 497

Schmid, Ideologie und Rationalität in Batz (Hrsg), Schwerpunkt: Ernst Topitsch (2004) 82

Schmidinger/Sedmak (Hrsg), Der Mensch – ein freies Wesen? Autonomie – Personalität – Verantwortung (2005)

Schmoller, Verletzung oder Tötung des Gegners im Kampf- und Wettkampfsport: (k)ein Fall des Strafrechts? in Urnik (Hrsg), Sport und Gesundheit in Wirtschaft und Gesellschaft (2007) 189

C. F. *Schneider*, Buchpreisbindung verfassungskonform? ecolex 2000, 852

G. *Schneider*, Der Berufssportler. Persönlichkeit – Ausbildung – Berufsbild in Grundei/Karollus (Hrsg), Berufssportrecht III (2008) 21

K. H. *Schneider*, Geschichte der Bauernbefreiung (2010)

Schneller, Rechtsfragen der betrieblichen Aus- und Weiterbildung, RdA 2011, 407

Schopper, Die Verwendung unzulässiger Allgemeiner Geschäftsbedingungen als Wettbewerbsverstoß, ecolex 2010, 684

Schöpflin, Civil Society, Ethnizität und der Staat: eine dreiseitige Beziehung in Brix (Hrsg), Civil Society in Österreich (1998) 47

Schrammel, Die Kollektivvertragsangehörigkeit gemäß § 8 Z 1 ArbVG, ZAS 1993, 5

Schroeder, Sportrecht und Europäisches Wettbewerbsrecht, SpuRt 2006, 1

Schulev-Steindl, Zur Struktur subjektiver Rechte – oder: Was wir von Hohfeld lernen können in Bemmer/Holzinger/Vogl/Wenda (Hrsg), Rechtsschutz gestern – heute – morgen. Festgabe Machacek und Matscher (2008) 421

Schulev-Steindl, Diskussionsbeitrag in Österreichische Juristenkommission (Hrsg), Selbstbestimmung und Abhängigkeit. Rechtsschutz in „besonderen Rechtsverhältnissen" (2006) 65

Schummer, Die zivilrechtliche Haftung des Sportfunktionärs in Hinteregger (Hrsg), Der Sportverein (2009) 104

Schuppert, Politische Kultur als Institutionelle Kultur in Grote/Härtel/Hain/ Schmidt/Schmitz/Schuppert/Winterhoff (Hrsg), FS Starck (2007) 117

F. Schuster, Eine starke Stimme wird gehört! pferderevue 2012/1, 75

F. Schuster, Ethische Grundsätze des Pferdefreundes, pferderevue 2009/2, 43

F. Schuster, Bergauf & bremsen?! pferderevue 2006/3, 7

F. Schuster, Pferdesport und Spiel, pferderevue 2006/11, 7

F. Schuster, Freizeit vs. Wettkampf, pferderevue 2005/10, 7

H. Schuster, Recht im Reitstall (2006)

Schütrumpf, Anmerkungen in Aristoteles, Politik I (1991) 222

A. Schwarz, Pistenregeln und Haftungsfragen – zur Neufassung der FIS-Regeln, ecolex 2004, 939

W. Schwarz/Spielbüchler/Martinek/Grillberger/Jabornegg (Hrsg), FS Strasser (1983)

Schwimann (Hrsg), ABGB – Taschenkommentar (2010)

Schwimann (Hrsg), Praxiskommentar zum ABGB I^3 (2005)

Sebaldt/Straßner (Hrsg), Klassiker der Verbändeforschung (2006)

Serozan, Einschränkung der Vertragsfreiheit durch soziale Schutzgedanken, JBl 1983, 561

Sieber, Rechtliche Ordnung in einer globalen Welt. Die Entwicklung zu einem fragmentierten System von nationalen, internationalen und privaten Normen, Rechtstheorie 2010, 151

Skarwada, Das österreichische Vereins- und Versammlungsrecht (1949)

Skocek, Der Verband ist der Staat, irgendwie, Der Standard 19.02.1995, 25

Sofsky, Traktat über die Gewalt (1996)

Sommeregger, Außergerichtliche Streitbeilegung im Skisport in Nunner-Krautgasser/Reissner (Hrsg), Schlichtung und Schiedsgerichtsbarkeit im Sport (2011) 34

Sommeregger, Sportschiedsgerichtsbarkeit in Österreich (2009)

Stanzer, Das Ehrenamt im Sportverein (2003)

Stefula, Rechtsnatur, Verbindlichkeit und Zulässigkeit nichtlegislativer Tabellen, JRP 2002, 146

Stefula/Thunhart, Die Ausübung der elterlichen Obsorge durch Dritte. Zulässigkeit und Grenzen der Delegierung elterlicher Rechte und Pflichten, iFamZ 2009, 70

Stein, Das Weißbuch der EU-Kommission zum Sport, SpuRt 2008, 46

Steiner, Quo vadis Sportrecht? CaS 2009, 14

Steiner, Verfassungsrechtliche Bemerkungen zu Bernhard Pfisters Theorie des Sportrechts, CaS 2009, 103

Steiner, Was des Staates ist und was des Sports, SpuRt 2009, 222

Steiner, Der Sport als Gegenstand des Verfassungsrechts, SpuRt 2008, 222

Steiner, Die Autonomie des Sports (2003)

Steindl, Amt oder soziale Institution? NZ 2003/13

Steinhauer, Von der Inquisition zur Lehrbeanstandung. Ein historischer Rückblick in Haas/Steinhauer (Hrsg), Festgabe Rivinius (2006) 289

Stepanians, Einleitung: „Rights is a term that drips confusion" in Stepanians (Hrsg), Individuelle Rechte (2007) 7

Stepanians (Hrsg), Individuelle Rechte (2007)

Stingl, Die Rolle der Vereinsbehörde als Straf- und Aufsichtsbehörde in Möstl/Stark, Der Vereinsexperte (2008) 121

Stock (Hrsg), Ziviler Ungehorsam in Österreich (1986)

Stock, Ziviler Ungehorsam in Österreich – eine Einbegleitung in Stock (Hrsg), Ziviler Ungehorsam in Österreich (1986) 9

Stöckler, Ziviler Ungehorsam und illegaler Kampf – historische Überlegungen in Stock (Hrsg), Ziviler Ungehorsam in Österreich (1986) 61

Stolleis (Hrsg), Juristen. Ein biographisches Lexikon (1995)

Strakosch, Die Verbandsstruktur des Staates als internationales Ordnungsprinzip, ÖZöRV 1979, 177

Strasser, Aufklärung über die Aufklärung? in Krawietz/Topitsch/Koller (Hrsg), Ideologiekritik und Demokratietheorie bei Hans Kelsen (1982) 103

Straube (Hrsg), Fachwörterbuch zum Handels- und Gesellschaftsrecht (2005)

Streinz, EG-Freizügigkeit für Sportler in Studiengesellschaft für Wirtschaft und Recht (Hrsg), Sport und Recht (2005) 83

Studiengesellschaft für Wirtschaft und Recht (Hrsg), Sport und Recht (2005)

Sugenheim, Geschichte der Aufhebung der Leibeigenschaft und Hörigkeit in Europa um die Mitte des Neunzehnten Jahrhunderts (1861)

Süssmuth, Grußwort in J. W. Pichler (Hrsg), Rechtsakzeptanz und Handlungsorientierung (1998) 13

Terlitza/Weber, Zur Schiedsfähigkeit gesellschaftsrechtlicher Streitigkeiten nach dem SchiedsRÄG 2006, ÖJZ 2008, 1

Teubner, Globale Bukowina. Zur Emergenz eines transnationalen Rechtspluralismus, RJ 1996, 255

Teubner, Unternehmenskorporatismus, KritV 1987, 61

Tezner, Österreichisches Vereins- und Versammlungsrecht[5] (1913)

Thallinger, Extraterritoriale Anwendbarkeit in Heissl (Hrsg), Handbuch Menschenrechte (2009) 50

Thienel, Rechtsstaatliche Probleme der Verbindlicherklärung von ÖNORMen, ecolex 1993, 129

Thomasser, Der Homo occupatus als (ideales) Herrschaftsobjekt in Brünner/ Hauser/Hitzler/Kurz/Pöllinger/Reininghaus/Thomasser/Tichy/Wilhelmer (Hrsg), FS Prisching II (2010) 917

Thomasser, Das verbandliche Gewaltverhältnis. Eine Annäherung in Koubek/Möstl/ Pöllinger/Prisching/Reininghaus (Hrsg), FS Schachner-Blazizek (2007) 173

Thomasser, Tendency of Private Taxation in Civic Membership Associations, as represented in the example of an Austrian national sports federation, in Nautz/Brix, Taxes, Civil Society and the State. Steuern, Zivilgesellschaft und Staat (2006) 183

Thomasser, Vereinsgesetz 2002: Ist der Tatbestand der Autoritätsanmaßung obsolet? in Eitner/Getzinger/Hauser/Muchitsch (Hrsg), FS Schachner-Blazizek (2002) 179

Tipold, Zur Auslegung des § 107b StGB (Fortgesetzte Gewaltausübung), JBl 2009, 677

Tomandl, Rechtsstaat Österreich: Illusion oder Realität? (1997)

Tomandl/Schrammel, Die Rechtsstellung von Vertrags- und Lizenzfußballern, JBl 1972, 234, 282

Topitsch, Überprüfbarkeit und Beliebigkeit (2005)

Topitsch, Erkenntnis und Illusion. Grundstrukturen unserer Weltauffassung[2] (1988)

Topitsch (Hrsg), Logik der Sozialwissenschaften (1984)

Topitsch, Sprachlogische Probleme der sozialwissenschaftlichen Theoriebildung in Topitsch (Hrsg), Logik der Sozialwissenschaften (1984) 15

Topitsch, Hans Kelsen – Demokrat und Philosoph in Krawietz/Topitsch/Koller (Hrsg), Ideologiekritik und Demokratietheorie bei Hans Kelsen (1982) 11

Topitsch (Hrsg), FS Kraft (1960)

Topitsch, Über Leerformeln. Zur Pragmatik des Sprachgebrauchs in Philosophie und politischer Theorie in Topitsch (Hrsg), FS Kraft (1960) 233

Topitsch, Sachgehalte und Normsetzungen, ARSP 1958, 189

Topitsch, Vom Ursprung und Ende der Metaphysik (1958)

Topitsch/Salamun, Ideologie (1972)

de Tocqueville, Über die Demokratie in Amerika (1976)

Trappe, Gruppentheorie und Gesellschaftspolitik. Feststellungen zu sozialen intermediären Gewalten und Gruppenpluralismus in Trappe (Hrsg), Politische und gesellschaftliche intermediäre Gewalten im sozialen Rechtsstaat (1990) 287

Trappe (Hrsg), Politische und gesellschaftliche intermediäre Gewalten im sozialen Rechtsstaat (1990)

Trappe, Die elitären Machtgruppen in der Gesellschaft – oder: Über die Geschlossenheit der offenen Gesellschaft (1988)

Trappe, Kritischer Realismus in der Rechtssoziologie (1983)

Trappe, Kritischer Realismus in der Rechtssoziologie in Trappe, Kritischer Realismus in der Rechtssoziologie (1983) 1

Trappe, Macht und Recht in Trappe, Kritischer Realismus in der Rechtssoziologie (1983) 12

Trappe, Über die Anonymisierung von Verantwortung in Trappe, Kritischer Realismus in der Rechtssoziologie (1983) 48

Trappe, Ausserrechtliche Normsysteme in *Eichenberger/Buser/Métraux/Trappe* (Hrsg), Grundfragen der Rechtssetzung (1978) 149

Trappe, Einleitung. Die legitimen Forschungsbereiche der Rechtssoziologie in Geiger, Vorstudien zu einer Soziologie des Rechts (1964) 13

Triendl, ÖNORMEN und sonstige technische Richtlinien in Auflagen anlagenrechtlicher Bescheide, ecolex 2007, 641

Triffterer, Kriminologische Erscheinungsformen des Machtmißbrauchs und Möglichkeiten zu ihrer Bekämpfung, ZfRV 1991, 184 und 262

Trost, „Verkauft", „zurückgetreten", „kostenlos frei", „sich selbst gehörend" – Fragen der Beendigung des Sportler-Arbeitsverhältnisses in Reissner (Hrsg), Sport als Arbeit (2008) 97

von Trotha, Jenseits des Staates: Neue Formen politischer Herrschaft in Akude/Daun/Egner/Lambach (Hrsg), Politische Herrschaft jenseits des Staates (2011) 25

Uhlenbrock, Der Staat als juristische Person (2000)

Urnik (Hrsg), Sport und Gesundheit in Wirtschaft und Gesellschaft (2007)

Usteri, Individuation und Recht in Becker/Hilty/Stöckli/Würtenberger (Hrsg), FS Rehbinder (2002) 603

Vanay, „Der Sport ist gegen den Menschen!" (Interview mit Robert Redeker), mobile 2003/03, 48

Vašek, Der normative Gehalt der Menschenwürdeklauseln in UbG und HeimAufG, RdM 2009, 108

Verschraegen in Kletečka/Schauer (Hrsg), ABGB-ON 0.01 § 1056 [2010] (rdb)

VKI, Konsumentenschutzgesetz - KSchG ist am 1.10.2009 30 Jahre alt, VRInfo 2009 H 10, 1

Vosgerau, Zur Kollision von Grundrechtsfunktionen, AöR 2008, 346

VVDStRL, Die Gleichheit vor dem Gesetz im Sinne des Art 109 der Reichsverfassung (1927)

Walter (Hrsg), Schwerpunkte der Reinen Rechtslehre (1992)

Walter/ H. Mayer/Kucsko-Stadlmayer, Bundesverfassungsrecht[10] (2007)

M. Weber, Wirtschaft und Gesellschaft[5] (1980)

Weiler, Die Ordnung des Fortschritts. Zum Aufstieg und Fall der Fortschrittsidee in der „jungen" Anthropologie (2006)

Weinberger, Akzeptanz, Akzeptabilität und Diskurs. Eine demokratietheoretische Überlegung in J. W. Pichler (Hrsg), Rechtsakzeptanz und Handlungsorientierung (1998) 73

Weinberger, Moral und Vernunft (1992)

Weinreich, Die globale Spezialdemokratie in Weinreich (Hrsg), Korruption im Sport. Mafiose Dribblings – Organisiertes Schweigen (2006) 33

Weinreich (Hrsg), Korruption im Sport. Mafiose Dribblings – Organisiertes Schweigen (2006)

Weinreich/Wulzinger, Tiefe Taschen, Der Spiegel 2011/23, 149

Weitnauer, Der Schutz des Schwächeren im Zivilrecht (1975)

Wengeler, Beabsichtigter Sprachwandel und die „unsichtbare Hand". Oder: Können „verbale Srategien" die Bedeutungsentwicklung „brisanter Wörter" beeinflussen? in Panagl/Stürmer (Hrsg), Politische Konzepte und verbale Strategien (2002) 63

Wenninger, Geschichte der Lehre vom besonderen Gewaltverhältnis (1982)

Welser (Hrsg) Fachwörterbuch zum bürgerlichen Recht (2005)

Wess, Rechtliche Rahmenbedingungen bei Durchführung von Sportveranstaltungen, insbesondere Fußball in Grundei/Karollus (Hrsg), Berufssportrecht I (2008) 177

Westphal, Der finale Rettungsabschuss - ist das deutsche Luftsicherheitsgesetz verfassungsgemäß? juridikum 2006, 138

Wiebe/Kodek (Hrsg), Kommentar zum UWG (2009)

Wiesinger/Wohlgemuth, ÖNORMen im Leistungsvertrag, ZVB 2006/91

Wilburg, Entwicklung eines beweglichen Systems im bürgerlichen Recht (1950)

Wilhelm, Zur Doppelzession bei Factoring und verlängertem Eigentumsvorbehalt, ecolex 1990, 739

Wiltschek, Die UWG-Novelle 2007, ÖBl 2007, 97

Wiltschek, UWG[2] (2007)

G. Winkler, Rechtspersönlichkeit und autonomes Satzungsrecht als Wesensmerkmale in der personalen Selbstverwaltung, ÖJZ 1991, 73

G. Winkler/Schilcher (Hrsg), Gesetzgebung (1981)

R. Winkler, Die Grundrechte der Europäischen Union (2006)

Wittkämper, Bürokratieüberwälzung – Begriff, Problem- und Streitstand in Dickertmann/König/Wittkämper (Hrsg), Bürokratieüberwälzung. Stand, Ursachen, Folgen und Abbau (1982) 3

Wohlmeyer, Globales Schafe scheren (2006)

Wong, Streitbeilegung durch Schiedsverfahren: Court of Arbitration for Sports (CAS)/Tribunal Arbitral du Sport (TAS) in Nunner-Krautgasser/Reissner (Hrsg), Schlichtung und Schiedsgerichtsbarkeit im Sport (2011) 93

Zalten, Zum Prozess der Rechtssoziologie: Soziale Kontrolle und Recht im Lichte objektiver Wirkfaktoren des Geltungsanspruchs von Normen in Kamenka/ Summers/Twining (Hrsg), Soziologische Jurisprudenz und realistische Theorien des Rechts (1986) 231

Zanger, Auswirkungen mangelnder Transparenz von Energierechnungen auf die einzelnen Energieunternehmen, OZK 2009, 95

Zappl, Praxishandbuch Pferderecht (2010)

Zapotoczky, Vereine als Spiegelbilder der (Zivil)-Gesellschaft? in Brix/Richter (Hrsg), Organisierte Privatinteressen (2000) 165

Zedler, Großes vollständiges Universal-Lexikon X^2 (1994)

Zeinhofer, Rechtliche Grundlagen der Dopingbekämpfung in Österreich, CaS 2010, 326

Zeleny, Enthält die österreichische Bundesverfassung ein antinationalsozialistisches Grundprinzip? juridikum 2004, 182

Zeleny, Behörde in H. Mayer (Hrsg), Fachwörterbuch zum Öffentlichen Recht (2003) 58

Zeleny, positives Recht in H. Mayer (Hrsg), Fachwörterbuch zum Öffentlichen Recht (2003) 356

Zeleny, Verweisung in H. Mayer (Hrsg), Fachwörterbuch zum Öffentlichen Recht (2003) 520

Zimmer, Vereine – Zivilgesellschaft konkret^2 (2007)

Zippelius, Ausschluss und Meidung als rechtliche und gesellschaftliche Sanktionen in Gruter/Rehbinder (Hrsg), Ablehnung – Meidung – Ausschluss. Multidisziplinäre Untersuchungen über die Kehrseite der Vergemeinschaftung (1986) 11

Zirngiebl, Studien über das Institut der Gesellschaft Jesu mit besonderer Berücksichtigung der pädagogischen Wirksamkeit dieses Ordens in Deutschland (1870)

Zobkow, Das Verhältnis der Statuten zum Gesetz, GZ 1910, 254

Zöpel, Der Staat der Zukunft – Zum Stand der Diskussion in Hesse/Zöpel (Hrsg), Der Staat der Zukunft (1990) 175

Zumbansen, Lex Mercatoria, Schiedsgerichtsbarkeit und Transnationales Recht, RabelsZ 2003, 637

Anhänge

Anhang I:

Graphische Übersicht
zum Verhältnis der drei Akteure
Staat – Staatsbürger (Verbandsuntertan) –
Sportverband
in Hinblick auf die
Normen des Vereins = verbandliche
Normenordnung
bestehend aus

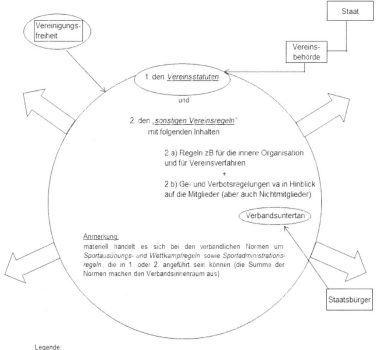

Legende:

„○-' (also runde bzw elliptische) Zeichen stehen für den Verein/Verband, seinen Normenraum/Machtbereich und die Verbandsuntertanen

„□-' (also eckige) Zeichen stehen für den Staat, seine Normwirkungen und die Staatsbürger

„⇨-' Zeichen stehen für die Abwehr- bzw Abhaltewirkungen des Vereins/Verbandes gegenüber dem Staat, insbesondere aufgrund der Vereinigungsfreiheit

Anhang II: bottom-up-Darstellung des verbandlich organisierten Reitsports in Österreich (2011)

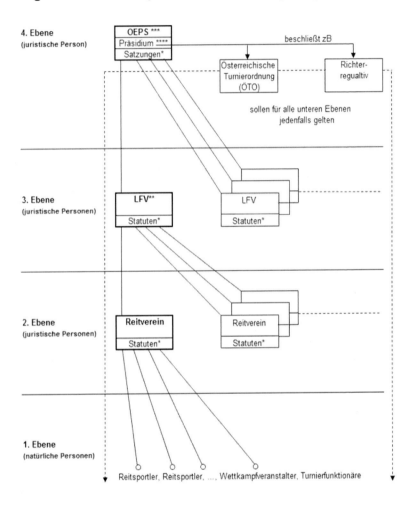

* Statuten oder synonym Satzung (müssen der Vereinsbehörde vorgelegt - "angezeigt" - werden)
** LFV = Landesfachverband für Reiten und Fahren (zB in Salzburg) - insgesamt 9 in Österreich
*** OEPS = Österreichischer Pferdesportverband
**** Präsidium = ein (wichtiges) Organ des OEPS

Anhang III: Gebührenordnung der ÖTO 2011

Abschnitt 1: Turnierwesen

1. Lizenzen

Lizenz mit „Fena Turnierinformation – Gelbe Seiten"	€ 87,-
Lizenz ohne „Fena Turnierinformation – Gelbe Seiten"[1]	€ 59,-
Zusätzliche Amateurlizenz für FEI-Springturniere	€ 22,-
Fena Turnierinformation – Gelbe Seiten Wunschabo	€ 28,-
Lizenz Umschreibung während des Jahres	€ 20,-
Startkarte mit „Fena Turnierinformation – Gelbe Seiten"	€ 50,-
Startkarte ohne „Fena Turnierinformation – Gelbe Seiten"	€ 22,-
Gastlizenz pro Turnier und Reiter/Fahrer[2]	
für Kat. A	€ 25,-
für Kat. B und C max. (nur über LFV)	€ 22,-
Turnierscheckheft	€ 3,-
Einverständniserklärung für Auslandsstarts lt. § 105	€ 22,-
Einverständniserklärung für Jahresauslandslizenz	€ 35,-
Bearbeitung für Auslandsstarts pro Turnier	
(Ausnahme: Kaderreiter)	€ 22,-

[1] Verzicht nur möglich, wenn eine andere im Haushalt lebende Person ein Abo hat.
[2] Ausnahme: Gebührenbefreiung bei Gegenseitigkeitsabkommen.

2. Pferdegebühren

OEPS-Turnierpferdegebühr Erstm. inkl. Pferdepass f. Mitglieder	€ 50,-
OEPS-Turnierpferdegebühr Erstmeldung mit Arzneimittelh., ohne Pferdepass	€ 35,-
OEPS-Turnierpferdegebühr Erstmeldung ohne Pferdepass	€ 30,-
OEPS-Turnierpferdegebühr Fortschreibung (Jahresgebühr)	€ 20,-
OEPS-Pferdepass für bereits registrierte Turnierpferde	€ 20,-
OEPS-Pferdepass für registrierte Turnierpferde – DUPLIKAT	€ 50,-
OEPS-Pferdepass für nicht reg. Pferde für Mitglieder – DUPLIKAT	€ 50,-
OEPS-Pferdepass für nicht reg. Pferde für Nicht-Mitglieder – DUPLIKAT	€ 70,-
OEPS-Pferdepass für nicht registrierte Pferde für Mitglieder	€ 25,-
OEPS-Pferdepass für Nicht-Mitglieder	€ 70,-
OEPS-Pferdepass Korrektur	€ 10,-
Mappe Arzneimittelbehandlung für Mitglieder	€ 15,-
Mappe Arzneimittelbehandlung für Nicht-Mitglieder	€ 20,-
Besitzwechsel Turnierpferd – Pferdepass vorhanden	€ 15,-
Besitzwechsel Turnierpferd – Pferdepass vorhanden, aber keine Arzneimittelbehandlung	€ 20,-
Besitzwechsel Turnierpferd – Pferdepass vorhanden	€ 15,-
Besitzwechsel – Pferdepass vorhanden für Nicht-Mitglieder	€ 30,-
Namensänderung Pferd für Mitglieder	€ 15,-
Namensänderung Pferd für Nicht-Mitglieder	€ 30,-
Namensänderung Turnierpferd – keine Arzneimittelbeh. vorhanden	€ 20,-
Namensänderung Turnierpferd	€ 15,-
FEI-Pferdepass (vier Jahre Gültigkeit)	€ 175,-
FEI-Hülle für österr. Pferdepass (vier Jahre Gültigkeit)	€ 175,-

FEI Pferdepass für Ponies (4 Jahre Gültigkeit)	€ 37,-
FEI-Pferdepass, Verlängerung 4 Jahre	€ 160,-
FEI-Pferdepass für Ponies, Verlängerung 4 Jahre	€ 37,-
Duplikat FEI-Pferdepass	€ 70,-
FEI Namensänderung o. kommerzieller Name – Pferde mit FEI-Pass	€ 650,-
FEI Leasing-Vereinbarung	€ 600,-
Ersatzpferdenummern beim OEPS	€ 10,-
Y-Kopfnummern beim Turnier	€ 50,-
Einsatz Stoffnummer/Wagennummer	€ 5,-
Expressausstellung/Verlängerung Pferdepass [3] – Zusatzgebühr	€ 70,-

[3] kann nur bei entsprechender Kapazität angeboten werden – bitte anfragen

Faxbestätigung für Startberechtigung	€ 15,-
FEI-Pferderegistrierung für internat. Turniere	€ 13,-
FEI-Reiterregistrierung für internat. Turniere	€ 13,-

3. Sonderprüfungen (Abzeichen und Lizenzprüfungen)

Jugendreiterabzeichen	€ 35,-
Reiterabzeichen	€ 35,-
Fahrerabzeichen	€ 35,-
Voltigierabzeichen	€ 35,-
Reiterpass	€ 35,-
OEPS	€ 10,-
Reiternadel	€ 35,-
OEPS	€ 10,-
Wanderreiterabzeichen	€ 35,-
OEPS	€ 10,-
Western Riding Certificate incl. Buckle	€ 45,-
Österreichisches Westernreitabzeichen bronze	
Buckle über OEPS ohne Gravur	€ 60,-
Buckle über OEPS mit Gravur	€ 65,-
Pleasure Driving Certificate m. Anstecknadel	€ 40,-
Großes Hufeisen (PS&S)	€ 10,-
Kleines Hufeisen (PS&S)	€ 10,-
Personalisierter Zusatzbuckle (Bestellung über LFV)	€ 60,-
Lizenzprüfung	€ 40,-

4. Gebühren bei Veranstaltungen
4.1 OEPS-Turniergebühr:

Kalendergebühr	
Bei verspäteter Anmeldung	€ 130,-
Änderung eines Termins	€ 260,-
Turniere über ZNS	
Gebühr pro genanntes Pferd (lt. Nennliste)	€ 4,-
Turniere nach FEI Reglement:	
3 % der Geldpreise aber mindestens:	
für alle Turniere lt. FEI-Reglement	€ 350,-
Veröffentlichung der Ausschreibungen durch den OEPS	
je angefangene Spalte	€ 45,-

Missachtung der Bestimmungen der ÖTO
durch den Veranstalter   ab € 300,-
Nicht fristgerechte Vorlage der Ergebnisse
   Fristüberschreitung um zwei Wochen   € 100,-
   Fristüberschreitung um vier Wochen   € 200,-
   Fristüberschreitung um sechs Wochen   € 300,-
Vergütung für Turnierausschreibungen in korrekter digitaler Form € 20,-
Eingabegebühr für Nicht-EDV-Mäßig übermittelte oder
unvollständige Ausschreibungen   € 15,-
Ergebnisfassung durch OEPS (für alle Sparten +Kategorien) –
je Zeile   € 0,50
Ausnahme: Bei einem seitens des OEPSs nichtkompatiblen
Programms   € 2,-
Einspruch gegen Folgewirk. d. Roten Karte § 2017 Abs. 3   € 50,-
Beschwerde gegen eine vorläufige Maßnahme § 2024 Abs. 3 € 50,-
Berufung § 2026 Abs. 5   € 50,-
Wiederaufnahme § 2029 Abs. 5   € 50,-
Geldbetrag bei Einstellung des Verfahrens
gem. § 2020   € 70,- bis € 500,-
Eingabegebühr für internationale Turniere generell   € 50,-

4.2 FEI Turniergebühren:
Kalender-Eintragung *-Turnier   € 305,-
ab **-Turnier   € 400,-
Verspätete Anmeldung *-Turnier   € 610,-
   je Logo   € 22,-
   Änderung / Ergänzung einer Ausschreibung   € 45,-
Änderung der Turnierdaten (Datum, Ort, Kategorie)
   A-Turniere   € 700,-
   B-Turniere   € 500,-
   C-Turniere   € 300,-
Turnierabsagen
Internationale Turniere   € 2.000,-
   A-Turniere   € 1.500,-
   B-Turniere   € 1.000,-
   C-Turniere   € 300,-
Nicht fristgerechte Vorlage der Ausschreibung im OEPS € 100,-
Nicht korrekt vorgelegte Ausschreibung (gem. ÖTO)
   erstes Mal   € 50,-
   zweites Mal   € 100,-
   ab dem dritten Mal   € 200,-
Geldbußen gem. § 2014 Abs. 3   mind.€ 70,-
ab **-Turnier   € 800,-
Änderung des Termines etc. *-Turnier   € 305,-
Ab **-Turnier   € 400,-
Turniergebühr
   4,7 % der Geldpreise bis € 90.909,-
   plus 4,2 % der Geldpreise von € 90.909,- bis € 151.515,-
   plus 3,7 % der Geldpreise über € 151.515,- bis € 303.030,-
   plus 2,5 % der Geldpreise über € 303.030,- bis € 484.848,-

Mindestgebühr jedoch *-Turnier €　303,-
Mindestgebühr ab **-Turnier €　365,-
Medication Control Gebühr (MCP)
3,5 % der Geldpreise bis € 68.000,-
plus 2,0 % der Geldpreise von € 68.000,-
bis € 136.000,-
plus 1,0 % der Geldpreise über € 136.000,-
Mindestgebühr jedoch *-Turnier €　290,-
Mindestgebühr ab **-Turnier €　320,-
MCP Gebühr pro Pferd (CHF 12,50)
(zu zahlen an den Veranstalter) €　10,00

**4.3 Reiter-, Fahrer- und Voltigierertreffen
(keine Kalendergebühr)**
inklusive Versicherung lt. LFV €　50,-

4.4. Breitensportliche Veranstaltungen
Kalendergebühr inkl. Versicherung €　50,-

5. Nenn- und Startgelder:
Nenngeld für Eintages-Turniere €　16,-
Nenngeld für Mehrtages-Turniere €　25,-
Nenngeld für Springturniere Kat. B/B* €　25 - 30
Nenngeld für Springturniere Kat. A/A* €　25 - 50
Nenngeld für Vielseitigkeitsturniere €　25,-
Nenngeld für Eintages-Fahrturniere pro Gespann 16,-
Nenngeld für Mehrtages-Fahrturniere pro Gespann €　25,-
Nenngeld und/oder Startgeld für TREC frei
Sportförderbeitrag – pro Start €　1,-
Startgeld für Bewerbe ohne Geldpreis €　10,-
Startgeld für Bewerbe mit Geldpreis
lt. Mindestgeldpreistabelle €　18,-
Startgeld für Bewerbe mit erhöhtem Geldpreis, max. die Hälfte des
letztausgezahlten Geldpreises
Startgeld für „Bewerbe für Reiter und Fahrer ohne Lizenz"
gem. § 801 €　13,-
Startgeld für Dressurbewerbe ohne Geldpreis bei getrenntem
Richtverfahren €　13,-
Startgeld für Dressurbewerbe mit Geldpreis bei getrenntem
Richtverfahren €　18,-
Startgeld Vielseitigkeitsbewerbe
　Startgeld Vielseitigkeit ohne Geldpreis €　35,-
　Startgeld Vielseitigkeit mit Geldpreis €　40,-
　Startgeld bei Eintagesvielseitigkeiten ohne Geldpreis €　45,-
　Startgeld bei Eintagesvielseitigkeiten mit Geldpreis €　55,-
Startgeld Voltigierbewerbe
　Startgeld Gruppenvoltigieren €　30,-
　Startgeld Einzelvoltigieren €　10,-
　Startgeld Pas-de-Deux-Voltigieren €　10,-
Startgeld Fahrbewerbe pro Gespann
　Startgeld pro Fahrbewerbe €　10,-

Startgeld Vielseitigkeit ohne Marathon	€ 11,-
Startgeld Vielseitigkeit mit Marathon	€ 22,-
Startgeld Distanzritte	
Startgeld Distanzritt pro km	€ 0,75
Internationale Bewerbe	
Nenn- und Startgeld laut Ausschreibung	
Aufschlag bei Nachnennungen auf das Nenngeld	
für alle Turniere	€ 36,-
50 % an Veranstalter	€ 18,-
50 % an OEPS	€ 18,-
Bearbeitungsgebühr	
bei zu geringer Einzahlung bei der Nennung	€ 7,-
unrichtige oder nicht angenommene Nennung	€ 7,-
Tausch der Nennung (Pferd und Reiter)	
am Turnier	€ 15,-
Geldbußen	
Unrichtige Nennung (Täuschung) und	
unberichtigte Teilnahme § 2013 Abs. 1	€ 70,- bis € 1.000,-
Verwarnung	bis maximal € 70,-
Gelbe Karte	€ 70,-
Rote Karte	€ 210,-

6. Stallgebühren

Vermietung des Stallplatzes durch den Veranstalter
(keine Verwahrung)

Boxen:	
Grundpauschale incl. 1 Einstreu	€ 15,-
Tagesgebühr für Boxen maximal	€ 25,-
max. Pauschalpreis bis zu 3 Turniertage	€ 90,-
max. Pauschalpreis über 3 Turniertagen	€ 115,-
max. Akontozahlung bei Reservierung über ZNS	€ 60,-
Platzgebühr für Pferde, die in Fahrzeugen oder Stallzelten der Teilnehmer übernachten	
Tagesgebühr pro Pferd – in der Ausschreibung zu fixieren	max. € 25,-
Tagesgebühr für Strom und für abgestellte Fahrzeuge	offen

7. Geldpreise
TURNIER KAT. A (MINDESTWERTE)   *ERWEITERN*

Einzelbewerbe bei Tunieren Kat. A

Klasse	L	LM	M	S1*	S2*	S3*
1.	90	130	190	220	260	300
2.	70	100	150	180	200	230
3.	55	80	120	120	160	180
4.	45	58	90	90	120	140
5.	36	43	60	80	80	100
6.	36	36	43	50	50	70
7. und jeder weitere Platz im 1. Viertel der Gestarteten						
	36	36	36	36	36	36

445

Springturniere Kat. A – Einzelbewerbe bei Turnieren Kat. A
Mindestwerte

Klasse	L	LM	M	S1*	S2*	S3*
1.	140	160	220	330	390	450
2.	120	140	180	270	300	345
3.	100	120	140	180	240	270
4.	80	100	100	135	180	210
5.	60	60	80	105	120	150
6.	40	40	60	75	75	105

7. und jeder weitere Platz im 1. Viertel der Gestarteten

	36	36	36	50	50	50

Bewerbe für Stafetten (best. aus 2 Reitern) bei Turnieren Kat. A

Klasse	L	LM	M	S
1.	145	200	270	370
2.	116	160	210	300
3.	93	125	170	240
4.	72	90	130	180
5.	72	72	90	120
6.	72	72	72	72

7. und jeder weitere Platz im 1. Viertel der Gestarteten

	72	72	72	72

TURNIER KAT. B (MINDESTWERTE)

Einzelbewerbe

Klasse	A	L	LM	M	S
1.	58	72	110	145	190
2.	46	57	88	116	150
3.	36	46	70	93	120
4.	30	36	52	68	90
5.	30	36	36	48	60
6.	30	36	36	36	43

7. und jeder weitere Platz im 1. Viertel der Gestarteten

	30	36	36	36	36

Springturniere Kat. B – Einzelbewerbe   Mindestwerte

Klasse	A	L	LM	M	S
1.	58	120	140	160	220
2.	46	100	120	140	180
3.	36	80	100	120	140
4.	30	60	80	100	100
5.	30	40	60	60	80
6.	30	36	40	40	60

7. und jeder weitere Platz im 1. Viertel der Gestarteten

	36	40	40	40	

TURNIER KAT. C (MINDESTWERTE)

Einzelbewerbe bei Turnieren Kat. C

der Veranstalter kann wählen unter:

Klasse	A	L	LM
1.	36	58	72
2.	29	46	60

3. 26   36   48
4. 22   30   36
5. und jeder weitere Platz im 1. Viertel der Gestarteten
    22   30   36
Startgeld
    11   15   18

8. Aufwendungen für Turnierfunktionäre

Richter, Parcours- und Geländebauer
Tagessatz   € 100,-
zuzüglich Unterkunft (mit Dusche) und Frühstück
Es kann auch der halbe Tagsatz verrechnet werden
(bis 4 Stunden).
Tagessatz für internationale Turniere   € 100,-
Tagessatz für Vorsitzende Schiedsgericht,
Strafausschuss OEPS (pro begonnen Verhandlungstag)   € 130,-
Tagessatz für Senatsmitglieder, Disziplinaranwälte,
Sachverständige (pro begonnenem Verhandlungstag)   € 100,-
Reisekosten
Bahnfahrt 1. Klasse plus Taxi lt. Beleg oder km-Geld am
Heimatort, Abholung bzw. Taxi am Turnierort nach
Rücksprache mit dem Veranstalter
PKW-Fahrten (bei fehlender Schnellzugverbindung)
amtlicher KM-Satz   € 0,42
Turnierbeauftragter, Parcours- und Geländebau,
zusätzlicher Unkostenbeitrag
Tagessatz bei Turnieren Kat. B und C   € 22,-
Tagessatz bei Turnieren Kat. A   € 30,-
Andere Vereinbarungen sind vor der Veranstaltung zu fixieren.
Turniertierärzte
Tagessatz exkl. Mwst.   € 200,-
Halbtagessatz exkl. Mwst.   € 100,-
Amtlicher Km-Satz   0,42
Assistenten (mit Qualifikation) des Parcours bzw. Geländebauers
gem. ÖTO
bei Turnieren der Kat. A und B
Tagessatz zuzüglich Reisekosten   € 50,-
zuzüglich Unterkunft (mit Dusche) mit Frühstück
bei Turnieren der Kat. C
Tagessatz
Unterkunft mit Frühstück
Referee- und Hindernisrichter/Streckenposten/
Zeitnehmer bei Fahrturnieren
Aufwandsentschädigung   € 15,-
Die angeführten Sätze sind Richtsätze und beinhalten die von der BSO
anerkannten Tagessätze.

Abschnitt 2: Kursgebühren

1. Stall- und Anlagenbenützung – Richtsätze

Grundpauschale für Herrichten des Stalles	€ 15,-
Tagesgebühr für Box inkl. Einstreu	€ 16,-
Zuschlag für Hafer und Heu	€ 3,-
Zuschlag für Pflege (Putzen, Ausmisten)	€ 3,-
Zuschlag für Anlagenbenützung	
Springen, Gelände, Vielseitigkeit	€ 3,-
Dressur	€ 1,50

2. FEI-Bulletin	€ 80,-
3. FENA-Turnierinformationen (an Mitglieder)	€ 28,-

Abschnitt 4: Mahnwesen
Rechnungen des OEPS under LFV's sind innerhalb von 21 Tagen nach Rechnungsdatum ohne jeden Abzug fällig. Bei Zahlungsverzug werden Verzugszinsen in der Höhe von 10% p.a. ab dem Fälligkeitsdatum verrechnet. Für die erste Mahnung sind € 5,- zu bezahlen.

Abschnitt 5: Ö.A.P.O.

1. Prüfungskommissionsgebühren
Vorortgebühren
Gebühren gemäß Richtergebühren und Gebühr für die Prüfung
je Prüfungswerber   € 45,-

2. OEPS-Prüfungsgebühren
Aufnahme und Verwaltung OEPS

Bereiter (FENA) inkl. Tafel	€ 40,-
Reitwart (FENA) inkl. Tafel	€ 40,-
Reitmeister (FENA) inkl. Tafel	€ 40,-
Diplomtrainer (FENA) inkl. Tafel	€ 40,-
Fahrwart (FENA) inkl. Tafel	€ 40,-
Fahrgehilfe (FENA) inkl. Tafel	€ 40,-
Fahrmeister (FENA) inkl. Tafel	€ 40,-
Übungsleiter (FENA) inkl. Tafel, alle Sparten	€ 40,-
Voltigierwart (FENA) inkl. Tafel	€ 40,-
Lehrwart Damensattelreiten (FENA) inkl. Tafel	€ 40,-
Lehrwart Behindertenreiten (FENA)inkl. Tafel	€ 40,-
Übungsleiter Westernreiten (FENA)inkl. Tafel	€ 40,-
Westernreitwart (FENA) inkl. Tafel	€ 40,-
Übungsleiter Islandpferdereiten (FENA)inkl. Tafel	€ 40,-

Bei Ausstellung der Zeugnisse durch den LFV:
in der Gebühr ist das Abzeichen und die Tafel „Hier unterrichtet ...“
enthalten.

Nachträgliche Bestellung der Ausbildertafel

„Hier unterrichtet ...“	€ 25,-
Jahreskleber für Tafel	€ 5,-
Ausbilderlizenz bzw. Fortschreibung	

der Ausbilderlizenz € 10,-
Fortschreibung Wanderreitführer,
Perdesamariter etc. € 10,-
Wanderreitführer (FENA) € 40,-

3. Staatliche Prüfungen
Prüfung ohne Kosten
Abzeichen und Tafel € 30,-

4. Anerkennungen
Ausbildungsleiter € 45,-
Erste Anerkennung Pferderaststation /Reiterherberge € 45,-
Erste Anerkennung für alle anderen Kennzeichnungen bzw.
Änderungen/Ergänzungen € 80,-
Aufpreis für größere Tafel (bei höherer Anzahl von
Kennzeichnungsmerkmalen erforderlich € 25,-
Überprüfung (alle zwei Jahre für Weiterführung erforderlich) € 45,-

5. Richter
Ernennung € 30,-
Erweiterung € 30,-

6. Parcours- und Geländebau
Ernennung € 30,-
Erweiterung € 30,-

8. Prämie für Ausbildungsbetriebe
pro Eleve € 510,-

9. Pferdesamariter (FENA)
Gebühr € 22,-

10. Pikeur (FENA)
Gebühr € 22,-
Jagdknöpfe (FENA) € 16,-

11. Internationaler Trainerpass
Gebühr € 35,-

12. Wanderfahrer (FENA)
Gebühr € 35,-

Stichwortverzeichnis

A

Allgemeine Geschäftsbedingungen 33, 41, 82, 98, 101, 102, 125, 151, 185, 207, 223, 247, 250, 253, 254, 331, 335, 343, 344, 387
Amateursportler 28, 127, 191
Autorität 38, 62, 73, 88, 93, 95, 114, 116, 122, 126, 127, 128, 129, 145, 149, 157, 164, 166, 170, 179, 184, 196, 204, 212, 217, 218, 240, 243, 258, 260, 277, 291, 313, 350, 351, 355, 357, 369, 375, 377, 390, 393, 407, 408, 410

B

behördliche Auflösung 31, 69, 75, 156, 172, 193
Beschluss 31, 32, 34, 37, 44, 64, 73, 76, 88, 94, 103, 127, 144, 146, 147, 151, 152, 153, 155, 161, 162, 173, 174, 175, 176, 180, 181, 186, 193, 194, 196, 198, 203, 204, 206, 207, 233, 332, 371, 383, 386
Besonderheit des Sports 25, 138, 220, 226, 228, 229, 230, 234, 239, 265, 282, 283, 288, 293, 326, 363, 374, 402, 406
Buchpreisbindung 109, 112, 113, 114, 116

D

Disziplin 19, 22, 24, 39, 40, 45, 52, 53, 57, 73, 74, 78, 86, 121, 124, 132, 143, 159, 161, 169, 184, 191, 194, 199, 201, 205, 206, 207, 211, 212, 213, 214, 215, 216, 217, 218, 219, 225, 239, 244, 248, 249, 250, 256, 257, 258, 259, 260, 261, 262, 264, 271, 272, 284, 291,296, 298, 299, 302, 303, 310, 312, 313, 314, 325, 327, 329, 332, 335, 336, 337, 339, 340, 346, 347, 349, 350, 351, 356, 358, 383, 384, 386, 389, 390, 393

E

Erziehung 21, 24, 196, 226, 227, 230, 233, 237, 239, 240, 256, 259, 263, 264, 372, 390, 403, 408, 409
Europäische Union 16, 230, 286, 374

F

Fremdbestimmung 40, 59, 79, 84, 86, 90, 91, 102, 105, 115, 120, 127, 136, 147, 169, 174, 211, 215, 235, 237, 238, 243, 303, 305, 309, 316, 321, 322, 326, 352, 386, 389
Funktionär 19, 21, 22, 23, 25, 28, 29, 30, 32, 33, 34, 35, 37, 39, 40, 45, 47, 49, 52, 53, 56, 57, 73, 80, 93, 104, 117, 134, 194, 195, 196, 209, 217, 232, 235, 238, 240, 244, 246, 259, 260, 263, 289, 290, 292, 297, 298, 300, 304, 305, 306, 309, 310, 325, 330, 334, 347, 350, 353, 355, 356, 357, 358, 359, 363, 367, 373, 383, 385, 386, 388, 390, 392, 393, 409, 410
Funktionärswesen 49, 50, 298

G

gehorsam 292, 377, 406, 408
Gehorsam 26, 45, 239, 278, 298, 378
Gestaltungsrecht 63, 77, 79, 83, 86, 93, 119, 147, 211, 225, 305, 320, 321, 322, 323, 352, 385, 389
Gewaltausübung 23, 25, 47, 236, 264, 382, 398
Gewaltenteilung 93
Gewaltmonopol 21, 87, 118, 122, 124, 125, 135, 140, 170, 260, 264, 287, 292, 363, 395, 397
Gewaltverhältnis 21, 24, 25, 76, 83, 93, 135, 141, 142, 157, 158, 166, 182, 191, 192, 210, 221, 227, 242, 278, 281, 289, 298, 325, 346, 351, 352, 361, 369, 373, 374, 379, 382, 384, 385, 394, 401, 405, 408, 410
Grundrechtsordnung 25, 382, 394, 398
Grundverhältnis 22, 35, 36, 38, 44, 47, 48, 49, 83, 171, 174, 180, 184, 194, 201, 202, 203, 207, 208, 210, 293, 307, 342, 343, 350, 362, 383, 407

H

Hörigkeit 26, 209, 259, 279, 371,
401, 406, 408, 409

K

Kadavergehorsam 78, 244
Konsumentenschutz 25, 33, 37, 41,
48, 91, 96, 125, 151, 166, 180,
288, 301, 307, 325, 328, 339,
343, 345, 350, 354, 382, 386

L

Leerformel 43, 66, 139, 220, 249,
265, 272, 283, 374
Leibeigenschaft 259, 279

M

Marktmacht 164, 195, 196, 245,
248, 253, 323
mental 20, 25, 78, 196, 240, 356,
357, 393, 410
Mitgliederversammlung 29, 32, 33,
35, 36, 37, 60, 63, 103, 104, 131,
159, 161, 169, 175, 188, 189,
198, 199, 224, 299, 383
Mitgliedschaft 23, 25, 34, 35, 36,
39, 41, 44, 65, 73, 88, 91, 92,
184, 201, 202, 204, 205, 207,
208, 209, 211, 215, 224, 226,
252, 258, 326, 327, 328, 330,
332, 341, 343, 346, 382, 389,
401
Mitgliedschaftskette 34, 41, 331

O

Oligarchie 67, 69, 103, 104, 168,
200, 215, 229, 277, 346, 363,
379, 396, 406
ÖNORM 87, 97, 98, 101, 102, 107,
139, 151
Organwalter 29, 30, 35, 36, 37, 142,
160, 161, 180, 355, 363

P

Privatautonomie 20, 48, 85, 89, 92,
97, 99, 100, 109, 116, 123, 124,
131, 132, 134, 140, 141, 147,
162, 164, 165, 170, 189, 210,
213, 223, 224, 239, 249, 254,
255, 271, 298, 301, 306, 309,
316, 317, 318, 321, 326, 336,
338, 341, 344, 346, 359, 373,
377, 386, 387, 394, 396, 400,
404, 405, 411
Profisportler 28, 127, 355, 405

R

Rechte Dritter 31, 162, 182, 238,
241, 361
Rechtscharakter 143, 151
Rechtsetzung 23, 30, 39, 40, 71,
84, 85, 87, 88, 89, 90, 91, 92, 93,
95, 98, 101, 102, 107, 109, 114,
115, 116, 117, 118, 119, 120,
123, 125, 128, 131, 132, 133,
135, 136, 138, 139, 140, 203,
209, 210, 212, 215, 220, 222,
224, 235, 267, 270, 280, 281,
284, 285, 295, 368, 378
Rechtsnormbegriff 30, 95, 396
Rechtsschutzdefizit 152, 205

S

Schiedsgericht 54, 73, 115, 124,
126, 129, 130, 131, 159,167,
168, 173, 180, 184, 185, 186,
187, 190, 210, 217, 218, 219,
225, 257, 289, 291, 292, 293,
310, 312, 330, 332, 333, 334,
335, 336, 337, 339, 353, 390,
391, 393
Schlichtung 37, 127, 131, 146, 160,
167, 168, 169, 173, 176, 177,
179, 182, 183, 184, 185, 186,
187, 189, 191, 193, 204, 217,
273, 291, 333, 334, 335, 336,
390, 391
Schutzversagen 23, 193
Schwächerenschutz 26, 99, 134,
135, 170, 216, 398, 403, 404,
405
Selbstverwaltung 39, 40, 63, 64, 65,
72, 73, 84, 89, 103, 110, 113,
123, 128, 132, 138, 168, 178,
215, 217, 257, 275, 278, 358,
375, 384, 403
Sportideologie 25, 282, 284, 286,
291, 406, 411
Sportrechtsideologie 287, 290, 293
Staatsbürger 19, 20, 21, 22, 25, 27,
28, 29, 38, 44, 57, 59, 61, 63, 66,
84, 94, 123, 130, 135, 138, 140,
147, 152, 166, 191, 197, 200,
218, 221, 223, 225, 226, 258,
259, 260, 261, 262, 263, 264,
265, 275, 276, 278, 279, 283,
284, 289, 293, 295, 324, 362,
365, 366, 369, 371, 372, 377,
378, 379, 382, 384, 394, 395,
396, 397, 399, 401, 405, 410

Statuten 23, 29, 31, 34, 35, 43, 51,
60, 70, 71, 75, 83, 94, 95, 97,
107, 110, 111, 119, 126, 129,
138, 143, 144, 145, 146, 147,
148, 149, 150, 151, 152, 154,
155, 156, 157, 158, 159, 160,
162, 164, 165, 167, 169, 170,
171, 172, 176, 179, 180, 181,
184, 186, 189, 190, 191, 193,
197, 201, 203, 204, 205, 207,
210, 213, 215, 255, 287, 327,
331, 333, 334, 386, 391, 401
Statutenänderung 69, 144, 151,
154, 155, 157, 160, 165, 170,
332
statutenwidrig 144, 152, 156, 173,
179, 180, 190, 203

U

untertan 38, 45, 57, 62, 63, 72, 95,
103, 132, 148, 162, 169, 174,
180, 186, 188, 191, 197, 200,
210, 213, 216, 217, 225, 228,
230, 235, 241, 244, 247, 256,
259, 270, 275, 276, 285, 286,
293, 296, 300, 304, 314, 316,
325, 327, 328, 329, 330, 332,
337, 346, 347, 352, 358, 378,
384, 385, 387, 389, 393, 395,
398, 404, 406, 409, 410
Untertan 69, 102, 135, 200, 209,
278, 298, 316, 350, 353, 362,
363, 366, 371, 372, 376, 378,
382, 384, 396, 397, 398, 407,
408

V

Verbandsgewalt 63, 91, 133, 170,
186, 187, 200, 202, 208, 210,
212, 216, 235, 236, 265, 267,
268, 275, 290, 296, 332, 340,
346, 361, 370, 371, 375, 380
Verbandsrecht 23, 25, 57, 71, 72,
95, 96, 109, 112, 132, 133, 139,
142, 143, 185, 192, 197, 199,
200, 201, 208, 211, 212, 216,
217, 220, 221, 222, 225, 235,
256, 257, 263, 265, 267, 268,
269, 270, 275, 283, 291, 301,
314, 325, 329, 386, 405
Vereinsbehörde 19, 23, 31, 40, 60,
68, 69, 70, 71, 72, 110, 111, 126,
144, 145, 148, 149, 152, 153,
154, 155, 157, 158, 159, 160,
162, 164, 165, 169, 170, 171,
172, 179, 180, 181, 182, 183,
186, 193, 197, 214, 293, 333,
346, 353, 361, 363, 381, 401,
410
Vereinsdominator 22, 28, 37, 38,
40, 44, 46, 48, 68, 76, 77, 104,
105, 134, 138, 140, 155, 156,
168, 171, 173, 175, 182, 186,
187, 191, 194, 197, 213, 216,
230, 232, 238, 306, 324, 325,
330, 337, 350, 363, 369, 377,
382, 383, 391, 394, 399, 403,
406, 409
Vereinsfreiheit 39, 59, 63, 66, 67,
112, 134, 136, 139, 148, 150,
154, 156, 179, 188, 193, 215,
223, 224, 329, 405, 406
Vereinsregel 23, 29, 31, 32, 35, 40,
44, 48, 50, 52, 60, 71, 75, 79, 83,
89, 95, 98, 100, 107, 111, 138,
143, 145, 151, 152, 153, 155,
159, 160, 161, 162, 164, 165,
167, 169, 170, 171, 172, 180,
181, 185, 186, 190, 191, 193,
194, 197, 213, 246, 331, 332,
333, 336, 382, 386, 401

W

Wettkampfrichter 20, 25, 27, 40, 45,
47, 49, 53, 56, 57, 80, 91, 194,
195, 232, 238, 239, 295, 297,
300, 304, 305, 311, 319, 330,
353, 355, 356, 357, 358, 385,
386, 393, 410
Wettkampfveranstalter 20, 23, 24,
25, 27, 40, 45, 47, 49, 56, 57, 79,
80, 82, 83, 91, 105, 117, 158,
161, 162, 164, 169, 194, 195,
196, 209, 235, 239, 240, 246,
249, 252, 259, 295, 299, 300,
301, 303, 304, 305, 306, 310,
318, 319, 321, 322, 324, 329,
330, 335, 337, 347, 350, 352,
353, 355, 358, 373, 377, 385,
387, 388, 389, 390, 391, 400,
409, 410
Wirkungskreis 31, 38, 67, 70, 76,
126, 128, 144, 160, 172, 179,
194, 263

Z

Zivilgesellschaft 20, 24, 25, 46, 118,
222, 227, 230, 272, 325, 361,
363, 364, 367, 368, 369, 375,
376, 377, 378, 379, 380